특수아동을 위한

집단음악치료

성장과 변화의 과정

Karen D. Goodman 저
심성용 역

Music Therapy
Groupwork with
Special Needs
Children

The Evolving Process

학지사

Music Therapy Groupwork with Special Needs Children: The Evolving Process
by Karen D. Goodman

역자 서문

내가 캐런이 집필한 『특수아동을 위한 집단음악치료』 저서를 처음 접한 것은 책이 출판된 후 1년이 좀 지난 시점에 특수아동 음악치료 관련 문헌 연구를 진행하고 있을 때였다. 그 당시 나는 특수교육 전공 박사과정생이었는데, 특수교육 관련 연구뿐만 아니라, 특수교육 이전의 전공인 음악치료와 특수교육 간의 학문적이고 전문적인 접합점, 그리고 그 연계성에 관하여 포괄적으로 연구를 진행하고 있었다.

사실 나는 특수교육 입문 이전에 음악치료사로서 이미 아동부터 청소년, 성인, 그리고 노인층까지 다양한 내담자군을 대상으로 하는 임상가로서의 경력을 갖고 있었다. 그중에서도 아동 · 청소년과의 임상 경력을 통하여 구축했던 전문성은 대표적인 경력이었다. 특히, 국내 여러 대학교에서 교수자로서 교직 이수 과정생들에게 필수 이수 과목인 특수교육학개론을 포함하여 특수교육 관련 과목들을 13년째 가르쳐 오면서, 특수교육 대상 아동 · 청소년들을 위한 치료교육적 서비스를 제공하는 데 있어서 그 전문성이 더욱 강화되었다.

캐런은 전문적으로뿐만 아니라, 개인적으로도 친분이 있는데, 특히 특수교육 기반 음악치료사(캐런 또한 음악치료 외에 특수교육 전공으로 학위 및 관련 경력이 있다.)라는 점에서 많은 부분에 서로 공감하고 소통할 수 있다. 캐런은 미국 뉴저지주의 몽클레어 주립대학교에서 음악치료 교수로 재직했었고, 현재는 은퇴 후 명예교수로 여전히 왕성하게 음악치료 관련 일들을 하며 지내고 있다. 특히, 그녀는 신경학과 정신의학 분야에서의 훈련과 임상 경험을 갖추고 있어, 이를 바탕으로 그룹 역동에 대한 예리하고 통찰력 있는 감각을 발휘하고 있다.

책의 특징과 의의

일전에 캐런과의 줌(Zoom) 회의 중(2023년 8월), 본인의 음악치료 경력을 돌이켜 보면 특수교육의 교육과 경력이 그녀의 음악치료사로서의 정체성뿐만 아니라, 교수자로서의 그녀의 경력에서도 큰 바탕을 이루고 있다고 직접 밝히기도 했다. 실제로 독자들이 이 책을 읽어보면 알겠지만, 많은 부분에서 특수교육적 접근 및 방법들이 곳곳에서 확인되고 있다.

이러한 근거를 기반으로, 이제는 독자들에게 음악치료와 특수교육 모두를 충분히 아우를 수 있는 좀 더 제대로 된 번역서를 제공할 준비가 되었다고 믿었기에, 학지사와 계약을 체결한 후 작업을 진행할 수 있었다. 개인적으로도 이번 번역 작업을 하면서 최초에 문헌 연구 차원에서 읽었던 것과는 결이 다르게 느껴졌고, 좀 더 심층적으로 그녀의 작업에 대한 이해도가 깊어졌을 뿐만 아니라, 존경심을 더 갖게 되었다.

이 책의 특징은 대부분의 장애/특수아동을 위한 음악치료 책이 개별 아동에 대한 특성 소개, 중재, 그리고 평가에 초점을 맞추고 있는 것에 반하여, 집단(그룹) 치료에 중심을 두고 있다는 점이다. 물론 소개되는 집단치료에서도 관련 프로토콜/절차들에 관한 제시를 소홀히 하지는 않는다. 오히려 캐런은 그녀의 심도 있는 특수교육 대상군과의 집단치료를 통해서 습득한 가치 있는 다양한 지침을 제공하고 있다.

현재 국내에는 이미 (특수)아동 음악치료를 주제로 한 한국 저자가 집필한 책과 번역서가 나와 있지만, 이 책만큼 그룹 역동에 대한 세부적인 분석을 기반으로 하는 집단음악치료에 중심을 두고 있는 책은 확인되지 않는다. 이 책을 읽어보면 왜 저자가 이 부분에 중점을 두고 차별화된 집필 작업을 했는지 이해할 수 있는데, 이는 전적으로 캐런이 미국 공교육의 학교 현장에서 그룹 아동들을 위한 음악치료 서비스 개설부터 유지, 그리고 확장을 경험하며 이룬 노고와 그녀의 임상 경력과도 관계한다.

그러나 미국뿐만 아니라, 우리나라 그리고 세상의 모든 특수아동들이 특수교육 대상자이기에, 독자들은 책을 읽는 동안에 많은 부분에서 개별화교육프로그램(Individualized Education Plan/Program: IEP)이라는 용어를 확인할 것이다. 책에서는 주로 IEP로 통일하여 제시하였다. IEP의 의미는 앞서 언급한 교육 계획과 치료 목적의 융합과 관련된 것이며, 치료교육에 있어서의 방향성을 포함한 중요한 정보를 제공하는 문서체계이자, 이를 실제 구현하는 프로그램이기도 하다.

캐런은 또한 그녀의 임상 경험을 토대로 음악치료가 아이들의 교육 계획과 치료 목적을 어떻게 조화롭게 조율하고 더 나아가서 융합할 수 있는지를 설명하며, 이를 통해 아동들과 치료사 모두가 성장할 수 있음을 설명하며 강조한다. 캐런의 『특수아동을 위한 집단음악치료』는 고유하고, 다양하며, 그리고 풍요로운 정보를 제공하고 있다.

독자 숙지 사항

1. 원서의 제목인 'Music therapy groupwork with special needs children'을 직역하자면 '특수아동을 위한 음악치료 그룹워크 또는 그룹 작업'으로 표기할 수 있다. 그러나 음악치료의 전문성을 고려할 때, '특수아동을 위한 집단음악치료'로 번역하는 것이 합리적이라는 역자의 결론을 기반으로 책 제목을 정하였다.
2. 저자가 이 책에서 사용한 몇 가지의 용어들은 현재의 DSM-5-TR(2023년 9월부터 적용)을 기준으로 했을 때, 더 이상 공식적으로 사용되지 않는 옛 용어들이다. 그래서 번역할 때, 현재 기준에 부합하게 수정해서 번역했음을 알린다(예: 정신지체를 지적장애로, 정신분열증을 조현병으로 번역 등).
3. Assessment(사정평가)와 Evaluation(평가)는 모두 '평가'라는 교집합적 의미를 지니고 있으나, 사정평가는 시행되는 목적, 시기, 내용 등에서 차별화된 평가 방식이다. 독자는 책을 읽으면서 수많은 '사정평가'와 '평가'라는 용어를 접하게 될 텐데, 이는 원어인 Assessment와 Evaluation을 엄격히 구분하여 번역한 것임을 숙지하기를 바란다.
4. Goal(목적)과 Objective(목표) 역시 본문에서 독자들이 빈번히 마주하게 될 용어이다. 이 두 용어는 종종 목표/목적으로 무분별하게 번역되거나 사용되곤 한다. 그러나 이 용어들은 본질적으로 차별화된 의미를 지니며, 명확히 구분되어야 한다. 체계적이고 전문적인 치료 및 교육의 계획, 실행, 그리고 구현을 위해서는 이러한 구분이 필수적이다.
5. 앞서 언급했듯이, 이 책에서는 마치 국내 대학의 교직 이수 필수 과목인 특수교육학개론 교재를 읽는 듯한 많은 장애 및 특수교육 관련 개념과 용어들이 제시되고 있다. 주요 용어들을 몇 가지 예시하자면 다음과 같다:

- DSM(정신질환의 진단 및 통계 편람)
- PL94-142(미국 공법 94-142)
- IDEA(미국 장애인교육법)
- IEP(개별화교육프로그램/계획)
- ABA(응용행동분석)
- LRE(최소 제한 환경)
- Mainstreaming(주류화)

- Inclusion(통합교육)
- IFSP(개별화 가족 지원 계획)
- Assistive technology(보조공학)
- AAC(보완대체 의사소통)
- Direct Instruction(직접교육)
- Bilingual-bicultural(이중 언어-이중 문화)
- PBS(긍정적 행동 지원)
- Hand-over-hand assistance(손 위에 손 얹기 보조법/손 겹쳐 지도하기)

6. 저자는 책 전반에 걸쳐 다양한 심리학 및 심리치료적 모델을 기반으로 발전한 수많은 음악치료 접근방식과 기법들을 소개하고 있다. 특히, 이 책의 주요 내담자군인 아동을 위한 치료교육과 밀접하게 연관된 행동주의 심리학의 다양한 기법들을 상세히 다루고 있다.
7. 원서 내용 중 Self-esteem과 Self-respect라는 용어가 등장한다. 이는 통상적으로 '자아존중감'과 '자기존중(감)'으로 해석 또는 번역될 수 있으며, 국내에서도 널리 통용되는 개념이다. 그러나 본 번역서에서는 '자기존중감'과 '자기존중'으로 번역하였다. 그 이유는 그동안 Self로 시작되는 많은 교육적, 심리학적 전문용어를 '자아'로 잘못 번역해 온 관행을 개선하고자 함이다. 예를 들어, 다음과 같은 용어들이 이에 해당한다:

- 자아존중감 → 자기존중감(Self-esteem)
- 자아실현 → 자기실현(Self-actualization)
- 자아효능감 → 자기효능감(Self-efficacy)
- 자아개념 → 자기개념(Self-concept)
- 자아인식 → 자기인식(Self-awareness)
- 자아통제 → 자기통제(Self-control)
- 자아성찰 → 자기성찰(Self-reflection)
- 자아결정 → 자기결정(Self-determination)
- 자아이해 → 자기이해(Self-understanding)
- 자아수용 → 자기수용(Self-acceptance)
- 자아조절 → 자기조절(Self-regulation)

• 자아확신 → 자기확신(Self-confidence)

이러한 번역이 중요한 이유는 이 용어들이 프로이트의 성격 구조 이론 중 하나인 '자아(Ego)'와 개념적 충돌을 일으킬 수 있기 때문이다. 국내 심리학계에서는 이러한 용어 사용을 점진적으로 수정하고 있으며, 필자 또한 오래전부터 강의에서 '자기'와 '자아'를 엄밀히 구분하여 학생들에게 전달해 왔다. 본 번역서에서도 이러한 개념적 구분을 명확히 하여 독자들에게 제시하고자 한다.

맺음말

마무리하며, 이 번역서가 특수아동을 대상으로 하는 음악치료 그룹 작업의 역량 증진을 촉진하고, 나아가 음악치료사로서의 전문성 성장과 강화에 실질적인 도움을 제공하기를 간절히 희망한다. 2024년 연말 캐런과의 소통에서 그녀는 이 책 출판 이후 기회가 된다면 한국 독자들을 위한 특강 또는 워크숍을 진행하고 싶다는 의사를 전달했다. 현재로서는 온라인과 오프라인 중 어떤 방식이 될지 불확실하나, 충분히 실현할 수 있는 계획이라 믿는다. 저자와의 직접적인 소통 및 상호작용을 통한 학습의 시간은 그 자체로 매우 의미 있는 경험이 될 것이다.

2025년 1월 26일

나의 연구실에서

저자 서문

나는 이 책을 모두 집필한 후, 『특수아동을 위한 집단음악치료』의 서문을 작성했다. 이 책을 쓰면서 수년간의 그룹 작업 끝에 내 아이디어가 구체화되었지만, 사실 더 많은 생각과 논쟁을 불러일으켰다. 이는 오랜 세월이 지난 후에도 여전히 나에게 자극을 주는 소재라는 것을 증명하는 것이어서 기쁘게 생각한다.

나는 음악을 만들면서 느꼈던 순수한 기쁨의 순간들, 즉 음악치료 분야에 뛰어들게 된 원동력에서 계속 영감을 받고 있으며, 이러한 순간들을 내담자에게 제공할 수 있다고 믿는다. 나는 아동들에게 다가갈 수 있는 음악 자체의 가치에 계속 감명을 받고 있으며, 그룹을 결집하는 데 도움을 주고 있다.

음악치료 분야는 계속 성장하고 있으며, 이러한 성장과 함께 음악치료의 그룹 작업에서 새로운 응용 분야가 탄생하고 있다. 이 분야의 많은 치료사들이 이전에는 '장애아'라고 불리는 특별한 도움이 필요한 아동과 함께 일하기 시작했지만, 이제는 의료 환경, 호스피스, 역기능 가정, 그리고 지역사회 위기 아동과도 함께 일하고 있다. 또한, 통합교육을 향한 움직임으로 인해 많은 고기능 특수아동이 음악 교사의 음악실에서 음악치료사와 자주 만나 치료를 받게 되었다. 이러한 추가적인 임상 환경은 지난 수십 년 동안 사회의 변화뿐만 아니라, 아동을 돕는 데 있어 우리의 관점이 확장되었음을 보여 준다. 책을 쓰면서 이러한 초점을 구분하는 것이 어려웠다. 그럼에도 불구하고, 나는 묵묵히 수행했다. 따라서 이 책의 초점은 자립형 교육 환경과 아동 심리치료 환경에 있는 아동에게 맞춰져 있지만, 이것이 끝이 아니라 시작이라는 점을 분명히 밝히고 싶다. 내가 후자의 영역에 초점을 맞추기로 한 것은 솔직히 내가 오랜 시간 임상을 한 분야이기 때문이다.

아동들과 사려 깊게 효과적으로 일하면서 수년에 걸쳐 많은 개념을 개발했고, 이를 이 책에서 여러분과 공유하고자 한다. 이 책의 대부분은 1인칭으로 쓰여 있지 않으므로 책에서 따로 참고문헌을 밝히지 않은 아이디어는 모두 내 독창적인 아이디어라는 점을 이해해 주기 바란다.

무엇보다도 나는 서로 다른 기능 수준, 서로 다른 기질, 그리고 서로 다른 음악적 선호도를 가진 아동들과 응집력 있는 그룹을 효과적으로 형성하기 위해 치료사의 감성을 개발하고자 한다. 이를 달성하기 위해 치료사는 아동마다 다른 발달 기대치(목적과 목표)를 적용하고, 음악 표현에 적응하며, 다양한 방법을 사용하면서 동시에 그룹 감각을 장려해야 한다. 이러한 개념은 임상가가 그룹 구성원에게 동일한 일반적인 목적을 설정하고 시간이 지남에 따라, 그룹이 응집력을 갖기를 바라며 적응 없이 획일적인 수준의 자료를 제시하는 접근방식과는 대조된다.

나는 이 책에서 음악치료의 다양한 접근법을 통합적으로 전달하기 위해 많은 노력을 기울였다. 음악치료, 특히 집단(그룹) 음악치료는 균형 잡힌 작업처럼 느껴질 수 있다. 음악치료의 예술과 과학은 치료사가 음악을 만드는 과정을 통해 아동과의 관계 기반 접근방식을 찾도록 장려하며, 그 대부분은 창의적이고 자발적인 과정이다. 동시에, 우리는 변화하는 행동을 구조화하고 문서화하여 아동들이 세상에서 자신의 길을 만들어 가면서 점점 더 독립성을 찾을 수 있도록 해야 한다. 구조와 자유 사이에서 균형을 잡기 위해서는 인지행동, 인본주의, 정신역동 이론 및 집단 이론 등 세계에서 얻은 다양한 접근방식이 필요할 수 있다.

여덟 개의 장에 걸쳐 내가 임상에서 경험한 다양한 임상 사례를 소개하며 이론적 관점을 설명하고 있다. 물론 수년간의 사례 노트를 검토하면서 내 작업에 대해 반성하고 감사할 수 있는 기회를 추가로 얻게 된 것도 사실이다.

첫 번째 장인 '그룹 이야기'에서는 겉보기에는 이질적인 아동 그룹과 함께 세션을 진행하면서 경험한 나의 사고 과정을 소개한다. 이 사고 과정은 예비 그룹 내 개별 아동에 대한 평가, 잠재적 그룹으로서의 아동에 대한 고려, 장기 목적의 구성, 음악치료 목표의 공식화, 세션 시작을 위한 방법 및 자료, 음악치료 세션 평가 방법에 대한 고려 사항, 다음 해에 걸쳐 세션이 진행됨에 따른 문제 해결 등 그룹 작업의 다양한 단계를 독자에게 안내한다. 사실상 첫 번째 장은 이후 모든 장의 기초가 된다.

두 번째 장인 '사정평가'에서는 문헌에 대한 건전한 연구를 제공한다. 사정평가 영역은 실제로 지난 20년 동안 평가보다 더 많은 관심을 받아 온 분야이다. 사정평가는 아동의 발달 수준과 음악치료 임상 자체의 이론적 목적에 맞는 도구를 사용할 때 가장 효과적으로 이루어진다. 1989년에 내가 저술한 장애아동을 위한 사정평가를 포함하여, 최근에 출판되었거나 이전에 출판된 사정평가 도구를 사용하여 다양한 사정평가 도구의 효과에 대한 실제적인 질문 중 몇 가지를 사례로 제시한다. 내가 자주 의뢰받는 컨설팅 역할인 개별화교육계획(IEP)에 따른 서비스 제공을 위한 음악치료 사정평가 작업도 논의된다.

세 번째 장은 실제로 이 책 전체를 시작하는 글로서, 개인 또는 집단치료를 제공할 때 임상가의 선택에 대해 고찰한다. 특수교육 및 아동 정신과 환경에서 그룹의 구조를 설명하고, 그룹 활동을 위한 발달 전제 조건에 대한 아이디어를 제시하며, 임상가가 발달 적합성, 감각 적합성, 음악적 적합성, 그리고 마지막으로 시설의 실제 현실을 포함하여 내가 '그룹 구성의 핵심 고려 사항'이라고 부르는 것을 고려하는 데 도움이 된다.

네 번째와 다섯 번째 장에서는 치료사에게 진행 상황에 대한 많은 책임을 지우는 학교 시스템과 병원에서 필수적인 과정인 장기 목적 계획과 단기 음악치료 목표 계획의 과정을 독자에게 안내한다. 이 장들은 독자의 인내심을 시험하고 예술적 과정과 상반되는 것처럼 보일 수 있지만, 진행 상황을 문서화하기 위해 반드시 필요한 세부 사항이다. 또한 과거에는 개별화교육계획에 목적을 제시하는 방식과 현재에는 목적을 제시하는 연방 규정이 어떻게 변화되었는지 보여 준다. 많은 치료사가 아동을 위한 일반적인 유형의 목적을 가지고 그룹 작업을 실시하고 있다. 그러나 여전히 문제의 소지가 있기는 하지만, IEP 목적을 따르는 것이 명확한 선택 사항이며, 이 과정을 단순화하기 위한 실질적인 제안도 함께 제시된다(예: 제4장에서는 IEP 목적을 구성하고, 이를 그룹 음악치료 목적으로 사용하기 위해 우선순위를 정하는 방법에 대한 제안을 제시한다.). 가장 중요한 것은 음악치료사는 음악치료의 고유한 관점에서 개별화교육계획에 목적을 변경하거나 추가하는 역할을 하며, 노련한 임상가가 이 특권을 행사한다는 점이다.

여섯 번째 장인 '자료'에서는 음악치료사 또는 혹자들이 순진하게 우리를 '음악적인 치료사'라고 부르는 그 음악치료사의 주요 도구인 음악을 통한 중재의 무수한 가능성을 독자에게 소개하기 시작한다. 이 책에서는 음악을 선택적 도구로 신중하게 사용하는 것을 강조하기 위한 전반적인 노력의 일환으로 치료사에게 보컬, 기악, 동작 및 청취 자료를 선택하고 제작할 때 고려해야 할 사항을 제시한다. 실제적인 조치로, 나는 5년 동안 여러 장애아동과 함께 사용한 자료 목록을 포함했다. 전체 자료를 통해서 그룹 아동의 자발적인 반응에 맞게 조정한 모든 방법을 자세히 설명할 수는 없었지만, 이 장의 일련의 사례('음악 반응의 일반적이고 구체적인 연속체' 참조)를 통해 독자들이 그룹 구성원들의 기대치가 다른 음악을 동시에 사용해야 할 필요성, 즉 치료사의 음악적 반응성과 즉흥성을 필요로 하는 요구를 갖고 있다는 것을 이해하기 시작하길 바란다.

제7장, '방법'에서는 음악치료의 기본 원리와 관련된 모든 가능성을 밀도 있게 다루고 있

다. 이 장에서는 치료사가 음악치료 방법을 고안할 때 고려해야 할 모든 변인을 판별하고 논의한다: ① 음악치료에 사용되는 공간, ② 그룹의 물리적 배치, ③ 발달 기능에 맞는 활동 수준, ④ 아동의 진단, ⑤ 그룹 구성원 모두의 목적과 목표, ⑥ 음악치료 세션에 다른 전문가를 통합하는 방법, ⑦ 그룹 과정을 촉진하는 전략, ⑧ 권장 세션 형식 등을 파악하고 논의, ⑨ 방법론의 적응적 특성, 그리고 ⑩ 치료사의 지식 기반과 도움의 철학. 치료 방법은 우리가 처한 수많은 임상 상황만큼이나 다양하다. 이 장에는 세션 계획에서 치료법을 자세히 설명하기 위한 초보 치료사를 위한 제안이 포함되어 있다. 이 장은 임상가가 방법론에서 다양한 강조점을 필요로 하는 여러 종류의 도전적인 조건에 대해 생각하도록 자극할 것이다. 개별적인 요구를 가진 아동들이 그룹을 이루어 함께 작업하는 동안에도 그룹 내 다른 아동들과 서로 다른 방법을 사용하는 저글링 행위(여러 작업을 동시에 하려는 과정에서 어려움을 겪는 것)을 이해하려면 그룹 작업의 개념이 중요하다.

마지막으로, 여덟 번째 장에서는 평가, 이 과정의 객관적 요소와 하위 요소, 창조적 예술 과정에서의 문서화 작업 관련 문제를 살펴본다. 평가는 다면적이며 아동이 매주 세션에서 어떻게 하고 있는지 추적할 뿐만 아니라, 임상가가 자기성장을 위해 지속적으로 노력할 수 있도록 교육하는 역할을 한다. 이 장에서 주관적 평가를 강조하는 것은 치료사의 자기성장과 음악치료 과정을 살펴보는 데 도움이 되는 평가의 일부를 인정하는 것이다.

『특수아동을 위한 집단음악치료: 성장과 변화의 과정』의 범위는 매우 넓다. 음악치료 과정의 결과로 그룹에 속한 아동이 변화할 뿐만 아니라, 치료사도 아동의 요구를 이해하고 적응하는 데 있어 변화한다. 이 책은 초급, 중급 및 고급 수준의 개념을 조합하여 제시한다. 자신의 교육 수준에 맞는 장(chapter)에 집중할 수 있다. 이 책은 음악치료 분야에 입문하는 학생(각 장의 마지막에 있는 학습 가이드 질문을 통해 도움이 될 것이다.), 그룹 실습의 요구에 대처하기 시작하는 초보 치료사, 오랜 그룹 진행 방식을 재고하는 노련한 임상가, 그리고 음악치료사와 함께 일하는 관련 전문가에게 이상적인 자료가 될 것이다.

이 책을 집필하면서 몽클레어 주립대학교의 강의실을 넘어 수년 동안 아동 그룹과 함께 일하면서 얻은 모든 아이디어를 공유할 수 있는 기회가 되었다. 독자들이 내가 제시한 아이디어에서 가치를 발견하고, 이러한 아이디어를 음악치료라는 직업의 발전을 위해 잘 사용하길 진심으로 바란다.

Karen D. Goodman

2006년 10월 18일

차례

♫ 역자 서문 _ 3

♫ 저자 서문 _ 9

제1장
한 그룹의 이야기: 답이 없는 질문들 • 19

소개 _ 20

한 그룹의 이야기 _ 22

- 학교 _ 22
- 그룹 _ 24
- 사정평가 _ 25
- 그룹 배치의 적합성 _ 26
- 목적 설정 _ 27
- 목표, 방법, 그리고 자료 _ 45
- 임상 목적, 음악 목표, 방법 및 자료 연결하기: 샘플 세션 _ 49
- 변화하는 그룹 _ 68
- 요약: 답이 없는 질문 _ 72
- 학습 가이드 질문 _ 73

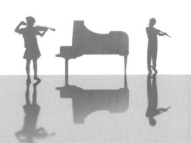

제2장
시작하기: 사정평가 • 75

소개 _ 76
개관 및 문헌 연구 _ 76
사정평가란 무엇이며, 평가와 어떤 관련이 있는가 _ 76
사정평가에 관한 음악치료 문헌 연구 _ 77
사정평가 시 도구 선택과 관련된 문제 _ 84
사정평가의 목적 _ 84
사정평가 사용을 위한 발달 전제 조건 _ 87
사정평가의 철학적 방향 및 성격 _ 88
사정평가의 범위 _ 89
방법론 _ 89
사정평가 관리 시간 _ 90
음악치료사들의 평가 도구 사용에 대한 요구 사항 _ 90
출시된 사정평가 도구의 임상적 예시 _ 91
행동주의: SEMTAP _ 96
정신역동: 정서장애 아동을 위한 굿맨 음악치료 사정평가 도구 _ 99
발달: 중도/최중도 장애인을 위한 음악치료 사정평가 프로파일 _ 116
아동을 대상으로 한 그룹 음악치료에서 사정평가의 역할 _ 121
그룹 내 아동 사정평가하기 _ 121
그룹의 진행 상황 사정평가하기 _ 122
요약 _ 122
학습 가이드 질문 _ 123

제3장
의사 결정: 아동을 대상으로 하는 음악치료에서 개인 또는 그룹 배치는 어떤 것일까 • 125

소개 _ 126
아동을 위한 그룹 치료의 본질 _ 127
아동 정신과 환경에서의 그룹 심리치료의 본질 _ 127
아동 정신과 그룹 음악치료 환경 _ 131

중복장애, 발달지체 또는 자폐 스펙트럼 장애아동을 대상으로 하는 그룹 치료의 본질 _ 134
특수교육 현장에서의 그룹 음악치료 환경 _ 136
아동 정신과 및 특수교육 환경에서 그룹 또는 개인 음악치료를 계획할 때의 요인들 _ 138
개요 _ 138
발달 연령 _ 139
아동 발달 및 개인 대 그룹 배치와 관련된 질문 _ 150
감각 프로파일 _ 156
감각 프로파일 및 개인 또는 그룹 배치와 관련된 질문 _ 159
아동의 음악성 _ 163
음악성과 개인 대 그룹 배치와 관련된 질문 _ 165
학교 환경의 실질적인 고려 사항 _ 170
학교 환경의 실질적인 고려 사항과 관련된 질문 그리고 개인 또는 그룹 배치 _ 171
요약 _ 176
학습 가이드 질문 _ 177

제4장
시작하기: 그룹 음악치료의 목적 설정 • 179

소개 _ 180
목적의 정의, 목적 기획의 어려움, 목적 설정의 근거 _ 181
목적의 정의 _ 181
목적 설정의 어려움 _ 185
IEP 검토 _ 188
목적 설정의 근거 _ 189
그룹 목적 설정: 발달 그리드(점검표) 만들기 _ 190
사례 예시: 정신 발달 그리드 만들기 및 그룹 음악치료 목적 설정하기 _ 192
요약 _ 217
학습 가이드 질문 _ 217

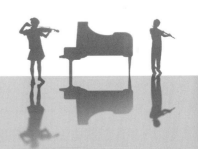

제5장
음악 그룹 진행 중에 관찰하기: 그룹 음악치료의 목표 • 219

소개 _ 220
임상적 목적과 음악적 목표와의 관계 _ 220
목표의 정의, 목표 작성에서의 도전 과제, 목표의 타당성 _ 220
단기 목표의 정의는 반드시 음악치료와 관련이 있는 것은 아니다 _ 221
음악치료와 관련된 단기 목표의 정의 _ 221
목표 작성의 어려움 _ 222
목표 정보 검토, 목표 작성을 위한 아이디어 정리 _ 225
사례 예시 _ 226
요약 _ 243
학습 가이드 질문 _ 244

제6장
음악은 어디에 있는가: 그룹 음악치료에서 자료의 선택과 음악적 적응 • 245

소개 _ 246
음악 보컬 선택 및 제작 시 고려 사항 _ 246
보컬 _ 246
악기 사용 _ 256
동작 _ 261
청취 _ 263
음악 드라마 _ 263
자료 선택 시 고려 사항: 악기 및 보조 자료 _ 264
음악치료에서 일반적으로 사용되는 악기 _ 264
보조 자료의 사용 _ 266
음악 반응 연속체(CMR) _ 269
보컬 경험 _ 269
악기 경험 _ 271
동작 경험 _ 272
청취 경험 _ 274

음악 드라마 _ 275
다양한 기능 수준 아동을 위한 예시 자료 _ 277
보컬 경험 _ 277
악기 경험 _ 284
동작 경험 _ 287
요약 _ 292
학습 가이드 질문 _ 292

제7장
어떻게 해야 할까: 그룹 음악치료의 방법 • 293

소개 _ 294
방법론의 고려 사항 _ 296
음악치료에서 사용되는 공간 _ 296
그룹의 물리적 배치 _ 297
그룹 내 아동들의 다양한 기능 수준과 일치하는 음악치료 활동 수준 _ 297
그룹 내 아동들의 진단과 주요 강점 및 약점과 관련된 음악치료 전략 _ 302
모든 그룹 구성원을 위한 목적과 목표에 연결된 음악치료 전략, 종종 음악 자료의 적응으로 연결 _ 337
지원 및 전문 인력의 통합: 학제 간, 다학제 간, 초학제 간 방법 _ 343
그룹 과정을 초대하고 촉진하기 위해 고안된 음악치료 전략 _ 346
그룹의 목적, 선호도, 기능 수준을 고려한 의미 있는 음악치료 세션 형식 _ 352
방법론의 적응적 특성 _ 354
방법론에 적합한 치료사의 지식 기반과 도움의 철학 _ 355
혼합 진단군 대상 세션 계획 예시 및 방법론: 집단 반응에 따른 유연한 적용 _ 355
그룹 _ 355
그룹 구성원에 대한 형성 _ 359
그룹 작업을 위한 음악치료 접근법 평가 _ 384
교수적 질문들 _ 384
오르프 슐베르크 _ 385
달크로즈 _ 386
코다이 _ 388
킨더뮤직 _ 389
행동주의 _ 390

노르도프-로빈스 _ 391
정신역동적 _ 393
신경학적 _ 394
요약 _ 396
학습 가이드 질문 _ 397

제8장
반영: 음악치료 세션 평가 • 399

소개 _ 400
끝과 시작 _ 400
음악치료 평가를 위한 AMTA 역량 _ 400
음악치료 목표와 세션 평가 간의 관계 _ 400
개인 대 그룹 평가 _ 401
평가의 목적 _ 401
평가의 유형 _ 404
주간 객관적 평가 _ 404
주간 주관적 평가 _ 411
경과 보고서 _ 427
개별 대 그룹 평가 _ 429
미래 연구/문서 작성 _ 430
요약 _ 430
학습 가이드 질문 _ 431

부록: 음악치료 자료 _ 433
참고문헌 _ 439
찾아보기 _ 458

제1장

한 그룹의 이야기

답이 없는 질문들

첫 장은 이 책의 목적과 내용을 독자에게 안내하고자 한다. 내 강의에서 지난 28년 동안 음악치료를 연구하고 실천하면서 대부분의 음악치료 문헌이 개인 치료를 다루고 있다는 사실을 알게 되었다. 그러나 공립학교와 사립학교 모두에서 경제적 부담으로 인해 그룹 치료 실습이 요구된다. 그룹 작업은 초기 사정평가, 그룹 구성원 선정, 목적과 목표 설정, 세션 설정, 방법론, 결과 및 프로세스 평가 측면에서 특별한 도전 과제를 안고 있다. 치료사가 어떤 치료 철학을 채택하든 간에 앞서 언급한 모든 영역에서 중복되는 문제가 있다. 교육자는 개인 작업뿐만 아니라, 그룹 작업을 위해 학생들을 훈련시켜 초보 치료사가 오늘날 임상 실습의 현실적인 요구를 충족하도록 도와야 할 윤리적 필요성이 있다.

소개

이 책의 처음이자 유일한 자서전적 장을 쓰는 동안 독자들은 나를 자유롭게 탐닉해 주기 바란다. 이 책의 제목인 『특수아동을 위한 집단음악치료』에는 개인적인 의미가 담겨 있다. 나는 1970년대 중반, 음악치료에 관한 책도 거의 없었고, 교육 프로그램도 소수에 불과했으며, 음악치료 대학원 과정도 매우 제한적이었고, 그리고 임상 직책에 대한 광고도 거의 없던 시절에 음악치료의 여정을 시작했다. 나는 영어 학사 학위를 받았으며, 시와 단편 소설을 즐겨 썼다. 음악가이기도 했다. 출판사에서 일하기 위해 보스턴으로 이주하고 여가 시간에는 선구적인 음악치료사 두 명과 함께 음악치료를 시작하면서 발전이 더딘 시(poetry) 치료 분야에 대한 관심이 음악치료에 대한 관심으로 바뀌었다. 보스턴 지역의 도나 매든 채드윅(Donna Madden Chadwick)과 베벌리 윌슨 패리(Beverley Wilson Parry)는 음악 치료 다큐멘터리 〈음악 아동/(음악아)〉의 주제가 된 치료사들이다. 노르도프(Nordoff)와 로빈스(Robbins)의 원칙을 기반으로 한 발달센터에서 일하면서 나는 폴 노르도프의 제자였던 베라 모레티(Vera Moretti)와 함께 공부하게 되었다.

음악치료 훈련을 받은 후, 나는 몇 가지 중요한 치료 모델들과 함께 일할 수 있었고, 어떤 경우에는 멘토들과 함께 일할 수 있었는데, 이 모든 멘토들은 나의 배경을 풍부하게 해 주었고, 또한 대학원에 진학하고 후속 작업을 촉진하는 데 큰 도움을 주었다. 첫 번째 멘토는 저명하고 정통적이지 않은 정신과 의사인 실바노 아리에티 박사(Dr. Silvano Arieti)로, 조현병 환자에 대한 심리치료적 접근법(Arieti, 1955)과 창조성과 조현병 사이의 연관성에 대한 이해

(Arieti, 1976)가 창의예술재활센터에서 기분장애 및 조현병 환자들과 함께 일하는 데 큰 영향을 미쳤다. 정신의학에 대한 나의 관심은 코넬 메디컬 센터 뉴욕 병원의 정신과 의사 신시아 페퍼 박사(Dr. Cynthia Pfeffer)와의 협력 관계를 통해 자살 충동 아동을 대상으로 한 음악치료에 대한 임상 작업과 질적 연구로 이어졌다. 이러한 경험을 통해 분석적 모델 내에서 그룹 작업과 불안한 아동을 위한 투사적 음악치료 사정평가 도구의 개발에 대한 관심을 발전시킬 수 있었다(Goodman, 1989). 또한, 특수교육과 아동심리학을 전공하면서 아동 발달과 음악치료와의 중복성에 대한 이해가 더욱 깊어졌고, 어느 날 다행히도 정신과 의사 주디스 케스텐버그 박사(Dr. Judith Kestenberg)와의 임상 작업과 기술적 연구를 통해 이해가 깊어지면서 그녀의 초기 음악 발달과 음악 조율의 세계를 위한 작업 실험실인 치료 보육원에서 일하게 되었다. 대니얼 스턴 박사(Dr. Daniel Stern)와의 추가 워크숍 교육을 통해 음악을 통한 비언어적 유대감에 매우 중요한 엄마와 아동 사이의 비언어적 조율 신호에 대한 관심을 더욱 강화할 수 있었다. 결정적으로, 스탠리 그린스펀 박사와의 워크숍 교육과 그가 치료 중인 여러 아동들과의 음악치료 임상 작업은 내가 추구했던 발달 연구와 정신분석학 사이의 간극을 메우는 데 도움이 되었고, 신경학 대학원 공부를 통해 이미 관심을 갖게 된 감각 통합에 대한 더 큰 시각을 갖도록 도와주었다. 마지막으로, 몽클레어 주립대학교에서 다년간의 강의와 정신과 및 학교 환경에서의 임상 실습은 그룹 음악치료를 가르치고 연습하는 일상적인 현실을 상기시키는 역할을 하고 있다.

음악치료 분야에 점점 더 흥미를 느끼면서 음악치료의 문제를 해결하는 방법을 찾기 위해 스스로에게 크게 의존해야 한다는 것을 깨달았다. 이론적 학습에서 응용 실습으로의 도약이 크게 다가왔다.

이 첫 번째 장에서 음악치료 그룹 샘플의 과정을 제시하면서 나는 그룹의 초기 구성과 그룹으로서의 잠재력, 중재 계획을 위한 그룹 구성원 사정평가, 목적과 목표의 공식화, 내가 사용하는 방법과 자료, 그리고 그룹에 대한 지속적인 평가 등 그룹이 어떻게 발전하는지에 대한 나의 사고 과정과 모든 요소를 제시한다. 이것이 이 첫 번째 그룹에 이어지는 장의 주요 내용이다.

이제 2000년 9월, 지역의 한 대규모 장애아동을 위한 주간 학교에서 음악치료 그룹을 운영하던 때로 돌아가 보겠다. 나는 그곳에서 일주일에 이틀씩 음악치료사로 일하면서 몽클레어 주립대학교에서 전일제로 근무하는 것과 동시에 음악치료와 기술적 연구를 병행하고 있었다.

한 그룹의 이야기

학교

나는 이 특수교육 분야에서 일해 왔다. 학교를 6년째 운영하며 일주일에 두 번씩 하루에 6개 그룹을 운영하고 있다. 이 학교는 뉴저지주 전역에 걸쳐 31개 학군을 관할하는 지역 주간 학교이다. 이 학교에는 3~21세의 다양한 장애아동 80여 명이 재학 중이다. 나는 학교 전체에 프로그램을 마련한 최초의 음악치료사이다. 내가 처음에 고용되었을 때는 이런 식으로 시작한 것이 아니었다. IEP(개별화교육계획)에 음악치료를 받고 있는 6명의 아동들과 개별 및 소그룹 음악치료를 진행했다. 6개월 후, 새로운 교장은 "이 프로그램을 해체한다"고 나에게 통보했다. 일부 학부모가 음악치료 서비스 해체에 대한 이의를 제기하는 소송을 제기하자 교장은 개학 이틀 전에 나에게 다시 전화를 주었다. 교장 선생님은 IEP에 선정된 아동들뿐만 아니라, 학교의 모든 아동들이 음악치료를 받아야 한다고 생각했는지 나에게 풀타임으로 일할 것을 제안했다. 나는 몽클레어 주립대학에서 전일제로 프로그램을 가르치고 관리하느라 일주일에 이틀만 근무할 수 있었다. 내 추천에 따라 그녀는 학교의 고학년 학생들과 함께 일할 보조 치료사를 일주일에 이틀 더 고용했다. 이 이야기를 하는 이유는 학부모의 옹호가 얼마나 중요한지 강조하기 위해서이기도 하지만, IEP에 따라 음악치료를 받는 일부 아동과 그렇지 않은 아동의 정치적 어려움을 행정적 관점에서 지적하기 위해서이기도 하다.

이 직책을 맡게 된 나의 개인적 및 직업적 목적은 음악치료의 표준을 유지하는 것이다. 여기에는 사정평가, 개인 및 그룹 치료 배치에 대한 제안, 팀 회의 시간, 기록 검토 시간, IEP 프로세스 포함 등이 포함된다. 내 첫 교장 선생님은 음악치료 프로그램을 매우 지지해 주었지만, 내 이야기가 전개되면서 알 수 있듯이, 나는 내 일을 제대로 하려고 애쓰는 것만으로도 힘들었다. 안타깝게도 교장 선생님은 4년 만에 은퇴하셨다. 다음 교장은 이 프로그램에 관심이 없었고, 음악실을 방문하라는 초대를 여러 번 받았지만 한 번도 오지 않았다. 현재 교장은 내 노력을 최소한으로만 지지하고 있다. 뉴저지에서는 공립 교육구에서 음악치료 자격증을 인정하지 않기 때문인지, 나를 음악 교사라고 부른다. 공립 교육구가 이 학교를 유지한다. 법에 따라 학교에서 일하는 모든 음악치료사는 학교 자격증을 소지해야 한다. 나는 뉴욕과 뉴저지에서 장애인 교사 자격증을 취득했기 때문에 특수교육에 관한 자격증이 있으므로 음악을 가르치는 특수교육 교사라고 부르는 것이 더 적절할 것 같다. 하지만 나는 음악치료사로서 정당한 급여를 받고 있으며, 음악치료사들이 학교의 정치와 주 인증 시스템과 함께 일하기 위해 끊임없이 노력하는 것이 어렵다고 생각한다. 다른 분들께 드리고 싶은 간단한 조언은 가능한 한 자신의 일을 잘하고, 윤리적 · 직업적 기준에 충실하며, 음악치료 자격을 인정받을 수 있도록 창조적 예술치료에 대한 주정부의 옹호 활동에 참여하라는 것이다.

이 학교에서는 작업치료, 물리치료, 음악치료, 언어병리학, 사회복지, 심리학, 특수교육 등 다양한 분야의 팀원들이 시설에 근무하고 있다. 학교의 행정은 계속 변화하기 때문에 내 업무 공간과 업무도 계속 바뀐다. 나는 언어교육 교사, 다른 치료사 및 학부모들과 음악치료 업무에 대한 신뢰할 만한 존중을 쌓아 왔고, 정기적으로 음악실에 함께 있을 정도로 음악치료 업무에 대해 잘 알고 있다. 다른 전문가들과의 만남은 비공식적으로 이루어져야 하고, 전문가들 간의 소통은 일정에 따라 정해져 있지 않기 때문에, 내 생각에는 목적 달성을 더 어렵게 만든다. 내가 관리자로부터 받는 유일한 책임은 '아동들에게 음악을 제공하는 것'이고, 매주 초에 교장 선생님과 수업 계획을 공유하는 것이다. 내 개인적 · 직업적 목적은 그 단순한 지시를 뛰어넘는다. 이 아동들과 학교의 전문가들과 함께 일하면서 배운 모든 것이 대학에서 가르치는 데 큰 원동력이 된다.

이제 다시 9월이 되어 정문 앞에 노란 스쿨버스가 등장하고 낙엽이 지며 선선한 공기가 감도는 계절이 돌아왔다. 같은 아동들이 한 해에서 다음 해로 이어지지만, 항상 왔다 갔다 하는 아동들이 있고, 주로 연령에 따라 새로운 반이 구성된다. 나는 같은 6개 그룹과 일주일에 두 번씩 만나자고 요청했고, 다행히도 그 요청은 흔쾌히 받아들여졌다. 지금은 큰 강의실에 나만의 음악 공간이 있다. 내가 주문하는 모든 것이 존중된다는 것을 말할 수 있게 되어 기쁘게 생각한다. 그 결과 크고 다양한 악기 컬렉션, 괜찮은 피아노, 악보, 음악 포스터가 벽에 걸려 있다.

이 그룹은 연대순으로 3~12세로, 발달적으로 훨씬 어려서 의학적으로 취약한 경우가 많다. 이들은 사실상 학군 내 독립된 교실에서 제대로 돌볼 수 없는 모든 아동이다. 그런 의미에서 이들은 각 학급에 추가 인력(간호사, 개인 보조원, 교사 보조원)이 필요하며, 대부분의 시간 동안 일대일 프로그램이 필요한 매우 도전적인 아동들이다. 모든 아동들을 미술, 음악, 체육 등 '특수교육'에 그룹으로 보내는 것이 교육적 표준이다. 이 아동들과 함께 그룹으로 치료를 진행하는 것은 나에게 여전히 어려운 과제이며, 이를 위해 나는 약속된 해결책을 찾아야만 했다. 내 음악실 문을 열고 들어오는 이 그룹도 예외는 아니다.

그룹

7세부터 9세까지 미취학 아동부터 초등학교 저학년까지 발달 연령이 다양한 6명의 그룹 멤버들은 다양한 신체적, 주의력 장애를 가지고 있으며, 모두 중복장애를 가지고 있다. 나는 이미 이 아동들의 수업에 참여했었기 때문에, 첫 음악 그룹이 시작되기 전에 아동들을 만날 기회가 있었다. 이 아동들은 음악가이기도 한 경험 많고 사랑스러운 특수교육 교사와 함께 수업 시간에 음악을 자주 사용하는 축복을 받았다.

키가 크고 올리브색 피부를 가진 여덟 살의 알렉산더(Alexander)는 얼굴에 환한 미소를 지으며 휠체어에 몸을 의지하여 굴리며 들어온다. 알렉산더는 뇌성마비로 자신의 신체적 요구를 독립적으로 처리할 수 없으며, 표현 언어와 청각적 의사소통에 어려움을 겪을 정도로 신체적 장애가 있다. 하지만 그는 수학과 읽기 능력을 포함한 초기 학업 능력은 발전하고 있다. 선생님에 따르면, 알렉산더는 더 어려운 과제가 주어지면 가짜 울음이나 화자를 무시하는 등의 퇴행적인 감정 행동으로 되돌아간다고 한다. 이 문제는 그의 IEP에서 다루지 않았지만, 자존감을 키우기 위한 새로운 목적으로 다음과 같이 다룰 수 있었다.

보조원이 사이먼을 휠체어로 데리고 왔다. 사이먼은 금발 머리에 파란 눈을 가진 아홉 살의 작은 아동으로, 그는 또 다른 신체장애 아동으로 휠체어에 의지하고 있으며, 언어 발달이 영유아 수준에 머물러 있다. 그는 언어적 촉구와 함께 그림 교환 방식으로 소통하며, 인과관계를 이해하기 시작하는 단계에 있다.

작고 발랄한 일곱 살의 흑인 소녀 케이샤(Keisha)가 보조 교사의 손을 열심히 잡아당기면서 웃으며 교실로 들어오고 있다. 케이샤는 시각장애가 있고 행동이 충동적이며, 구강 운동 기능이 약하고 불안정한 보행 패턴을 보인다. 또한 말을 배우기 시작하는 아동처럼 반복적인 언어 표현을 한다.

소두증을 앓고 있는 근육질의 활동적인 여덟 살의 흑인 아동 테런스(Terrence)가 다른 아동들보다 먼저 교실로 뛰어 들어온다. 그는 색깔과 모양을 판별하고 분류하기, 간단한 이야기 듣기, 음식 준비하기, 간단한 컴퓨터 조작, 9까지의 숫자 판별 및 수 세기 등 미취학 아동 수준의 학업 기술을 시작하고 있다. 4~5단어 문장으로 말을 한다. 충동적인 행동을 통제하는 데 어려움을 겪는 것은 여전히 주요 행동 문제로 남아 있다.

검은 머리에 검은 눈을 가진 통통하고 씩씩해 보이는 아홉 살의 마리아(Maria)가 스페인어를 구사하는 보조원을 끌어당기며 결연한 표정으로 자리에 앉는다. 그녀는 이중 언어를 구사하며 스페인어와 영어로 한 단계 지시를 이해할 수 있다. 특히, 음식과 관련된 활동에서 대략적인 언어를 구사할 수 있으며, 의사소통을 위해 그림을 사용한다. 최대 4개의 기호/그림을 조합하여 요청할 수 있지만, 먼저 모델링을 통한 촉구가 필요하다. 음악을 좋아하기 때문에, 음악 기호와 체육관 기호는 자발적이고 적절하게 사용한다. 지금까지 약물치료는 감정 기복과 꼬집기, 물기, 때리기 등 자기 학대 및 또래 공격행동에 관한 행동 문제를 해결하지 못했다. 그녀는 의자에 앉은 후 나를 쳐다보다가 마침내 나를 향해 미소를 지었다. 마지막으로, 아홉 살의 린다(Linda)가 휠체어를 타고 들어온다. 그녀는 의사소통을 위해 간단한 수화와 그림을 사용할 수 있고, 구강 운동 근육 문제로 인해 과도한 침을 흘리는 등 일부 언어화를 시도할 수 있다. 소근육 및 대근육 운동 능력이 약하기 때문에 여러 가지 작업을 할 때 손 위에 손을 얹는 보조가 필요하다. 그녀의 가장 높은 기능 수준은 영유아 수준에 해당한다.

사정평가

이 학교에서는 아동들이 도착하기 전과 아동들이 떠난 후 각각 30분씩 두 번의 준비 시간을 가진 45분짜리 그룹을 연속으로 배정받았다. 30분의 점심시간에는 샌드위치를 먹으면서 오전 그룹(오전에 세 그룹)의 수업 내용을 필기하느라 애를 먹는다. 아동들이 떠난 후에는 오후 그룹(오후에 세 그룹)에 대한 노트 필기를 계속한다. 수업 사이에는 쉬는 시간이 없다. 처음에는 일반적인 유형의 발달 목적에 따라 메모를 작성하고, 학교에 도착하자마자 시간을 내어 IEP를 읽으려고 노력한다. 일주일에 이틀 동안 내가 함께 일하는 여섯 그룹의 아동들에 대해 읽고 교육하려는 노력은 최소한의 전문성이라고 생각한다.

그룹 회의 시간 외에 개별적으로 사정평가를 시행하는 것은 불가능하다. 사정평가에 관한 광범위한 문헌을 검토하고 직접 사정평가를 작성해 본 결과(Goodman, 1989), 음악치료 사정평가에 관한 거의 모든 문헌이 그룹이 아닌 개별 학생을 위한 것임을 알고 있다(이 책의 제2장 참조). 이 학교는 개별 사정평가를 위해 수업 일정을 변경할 수 있는 학교가 아니다. 각 그룹에 약 6명의 아동으로 구성된 6개의 그룹을 대상으로 개별 사정평가를 하려면 최소 36시간, 즉 일주일 이상이 소요된다. 내 스케줄은 담임 선생님이 점심시간을 갖는 것을 기준으로 하므로 그룹을 나눌 수 없다. 어떤 의미에서 이전 임상 업무에서는 사실상 사정평가를 진행하고 그룹을 구성하는 데 자유로웠기 때문에 내게 버릇이 생겼다. 이 아동들과 함께 나는 중도/중복장애 아동을 위한 음악치료 사정평가 프로파일, MTAP(Michel & Rohrbacher, 1982)의 유아 및 조기 아동기 이정표를 사용하면서 그룹의 맥락 내에서 지속적으로 사정평가해야 한다. 1978년 여름 2주간 텍사스주 덴턴에서 열린 '중도/중복 장애인을 위한 음악치료 훈련 연구소'

에 전문가로 참여하면서 작성한 MTAP의 개념은 간단하다. 인지, 소근육, 대근육, 사회-정서 및 언어 발달 영역의 발달 이정표를 반영하는 음악 과제를 고안하는 것이다. 나는 이 개념을 알렉산더와 테런스의 예상 발달 연령 범위인 3~6세(Vort, 1995)의 발달 이정표를 포함하는 HELP 활동 가이드(Furuno, 2005)와 같은 다른 발달 자료를 사용하여 확장할 수 있다.

음악치료 사정평가의 목적은 음악에서 운동, 언어, 인지 및 의사소통의 발달 영역에서 기능 수준을 결정하고 이를 명시된 현재 기능 수준 및 IEP의 목적과 비교하여 호환성을 확인하는 것이다. 아동들은 음악에서 다르게 수행할 수 있으며 새로운 기대치를 결정할 수 있다. 나는 사정평가와 관련된 문제에 대해 많은 생각을 해 왔으며, 이 그룹을 통해 또 다른 차원의 고려를 하게 될 것이다(제2장 참조).

그룹 배치의 적합성

아동들을 만나고 함께 일하면서 그룹으로서의 적합성과 잠재력에 대해 생각하기 시작했다. 나는 이 학교에서 일을 시작한 약 5년 전부터 그룹을 구성하는 요소에 대해 진지하게 고민하기 시작했다. 내가 고려하는 요소는 다음과 같다: ① 아동의 발달 수준, ② 아동의 음악성, ③ 아동의 감각 프로파일, ④ 학교 환경의 실제적인 고려 사항이다. 학교의 다른 그룹과 마찬가지로 이 아동들은 발달적으로 혼합되어 있다. 알렉산더와 테런스는 미취학 아동 또는 유치원생 수준이고, 린다, 마리아, 케이샤, 사이먼은 영유아 수준이다. 이런 의미에서 이들은 모두 이질적인 형제자매 그룹인 가족 집단에 가깝다. 어린이집이나 유치원을 시작하는 아동들을 생각해 보면, 보통 만 2.5세 정도는 되어야 병행 놀이를 할 수 있다는 것을 알고 있다. 실제로 6명의 아동(케이샤의 개인 보조 교사, 마리아의 개인 보조 교사, 사이먼의 개인 간호사, 보조 교사, 방문 언어치료사, 그리고 나)이 있는 이 방의 모든 보조 교사와 교사 비율은 일대일로, '엄마와 나'라는 놀이 그룹과 비슷하다고 할 수 있다. 사실상 나는 그룹 내에서 개별 치료를 하고 있는 것일까?

테런스, 케이샤, 마리아는 처음 몇 번의 세션에서 음악적 선호도가 빠르게 나타나기 시작했다. 테런스는 세서미 스트리트 노래를 좋아하고, 케이샤는 손가락 연주를 좋아하며, 그리고 마리아는 간단한 스페인 민요에 가장 반응이 좋다. 이들은 모두 서로 교대로 음악 자료를 공유하는 방법을 배워야 하는데, 때로는 이것이 어려울 때도 있다. 음악적 선호도가 뚜렷하고 아동들이 기다릴 줄 모르는 그룹에서는 음악치료사에게 불가능한 상황일 수 있다. 다행히도 이 아동들은 자신의 차례를 기다릴 수 있다. 하지만 다른 아동들이 좋아하는 음악에 집중하는 것은 무리이다. 발달 연령상 당연히 음악에 대한 자기중심적 성향이 강하다. 감각적인 면에서는 아동들이 매우 다르기 때문에 자극에 대한 아동들의 반응을 지속적으로 관찰하고 있다. 나는 스탠리 그린스펀 박사의 연구를 즐겨 읽는데, 그는 이에 대한 다양한 관점을 제시하기 때문이다. 그는 다양한 자극에 대한 아동의 반응에 대해 이야기하고 글을 쓴다. 내가 이야기할 때 아동은 무엇을 듣는가? 내가 노래를 부르거나 악기를 연주할 때 아동은 무엇을 들을까? 내가 프레젠테이션에서 시각 자료를 사용할 때 아동은 무엇을 볼까? 내가 아동을 강하게 만질 때 아동은 어떤 느낌을 받는가? 아동을 가볍게 스치듯 만질 때 어떤 느낌이 드는가? 거의 모든 아동들이 반응하는 데 시간이 걸리는 것을 알 수 있다. 모두 청각 처리 지연이 있는가? 손에서 손으로 이동하는 활동을 도와주려고 하면 알렉산더는 매우 경련을 일으키고 팔을 휘청거리며 꽉 조인다. 사이먼과 린다의 몸은 헝겊 인형처럼 축 늘어져 있다. 마리아는 바닥에 뿌리를 박은 것처럼 움직이지 못한다. 케이샤와 테런스는 몸이 작고 단단하며, 제자리에서 불규칙적으로 움직이며 충동적으로 소리를 지른다. 아동들은 발달적 · 음악적 · 감각적으로 매우 다양한 모습을 보여 주기 때문에 나는 여러 수준에서 동시에 작업해야 한다. 때때로 저글링을 하는 것 같지만 동시에 다양한 수준과 반응에 항상 주목하는 것이 지적으로 자극이 되기도 한다. 학교의 현실적인 한계로 인해 나는 지정된 교실에 있는 그대로의 그룹만 받아들여야 하는 입장에 처해 있다. 나는 이것이 경직된 배치라고 생각한다. 나는 교사의 준비 기간을 커버하는 것이기 때문에 그룹을 유연하게 조정할 수 없다. 선택권이 있다면 알렉산더와 테런스는 발달 연령이 비슷하고 음악적 관심사가 달라 서로를 보완할 수 있기 때문에 별도의 반에 배치하고 싶다. 다른 아동들은 개별적으로 또는 일종의 유아 자극 모델에 함께 배치할 수 있다. 이 그룹은 현재로서는 상당히 어려울 것이다. 개인 또는 그룹 배치를 결정하는 데 관련된 다양한 능력은 이전 임상 환경(제3장 참조)에서는 운이 좋게도 적용할 수 있었지만, 여기서는 그렇지 않다. 그렇다면 이 그룹을 어떻게 '작동'하게 만들 수 있을까?

목적 설정

일반 목적

1단계, 목적 설정

모든 IEP 보고서를 살펴볼 기회가 생기기 전까지는 비교적 일반적인 목적과 세션 전반에 걸쳐 음악의 다양한 활용과 관련된 내용을 다루려고 한다.

다양한 곡을 통해 나는 다음 사항들을 수행하려 한다.

- 표현력/수용력 언어 향상 및 평가하기
- 사회성 향상 및 평가
- 보컬 투영도(projection) 향상 및 평가
- 청각 처리 시간 단축
- 1단계 및 2단계 지시에 대한 일관된 응답 향상

다양한 악기 활동을 통해서는 다음 사항들을 수행하고자 한다.

- 1단계 및 2단계 지침을 따르기
- 충동성을 줄이기
- 아동들에게 일련의 지시 사항을 기억하고 따르게 하기
- 리듬감 있는 통제력 만들기

움직임을 통해서는 다음 사항들을 수행하고자 한다.

- 충동성을 줄이기
- 한 단계 및 두 단계 방향에 대한 반응 증가시키기
- 사회적 상호작용을 증가시키기
- 리듬감 있는 통제력을 강화하기

IEP 검토

음악치료 세션의 목적을 설정하는 것은 단순히 '아동들에게 음악을 제공하는 것'과 같이 시설의 단순한 기대치로 구분할 수도 있고, 내 개인적 · 직업적 기대치에 부응하는 것으로 구분할 수도 있다. 치료사로서 나는 아동들의 발달적 성장을 도울 수 없다면 만족하지 못한다. IEP 팀 접근방식에 맞추면서 음악을 사용하여 발달상의 목적 달성을 위한 특별한 맥락과 의미를 부여할 수 있다면 아동의 전반적인 발달에 기여하고 있다고 느낀다. 연방 규정인 IDEA는 특수교육 교사, 작업치료사, 언어치료사, 물리치료사 등에게 IEP에 관찰 가능하고, 측정 가능한 목적을 작성할 책임을 부여하고 있다. 솔직히 나는 순응주의자는 아니지만,

IEP 목적을 따르고 음악치료 목적과 목표를 관찰 가능하고 측정 가능한 것으로 공식화하기로 결정했다. 쉽지 않은 일이고, 더불어 이는 나의 타고난 성향도 아니다. 하지만 음악치료사는 궁극적으로 아동들의 경과를 기록하는 것이 그렇지 않은 것보다 더 많은 인정을 받을 수 있다고 생각한다. 그래서 나는 IEP의 목적을 검토하고 이를 세션 계획에 어떻게 통합할 수 있는지 살펴보는 데 익숙하다. 이는 사실상 4단계 과정으로 이루어져 있다.

첫째, 아동의 파일에 있는 IEP 목적과 최근 보고서(신경학, 심리사회학, 교육학, 심리, 작업치료, 언어치료, 물리치료)를 검토한다. 둘째, 그룹에 속한 아동들에 대한 이 모든 정보를 확보한 다음에는 아동의 이름을 사용하여 표를 만들고 IEP 목적을 발달 영역(사회-정서, 인지, 언어, 소근육, 대근육)으로 정리한다. 셋째, IEP 목적을, 발달 추이를 볼 수 있는 모눈종이로 정리한 후, 음악치료를 통해 가장 잘 다룰 수 있는 목적을 검토한다(제4장 참조). 이를 위해 상황에 따라 다르며 음악치료에서 다룰 수 없는 목적은 제거하고, 특히 인지 목적과 운동 목적은 상대적으로 부차적인 관심사인 아동 정신과 그룹에서 의사소통과 사회화에 중점을 둔 목적의 우선순위를 정하며, 마지막으로 방법과 평가 측면에서 다룰 수 있는 여러 목적의 우선순위를 정한다. 넷째, 괄호 안에 해당 목적이 적용되는 아동의 이름을 넣어 중복되는 요구 사항을 더 명확하게 파악할 수 있도록 한다. 이 과정은 지루한 과정이지만 음악치료를 통해 IEP 목적을 달성하고 있다는 것을 확인시켜 주므로 작업에 대한 신뢰도가 더욱 높아진다. 이러한 목적은 계획된 음악적 경험을 하든 즉흥적인 음악 제작을 하든 내 마음속에서 가장 우선순위로 남아 있다. 사정평가와 지속적인 중재를 진행하면서, 음악치료는 이러한 IEP 목적에서 볼 수 없었던 아동의 측면을 드러내고 팀에 추가 정보를 제공할 것이다.

중증장애 학생을 위한 핵심 교육과정 내용 표준

올해 나는 아동의 파일에 있는 IEP와 관련 보고서를 검토할 뿐만 아니라 '시각 및 공연 예술' 범주에 따라 IEP 목적을 기고하도록 요청받았다. 학교의 모든 교사와 치료사는 '중증장애 학생을 위한 핵심 교육과정 내용 표준'(CCCSSSD, 2000)이라는 새로운 IEP 목적 작성 모형에 적응하도록 요청받고 있다.

CCCSSSD는 원래 뉴저지주에서 일반적으로 발달하는 K-12 학생을 위해 지정된 과목 영역의 교육 기준을 수정하고 정의하려는 노력이기 때문에(핵심 교육과정 표준, 1996) CCCSSSD를 네모난 못을 동그란 구멍에 끼워 맞추려는 것으로 볼 수도 있다. 특수 학습자와 함께 일하는 교육자 및 치료사는 시각 및 수행 영역과 관련된 IEP 목적을 공식화해야 한다. 예술, 종합적인 건강 및 체육 교육, 언어 능력, 수학, 과학, 사회, 세계 언어뿐만 아니라 진로 준비, 정보 기술, 비판적 사고, 의사 결정, 문제 해결, 자기관리 및 안전 원칙과 같은 학문 분야를 넘나드는 영역('교차 내용 지표'라고 함)을 포함한다. 이러한 목적은 매년 대체 능력 평가로 평가된다(〈부록 A〉, NJDE, 2000).

나는 교육과 치료의 동향이 항상 변화한다는 것을 알고 있으므로 새로운 프로세스를 이해하고 적응하려고 노력한다. 주에서 IEP 계획을 위한 특정 형식을 제안하고 음악치료사로서 그 새로운 모형에 맞춰야 하는 경우에도 적응할 것을 제안한다. 새로운 주 모형을 사용할 때의 장점은 다음과 같다: ① IEP 목적을 작성하는 치료사와 교사는 매 학년 과정 동안 평가할 관찰 가능하고 측정 가능한 행동의 관점에서 목적을 작성해야 한다. 이 의무는 학군 전체와 특수아동과 함께 일하는 치료사 및 교육자가 목적을 작성하는 방식을 표준화한다. ② 시각 및 공연 예술은 전문가에게 IEP 목적을 제공하도록 요청하는 CCCSSSD 모형에 포함되어 있다.

나는 다음과 같이 새 모형에 적응한다.

- 먼저, CCCSSSD에 정의된 대로 각 아동의 IEP 목적을 검토하고 정리한다(〈표 1-1〉 참조). 여기서 유일한 차이점은 CCCSSSD 표준이 목적의 내용을 지시하고 조직화한다는 것이다. CCCSSSD와 아동의 관련 목적을 살펴보는 것은 여러 측면에서 도움이 되는 과정이다. 그룹 내 한 명 또는 여러 명의 아동에게 얼마나 많은 표준이 관련되어 있는지 파악할 수 있다. 또한 치료 목적이 교육 프레임워크에 맞게 어떻게 확장되어야 하는지도 알 수 있다. 전체 CCCSSSD의 표준 및 누적 진도 지표 목록은 너무 방대하고 그중 일부만 내 그룹 아동에게 적용하는 데 사용되고 있기도 한다. 나는 표준의 적절성에 대해 의문이 들며 교사와 치료사들이 다음과 관련된 정보를 만들기 위해 고군분투하는 것을 본다. 아동의 요구가 문서에 맞는지 확인한다. 예를 들어, 작업치료 및 물리치료 목적은 '종합 건강 및 체육' 아래에 있고 언어/언어병리학 목표는 '언어 및 문해력' 아래에 있는 것을 볼 수 있다. 행동 목적은 교차 내용 지표인 '자기관리' 아래에 있다. 모든 행동 영역은 교실에서 다감각 전략을 통해 소개되며, 교사가 아동의 저기능 기술을 학업 수준과 연관시키기 위해 선택한 몇 가지 방법은 나를 놀라게 한다. 책을 읽으면서 음악치료의 맥락에서 이러한 기준 중 일부는 충족되고 다른 일부는 충족되지 않는 것을 이미 상상할 수 있다. 이 과정은 일반적인 IEP를 검토하는 것과 비슷하게 느껴진다.
- 둘째, 다음과 같이 정의된 IEP 목적의 우선순위를 정한다. 음악치료와 가장 관련성이 높은 음악치료 목적을 만들 수 있다(〈표 1-2〉 참조). 음악치료 세션의 맥락에 맞게 방금

검토한 CCCSSSD 표준에 따라 음악치료 목표를 만들 수 있다. 언어 및 문해력, 내용 간 지표(예: 비판적 사고 및 자기관리), 신체 활동 기준이 음악치료 그룹 세션의 일반적인 강조점과 가장 관련이 있다고 판단한다.

- 셋째, 아동의 중복되는 요구를 고려하여 우선순위를 정하고 처음 몇 세션의 작업 목적을 정리한다(〈표 1-3〉 참조). 표현/수용 언어의 수준, 일대일 대응에 대한 인식, 세션 활동의 질서 의식, 참석 및 차례 지키기에 대한 행동 기준, 운동 능력 향상 등을 고려해야 한다는 점에서 일반적으로 중복되는 부분이 있다.
- 넷째, 나는 우선순위가 지정된 IEP 목적(CCCSSSD에서)을 일반적인 참조 프레임인 발달 영역으로 정리하기로 했다(〈표 1-4〉 참조).
- 다섯째, 중복되는 목적은 IEP의 시각 및 공연 예술 목적의 틀 안에 배치하고 다른 방식으로 다루지 않은 목적을 추가한다(〈표 1-5〉 참조).

다행히도 지난 6년 동안 함께 일해 온 동료이자 언어병리학자인 린다는 CCCSSSD의 컨설턴트이다. 그녀는 지난 6년 동안 함께 일하면서 중도장애를 가진 아동들도 음악 경험을 통해 발달하고, 음악을 만들고, 자신의 취향을 표현할 수 있다는 사실을 알게 되었다. 따라서 시각 및 공연 예술(〈표 1-5〉 참조)의 기준을 자세히 살펴볼수록 이 두 가지가 서로 잘 어울린다는 것을 알게 되었다. 나는 이 기준들이 내가 현재 음악치료에서 하고 있는 일과 양립할 수 있으며, 시각/공연 예술 IEP 목적에 대한 음악치료 정의를 만들려는 나의 노력이 만족스럽다는 것을 금방 깨달았다.

〈표 1-1〉 그룹 내 아동을 위한 CCCSSD 표준(IEP 목적)

표준 2. 교차 내용 지표: 모든 학생은 정보 기술 및 기타 악기를 사용합니다. 린다: 소근육 작업을 수행하기 위해 보상 기술 및 또는 적응 장비 사용에 대한 지속적인 평가에 참여합니다. 사이먼: 단계별 스위치를 활용하여 스위치 접속이나 물리적 축구에 대한 단절 없이 학교와 가정 간, 또는 그 반대로 메시지를 전달할 수 있습니다.
표준 2.1. 종합 건강 및 체육: 모든 학생은 건강 증진 및 질병 예방 개념과 건강 증진 행동을 배웁니다. 마리아: 5번의 시도 중 4번은 "손을 내려"라는 구두 안내를 받았을 때, 학교 시간 동안 손을 무는 경우가 줄었습니다.
표준 2.2. 종합 건강 및 체육: 모든 학생들은 건강을 증진시키는 개인, 대인관계 및 생활 기술을 배우게

됩니다.

케이샤: 5회 중 3회 이상 적절한 구강 운동 장치(예: 씹는 'T' 모양)를 요청하여 물체를 입으로 가져가는 것을 대신합니다.
린다: 선호하는 활동에서 전환할 때 최소한의 신체적 도움을 받으면서 단 한 번의 구두 안내 후에 순응하는 모습을 보여 줍니다.
사이먼: 학교 수업 전과 수업 중 변기를 사용할 기회가 주어졌을 때, 5일 중 4일은 실수 없이 옷이 젖지 않은 상태를 유지합니다.
알렉산더: 5회 중 3회 적절한 시간에 개인 자기관리의 필요성을 인식하고 언어적 촉구가 줄어드는 것을 보여 줍니다.

표준 2.5. 종합 건강 및 체육: 모든 학생은 평생 동안 신체 활동 참여를 촉구하는 운동 개념과 기술을 배우고 적용합니다.
마리아: 불평 없이 10분 동안 총체적 운동 활동에 적절하게 참여하는 모습을 보여 주세요.
케이샤: 왼손을 사용하여 트위스트 탑 물체를 독립적으로 3회, 완전히 돌릴 수 있는 능력으로 입증된 바와 같이, 데스크톱 활동 중에 향상된 외회전을 보여 줍니다. PNF 패턴을 활용하여 적절한 굴곡을 통합하여 왼쪽 하지의 향상된 움직임 패턴을 보여 주고 보행으로 이어지며, 향상된 발꿈치 타격과 제어로 입증됩니다.
테런스: 2분 동안 상호 공놀이 활동에 참여하여 5번의 시도 중 4번은 적절하게 차례를 바꿔 가며 공을 주고받습니다.
린다: 1분 동안 정적인 기립 자세를 취한 상태에서 보다 직립한 자세로 유연성과 근력이 개선되었음을 입증하고, 25피트(7.62m) 구간에서 엉덩이를 중립 자세로 유지하여 보행하는 동안에도 유연성과 근력이 개선되었음을 입증합니다. 5일 중 4일 동안 접촉 보호대만 착용하고 휠체어와 교실 의자를 오가는 시범을 보입니다. 공식화된 그룹 대근육 운동 활동에 기꺼이 참여하여 5회 중 4회 이상 적절한 또래 상호작용을 보여 줍니다.

사이먼: 5회 중 3회에 걸쳐 교실 책상 활동 및 또는 음악 수업 중에 물리적 지시 없이 양손을 사용하는 시범을 보여야 합니다. 보행 트레이너 기구 내에서 보행에 적합한 보행 패턴을 시연하며, 10분 동안 고개를 바로 세우고 손을 편한 자세로 유지합니다. 양측 하지 및 몸통에 대한 수동적 운동 범위를 불평 없이 견뎌냅니다. 균형을 잃거나 불평 없이 1분 동안 경사진 벤치에 양손을 옆으로 벌리고 앉는 것을 시연합니다. 교실 의자에서 일어났을 때 수동적 운동 범위를 보조하는 적절한 자세 보조기구를 사용하여 양측 하지의 적절한 자세를 시연합니다.
알렉산더: 교실 활동에서 양손 기술을 자발적으로 사용합니다. 탁자에서 컵을 들어 마시고 흘리지 않고 되돌려놓는 독립적인 섭취 기술을 시연합니다. 새로운 보조장치와 외전 위치 조정기를 사용하고 보행 훈련기를 사용하여 적절한 보행 패턴을 5회 중 4회에서 30피트(9.14m) 거리에서 시연했습니다. 현재 휠체어 프레임에 적용된 새로운 좌석 시스템을 사용하여 몸통 제어를 포함한 향상된 자세를 시연합니다. 3분 동안 치료사의 도움 없이 직립 자세를 유지하기 위해 상지를 적절히 지지하여 벤치에 짧게 앉는 것을 시연합니다. 공놀이할 때 상지와 몸통을 적절히 사용하여 5회 중 3회 이상 4피트 거리

에서 균형을 잃지 않고 머리 위/가슴에서 던지는 동작을 시연합니다.

표준 3. 교차 내용 지표: 모든 학생은 비판적 사고, 의사 결정 및 문제 해결 기술을 사용합니다.
테런스: 학교와 커뮤니티에서 4번의 시도 중 3번의 시도에서 구두 지시와 몸짓으로 4장의 사진 중에서 적절한 것을 선택해 보세요.
알렉산더: 학교와 커뮤니티에서 최대 6개의 그림 또는 3개의 구두 선택지 중에서 적절한 것을 5번의 시도 중 4번에서 선택해 보세요.

표준 3.1. 언어 예술 문해 능력: 모든 학생은 다양한 실제 목적과 청중을 위해 말하게 됩니다.
마리아: 구두 지시가 주어지면 그림 및 또는 수동 기호를 사용하여 3단어 조합을 만들되, 구문 모델링은 하지 않습니다.
케이샤: 학교 환경에서 매일 최소 5회 이상 짧고 적절한 언어 문장/구문을 자발적이고 일관되게 사용합니다. 언어치료사가 주 3회 이상 2분 동안 구강 근육을 강화하는 구강 운동을 실시합니다. 활동 관련 'Wh(육하원칙)' 질문에 대해 5회 중 4회 정답을 맞힙니다. 다양한 간단한 2단계 지시에 따라 5회 중 3회 반복하여 정답을 맞힙니다.
테런스: 5회 중 3회에 걸쳐 촉구 없이 짧은 구절이나 문장으로 'Wh' 질문에 응답합니다. 2분 동안 모방을 통해 구강 운동 연습에 참여한 후, 컵으로 마시거나 빨대로 마실 때 입술을 제대로 닫는 연습을 주 3회 이상 실시합니다.
린다: 언어치료사가 매주 최소 3회, 2분 동안 구강 근육을 강화하는 구강 운동을 실시합니다. 언어 및 몸짓 촉구가 주어지면 5회 중 3회에 걸쳐 최대 5개의 그림을 선택하거나 음성 출력 기능이 있는 보조 장치를 사용하여 욕구, 필요, 선호도를 전달합니다. 그림 어휘를 늘리기 위한 전 단계로, 언어적 촉구가 제공되면 최대 5개의 사물/(익숙하지 않은) 그림으로 구성된 필드에서 사물을 그림과 일치시킵니다. 음성 출력 기능이 있는 보완 장치를 사용하여 성인이 구두 및 제스처 촉구를 통해 학교에서 집으로/집에서 학교로 이동하는 상황을 전달하세요.
사이먼: 하루 종일 적절한 사용으로 입증된 그림 어휘를 10개 이상(화장실, 화난 모습, 마시다, 먹다, 음악, 서다, 컴퓨터 포함)으로 늘립니다. 학교 및 학교 커뮤니티 전체에서 5회 중 3회 이상 4가지 영역을 제시하는 언어 및 몸짓 촉구와 함께 보완 장치에서 그림/메시지를 적절히 활용합니다.
알렉산더: 일상과 관련된 질문에 5회 중 4회에서 촉구 없이 짧은 구절이나 문장으로 적시에 정답을 맞힙니다. 5번의 시도 중 3번은 언어적 촉구와 함께 교실 활동 중 또래에게 간단한 지시를 내릴 때 표현력을 갖춘 언어를 사용합니다.

표준 3.2. 언어 예술 문해 능력: 모든 학생은 다양한 상황에서 다양한 출처의 정보를 적극적으로 경청합니다.
마리아: 5회 중 3회에 걸쳐 최대 6개의 그림 선택지가 주어졌을 때 활동과 관련된 '누구' 질문에 적절하게 응답합니다.
테런스: 3번의 시도 중 2번의 추가 촉구(구두 또는 제스처)가 주어지면 일상과 관련된 3단계 지시를 따릅니다.
린다: 간단한 이야기를 듣고 이해하며, 5회 중 3회 시도에서 언어 및 몸짓 촉구와 함께 그림이나 보완

장치를 활용하여 관련 질문에 답할 수 있는 능력을 보여 줍니다.
알렉산더: 5번의 시도 중 3번의 시각적 알림이 주어졌을 때 이야기와 관련된 'Wh' 질문에 응답합니다.

표준 3.4. 언어 예술 문해 능력: 모든 학생은 다양한 자료와 텍스트를 이해하고 비평적으로 분석하여 읽습니다.
테런스: 3번의 시도 중 2번의 시도에서 자신과 다른 반 친구 2명의 이름을 선택할 때 인쇄된 형태로 된 이름을 인식합니다.
알렉산더: 간단한 질문에 5번의 시도 중 4번을 정답으로 답하여 매우 간단한 자료에 대한 독해력을 보여 줍니다.

표준 4. 교차 내용 지표: 모든 학생이 관리 기술을 보여 줍니다.
마리아: 1분 동안 다른 사람에게 공격적인 행동을 보이지 않고 익숙한 책상용 작업을 협동적으로 수행합니다.
케이샤: 5개의 활동 중 3개의 활동에서 1분 동안 독립적으로 과제를 완료하기 위해 노력합니다. 5번의 시도 중 3번에서 한 번의 구두 안내가 제공되면 물건이나 사람을 잡거나 만지지 않습니다.

테런스: 각 수업일 동안 2번의 방향 수정만 주어지는 친숙한 학업 관련 책상 활동을 완료하기 위해 노력합니다. 5회 중 4회 이상 부적절한 행동(예: 소리 지르기, 장난감이나 손을 두드리기 등)을 보이지 않고 구두 지시를 따릅니다.
린다: 하루 3번의 수업 시간 중에 단 한 번의 구두 방향수정을 통해 최대 1분 동안 간단한 과제에 집중합니다.
사이먼: 물리적인 촉구(한 손을 아래로 잡고 있음)와 언어적 촉구가 주어졌을 때 짜증을 내는 것과 같은 행동을 보이는 대신 화가 났을 때를 나타내기 위해 그림이 있는 스위치를 사용합니다.

알렉산더: 지시를 따르고 5회 중 4회에서 익숙한 교실 활동에서 익숙하지 않은 어른이나 동료를 포함한 다양한 사람들과 적절하게 협력합니다. 불평 없이 다양한 환경에서 작업을 완료하고, 1회 구두 상기시키고, 5회 중 4회에서 시행합니다. 5회 중 4회에서 최소한의 촉구로 학교 전체에서 적절한 방식으로 시기적절하게 그의 요구와 욕구를 구두로 표현합니다.

표준 4.1. 수학: 모든 학생은 수학, 다른 학문 및 일상 경험에서 수학적 문제를 제기하고 해결할 수 있도록 발전합니다.
케이샤: "하나 주세요" 또는 "한 사람당 하나씩 주세요"라는 지시에 5회 중 4회 이상 응답하여 일대일 대응에 대한 이해를 보여 줍니다. 5회 중 4회 시도에서 촉각적 요소(변별을 위해 다양한 질감 사용)를 사용하여 3종류의 물체를 정확하게 분류하는 것을 보여 줍니다.
린다: 5번의 시도 중 3번의 시도에서 익숙한 Mayer Johnson(PCS를 개발한 회사)의 일일 일정 사진 2장에서 "다음에 무엇이 올 것인가"를 판별하세요.
알렉산더: 5번의 시도 중 4번은 실제 사물을 사용하여 20의 덧셈 문제를 푸는 능력을 보여 주세요. 5번의 시도 중 4번은 실제 사물을 사용하여 20까지 뺄셈 문제를 해결할 수 있는 능력을 보여 주세요.

표준 4.5. 수학: 모든 학생은 수학적 사고력, 이해력 및 역량을 향상하기 위해 계산기, 컴퓨터, 조작 및 기타 수학적 도구를 규칙적이고 일상적으로 사용해야 합니다.
마리아: 요리 활동 중 건조 및 액체 계량 시 계량컵을 사용하여 구두, 시각적, 신체적 자극을 주는 것이 일상화되어 있습니다.

표준 4.6. 수학: 모든 학생은 숫자 감각과 다양한 형태로 숫자를 표현하고 다양한 상황에서 숫자를 사용할 수 있는 능력을 개발합니다.
마리아: 4번의 시도 중 3번은 직원이나 동료에게 요청된 양의 물건을 주면서 최대 3번까지 일대일 대응을 시연합니다.
테런스: 5번의 시도 중 4번에서 일대일 대응을 사용하여 최대 5개의 물체를 정확하게 셉니다. 요청이 있을 때 주소와 전화번호를 구두로 이야기합니다.
린다: 학교의 다양한 환경에서 각 그룹에 속한 사람에게 하나의 사물을 하나의 언어적 촉구와 일치시켜 일대일 대응의 이해도를 보여 줍니다.

표준 4.9. 수학: 모든 학생은 측정에 대한 이해를 발전시키고 측정을 사용하여 현상을 설명하고 분석합니다.
사이먼: 요리 활동 중 5회 중 3회 시도에서 2가지 선택지가 제시되면 적절한 계량 도구를 선택합니다.

표준 4.11. 수학: 모든 학생은 패턴, 관계 및 함수에 대한 이해를 발전시키고 이를 사용하여 실제 현상을 표현하고 설명할 수 있습니다.
테런스: "다음에 무엇이 올까요?"라는 질문에 정답을 맞히세요. 5번 중 4번은 일일 그림 스케줄을 사용합니다.
사이먼: 교실 일과에 대한 일일 그림 시간표 모형을 5회 중 3회 보고 2가지를 선택하도록 제시받았을 때 '다음' 활동을 판별합니다.

표준 4. 교차 내용 표시기: 모든 학생에게 안전 원칙을 적용합니다.
알렉산더: 학교 전체에서 안전 지침을 구두로 지시받았을 때, 5회 중 4회 이상 지시에 따라 적절한 자기 자제력을 보입니다.

표준 5.6. 과학: 모든 학생은 생물의 구조, 특성 및 기본적인 요구를 이해합니다.
마리아: 4회 중 3회(구두, 시각적, 제스처적 촉구 제공)에 걸쳐 물리적 촉구 없이 손 씻기 기술을 시연합니다.
테런스: 그림 순서를 참고하여 5번 중 4번은 독립적으로 손을 씻습니다.
린다: 비누 사용 시에만 신체적 도움을 받으며, 5회 중 3회는 독립적으로 손 씻기를 수행할 수 있습니다.

표준 5.7. 과학: 모든 학생은 생명의 다양성을 조사합니다.
알렉산더: 5회 시도 중 5번의 간단한 질문에 정확하게 답하여 반려동물 관리에 대한 지식을 입증합니다. 5회 시도 중 4번의 간단한 질문에 정확하게 답하여 식물 관리에 대한 지식을 입증합니다.

표준 5.9. 과학: 모든 학생은 운동, 힘, 에너지 변환에 적용되는 자연법칙을 이해하게 됩니다.
케이샤: 5일 중 4일의 서클 타임(아침에 앉아서 진행하는 모임 활동)에서 온도 및 또는 날씨에 관한 3가지 구두/시각적 옵션 중 하나를 선택합니다.
사이먼: 날씨에 대해 논의한 후, 서클 타임에서 두 가지 선택지를 제시하면 적절한 계절 의상을 선택하세요.

표준 5.12. 과학: 모든 학생은 인간 활동과 자연 현상의 영향을 받는 상호 의존적인 구성 요소의 시스템으로서 환경에 대한 이해를 발전시킵니다.
마리아: 직업 교육 중 성인의 감독하에 구두 및 몸짓으로 안내를 받으며 캔을 찌그러뜨리며 재활용 활동에 참여합니다.
케이샤: 날씨 조건에 대한 논의가 끝난 후, 2가지 의상을 제시하면 5회 중 3회에 걸쳐 계절/날씨에 맞는 의상을 선택합니다.
린다: 몸짓으로만 적절한 쓰레기 버리는 방법을 일상적으로 보여 주세요.
사이먼: 5번의 시도 중 3번의 시도에서 신문과 알루미늄 캔을 재활용 용도에 맞게 적절하게 분류합니다.

표준 6.1. 사회학: 모든 학생은 민주적 시민권과 미국의 헌법적 정부 시스템에 참여하는 방법을 배웁니다.
마리아: 그룹 활동 중 4회 중 3회 이상 구두 안내가 주어졌을 때, 자신이나 다른 친구에게 공격적인 행동을 보이지 않고 적절하게 앉아서 다른 친구 2명의 차례에 참석합니다.
케이샤: 5번 중 3번 이상 직원이나 동료의 이름표를 잡아당기거나 잡는 대신 이름을 말함으로써 적절하게 주의를 끌 수 있습니다.
린다: 교실에서 그룹 활동을 하는 동안 적절한 시간에 자신의 차례를 시작하는 2번의 상호 순서에 대해 단 한 번의 구두 안내와 함께 차례 지키기 시범을 보여 주세요.
사이먼: 하루에 5번 중 3번 이상 신체적, 언어적 지시를 받았을 때, 다른 사람을 긁거나 꼬집거나 때리는 행동을 중단합니다.
알렉산더: 5번의 기회 중 3번의 기회가 주어질 때마다 적절한 때에 좋은 매너를 사용하는 모습을 보여 주세요.

표준 6.2. 사회학: 모든 학생들은 문학, 미술사, 철학 및 관련 분야를 공부함으로써 인문학을 통해 민주적 리더십을 배웁니다.
마리아: 5회 중 3회에 걸쳐 서클 타임에 모범 시간표를 보여 준 후 제시된 3개의 그림 중에서 적절한 것을 선택하여 일일 학교 활동 시간표에서 다음에 무엇이 나올지에 대한 지식을 보여 주세요.
케이샤: 그림/사물을 사용하여 5번의 시도 중 4번의 시도에서 다음에 어떤 활동이 있는지 정확하게 말하여 일일 학교 일정을 따르세요.
린다: 5번 중 4번의 시도에서 2장의 초상화 사진 중 하나를 선택해 반 친구들을 판별합니다.
사이먼: 적절한 시간이 될 때까지 기다렸다가 아침 서클 시간에 충성 서약(국기에 대한 맹세)을 말하는 스위치를 작동합니다. 10분 동안 부적절한 행동을 보이지 않고 신체적 · 언어적 지시가 주어지면 제시된 활동에 참여하여 규정을 준수하는 모습을 보여 주세요.

〈표 1-2〉 음악치료를 위해 우선순위를 둔 아동의 CCCSSD 목표

알렉산더: 커뮤니티 작업자의 요청이 있을 때, 5회 시도 중 3회 정도 간단한 직무에 관한 설명을 제공하세요.

마리아

1. 4/5번의 시도에서 "손을 내려"라는 구두 안내를 통해 손을 무는 사례를 줄입니다.
2. 규정을 준수하며 불평 없이 총 10분 동안 운동 활동에 참여하세요.
3. 4번의 시도 중 3번은 직원 또는 동료에게 요청된 양의 물건을 제공하여 최대 3번까지 일대일 대응을 시연합니다.
4. 4번 중 3번에서 2번 이하의 구두 안내를 받았을 때, 자신이나 다른 친구에게 공격적인 행동을 보이지 않고 적절하게 앉아 다른 친구의 차례를 기다립니다.
5. 5회 중 3회 동안 모델 스케줄을 보여 준 후 제시된 3개의 그림 중에서 적절한 것을 선택하여 다음에 무엇이 나올지에 대한 지식을 보여 주세요.
6. 5회 중 3회에 걸쳐 최대 6개의 그림 선택지가 주어지면 활동과 관련된 'Wh' 문제에 적절하게 답하세요.
7. 구두 촉구가 주어지면 그림 및 또는 수동 기호를 사용하여 3단어 조합을 만들되, 문구 모델링은 하지 않습니다.

케이샤

1. 짧고 적절한 구두 문장/구문을 매일 5회 이상 자연스럽게 일관되게 사용합니다.
2. 언어치료사가 주 3회 이상 2분간 구강 근육을 강화하는 구강 운동 운동을 실시합니다.
3. 5번의 시도 중 4번의 활동 관련 'Wh' 문제에 정답을 맞힙니다.
4. 다양한 간단한 2단계 지시문을 5회 중 3회 반복하여 따라 하세요.
5. 5가지 활동 중 3가지 활동 중 1분 동안 독립적으로 작업을 완료합니다.
6. 5번의 시도 중 3번에서 1회의 구두 안내가 제공되면 물체나 사람을 잡거나 만지지 마세요.
7. 5번의 시도 중 4번에서 "나한테 하나 줘" 또는 "한 사람당 하나씩 줘"라는 지시에 응답하여 일대일 대응에 대한 이해도를 보여 줍니다.
8. 5회 중 4회 시도에서 촉각 요소를 사용하여 3종류의 물체를 정확하게 분류하는 것을 시연합니다.
9. 5번 중 3번 이상 직원이나 동료의 이름표를 잡아당기거나 잡는 대신 이름을 말함으로써 적절하게 주의를 끌 수 있습니다.
10. 5번의 시도 중 4번의 시도에서 다음에 어떤 활동이 나올지 정확하게 말하여 그림/사물을 사용한 스케줄을 따르세요.

테런스

1. 2분 동안 상호 공놀이 활동에 참여하여 5번의 시도 중 4번은 적절하게 차례를 바꿔 가며 공을 주고 받습니다.
2. 4번의 시도 중 3번의 시도에서 언어적 지시와 제스처 촉구에 따라 4개의 그림 중에서 적절한 것을 선택합니다.

3. 5번의 시도 중 3번은 촉구 없이 짧은 구절이나 문장으로 'Wh' 질문에 응답하세요.
4. 3번의 시도 중 2번의 추가 촉구(구두 또는 제스처)가 주어지면 일상과 관련된 3단계 지시를 따릅니다.
5. 5번 중 4번은 부적절한 행동을 보이지 않고 구두 지시를 따릅니다.
6. 일대일 대응을 사용하여 최대 5개의 물체를 정확하게 세어 보세요.
7. 주소와 전화번호를 연결합니다.
8. 일일 사진 일정을 사용하여 "다음에 무엇이 올까요?"라는 질문에 5번 중 4번 정답을 맞히세요.

린다

1. 최소한의 신체적 도움을 받아 선호하는 활동에서 다른 활동으로 전환할 때, 단 한 번의 언어적 지시만으로도 순응성을 보여 줍니다.
2. 5회 중 3회 이상 적절한 또래 상호작용을 보여 주는 공식화된 그룹 대근육 운동 활동에 기꺼이 참여합니다.
3. 언어치료사가 주 3회 이상 2분간 구강 근육을 강화하는 구강 운동을 실시합니다.
4. 언어 및 제스처 촉구가 주어지면 최대 5개의 사진을 선택하거나 음성 출력 기능이 있는 보완 장치를 사용하여 3~5회 시도하여 원하는 사항, 필요 사항 및 선호 사항을 전달합니다.
5. 그림 어휘력을 높이기 위한 전 단계로 최대 5개의 필드에서 사물을 그림과 일치시켜 보세요.
6. 보컬, 악기 및 움직임 활동 중에는 최대 1분 동안 간단한 작업에 집중하고, 단 한 번의 구두 지시만 하세요.
7. 5번의 시도 중 3번의 시도에서 익숙한 메이어 존슨의 일일 일정 사진 2장을 보고 다음에 무엇이 나올지 파악하세요.
8. 한 사람당 1개의 사물을 1개의 구두 촉구와 일치시켜 일대일 대응에 대한 이해도를 보여 줍니다.
9. 그룹 활동 중 2명의 학생이 적절한 시간에 자신의 차례를 기다리는 2번의 상호 순서에 대해 차례를 따르는 시범을 보이고, 구두로 한 번만 안내합니다.
10. 5번의 시도 중 4번의 시도에서 2장의 초상화 사진 중 하나를 선택할 수 있는 기회가 주어지면 반 친구를 맞히세요.

사이먼

1. 5회 중 3회 시도에서 물리적인 지시 없이 양손 사용을 시연합니다.
2. 보행 트레이너 기계 내에서 10분 동안 고개를 바로 세우고 손을 편안한 자세로 유지하면서 보행에 적합한 왕복 보행 패턴을 시연합니다.
3. 양측 하지와 몸통의 수동적 운동 범위를 불평 없이 견딜 수 있습니다.
4. 교실 의자에서 일어났을 때 양측 하지의 적절한 자세를 보여 주고, 수동적 운동 범위를 돕기 위한 적절한 자세 보조기구를 사용합니다.
5. 그림 어휘를 10개 이상(음악, 서 있는 그림 포함)으로 늘립니다.
6. 그림이 있는 스위치를 사용하여 아동이 짜증과 같은 행동을 보이지 않고 화가 났을 때를 표시하고, 신체적 자극(한 손은 누르고 있음)과 언어적 자극을 주도록 합니다.
7. 5번 중 3번의 일일 사진 일정을 본 후 2개를 선택하라는 메시지가 표시되면 '다음' 활동을 판별합니다.
8. 하루 중 5번 중 3번 이상 신체적 · 언어적 지시를 받았을 때 다른 사람을 긁거나 꼬집거나 때리는

행동을 중단합니다.

9. 10분 동안 부적절한 행동을 보이지 않고 신체적 · 언어적 지시가 주어지는 제시된 활동에 참여하여 규정을 준수하는 모습을 보여 주세요.

알렉산더

1. 지시에 따라 낯선 성인이나 또래를 포함한 다양한 사람들과 함께 익숙한 교실 활동에서 5회 중 4회 적절하게 작업합니다. 불평 없이 과제를 완료하고, 5회 중 4회는 구두로 상기시켜 줍니다. 5회 중 4회에 걸쳐 적절한 방식으로 적시에 요구와 욕구를 구두로 표현합니다.
2. 간단한 질문에 5번 시도 중 4번 정답을 맞혀 매우 간단한 자료에 대한 독해력을 입증합니다.
3. 5번의 시도 중 3번의 시도에서 시각적 알림이 주어지면 'Wh' 질문에 응답합니다.
4. 일상과 관련된 질문에 5회 중 4회에서 촉구 없이 짧은 구절이나 문장으로 적시에 정답을 맞힙니다. 5번의 시도 중 3번은 언어적 촉구와 함께 교실 활동 중 동료에게 간단한 지시를 내릴 때 표현력을 갖춘 언어를 사용합니다.
5. 5번의 시도 중 4번의 시도에서 최대 6개의 사진 또는 3개의 구두 선택지 중에서 적절한 선택을 합니다.
6. 양손 기술을 자연스럽게 사용하세요.
7. 새로운 보조 장치와 외전 위치 조정기를 사용하여 보행 훈련기를 사용하여 5회 중 4회에서 30피트(9.14m) 거리를 적절한 보행 패턴으로 보여 줍니다. 공을 가지고 노는 동안 상지와 몸통을 적절히 사용하여 균형을 잃지 않고 머리 위/가슴에서 4피트(1.21m) 거리를 던집니다(5회 중 3회).

〈표 1-3〉 처음 몇 세션의 작업 목적을 우선순위로 정하고 아동의 중복되는 요구를 고려하여 다음을 수행하십시오.

1. 아동은 적절한 발달 수준에 맞는 표현 언어를 사용합니다.
   - 자연스럽고 일관성 있는 짧고 적절한 구두 문장(케이샤).
   - 활동 관련 'Wh' 질문에 대한 답변(케이샤).
   - 스토리 관련 'Wh' 질문에 대한 응답은 5회 중 3회에 걸쳐 시각적 알림을 제공합니다(알렉산더).
   - 5번의 시도 중 3번의 시도에서 구두 촉구를 통해 동료에게 간단한 지시 사항 제공(알렉산더).
   - 5번의 시도 중 4번의 시도에서 촉구 없이 짧은 구절이나 문장으로 일상적인 관련 질문에 적시에 답합니다(알렉산더).
   - 5번 중 3번 이상 직원이나 동료의 이름을 잡아당기거나 잡는 대신 이름을 말함으로써 적절하게 주의를 끌기(케이샤).
   - 그림을 사용하여 음악 활동 스케줄을 따르고 5번 중 4번(케이샤), 5번 중 3번(린다, 사이먼)에 대해 다음에 어떤 활동이 나올지 정확하게 서술하세요.
   - 그림이 있는 스위치를 사용하여 아동이 짜증과 같은 행동을 보이는 대신 언제 화가 났는지를 신체적 촉구(한 손 누르기)와 언어적 촉구(사이먼)를 통해 알려 주세요.
   - 5회 중 4회 시도에서 최대 6개의 사진 또는 3개의 구두 선택 중에서 적절하게 선택합니다(알렉산더).

- 자연스럽고 일관성 있는 짧고 적절한 구두 문장(케이샤).
- 활동 관련 'Wh' 질문(케이샤)에 5번의 시도 중 3번에서 촉구 없이 짧은 구 또는 문장으로 응답(테런스)합니다.
- 스토리 관련 'Wh' 질문에 대한 응답은 5회 중 3회에 걸쳐 시각적 알림을 제공합니다(알렉산더).
- 5번의 시도 중 3번의 시도에서 구두 촉구를 통해 동료에게 간단한 지시를 내립니다(알렉산더).
- 언어 및 제스처 촉구가 주어지면 최대 5개의 그림 선택 및 또는 음성 출력 기능이 있는 보완 장치를 사용하여 3~5회 시도하여 원하는 것, 필요 및 선호 사항을 전달합니다(린다).

2. 아동은 적절한 발달 수준에 맞는 수용적 언어를 사용합니다.
   - 다양한 간단한 2단계 지시문을 5회 중 3회(케이샤)에 1회씩 반복하여 따라 하세요.
   - 3번의 시도 중 2번의 추가 촉구(언어 및 몸짓)가 주어지면 일상과 관련된 3단계 지시를 따릅니다(테런스).
   - 음악과 서 있는 그림을 포함하여 그림 어휘를 10개 이상으로 늘립니다(사이먼).
   - 5번의 시도 중 4번의 시도에서 지시를 따르고 다양한 사람들과 적절하게 협력합니다(알렉산더).
   - 4번의 시도 중 3번의 시도에서 언어적 지시와 몸짓 촉구(테런스)를 사용하여 4개의 그림 중에서 적절한 것을 선택합니다.
3. 아동들은 언어치료사가 도입하는 신체적 중재를 견딜 수 있습니다.
   - 2분 동안 구강 근육을 강화하는 구강 운동을 견딜 수 있습니다(케이샤, 린다).
4. 아동은 지정된 신체 활동에 참여하게 됩니다.
   - 규정 준수 및 불만 없이 10분(마리아).
   - 5회 중 3회 이상 동료와의 적절한 상호작용을 합니다(린다).
   - 몸통 제어를 포함하여 개선된 자세를 보여 줍니다(알렉산더).
5. 상호 공놀이를 하는 동안 아동은 지정된 대로 참여하게 됩니다.
   - 공놀이할 때 상지와 몸통을 적절히 사용하고, 5회 중 3회 이상 머리 위로 던져 4피트(1.21m) 거리를 유지합니다(알렉산더).
   - 2분 동안 5번의 시도 중 4번을 적절히 차례대로 진행합니다(테런스).
6. 5회 중 3회(사이먼)에서 자발적으로(알렉산더) 또는 신체적 자극 없이 양손 사용을 시연합니다.
7. 물리치료사의 신체적 자극을 적절히 견뎌 냅니다.
   - 불만 없이 양측 하지 및 몸통에 대한 수동적 운동 범위(사이먼).
   - 양측 하지의 위치 및 수동적 운동 범위를 보조하기 위한 적절한 위치 보조 장치(사이먼).
8. 걸음걸이 패턴을 조절하세요.
   - 보조기와 외전 위치 조정기를 사용하여 보행 훈련기를 5회 중 4회 30피트(9.14m) 거리로 사용(알렉산더).
   - 보행 훈련기를 사용하여 적절한 머리 교정과 손의 이완된 자세를 10분간 유지(사이먼).
9. 이에 따라 일대일 대응을 시연합니다.
   - 4번의 시도 중 3번의 시도에서 직원 또는 동료에게 요청량을 제공하면 최대 3번까지 가능합니다(마리아).
   - 최대 5개의 개체를 정확하게 세어 보세요(테런스).
   - 최대 5개의 필드에서 개체를 사진에 일치시킵니다(린다).

10. 한 사람당 하나의 사물을 하나의 언어적 촉구와 일치시켜 일대일 대응에 대한 이해도를 보여 줍니다(린다).
11. 다음에 표시되는 활동 유형을 선택합니다.
    - 5회 중 4회는 일일 사진 스케줄을 사용합니다(테런스).
    - 세 장의 사진으로 구성된 필드에서 5개의 시도 중 세 장입니다(마리아).
12. 5회 중 4회 시도에서 촉각 구성 요소가 있는 3종류의 물체를 정확하게 분류하는 것을 시연합니다(케이샤).
13. 행동 방해 없이 참석하세요.
    - 구두 방향 전환 지시만으로 최대 1분까지 가능합니다.
    - 손을 물지 않고 구두로 안내를 받으면 5번의 시도 중 4번을 "손을 내립니다"(마리아).
    - 다른 또래의 차례가 2번 주어지는 동안 적절하게 앉아 있고 자신이나 다른 사람에게 공격적인 행동을 보이지 않으며, 구두로 2번 이하의 지시를 받았을 때 4회 중 3회(마리아)에 해당하는 경우입니다.
    - 5회 중 3회(케이샤) 중 1회 구두 안내를 받았을 때 물건이나 사람을 잡거나 만지지 않습니다.
    - 구두 지시를 따를 때 5회 중 4회 이상 부적절한 행동을 보이지 않습니다(테런스).
    - 5회 중 3회 이상 신체적 · 언어적 지시가 주어졌을 때 다른 사람을 긁거나 꼬집거나 때리지 않습니다(사이먼).
    - 10분 동안 부적절한 행동을 보이지 않고 신체적 · 언어적 자극이 주어지는 제시된 활동에 참여하는 것입니다(사이먼).
    - 5번의 시도 중 4번의 구두 알림으로 불만 없이 작업을 완료합니다(알렉산더).
    - 선호하는 활동에서 전환할 때는 최소한의 신체적 도움만 제공하되, 단 한 번의 구두 안내(린다) 후에 전환합니다.
14. 교대로 진행합니다.
    - 다른 또래의 차례가 2번 주어지는 동안 적절하게 앉아 있고 자신이나 다른 사람에게 공격적인 행동을 보이지 않으며, 구두로 2번 이하의 지시를 받았을 때 4회 중 3회(마리아)에 해당하는 경우입니다.
    - 그룹 활동 중 적절한 시간에 자신의 차례를 시작하는 2가지 상호 순서에 대한 그룹 활동에서 단 한 번의 구두 촉구(린다)만 사용합니다.

〈표 1-4〉 IEP 목적에 대한 발달 영역

음성/언어

1. 아동은 적절한 발달 수준에 맞는 표현 언어를 사용합니다.
    - 자연스럽고 일관성 있는 짧고 적절한 구두 문장(케이샤).
    - 활동 관련 'Wh' 질문에 대한 응답(케이샤).
    - 스토리 관련 'Wh' 질문에 시각적 알림이 주어졌을 때 5회 중 3회(알렉산더)에서 응답.
    - 5번의 시도 중 3번의 시도에서 최대 6개의 그림 선택지가 주어졌을 때 활동과 관련된 'Wh' 질문

에 대한 응답(마리아).

- 5번의 시도 중 3번의 시도에서 동료에게 구두로 간단한 지시를 내립니다(알렉산더).
- 일상적인 관련 질문에 5회 중 4회에서 촉구 없이 짧은 구절이나 문장으로 적시에 답할 수 있습니다(알렉산더).
- 5번 중 3번 이상 직원이나 동료의 이름표를 잡아당기거나 잡는 대신 이름을 말함으로써 적절하게 주의를 끌 수 있습니다(케이샤).
- 그림을 사용하여 음악 활동 스케줄을 따르고 5번 중 4번(케이샤), 5번 중 3번(린다, 사이먼)에 대해 다음에 어떤 활동이 나올지 정확하게 말합니다.
- 짜증을 내는 것과 같은 행동을 보이는 대신, 그림이 있는 스위치를 사용하여 화가 났을 때를 나타냅니다. 한 손을 눌렀을 때와 같은 신체적 신호나(사이먼) 언어적 신호가 주어졌을 때입니다.
- 최대 6개의 그림 중에서 적절한 선택을 하거나 5번의 시도 중 4번의 시도에서 3개의 구두 선택을 합니다(알렉산더).
- 구두 촉구가 주어졌을 때 그림 및 또는 수동 기호를 사용하여 3단어 조합을 만들지만 문구 모델링은 없습니다(마리아).

2. 아동은 적절한 발달 수준에 맞는 수용적 언어를 사용합니다.
   - 4번의 시도 중 3번의 시도에서 언어적 지시와 몸짓 촉구(테런스)를 통해 4개의 그림 중에서 적절한 선택을 합니다.
   - 5번의 시도 중 3번을 반복하는 간단한 2단계 지침을 다양하게 따릅니다(케이샤).
   - 3번의 시도 중 2번의 추가 촉구(언어 및 몸짓)가 주어졌을 때 일상과 관련된 3단계 지시를 따릅니다(테런스).
   - 음악과 서 있는 그림을 포함하여 그림 어휘를 10개 이상으로 늘립니다(사이먼).
   - 5번의 시도 중 4번의 시도에서 지시를 따르고 다양한 사람들과 적절하게 협력합니다(알렉산더).
3. 아동들은 언어치료사가 도입하는 신체적 중재를 견딜 수 있습니다.
   - 구강 근육을 강화하기 위한 구강 운동을 2분 동안 견딜 수 있습니다(케이샤, 린다).

운동

1. 아동은 지정된 대로 운동에 참여합니다.
   - 규정 준수 및 불만 없이 10분(마리아).
   - 5회 중 3회 이상 적절한 동료와의 상호작용이 있습니다(린다).
   - 몸통(알렉산더)을 포함한 자세가 개선되었음을 보여 줍니다.
2. 상호 공놀이를 하는 동안 아동은 지정된 대로 참여하게 됩니다.
   - 볼 플레이를 할 때 상지와 몸통을 적절히 사용하며, 5회 중 3회 이상 머리 위로 던져 4피트(1.21m) 거리의 공을 던질 수 있습니다(알렉산더).
   - 2분 동안 5번의 시도 중 4번을 적절히 차례대로 진행합니다(테런스).
3. 5회 중 3회(사이먼)에서 자발적으로(알렉산더) 또는 신체적 자극 없이 양손 사용을 시연합니다.
4. 물리치료사의 신체적 자극을 적절히 견뎌냅니다.
   - 불만 없이 양측 하지 및 몸통에 대한 수동적 운동 범위(사이먼).
   - 양측 하지의 위치 및 수동적 운동 범위를 보조하기 위한 적절한 위치 보조 장치(사이먼).

5. 걸음걸이 패턴을 조절하세요.
   - 보조기와 외전 위치 조정기를 사용하여 보행 훈련기를 사용하여 5회 중 4회 30피트(9.14m) 거리를 이동합니다(알렉산더).
   - 보행 훈련기를 사용하여 적절한 머리 교정과 손의 이완된 자세를 10분간 유지합니다(사이먼).

인지

1. 이에 따라 일대일 대응을 시연합니다.
   - 4번의 시도 중 3번에서 직원이나 동료에게 요청된 양의 물건을 주면 최대 3개를 받을 수 있습니다(마리아).
   - 최대 5개의 개체를 올바르게 계산합니다(테런스).
   - 최대 5개의 필드에 있는 사진과 개체를 일치시킬 수 있습니다(린다).
2. 1개의 언어적 촉구(린다)에 따라 각 사람에게 1개의 사물을 맞추어 일대일 대응의 이해를 보여 주세요.
3. 다음에 표시되는 활동 유형을 선택합니다.
   - 5회 중 4회는 일일 사진 일정을 사용(테런스).
   - 사진 3장의 필드에서 5번의 시도 중 3번(마리아).
4. 촉각 구성 요소로 3종류의 물체를 5회 시도 중 4회 정확하게 분류하는 것을 시연합니다(케이샤).

사회-정서

1. 행동 방해 없이 참석하세요.
   - 구두 방향전환 지시만으로 최대 1분까지 가능.
   - 손을 물지 않고 구두로 안내를 받으면 5번의 시도 중 4번을 "손 내려"(마리아).
   - 다른 또래의 차례가 2번 주어지는 동안 적절하게 앉아 있고, 4번 중 3번에서 2번 이하의 구두 안내를 받았을 때, 자신이나 다른 사람에게 공격적인 행동을 보이지 않기(마리아).
   - 5회 중 3회(케이샤) 중 1회 구두 안내를 받았을 때, 물체나 사람을 잡거나 만지지 않기.
   - 구두 지시를 따를 때 5번 중 4번(테런스)에서 부적절한 행동을 보이지 않기.
   - 5회 중 3회 이상 신체적 · 언어적 지시가 주어졌을 때 다른 사람을 긁거나 꼬집거나 때리지 않기(사이먼).
   - 10분 동안 부적절한 행동을 보이지 않고 신체적 · 언어적 자극이 주어지는 제시된 활동에 참여하기(사이먼).
   - 5번의 시도 중 4번의 구두 알림으로 불평 없이 작업을 완료하기(알렉산더).
   - 선호하는 활동에서 전환할 때, 최소한의 신체적 도움만 주어지면 단 한 번의 구두 안내(린다) 후에 전환할 수 있기.
2. 교대로 진행합니다.
   - 다른 또래의 차례가 2번 주어지는 동안 적절하게 앉아 있고, 4번 중 3번에서 2번 이하의 구두 안내를 받았을 때 자신이나 다른 사람에게 공격적인 행동을 보이지 않기(마리아).
   - 그룹 활동 중 적절한 시간에 자신의 차례를 시작하는 2번의 상호 순서에 대해 단 한 번의 구두 촉구(린다)만 제공하기.

〈표 1-5〉 시각/공연 예술 표준

이제 모든 CCCSSSD 목적이 정리되고 우선순위가 정해졌으니, 이를 CCCSSSD의 시각/공연 예술 표준의 맥락에 맞게 조정하세요(**굵은 고딕체**로 표시된 지표 참조).

시각 공연 예술

표준 1.2-모든 학생은 무용, 음악, 연극 및 또는 시각 예술 창작을 통해 지각, 지적, 신체 및 기술 능력을 향상시킵니다.

누적 진행률 지표

1. 개인 또는 다른 사람들과 함께 무용, 음악, 연극 또는 시각 예술 작품을 창작, 제작 및 공연합니다.
   음악치료 정의: 아동은 음악치료를 위한 CCCSSSD 우선순위에 명시된 대로 적절한 발달 수준에 맞는 음악을 제작하고 연주합니다(<표 1-2> 참조).
2. 음악과 춤, 시각 예술, 연극 예술을 통해 아이디어와 감정을 표현하고 소통합니다.
   음악치료 정의: 아동은 지정된 CCCSSSD 언어/문해력 목적(누적 진도 지표)을 따르고 각 세션에서 최소 한 번의 자발적인 음악 경험을 시작함으로써 정서적 표현과 의사소통의 사용을 늘릴 수 있습니다.

표준 1.3-모든 학생은 예술적 요소와 예술 미디어를 활용하여 예술 작품과 공연을 제작합니다.

누적 진도 지표

1. 예술에 공통적인 요소와 미디어를 적용하여 예술 작품을 제작하세요.
   음악치료 정의: 아동은 음악의 요소인 멜로디, 리듬, 화성을 사용하여 음악치료 세션에서 4가지 음악적 경험 중 3가지에 대해 상호 작용적으로 함께 작업하게 됩니다.
2. 무용, 음악, 연극 또는 시각 예술을 창작할 때 기술, 악기, 용어, 기법 및 또는 미디어를 적절하게 사용하는 것을 보여 줍니다.
   음악치료 정의: 아동이 음악치료에서 4가지 보컬 또는 악기 활동 중 3가지에서 음악을 만드는 데 참여하는 데 필요한 경우 보완 의사소통을 사용합니다.

표준 1.4-모든 학생은 비평 과정에 대한 지식을 입증할 것입니다.

누적 진도 지표

1. 댄스 음악, 연극 또는 시각 예술 유형에 대한 선호도를 전달합니다.
   음악치료 정의: 아동은 음악치료 세션에서 4회 중 3회 이상 언어적 및 또는 비언어적 수단을 사용하여 선호하는 음악을 선택합니다.
2. 여가 활동을 위한 댄스, 음악, 연극, 시각 예술 중 하나를 선택해 시연/발표합니다.
   음악치료 정의: 교실에서 그림 교환 또는 언어적 제안을 통해 네 가지 예술 선택지가 주어지면, 아동은 일주일에 한 번 점심 식사 후 휴식 시간에 언어적 및 또는 비언어적 수단을 사용하여 휴식을 위한 청취 자료를 선택합니다.

목표, 방법, 그리고 자료

목표에 관하여

나는 특정 종류의 음악 활동을 장기적인 목적과 그와 관련된 단기적인 음악적 목표의 범주와 연결시키는 경향이 있다. 나는 목적과 목표를 구분하는 과정을 여러 가지 방법으로 가르친다. IEP의 언어에서 목적은 음악과 관련이 없는 장기 임상 목적이다(참고: 시각/공연 예술 또는 음악치료법을 위해 특별히 고안된 목적이 아닌 경우). 목표를 공식화하는 단계로 넘어가기 위해서는 두 가지 수준에서 치료사의 상상력이 필요하다. 첫째, 목적을 가장 잘 달성할 수 있는 방법을 생각해야 한다. 어떤 유형의 음악적 경험을 통해 목적이 자연스럽게 포함될 수 있을까? 그런 다음 목적을 단기적인 목표의 계층 구조로 세분화하고 이러한 목표를 음악치료 경험의 언어로 표현해야 한다. 이 세션에서 아동들에게 현실적으로 무엇을 기대할 수 있을까?

어떤 유형의 음악적 경험을 통해 목적이 자연스럽게 자리 잡게 되는가? 나는 발달 영역을 고려함으로써 이 질문에 대한 답을 찾을 수 있다. 보컬, 악기, 움직임, 그리고 듣기 경험은 모두 개념 발달(인지)과 음악적 경험의 공유(사회성)를 위한 기회와 관련이 있다. 보컬 경험은 말하기 및 언어 발달과 가장 분명하게 연관되어 있고, 악기 및 움직임 경험은 대근육 및 소근육 발달과 가장 관련이 있는 것으로 보인다.

이 특정 그룹을 살펴보는 것부터 시작하려 한다. 보컬을 통한 말/언어 발달 목적과 단기 목표 사이의 연관성은 매우 분명해 보인다. 이 특정 그룹에서 모음과 자음을 발성해야 하는 필요성은 보완 의사소통을 사용해야 하는 사이먼이나 그림 교환이나 수동 사인을 통해 의사소통해야 하는 마리아와 같은 사람에게 유아 수준의 발달을 재현할 뿐만 아니라, 케이샤와 린다에게 어려움을 겪는 구강 운동 메커니즘을 자유롭게 해 준다. 아동들이 좋아하는 간단한 노래에 간단한 문장을 넣는 방식은 테런스, 키샤, 알렉산더에게 효과적이다. 예를 들어, 간단한 가사를 부르는 손가락 놀이의 움직임과 노래의 조합은 케이샤와 테런스가 더 많은 양의 명료한 언어를 생성하는 데 도움이 되는 일종의 감각 통합을 제공하는 것 같다. 이 그룹에서 노래에 가장 반응이 좋은 아동들은 케이샤, 테런스, 그리고 마리아 등이다. 어떤 노래든 시작하자마자 아동들은 자리에서 움직이고 생동감 있게 참여한다.

기악에는 분명 크고 작은 움직임이 수반된다. 그러나 악기 연주에는 지시의 설정과 전달, 선택, 색상, 모양, 크기, 일대일 대응 및 언어 주입을 위한 기능적 방법뿐만 아니라, 차례 지키기, 방향 찾기, 소근육 및 대근육 운동, 그룹 인식 등 다양한 수준의 인지 및 사회성도 포함된다. 이 그룹에서 알렉산더는 운동에 제약이 있음에도 불구하고, 악기를 사용하겠다는 강한 의지를 보인다. 그는 드럼을 연주할 때, 제어 수단을 찾기 위해 팔을 휘젓고, 놀랍게도 박자를 유지하는 데 성공한다. 이 움직임은 그가 운동 신경 장애(Apraxic)를 경험하고 있지만, 노래 부르기를 조율하는 데 도움이 된다.

마지막으로, 기악 연주와 유사한 음악에 맞춰 움직이는 것은 지시 따르기, 차례 지키기, 소근육 및 대근육 활동을 하고, 그리고 그룹 인식에 대한 기회를 제공한다. 그룹이 무기력해지면 나는 움직임으로 시작하는 것을 좋아한다. 중추신경계를 '깨우는' 것 같은 느낌이 들기 때문이다. 테런스, 린다, 케이샤처럼 과잉 활동적인 아동들이 운동 에너지를 발산하고 진정하는 데 도움이 된다. 반면에 마리아와 사이먼처럼 활동성이 낮은 아동들은 신경학적으로 자극을 받도록 도와준다.

이 시작 세션에서 나는 현실적으로 아동들로부터 무엇을 기대할 수 있을까? 첫 번째 세션에서 연간 IEP의 행동 요구 사항을 충족하기를 기대할 수 없으므로 각 목적을 향한 초보적인 단계를 기대해야 한다는 것이 분명해 보인다. 어떤 종류의 초보 단계일까? 이것이 내가 교육적 추측이라고 생각하는 것이다. 예를 들어, 린다가 투정하지 않고 한 활동에서 다른 활동으로 자연스럽게 전환해야 한다면 세션의 절반 이상은 전환 음악의 지원과 함께 촉구를 통해 전환할 것으로 예상할 수 있다. 반면에 그녀가 지원 시스템 없이 전환을 시작하는 것이 관찰된다면, 이 목적이 음악치료에 적용될 수 있을지 궁금하다. 아동들이 더 어려운 상황에서 자연스럽게 전진하는 데 도움이 되는 것은 음악을 즐기는 것이 아닐까? 알아보려 한다.

지난 몇 년 동안, 동일한 자료를 사용하여 서로 다른 수준의 기대치를 통합하는 것은 학습 과정이었다. 때로는 서로 다른 반응에 대한 기대치를 받아들이는 것이 어렵다고 생각한다. 그것은 저글링 행위처럼 느껴지고, 어떤 종류의 일반적이고 중간적인 세션 계획에도 깔끔하게 부합하지 않는다. 하지만 어떤 그룹이 비슷한 기대에 부합할 수 있을까? 그것은 완전히 부자연스럽고 비현실적일 것이다.

자료에 관하여

어떤 의미에서 나는 노르도프 로빈스의 연주곡과 허버트와 게일 레빈의 오케스트레이션과 함께 '성장'했다. 나는 이 곡들뿐만 아니라 수년에 걸쳐 음악치료 문헌에 발표된 풍부한 다른 자료들도 즐겨 사용한다(제6장 '자료' 참조). 나는 음악치료와 음악교육에서 이전에 작곡한 자료들을 즉흥적으로 연주하는 것뿐만 아니라, 세션에서 아동들이 무엇을 하고 있는지에 따라 '처음부터' 즉흥적으로 연주하는 것도 즐긴다. 또한 다양한 유형의 음악을 감상하는 방법과 가장 중요한 것은 아동들의 임상적 요구에 맞게 음악을 조정하는 방법을 배웠다. 아동의 기능 수준에 맞는 방식으로 음악을 사용하기 위해 나는 일종의 **기대 계층 구조**(Hierarchy of expectation)를 개발했는데, 이를 **음악적 반응의 연속체**(Continnuum of Musical Response)라고 부른다(Goodman, 2002). 나는 일반적인 용어와 구체적인 용어(즉, 각 음악적 경험에 대해)로 계층을 만들 수 있으며, 이는 다양한 발달적 수준의 반응을 이끌어 낼 수 있을 만큼 충분히 유연한 자료를 선택하고, 방법론적으로는 다른 수준에서 제시할 수 있을 만큼 충분히 유연한 자료를 선택하는 측면에서 나에게 의미가 있다. **보컬 활동의 경우, 나는 다음과 같은 일반적인 수준의 참여를 기대한다:** ① 듣기 및 보기(감각 받아들이기), 약간의 정서적 반응, 움직임 및 또는 지시와 결합된 보컬, ② 발성(지연될 수 있음), ③ 음정 근사치, 구절 노래, ④ 한 단어 반응, ⑤ 두 단어 이상의 노래 가사, ⑥ 느낌과 생각을 전달하는 노래 가사로 표현하기.

운동 활동의 측면에서 나는 다음과 같은 일반적인 참여 수준을 기대한다: ① 음악에 맞춰 신체적으로 조작되는 동안 듣기(감각 받아들이기), ② 시각적인 것이 신체적으로 조작되는 동안 보기, ③ 총체적인 운동 시작 및 중지, ④ 손가락 놀이, ⑤ 한 걸음 지시, ⑥ 여러 방향, ⑦ 표현적 놀이, ⑧ 운동 맥락에서의 학업 이전 지시하기.

악기 활동의 경우, 일반적인 참여 수준이 낮을 것으로 예상한다: ① 악기가 연주되는 동안 듣기(시각, 청각, 촉각, 운동 감각 포함), ② 시작 수준에서 악기 탐색하기(도움 또는 도움 없이 가능), ③ 한 단계 지시(정지/시작을 포함할 수 있으며 '신체 타악기' 포함), ④ 두 단계 또는 증가시키기 지시, ⑤ 표현으로서의 지시, ⑥ 학업 전 지시를 위한 악기 사용이다.

나는 학생들이 아동들과의 임상 세션에서 어떤 자료를 사용할지 고민할 때면 항상 놀란다. 이 세상에는 배우고 창작할 수 있는 음악이 너무나도 많다. '음악치료에서 내가 무엇을 할 수 있을까? 뭘 해야 할지 모르겠어'라는 생각은 불안한 반응이라고 생각한다. 세션의 전체적인 구조, 목적과 목표, 자료, 그리고 방법의 측면에서 생각하는 것이 도움이 될 것 같다. 나는 시작, '콘텐츠' 활동, 그리고 마무리로 나누어 생각한다. 그룹이 저기능 그룹이라면 일반적으로 그룹 구성원에게 많은 구조가 필요하다. 고기능 그룹이라면 그룹 구성원들이 하고 싶은 것을 제안하는 경향이 있고, 나는 그러한 제안을 촉구하기만 하면 된다.

세션 형식에 관하여

나는 보컬, 악기, 움직임, 듣기 활동을 생각한다. 이 모든 모드를 세션에 포함할 수 있다면 다양한 선호도에 맞는 기회를 제공할 수 있다.

나는 내 계획을 종착점이 아닌 출발점으로만 본다. 나는 아동들이 아무리 기능이 떨어지더라도 '다른 곳'으로 나아갈 수 있는 요소를 자발적으로 세션에 추가할 것으로 기대한다. 나는 그룹이 온전하고 발전적으로 움직일 수 있는 한, 기꺼이 그 '다른 곳'으로 아동들을 따라갈 것이다. 이 장을 계속 쓰면서, 나는 이 그룹과의 세션의 일부를 제시하여 음악 계획과 자발적인 음악 제작 사이의 균형을 설명할 것이다. 어떤 의미에서, 나는 개인적으로 세션의 형식과 아동들이 먼저 어떤 종류의 음악과 음악 활동에 반응하는지에 대해 생각하는 것이 더 쉽다. 그런 다음 나는 항상 장기적인 임상적 목적과 관련된 음악적 목표라고 생각하는 것을 통합하거나 내장하는 데 성공한다. 나는 계획된 것이든, 자발적인 것이든, 모든 음악적 경험에서 항상 모든 발달적 목적을 보는 개념을 정말 좋아한다.

방법에 관하여

특수교육 교사 및 보조 치료사는 아동에게 특정 교육/치료 전략을 사용한다고 보고하며, 이러한 전략은 음악치료 세션에서 복제될 수 있다. 그러나 나는 음악치료사에게 고유한 음악치료 전략이 있다는 것을 매우 강하게 느낀다. 음악치료 전략의 일부는 교실 수업에서 음악치료 상황으로 일종의 '번역'으로 구성될 수 있다. 예를 들면 다음과 같다:

- 모델링
- 언어 주입
- 짧고 명확하며 간결한 지시 사항 유지
- 다양한 종류의 촉구
- 긍정적 강화
- 작업 분석
- 다시 집중하기
- 앉아서 하는 활동과 신체 활동의 교대
- 응답 시간 연장
- 다중 감각 전략
- 구체적인 '실습' 교육
- 자세 지원 및 신체 보조

그러나 다른 전략은 음악을 중심으로 독특하게 전개되며, 그러한 전략으로 인식될 필요가 있다. 예를 들어, 음악 구절 끝에 언어를 붙이는 이유는 무엇일까? 춤 동작이나 악기 동작을 통해 움직임을 노래와 결합하는 이유는 무엇일까? 리드미컬한 음악에 맞춰 걸음걸이를 설정하는 이유는 무엇인가? 노래, 움직임 또는 악기 연주를 통해 아동의 감정 표현을 돕는 이유는 무엇인가? 우리는 음악적 경험을 만들거나, 중재로써 미리 조정했을 수 있는 음악적 경험을 적응시키기 위해 어떻게 아동에게서 단서를 받을 수 있을까? 음악치료에만 있는 전략을 더 많이 판별할수록, 이러한 전략이 음악 세션의 맥락에서 아동을 어떻게 변화시키는지 더 많이 고려할 수 있다.

임상 목적, 음악 목표, 방법 및 자료 연결하기: 샘플 세션

세션 시작

오프닝 곡

나는 오프닝 곡으로 세션을 시작하고 클로징 곡으로 끝내는 것을 좋아한다. 이 그룹처럼 기능이 낮은 그룹에서는 오프닝 곡과 클로징 곡을 통해 예측 가능한 구조감을 제공한다. 이를 위해 작곡된 훌륭한 음악 자료가 많이 있지만(제6장 참조), 오늘 세션에서 오프닝 곡으로 나는 Nordoff-Robbins Playsongs(1962) 1집에 수록된 'Roll Call'을 사용하려고 한다. 이 노래의 장점은 자유로움에 있다. 아동은 '(이름)은 어디에 있니, 오, (이름)은 어디에 있니'라는 '롤콜'에 적절한 표현 언어(그림, 보완 장치, 노래 가사)로 응답할 수 있다. 특히, 과시욕이 강한 아동이나 수줍음이 많아 더 많은 표현을 하도록 격려가 필요한 아동은 자리에서 일어나서 자신의 반응을 연기할 수 있다.

오프닝 송의 목적 및 목표

이 그룹을 통해 오프닝 곡에 대한 다음과 같은 종류의 **목적**과 **목표**를 예상하고 구성할 수 있다.

임상 목적 1: 아동은 적절한 발달 수준에 맞는 표현 언어를 사용한다.

목표 1a: 음성 활동 중에 언어 및 제스처 촉구가 주어지면 3번 중 1번의 시도에서 음성 출력이 있는 프로그래밍된 터치 토커를 사용하여 소통한다(린다, 사이먼).

목표 1b: 음성 활동 중에 언어 촉구가 주어지면 수동 기호로 3개의 단어 조합(Here I am)을 생성한다(마리아).

목표 1c: 음성 활동 중에 자발적이고 일관되게 짧고 적절한 언어적 문장을 사용한다(케이샤).

목표 1d: 음성 활동 중에 3번 중 1번의 시도에서 촉구 없이 짧은 문구나 문장으로 활동 관련 'Wh' 질문에 응답할 것으로 예상한다(케이샤).

목표 1e: 보컬 음악 중에 Where is my friend (Name)?(케이샤)라는 질문에 완전한 간단한 문장(Here I am)을 사용한다.

임상 목적 2: 행동 방해 없이 참석하기.

목표 2a: 음악치료 중 손을 물지 않고 말로 지시하면 5회 시도 중 4회 성공(마리아).

목표 2b: 음악치료를 하는 동안 다른 동료가 2번 차례일 때 적절히 앉아 있고, 언어적 지시가 2번 이하일 때 자신이나 다른 사람에게 공격적인 행동을 보이지 않으면서 4번 중 3번 이상 반응한다(마리아).

목표 2c: 음악치료 중, 5회 중 3회(케이샤)에서 1회의 확인 메시지가 제공될 때 물건이나 사람을 잡거나 만지지 않는다.

목표 2d: 음악치료 중 언어적 지시를 따를 때 5회 중 4회(테런스)에서 부적절한 행동을 보이지 않는다.

목표 2e: 음악치료 중 5회 중 3회 이상 신체적 · 언어적 지시가 주어졌을 때, 다른 사람을 긁거나 꼬집거나 때리지 않는다(사이먼).

목표 2f: 음악치료 중 10분 동안 부적절한 행동을 보이지 않고, 신체적 및 언어적 자극을 받으며 제시된 활동에 참여한다(사이먼).

목표 2g: 음악치료 중에 5번의 시도 중 4번의 구두 알림을 통해 불평 없이 과제를 완료한다(알렉산더).

목표 2h: 음악을 듣는 동안 선호하는 활동에서 전환할 때, 언어적 안내(린다)를 한 번만 한 후 최소한의 신체적 도움 5번을 제공한다.

오프닝(개시) 송 방법

방법적인 측면에서 나는 이 오프닝 노래를 어떻게 선보일지, 그리고 다양한 아동들을 위해 수정해야 할 부분을 생각해 본다. 내가 오프닝 노래에서 사용할 것으로 예상되는 몇 가지 방법으로는, ① 아동들이 언어를 산출할 수 있는 적절한 위치에 있는지 확인하기, ② 교사 보조자를 모델로 사용하기, ③ 특정 아동과 노래하는 동안 눈을 마주치기, 4) "내 친구, (이름) 어디 있어?"라는 질문이 끝난 후, 잠시 멈춰서 청각이 지연되고 몸짓, 터치 토커 또는 전체 문장 측면에서 정확한 반응을 할 수 있는 시간을 제공하기, ⑤ 적절한 반응 후 각 아동을 칭찬한다. 초보 치료사가 세션 계획을 기록한다면 오프닝 방법은 다음과 같다.

방법 및 자료

1. 치료사는 노래가 익숙하지 않을 경우 방에 있는 보조자를 모델로 사용하여 "내 친구(이름)는 어디에 있나요?"와 보조자의 반응인 "여기 있습니다, 여기 있습니다. 오늘 여기 있습니다."를 보여 준다.
2. 치료사는 노래를 부르면서 각 아동과 눈을 마주친다.
3. 치료사는 "내 친구(이름)는 어디에 있나요?"라고 질문한 후 제스처(마리아), 프로그래밍된 터치 토커(린다, 사이먼) 또는 완전한 문장(테런스, 케이샤, 알렉산더)으로 정답을 예상하며 잠시 멈춘다.
4. 필요에 따라 모델링과 반응 촉구를 반복하고, 아동이 반응하기 전에 청각적 처리 시간을 가질 수 있도록 필요에 따라 음악적 다리를 제공한다.
5. 치료사는 긍정적이고 구체적으로 올바른 반응을 강화한다.

자료: '롤콜'(노르도프-로빈스, 1권, 『플레이송스』).

동작 활동

동작

오프닝 곡에 이어, 나는 편안하게 변형된 운동 활동으로 전환하고 있다. 그룹의 절반(알렉산더, 린다, 사이먼)이 휠체어를 타고 있기 때문에 아동들이 앉아서 참여할 수 있는 운동 활동이다. 나는 음악치료사 수잰(Suzanne Nowickes-Sorel)이 작곡한 'Clap your hands to the music'(Robbins, 1995)이라는 곡을 사용한다. 활기찬 비트가 '롤콜'의 생동감 넘치는 분위기를 이어간다. 치료사가 노래의 지시를 수정하면 아동들은 앉아서 할 수 있는 모든 동작을 할 수 있으며, 각 동작은 세 번씩 반복된다. 예를 들어, "음악에 맞춰 발을 찍고, 찍고, 찍고, 음악에 맞춰 발을 찍고, 찍고, 찍고, 음악에 맞춰 발을 찍고, 찍고, 찍고"라고 말한 다음 "이제 준비해서 멈춰"라고 스스로 움직이게 하는 식이다. "(이름) 안녕, (이름) 안녕, (이름) 안녕, (이름) 안녕, (이름) 안녕"이라고 치료사가 아동들에게 노래를 부른 다음, 다시 노래의 동작 부분으로 돌아온다. 아동의 지시 처리 능력이 향상되면 최대 세 가지 순차적인 지시("음악에 맞춰 손뼉 쳐, 손뼉 쳐, 손뼉 쳐, 음악에 맞춰 발 밟아, 밟아, 밟아, 음악에 맞춰 무릎 두드려, 두드려, 이제 그만할 준비")를 포함하여 노래의 언어를 수정할 수 있다.

이 그룹의 경우 다음에서 한 방향으로만 시작한다. 한 번씩 두 가지 버전, 즉 첫 번째 버전은 '손뼉 치기', 두 번째 버전은 '발도장 찍기'로 진행한다.

동작의 목적과 목표

그룹에서는 다음과 같은 종류의 **목적**과 **목표**를 예상하고 구성할 수 있다.

임상 목적 1: 아동은 적절한 발달 수준에 맞는 수용적 언어를 사용한다.

목표 1a: 발성 및 동작 활동 중 아동이 2단계 지시(손뼉치기, 발도장 찍기)를 저항 없이 5회 시도 중 3회(케이샤, 마리아)를 따른다.

목표 1b: 발성 및 움직임 활동 중에 아동은 3단계 지시(손뼉 치기, 발 밟기, 무릎 두드리기)를 그대로 따르거나(알렉산더), 3번의 시도 중 2번의 지시를 받는다(테런스).

목표 1c: 보컬 및 움직임 활동 중에 노래를 시작하기 위해 2개의 필드(손뼉 치기 또는 발 찍기)에서 1개의 그림을 선택한다(사이먼).

임상 목적 2: 5회 시도 중 3회에서 양쪽 손을 자발적으로(Alexander) 또는 신체적 자극 없이(사이먼) 보여 준다.

목표 2a: 알렉산더는 필요에 따라 수정된 템포로 중앙선에서 손뼉을 친다.

목표 2b: 사이먼은 5회 시도 중 3회에서 신체적 자극 없이 손뼉을 치기 시작한다.

방법 및 자료

1. 치료사가 노래를 시작하면서 "손뼉을 치세요"라고 한 방향으로만 지시한다. 노래를 부르기 전에 "손이 어디 있니?"와 같은 언어적 단서가 필요하다.
2. 치료사는 아동들과 함께 손뼉을 3번 치라는 지시에 따라 잠시 멈춘다. 필요한 경우 보

조자가 조력한다.

3. 치료사는 처음 3명의 아동에게 노래를 부르면서 눈을 맞추며 인사를 부르고 노래를 계속한다.
4. 치료사는 노래를 계속하면서 다른 방향(발 도장)으로만 노래를 부른다.
5. 치료사는 지시 후, 잠시 멈춰 아동과 함께 발을 3번 구른다. 필요한 경우 보조자가 도와준다. '당신의 발은 어디에 있나요?'라는 노래를 부르기 전에 필요에 따라 구두로 신호를 보낸다.
6. 치료사가 그룹에 있는 다음 2명의 아동과 보조 교사에게 노래를 부르면서 눈을 마주치며 인사를 하고 노래를 계속한다.
7. 치료사는 '손뼉을 치고, 발을 굴러'라는 두 가지 방향의 노래를 차례로 부르며 이번에는 "여기 음악이 있어요"라고 부른 후, 음악에 대한 사인을 포함한다.
8. 세 가지 지시를 반복한다.
9. 치료사가 '손뼉 치기'(손뼉, 손뼉, 손뼉), '발 구르기'(쿵, 쿵, 쿵), '음악에 맞춰 무릎 두드리기'(사인) 등 세 가지 방향으로 노래를 부른다.
10. "여기 음악(기호)이 있어요"로 끝나는 여섯 가지 지시를 반복한다.
11. 구체적인 긍정적 강화.

자료: '음악에 맞춰 손뼉 치기'(Novickes-Sorel 저, Robbins, 1995).

악기 활동

악기/리듬 스틱

이제 아동들은 신이 나서 악기를 사용할 준비가 되었다. 아동들은 리듬 스틱을 사용하는 것을 좋아하고, 모든 아동들이 동시에 리듬 스틱을 사용할 수 있다는 사실은 그룹으로서 아동들에게 큰 힘이 된다. 이 활동에서는 검증된 합 팔머의 노래인 '함께 스틱을 두드려요'(Palmer, 1981)를 사용하고 있다. 이 노래는 인지적 목적을 포함시키고 지시를 따르기 위한 쉬운 노래이다. 동시에 리듬감이라는 목적은 모든 음악 활동에 필수이다. 아동들은 리듬감을 즐기면서 신경학적으로 중심을 잡는 것처럼 보인다. 많은 아동들이 스틱을 다루기 위해 손 위에 손 얹기 보조법 도움을 받아야 한다.

목적과 목표, 리듬 스틱

나의 목적과 목표는 다음과 같다.

임상 목적 1: 일대일 대응을 시연한다.

목표 1a: 4번의 시도 중 3번(마리아)에서 그룹의 다른 아동에게 리듬 스틱 2개를 주어 최대 3번까지 하게 한다.

목표 1b: 최대 4개의 물체를 세어 본다(테런스).

임상 목적 2: 행동 방해 없이 참석하기.

목표 2a: 음악치료 중 손을 깨물지 않고 구두로 지시하면, 5번의 시도 중 4번을 "손을 내려요"(마리아).

목표 2b: 음악치료 중 다른 또래의 차례가 2번 주어지는 동안 적절하게 앉아 있고, 자신이나 다른 사람에게 공격적인 행동을 보이지 않으며, 언어적 촉구가 2번 이하로 주어졌을 때 4회 중 3회 이상 한다(마리아).

목표 2c: 음악치료 중, 5회 중 3회(케이샤)에서 1회의 확인 메시지가 제공될 때, 물건이나 사람을 잡거나 만지지 않는다.

목표 2d: 음악치료 중 구두 지시를 따를 때, 5회 중 4회(테런스)에서 부적절한 행동을 하지 않는다.

목표 2e: 음악치료 중 5회 중 3회 이상 신체적 · 언어적 지시가 주어졌을 때 다른 사람을 긁거나 꼬집거나 때리지 않는다(사이먼).

목표 2f: 음악치료 중, 10분 동안 부적절한 행동을 보이지 않고, 신체적 및 언어적 자극이 주어지는 제시된 활동에 참여한다(사이먼).

목표 2g: 음악치료 중에 5번의 시도 중 4번의 구두 알림을 통해 불평 없이 과제를 완료한다(알렉산더).

목표 2h: 음악 중 선호하는 활동에서 전환할 때, 5회 중 3회(사이먼)에서 신체적 촉구 없이 언어적 촉구 1회(Linda) 후, 최소한의 신체적 보조를 5회 시도한다.

임상 목적 3: 5회 시험 중 3회 시도에서 자발적으로 양손을 사용하거나(알렉산더), 신체적 자극 없이 양손을 사용한다(사이먼).

목표 3a: 알렉산더는 필요에 따라 템포를 변경하여 라인 중간에서 스틱을 치게 된다.

목표 3b: 사이먼은 5번의 시도 중 3번의 시도에서 물리적 촉구 없이 함께 막대기를 치기 시작한다.

방법, 리듬 스틱

리듬 스틱 활동의 방법에는 실제 음악 만들기를 위한 몇 가지 준비 단계가 포함되어 있다. 나는 두 쌍의 막대기를 들고 테런스에게 세어 보라고 한다. 그런 다음 한 쌍은 자신이 갖고, 다른 한 쌍은 마리아에게 줄 수 있다. 마리아는 그룹에 있는 친구들에게 한 번에 한 쌍씩 막대기를 나누어 주는 방법을 배운다. 아동들이 같은 그룹 활동에서 각자의 수준에서 참여하는 동안 서로 다른 기대치를 가지고 있다는 것을 느낄 수 있어 좋다. 이 단계가 끝나면, 나는 보조원들과 함께 노래를 모델링한다. 이전에는 다른 부분에 감정적으로 참여하지 않던 보조원들이 음악에 매우 적극적으로 참여하는 것을 볼 수 있다. 어떤 의미에서 보조원들에게도 치료가 되는 것 같다. 나는 보조원들에게 '하나, 둘, 셋으로 스틱을 두드리세요'라는 원래 노래 가사를 따라 하게 하거나, 좀 더 복잡하거나 야심 찬 일을 할 때는 더 간단하거나 복잡한 지시를 하도록 할 수 있다.

리듬 스틱 패턴을 모델링한 후, 나는 아동들과 마주 보고, 아카펠라를 부르고 필요에 따라 보조원들의 도움을 받아 합창에 참여하게 한다. 알렉산더, 린다, 사이먼과 같이 신체적 제약이 있는 아동들에게는 악기의 위치 지정과 신체 보조가 매우 중요하다. 이것은 방법론의 일부이다. 마침내 내가 노래를 연주하기 위해 피아노 앞에 다다를 때쯤이면 보조원들이 아동들 앞에서 악기를 연주하고 있다. 작곡된 노래는 많은 아동 노래의 의무적인 진행을 따르는 I−IV−V와 같이 화성적으로 다소 지루하다. 나는 화성을 강화하기 위해 7화음과 중간 화음을 추가한다. 아동들이 표준 반주를 따를 수 있고 내가 노래를 반복하고 싶다면 반주 스타일을 바꿀 수 있고, 재즈적인 느낌을 위해 당김음을 만들 수도 있다. 활동이 끝나면 테런스에게 일어서서 막대기를 모아서 내가 건네준 커피 캔에 넣으라고 지시한다.

세션 계획에 적힌 방법은 다음과 같다.

방법 및 자료

1. 치료사는 리듬 스틱 2쌍(빨간색 1개, 파란색 1개)을 내밀고, 테런스에게 자신이 들고 있

는 스틱의 개수를 세어 보라고 한다.

2. 치료사가 성공적으로 반응하면 테런스에게 마리아에게 스틱 2개를 주고 나머지 2개는 자신이 가져가라고 한다.
3. 마리아에게 그룹의 다른 아동에게 스틱 2개를 주라고 합니다. 모든 스틱이 주어지고 마리아가 자신의 스틱 쌍을 가질 때까지 반복한다.
4. 치료사는 보조자와 함께 노래에서 스틱을 두드리는 것을 5까지 모델링한다. 음악적으로 적응한다. 즉, 1(박자)과 함께 스틱을 두드린다.
5. 치료사는 아동을 마주 보고 아카펠라를 부르고 활동에 참여하게 한다. 필요에 따라 아동을 신체적으로 돕는다.
6. 치료사는 피아노를 연주하면서 보조자가 아동 앞에서 시범을 보일 수 있도록 한다.
7. 활동이 끝나면 테런스에게 일어나서 막대기를 모아 커피 캔에 넣으라고 한다.

자료: "막대기를 두드려서 맞춥니다"

악기, 드럼/심벌

이제 그룹이 워밍업을 했으니, **두 번째 악기 활동**인 악기 선택하기와 드럼과 심벌즈 사용으로 넘어간다. 음악치료를 위해 작곡된 멋진 드럼-심벌즈 노래가 정말 많이 있다. 이러한 유형의 곡에 대한 나의 소개는 노르도프-로빈스의 작품이었다. 수년 동안 나는 클래식 음악으로 음악치료를 위한 드럼-심벌 곡을 오케스트레이션하는 것을 즐겼지만, 여전히 노르도프-로빈스의 곡으로 시작하는 경향이 있다. 오늘 내가 사용하는 곡은 Playsongs(Nordoff & Robbins, 1962)의 두 번째 책인 『Let's Beat the Drum』에 수록된 곡이다. 나는 심벌즈를 사용하기 위해 『음악을 통한 학습』(Levin & Levin, 1998)의 또 다른 곡인 'Mary is Sleeping'을 번갈아 가며 사용한다. 나의 목적과 목표는 다음과 같다.

목적 및 목표, 드럼/심벌즈

임상 목적 1: 차례 지키며 연주하기를 지속적으로 실시한다.

임상 목표 1a: 음악에서 다른 또래의 차례가 2번 주어질 때 자신이나 다른 사람에게 공격적인 행동을 보이지 않고 적절하게 앉아 있으며, 4회 중 3회 이상 언어적 지시가 주어지지 않는다(마리아).

임상 목표 1b: 음악 활동에서, 집단 활동 중 2회의 상호작용 순서 동안 한 번의 구두 지시만으로 적절한 시기에 자신의 차례를 시작할 수 있다(린다).

임상 목적 2: 행동 방해 없이 참석한다.

목표 2a: 음악치료 중 손을 깨물지 않고, 구두로 지시하면 5번의 시도 중 4번을 "손을 내린다"(마리아).

목표 2b: 음악치료 중 다른 동료가 차례를 2번 돌 때 적절하게 앉고, 4회 중 3회에서 2개 이하의 언어적 촉구가 주어졌을 때, 자신이나 다른 사람에게 공격적인 행동을 보이지 않는다(마리아).

목표 2c: 음악치료 중, 5회 중 3회(케이샤)에서 1회의 확인 메시지가 제공될 때 물건이나 사람을 잡거나 만지지 않는다.

목표 2d: 음악치료 중 언어적 지시를 따를 때 5회 중 4회(테런스)에서 부적절한 행동을 보이지 않는다.

목표 2e: 음악치료 중 5회 중 3회 이상 신체적 · 언어적 지시가 주어졌을 때, 다른 사람을 긁거나 꼬집거나 때리지 않는다(사이먼).

목표 2f: 음악치료 중 10분 동안 부적절한 행동을 보이지 않고 신체적 및 언어적 자극을 받으며 제시된 활동에 참여한다(사이먼).

목표 2g: 음악치료 중에 5번의 시도 중 4번의 구두 알림을 통해 불평 없이 과제를 완료한다(알렉산더).

목표 2h: 음악 감상 중, 선호하는 활동에서 전환할 때 언어적 안내(린다)를 한 번만 한 후 최소한의 신체적 보조를 5회 제공한다.

임상 목적 3: 아동은 적절한 발달 수준에 맞는 표현 언어를 사용한다.

임상 목표 3a: 자발적이고 일관된 짧고 적절한 언어적 문장(케이샤). (예: "나는 심벌즈를 원해요" 또는 "나는 드럼을 원해요")

임상 목표 3b: "어떤 악기를 연주하고 싶어요?"와 같은 활동 관련 'Wh' 질문에 짧은 문구 또는 문장으로 응답(케이샤).

임상 목표 3c: 5회 시도 중 3회는 촉구 없이(테런스).

방법: 드럼/심벌즈

드럼/심벌즈 활동의 **방법**에는 아동에게 악기 자료 선택에 대한 **차별화된 기대**, 치료사가 보조자와 함께 **모델링**, 필요에 따라 **구체적인 칭찬** 및 또는 **방향 전환**, 필요에 따라 **반복**, 청각 처리가 느린 아동에게 필요한 **축약/각색된 지시**, 신체적 한계가 있는 아동(린다, 알렉산더, 사이먼)에게 필요한 **위치 지정/신체 보조**, '더 많은' 음악에 대한 **기대**, 다음 활동으로의 명시적 전환 등이 있다. 음악이 진행됨에 따라 나는 멜로디와 하모니를 변형하여 아동들을 위해 음악의 표현을 확장한다. 아동들에게 어떤 음악을 들려줄 때, 필요한 기술인 즉흥연주와 같은 느낌이 들기 시작한다. 세션 계획서에 작성된 방법은 다음과 같다.

방법 및 자료

1. 치료사는 아동에게 "어떤 악기를 연주하고 싶어?"라고 묻고, 완전한 문장(테런스, 케이샤, 알렉산더), 만지기(린다, 마리아) 또는 눈을 응시(사이먼)하며, 2가지 종류의 드럼 사진과 심벌즈 사진에서 선호하는 그림을 선택한다.
2. 치료사는 선택한 드럼이나 심벌즈를 제공하고 선택한 악기에 적합한 노래를 선택한다.
3. 치료사는 악기를 아동에게 주기 전에 보조자와 함께 노래를 적절하게 연주하는 모습을 보여 준다.
4. 치료사는 알렉산더에게 악기를 아동에게 주기 전에 친구에게 지시를 반복하라고 요청한다.
5. 치료사는 아동에게 연주하라고 요청하고 음악 반주를 제공한다.
6. 치료사는 아동에게 드럼 스틱을 옆 아동에게 넘기라고 요청한다.
7. 적절한 경우 긍정적인 언어적 강화를 제공한다.
8. 치료사는 다음 아동에게 1단계를 반복한다.
9. 치료사는 마리아, 린다 또는 사이먼의 신호를 예상하면서 "누가 더 원하니?"라고 묻는다.

자료: '드럼을 치자'(2권, 『플레이송스』, 노르도프-로빈스), 'Mary is Sleeping'(『음악을 통한 학습』, 레빈, 헐버트, 그리고 게일).

마무리

굿바이

세션을 마무리하기 위해 내가 가장 좋아하는 노래 중 하나인 '굿바이'를 사용할 것이다. 노르도프-로빈스, 『플레이송스』 2권(1968)이다. 이 노래는 아동들이 다양한 수준의 반응을 보일 수 있을 만큼 간단하다. 아동들은 노래의 반주적 성격을 통해 음악적 단서를 받아 작별 인사를 하거나, 손짓을 하거나, 손을 흔들 수 있다. "이제 ________라고 말할 시간입니다. 굿바이, _____, _______라고 말할 때입니다." 아동들은 마무리 노래를 사용할 것으로 예상한다. 나는 마무리 노래를 아동들이 세션에서 한 일을 요약할 수 있는 기회로 사용하여 그 정보를 노래 가사에 추가할 수도 있다. 세션 계획에서 목적/목표의 방법은 다음과 같다.

목적/목표/방법: 굿바이

여기서는 다른 노래의 구조를 사용하지만 목적, 목표 및 방법은 처음 시작 활동과 유사하다. **마무리.**

임상 목적 1: 아동은 적절한 발달 수준에 맞는 표현 언어를 사용한다.

목표 1a: 언어 및 몸짓 촉구가 주어졌을 때, 3번의 시도 중 1번에서 음성 출력이 있는 프로그래밍된 터치 토커를 사용하여 "굿바이"라고 말하기(린다, 사이먼).

목표 1b: 구두 촉구(마리아)가 주어지면 2~3단어 조합(굿바이 노래 부르기)으로 수동 표지판을 만든다.

목표 1c: 자연스럽고 일관성 있는 짧고 적절한 구두 문장(케이샤)을 사용할 수 있다.

목표 1d: 활동 관련 및 요약 관련(예: 오늘 음악에서 무엇을 했나요?) 'Wh' 질문(케이샤)에 3번의 시도 중 1번에서 촉구 없이 짧은 구 또는 문장으로 응답한다(테런스).

목표 1e: 완전한 간단한 문장을 사용하세요. "지금 몇 시인가요?"라는 질문에 대한 대답으로 "굿바이를 노래할 시간입니다."라고 말하고 "오늘 음악에서 무엇을 했나요?"라는 질문에 대한 대답으로 "굿바이를 노래할 시간입니다."라고 말할 수 있다(알렉산더).

임상 목적 2: 행동 방해 없이 참석한다.

목표 2a: 음악치료 중 손을 깨물지 않고 구두로 지시하면 5번의 시도 중 4번을 "손을 내린다"(마리아).

목표 2b: 음악치료 중 다른 또래의 차례가 2번 주어지는 동안 적절하게 앉아 있고, 자신이나 다른 사람에게 공격적인 행동을 보이지 않으며, 언어적 촉구가 2번 이하로 주어졌을 때 4회 중 3회 이상(마리아) 반응한다.

목표 2c: 음악치료 중, 5회 중 3회(케이샤)에서 1회의 확인 메시지가 제공될 때 물건이나 사람을 잡거나 만지지 않는다.

목표 2d: 음악치료 중 언어적 지시를 따를 때 5회 중 4회(테런스)에서 부적절한 행동을 보이지 않는다.

목표 2e: 음악치료 중 5회 중 3회 이상 신체적 · 언어적 지시가 주어졌을 때 다른 사람을 긁거나 꼬집거나 때리지 않는다(사이먼).

목표 2f: 음악치료 중 10분 동안 부적절한 행동을 보이지 않고, 신체적 및 언어적 자극을 받으며 제시된 활동에 참여한다(사이먼).

목표 2g: 음악치료 중에 5번의 시도 중 4번의 구두 알림을 통해 불평 없이 과제를 완료한다(알렉산더).

목표 2h: 음악 감상 중, 선호하는 활동에서 전환할 때 언어적 안내를 한 번만 한 후 최소한의 신체적 보조를 5회 제공한다(린다).

방법 및 자료

1. 노래가 익숙하지 않은 경우 치료사는 방에 있는 보조자를 모델로 삼는다.
2. 모델링 후 치료사가 "지금 몇 시인가요?"라고 묻는다.
3. 치료사는 노래를 부르면서 각 아동과 눈을 마주친다.
4. 치료사는 노래를 부를 수 있는 아동(테런스, 알렉산더, 케이샤)에게 "지금 몇 시지?"라고 묻고 "굿바이를 노래할 시간이에요"라는 아동의 반응을 예상하여 노래를 개사한다.
5. 노래와 즉흥연주를 하는 동안 치료사는 테런스, 알렉산더, 케이샤에게 "오늘 음악에서 우리는 무엇을 했나요?"라고 물으며, 각 아동에게 한 가지 경험을 떠올리도록 음악적으로 요청한다.
6. 치료사는 "오늘 음악에서 우리가 무엇을 했지?"에 대한 아동들의 반응을 작별 노래에 포함시키고, 그에 따라 즉흥적으로 대답한다.
7. 치료사는 다른 아동(사이먼, 마리아, 린다)과 함께 작별 노래를 계속하며, 음악 구절이

끝나기 전에 한 명씩 멈추고 "이제 노래할 시간이야 ______?", "(아동 이름)은 _______." 제스처, 터치 토커 또는 전체 문장으로 노래할 수 있는 정확한 반응을 기대하면서 노래를 이어 간다.

8. 긍정적이고 구체적으로 정답을 강화한다.

자료: '굿바이'(노르도프-로빈스, 1권, 『플레이송스』).

최종 세션 계획

지금까지 세션 계획에 대하여 설명했는데, 이 설명이 도움이 되었기를 바란다. 나는 학생이나 초보 치료사에게 제안하는 세부 사항 유형으로 이 내용을 포함했다. 많은 방법을 내면화할 수 있고, 목적과 목표가 어떻게 제시되며, 다양한 계획된 음악적 경험과 자발적인 음악적 경험에 통합되는지 잘 알고 있는 노련한 치료사에게는 계획이 그다지 상세하지 않을 것이다.

치료사에게 활동의 개념이 종종 오해를 받는다는 점을 상기시키는 것이 중요하다. 많은 사람들이 '활동'이라는 단어는 그룹과 함께 치료를 진행하는 경직된 공식적인 방식이라고 생각하지만, 사실 전혀 그렇지 않다. '중재' 또는 '경험이라는 단어와 동의어인 음악 활동이라는 용어는 내 생각에는 음악에 참여하는 개념을 전달하기 위한 것이다. 치료사가 계획적으로 아동과 음악 만들기에 참여하든 즉흥적으로 참여하든, 음악적 경험이나 활동의 중요성은 아동의 지속적인 요구에 적응할 수 있는 능력이어야 한다.

초학제(Transdisciplinary) 협업

이 세션 중 많은 시간 동안 나는 언어치료사 린다(Linda), 작업치료사 머린(Maureen), 물리치료사 이본(Yvonne)과 함께 음악 만들기를 공유했다. 그들은 다음과 같은 사실을 발견했다. 연구진은 음악치료 세션에서 '풀아웃(pull-out)' 세션과 달리 아동의 반응을 이끌어 낼 가능성이 더 높다는 사실을 발견했다. 린다가 방에 있으면 언어병리와 음악치료 모두에서 사용되는 기법, 즉 아동이 선호하는 음악 활동(예: 보컬, 악기, 움직임)을 전달하기 위한 특정 그림 선택, 특정 노래, 악기 또는 춤에 대한 선호도를 전달하기 위한 그림 선택, 노래 선택과 함께 스토리보드 사용, 구강 운동 근육을 촉구하는 지침(예: 리드 혼) 사용법을 공유할 수 있다. 머린이나 이본이 작업실에 있을 때, 나는 항상 당면한 음악 작업에 적합한 자세 지원과 처리 기술을 확신할 수 있다. 머린은 특히 음악 활동 중, 반응을 자극하기 위한 고유 수용성 입력(즉, 관절에 대한 감각 입력)과 같은 감각 통합 기술에 능숙하다. 학제 간 치료 팀으로서 우리의 목적을 함께 계획하는 것뿐만 아니라, 음악치료 중에 학문을 넘나드는 초학제적 작업을 계획하고 수행하게 되어 정말 행운이라고 생각한다. 오늘 세션에서 이본은 알렉산더와 사이먼의 자세 지원과 신체 보조를 돕고 있다.

평가

객관적 평가

나는 노트에 객관적 평가와 주관적 평가를 모두 사용한다. 객관적 평가는 아동이 목표를 달성할 수 있는지 여부와, 달성했다면 어느 정도 수준인지에 대한 간단한 기록이다. 여기서 나는 각 아동의 목적 달성 정도와 세션이 진행됨에 따라 점점 더 적은 수의 촉구를 사용하는 등 다양한 성공 정도를 살펴본다. 또한 반응의 패턴도 찾는다. 예를 들어, 아동이 대부분의 목적을 달성하지 못한다면, 아동의 발달 수준을 과대평가하고 있는 것일 수 있다. 반대로, 아동이 대부분의 목적을 일관되게 달성할 수 있다면, 아동의 발달 수준을 과소평가하고 있는 것일 수 있다. '일관되게 관찰됨'은 플러스 체크, '신체적 · 언어적 · 시각적 단서가 있을 때 관찰됨'은 체크, '일관되지 않게 관찰됨'은 마이너스 체크, '관찰되지 않음'은 아니요로 체크리스트를 작성하기 시작한다. 행동이 머릿속에 떠오르는 동안, 제한된 시간을 평가에 활용하기 위해 다음과 같은 목록을 만든다(〈표 1-6〉 참조). 이것은 단지 평가를 위한 시작점일 뿐이며, 내가 이 방식에 익숙해졌는지도 잘 모르겠다. 관리자가 책임감을 원한다는 것은 알고 있고, 이는 데이터 수집을 의미한다.

주관적 평가

나에게는 그룹 역동에 대한 관찰과 세션 중에 스스로에게 던지는 질문이 치료 계획에 더 도움이 되지만, 세션 중에 아동이 임상 목표 측면에서 '성취'할 수 있었던 것에 대한 문서화의 필요성도 인식할 수 있다. 쉬는 시간에는 그룹 과정에 대한 의견을 추가하고, 그룹에서 무엇이 '효과가 있었는지' 또는 '효과가 없었는지' 분석하려고 노력한다. 세션의 하이라이트는 내 노트에 포함되어 있다. 주관적인 노트를 돌아보면 내가 아동들과 여러 수준에서 관계를 맺고 있다는 것을 알 수 있는데, 그중 일부는 역전이적이라고 할 수 있다. 또한 어떤 방법이 아동들에게 효과가 있고, 어떤 방법이 세션에서 자발적으로 적용되어야 하는지를 순간순간 잘 알고 있다는 것을 알게 된다. 이러한 관찰과 함께 나는 이론과 적용을 연결하는데, 이는 학자에게는 당연한 과정이지만 학생들에게도 권장하고 싶은 과정이다.

〈표 1-6〉 객관적 평가

객관적 평가

지역 주간 학교 6번 학급
학생 평가
평가 날짜

CODE
√+ 일관되게 관찰됨
√ 단서가 있을 때 관찰됨(물리적 · 언어적 · 시각적)
√− 일관성 없이 관찰됨
아니요 관찰되지 않음
NA 해당 없음

목표	케이샤	테런스	마리아	사이먼	알렉산더	린다
언어 및 제스처 촉구가 주어지면 3번의 시도 중 1번에서 음성 출력이 있는 프로그래밍된 터치 토커를 사용하여 의사소통한다(린다, 사이먼): 안녕, 굿바이.				√		√
구두 촉구(마리아)가 주어지면 수동 기호로 3단어 조합(여기 있어요!, 굿바이 노래하기)을 생성한다.			√			
3번의 시도 중 1번은 자연스럽고 일관된 짧고 적절한 구두 문장(케이샤)을 사용하고, 활동 관련 'Wh' 질문(케이샤)에 촉구 없이 짧은 구절이나 문장으로 응답한다(테런스).	√√	√				
손을 물지 않고 음악 과제에 집중하고 5번의 시도 중 4번에서 "손을 내려"라는 구두 안내를 받는다(마리아).			√+			
다른 동료의 차례가 두 번 있는 동안 적절하게 앉아서 음악 과제에 집중한다. 4번 중 3번에서 2번 이하의 구두 지시를 받았을 때 자신이나 타인에게 공격적인 행동을 보이지 않는다(마리아).			√+			
5회 중 3회(케이샤) 중 1회 구두 안내가 제공되면 물체나 사람을 잡거나 만지지 않고, 음악 과제에 집중한다.	√+					
구두 지시를 따를 때 5번 중 4번(테런스)에서 부적절한 행동을 보이지 않고 음악 과제에 집중한다.		√+				

목표	케이샤	테런스	마리아	사이먼	알렉산더	린다
5회 중 3회 이상, 신체적 · 언어적 지시가 주어졌을 때 다른 사람을 긁거나 꼬집거나 때리지 않고 음악 과제에 집중한다(사이먼).				√-		
10분 동안 부적절한 행동을 보이지 않고 신체적 및 언어적 자극이 주어지면 제시된 활동에 참여하여 음악 과제에 집중한다(사이먼).				√-		
5번의 시도 중 4번의 구두 알림으로 불만 없이 작업을 완료한다(알렉산더).					√	
선호하는 활동에서 전환할 때 음악적 과제에 집중하고, 단 한 번의 구두 안내(린다) 후, 최소한의 신체적 도움(5가지)을 받는다.						√
2단계 지시(손뼉 치기, 발도장 찍기)를 저항 없이 5회 중 3회(케이샤, 마리아) 따라 한다.	√		√			
3단계 지시(손뼉 치기, 발로 구르기, 무릎 두드리기)를 따르거나(알렉산더), 3번의 시도 중 2번의 지시가 주어진다(테런스).		√			√	
노래(사이먼)를 시작하려면 2번 칸에서 사진 1장을 선택한다(손뼉 또는 발도장 찍기).				√		
악기 연주 및 동작 활동 중 양손을 자연스럽게 사용(알렉산더)하여 중간 선에서 스틱을 치며 변화된 템포에 맞춰 자연스럽게 시범을 보인다.					√	
5번의 시도 중 3번에서 물리적 촉구 없이 함께 스틱을 치기 시작한다(사이먼).				√		
노래의 맥락에 따라, 필요에 따라 템포를 수정하여 중간 선에서 손뼉을 친다(알렉산더).					√	
노래의 맥락에서 3번의 시도 중 1번에서 손뼉 치기 시작한다(사이먼).				√-		
4번의 시도 중 3번에서 그룹의 다른 아동들에게 리듬 스틱 2개를 준다(마리아).			√			
최대 4개의 대상까지 센다(테런스).		√				
다른 또래의 차례가 2번 주어질 때 적절히 앉고, 4번 중 3번 이상은 자신이나 다른 사람에게 공격적인 행동을 보이지 않도록 한다(마리아).			√			
그룹 활동 중 2번의 상호 순서를 위해 적절한 시간에 한 번의 구두 안내와 함께 차례를 시작한다(린다).						√

목표	케이샤	테런스	마리아	사이먼	알렉산더	린다
최대 5개의 사진을 선택하거나 음성 출력이 켜져 있는 보완 장치를 사용하여 원하는 것, 요구, 선호도(예: 지시 사항 선택)를 전달한다. 언어 및 제스처 촉구가 주어지면 3~5회 시도한다(린다).						√-
구두 촉구가 주어졌을 때 그림 및/또는 수동 기호를 사용하여 3단어 조합을 만들되, 문구 모델링은 하지 않는다(마리아).			√			

일화적인 메모:

주관적 평가

오늘 그룹을 진행하는 것은 편안하다. 이제 겨우 두 번째 세션인데도 아동들은 방에 들어서자마자 매우 '기분이 좋아' 보인다. 테런스, 마리아, 케이샤, 알렉산더가 웃고 있다. 사이먼은 얼굴 근육이 많이 약해졌고, 목소리가 낮아서 기분이 어떤지 파악하기 어려웠다. 휠체어를 탄 린다는 침을 흘리며 의자에서 불규칙적으로 움직이고 있다. 그녀는 불안하고 불편해 보인다. 보완 장치, 수화 또는 노래를 통해 '안녕하세요'라는 노래에 모두 반응할 수 있다. 언제 노래에 들어갈지 본능적으로 알고 있는 것 같아서 세션이 진행되면서 내가 따로 안내할 필요가 없을 것 같다.

손뼉 치는 노래로 넘어가자 케이샤와 테런스가 나와 눈을 맞추지 않고 충동적으로 손뼉을 치기 시작하는 것을 발견했다. 나는 음악에 대한 그들의 열정을 방해하고 싶지 않았기 때문에 그들을 '교정'하지 않기로 결정했다. 충동과 열정을 판단하는 데에는 모호한 부분이 있다고 생각한다. 세 가지 다른 스텝을 결합하는 마지막 곡을 연주하는 동안, 중단 없이 손뼉을 치던 것이 강렬한 리듬의 손뼉으로 바뀐 것을 발견했다. 나는 이 아동들이 내가 소개한 패턴을 해독하는 데 필요한 시간이 얼마나 걸릴지 궁금하다. 분명히 아동들은 노래의 반복 후에 '올바르게' 처리한다. 마찬가지로 알렉산더는 물리적으로 박자를 파악하기 위해 흔들리는 손을 중앙선까지 가져오는 데 어려움을 겪고 있다. 다시 말하지만, 나는 그를 '교정'하지 않는다. 노래가 끝날 무렵 그는 '따라잡는다.' 마리아는 보조원이 두 번째 두 박자를 계속 도와주지만 혼자서 손뼉을 한 번씩만 치고 있다. 여기서도 박자 조절 시간이 궁금해진다. 마리아가 혼자서 손뼉을 치면 한 박자만 치게 할 수 있을 텐데 말이다. 내가 방에 있는 악기 쪽으로 걸어가면서 즉흥적으로 작곡한 작은 곡을 부르며 "날 봐, 날 봐, 리듬 스틱을 찾고 있어"라고 말하니, 오프닝과 손뼉에서 리듬 스틱 사용으로의 전환이 잘 이루어진다. 이렇게 하면 린다가 화를 내지 않고 방의 다른 구석으로 이동하는 나를 시각적으로 추적하는 데 도움이 되는 것 같다. 아동들이 스틱을 들고 나를 지켜보는 동안 나는 노래하는 목소리의 박자에 맞춰 빠르게 걸어서 돌아온다. 대학에서 교육을 받는 내 학생들 중 일부는 "아동들이 '행동하지 않도록' 활동을 계속해야 한다"고 말하지만, 나는 로봇처럼 보이는 연속적인 활동보다는 전환이 아동들에게 항상 반가운 위안이 된다고 생각한다.

아동들이 리듬 스틱을 고를 차례를 기다리는 동안, 잠시 불안한 기대감이 생긴다. 다시 한번, 나는 방에서 무슨 일이 일어나고 있는지 이야기하면서 안정감을 유지하려고 노력한다. 효과가 있다. 노래로 넘어가자, 보조원들이 자동으로 아동들과 손을 주고받으며 도와주려고 하는 것이 눈에 들어온다. 내가 자율성을 장려할 수 있는 유일한 부드러운 방법은 특정 문제행동을 하는 아동을 지목하기보다는 "아동들이 먼저 스스로 해 보도록 하자"고 말하는 것이다. 효과가 있다. 물론 아동들은 모두 어떤 식으로든 신체적 제약이 있지만, 아동들이 이러한 자료를 사용하여 자연스럽게 접근하는 방법을 보는 것이 나에게는 처음에는 시각적-운동적 매칭이 잘 맞지 않다가 점차 개선된다. 다시 말하지만, 나는 이것을 바꿀 필요성을 느끼지 않는다. 서로 친해지고 서로의 음악적 에너지를 공유하는 것은 큰 노력이다. 잠시 후, 웃으며 다시 각자의 스틱을 연주한다.

리듬 스틱을 치운 후 다시 작은 노래로 전환했지만, 이때쯤에는 린다에게 자극이 너무 심해져 울기 시작했다. 45분 세션이 30분 정도 진행되었는데, 이런 아동들에게는 감각 과부하로 이어지기 쉬운 세션 시간이다. 나는 도우미 중 한 명에게 린다를 잠시 데리고 나가서 낮잠을 자게 해달라고 제안했고, 린다는 결국 간호사에게 가서 낮잠을 잤다. 자극에 지나치게 반응하는 아동들과 과잉행동을 조절해야 하는 다른 아동들, 마지막으로 과잉 반응하지 않는 아동들을 위한 균형 잡힌 행동이 궁금하다. 이것은 그룹 작업을 할 때, 여전히 큰 과제 중 하나이다.

북과 스탠딩 심벌즈를 꺼내는 것은 아동들에게 신나는 순간이고, 마리아는 기대에 부풀어 자연스럽게 손뼉을 치기 시작한다. 전에는 한 번밖에 손뼉을 치지 않던 마리아가 어떻게 여기서는 여러 번 손뼉을 칠 수 있는지 궁금하다.

이번에도 아동들은 내가 도우미와 함께 시범을 보이는 동안 차례를 기다렸다가 첫 번째 아동인 마리아에게 악기 선호도 카드를 건넨다. 흥분한 마리아는 자연스럽게 자신을 가리키고, 나는 이 순간을 이용해 "여러분, 마리아가 음악을 원해요(사인)!"라고 말하며 마리아의 의사소통을 인정해 준다.

다른 아동들이 기다리고 있는데도 나는 그들을 참여시키려고 노력한다. "마리아, (이것) 아니면 (이것)을 원하니?"라고 말하며 카드를 보여 주었다. 마리아는 심벌즈를 선택한다. 예비 모델링이 끝나고 마리아가 연주를 시작한다. 그녀의 연주가 너무 시끄러워 사이먼이 몸을 떨기 시작한다.

이 흥분 수준을 어떻게 모니터링할 수 있을까? 다시 말하지만, 세션에서 감각 입력의 균형을 맞추는 문제는 분명하다. 다행히도 사이먼은 심벌즈의 '충돌'에 대한 반응을 억제하고 스스로 조절할 수 있었다. 스탠리 그린스펀이 말한 첫 번째 이정표인 '자기조절'의 문제는 매우 근본적인 문제라는 것을 알 수 있다. 마리아가 내가 연주하는 곡의 다이내믹을 진정으로 따라갈 수 있다면 자기조절을 할 수 있겠지만 아직은 그렇지 못하다. 테런스와 케이샤가 연주한 후에도 마찬가지이다. 이 활동을 위해 설정한 IEP에 명시된 목적에 대해 생각해 본다. 발달 목적에 대한 인본주의적 느낌이 많이 반영되어 있지 않은 것 같다. 이 계획을 세운 임상가는 왜 행동 조절을 위한 준비 과정으로 자기조절에 대해 생각하지 않았는가? 음악은 규제에 도움이 되는 완벽한 방법이다.

알렉산더에게 도착했을 때, 그는 매우 흥분한 상태였다. 홍에 겨워 몸을 기울인다. 그는 드럼과 심벌즈를 모두 선택했기 때문에, 나는 '마리아는 잠들다'의 오케스트라 편성을 바꿔서 그가 멜로디를 기본적으로 치고 곡의 마지막에 심벌즈를 연주할 수 있도록 했다. 그는 흔들리는 팔을 곡의 다이내믹에 적응시키려고 노력했고 부분적으로 성공했다. 머리로는 자신이 무엇을 해야 하는지 알고 있지만, 몸을 잘 통제하지 못한다는 것을 알 수 있다. 나는 그의 강인함에 감탄했고, 수업실의 다른 선생님과 조교들도 놀라워했다. 이렇게 음악에 대한 의욕이 넘치는데 교실에서 선생님이 '불만'이라고 말하는 아동이 이런 아동이라고는 믿기 어렵다.

음악 시간이 끝날 무렵, 그룹이 여전히 집중하고 있다는 것을 알 수 있었고, 나는 정말 감동을 받았다. 사정평가 측면에서 IEP에 명시된 기능 수준과 음악 활동에서 보이는 기능 수준을 비교해 보면 행동 문제를 제외하고는 비슷한 수준이다. 음악과 아동들의 정서적 관련성은 압도적으로 긍정적인데, 이는 내가 아동들의 행동적 목적을 읽었을 때 예상하지 못했던 결과이다. 음악에 참여하려는 욕구는 아동들이 부정적인 방식으로 산만해질 필요가 없을 정도로 긍정적인 방식으로 에너지를 전달한다고 생각한다. 비록 아동들의 기능이 제한되어 있더라도, 열정이 기능적 수준을 뛰어넘어 스스로 세션을 진행할 수 있게 해 줄 것이다. 상대적으로 말하자면, 이 그룹은 실행 가능한 그룹이 될 것이다.

변화하는 그룹

우리는 일주일에 두 번, 한 번에 45분씩 모인다. 몇 주가 지나면서 그룹은 기대감, 세션 구조에 대한 편안함, 서로에 대한 지지, 그리고 선호하는 레퍼토리에 대한 친숙함을 키워 나가고 있다. 이들은 이전에 설정한 발달 목적을 향해 나아가고 음악을 통해 더 많은 개인적 유대감을 공유한다. 음악 제작에 대한 자발적인 기여를 통해 그룹 구성원들에게 더 많은 창의력과 필요한 창작의 자유를 제공할 수 있다.

기대

마리아가 다른 교실로 가는 길에 복도를 지나가다가 내 교실로 걸어 들어오기 시작한다. 마리아는 아직 비언어적이지만 간단한 수화와 그림 교환 외에 다른 언어적 소리만 사용할 수 있다. 그녀는 드럼을 가리키더니 자신을 가리킨다. 이 음악실은 그녀의 주의를 끌기 때문에, 세션 차례가 될 때까지 음악실을 나가도록 안내해야 한다. 점심식사를 하러 가는 길에 복도에서 다른 그룹 멤버들이 나를 보고 “이제 음악 할 시간인가요?”라고 묻는다. 그룹 멤버들은 음악실에서 진행되는 이벤트와 정서적 유대감을 형성하고 그곳에 함께하고 싶어 한다. 드디어 단체로 입장할 차례가 되면 기대와 설렘을 안고 입장하면서도 집중하고 경청할 수 있게 된다. 특히, ‘손뼉을 치세요’(Nowickes-Sorel in Robbins, 1995)와 같은 다양한 인사 노래의 시작 화음은 노래 가사에 앞서 제시되는데, 이는 아동들이 손을 들어 박수를 치도록 하는 청각적 신호이다.

세션 구조의 편안함 수준

인사 노래는 주로 안녕 인사 및 작별 인사(Robbins, 1995)의 내용을 바탕으로 세션을 계속 시작한다. 이러한 오프닝을 통해 아동들은 서로를 바라보며 자신의 차례를 기다리는 등 집단의식과 의사소통이 발달한다.

그룹이 세션의 가능한 형식에 익숙해지면 나는 동작용, 보컬용, 듣기용, 악기용 그림 교환 카드 시리즈를 소개한다. 각 카드에는 춤추고, 노래하고, 듣고, 악기를 연주하는 아동의 간단한 그림이 그려져 있다. 카드 뒷면에는 그룹이 시간과 선택한 활동 순서를 시각적으로 정리하는 데 도움이 되는 보드에 붙일 수 있도록 벨크로(찍찍이)가 부착되어 있다. 오프닝에 이어 어떤 종류의 활동을 진행할지, 첫 번째 활동에 이어 어떤 활동을 진행할지 등을 선택하는 것은 민주적인 과정이며, 낮은 기능 수준에도 불구하고 구성원들을 하나로 묶어 준다. 아동들이 스스로 좋아하는 음악 자료를 찾기 시작하면, 나는 그 자료들을 사용할 수 있는 카드도 만들어 준다. 이 그림 선택 과정을 통해 그룹의 비언어적인 멤버인 마리아, 사이먼, 그리고 린다에게 더 많은 의사 결정권을 부여할 수 있다.

선호하는 자료/발달 목적에 대한 진행 상황

세션 방법과 자료는 피아제의 첫 두 인지 단계와 유사하게 감각운동 학습과 구체적 학습이라는 두 가지 발달 단계와 균형을 맞추고 있다. 케이샤, 알렉산더, 그리고 테런스처럼 구체적인 학습에 확고한 뿌리를 둔 아동들도 청각 처리, 시각 운동 처리, 운동 계획 능력을 촉발하기 위해 다중 감각 입력의 감각 통합 기술이 필요하다.

우리는 발성을 자극하는 많은 노래와 반음 및 또는 지금 여기 활동 수준에 초점을 맞춘 '빈칸 채우기' 노래를 사용하고 있다(제6장 자료 참조). 〈세서미 스트리트〉의 노래인 'Sing After Me'(Moss & Raposa, 1998, p. 62)는 치료사나 아동이 발성 패턴을 간단히 모방하는 것을 포함한다. 특히, 테런스는 이 노래를 좋아한다. 모음/자음 멜로디 순차 진행의 긴 스트림을 모방하거나 독창적으로 만들어 내는 능력이 빠르게 성장하고 있다. 이제 케이샤도 이 레퍼토리에 합류하여 테런스를 더 많이 보고, 함께 웃고, 모방할 차례를 기다리는 등 발성의 상호작용을 통해 테런스와 더 많이 어울리기 시작했다. 이러한 특정 발성 목적이 IEP에 포함되어 있지 않더라도 발성을 재미있게 하는 과정은 나중에 발달적으로 어려운 언어 반응을 더 많이 할 수 있는 여유를 주는 것으로 보인다. 마리아, 사이먼, 그리고 린다와 같이 감각운동 수준이 낮은 아동의 경우 정서적 반응이 있는 듣기 및 보기 수준부터 시작하는 것이 좋다. 어느 순간, 이 아동들은 모음의 첫 모음 소리를 거의 비슷하게 내서 나를 놀라게 하기도 한다.

케이샤와 테런스처럼 구체적인 수준의 아동에게는 '나는 모자가 있어요'(Nordoff & Robbins, 1968c)와 같은 노래에 1~3개의 단어 또는 간단한 문장(나는 ____,)의 존재, 단어의 기능(나는 ___, 내 ____에 ___을 위해 갈 거야)을 포함할 수 있다. 알렉산더와 같이 표현적 놀이 수준의 아동에게는 이 노래의 가사인 '나는 모자가 있어요'(Nordoff & Robbins, 1968c)에서 더 나아가 "비가 내리는데, 내 모자에 비가 내린다"(젖은 척하면서 모자를 벗어 던져)라고 말할 수 있다. 청각뿐만 아니라, 시각적 단서를 자극하기 위해 나는 언어치료사인 린다와 함께 노래판(song boards)을 세션에 통합한다. 이러한 노래판 중 일부는 시중에 나와 있는 시각 보조 자료집을 통해 준비할 수 있지만(Coleman & Brunk, 2001), 전통 민요나 음악치료용 노래판은 직접 만들어야 한다. 노래판을 만드는 것은 간단한 미술 및 공예 작업으로, 노래 이야기의 '조각'을 밝은색의 참나무 태그 파일 폴더에 벨크로(찍찍이)로 붙인 후 아동들이 노래를 부르면서 그림을 보여 주면 즐거워한다.

아동들의 문화적 배경이 교재 선택에 영향을 미치기 시작했다. 마리아와 알렉산더는 모두 라틴 아메리카 출신으로 '멕시코 모자 춤', '자메이카 작별 인사', '라 쿠카라차', '라 콜로레스', '에스트렐리타', '라 골론드리나', '라 팔로마', '엘 초클로' 같은 민요를 사용하게 된 것이다. '아디오스 무차초스', '아 미디어 루즈', '치아파네카스', '씨엘리토 린도'(Ay-ay-ay-ay)는 모두 라틴 아메리카 노래 모음에서 발굴한 곡으로, 후렴구의 간단한 발성과 리듬에 맞춘 악기 반주를 통해 음악적 구절이 마무리되는 특징이 있다. 이러한 문화적 연결의 아름다움은 발달 수준은 다르지만, 마리아와 알렉산더가 **문화적 리듬을 통해 함께 공감하는** 데 분명한 즐거움을 공유한다는 점이다. 마찬가지로 테런스와 케이샤는 아프리카 리듬에 오케스트레이션과 개선된 리듬 편곡을 사용하고 간단한 랩을 개발하는 것을 선호하는데, 이 중 일부는 'New Way to Walk'(Moss & Raposo, 1992, p. 116)와 같은 〈세서미 스트리트〉 노래에서 촉발된 것이다. '걷고, 걷고, 걷는 새로운 방법이 생겼어'는 '말하고, 말하고, 말하는 새로운 방법'으로 일시적으로 변형되었고, 앞서 언급한 '나를 따라 노래해'(Moss & Raposo, 1992, p. 62)라는 가사가 등장했다.

문화적 리듬은 **동작의** 가능성을 제시한다. 음악에 맞춰 움직이면서 아동들과 직접 접촉하기 위해 나는 라틴 리듬이 담긴 CD와 아프리카계 미국인 리듬이 담긴 CD를 사용한다. 예를 들어, 나는 아프리카 노래 '파타 파타'(Stewart, 1991)에서 한 번에 2단계 동형 진행을 모방하여 간단한 안무 패턴으로 아동들을 조력한다. 이러한 시퀀스를 계획하는 과정에서 나는 물리치료사인 이본과 협력하여 사이먼과 린다 같은 아동들을 위해 하체 움직임을 통합했다. 움직임을 더욱 자극하기 위해 이본과 나는 낙하산을 사용하여 낙하산이 위아래로 움직일 때 팔을 크게 움직이는 모든 아동들을 돕는다. 낙하산의 '바람'이 마리아, 린다, 사이먼을 흥분시키고 낙하산의 움직임에 구르는 플라스틱 공의 움직임을 더하면 아동들은 낄낄거린다. 공이 그룹의 반대편으로 이동하려면 아동들은 팔을 뻗어야 한다. 또한 패턴화된 리듬을 따르거나(Abramson, 1997) 오자미(beanbag) 노래와 함께 오자미를 다른 아동에게 던지고 잡을 수도 있다.

아동들은 지터(거문고와 유사한 악기), 옴니코드, 오션 드럼과 울리울리(하와이의 여러 개의 터프트가 달린 셰이커)와 같은 다양한 질감의 타악기, 그리고 음악치료와 민요에 맞춰 오토하프와 같은 악기 질감을 사용하여 악기 탐색을 시작했다. 이제 학생들은 노르도프-로빈스

(1972, 1977, 1979), 허버트와 게일 레빈(1977, 1997a, 1997b), 리톨츠와 로빈스(1999, 2003)의 작품을 바탕으로 한 간단한 오케스트레이션을 따라 할 수 있다. 악기의 질감이 촉각적인 수준에서 자극을 주는 반면, 다른 악기는 운동적인 수준에서 자극을 준다. 리드 호른을 사용하면 구강 운동 근육이 발달하고, 드럼과 심벌즈를 사용하면 양쪽 두드리기와 중앙선 넘기가 발달하며, 톤벨과 실로폰 피치를 사용하면 팔 전체와 시각 운동 능력이 촉구된다. 이러한 간단한 오케스트레이션을 따라 하는 과정에서 아동들은 정서적 숙달감을 느끼며 계속 집중하고 있다. 이 세션에서는 어떤 아동도 부정적으로 행동하지 않는다. 부정적인 '자기 자극'이나 또래에 대한 괴롭힘과 관련된 모든 행동 목적이 전혀 없다. 음악치료 세션에서 이러한 문제는 처음부터 문제가 되지 않았다. 나는 이 아동들이 어떤 수준에서든 음악을 통해 감정을 표현할 수 있도록 돕는 것으로 넘어갔다.

서로에 대한 지원

겨울이 거의 지나간 3월 중순이지만, 바깥 공기는 여전히 쌀쌀하고 회색빛이다. 우리는 노르도프-로빈스 동요 다섯 번째 책(Nordoff & Robbins, 1980c)에 수록된 'Let's Make Some Music'이라는 노르도프-로빈스 노래를 작업하고 있다. 이 노래를 약간 변형하여 아동의 인지 수준에 따라 한 단계 또는 두 단계로 나누어 알렉산더에게 악기 순서를 기억하게 하고, 마리아, 사이먼, 그리고 린다에게 노래에서 어떤 악기를 솔로로 연주할지 그림으로 선택하게 하는 등 다양한 방법으로 활용할 수 있다.

테런스는 탬버린을 선택하고 솔로곡을 연주하는 동안 리듬과 마이크 충동을 조절하는 데 어려움을 겪는다. 알렉산더가 "넌 할 수 있어. 멈춰!"라고 외치자 테런스는 음악 구절의 끝에서 멈출 수 있었다. 이제 케이샤가 리드 호른을 연주할 차례이다. 케이샤는 몇 주 전에는 할 수 없었던 연주를 입술을 깨물고 큰 소리로 연주한다. 린다가 자세히 지켜보고 있다. 린다도 이제 리드 호른을 사용하려고 한다. 그녀는 여전히 침을 흘리고 있어 입술로 꽉 쥐는 것이 어렵다. 그녀가 소리를 내자 사이먼은 웃음을 터뜨린다. 알렉산더가 드럼을 연주하고 사이먼이 지터(거문고와 유사한 악기)를 보조하는 것으로 곡을 마무리한다.

그룹 멤버들이 선택할 다음 그림은 '고양이를 샀어요'를 편곡한 애런 코플런드(Aaron Copland)의 시각적 노래판이다. 이 편곡을 통해 가장 발달이 낮은 아동인 마리아, 사이먼, 그리고 린다에게 개사한 버전에서 다음 동물에 대해 노래할 동물을 선택하고 동물 소리를 흉내 내도록 한다. 이 편곡을 사용하면 기능이 더 높은 아동인 테런스, 케이샤, 그리고 알렉산더는 간단한 노래 가사(예: "고양이를 샀어요. 고양이는 나를 기쁘게 해 줬어요. 저기 나무 밑에서 고양이에게 먹이를 줬어요.") 중 일부는 단순화하기 위해 변화가 필요하며(예: '저기 나무'를 '큰 떡갈나무'로 바꿀 수 있음), 상상할 수 있다. 아동들은 서로를 바라보며 노래가 끝날 때 손뼉을 친다. 이 노래는 몇 주가 지나면서 오케스트레이션의 잠재력이 더 커질 수 있는 노래이다. 노래가 끝나면 테런스, 케이샤, 그리고 알렉산더에게 노래에 나오는 동물들의 순서에 대해 물어볼 수 있다. 나는 아동들이 보조원들과 마찬가지로 서로 보고 듣는 것을 함께 즐거워한다는 것을 알 수 있다. '할아버지 농장에 내려와', '동물원에 가자'(라피)와 같은 비슷한 노래에도 같은 종류의 목적을 사용할 수 있다.

엔딩으로 넘어가면서 또 다른 곡을 소개하고자 한다. 음악 교육용 노래책에 수록된 곡이지만, 음악치료에 아주 적합한 '할 수 있어요'이다. 나는 노래의 리듬을 따라 한다. '할 수 있어요. 난 할 수 있어, 집중하기만 하면. 할 수 있어, 노력하면 할 수 있어'(반복). 이 노래와 함께 아동들에게 세션에서 무엇을 했는지 보여 달라고 요청한다. 여기에는 사진 교환, 서명 또는 구두 응답이 포함된다. 놀랍게도 아동들은 할 수 있다.

성격 공유

발달 단계가 다르고 서로 다른 성향에도 불구하고, 나는 올해 이 그룹과 함께 일할 수 있었다. 이 그룹은 이상적인 그룹은 아니며, 원래 그룹으로 구성되도록 의도된 것도 아니었다. 하지만 처음에 내가 생각했던 '엄마와 아이'가 함께하는 단순한 활동 프로그램 수준에서 더 발전한 것 같다. 내 느낌은 마리아의 인내심, 테런스의 흥분, 케이샤의 유머 감각, 알렉산더의 급성장하는 리더십과 그룹 내 자존감 상승, 사이먼의 신체적 불편함에 대처하는 능력, 그리고 린다의 새로운 시도에 대한 결단력 등이다. 이 모든 것이 치료사로서 매우 만족스러운 일이다. 학교에는 더 뚜렷한 집단 역동 관계를 통해 움직이는 다른 그룹이 있다. 솔직히 말해서, 그들은 내가 '더 좋아하는' 그룹이다. 이 이야기는 책 전체에 걸쳐 다른 이야기를 위해 남겨두었다. 이 그룹은 확실히 "효과가 있었다"고 말하기 어려운 그룹이었다.

요약: 답이 없는 질문

이 그룹뿐만 아니라, 수많은 다른 그룹을 진행하다 보면 항상 답이 없는 질문이 생긴다. 말하자면, 내가 그룹에 '동조'하고 있다고 느낄 때마다 나는 내가 도전에 직면해 있다는 것을 알지만, 어떻게 대처해야 할지 모르겠다. 나는 지루함을 믿지 않는다. 지루한 그룹은 없다. 정체된 그룹 또한 없다. 그룹을 다루는 치료사만 문제를 직면하고 해결하려는 의지가 정체되어 있을 뿐이다.

어떤 종류의 그룹이 효과가 있을까? 성장 잠재력이 있는 그룹을 형성하려면 어떻게 해야 할까? 그룹에 성장 잠재력이 제한되어 있으면 어떻게 해야 할까? 아동이 그룹에 참여할 준비가 되었는지 어떻게 알 수 있을까?

그룹을 위한 사정평가를 진행하려면 어떻게 해야 할까? 음악치료에서 이에 대한 내용을 읽은 적이 없다.

음악치료 세션의 목적을 어떻게 설정하는가? 의미 있는 목적이 아니라면 목적을 설정하고 싶지 않다. 음악치료 세션의 목적에 중점을 두는 음악치료 세션의 고유한 점은 무엇일까?

어느 정도의 구조를 도입할지 어떻게 알 수 있을까? 나는 구조와 자유의 균형을 맞추는 것이 천성이다. 세션을 구성하는 데는 여러 가지 방법이 있을 수 있다. 어떤 방법과 자료를 선택해야 할까? 특히, 모든 아동이 다양한 수준에서 활동하는 경우 어떻게 해야 할까?

내 노력과 아동들의 노력을 어떻게 평가해야 할까? IEP 목적과 목표를 넘어서는 많은 일들이 일어나고 있는 것을 본다. 그것들도 IEP 목적에 도달하는 것만큼이나 유효한 것일까? 이 아동들의 삶에서 음악이 기여하는 특별한 점은 무엇일까?

독자 여러분이 이 책의 나머지 부분에서 내가 던지는 질문에 대한 답을 찾기를 바란다.

학습 가이드 질문

1. 이 서두에 묘사된 그룹 구성원들에 대하여 자신의 말로 설명해 보세요.
2. 이 아동들이 당신에게 소개된다면 어떤 생각이 들까요?
3. 치료사는 이 그룹의 목적을 어떻게 구성하나요? 과정을 설명해 보세요.
4. 치료사는 각 세션에 대한 형식을 어떻게 제공하나요? 과정을 설명해 보세요.
5. 치료사는 각 세션에 대한 자료를 어떻게 선택하나요? 과정을 설명해 보세요.
6. 한 학년 동안 그룹에서 어떤 종류의 변화가 발생하나요?
7. 이 음악치료 그룹에 대해 읽은 후, 어떤 종류의 답이 없는 질문이 떠오르나요?

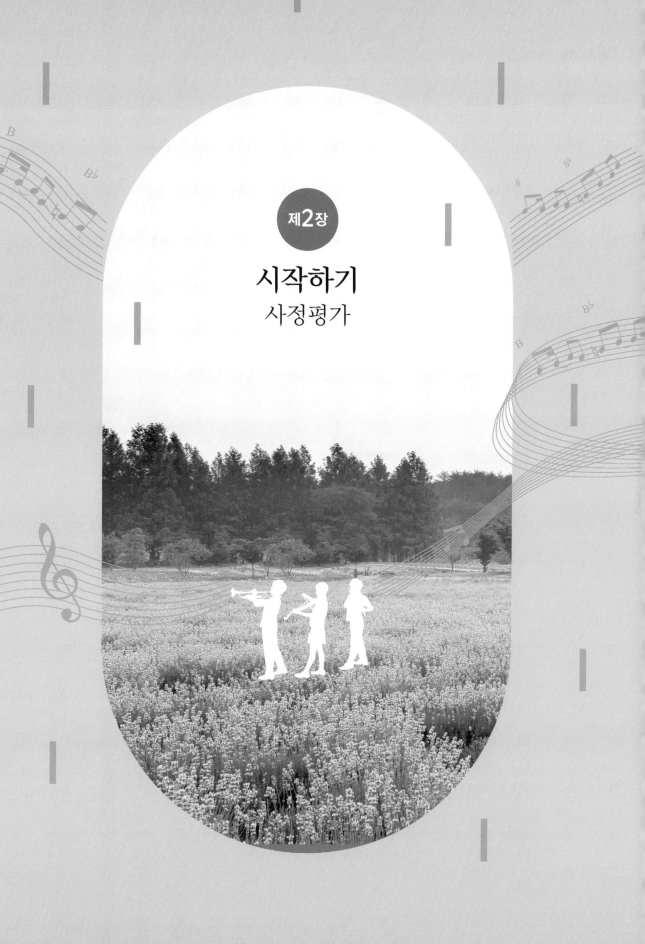

제2장

시작하기

사정평가

소개

음악치료 문헌에서는 사정평가에 대해 많은 부분을 강조하고 있다. 그러나 사정평가는 임상적 성향, 대상 집단, 현장의 요구 사항에 따라 매우 다양하다. 이 장에서는 음악치료 사정평가에 관한 문헌, 사정평가 선택과 관련된 문제, 개별 아동을 대상으로 한 사정평가 도구의 임상 사례, 아동을 대상으로 한 그룹 음악치료에서 사정평가의 역할에 대한 초기 검토를 제공한다. 임상가가 아동의 개별 또는 그룹 치료 배치에 관한 결정을 고려할 때(제3장 참조), 개별 사정평가는 치료적 중재를 수립하는 데 있어 중요한 단계이다.

개관 및 문헌 연구

사정평가란 무엇이며, 평가와 어떤 관련이 있는가

사정평가는 치료사가 전략적으로 아동을 관찰하고, 그 사정평가 세션을 바탕으로 서비스 및 또는 치료 계획 측면에서 임상적 권고를 내리는 과정이다. 따라서 음악치료사의 훈련과 교육을 위한 임상 표준(AMTA, 2006)의 중요한 부분이다. 사정평가에 대한 일반적인 기준은 음악치료사 훈련 및 교육에 대한 임상 표준에 다음과 같이 자세히 설명되어 있다.

〈표 2-1〉 AMTA 임상 표준, 사정평가

2.0 표준 II-사정평가
음악치료 서비스를 제공하기 전에 음악치료사가 내담자를 사정평가합니다.
2.1 음악치료 사정평가에는 내담자의 요구와 강점에 초점을 맞춘 심리적 · 인지적 · 의사소통적 · 사회적 · 생리적 기능의 일반적인 범주가 포함됩니다. 또한 음악에 대한 내담자의 반응, 음악 기술 및 음악적 선호도도 사정평가에 포함됩니다. 내담자의 영성 및 문화적 배경도 고려할 수 있습니다.
2.2 모든 음악치료 사정평가 방법은 내담자의 연령, 진단, 기능 수준, 영성 및 문화적 배경에 따라 적절하게 적용되어야 합니다. 이러한 방법에는 음악 또는 기타 상황에서의 관찰, 인터뷰, 언어적 및 비언어적 상호작용, 테스트 등이 포함될 수 있지만 이에 국한되지 않습니다. 의학적 및 사회적 병력과

같은 다른 분야 또는 출처에서 정보를 얻을 수도 있습니다.

2.3 사정평가는 진단, 약물, 적응 장치, 위치, 다른 치료의 참여, 심리사회적 상태, 발작 장애, 현재 건강 상태 등으로 인해 발생할 수 있는 수행 능력의 변화를 파악합니다. 또한 사정평가에서는 가족 및 기타 지원 시스템의 가용성과 내담자 치료에서 이들의 역할도 파악합니다.

2.4 테스트 결과에 대한 모든 해석은 적절한 규준 또는 준거 참조 데이터를 기반으로 합니다.

2.5 음악치료 사정평가 절차 및 결과는 내담자 파일의 일부가 됩니다.

2.6 음악치료 사정평가의 결과, 결론 및 시사점은 내담자의 음악치료 프로그램의 기초가 되며, 내담자에게 서비스를 제공하는 데 관련된 다른 사람들에게 전달됩니다. 적절한 경우, 그 결과는 내담자에게 전달됩니다.

2.7 사정평가 결과 내담자에게 다른 서비스가 필요하다고 판단되면, 음악치료사는 적절한 의뢰를 합니다.

2.8 음악치료 사정평가는 학생의 기능 수준에 따라 개별화되어야 합니다.

사정평가에 관한 음악치료 문헌 연구

사정평가 근거

음악치료 사정평가에 관한 문헌을 살펴보면, 개별 아동에 대한 사정평가를 강조한다. 사정평가를 실시하는 이유에는 프로그램 계획의 목적을 위해 환자의 강점과 약점에 대한 정보를 수집해야 할 필요성(Cohen & Gericke, 1972), 책무성, 서비스의 정당성 및 전문적 신뢰성에 대한 가장 중요한 요구(Isenberg-Grzeda, 1988), 여러 교육 및 치료 분야에 공통된 근거(Wolery, Gessler, Werts, & Holcombe, 1994) 등이 있다. 이러한 이유 때문에 내담자의 의뢰와 수락에 이어 음악치료 사정평가를 AMTA 임상 실무 표준(2006)에 포함시킨 것이 아닐까 싶다. 특정 환경에서는 사정평가 모델을 통해 서비스에 대한 의료 비용 상환을 결정하고(Scalenghe & Murphy, 2000) 개별화교육계획(IEP)에서 음악치료의 적격성을 결정해야 한다(Coleman & Brunk, 1999).

아동을 위해 출시된 사정평가 유형

비교적 최근에 음악치료 사정평가 도구를 검토한 윌슨과 스미스(Wilson & Smith, 2000)는 전국적으로 아동과 함께 일하는 치료사들이 사용하는 41개의 사정평가 도구 중 49%(16개)가

'이름 있는' 사정평가 도구라는 사실을 발견했다. 이러한 '명명된' 사정평가 도구는 다음과 같은 목적으로 사용되었다: ① 다른 사정평가 도구에서 얻은 데이터와 비교(39%), ② 기초선 또는 사전 검사(29%), ③ 서비스 적격성 판단(12%), ④ 사정평가의 심리 측정적 특성 결정(7%), ⑤ 주어진 집단에 대한 도구의 적합성 결정(7%), ⑥ 음악적 선호도 파악을 위한 목적. 음악적 요소와 비음악적 요소를 모두 사정해 평가했으며, 그 평가 대상은 지적장애(44%)와 정서장애 아동(22%)이 가장 많았고, 다양한 인구 집단이 사정평가에 포함되었다. 윌슨 연구에서 인용된 '음악치료' 사정평가 도구는 다음과 같다.

- 음악 오디션의 주요 척도(Gordon, 1979)
- 연속 응답 디지털 인터페이스(Robinson, 1988)
- '토니가 음악을 듣다'(소프트웨어)(Williams & Fox, 1983)
- 의사소통 반응 체크리스트/행동 점수표(Edgarton, 1994)
- 코헨 음악치료 사정평가 도구(Cohen, 1986)
- 악기 음색 선호도 테스트(Gordon, 1984)
- 정신과 환자를 위한 음악/활동 치료 초기 사정평가(Braswell et al., 1986)
- 음악 적성 프로파일(Gordon, 1965)
- 정서장애 아동을 위한 음악치료 사정평가 도구(Goodman, 1989)
- 음악치료 생리적 측정 검사(Sutton, 1984)
- 인지 발달에 대한 음악적 지각 평가(Rider, 1981)
- 시셔 음악적 재능 측정-리듬 하위 검사(Seashore, 1919)
- 절망에 대한 작곡 사정평가(Goldstein, 1990)
- 리듬 반응성 검사(Kaplan, 1977)
- 워커 검사(Walker, 1987)

이 목록에서 눈에 띄는 점은 굿맨(Goodman, 1989) 및 라이더(Rider, 1981) 평가를 제외한 나머지 사정평가는 음악치료 및 또는 특별한 도움이 필요한 아동을 위해 특별히 지정되어 있지 않다는 것이다. 또한 이 목록은 모든 것을 포괄하지 않는다.

아동을 위해 작성된 몇 가지 발표된 음악치료 사정평가는 다음과 같이 간략하게 설명되어 있다.

노르도프-로빈스 척도(Nordoff & Robbins, 1977, 2007)

폴 노르도프와 클라이브 로빈스는 펜실베이니아 대학교에서 수행한 선구적인 연구와 버나드 루턴버그 박사의 자폐아 사정평가에 대한 친숙함을 바탕으로 두 가지 개별 평가를 위한 척도를 개발했다(1966년 7월, Ruttenberg, Dratman, Fraknoi, & Wenar).

첫 번째 척도인 '음악 활동에서의 아동-치료사 관계'(Nordoff & Robbins, 1977, p. 182)는 '완전히 무의식적'(1단계)부터 '그룹 작업에서 기능적 독립성 확립'(10단계)에 이르기까지 아동의 참여도를 10단계로 세분화하여 설명한다. 이러한 참여 수준은 저항성의 자질과 동일하다. 이러한 수준에 설명된 아동은 기술적(descriptive) 평정 척도에 따른다. 이 척도는 2007년에 개정되어(Nordoff & Robbins, 2007) 10번째 평가를 제거하고 처음 세 가지 평가를 통합했다. 레벨 10은 개별 작업에 대한 수준의 강조로 인해 제거되었지만, 그럼에도 불구하고 레벨 10에 대한 원래 언급은 암묵적으로 남아 있으며, 그룹과 함께 일하는 치료사에게 아동이 언제 개별 작업에서 그룹 작업으로 이동할 준비가 될지에 대한 아이디어를 제공한다.

두 번째 척도인 '음악적 의사소통성'(Nordoff & Robbins, 1977, p. 196)은 '의사소통적 반응이 없음'(레벨 1)부터 '그룹워크에서 음악적 목표에 대한 개입'(레벨 10)까지 10단계의 음악적 의사소통성을 설명하고 있다. 이 레벨에서는 악기 연주, 보컬, 신체 움직임 등 다양한 음악적 행동 양상에 대해 설명한다. 음악적 행동에 대한 설명은 기술적 평정 척도를 따르며, 따라서 평가 총점을 얻는다. 첫 번째 척도와 마찬가지로, 두 번째 척도도 개별 치료에 대한 강조와 처음 세 단계의 재구성을 반영하여 개정(2007)되었다. 따라서 10번째 단계는 삭제되고, 처음 세 단계가 합쳐졌다.

이러한 척도는 양적 · 질적 측면을 모두 갖추고 있으며, 원래 형태에서는 음악치료 세션의 비디오 녹화 분석에 의존하여 객관성과 주관성을 모두 측정한다.

정서장애 아동을 위한 MTA-ED 또는 음악치료 사정평가(Goodman, 1989)

뉴욕 병원에서 수년간 실시한 입원 및 외래 정신과 음악치료 작업을 기반으로 한 MTA-ED(Goodman, 1989)는 개방형이며, 아동이 표현할 수 있는 기본적인 음악적 요소를 개괄적으로 설명한다. 아동이 음악적으로 의사소통하는 방법, 이유, 시기에 대한 해석은 아동의 병리학적 맥락에서 볼 수 있다. 설명 영역에는 자연스러운 반응 선택, 음악적 선호도, 음악적 반응성(리듬, 강약, 조음, 음질, 멜로디 라인/프레이즈, 박자, 악기를 다루는 신체적 성향, 표현의 적절성), 언어적 연관성, 비언어적 반응, 내담자/치료사 상호작용 등이 포함된다. 사정평가 형식의 마지막 부분에서는 토론 및 권장 사항에 대해 자세히 설명한다. 나는 이 도구를 장애아동의 음악적 반응을 볼 수 있는 투사적 수단으로 개발했다.

인지 발달에 대한 음악 지각 사정평가(M-PACS)

표준화된 집단을 대상으로 작성된(Rider, 1981) M-PACS는 학령기 아동을 위한 피아제 과업과 유사한 15개의 음악 과제를 개괄적으로 설명한다. 표준화된 집단을 대상으로 작성되었지만, 나중에 존스(Jones, 1986)에 의해 지적장애 아동을 위한 적응 도구로 현장 테스트를 거쳤다.

영유아에 대한 클리블랜드 음악 학교 사정평가(Libertore & Layman, 1999)

발달이 지연된 영유아를 대상으로 작성된 이 사정평가는 5가지 발달 영역의 발달 및 정신연령 규준을 기반으로 하며 '예/아니요로 응답해야 한다. 점수를 매기면 정량적 도구가 생성된다.

청각-운동 지각 검사(Heimlich, 1975)

언어치료사가 개발한 이 잘 알려지지 않은 지각 테스트는 리듬 모방 과업으로 구성되며, 점수를 매겨 신경학적 장애를 예측한다.

즉흥연주 사정평가 프로파일(Bruscia, 1987)

다양한 연령과 진단을 위해 작성된 즉흥연주 사정평가 프로파일(IAP)은 즉흥연주 중 내담자의 행동에 대한 음악적 분석과 해석을 기반으로 한다. 각각 음악적 기술자들의 하위 척도를 포함하는 6개의 프로파일은 다음과 같은 행동 영역과 관련이 있다: 통합성, 가변성, 긴장도, 일치성, 현저성, 자율성. 음악적 행동에 대한 해석은 사실상 성격의 여러 측면과 관련이 있다.

아동의 자폐증 및 의사소통장애 진단을 위한 음악치료 사정평가(Wigram, 2000)

위그램은 자폐 및 의사소통장애 진단과 가장 관련이 있다고 생각되는 브루시아 IAP (Bruscia, 1987)의 측면을 포함하도록 이 사정평가를 고안했다. 추가 분석을 위해 즉흥연주의 음악적 행동에 점수를 매긴다.

특수교육 음악치료 사정평가 과정, 일반적으로 SEMTAP(Coleman & Brunk, 1999)이라고 한다

개별화교육계획 또는 IEP에 음악치료 적격성을 설정하기 위한 구체적인 목적으로 작성된 SEMTAP는 관련 치료사 및 교사로부터 체계적으로 정보를 수집하고 음악치료 사정평가를 받을 아동에 대한 그림을 형성하는 데 필요한 관찰 및 인터뷰에 대한 개요를 설명한다. 음악치료사는 이 정보와 IEP의 목적 및 목표를 고려하여 음악치료 세션을 준비하여 음악치료를 통해 IEP의 목적을 달성하는 데 있어 음악치료의 효과를 증명하거나 반증한다.

정신의학적 음악치료 설문지, 일반적으로 PMTQ로 약칭됨(Cassity & Cassity, 1998)

이 면담은 기본적으로 장애아동의 증상과 관련된 정보를 수집하기 위한 구두 면담이다. 이 정보는 아마도 음악치료 중재 프로그램을 구성하는 데 사용될 것이다. 이 사정평가에는 음악이 사용되지 않는다.

음악 심리치료 사정평가(Loewey, 2000)

로위(Loewey)는 처음에는 의료 환경에서 아동과 성인 모두에게 사용되는 음악 심리치료 사정평가 도구를 만들었다. 그녀의 사정평가는 본질적으로 탐색적이고 보고서 측면에서 질적이다. 다음과 같은 질문 영역과 관련이 있다: 자기, 타인 및 순간에 대한 인식, 주제적 표현: 듣기, 연주, 협업, 관계: 집중력, 정서의 범위, 참여도/동기 부여, 구조의 사용, 통합, 자존감: 위험 감수 및 독립성.

중도/최중도 장애인을 위한 음악치료 사정평가 프로파일(Michel & Rohrbacher, 1982)

지금은 절판된 MTAP는 발달 체크리스트 모델로 사용된다. 생후 27개월까지의 발달 단계별 이정표가 다양한 영역(사회-정서, 소근육, 대근육, 인지, 의사소통)에 걸쳐 나열되어 있다. 각 이정표에 대한 음악 과제가 사정평가 과제로 제안된다. 치료사는 아동이 기능적으로 수행하기에 적합한 단계부터 시작할 수 있다. 사정평가 과제를 수행한 후 치료사는 목적과 목표를 설정하기 위한 시작 지침으로 현재 수행 수준을 확인할 수 있다.

비음악적 행동과 음악적 행동을 모두 사정평가하는 쟁점

음악치료 문헌 연구에 포함된 비음악적 행동과 음악적 행동을 모두 사정평가하는 문제(Wilson & Smith, 2000)는 더 연구할 가치가 있다. 대부분의 음악치료사는 공식적인 도구를 사용하든 비공식적인 도구를 사용하든 비음악적 행동과 음악적 행동을 모두 사정평가한다(Cassity, 1985). 카시티(Cassity, 1985)는 66개의 정신과적 음악치료 임상 훈련 시설을 검토한 결과, 조사에 참여한 임상 훈련 책임자 중 83%가 비음악적 행동과 음악적 행동을 모두 사정평가하고, 17%는 비음악적 행동만 사정평가하며, 그리고 1%는 음악적 행동만 사정평가한다는 사실을 발견했다. 발달지체 아동을 치료하는 치료사를 대상으로 한 체이스(Chase, 2004)의 설문 조사에서는 35%의 치료사가 음악적 행동을 사정평가한 반면, 95%는 비음악적 행동을 사정평가했다.

그러나 음악 외적인 행동과 음악적인 행동을 모두 사정평가할 때, 음악치료사는 이 두 영역을 구획화하는 경향이 있을 수 있다. 음악치료사는 아동이 음악 활동의 맥락에서 비음악적 기술을 다르게 수행할 수 있다는 잘 입증되고 확실히 가치 있는 가정을 가지고 음악 활동의 맥락에서 비음악적 기술을 평가하는 경향이 있다(Lathom-Radocy, 2002). 예를 들어, 드럼 세트 활동의 맥락에서 특정 아동의 사회적 기술, 청각 기술, 운동 기술 및 시각 기술에 대해 사정평가하는 것은 가치가 있으며(Gladfelter, 2002), 나아가 '음악적 기술 사정평가'를 수행하는 것은 가치가 있지만(Gladfelter, 2002), 음악적 행동 자체가 진단적 가치를 지니고 있을까? 음악치료 활동에서 내담자가 다른 환경과 비교하여 행동하는 방식을 살펴보는 것 외에도 관찰된 음악적 행동은 무엇을 의미할까?

음악적 행동 사정평가

음악치료사 및 비음악치료사를 포함한 여러 이론가들은 음악적 행동을 정상성과 병리성의 지표로 간주한다. 이러한 고려 사항은 사정평가뿐만 아니라, 병리성의 지표가 될 수 있는 음악적 행동의 방향을 바꾸는 것을 목표로 하는 중재 전략에도 영향을 미친다. 이 질문의 역사는 음악치료 관련 문헌에서 연구자들이 음악적 선호도와 음악적 선택을 성격과 연관시키고(Cattell, 1953, 1954; Yingling, 1965), 음악치료사들이 청취에 대한 투사적 반응을 탐구하기 시작하면서(Crocker, 1955; Bean & Moore, 1964) 일찍이 시작되었다.

음악적 행동에 대한 핵심적인 질문은 리듬 반응 영역에 있다. 1970년대부터 노르도프와 로빈스는 다른 사람들과의 상호 연관성을 증가시키고, 따라서 더 큰 개인적·대인적 성장과 관련하여 음악적 표현을 확장하고 관련시키는 아이디어를 제시한다(1977). 더 구체적으로 노르도프와 로빈스는 드럼 연주 범주와 관련된 진단적 의미를 제시한다(1971). 비교 가능한 의미에서 리듬성은 밀리오레(Migliore, 1991), 스타인(Stein, 1977), 스타인버그, 레이스, 로스나겔, 에벤(Steinberg, Raith, Rossinagl, & Eben, 1985), 페릴리(Perilli, 1995), 기번스(Gibbons,

1983)에 의해 다음과 같이 조사되었다. 밀리오레(1991)는 현저한 우울증과 리듬 능력 저하 사이의 관계를 발견했고, 스타인(1977)은 템포 오류와 조증 진단을 연결했으며, 페릴리(1995)는 스타인과 마찬가지로 정신과적 장애 유무에 따른 피험자의 템포 감각에 대해, 기번스(1983)는 11~15세 청소년과 청소년의 리듬 모방 과제에서 다양한 성공률과 구조에 대한 요구를 연관시켰다. 마지막으로, 하임리히(Heimlich, 1975)는 아동의 반응에서 '구조적 변화'의 존재가 병리를 나타낼 수 있다는 가설을 가지고 청각 운동 타악기 테스트(리듬적 모방 과제)를 제시한다.

음악적 행동의 변화에 기반한 샘플 평가 도구에는 IAP(Bruscia, 1987), 노르도프와 로빈스(2007) 그리고 굿맨(1989)이 있다.

비음악적 행동 사정평가

비음악적 행동에 대한 사정평가는 대상군에 따라 달라질 수 있다. 비공식(미발표) 아동 심리 음악치료 평가에 대한 카시티 조사(1985)에서 공통적인 관심 영역은 대인관계, 행동, 인지, 운동 및 수용/표현 언어 영역의 발달 영역과 겹친다. 구체적으로 아동의 대인관계 행동은 파괴적이거나 사회적으로 부적절한 행동, 위축, 공유에 대한 협력 부족으로 나타나기 때문에 가장 일반적으로 평가된다(31%). 인지 문제는 카시티 연구(1985)에서 아동에게 두 번째로 빈번하게 나타나는 문제(17%)로, 지시 따르기 어려움, 방향성 및 공간 개념 부족, 낮은 자존감 등이 있으며, 후자의 문제는 대인관계 행동과 직접적으로 관련이 있다. 마지막으로, 아동에게 두 번째로 빈번하게 평가되는 또 다른 유형의 문제(17%)는 운동 조정, 신체적 의사소통 및 표현 언어와 같은 신체적 문제라고 카시티는 판단한다.

굿맨(1989)의 음악치료 사정평가에서는 다음과 같이 설명한다. 입원 및 외래 정신과 환자들을 위한 도구인 정서장애 아동을 위한 음악치료 사정평가 도구(MTA-ED)에 따르면, 음악 장비의 위치 변화, 음악과 연관된 언어의 내용 및 주제 등 비음악적 행동이 나타났다.

어린(0~3세) **중복장애 아동**을 대상으로 한 미셸과 로어바커(Michel & Rohrbacher, 1982)의 도구에서는 말/언어, 인지, 소근육, 대근육, 사회-정서 등 모든 발달 단계가 음악 과제의 맥락 안에서 고려된다.

발달지체 아동 평가에 대한 체이스 조사(2004)에서 95개의 설문조사를 통해 가장 자주 사정평가되는 영역에 대해 다음과 같은 정보를 얻었다: 운동(95%), 의사소통(83%), 사회성(79%), 인지(64%), 음악(35%).

마지막으로, 라이더(1981)는 정신적 심상, 유목화, 학급 통합 및 보존과 같은 피아제 발달 인지 과제를 사정평가하기 위해 관련 평가를 구분했다. M-PACD를 지체 학생에게 사용했을 때(Jones, 1986), 절차를 조정해야 했고 이 집단에 대한 도구의 유효성에 대해 논란이 있었다. 이 도구는 전반적인 사정평가를 위한 것이 아닌 특정 영역에 대한 사정평가 도구이다.

사정평가 시 도구 선택과 관련된 문제

사정평가 도구를 검토하고 음악치료 상황에 적합한 관련 평가 도구를 결정할 때 치료사는 목적, 내담자 전제 조건, 철학, 시행 시간, 방법 및 효과 측면에서 사정평가 도구의 특성을 고려해야 한다.

사정평가의 목적

브루시아(Bruscia, 1988)에 따르면 사정평가의 목적은 진단적 · 해석적 · 설명적 또는 처방적일 수 있다.

- 진단적 사정평가에서 치료사는 음악을 통해 '내담자의 병리를 감지, 정의, 설명 및 분류'한다(Bruscia, 1988, p. 5).
- 해석적 사정평가에서 내담자의 문제는 '특정 이론, 구성 또는 지식의 체계'의 맥락에서 제시된다(Brusica, 1988, p. 5).
- 서술형 사정평가에서는 내담자를 이해하려는 노력은 내담자와 관련된 내용만 제시된다.
- 처방적 사정평가에서 치료사는 배치, 서비스 요구 사항, 적절한 프로그램 및 방법론이 포함될 수 있는 중재 계획을 제공하기 위해 노력한다.

치료사는 이러한 사정평가 목적 중 어떤 것이 적절한지 어떻게 결정할까?

치료사는 단일한 목적을 가지고 시작할 수 있다. 예를 들어, 가장 일반적인 사정평가의 목적은 중재 계획을 제공하는 것이며, 이러한 이유로 학교의 상황에서는 거의 항상 처방적 목적이 된다. 단일 목적의 또 다른 예로는 치료사가 단기 입원 환자와 함께 일하면서 진단만을 목적으로 사정평가를 실시하는 경우를 들 수 있다(Goodman, 1989). 이러한 유형의 시나리오에서 치료사는 음악치료 사정평가에서 나타나는 행동에서 특정 진단을 반영하는 일관성을 발견할 수 있다. 이는 행동이 음악적인 경우 특히 흥미롭다.

반면에 치료사는 단일 목적으로 시작하여 중복되는 목적으로 끝날 수도 있다. 다음은 이러한 시나리오의 한 예이다. 치료사는 처방적 목적과 중재를 설정하기 위해 사정평가를 사용하는 과정에서 특정 모델에 속하는 사정평가 도구를 선택한다. 그러면 사정평가 결과는 사정평가 도구 모델의 맥락에서 해석된다. 또한 치료사는 진단에 빛을 비추고 다른 전문가 보고서를 확인하거나 대조하기 때문에, 진단에 도움이 되는 정보를 제공할 수 있다.

평가의 목적이 개별화교육계획(IEP)에 있어서 음악치료에 대한 적격성 정보를 제공하는 것이라면 어떻게 해야 할까

IEP 사정평가의 경우, 평가의 목적이 일반적인 음악치료 사정평가와는 다르다. 사정평가를 통해 처방적, 해석적, 그리고 진단적 정보를 얻을 수 있다는 사실 외에도, 음악치료의 적격성 정보를 요청하는 학군은 서비스 승인에 대한 다양한 기준을 가지고 있을 수 있다. SEMTAP 모델(1999)에서 제안하는 것처럼, 음악치료 사정평가 세션에서 아동의 기능적 행동(즉, IEP에 이미 설정된 목적을 통해 설정된 과제에 기반)이 다른 기능적 맥락에서의 행동보다 높다는 것을 '증명'해야만 IEP에 따른 서비스를 받을 수 있는 것일까?

서비스를 제안하는 다른 이유가 있을까? 지난 15년 동안의 사정평가 보고서에서 나는 IEP에 음악치료를 권장하는 다양한 근거를 제시했다. 사례 연구 1에서는 아동의 동기 부여와 주의력이 잠재적 성장에 대한 예후 지표로 작용한다. 사례 연구 2에서는 개별 치료와 지속적인 그룹 치료에서 아동의 성과는 차이가 없으며, 그룹 내 다른 아동의 모델링이 필요하고 '성과 압박'이 덜하기 때문에 그룹 치료가 권장된다.

사례 연구 1

음악치료 권장 사항

1. 음악치료 세션에서 스티븐의 발달 능력은 이 치료사가 검토한 최근 보고서에서 나타난 것과 다르지 않다.
2. 그럼에도 불구하고, 음악 활동에 대한 스티븐의 동기와 관심은 개별 음악치료의 적절한 대상이다.
3. 음악치료 목적은 보컬 의사소통과 상호 작용적인 음악 만들기를 강조해야 한다. 이러한 목적은 스티븐의 말과 언어 발달을 돕고 자기 몰입을 보이는 아동에게 상호작용적인 놀이를 유도하는 데 도움이 될 것이다(Goodman, 1998).

사례 연구 2

음악치료 권장 사항

캐롤린(Carolyn)의 선생님과 관련 치료사들은 음악 사용으로 주의력이 높아졌다고 언급했다. 그러나 개별 음악치료에서 그녀의 성과는 다른 상황에 비해 크게 높지 않았으며, 이러한 이유로 다음과 같은 권장 사항을 제시한다.

1. 일주일에 두 번씩 소그룹 음악치료를 계속하면서 캐롤린은 지속적인 연주에 대한 부담 없이 지속적인 음악적 자극을 받을 수 있는 이점을 얻었다.
2. 교실에서 라이브 및 레코딩 음악치료 전략을 사용한다.
3. 통합 프로그램을 통해 언어치료에서 음악치료 전략을 사용한다.
4. 통합 프로그램을 통해 작업치료에서 음악치료 전략을 사용한다(Goodman, 1998).

아동의 IEP에 있는 작업치료, 언어치료, 물리치료 등의 서비스에 대한 적격성 사정평가를 비교해 보면 아동의 소근육 기능, 언어/언어, 대근육 등의 기능이 지연되어 이러한 서비스가 필요하다는 것을 알 수 있다. 음악치료는 대체 치료 수단을 통해 여러 IEP 목적을 지원할 수 있으므로, 서비스를 제공할 수 있는 근거가 충분하지 않을까? 이것은 문헌에서 답이 없는 질문으로 여전히 남아 있다.

또한 IEP의 음악치료 적격성 문제는 학교 행정 담당자, 학부모, 음악치료사를 계속 당황하게 한다. IDEA로 알려진 「미국 장애인교육법」의 연방 법령에 따르면 음악치료는 관련 서비스로 구체적으로 언급되어 있지 않다. 하지만 2000년 6월 9일 당시 미국 교육부 특수교육국장이었던 리처드 워릭(Richard Warlick)이 미국 음악치료협회 전무이사 안드레아 파브만(Andrea Farbman)에게 보낸 서한에는 다음과 같은 내용이 명시되어 있다.

> IEP 팀이 음악치료가 아동에게 적절한 관련 서비스라고 판단하는 경우, 팀의 결정은 아동의 IEP에 반영되어야 하며, 해당 서비스는 공공 비용으로 부모에게 무료로 제공되어야 한다. 그러나 이 설명이나 최종 규정의 의견 수렴 및 변경 사항 또는 이전에 이 규정에 포함된 참고 사항 어디에도 음악치료가 개별 장애아동에게 적절한지에 대한 IEP 팀의 결정과 관계없이, 모든 장애아동이 관련 서비스로서 음악치료를 받아야 한다는 내용은 없음을 강조합니다.
>
> 당사는 다음과 같은 기존 입장을 계속 지지합니다. 일부 아동의 경우, 아동의 부모가

포함된 IEP 팀이 아동이 특수교육의 혜택을 받고 FAPE(Free and Appropriate Public Education: 적절한 무상 공교육)를 받는 데 특정 치료가 필요하다고 판단하는 경우 미술, 음악 또는 무용치료가 관련 서비스로 IEP에 명시되어야 합니다.

과거에는 아동이 법정 관련 서비스 예시 목록에 구체적으로 명시되지 않은 관련 서비스를 받도록 요청하는 경우 많은 혼란이 발생했습니다. 교육부의 오랜 해석은 "……(A) 이전 법률에 따른 관련 서비스 목록은 완전한 것이 아니며, 장애아동이 FAPE를 받기 위해 특수교육의 혜택을 받는 데 필요한 경우 다른 발달, 교정 또는 지원 서비스(예: 예술 및 문화 프로그램, 미술, 음악 및 무용치료)가 포함될 수 있습니다."라는 것이 교육부의 오랜 해석이었습니다. 의견 및 변경 사항 분석, 최종 파트 B 규정의 〈부록 1〉에 게시된 64 연방 관보 12548(3/12/99).

설명 노트는 '관련 서비스'라는 용어의 명시되지 않은 의무에 관한 지침을 찾는 모든 학교 관리자에게 제공될 수 있다. 음악치료 사정평가에서 IEP에 음악치료를 제안하는 경우, 권장 사항에는 치료 제공(개인 또는 소그룹) 및 주당 횟수도 포함되어야 한다.

사정평가 사용을 위한 발달 전제 조건

다양한 음악치료 사정평가는 특정 도구를 사용하기에 적합한 발달 수준을 암시하거나 구체적으로 명시한다. **중도/최중도 장애인을 위한 음악치료 사정평가 프로파일**(MTAP; Michel & Rohrbacher, 1982)은 출생부터 3년에 걸친 발달 프레임워크를 따른다. **부르시아의 즉흥연주 사정평가 프로파일**(1987) 또는 IAP(Wigram, 2000, 자폐아를 위해 사용)는 발달 시작 연령을 2세로 제시한다. 굿맨의 **정서장애 아동을 위한 사정평가, MTA-ED**(1989)는 일반적으로 만 2세 반 이전에 반복적 사고와 언어적 연상이 시작되는 것으로 보고 있다.

모든 경우에 치료사는 아동의 발달 행동과 사정평가의 발달 과제를 고려해야 한다. 이 사정평가에 제시된 발달 과제의 범위가 광범위한 경우, 아동의 현재 기능 수준에서 사정평가를 시작하는 것이 좋다. 이러한 방식으로 아동은 더 어려운 과제를 향해 '자신의 방식으로' 나아갈 수 있다.

아동의 초기 기능 수준을 추정하기 위해 아동에 대해 이용 가능한 다음 정보를 검토하는 것이 유용하다: IEP, 치료사(작업치료, 언어병리학, 물리치료), 교사(특수교육 교사, 학습장애 교육 컨설턴트), 심리학자 및 의사(신경과 전문의, 정신과 전문의)의 보고서. 치료사가 정보에 접근할 수 없거나 이 정보를 검토할 시간이 제한되어 있는 경우, 치료사는 교실에서 아동을 관찰하여 초기 기능 수준을 파악하는 것이 도움이 될 수 있다. 물론 시작점에 대한 이러한 비공식적인 평가는 치료사가 사회성, 언어, 인지, 소근육 및 대근육 등 발달의 다양한 측면에 대한 경험이 있는지에 따라 달라질 수 있다.

사정평가의 철학적 방향 및 성격

일반적으로 철학적 성향에 따라 사정평가의 성격이 결정된다.

- **행동**: 관찰 가능한 행동을 포함한다. 이러한 행동의 측정은 체크리스트, 지속 시간, 빈도수 및 또는 평가 척도(수량 또는 기술적 평가 척도)로 구성될 수 있다. 행동 사정평가는 전체 사정평가, 평가 대상별 사정평가 또는 기능적 사정평가, '문제' 행동에 대한 특정 사정평가가 될 수 있다(Griggs-Drane & Wheeler, 1997). 음악치료 문헌에서 이러한 행동의 측정은 핸서(Hanser, 1999)에 의해 잘 설명되어 있다. 행동 사정평가는 정량적일 가능성이 높으며 기능이 낮은 아동, 특히 중도 지체 또는 중도 품행장애 아동에게 자주 사용된다. 이러한 아동은 구조가 더 많이 필요하다.
- **정신역동**: 관찰할 수 있는 행동이지만 이 행동은 해석의 맥락에 있다. 비음악적 행동과 음악적 행동은 종종 다른 주제, 동기를 나타내거나 병적 증상을 나타내는 상징적 또는 투사적 행동으로 간주된다(Goodman, 1989; Bruscia, 1987; Wigram, 2000). 종종 이 사정평가의 기초로 정신분석적 모델이 사용될 수 있다. 정신역동적 사정평가는 질적 평가일 가능성이 높으며, 언어가 풍부하고 표현 놀이가 가능하며, 정서적으로 불안정한 아동에게 자주 사용된다. 이러한 아동은 세션에서 덜 구조적인 것을 견딜 수 있다.
- **인본주의적/내담자 중심**: 관찰 가능한 행동을 포함할 수 있지만, 이러한 행동은 환자의 자기실현 욕구의 발달 맥락에 있다. 인본주의 모델은 질적일 가능성이 높지만, 특정 즉흥연주에 대한 아동의 반응에 대한 음악적 채점 및 분석(Nordoff & Robbins, 1977, 2007)도 포함할 수 있으며, 세션의 적절한 맥락 내에서 반복될 수 있다. 이 방법은 언어 사용 전 아동과 언어 사용 가능 아동 모두에게 사용된다.
- **발달**: 관찰 가능한 행동을 포함하지만, 이러한 행동은 발달 모델(예: 피아제, 그린스펀, 프로이트)의 맥락에서 이루어지며, 발달 과제의 성취 여부는 '예/아니요' 응답으로 체크하거나 구분할 수 있다(Libertore & Layman, 1999). 치료사가 원할 경우 발달 과제의 특성을

추가로 설명할 수 있다. 따라서 사정평가는 객관적일 수도 있고 주관적일 수도 있으며, 양적일 수도 있고 질적일 수도 있다. 또한 종합적인 사정평가(Libertore & Layman, 1999) 또는 특정 영역에 국한된 사정평가(Rider, 1981)가 될 수도 있다. 발달적 관점에서 사정평가에 접근하는 전반적인 관행은 아동을 위해 옹호된다.

- (Lathom-Radocy, 2002) 및 모든 음악치료 대상군(Michel & Pinson, 2005).
- **절충주의**: 물론 내담자에 따라 접근방식을 결합하는 것도 가능하다. 예를 들어, 스탠리 그린스펀 박사는 아동을 사정평가하고 중재할 때, 발달 모델과 정신역동 모델을 결합하여 사용한다(제3장 참조). 이는 음악치료 사정평가는 아니지만 절충적 음악치료 모델을 위한 길을 열어 준다.

철학적 방향과 사정평가의 성격에 대한 질문은 아동의 발달 준비도 및 기관의 방향만큼이나 사정평가의 목적과도 관련이 있다. 치료사의 철학적 방향과 기관의 철학적 방향이 크게 다를 경우 분명히 문제가 발생할 수 있다. 나머지 직원들은 후속 팀 회의에서 음악치료사의 사정평가를 해독해야 하므로, 모든 사람이 이 사정평가에 사용된 철학을 이해해야 한다.

사정평가 범위

대부분의 경우, 치료사가 음악치료에서 사정평가하는 아동은 전체 평가, 즉 사회성, 의사소통, 운동, 인지 등 여러 행동 영역을 포괄하는 사정평가를 받게 된다. 그러나 다른 경우에는 아동이 한 가지 영역 또는 발달 영역과 관련된 특정 목적을 위해 음악치료사에게 의뢰될 수도 있다. 이 아동은 의뢰된 문제와 관련된 사정평가가 필요한 것으로 보인다. 예를 들어, 아동이 의사소통 지체로 의뢰되었는데, 치료사는 음악치료 평가에서 의사소통 지체의 정도만 사정평가할 필요가 있다고 생각한다. 그러나 이는 다른 모든 영역이 의사소통에 영향을 미치기 때문에 단순한 해결책이 될 수 있다. 따라서 구체적인 사정평가의 문제는 논쟁의 여지가 있다.

방법론

방법론의 문제는 치료사의 철학 및 결과적으로 사정평가의 목적과 관련이 있다. 예를 들어, 행동주의 모델 훈련을 받은 임상가는 사전 계획된 음악 활동을 수행하고, 행동 데이터를 기록하고, 결과를 정량화하는 데 익숙할 수 있다. 정신역동적 모델이나 인본주의 모델에 익숙한 임상가는 사정평가의 목적을 염두에 두고 사정평가 세션에서 항상 탐색적인 방향으로 진행하는 것이 더 편할 수 있다. 마지막으로, 발달 모델에 익숙한 임상가는 구체적인 발달 과제를 준비할 수 있지만, 아동의 성향에 따라 앞으로 또는 뒤로 나아갈 수도 있다. 이 장의 사례 연구 자료가 다양한 유형의 사정평가에 대한 요구 사항을 제시할 수 있기를 바란다. 나아가 매우 실용적인 의미에서 방법론은 철학뿐만 아니라, 그 철학과 관련된 치료사의 음악교육과도 관련이 있다. 치료사는 사전에 준비된 자료만 따르는 것이 편안한 것일까? 아니면, 치료사가 주어진 사정평가 도구에 명시된 미리 지정된 음악적 과제와 아동의 반응에 적절히 반응하는 자발적인 유연성의 균형을 맞추는 것이 초보자와 숙련된 치료사의 차이를 정의한다.

사정평가 관리 시간

여기서 실질적인 문제는 분명하다. 기관에서 사정평가 또는 그 평가의 일부를 실시할 수 있는 충분한 시간을 제공하는가? 대답이 '아니요'라면 집단행동을 관찰하거나 집단 내에서 아동을 관찰하기 위한 사정평가를 개발해야 할 수도 있다. 안타깝게도 이는 많은 임상가들이 겪는 일반적인 문제이자, 음악치료 문헌에서 다루지 않는 문제이다.

시간과 관련된 다른 주요 질문은 다음과 같다: 음악치료 세션을 위해 얼마나 많은 시간을 사전 준비해야 하며, 얼마나 많은 시간(즉, 세션 수)을 관리해야 하는가? 한 세션으로 사정평가를 완료하는가? 두 번 이상의 세션이 필요한가? 어느 시점에서 사정평가를 다시 시행하고 싶은가?

음악치료사들의 평가 도구 사용에 대한 요구 사항

가장 최근에 발표된 사정평가 도구의 바람직한 기능에 대한 설문조사(Chase, 2004)에서 치료사들은 다음과 같은 사정평가 도구의 필요성을 언급했다: ① 사용하기 쉬움(23%), ② 포괄성(19%), ③ 적응성(13%). 독자는 공개된 세 가지 사정평가 도구 샘플을 사용하면서 이러한 유용성 측면을 주관적으로 평가할 수 있다.

출시된 사정평가 도구의 임상적 예시

많은 치료사들이 자신만의 방식으로 일반적인 사정평가 도구를 만든다는 것은 음악치료 업계에서 널리 알려진 사실이다. 실제로 콜(Cole, 2002)은 이를 위한 지침을 제공한다. 그럼에도 불구하고, 이러한 사정평가 도구는 이전에 출시된 사정평가 도구를 기반으로 제안된 형식을 따를 수 있다. 이러한 이유로, 이미 발표된 또는 이전에 출시된 사정평가 도구의 샘플을 제시하고, 절차에 대해 자세히 설명하며, 임상 사례를 예시로 들어 설명하고자 한다.

인본주의: 노르도프-로빈스 척도(2007)-개요

1960년대 후반(1966년)과 1970년대 초반(1973년)에 노르도프와 로빈스가 펜실베이니아 대학교에서 자폐 아동을 대상으로 연구하던 중 도입되어 최근 개정된(Nordoff & Robbins, 2007) 노르도프-로빈스 척도(〈표 2-2〉 참조)는 다양한 성격의 진단을 받은 52명의 아동(즉, 다음과 같은 자폐증, 조현병, 중도장애, 지체, 시각장애, 뇌성마비) 및 산만함을 보이는 행동을 보이는 아동 52명을 대상으로 한 임상 연구를 기반으로 한다.

이 장에서 앞서 언급했듯이, '음악 활동에서의 아동-치료사 관계'(〈표 2-2〉 참조)라는 제목의 첫 번째 척도의 현재 버전에서는 아동의 참여도를 7단계로 상세히 설명하고 있으며, 이는 '반응이 없는 비수용성'(1단계)부터 '대인 간 음악적 관계에서의 안정성과 자신감'(7단계)까지 범위를 포함한다.

이러한 참여 수준은 저항성의 질적 특성과 동일시된다. 원래 10단계였던 '그룹 작업에서 기능적 독립성 확립'(Nordoff & Robbins, 1977, p. 186)은 이제 관계성 척도의 최상위 단계(7단계)에 도달한 아동에게 내포되어 있다. 이 척도의 모든 단계는 관찰 가능한 대인관계 행동의 관점에서 설명된다(Nordoff & Robbins, 2007).

두 번째 척도인 '음악적 의사소통성'(〈표 2-3〉 참조)은 1단계 '음악적 의사소통 반응 없음'에서 7단계 '음악적 지능과 기술이 자유롭게 기능하며 유능하고, 개인적으로 의사소통이 가능하며, 그리고 음악적 창조성에 대한 열정'까지 7단계의 음악적 의사소통성을 자세히 설명한다. 이전의 레벨 10(Nordoff & Robbins, 1977)의 '그룹 작업에서 음악적 목표에 대한 중재'는 이제 음악적 의사소통 능력 척도의 최상위 단계인 7단계에 도달한 아동을 의미한다. 이 단계에서는 악기 연주, 보컬, 신체 움직임 등 다양한 음악적 행동 방식에 대해 설명한다. '음악 활동에서의 아동-치료사 관계' 척도의 척도 수준 정의에 대한 설명과 유사하게, 각 범주 양식 내의 '음악적 의사소통성' 수준은 관찰 가능한 행동의 관점에서 주의 깊게 설명되어 있다. 사실상 행동주의자는 이러한 설명을 일련의 기술적 평가 척도로 볼 수 있다. 척도는 양적 및 질적 평가가 모두 가능하다.

〈표 2-2〉 척도 1. 아동-치료사 관계 협력적 음악적 경험 평가 양식

아동:________ 생년월일:________ 날짜:________ 세션:________

치료사:________ 평가자:________ 평가 날짜:________

P R	참여 수준	저항성의 특성
(7) ____/____	대인관계적 음악적 관계에서의 안정성과 자신감.	성취감과 웰빙에 대한 동일시를 통해 자신의 퇴행적 경향에 저항.
(6) ____/____	음악적 표현의 유동성에서의 상호성과 공동 창조성.	a) 위기에서 해결로. b) 저항력이 없음.
(5) ____/____	적극적인 협동 활동성. 실무적 관계성. 자신감 있는 목적 지향성.	보속적 강박성. 독단적인 융통성 부족. 경쟁/대립.
(4) ____/____	활동 관계 발달.	도착성 및 또는 조작성.
(3) ____/____	제한된 반응적 활동성.	회피적 방어성.
(2) ____/____	양면성을 경계 잠정적 수용.	불안한 불확실성. 거부하는 경향.
(1) ____/____	무반응 수락 거부.	명백한 망각/무관심. 적극적인 거부. 압박받았을 때 공황/분노 반응.

Nordoff, P. & Robbins, C. (2007)의 허가를 받아 재인쇄됨. *Creative Music Therapy: A Guide to Fostering Clinical Musicianship*. Gilsum, NH: Barcelona.

〈표 2-3〉 척도 II. 음악적 의사소통성 평가 양식

아동:______________ 생년월일:______________ 날짜:______________ 세션:____________

치료사:__________________ 평가자:__________________ 평가 날짜:__________________

소통성 수준	활동 모드 악기	 보컬	 신체 움직임	평점 합계
(7) 음악적 지능과 기술이 자유롭고 유능하게 작동. 개인적으로 소통할 수 있음. 음악적 창조성에 대한 열정.	______	______	______	______
(6) 참여적 의사소통이 확고하게 확립됨. 음악적 자신감의 성장. 리듬, 멜로디 또는 표현 요소를 사용하는 데 있어 독립성.	______	______	______	______
(5) 음악적 소통을 설정하는 직접적인 반응 충동의 지속. 음악적 동기 부여가 나타남. 참여도 증가.	______	______	______	______
	______	______	______	______
(4) 음악적 인식 각성. 간헐적으로 음악적 지각과 의도가 나타남.				
	______	______	______	______
(3) 유발된 반응(ii): 보다 지속적이고 음악적으로 관련성이 높은 반응.	______	______	______	______
(2) 유발된 반응(i): 단편적이고 일시적.	______	______	______	______
			비활성	
(1) 음악적으로 소통할 수 있는 반응이 없음.				

Nordoff, P. & Robbins, C. (2007)의 허가를 받아 재인쇄됨. *Creative Music Therapy: A Guide to Fostering Clinical Musicianship*. Gilsum, NH: Barcelona.

예비 정보 수집

노르도프와–로빈스는 음악치료를 받는 아동에 대한 예비 정보를 수집할 것을 제안하지 않는다. 사실, 일부 실무자는 기록 검토가 치료사가 치료에서 아동을 만날 준비를 하는 데 부정적 또는 긍정적 편견의 근거가 될 수 있다고 믿는다.

사정평가 실시

확실히 노르도프–로빈스 접근법의 기초는 일치하는 음악의 즉흥연주적 접근법을 통해 아동의 감정 상태에 도달하는 것이다. 따라서 본질적으로 진행 중인 사정평가 또는 평정 척도를 실시하는 데 이전에 고려되는 특정 '활동'은 없다.

점수 내기

척도 1과 2 모두, 세션에서 아동의 수행에 대해 표시된 수준이 있다. 이러한 수준을 정의하는 행동은 노르도프와 로빈스(2007)의 연구에 명확하게 설명되어 있다. 치료사는 이 척도를 간단한 체크리스트로 사용하여 세션에 표시된 행동 수준을 체크할 수 있다. 반면에 치료사가 숫자로 아동을 평가하기로 선택한 경우, 아동의 반응에서 인식된 행동 수준만큼 평가 척도에 10점을 배분해야 한다. 한 수준에 속하는 행동이 더 많이 나타날수록 해당 수준에 더 많은 점수가 할당된다. 평가자가 10점 시스템을 사용하는 경우, 1단계와 2단계의 각 등급 총점은 입력 날짜와 함께 실행 중인 집계 시트에 입력해야 한다.

사례 예시

척도 1

노르도프와 로빈스는 11세 학습장애 아동인 마르타의 자기 보호에 대한 반응에 대해 설명한다. 음악적 자신감을 키우고자 하는 욕구가 반영된 이러한 불안감은 노래와 북을 치는 데서 나타나며, 참여 **제한 반응 활동**과 저항 **회피 방어성**에서 초기 점수(3)을 받는다.

더 많은 경험과 음악적 지원을 받으면 자신감이 증가하고 레벨(4) **활동 관계**에 진입하기 시작한다. 비록 일관성이 없더라도, 드럼 연주에서 표현적 결단력의 요소는 그녀가 레벨(5), **자신감 있는 목적의식**에 도달할 수 있음을 시사한다. 그러나 '마시는 노래'라는 노래에서 제시된 일부 활동에 대한 저항은 레벨(4) 저항성을 보여 준다: 도착성 및 또는 조작. 마사가 다른 곡인 '마시의 심벌즈 비트'로 넘어가면 생기가 더 생기게 되고 단호한 협동성, 레벨(5) 반응을 암시하는 짧은 음악적 대화가 나온다. 노르도프와 로빈스는 점수를 반영하면서 새로운 경험에 대한 반응으로 초기 레벨(3) 점수를 기대할 수 있다고 제안한다. 더 중요한 것은 두 번째 세션에서 일관된 레벨(4) 점수가 친숙함과 음악적 편안함이 지배하는 레벨(5)로 이어진다는 점이다. 10점 척도를 사용하여 마사에 대한 두 번째 세션의 권장 등급은 다음과 같다: 레벨(3) 제한된 반응 활동, 2점, 회피적 방어성, 1/2점, 레벨(4) 활동 관계 발달, 6점, 왜곡 및 조작, 1/2점, 레벨(5) 자신감 있는 목적의식, 1점(Nordoff & Robbins, 2007).

척도 2

노르도프와 로빈스(2007)는 자폐증과 유사한 행동을 많이 보이는 네 살짜리 비언어 아동 리사에 대해 설명한다. 두 번째 세션을 시작할 때, 리사는 부드럽게 흥얼거리며 노래하고 연주하는 음악에 맞춰 음정을 높인다. 음악에 짧게 반응하며 몇 발자국 뛰고, 그녀의 소리는 더 흥분되고 음악적으로 변주된다. 현재까지 그녀의 의사소통 능력은 비활동성(N), 보컬(V), 레벨(2) 및(3), 신체 움직임(B), 레벨(1) 및 (2)에서 점수를 받았다.

리사는 심벌즈에 매료되어 빠르고 강하게 두드리게 된다. 치료사가 이 연주를 즉흥적으로 연주하면 리사는 잠시 멈췄다가, 다시 빠르게 두드리기 시작한다. 즉흥연주의 음악적 지원으로 그녀의 연주가 더욱 정돈되면서 그녀는 즉흥연주의 빠른 템포에 적응하고 멜로디 리듬 구절을 마무리하는 악센트 코드에서 갑작스럽게 멈춘다.

척도 2에 따르면 의사소통은 1/2, 1/3, 1/4, 그리고 잠시 동안 1/5 단계로 이동하며, 리사가 활동을 중단하면 치료사는 '굿바이송'을 부르기로 결정한다. 노래에서 자신의 이름이 불려지면, 리사는 짧고 흥분된 음조의 울음소리를 내고 충동적으로 방 중앙으로 이동한다. 이러한 반응은 N, V/2, B/2로 점수를 매긴다.

단순한 체크리스트 방식의 평가에서 벗어나, 노르도프와 로빈스는 다음과 같은 방식으로 리사에게 점수를 매겼다: "10점 만점 시스템을 사용하면 리사의 두 번째 세션에 대한 적절한 점수 분포는 I/2에서 1/2점, I/3에서 1점, I/4에서 11/2점, I/5에서 1/2점, V/2에서 1점, V/3에서 1점, B/1에서 1점, B/2에서 1/2점, N에서 3점이 될 것이다. 그러면 평가 총점은 다음과 같을 것이다: 레벨(1), 4점; 레벨(2), 2점; 레벨(3), 2점; 레벨(4), 11/2점; 레벨(5), 1/2점. 이 등급에서 점수는 리사의 현재 반응의 주요 수준을 판별하고, 또한 그녀의 참여의 발달 추세를 나타낸다"(Nordoff & Robbins, 2007). 리사의 대부분의 반응은 비의사소통 반응과 유발 반응 수준으로 나뉘지만, 심벌즈 연주에서 나타나는 순간적인 의도적 반응과 음악적으로 더 연결된 보컬 반응은 레벨(3)의 예후가 더 높음을 시사한다.

행동주의: SEMTAP

개요

1989년에 발표된 SEMTAP: **특수교육 음악치료 사정평가 프로세스**(Coleman & Brunk, 1999)는 특히 IEP에 따라 개별 음악치료 서비스를 사정평가받는 아동의 적격성을 결정할 때 체계적인 음악치료 사정평가 프로세스의 필요성에 대한 답을 찾기 위해 작성되었다.

사정평가의 의사 결정 부분은 음악치료 유무에 관계없이 IEP의 목적을 향해 진전을 이루는 아동의 능력에 중점을 둔다. 이러한 이유로 SEMTAP은 특정 행동 및 또는 기술 측면에서 성과를 설명하는 준거 참조형 평가이다. 아마도 음악치료를 통해(음악치료를 받지 않았을 때보다) 명시된 IEP 목적을 향해 훨씬 더 나은 진전을 보일 수 있는 아동이 IEP에서 직접 음악치료 서비스를 받도록 추천될 아동일 것이다. 이 경우 직접 서비스는 음악치료사가 매주 특정 아동을 만나 명시된 IEP 목적 및 목표를 달성하기 위해 노력하도록 예약된 음악치료사가 제공한다. 이러한 목적과 목표를 향한 진행 상황은 연례 IEP 회의에서 검토된다. 음악치료를 통한 교육적 강화는 학교를 위해 고용된 치료사로부터 음악치료를 받는 모든 아동에게 제공된다. 이 경우 음악치료 서비스는 IEP에 명시되지 않는다. 사실상 아동을 위한 프로그램에 대한 보충적인 서비스다. SEMTAP에 따르면, 이러한 아동에 대한 사정평가는 기본 치료 계획 모델로 사용할 수 있지만, 법적으로 반드시 필요한 것은 아니다.

사전 정보 수집

콜먼과 브렁크(Coleman & Brunk, 1999)는 사정평가를 준비할 때 다음 각 단계를 제안한다: ① IEP를 주의 깊게 검토하고, ② 명시된 목적과 목표를 향한 진전 또는 부족 또는 진행 상황에 대해 IEP 팀원들과 면담하고, ③ 사정평가의 근거가 될 특정 수의 IEP 목표를 표적화한다; ④ 아동이 비음악적 환경에서 표적화된 IEP 목표를 달성하는 것을 관찰하고, ⑤ 표적 목표를 해결하기 위한 음악치료 사정평가 세션을 계획하며, ⑥ 표적화된 목표 중 그룹 내 기능 능력이 포함된 경우, 그룹 음악치료 활동의 맥락 내에서 사정평가의 일부를 실시하는 것을 고려한다.

사정평가 관리

음악치료 사정평가를 위한 적절한 준비가 끝나면, 치료사는 실제 사정평가를 위해 조용한 공간을 찾는다. 세션은 메모, 오디오 녹음 또는 비디오테이프를 사용하여 문서화된다.

점수 매기기

채점 시스템은 설명되어 있지 않다. 최종 보고서에는 다음 요소가 포함되어야 한다: ① 사정평가 목적, ② 절차 개요, ③ 검토한 파일의 관련 정보, ④ 인터뷰 정보, ⑤ 교실 참관 요약, ⑥ 음악치료 사정평가 설정 및 해당 날짜의 학생 주의력에 대한 설명, ⑦ 표적 목표에 대한 성과와 사정평가 세션에 대한 자세한 설명, ⑧ 음악치료 중재 유무와 IEP 기술에 대한 성과 비교, ⑨ IEP에 대한 음악치료 서비스 권장 또는 반대 권고, ⑩ 제안 사항.

사례 예시

SEMTAP에는 사례 예시가 포함되어 있지 않다. 이해를 돕기 위해 굿맨은 아래에 사례 예시를 제공한다:

사례 예시(Karen Goodman, 1996~2002)

이름: 캐롤린

생년월일: 1992-04-01

평가 날짜: 1999-4-18

의뢰 이유:

IEP에서 개별 음악치료의 적격성을 결정하기 위한 어머니의 요청.

배경 기록:

현재 7세인 캐롤린은 중복장애, 시각장애, 청각장애, 비보행(nonambulatory) 장애를 가지고 있다. 발달 수준이 유아 수준이고, 발작 약물을 복용하고 있으며, 일상생활 활동을 위해 전일제 간병인에게 의존하고 있다.

캐롤린은 1995~1996년과 1996~1997년 동안 일주일에 한 번씩 IEP에 따라 개별 음악치료를 받았으며, 이는 공식적인 음악치료 사정평가 없이 이루어졌다. 그 후 1997~1998년과 1998~1999년에는 교육 강화의 일환으로 매주 두 번씩 그룹 음악치료를 받았다.

치료사와 어머니의 음악에 대한 반응 보고서:

치료사와 어머니와의 인터뷰에 따르면, 캐롤린은 음식과 음악을 강화할 때 가장 많은 과업에 반응하려는 동기가 가장 높았다. 이 정보는 지난 3년간 물리치료사, 작업치료사, 언어치료사, 어머니 및 특수교육 교사와의 인터뷰를 기반으로 한다.

IEP에 따른 현재 목적:

1. 음원(소리의 근원) 쪽을 바라보고, 움직이거나 손을 뻗어 음원을 향해 다가간다.

2. 공을 굴린다.
3. 두 가지 중에서 원하는 개체에 손을 뻗는다.
4. 몸통과 하지의 운동 범위를 늘린다.
5. 발성 시 음조 범위와 모음과 자음의 사용을 늘린다.
6. 물체를 잡고 놓는다.
7. 단일 단계 지시를 수행한다.
8. 촉각 탐색을 강화한다.

음악치료 사정평가에서 목적을 향한 진행 상황:

캐롤린은 여러 영역에서 진전을 보였지만 이러한 진전은 일관성이 없으며, 개인 치료와 그룹 치료와는 관련이 없는 것으로 보인다. 소리를 발성하는 능력은 점점 더 안정적으로 향상되고 있으며, 촉각 탐색도 증가하고 있다. 악기에 손을 뻗는 경우는 드물다. 발성은 원래 저음이고 한 모음으로 제한되어 있지만, 최근 두 차례에 걸쳐 음역대를 늘렸다. 가끔 공을 잡았다가 놓기도 한다. 신체적 도움을 받지 않는 한, 운동 범위는 증가하지 않는다. 한 번에 몇 분 동안 음악에 집중하는 모습을 보이다가 음악을 듣다가 '휴식이 필요한' 것처럼 보인다. 학교 내 다른 교육 환경(작업치료, 물리치료, 언어치료, 교실)에서의 진전 상황을 관찰한 결과, 음악치료에서의 진전은 다른 치료 또는 교육 영역에서의 진전과 다르지 않다.

권장 사항:

음악을 사용한 캐롤린의 주의력 향상은 그녀의 선생님과 관련 치료사들에 의해 언급되었다. 그러나 개별 음악치료에서 그녀의 성과는 다른 상황에 비해 크게 높지 않았으며, 이러한 이유로 다음과 같은 권장 사항을 제시한다:

1. 일주일에 두 번씩 소그룹 음악치료를 계속하면서 캐롤린은 지속적인 연주에 대한 부담 없이 지속적인 음악적 자극을 받을 수 있는 이점을 얻었다.
2. 교실에서 라이브 및 레코딩 음악치료 전략을 사용한다.
3. 통합 프로그램을 통해 언어치료에서 음악치료 전략을 사용한다.
4. 통합 프로그램을 통해 작업치료에서 음악치료 전략을 사용한다.

사례 예시에 대한 논의

이 사례는 콜먼과 브렁크가 지시한 정확한 형식을 따르고 있지는 않지만, SEMTAP 사용의 기초를 보여 주는 간단한 예시이다. 여기서 평가자에 따르면 아동은 IEP에 개별 음악치료가 필요하지 않다. 캐롤린의 학교에 고용된 치료사는 그룹 프로그램을 계속 제공하고 치료 서비스를 계속 진행할 수 있다.

적응성, 절차의 용이성, 포괄적 범위에 대한 논의

명시된 IEP 목적 및 목표의 적절성에 의존하여 의사 결정의 근거로 삼는 SEMTAP은 근시안적일 수 있다. 목적 및 목표의 진술은 아마도 포괄적인 범위일 것으로 예상되지만, 아동의 거주 지역 평가자의 전문성에 따라 크게 달라질 수 있다. IEP 목적 및 목표에 문제가 있을 수 있다: ① 너무 모호하거나 너무 구체적임, ② 발달적으로 부적절함(너무 높거나 너무 낮음). 이러한 문제는 콜먼과 브렁크가 다루지 않았다. 또한 감각 프로파일의 문제는 SEMTAP에서 언급되지 않는다. 그러나 이러한 문제는 음악 사정평가 자료 준비에 큰 영향을 미친다.

SEMTAP은 비교적 체계적이어서 데이터 수집, 관찰, 목표 설정, 음악치료 과제 고안 등의 측면에서 절차가 쉽지만, 잠재적인 음악치료 사정평가 세션의 과정 중심적 특성을 무시할 수 있다. 치료사가 특정 활동을 관리하고 준비된 계획에 따라 단계별로 진행하느라 바쁘다면, 아동이 스스로 만든 계획에 '휘둘리면' 어떻게 될까?

마지막으로, 적응력 측면에서 SEMTAP은 명확하고 거의 상식적으로 보인다. 물론 IEP가 있는 모든 아동은 SEMTAP 프로세스를 사용하여 평가할 수 있다. 어찌 보면 너무나도 간단한 프로세스를 자세히 살펴볼 필요가 있다.

정신역동: 정서장애 아동을 위한 굿맨 음악치료 사정평가 도구

개요

1980년대 후반에 도입된 MTA-ED(Goodman, 1989)는 뉴욕 병원 코넬 메디컬 센터에서 대기 연령(3~12세) 입원(남아 14명, 여아 4명) 및 외래(남아 3명, 여아 3명) 아동을 대상으로 실시한 개별 단기 임상 연구를 기반으로 한다. 입원 아동은 기질적 인격 증후군, 적응장애, 사회화 공격장애, 기분 부전 장애, 주요 우울증, 품행장애, 비정형 정신병, 주의력 결핍, 분리 불안, 반항장애 등의 진단을 받았다. 모두 자살을 시도했다. 외래 환아들은 품행장애, 전반적 발달장애(PDD), 선택적 함구증, 적대성 장애 등의 진단을 받았다. 외래 환자 창작 예술 센터에서 장기적인 정신역동 치료를 해온 임상 배경을 가진 나는 단기간의 작업에는 익숙하지 않았다. 나는 노르도프 로빈스 방법론에 대한 교육과 정신분석 이론에 대한 관심의 영향을 받아서, 아동에 대한 다른 관점을 제시하고 단기 임상 작업에 즉각적인 목적을 제공할 수 있는 탐색적 정신역동 사정평가 도구를 만들고자 했다.

따라서 MTA-ED는 2년에 걸쳐 평균 3개월 동안 일주일에 한 번씩 개별 음악치료를 받은 모든 아동에게서 관찰된 행동을 기반으로 한다.

특정 음악에 대한 선택과 선호도, 음악적 반응의 여러 측면이 사정평가에 자세히 설명되어 있다. 사정평가를 수행하는 치료사는 이 모든 것을 아동의 성격을 대표하는 것으로 간주한다. 언어적 및 비언어적 연관성은 음악 활동의 맥락에서 고려해야 할 다른 자료를 추가한다. 이 모든 정보는 아동의 음악적 표현과 아동과 치료사와의 발달 관계에 대한 자세한 그림을 제공한다. 세션에서 일어나는 일에 대해 정해진 형식은 없으며, 개방형으로 진행된다. 이 사정평가의 목적은 병리 및 또는 잠재적 건강 상태와 상관없이 아동의 성격에 대한 음악적 그림을 그리는 것이다.

정서장애 아동을 위한 굿맨 음악치료 사정평가 도구(MTA-ED)는 다음 〈표 2-4〉에 나와 있다.

〈표 2-4〉 MTA-ED(Goodman, 1989)

I. 자연스러운 반응 선택(발달 반응에 대한 설명 포함)

___A. 타악기: 즉각적인 반응은 신체적으로 율동적입니다. 이 아동은 어떻게든 두드리거나 박수를 치면서 자신을 표현해야 합니다.
설명하세요:

___B. 보컬: 즉각적인 반응은 호흡으로 나타나며, 심한 호흡으로 증명됩니다. 이 아동은 필연적으로 자신을 음성으로 표현하고 주로 노래, 흥얼거림, 휘파람을 불며 노래하는 음악과 치료사의 목소리에 반응합니다.
설명하세요:

___C. 움직임: 아동은 리듬에 의해 신체적으로 활력을 얻고 온몸의 움직임을 통해 음악을 해석해야 합니다.
설명하세요:

___D. 듣기: 아동은 음악적 반응을 적극적으로 표현하기보다는 음악을 선택하기 위해 열심히 듣습니다.
설명하세요:

___E. 악기

1. 키보드
   a. 피아노
   b. 실로폰
   c. 공진기(레조네이트) 벨

설명하세요:

2. 목관악기
   a. 리드 혼
   b. 리코더
   c. 기타

설명하세요:

3. 타악기
   a. 드럼
   b. 심벌

설명하세요:

4. 현악기
   a. 오토하프
   b. 기타
   c. 바이올린
   d. 기타

설명하세요:

5. 보컬
   a 소프라노
   b. 알토
   c. 테너
   d. 베이스

설명하세요:

___F. 작곡

설명하세요:

___G. 명확한 선택 없음

1. 아동은 다양한 자료로 작업합니다(이전에 설명한 내용).

2. 아동이 치료사에게 의존하여 자료를 선택한 다음 치료사와 함께 참여합니다.
3. 아동은 수동적이며, 재료를 선택하고 치료사에게 수행을 요청합니다.
설명하세요:

___H. **부정적 선택**
1. 아동이 ____________ 사용을 강력히 반대합니다.
설명하세요:

___I. 자연스러운 반응 선택은 ____________ 일 때 변경됩니다.
설명하세요:

II. 음악적 선호도

___A. **포용**: 아동은 반주(액션 노래, 춤)로서의 음악에는 관대하지만, 음악 자체에 대한 선호를 표현하지는 않습니다.
설명하세요:

___B. **특별한 매력**: 아동은 음악 그 자체로 존재로서의 음악에 매력을 느낍니다.
1. 아동이 또래 친구들에게 일반적으로 인기 있는 자료에 의존하는 경우
   a. 유치원, 동요, 자장가
   b. 지연/대기: 아동 민요
   c. 청소년 로큰롤, 인기, 브로드웨이
설명하세요:

2. 아동이 발달적으로 퇴행적으로 보이는 물질에 의존하고 있습니다.
설명하세요:

3. 아동은 또래의 관습과는 별개로 음악에 매력을 느낍니다.
   a. 클래식
   b. 종교
   c. 재즈/블루스
   d. 기타
설명하세요:

4. 아동에게는 안전성과 예측 가능성이 필요합니다.
   a. 강하게 강조된 운율
   b. I-IV-V 하모니
   c. 순차적인 선율 음정

d. 멜로디의 반복
설명하세요:

5. 아동은 단순함을 지루해하고, 다음을 선호합니다.
a. 화음 구조의 불협화음
b. 당김음이 있는 리듬
c. 더 큰 선율적 음정
d. 장조 및 단조 이외의 선법
설명하세요:

6. 아동이 음악 선호도를 ______________ 와/과 연관짓는다.
설명하세요:

III. 음악적 반응성(노트 변경 사항)

____A. 리듬 조절(움직임, 말하기, 타악기)
1. **혼란스러움**: 피아노와 전혀 관련이 없는 혼란스럽고 거친 박자. 아동은 다른 리듬을 구분할 수 없습니다.
설명하세요:

2. **강박적**: 두드리기는 치료사의 즉흥성과는 무관합니다. 두드리기가 강박적으로 변하지 않는 특성을 유지합니다. 아동은 특정 패턴의 지속적인 반복에서 의미를 찾으며, 다른 것을 두드릴 수 없습니다.
설명하세요:

3. **강제**: 아동이 드럼을 공격적인 악기로 사용하여 피아노보다 음량과 소음에서 우위를 점합니다. 드럼은 방해하거나 지배하는 데 사용됩니다. 아동은 확인되지 않은 활동을 통해 형성되지 않은 신체적, 그리고 정서적 충동을 발휘할 기회를 얻습니다.
설명하세요:

4. **회피**: 아동이 음악을 두려워하고 악기와의 접촉을 피합니다. 음악적 흥분과 자신의 충동이 결합되는 것이 압도적이어서 피아노의 리듬에 맞춰 연주하는 것을 회피한다.
설명하세요:

5. **장애**: 아동이 관계를 맺으려고 하지만 그럴 수 없습니다. 문제는 정서적 문제가 아닌 신체적 또는 지각적 문제입니다.
설명하세요:

6. **산발적**: 산발적인 두드림은 주의 집중 시간이 짧거나 공상에 사로잡혀 있음을 나타냅니다.

설명하세요:

7. **장난기**: 아동은 세션을 게임으로 취급하고, 치료사는 음악이 아동의 정신적 또는 정서적 수준에 대해 아무것도 드러내지 않기 때문에, 어떤 잠재력이 있는지 실제로 알 수 없습니다.
설명하세요:

8. **안정적**: 아동이 2/4, 3/4 또는 4/4 패턴을 일관되게 치면서 피아노를 따라 칠 수 있습니다.
설명하세요:

9. **창의력**: 아동이 독창적인 패턴을 시작합니다. 템포, 강약 조절, 리듬의 변화와 함께 치료사를 따라 갑니다.
설명하세요:

10. **멜로디**: 아동이 선율적 리듬을 시작합니다.
설명하세요:

11. **리듬 조절**:
 a. 아동은 모형이 주어지면 모방에 의존하게 됩니다.
 b. 아동은 치료사의 동시 두드림에 부정적으로 반응하고 접촉을 피하기 위해 패턴을 바꿉니다.
 c. 아동은 산만한 정신적 연관성을 가지고 있습니다.
 d. 아동이 너무 열심히 노력하고 있습니다.
 e. 익숙한 음악을 소개하면 아동이 긍정적으로 반응합니다.
 f. 아동이 치료사에게 더 편안해 보이고 음악에 귀를 기울입니다.
 g. 아동이 음악 패턴의 변화를 사용하여 즉흥적인 감정을 상징적으로 표현합니다.
설명하세요:

____B. 역동(강약) 조절
1. 아동이 과장된 시끄러운 큰 소리에 의존합니다.
설명하세요:

2. 아동은 과장된 여린 소리에 의존합니다.
설명하세요:

3. 아동은 강약 변화에 대한 상호작용에 반응합니다.
 a. 수용
 b. 모방
 c. 시도
설명하세요:

4. 강약의 조절은 언제 변화되나요?
설명하세요:

____C. 구음 조절

1. 아동은 신체의 물리적 움직임을 만들어 내는 능력이 부족하여 소리의 지속 시간을 조절할 수 없습니다.
설명하세요:

2. 아동은 소근육 또는 대근육 협응을 사용하여 원하는 소리 지속 시간을 생성합니다.
   a. 리코더(혀)
   b. 바이올린(활 팔)
   c. 핸드 드럼(손)
   d. 피아노(손가락)
   e. 기타
설명하세요:

3. 구음 조절이 언제 변동됩니까:
설명하세요:

____D. 음질의 조절

1. 아동은 악기에 적합한 음질을 인식하고 이를 달성하기 위해 노력합니다.
설명하세요:

2. 아동은 악기에서 소리만 내기를 원하고 음색에 대해서는 특별한 관심이 없습니다.
설명하세요:

3. 아동이 부적절한 음색을 악기와 연관시킵니다.
설명하세요:

4. 음질 조절은 언제 변화됩니까:
   a. 치료사의 시범
   b. 음악적 교류에서의 정서적 특질이 변할 때
   c. 아동이 악기를 ____________ 에서 ____________ 로 바꿉니다.
설명하세요:

____E. 멜로디 라인/구절법(phrasing) 조절

1. 아동이 멜로디의 긴장과 이완의 패턴을 정확하게 설명합니다.
설명하세요:

2. 아동의 패턴은 항상 긴장되어 있습니다.
설명하세요:

3. 아동의 패턴이 지속적으로 초점이 맞지 않습니다.
설명하세요:

4. 구절의 변화가 조절되는 때는 언제인가요:
설명하세요:

___F. 박자 안정성 조절(세부 맥락: 운동, 악기, 음성)

1. 아동이 일정한 템포를 유지할 수 없습니다:
   a. 앞서가는 속도
   b. 느려지는 속도

설명하세요:

2. 아동이 템포와 박자를 유지합니다.
설명하세요:

3. 아동의 박자와 템포 감각은 언제 변합니까:
설명하세요:

___G. 악기의 물리적 배치/자세

1. 아동은 신체적으로 가장 효율적인 음색 생성 방법으로 악기를 사용합니다.
설명하세요:

2. 아동은 효율적인 음색 생성을 방해합니다.
   a. 구부정한 자세
   b. 악기를 너무 예리하게 또는 둔하게 잡음
   c. 손이나 입에 악기를 너무 많이 넣는 경우

설명하세요:

3. 아동이 접촉을 피합니다.
   a. 치료사로부터 멀리 떨어진 곳에 장비 배치
   b. 몇 초 만에 악기 거부
   c. 발달적으로 퇴행적인 방식으로 악기를 탐색합니다.

설명하세요:

4. 아동이 악기를 사용하여 표상적 놀이를 합니다.

설명하세요:

____H. 표현의 질에 있어서의 적절성

1. 아동이 자신의 기분에 맞는 음악 자료를 선택합니다.

설명하세요:

2. 아동은 음악의 분위기와 자신의 음악적 반응을 일치시킬 수 있습니다.
    a. 보컬
    b. 악기
    c. 움직임
    d. 듣기

설명하세요:

3. 아동이 자신의 기분과 반대되는 자료를 선택합니다.

설명하세요:

4. 아동의 음악적 반응이 작곡가의 분위기와 상반됩니다.

설명하세요:

5. 아동의 총체적인 음악적 영향력(보컬, 악기, 움직임)이 조화를 이룹니다.

설명하세요:

6. 아동의 음악적 행동이 모순적입니다.

설명하세요:

IV. 언어적 연관성

____A. 음악적 경험 중

설명하세요:

____B. 음악적 경험 후

설명하세요:

____C. 노래 가사

성질/특성:

a. 주제별 콘텐츠

설명하세요:

b. 음악적 요소의 변화(및 수반되는 음악적 요소의 변화)

설명하세요:
c. 정신적 연관성의 응집력은 다음과 같은 경우에 변화합니다.
설명하세요:

___D. 스토리텔링/뮤지컬 드라마
1. 본질:
a. 주제별 콘텐츠
설명하세요:
b. 변경 사항(및 수반되는 요소의 변경 사항)
설명하세요:
c. 정신적 연관성의 응집력은 다음과 같은 경우에 변화합니다.
설명하세요:

V. 비언어적 반응

___A. 음악적 경험 전
설명하세요:

___B. 음악적 경험 중
설명하세요:

___C. 음악적 경험 후
설명하세요:

VI. 내담자/치료사 상호작용

___A. 상호 반응적: 내담자는 세션에서 치료사와 지속적으로 주고받을 수 있습니다.
설명하세요:

___B. 선택적: 내담자가 치료사에게 선택적인 수준으로 반응합니다.
설명하세요:

___C. 대립적: 내담자는 세션의 대부분을 반대하는 입장입니다.
설명하세요:

VII. 토론/권고 사항

원래 『심리치료의 예술(The Arts in Psychotherapy)』, 1989년 봄에 발표되었다. 위 버전은 수정되었다(Goodman, 2005).

사전 정보 수집

이 특정 정신과 환경에서는 치료사에게 잠정 진단, 현재 문제 및 사회력에 관한 초기 정보를 제공했다. 이는 아동을 만나기 전에 검토되었다.

사정평가 실시

이 평가를 실시하기 위한 구체적인 지침은 없다.

채점

이 평가에는 채점 시스템이 없다.

사례 예시

MTA-ED(K. Goodman, 1981~1984)

콜린

접수 당시 나이: 11세

잠정적 진단: 경계성 인격장애(행동의 변동, 불안할 때의 보상 저하, 정신 혼란스러운 사고 및 지적 기능장애의 가능성).

입원 사유: 자살 충동, 행동 및 학업 문제 병력(불안, 스트레스 시 짜증, 주의력 장애, 현실감각 장애, 불안 및 공포, 수학 및 시간 관계의 인지적 어려움).

사회 이력: 부모님이 최근에 이혼.

세션 1: 콜린은 첫 음악치료 세션에 조심스럽게 들어섰지만, 잠시뿐이었다. 그녀는 음악치료사에게 말했다: "전 여기서 음악을 들어본 적도 없고 선생님을 잘 몰라요." 콜린은 미국 민요 노래집에서 첫 곡인 'Coming Round the Mountain'을 선곡하여 부른 후, 치료사에게 마음을 열었다. 그녀의 자연스러운 경향은 음색을 비음화하고 목소리의 음역을 낮추어 제한적이고 어린 아동 같은 소리를 내는 것이었다. 이미 그녀는 부모님을 대조적인 용어로 언급했다. 어머니는 발 부분에 발톱이 달린 빈티지 스타일의 피아노를, 아버지는 사랑하는 플루트와 드럼 세트를 선물한 부모님이었다.

플루트와 드럼에 대한 콜린의 언급은 다음과 같이 이어졌다. 음악치료사와 함께 드럼 듀엣을 선보였다. 서 있는 오르프 드럼이 주어지자 콜린은 상상의 퍼레이드에 맞춰 드럼을 두드리기 시작한 후, 다소 정교한 롤 기술을 시도하기 시작했다. 이러한 롤 중 하나가 기술적으로 어려워지고 리듬이 맞지 않게 되자 콜린은 연주를 중단하고 과거의 당황스러운 상황을 말로 표현했다. 이로 인해 이후 음악 작업에 집중하는 시간이 짧아진 것으로 보인다. 첫 번째 세션에서 설명했듯이, 콜린은 상당히 말이 많았고 음악 연주가 위협적이라고 느낄 때 이를 막기 위해 방어적으로 이 전략을 사용했다는 인상을 받았다.

병동으로 돌아온 콜린은 자신의 자랑을 늘어놓았다. 음악치료 세션에서 도발적인 방식으로 큰 소리로 노래를 불렀다. 음악치료 세션에서 받은 모든 칭찬을 되돌리기라도 하듯 그녀는 노래로 동료들과 병동 직원들을 도발했다.

세션 2: 콜린의 두 번째 세션은 피아노에서 진행되었다. 그녀의 선곡은 계속해서 이별 테마의 영역에 머물렀다: '어딘가 무지개 너머(Somewhere over the rainbow)'와 '레인보우 커넥션(Rainbow connection)'은 그녀에게 탈출을 위한 마법의 연결고리였다. 그녀는 우울한 기분에 맞게 이 소재를 선택한 것으로 보이며, 음악의 분위기와 자신의 반응을 일치시키기 위해 음악적으로 세심한 노력을 기울였다. 음악치료사는 콜린의 목소리에서 제한적인 음질을 감지하고 콜린에게 자유로운 보컬 워밍업에 참여하게 했다. 음악치료사와 함께 노래를 부르자 콜린의 목소리는 종소리 같은 음색과 소프라노 음역으로 열렸다. 예상치 못한 목소리에 콜린은 당황한 표정으로 치료사를 비난했다: "그러지 마세요. 당신은 우리 아버지의 여자친구처럼 멍청한 여자처럼 들려요."

콜린은 자신의 템포와 맥박을 유지하면서 계속 말을 이어 갔다. 음악치료사가 제시한 루바토보다 약간 앞선 순간, 그녀는 멈추고 "박자를 놓칠까 봐 두렵다"고 말했다. 이러한 반응은 첫 번째 세션에서 콜린이 드럼 박자의 리듬을 놓쳤을 때에도 일관되게 나타났다. 마찬가지로, 콜린은 다른 목소리나 악기(예: 음악치료사의 목소리)가 들어와 리듬을 방해할 때 어려움을 겪었다고 보고했다.

세션 3: 통제력 상실에 대한 두려움은 콜린의 음악치료 세션에서 분명한 주제가 되었고, 콜린은 이를 예리하게 인식하고 있었다. 그녀는 음악 제작이 실수를 하고 수정하고 계속 나아갈 수 있는 곳이라는 것을 인식할 수 있도록 상기시켜야 했다. 치료사는 그녀를 위해 이러한 행동을 모델링했다. 콜린은 고도로 구조화된 상태를 유지했다. 그녀는 음악치료사에게 자신이 지금 작업하고 싶은 것을 정확히 이야기한다는 의미에서 세션에 임했다. 양부모를 찾은 고아 아동의 이야기인 '애니'의 노래를 선곡한 것은 분리 불안과 행복한 재회에 대한 소망이라는 주제를 반영한 것이었다. 노래를 부르는 콜린의 모습에서 고아라는 느낌을 받을 수밖에 없었다. 또한 콜린은 '내일'과 '어쩌면'('그들의 한 가지 실수는 나를 포기한 것')을 부른 후 '애니' 같은 특정 브로드웨이 배역을 성공적으로 재연하면 어머니로부터 받지 못한 사랑과 찬사를 받을 수 있을 것이라고 믿었다고 설명했다.

그녀의 판타지에 맞춰 노래하는 목소리는 사춘기 이전의 모습보다는 어린 아동(즉, 고아 애니)에 더 가까운 딱 그래야만 했다. 그녀는 좀 더 어른스러운 목소리로 '애니'의 노래 역할을 연기하면서 치료사의 중재에 더욱 민감해졌다. 그녀는 "제가 어떻게 노래하느냐에 따라 제 감정을 판단하는 일종의 치료인가요?"라고 물었다. 그녀의 불안에 대해 음악치료사는 콜린이 세션에서 제기한 문제를 명확히 할 수 있도록 도와주려고 노력했다: 아동의 목소리가 콜린에게 어떻게 들렸을까? 어른의 목소리? 이 둘이 합쳐질 수 있는 소리? 그렇다면 아동은 어떤 기분이 들까? 어떤 일이 일어날 수 있는가? 그 일은 그렇게 나쁜 것일까? 아니면 좋은 것일까?

세션 4: 콜린의 네 번째 세션은 병원 강당에서 진행되었다. 비디오 촬영이 예정되어 있었기 때문에 콜린에게 이것은 자신의 연기를 테스트하는 자리였다. 계속되는 보컬 워밍업에 정신이 없던 콜린은 일주일 전에 앓은 감기 때문에 목소리가 쉰다고 불평했다. 마지못해 그녀는 노래하는 데 동의했다. 그녀의 공연 불안은 노래를 더 어렵게 만들었고, 그녀의 목적은 더 완벽주의적이었다. 그녀는 '내일'의 반주 음이 너무 높다고 불평하며 중간에 노래를 멈췄다. 치료사로부터 더 많은 보컬 지원을 받은 후, 그녀의 목소리는 비음이 사라지고 더 편안하고 개방적이 되었다. 그녀는 노래를 부른 후, 노래를 생각하며 '애니'의 고아원을 '밖에 새와 무지개'가 있는 아동 정신과 입원 병동의 폐쇄 병동과 비교했다. 콜린은 처음에는 카메라의 짧은 재생을 보고 즐거워했다. 그러나 그녀는 자신이 잘했다는 사실을 부인하고 보컬 워밍업을 더 자세히 듣기 위해 귀를 기울이며 "이렇게 하면 그 밑에 있는 안 좋은 것들이 들린다"라고 말했다.

〈표 2-5〉 MTA-ED 항목 사용, 콜린

I. 자연스러운 반응 선택(발달 반응에 대한 설명 포함) ___B. 보컬: 즉각적인 반응은 호흡으로 나타나며, 심한 호흡이 이를 증명합니다. 이 아동은 필연적으로 자신을 음성으로 표현하고 주로 노래, 흥얼거림, 휘파람을 불며 노래하는 음악과 치료사의 목소리에 반응합니다. 설명하세요: 아동이 보컬과 드라마틱한 활동을 선호합니다. ___I. 자연적 반응 선택이 변경되는 경우 _____________. 설명하세요: 치료사가 드럼에 대한 콜린의 자유 연상에 반응하여 드럼 활동을 소개합니다.

II. 음악 선호도

___B. 특별한 매력: 아동은 음악 그 자체, 존재로서의 음악에 매력을 느낍니다.

1. 아동이 또래 친구들에게 일반적으로 인기 있는 음악에 의존하는 경우
   a. 유치원(학령전기), 동요, 자장가
   b. 잠재기: 아동 민요
   c. 청소년기 로큰롤, 팝송, 브로드웨이 송

설명하세요: 브로드웨이뿐만 아니라, 민요도 편안하게 즐길 수 있습니다.

6. 아동은 음악 선호도를 ____________와 연관시킵니다.

설명하세요: 그녀의 아버지의 어리석은 여자친구. 자신의 목소리에서 발달하는 성적 특성을 회피합니까?

III. 음악적 반응성(노트 변경 사항)

___A. 리듬 조절(움직임, 말하기, 타악기)

8. 안정적입니다: 아동이 2/4, 3/4 또는 4/4 패턴을 일관되게 치면서 피아노를 따라 칠 수 있습니다.

설명하세요:

11. 리듬 조절이 변동되는 경우
   b. 아동은 치료사가 동시에 치는 것에 부정적으로 반응하며 접촉을 피하기 위해 패턴을 바꿉니다.
   c. 아동은 정신적으로 산만한 연관성을 가지고 있습니다.
   d. 아동이 너무 열심히 노력하고 있습니다.

설명하세요: 위의 모든 일은 콜린과 함께 다양한 음악적 상황에서 일어났습니다.

___B. 역동(강약) 조절

3. 아동은 강약 변화의 상호작용에 반응합니다.
   a. 허용
   b. 모방
   c. 시작

설명하세요: 설명: 위 참조

4. 역동적 조절이 변화되는 경우:

설명하세요: 노래하는 동안 감정을 잡으려고 노력합니다.

___C. 상호 관련 조절

3. 상호 관련 조절이 변화되는 경우:
설명하세요: 드럼 롤 조절이 어려워서 멈춥니다.

____ D. 음질 조절

3. 아동이 부적절한 음색을 악기와 연관시킵니다.
설명하세요: 발달적 퇴행성 비음

4. 음질 조절은 언제 변화됩니까:
B. 음악적 교류의 정서적 특질 변화
설명하세요: 그녀는 긴장을 풀기 시작하고 목소리가 열립니다. 이것은 그녀에게 두려움으로 보입니다.

____E. 멜로디 라인/악구 조절

4. 악구의 변화는 언제 이루어집니까:
설명하세요: 그녀는 변화하는 자신의 목소리를 더 잘 인식하게 됩니다.

____F. 박자 안정성 조절(세부 맥락: 운동, 악기, 말하기)

1. 아동이 일정한 템포를 유지할 수 없습니다:
   a. 앞서가는 속도
   b. 느려지는 속도
설명하세요: 때때로 치료사와의 동시 접촉을 거부하려고 할 수 있습니다.

2. 아동이 템포와 박자를 유지합니다.
설명하세요: 대부분의 경우.

3. 아동의 박자와 템포 감각이 변합니다.
설명하세요: 치료사와의 동기화에서 벗어남

____G. 악기의 물리적 배치

4. 아동이 악기를 사용하여 표상적 놀이를 합니다.
설명하세요: '산을 한 바퀴 돌기'를 자유롭게 연상시킵니다.

____H. 표현의 질적인 적절성

아동이 자신의 기분에 맞는 음악 자료를 선택합니다.

설명하세요: 불안하고 우울하지만, 다른 사람과 의미 있는 관계를 맺을 수 있는 능력에 대해 양가감정이 있습니다.

6. 아동의 음악적 행동이 모순되는 경우:
설명하세요: 통제에 문제가 있어 타악기뿐만 아니라, 목소리도 멈췄다가 다시 시작하게 됩니다.

IV. 언어적 연관성

___A. 음악적 경험 중
설명하세요: 음성의 다른 음역으로 이동하는 것을 거부합니다.

___B. 음악적 경험 후
설명하세요: "밑바닥에 깔려 있는 쓰레기를 파악한다"고 말합니다.

___C. 노래 가사

1. 성질/특성
a. 주제별 콘텐츠
설명하세요: 설명: 유기 문제(애니), 이별(산을 돌아서).
c. 정신적 연상의 응집력은 언제 변합니까?
설명하세요: 그녀는 노래 가사를 자유롭게 연상합니다(예: 산을 돌아서 오는 길).

___D. 스토리텔링/뮤지컬 드라마

1. 성질/특성
a. 주제별 콘텐츠
설명하세요: 애니는 고아가 되었고, 다시 입양되어 사랑을 받기를 바라는 아동의 이야기입니다.
b. 변경 사항(및 수반되는 요소의 변경 사항)
설명하세요: 해당 사항 없음
c. 정신적 연상의 응집력은 언제 변합니까:
설명하세요: 콜린은 음악에 화를 내고, 불안해하고, 겁을 먹습니다.

V. 비언어적 반응

___A. 음악적 경험 전
설명하세요: 일반적으로 음악을 좋아하고 참여하기를 열망합니다. 흥미와 동기가 있습니다.

___B. 음악적 경험 중

설명하세요: 음악적으로 뒤처지거나 앞서가는 것을 음악적으로 허용한 경우 제한합니다(예: 목소리 사용하여).

___C. 음악적 경험 후
설명하세요: 신체적 · 심리적 과정에 대해 성찰하는 경향이 있습니다.

IV. 내담자/치료사 상호작용

___B. 선택적: 내담자가 치료사에게 선택적으로 반응합니다.
설명하세요: 콜린의 치료사와의 관계 능력은 부모님과의 관계와 그녀의 자아 강도에 대한 그녀의 혼합된 감정을 반영합니다. 음악적으로나 언어적으로 치료사와 너무 가까워지는 자신을 발견하면, 그녀는 버림받을 가능성으로부터 자신을 보호하려는 듯이 이러한 순간을 즐기지 않는 것처럼 보입니다.

VII. 토론/권고 사항

콜린의 노래, 소재 선택, 음악적 행동 및 언어적 연관성에서 나타난 문제들은 초기 관찰을 확장하는 한, 주 치료사에게 도움이 됩니다. 음악을 통해 표현되는 콜린의 주된 감정은 분노보다는 그리움, 어린 아동 같은 연약함에 초점을 맞추고 있습니다. 처음에는 어머니를 기쁘게 해드리기 위해 음악 만들기를 사용하려는 의도를 자신의 자존감을 위한 악기로 전환해야 합니다. 그녀가 아기 목소리를 사용하는 것은 사랑받기 위해 퇴행적 행동이 필요하다는 것을 나타내는 것으로 보입니다. 그녀는 퇴행적 행동의 목적과 연령에 맞는 행동의 긍정적 가치를 인식해야 합니다. 도로시(〈오즈의 마법사〉)나 애니가 되고 싶다는 환상은 자신이 버려져 양육하는 엄마를 찾고 있다는 감정을 명확히 합니다. 이러한 노래를 부르고 춤과 몸짓, 표정으로 음악적으로 연기하는 반복은 카타르시스를 불러일으키고, 그에 수반되는 감정을 이야기하는 데 도움이 됩니다. 음악의 구조와 선택된 캐릭터 역할 내에서 공상적일 수 있도록 허용하는 것은 콜린이 정신병적인 행동이나 연기를 하는 경향을 피하는 데 도움이 되는 것으로 보입니다. 완벽해지려는 그녀의 시도(실패에 대한 두려움)는 필연적인 실패, 즉 자기 충족적 예언을 의미합니다. 그녀는 학습 과정(예: 음악 제작)에서 실수를 받아들이고 좋은 것과 나쁜 것을 변별하는 법을 배워야 합니다.
이러한 문제는 개별 치료에서 살펴볼 수 있습니다. 그래서 주 1회 개별 음악치료를 적극 권장합니다.

적응성, 절차의 용이성, 포괄적 범위에 대한 논의

이 사정평가는 고도로 추론적이고 해석적인 평가이므로 정신분석적 전통에서 음악치료사의 전문화된 훈련에 의존한다. 투사적 음악 제작 및 주제 선택의 기초로서 표상적 놀이와 상징적 사고를 할 수 있는 내담자에게 권장된다.

MTA-ED를 통해 혜택을 받을 수 있는 음악치료 내담자의 특성을 고려할 때, 적응력은 제한적이다. 이 절차는 개방형이며 치료사가 내담자의 과정 지향적 행동을 유도하는 기술을 필요로 한다.

MTA-ED의 개요에서 언급했듯이, 굿맨은 이 사정평가에 포함된 음악적 행동에 대해 2년 동안 아동을 관찰했다. 이 사정평가는 포괄적인 범위로 간주되지만, 그렇다고 해서 임상가가 포함할 추가 자료를 발견하지 못할 수도 있다. 이 사정평가의 목적은 다른 음악치료사와 치료사가 아동의 행동, 그 근본적인 의미 및 최종 치료 목적을 이해하는 데 도움이 되는 장애아동에 대한 고유한 관점을 공유하는 것이다.

발달: 중도/최중도 장애인을 위한 음악치료 사정평가 프로파일

개요

텍사스주 덴튼에 위치한 텍사스여자대학교에서 중도/최중도 장애인을 위한 음악치료 자료를 제공하기 위한 교육 보조금의 일환으로 작성된 이 사정평가 프로파일은 미셸과 로어바커(1982)가 편집했다. 발표 당시에는 활용도가 낮았기 때문에, 더 이상 출판되지는 않는다. 생후 27개월부터 36개월까지의 아동을 위한 발달 체크리스트이다(참고: 일부 항목은 최대 36개월까지 포함). 원래 SVR을 위한 보조금의 일환으로 개발되었지만, 발달 이정표는 정상적인 발달을 나타내므로 생후 27개월까지의 발달 연령까지 모든 인구에 사용할 수 있다.

주요 발달 영역에는 대근육, 소근육/지각 운동 능력, 의사소통, 인지, 사회-정서 등이 포함된다. 발달 체크리스트에는 음악치료 사정평가 목적으로 제안된, 간단한 음악치료 과업이 함께 제공된다. 확실히 이 모델은 복제할 수 있고, 미세 조정할 수 있는 모델이다. 보다 포괄적인 발달 이정표 목록을 보려면 하와이 조기 학습 프로파일(H.E.L.P.)(Furuno et al., 1997)이라는 제목의 자료를 참조하기 바란다.

사전 정보 수집

치료사는 이전 및 현재 의료 기록, 교육 기록(담임 교사, 체육, 기타) 및 치료 보고서(물리치료, 작업치료, 언어치료, 미술치료, 심리, 사회복지)에서 아동에 대한 정보를 검토하는 것이 좋다. 이전 사정평가는 예비 치료 계획을 제시할 수 있다. 부모와 교육/치료 팀원들은 아동의 상태에 대한 추가 정보를 확인하기 위해 상호 열람할 수 있다. 마지막으로, 아동의 음악에 대한 이전 경험(레크리에이션, 교육, 치료)에 관한 정보를 요청할 수 있다.

사정평가 관리

사정평가에는 각 이정표를 평가하기 위한 구체적인 음악적 과제가 제시되어 있다. 그러나 이는 '샘플 사정평가 절차'(1982, p. 2)로 설명되어 있으며, 치료사는 "사정평가에 사용되는 특별한 기술, 장치 또는 절차를 알고 메모해 두는 것이 좋다"(1982, p. 2)라고 조언한다.

채점

정량화할 수 있는 점수는 없다. 항목은 P(합격), F(불합격) 또는 PF(잠정적이거나 불확실한 과제 완료의 경우 합격-불합격) 및 O(어떤 이유로든 항목이 생략되어야 하는 경우 생략)로 평가된다.

사례 예시

MTA-ED(K. Goodman, 1992~1998)

음악치료 사정평가:

이름: 스티븐

생년월일: 1988년 4월 1일

평가 날짜: 1996년 5월 27일

의뢰 이유:

검사를 실시한 심리학자인 트레먼 박사(Dr. Treman)는 스티븐이 음악 활동에 동기가 부여된 것으로 보이며, 음악치료가 도움이 될 수 있다고 제안했다(1995년 12월 16일). 음악치료 사정평가 요청은 스티븐(Stephen)의 사회복지사인 버거 부인(Mrs. Berger)이 음악치료의 적절성을 판단하기 위해 이루어졌다. 스티븐은 시각장애가 있고 발달이 지체되어 독립적으로 보행할 수 없다.

음악치료 평가의 목적:

1. 스티븐의 IEP의 목적에 따라 치료사가 설계한 음악 활동을 사용하여 사회-정서 행동, 의사소통 행동, 인지 행동 및 운동 행동 영역에서 발달 수준을 설정한다.
2. 음악치료 평가 결과를 다른 평가와 비교한다.
3. 음악치료의 효과에 대해 추천한다.

활용 중인 사정평가 도구:

중도/최중도 장애인을 위한 음악치료 사정평가 프로파일(MTAP)(1982, Michel & Rohrbacher)을 활용하여 음악치료 세션에서 스티븐의 발달 수준을 확립했다.

발달 기능과 관련된 음악치료 관찰:

의사소통: 비언어적 의사소통 측면에서 스티븐은 고개를 들어 손을 뻗어 탬버린, 옴니코드, 카시오 키보드, 오토하프, 그리고 리드 호른과 같은 미리 준비된 악기가 다시 나타나게 하려고 노력했다. 또한 그는 치료사가 실제로 자신의 귀에 불도록 지시한 리드 호른의 감각에 웃음을 터뜨리며 즐거움을 표현했다. 보컬적으로 스티븐은 투톤 차임의 하모니 자극을 포함하는 노래의 음조 내에서 'h'음을 적절하게 '노래'했다. 그의 성대 범위는 제한적이고 드물게 자극을 받지만, 음악적으로 관련이 있다. 스티븐의 어머니는 그가 '마이클, 배를 저어라'에서 '할렐루야'를 부른다고 보고한다. 이것은 관찰되지는 않았다.

인지력: 스티븐의 45분 동안의 주의력 수준은 매우 우수했다. 스티븐은 제한된 수준이지만, 주의력을 유지하고 당면한 활동에 집중하며 반응했다. 자기 자극 행동은 관찰되지 않았으며, 세션이 진행됨에 따라 처음에는 입에 손가락을 넣는 행동이 감소했다.

탐색 측면에서 스티븐은 다양한 악기의 다양한 기능을 매우 적절하게 찾았고(예: 볼륨 버튼을 올리고 내리기, 다른 소리를 내기 위해 조작하고 반복하기, 오토하프의 줄을 뽑고, 얹고, 스트링하기, 탬버린을 두 손으로 흔들기) 치료사의 초기 모델링 후, 새로운 악기(예: 아푸체, 톤 차임)를 적절히 조작할 수 있었다. 그에게 가장 친숙한 악기인 탬버린을 사용하는 것은 음악의 주어진 템포에 맞지 않더라도 적절하고 음악적이었다.

청각적 변별력은 우수한 것으로 보인다. 스티븐은 악기가 움직일 때 앞뒤, 좌우로 방향을 잡았고, 치료사가 카시오 키보드의 악기 소리/음색을 변경할 때는 잠시 멈췄다.

사회성: 스티븐은 순응적이었고, 선호하는 악기를 사용하는 동안 즐거움을 표현했다. 또한 치료사가 키보드를 꺼서 키보드를 조작할 수 없을 때 적절한 불안감을 표현했다. 이 경우 그는 카시오를 다시 켜는 방법을 계속 찾았다.

스티븐의 어머니가 방을 나갔을 때, 그는 통곡하며 어머니를 찾는 것처럼 보였다. 어머니가 돌아왔을 때, 그는 기뻐하는 것처럼 보였다.

운동: 바닥에 앉은 스티븐은 치료사에게 공을 굴리기 위해 손을 뻗지 않았다. 이 검사 단계에서는 큰 운동 활동이 시도되지 않았다.

스티븐은 집게 잡는 능력이 뛰어났고, 모든 악기를 쉽게 조작했다. 침을 흘리는 것이 관찰되었고, 스티븐은 구강 운동 근육이 발달하는 아동에게 자주 사용되는 악기인 리드 호른에 관심이 있었다. 그러나 입에 넣기는 했지만 불려고 하지는 않았다.

결론:

1. 음악치료 세션에서 스티븐의 발달 능력은 이 치료사가 검토한 최근 보고서에서 나타

난 것과 다르지 않다.

2. 그럼에도 불구하고 스티븐의 음악 활동에 대한 동기와 관심은 그를 개별 음악치료에 적합한 후보로 만든다.
3. 음악치료 목적은 보컬 의사소통과 상호작용적인 음악 만들기를 강조해야 한다. 이러한 목적은 스티븐의 말과 언어 발달을 돕고, 자기 몰입을 보이는 아동에게 상호작용적인 놀이를 유도하는 데 도움이 될 것이다.

권고 사항:

1. 미국 음악치료 협회에서 공인한 음악치료사와의 개별 음악치료는 적어도 일주일에 한 번씩 받을 것을 권장한다. 가장 이상적인 것은 스티븐의 학교에서 공인된 음악치료사가 이 작업을 수행하는 것이다. 그렇지 않은 경우, 교육구에서 고용한 음악치료사가 스티븐의 선생님과 정기적으로 소통해야 한다.
2. 스티븐의 일일 커리큘럼에 음악을 도입하는 것이 좋다. 담임 교사는 스티븐에게 노래를 불러주며 전환을 표시하고, 지금-여기 놀이를 반주하고, 요청을 구조화하는 데 사용할 수 있다. 마찬가지로, 작업 및 물리치료사가 스티븐에게 부르는 노래는 움직임에 리드미컬하게 반주할 수 있다. 악기 활동은 스티븐의 내적 탐색에 이어 음악적으로 상호작용하고, 모방을 유도하고, 마지막으로 움직임을 유도할 수 있도록 해야 한다. 악기 활동은 스티븐의 초기 탐색에 이어 음악적으로 반음성적으로 상호작용하고, 모방을 유도하며 마지막으로 스티븐의 창조적인 놀이를 따르는 노력으로 이어질 수 있어야 한다(Goodman, 1998).

MTAP를 사용한 사례 예시 토론

MTAP에서 이정표 사용

이 특정 사례는 MTAP(1982)에 포함된 다음 이정표를 활용한다.

- 소근육, 항목 #58: 작은 악기를 깔끔하게 집게손가락으로 잡는다. (손이 닿는 곳에 있는 작은 종이나 핑거 심벌로 아동의 주의를 끌어낸다. 아동이 엄지와 검지손가락의 반대 방향으로 악기를 집어 올리면 통과한다.) 6~8개월.
- 소근육, 항목 #61: 자발적으로 악기를 놓는다. (마라카스를 흔든 후, 아동에게 마라카스를 테이블에 놓는 방법을 보여 준다. 아동이 자발적으로 마라카스를 내려놓고 떨어뜨리지 않

고 놓으면 통과.) 12~15개월.

- 소근육, 항목 #62: 양손(잡기) 협응 활동(아동에게 탬버린을 제시하고 양손으로 잡고 흔들도록 격려하고, 아동이 대칭적인 팔 움직임으로 탬버린을 세 번 이상 흔들 수 있으면 통과). 16~19개월.
- 의사소통, 항목 #84: 단어를 부정확하게 모방한다. (사정평가 중 아동이 단어를 사용하거나 모방하는 소리가 들리면 통과) 9~11개월.
- 의사소통, 항목 #86: 제스처 및 기타 움직임을 사용하여 의사소통을 한다. (아동이 머리, 손 또는 몸을 사용하여 리듬 악기 등의 물체에 손을 뻗거나, 요구하거나, 거부하면 통과) 12~15개월.
- 인지, 29번 항목: 두 개 이상의 리듬 악기를 적절하게 사용한다. (아동이 적어도 두 개의 대조적인 리듬 악기로 연주할 수 있고, 가장 특징적인 소리를 낼 수 있으면 통과) 12~15개월.
- 인지, 항목 #133: 카세트테이프 레코더를 작동시키려고 시도한다. (버튼을 누르는 방법을 보여 주지 않고 카세트를 아동 앞에 놓는다.) (아동이 버튼을 찾아서 하나 이상 누르면 통과.) 20~27개월. (참고: 평가자는 실제 보고서에서 이 항목을 카시오 키보드의 작동을 포함하도록 자유롭게 해석했다.)
- 사회–정서, 항목 #164: 음악적 놀이를 시작한다. (아동이 악기, 음반 재생기, 노래 또는 기타 음악적 행동으로 소리를 내어 어른을 음악적 놀이로 끌어들이려고 하면 통과). 12~15개월.

도널드 미셸 박사와 마이클 로어바커 박사에 의해 N.A.M.T.(1982년)에서 처음 출판된 MTAP 이정표를 재인쇄할 수 있는 권한이 부여되었다.

적응성, 절차의 용이성, 포괄적 범위에 대한 논의

체이스 설문 조사(2004)에 응답한 사람들에 따르면, 모든 사정평가의 인식된 속성에는 적응성, 절차의 용이성, 포괄적 범위가 포함되었다. 굿맨(1998)이 제시한 임상 사례에서 MTAP는 중재 계획을 제안하는 데 사용되었을 뿐만 아니라, IEP에서 음악치료의 적격성을 제안하는 데에도 사용되었다. 이 특정 사례에서 의뢰 지역구는 보고서를 기반으로 음악치료를 IEP에 포함하고, 사정평가 치료사의 권장 사항을 따르기로 결정했다. 굿맨은 MTAP 작성자가 제안한 체크리스트 절차를 사용하는 대신 정보를 자신이 만든 내러티브 보고서에 엮었다. 이는 MTAP를 적응적으로 사용하여 정보를 수집할 수 있음을 시사한다.

절차의 용이성 측면에서 치료사는 가이드라인을 제공받지만, 개별 아동의 상황에 적합한 방법과 재료를 자유롭게 선택할 수 있다. 시각장애, 발달지체, 비보행 장애가 있는 '스티븐'의 경우, 촉각 단서와 감각 활용에 크게 의존하는 방법과 재료가 사용되었다. 또한 아동의 분리 불안으로 인해 주 양육자인 어머니가 세션에 포함되었다. 주 양육자를 세션에 포함시키는 전략은 스탠리 그린스펀 박사의 연구에 의해 제안된 전략으로, 사전 정보에 여러 감각 과제에 대한 명확한 설명이 포함되어 있고, 또한 가장 기능이 뛰어난 발달 연령을 15~20개월로 제시했기 때문에 이러한 발달 과제에 대한 자료가 예상되었다.

포괄적인 범위 측면에서 보면, MTAP에는 36개월까지의 발달 이정표의 대표적인 과제가 포함되어 있다. 발달 이정표는 사정평가 보고에 중요할 수 있는 다른 발달 이정표 모델(Furano, 2005)에 비해 포괄적이지 않다. 또한 학습 스타일과 감각적 한계에 대한 설명은 간단한 체크리스트의 맥락에 포함되지 않는다.

아동을 대상으로 한 그룹 음악치료에서 사정평가의 역할

그룹 내 아동 사정평가하기

현재로서는 음악치료 그룹에 속한 아동에 대한 사정평가는 없다. 또한 아동 음악치료 그룹을 별도의 독립체로 사정평가할 수 있는 모델도 마련되어 있지 않다. 간단히 말해, 그룹의 맥락에서 아동을 사정평가하고자 하는 치료사는 진행 중인 그룹의 일부인 한 아동에 대한 정보를 수집하기 위해 신중하게 계획을 세워야 한다. 이러한 준비의 일부에는 교사 또는 다른 치료사가 참여할 수 있다. 이 준비 과정의 일부에는 음악치료사가 그룹을 진행하는 동안 그룹 외부에 앉아 메모를 할 수 있는 교사나 다른 치료사가 참여할 수 있다. 음악 활동과 방법론은 아동의 사정평가와 관련된 발달 영역의 평가에 전략적으로 맞춰져야 한다. 일반적인 지침으로 음악 활동에는 그룹에 속한 모든 아동의 다양한 요구에 맞는 방법으로 듣기, 움직임, 기악 및 보컬이 포함될 수 있다.

개별 음악치료를 받는 아동과 그룹 음악치료를 받는 아동에 대한 사정평가의 주요 차이점(부정적이든 긍정적이든)은 다음과 같다.

- 다른 아동이 긍정적인 역할 모델이 될 수 있다(긍정적).
- 다른 아동들에게 주의를 기울이는 것은 일반적으로 지나치게 압박감을 느끼거나 '당황

한' 상태에 빠지거나 처리 속도가 느린 아동에게 타임아웃을 제공할 수 있다(긍정적).
- 다른 아동이 부정적인 역할 모델이 될 수 있다(부정적).
- 다른 아동에게 주의를 산만하게 할 수 있다(부정적).
- 아동은 치료사의 관심을 공유해야 한다(부정적/긍정적).
- 아동은 세션에서 악기를 공유해야 한다(부정/긍정).
- 아동은 방에서 다른 감각적 입력을 받는다(부정적/긍정적).
- 치료사는 그룹에 있는 모든 아동의 요구를 균형 있게 조절하는 동시에, 특정 아동을 사정평가하기 위해 노력해야 한다(부정적/긍정적).
- 치료사는 그룹에 있는 다른 아동들의 요구를 처리해야 하는 경우, 탐색적 또는 접선적 접근방식을 사용하는 데 더 어려움을 겪을 수 있다(부정적).
- 치료사는 그룹에 있는 모든 아동들과 음악 제작을 공유해야 한다(부정적/긍정적).
- 치료사는 아동과 혼자 있는 것보다는 다른 그룹 구성원과 관련하여 해당 아동에 대한 작업 관점을 얻게 된다(긍정적/부정적).

그룹의 진행 상황 사정평가하기

그룹의 진행 상황에 대해 많은 글이 쓰여졌는데, 특히 어빙 얄롬 박사(Irving Yalom, 1985)가 가장 유명하다. 청소년 그룹(Joseph, 1989), 성인(Sandness, 1991) 또는 아동(Friedlander, 1994)의 관점에서 음악치료의 특정 수준의 그룹 진행을 고려할 수 있다. 그러나 이 과정은 그룹 내 아동의 특정 발달 기능을 살펴보는 것이 아니라, 그룹의 전체적 진전 또는 진전 부족을 살펴보는 것이다. 그룹은 별도의 독립체로서 어느 수준에서 기능하고 있는가? 그룹 전체를 사정평가하는 것이 가능한가, 가능하다면 그룹 내 특정 아동의 사정평가에 어떤 영향을 미치는가? 이러한 질문은 모두 그룹에 대한 후속 작업에서 고려해야 할 중요한 질문이다.

요약

아동에게 적절한 사정평가를 제공하기 위해 음악치료사로서 자신의 기술이 적절한지 판단하는 것은 개별 치료사 각자에게 달려 있다. 이 장에서는 치료사가 고려할 수 있는 다양한 대안을 제시한다. 치료사가 음악치료 사정평가를 실시하는 데 있어 정답은 없으며, 실제로 치료사는 아동의 강점과 약점, 음악치료의 적절한 중재 계획을 결정하기 위해 같은 목적을 향해 다양한 경로를 고려하고 시도할 것을 제안한다. IEP의 음악치료 적격성 측면에서, 치료 목적을 향한 수단으로서 음악에 대한 아동의 독특한 반응을 강조하는 한 모든 사정평가가 논리적으로 사용될 수 있다.

이 장은 임상가가 아동의 개별 또는 그룹 치료에 대한 적합성에 대한 의사 결정을 내리도록 이끌고 있다. 그 결정과 관계없이, 아동에 대한 초기, 주기적 또는 지속적인 사정평가는 강점과 약점을 밝히고 합리적이고 지속적인 중재 계획을 위한 길을 열어 준다.

학습 가이드 질문

1. 사정평가를 정의하세요. 음악치료사가 사정평가를 하는 이유는 무엇인가요?
2. 음악치료에서 음악치료사는 어떤 종류의 정보를 사정평가 하나요? 일반적으로 설명하는 비음악 영역과 일반적으로 설명하는 음악 영역의 요소들을 자세히 설명해 주세요.
3. 아동을 위한 음악치료 악기에는 어떤 것이 있나요? 이름을 말하고 간략하게 설명하세요.
4. 음악치료사는 사정평가를 선택할 때 어떤 요소를 고려해야 하나요?
5. Nordoff-Robbins 척도에 대해 간략히 설명하세요. 이 척도의 철학적 근거는 무엇이며, 음악치료에서 어떻게 사용되며, 어떻게 채점하나요?
6. Goodman이 개발한 MTA-ED에 대해 간략히 설명해 주세요. 철학적 근거는 무엇이며 음악치료에서 어떻게 사용할 수 있나요?
7. Michel과 Rohrbacher가 개발한 MTAP에 대해 간략히 설명해 주세요. 그 철학적 근거는 무엇이며, 음악치료에서 어떻게 사용할 수 있나요?
8. Coleman과 Brunk가 개발한 SEMTAP에 대해 간략히 설명해 주세요. 어떤 정보 수집이 필요하며 어떻게 관리되나요?
9. SEMTAP이 IEP 계획에서 음악치료 적격성을 결정하는 데 사용할 수 있는 유일한 사정평가인가요? 설명하세요.
10. 그룹 음악치료를 위한 사정평가가 있나요? 음악치료사는 그룹 내에서 어떻게 사정평가를 진행하나요?

제3장

의사 결정

아동을 대상으로 하는 음악치료에서 개인 또는 그룹 배치는 어떤 것일까

소개

아동을 대상으로 하는 음악치료에서 개인 또는 그룹 배치에 대한 문제는 여전히 중요한 문제로 남아 있으며, 음악치료 문헌에는 거의 언급되지 않는다. 아동이 개인 작업에서 그룹으로 이동하거나 그 반대로 이동하는 사례(Hibben, 1991; Tyler, 2002)가 있고, 사회적 문제가 있는 아동이 그룹 음악치료에서 혜택을 본다는 일반적인 근거(Nicholls, 2002)나 개별 치료에서 요구 사항이 충족되지 않으면 그룹으로 이동해야 한다는 근거(Oldfield, 2006)도 있다. 그러나 아동을 위한 초기 개인 대 그룹 음악치료 배치에 대한 구체적이고 신중하게 고려된 근거는 존재하지 않는다. 또한, 음악치료 그룹의 그룹 구성원을 구성하는 이론적 근거를 정의할 필요가 있다.

음악치료사는 제2장에 설명된 대로 음악치료 사정평가의 맥락에서 개인 또는 그룹 치료에 대한 추천을 포함할 수 있다. 그러나 치료사가 개인 또는 그룹 치료를 추천할 때 고려할 수 있는 질문은 사정평가에 설명되어 있지 않다. 따라서 아동과 함께하는 그룹 작업의 특성, 아동과 함께하는 그룹 음악치료의 특성, 그리고 초기 개별 또는 그룹 음악치료 과업의 추천과 관련된 중요한 측면을 고려하는 치료사의 사고 과정에 대한 별도의 장이 여기에 제시되어 있다(Goodman, 2002).

- 특수교육과 정신과 모두에서 그룹의 성격은 어떤 것인가? 음악치료 그룹 작업은 특수교육 또는 정신과 환경에서 어떻게 적용되는가?
- 치료사가 아동의 목적이 그룹의 목적과 양립 가능한지 결정하는 데 도움이 되는 아동에 관한 특별한 고려 사항은 무엇인가? 치료사가 개인 또는 그룹 음악치료 추천을 할 때 고려해야 할 요소는 무엇인가?

첫째, 이 장에서는 **그룹 작업의 본질과 아동이 특정 유형의 그룹에 들어가기 위한 요건을 소개한다.** 관련 문헌의 검토를 기반으로 한 이 정보는 음악치료 그룹 작업 형성을 위한 이론적 구조를 제시하고, 음악치료사가 특수교육 및 정신과 환경에서 음악치료가 그룹 작업에 어떻게 적용되는지 이해하는 데 도움이 되므로 음악치료 분야에 매우 유용하다.

둘째, 음악치료를 독특한 유형의 그룹 작업으로 간주할 때, **"치료사가 개인 또는 그룹 음악치료를 추천할 때 고려해야 할 요소는 무엇인가?"에 대한 답은 다음과 같다: ① 아동의 발달 수**

준, ② 아동의 음악성, ③ 아동의 감각적 프로파일, ④ 학교 환경의 실제적인 고려 사항.

이러한 요소는 주로 수년간의 임상 경험과 관련된 정신과적, 관련 치료법 및 정신과적 문헌에 대한 검토를 기반으로 한다(Goodman, 2002). 이러한 각 요소는 아동이 그룹 작업에 대한 준비 상태, 즉 음악적 상호작용에 참여하고 사회적, 의사소통 및 인지 문제 해결에 기여하며, 다른 사람을 인식하면서 활동에 참여할 수 있는 능력을 고려해야 한다. 아동이 그룹 활동에 준비가 되지 않았다면, 아동은 개별 세션에서 시작하여 그룹 세션에서 '성장'할 수 있다. 아동은 음악적으로 기여하고, 발달적으로 다른 사람과 교류하고, 그룹 세션의 감각적 영향을 견딜 준비가 되어 있어야 한다. 학교 환경의 실질적인 고려 사항이 개별 세션의 가능성을 제한하는 경우, 치료사는 대처 방법을 배워야 한다. 이 상황에서도 치료사는 이 장을 검토한 후, 새로운 기술과 인식을 갖게 될 것이다.

아동을 위한 그룹 치료의 본질

아동 정신과 환경에서의 그룹 심리치료의 본질

아동을 대상으로 한 그룹 치료의 진화 과정을 살펴볼 때, 성인 환경에서의 그룹 치료의 기원을 먼저 고려하는 것이 유익하다.

정신병원 시절부터 시작된 그룹 치료는 **활동 치료**(Montgomery, 2002)로 알려진 모델에서 시작되었다. **활동 치료**는 용어에서 알 수 있듯이, 내담자들을 활동에 참여시키는 것으로, 가장 취약한 환자도 요리, 운동, 공예, 미술, 음악 만들기와 같은 활동에 참여시키는 데 사용된다.

대인관계의 어려움으로 인해 만성 우울증 및 또는 불안을 겪는 성격장애 내담자에게 더 큰 도움을 주는 **정신역동적 그룹**은 비지시적 자유 교감을 통해 지속적인 성격 변화를 촉구한다. 일반적으로 알려진 정신역동적 그룹 구조의 세 가지 모델은 다음과 같다: ① **대인관계 그룹 치료**, ② **타비스톡(Tavistock)**, ③ **그룹 분석적 치료**이다. 이 모델들은 이론적 토대 측면에서 서로 차별화된다.

대인관계 그룹 치료는 집단 내에서 작용하는 치유적 요인(Yalom, 1985)을 통해 교정적인 정서적 경험을 제공하는 것을 목적으로 하며, 지금-여기 집단에서의 정서적 · 인지적 연결이 집단 밖의 행동으로 일반화되도록 장려한다. 제7장 '방법'에서는 아동 음악치료 그룹의 대인관계 집단 치료의 예를 보여 준다.

비온(Bion, 1961)이 개발한 **타비스톡 모델**은 개인 발달을 방해하는 가정적 행동, 즉 **의존성**, **투쟁 또는 도피**, **짝짓기**에 초점을 맞추고 있다. 이 개념은 고기능 아동 집단의 맥락에서는 의미가 있지만 그룹 음악치료의 문헌에서는 아직 그 역할을 하지 못하고 있다. 특히, '투쟁 또는 도피'라는 개념은 음악치료사에게 흥미로운데, 이 개념은 방어 또는 생리적 항상성(Berger, 2002)이 위협받을 때 내담자가 실제로 기능장애가 될 필요성을 존중하기 때문이다. 음악치료는 이러한 내담자가 투사 작업을 경로화할 수 있는 길을 열어 줄 수 있다. 음악치료는 또한 내담자를 편안한 신체 상태, 즉 조절 상태로 만드는 데 도움이 될 수 있다(Greenspan & Wieder, 1998 참조).

마지막으로, 그룹 분석 모델에서 프로이트 개념에 대한 포크스(Foulkes)의 해석은 그룹 행동으로 전환되어 내담자는 미러링, 교환, 사회적 통합 및 집단 무의식의 활성화라는 4가지 치료 과정에 참여한다(참고: 이 중 처음 세 가지는 Yalom 치료 요인과 관련됨).

이론적으로 활동 치료 모델은 음악치료에서 아동과의 그룹 작업에 가장 적합한 것으로 보인다. 그 근거는 다음과 같다:

1. 음악을 만드는 것은 일과 놀이로 볼 수 있는 활동에 해당한다.
2. 활동 치료는 여러 수준에서 기능하는 내담자를 참여시키는데, 음악치료 그룹에서 자주 사용된다.
3. 활동 치료는 아동에게 적합한 그룹 치료의 한 분야로 자리 잡았다(Slavson & Schiffer, 1975 참조).

이론적으로 성인에게 사용되는 정신역동적 접근법은 고기능 아동, 즉 우울증이나 불안을 유발하는 만성적인 성격장애를 가진 아동에게도 적용될 수 있다. 프리들랜더와 히벤(Friedlander & Hibben)이 그룹 작업의 단계를 해석할 때 그룹 분석 모델에 기초한 이론가인 갈런드, 존스와 콜로드니(Garland, Jones, & Kolodne, 1976)의 영향에 대해 언급한 것을 제외하고는 음악치료 그룹에서 아동과 이러한 유형의 작업에 대한 문헌은 거의 없다.

앞으로 소개할 사례(제7장 '방법' 참조)에서는 아동 정신과 그룹과 특수교육 그룹 모두에서 그룹 과정을 촉진하기 위한 제안(Goodman, 1996~2002)을 제공한다. 이러한 제안은 대인관계 학습, 카타르시스, 집단 응집력, 자기이해, 사회화 기술 개발, 실존적 요인, 보편성, 희망 심어주기, 이타주의, 교정 가족 재연, 지도, 동일시/모방 행동 등 얄롬(Yalom)이 인용한 치료 요인에 크게 의존하고 있다. 이러한 의미에서 이러한 제안은 대인관계 그룹 치료의 틀 안에서 이루어지고 있다.

아동 그룹 치료의 본질

1930년대부터 시작되어, 이 분야의 선구자인 슬라브슨과 시퍼(Slavson & Schiffer, 1975)가 처음 설명한 아동 집단 심리치료의 본질은 아동 정신과적 대중에 초점을 맞추고 정신분석 및 정신역동적 틀 안에서 이루어진다.

역사적으로 그룹 심리치료의 성격은 입원 아동의 정신과 환경의 필요에 따라 변화했다. 아동을 대상으로 한 그룹 심리치료는 원래 외래 아동 정신과 환경에서 시작되었다(Slavson, 1943). 이 작업은 더 심각한 아동이 있는 입원 환자 환경으로 옮겨졌다(Rosenthal & Nagelberg, 1956). 정신분석 이론에 중점을 둔 최초의 아동 심리치료 그룹은 20세기 중후반 아동 정신과에서 가능했으며, 정신과 의사와 사회복지사가 주축이 되어 운영되었다. 하지만 지난 20년 동안 장기 입원은 과거의 일이 되었다. 현재 관행은 일반적으로 아동 정신과 입원 기간을 1개월(Goodman, 1982)에서 3개월(Friedlander, 1994)까지로 하고 있다. 입원 후, 아동은 일반적으로 외부 주간 또는 기숙형 특수교육 학교에 의뢰된다. 이러한 단기 아동 정신과 입원은 정신과적 사정평가와 진단, 심리치료 및 정신약물학적 치료로 이어진다. 단기 치료는 원래 장기 치료에서 정의되었지만, 현재는 주로 진단, 지속적인 추천 및 정서적 안정을 위해 의도된 형태인 활동 치료와 놀이치료를 강조한다. 많은 아동 정신과 환경에서 단기 치료는 인지 및 행동 치료의 발달에 영향을 받는다.

따라서 문제 해결(즉, 인지치료)과 '지금-여기'에서의 행동 변화(행동 치료)에 중점을 둔다. 이러한 그룹은 아동 정신과 전문의, 아동 정신과 레지던트, 활동 치료사(레크리에이션 치료사라고도 함), 사회복지사 등 다양한 직원이 운영한다.

슬라브슨과 시퍼(1975)는 역사적으로 비정신병적 장애아동에게 배정된 두 가지 유형의 그룹 심리치료에 대해 자세히 설명하고 있다. 그룹 유형은 단기간이지만 일정하게 유지되어 왔다. 이 두 가지 유형은 다음과 같다: ① 잠복기(5~12세) 아동을 위한 **활동 그룹 치료**, 그리고 ② 잠복기 이전(유아기)(3~5세) 아동을 위한 **놀이치료**. 세 명 이상으로 구성된 그룹의 특성은 '서로의 관계에서 개인 간에 발생하는 지적 · 정서적 상호작용'을 포함하기 때문에, 발달적 준비성을 의미한다(Slavson & Schiffer, 1975, p. 464). 일차적 그룹은 인생에서 가장 먼저 접하는 집단인 가족 구성원으로 간주된다.

초보 수준 그룹에 대한 지적 및 정서적 준비는 잠복기 이전 아동, 즉 현재 표상적 놀이 또는 놀이 대상을 사용하여 무의식적이고 잠재 의식적인 생각과 감정을 표현하는 능력을 개발하고 있는 아동부터 시작된다. 따라서 놀이치료 개념은 합리적이며, 특히 버지니아 액슬린(Virginia Axlin, 1969)이 도입한 후 1970년대에 인기를 끌었다.

반면에 잠복기 아동의 지적·정서적 준비는 활동을 수반한다. 잠복기 아동은 학령기 아동으로, 직접 활동을 통해 학습하며, 이 활동은 또한 운동 행동을 지향한다. 따라서 활동 그룹 치료는 학령기 아동에게 발달적으로 부합한다. 여기에는 지시 따르기, 문제 해결, 사회적 상호작용 및 결과물 중심의 작업이 포함된다. 또한 놀이 및 활동 치료 그룹은 모두 그룹이라는 특성으로 인해 그룹 역동 및 그룹 과정, 즉 아동이 서로, 주어진 자료 및 치료사와 상호작용하면서 그룹에서 진화하는 것을 포함한다. 다시 말해, "교정 방식은 경험적이며, 그룹 내 중요한 활동과 상호작용에서 비롯된다"(Slavson & Schiffer, 1975, p. 463).

아동 정신과 환경에서 놀이치료 또는 활동치료 그룹에 참여하기 위한 전제 조건: 그룹 구성 시 고려 사항

앞서 설명했듯이 놀이 및 활동적 집단치료는 모두 프로이트의 아동발달 이론(Freud, 1932)에서 제시하는 잠복기 이전(3~5세 발달) 또는 잠복기(5~12세 발달) 아동의 발달적 준비 상태를 전제로 한다.

슬라브슨과 시퍼(1975)에 따르면, 심리학적 균형과 치료 효과를 보장하기 위해 그룹 구성원들은 다양한 기질, 행동 패턴 및 진단을 제시할 것이다. 이는 동질적인 집단이라기보다는 이질적인 집단으로 간주된다. 이상적으로는 아동의 연령이 같거나 비슷한 연령대이다.

슬라브슨과 시퍼(1975)는 아동을 선동자(Instigator), 중화자(Neutralizer), 중립자(Neuter)로 분류할 수 있다고 명시하고 있다. 선동자는 긍정적, 심리적 및 또는 사회적으로 유익하거나 부정적일 수 있으며, 부조화, 과잉행동, 분노 및 적대감을 조장할 수 있다. 중화자는 보다 합리적이고 충동적이지 않은 아동으로, 그룹을 진정시키는 역할을 할 수 있다. 마지막으로, 중립자는 정체성이 유동적이거나 약한 아동으로, 더 강한 인격의 영향을 받는 아동이다. 이러한 다양한 역할은 그룹을 구성하기 위해 다양한 아동을 선택하는 위치에 있는 임상가에게는 분명하지 않을 수 있지만, 가능한 기질적 정신적 방향의 측면에서 고려해야 한다. 이질성은 그룹 내에서 다양한 역할을 보장한다.

요약하자면, 아동 정신과 환경에서 심리치료 그룹에 가입하기 위한 전제 조건은 발달적 연령 적합성을 시사한다. 관례적으로, 아동 정신과 치료를 받는 아동은 5~12세이지만, 2세에서 14세까지 어릴 수도 있다(Friedlander, 1994). 이들의 주요 진단은 정서장애로, 심각한 정서장애(Seriously Emotionally Disturbed: SED)로 불릴 수 있다. 이러한 아동은 지나치게 공격적일 뿐만 아니라, 소극적이고 자기파괴적이거나 심지어 자살적 행동으로 장애 행동을 보일 수 있다(Goodman, 1982; Goodman, 1989). 정신과 치료를 받는 아동들은 자폐증, 품행장애, 조현병, 경계선 성격, 기분장애, 심각한 학습장애 등의 진단을 포함할 수 있다. 이러한 아동들은 학습에서 이차적 문제를 가지고 있을 수도 있고, 자아조직화와 관계성에서 분명히 일차적 문제를 가지고 있지만, 일반적으로 자신의 생활연령에 맞는 발달적 기능을 보이며, 따라서 슬라브슨과 시퍼가 이전에 제시한 발달적 지침을 충족한다. 그룹의 특정한 구성은 기질, 행동 패턴, 진단 측면에서는 이질적이되, 연령은 상대적으로 동질적이어야 함을 권장한다.

아동 정신과 그룹 음악치료 환경

슬라브슨과 시퍼(1975)가 처음 제시하고, 이 장에서 이전에 설명한 그룹 심리치료에 관한 아이디어는 프리들랜더(Friedlander, 1994)가 정신역동적 틀 안에서 아동을 대상으로 하는 활동 치료로 설명한 음악 그룹 심리치료로 해석할 수 있다. 프리들랜더(1994)와 굿맨(Goodman, 1989)은 모두 입원 및 외래 아동 정신과 환경의 맥락에서 정신역동적 작업을 설명하지만, 정신역동적 작업을 다른 인구 집단에 적용하지 못할 이유는 없다. 그러나 이러한 종류의 작업을 위한 발달적 전제 조건은 모든 인구 집단에 공통적으로 적용되어야 한다. 즉, 아동은 그룹 내에서 상호 작용할 수 있어야 하고, 표상적 놀이, 인지적 통찰력, 그리고 이상적으로는 언어적 과정에 참여할 수 있는 능력이 있어야 한다.

음악치료 그룹 작업, 정신과적 환경에서의 발달 단계

프리들랜더(1994)는 갈런드 등(Garland et al., 1976)이 그룹 치료 문헌(참고: 교실 집단)에 처음 소개한 후, 히벤(Hibben, 1991a, 1991b)이 음악치료 문헌에 소개한 그룹 발달 단계 측면에서 정신과 병동에 있는 아동들의 집단 그룹을 추적했다.

갈런드 등(1976)의 그룹 활동 단계는 원래 사교 클럽에서 9~16세의 불우하고 장애가 있는 아동 그룹을 대상으로 고안된 것으로, 여기에는 다음과 같은 그룹이 포함된다.

1. 소속 전 단계: 아동들이 아이디어를 쉽게 공유하지 않고, 접근/회피하는 시기, 그룹에 대한 개인적 참여 정도에 대한 양면성, 거리감을 유지하면서 탐색해야 하는 단계이다.

2. 권력 및 통제: 그룹 내 하위 그룹으로, 보호와 합의를 위해 권력과 통제권을 놓고 경쟁하는 단계이다.
3. 친밀감: 아동들이 활동에 더 많이 참여하고, 교대로 리더 역할을 맡고 더 많은 책임을 지면서 정서적 위험을 감수하는 단계로, 친밀감에 대한 정의를 내린다.
4. 차별화-응집력: 아동들이 더 자유롭게 표현하고 집단 내에서 개인의 차이를 받아들이면서 권력 문제가 감소하는 단계이다.
5. 분리: 학사 일정에 따라 그룹이 종료되는 단계로, 이전 발달 단계로 회귀하거나 이전 활동 및 관계로 돌아갈 수 있다.

프리들랜더(1994)는 이 중 처음 세 단계를 **아동 정신과 음악치료 그룹**에서 나타나는 현상으로 설명한다. 소속 **전** 단계는 아동이 음악적 소재를 탐색하는 단계로, 아동은 공개적인 갈등과 적대감을 피할 수 있는 충분한 자아(ego)의 힘을 가지고 있어야 한다. **권력과 통제**는 치료사의 권위에 도전하고 음악을 통해 언어적 그리고 비언어적으로 관심을 끌기 위해 경쟁하는 단계이며, **친밀감**은 몇 주간의 집중적인 작업 후 친숙함, 구조 및 음악에 의존하여 구성원들이 서로 경청하고 지지하면서 공통의 음악적 목적을 향해 노력하도록 도와주는 단계이다. 프리들랜더의 연구 이전에 히벤(1991a)은 갈랜드가 미리 제시한 단계를 활용하는 이론적 모델을 제안했다. 그러나 히벤은 빈터(Vinter, 1974)가 처음 제안한 활동 설정 수준과 갈런드(1976)가 처음 제시한 앞서 언급한 그룹 활동 단계 사이의 상관관계를 사용한다.

따라서 히벤은 규칙(처방), 통제(조절), 활동에서 신체적 움직임의 양(물리적 움직임), 활동을 수행하는 데 필요한 능력 수준(역량), 활동이 상호작용을 요구하거나 유발하는 정도(상호작용), 보상(보상, 외재적 또는 내재적)을 관장하는 활동 설정 차원(Vinter, 1974)이 갈랜드 그룹의 단계가 진행될수록 점점 더 요구된다고 제안한다. 히벤은 이 모델을 자신의 임상 연구에 지속적으로 적용하고 있다(1991b).

청소년(Joseph & Freed, 1989) 및 성인(Apprey & Apprey, 1975; Doyle & Ficken, 1981; Morgenstern, 1982; Plach, 1980; Wood et al., 1974)을 대상으로 하는 음악치료 그룹 프로세스의 일부 모델은 샌드네스(Sandness, 1991)의 연구에 요약되어 있으며, 아동을 대상으로 하는 그룹 작업에 적용될 수 있다(제7장 참조).

정신과 그룹에서 음악 제작과 언어적 과정의 균형 맞추기

음악 그룹 심리치료의 한 요소인 통찰력 문제는 바버라 그리넬 박사(Dr. Barbara Grinnel)

의 연구에서 암시된 바 있다. 그리넬(1980)은 말하기가 개인적으로 위협이 될 때, 아동들이 감정 표현을 위해 음악을 사용하는 것으로 '후퇴'한다는 사실을 발견했다. 비언어적 치료와 언어적 치료의 이러한 상호작용은 그녀의 임상 연구에서 많은 중도장애 아동에게 도움이 되었다. 그리넬과 굿맨(1989)은 아동 정신과에 관한 연구에서 개별 아동에 대해 글을 썼지만, 아동 정신과 환경의 그룹 치료에서도 동일한 현상을 관찰할 수 있다(Goodman, 1982).

아동 정신과 환경에서 음악 심리치료 그룹에 참여하기

프리들랜더(1994)에 따르면 음악치료사는 인지, 운동 및 사회적 기술 영역의 연령과 발달 기능 수준을 그룹화의 주요 지표로 삼아 주 5일 1시간씩 만나는 그룹에 3~6명의 아동을 배정한다. 이 그룹은 혼합된 진단, 성별, 문화 측면에서는 이질적이지만, 기능 수준 측면에서는 동질적이다. 가장 심각한 정신병리(즉, 정신병, 부적절하게 공격적, 극심한 혼란 및 불안)가 있는 아동만 그룹 참여자로 제외된다. 이 지침은 슬라브슨(1975)이 제시한 원래 권장 사항과 일치한다.

다른 음악치료사들(Knak & Grogan, 2002)은 다양한 욕구, 연령, 성별을 가진 아동을 포함한 그룹의 다양성이 개별 자아(ego) 정체성을 장려함으로써, 성공을 최적화한다는 사실을 발견했다. 최근에 발표된 사례 연구에서는 정신역동적이라고 표현하면서 아동을 그룹에 의뢰하는 이유를 그룹의 목적을 설명함으로써 암시하고 있다: 카터와 올드필드(Carter & Oldfield, 2002)는 아동 음악치료 그룹이 정신과적 사정평가의 수단으로서 가능성을 제시하고, 스튜어트(Stewart, 2002)는 음악치료 그룹에서 음악적 즉흥연주를 통해 자폐 아동의 관계성 또는 조율의 변화에 대해, 크낙과 그로건(Knak & Grogan, 2002)은 그룹 구성원들의 이질성의 중요성을, 서튼(Sutton, 2002)은 음악을 통한 심리적 억제의 중요성을, 그리고 타일러(Tyler, 2002)는 음악치료의 그룹 작업 단계를 위니콧(Winnicott)의 놀이 발달 단계와 비교하여 강조하고 있다.

요약하자면, 혼합된 진단, 성별, 문화 측면에서 이질성은 그룹 구성에서 추구된다. 반면에 아동의 기능 수준 측면에서 동질성 대 이질성은 제한된 문헌에서 여전히 미해결 문제로 남아 있다. 심각한 병리로 인해 아동이 제외되지 않는 한, 그룹에 들어가기 위한 전제 조건 자체는 없다.

중복장애, 발달지체 또는 자폐 아동을 대상으로 하는 그룹 치료의 본질

직접 교수(Direct Instruction: DI)

미국에서 의무적 특수교육이 시작된 이래로(1975년 공법 94-142), 아동을 적절하게 돌보려는 노력이 크게 확대되었다. 초기 교육 작업의 대부분은 개별 '직접 교수'(DI)를 통해 제공되었는데, 아동은 교실에서 대체로 연령에 따라 그룹화되었고, 치료는 일대일 '풀아웃(다른 공간에서 개별 교육하기)' 방식으로 이루어졌다.

활동 기반 교수(Activity-Based Instruction: ABI)

최근에는 특수교육 분야에서 그룹 작업, 즉 발달지체, 중복장애 및 자폐 아동과의 작업은 인지-정서 발달 프레임워크를 중심으로 구조화된 집중 영역이다(Brickner et al., 1998). 이 그룹 작업의 운영 방식은 직접 교육이나 '풀아웃' 치료가 아닌 수업 시간 내내 진행되는 활동의 맥락에 발달 기술을 포함하는 것이다. 활동 기반 교수는 일반적으로 ABI라고 한다[참고: Applied Behavior Analysis(응용행동분석): ABI를 ABA와 혼동하면 안 된다.].

정신과 환경에서의 놀이 및 활동 그룹 치료의 사용은 현재 특수교육 교실에서 여러 장애, 발달지체 또는 자폐 아동을 위한 활동 기반 교수(ABI)의 사용에 영향을 미쳤을 가능성이 있다. 이는 특수교육에 긍정적인 변화를 가져왔으며, 발달 중인 아동을 위한 구조와 자유의 균형을 맞추는 데 기여했다. 활동 기반 상호작용은 직접 교수와는 달리 교육자뿐만 아니라, 치료사도 발달 목적을 향해 노력할 수 있는 자연주의적 환경을 제공한다(Bricker, Pretti-Frontczak, & McComas, 1998). 자연주의 교육 접근법에는 새로운 자료, 아동이 또래와 함께 활동/놀이에 참여하도록 격려, 아동에게 선택하도록 초대, 아동의 반응을 유도하기 위해 의도된 말과 질문, 아동의 의사소통 시도를 확장하도록 격려, 아동이 또래와 상호작용하도록 격려하는 등의 특징이 포함된다. 유치원 환경에서 시작하지만, 취학 연령 아동이 있는 환경으로 확장할 수 있다.

활동 기반 교수는 활동의 맥락에 발달 기술을 포함시켜, 이전에 '풀아웃' 작업을 했던 치료사가 수업 내에서 진행 중인 활동의 맥락에서 작업하도록 장려한다. 이 모델링은 특수교육 교사에게 언어 주입 및 자극, 적절한 신체 자세 잡기 및 보조하기, 적절한 신체 자극과 같은 치료 기술을 관찰하는 이점을 제공한다. 치료사와 교사가 음악실에서 어린이와 합류할 때, 그들은 활동 기반 계획을 관찰하고 참여하는 데 유사하게 관여한다.

ABI 과정에서는 IEP의 발달 목적이 활동 자체에 포함되어 있다(Daugherty, Grisham-

Brown, & Hemmeter, 2001). 프리티 프론차크와 브리커(Pretti-Frontczak & Bricker, 2001)는 교사가 그룹에 비해 지체 아동과의 일대일 수업에서 활동 기반 수업에 개별 교육 목적을 포함할 가능성이 더 높다고 보고했지만, 이 형식은 개별 및 그룹 아동과 많은 언어교육자 모두에게 사용될 수 있으며 많은 특수교육가들(Fox & Hanline, 1993; Kohlerm Anthony, Steighner, & Hoyson, 1997; Kohler, Strain, Hoyson, & Jamieson, 1998; Losardo & Bricker, 19944) 및 관련 치료사들은 자연주의 환경에서 활동 기반 교수 및 계획을 사용하여 유의미한 성공률을 보고하고 있다.

더 높은 기능을 갖는 특수 학습자를 위한 그룹화는 통합교육이 이러한 어린이들에게 중요한 관심사이기 때문에 그 자체로 문제이다. 더 높은 기능을 하는 특수 학습자는 일반적으로 기능하는 어린이 그룹에 합류하게 되고, 리소스 룸(개별 교육 공간) 활동과 개인 보조원이 조력하는 더 큰 교실 환경에 적응해야 한다.

특수교육 환경에서 활동 기반 계획 그룹에 참여하기 위한 전제 조건

특수교육 환경에서의 활동 기반 중재는 개인 또는 그룹을 기반으로 하기 때문에 참여에 필요한 전제 조건은 규정되어 있지 않은 것으로 보인다(Heward, 2003). 그룹 환경에서는 기능이 낮은 아동이 기능이 높은 또래의 행동을 모방하는 것으로 알려져 있다(Venn et al., 1993). 학급 배치와 관련하여 다양한 특수교육 학교에서는 아동을 다양한 방식으로 배치한다. 일부 관리자는 아동을 동질적인 학급 그룹에 배치하는데, 이러한 아동은 발달 수준이 비슷하고 기질도 비슷할 수 있다. 다른 관리자는 아동을 연령에 따라 반을 편성한다. 그 결과 발달 연령에 큰 격차가 발생하여 이질적인 수업 환경이 조성될 수 있다.

요약하면, 특수교육 환경에서 그룹에 참여하기 위한 전제 조건은 존재하지 않는다는 것을 알 수 있다. 자연주의 환경에서 활동 기반 교수 또는 치료(참고: 특수교육 학교 환경에서는 이러한 용어가 중복되어 사용됨) 접근방식을 제공하면, 교사나 치료사가 아동에게 적합하고 적절한 활동에 목적을 포함하도록 장려할 수 있다. 교실에서는 아동들이 물리적으로 한 그룹에 함께 있으면서도 발달적으로 떨어져 있는 상태에서 이러한 활동이 이루어질 수 있다. 이 프레임워크에서 그룹은 서로 역동적으로 상호작용할 준비가 된 아동들의 수가 아니라, 단순히 아동들의 수로 간주된다. 또한, 그룹 분류의 근거는 일관되게 잘 정의되어 있지 않으며, 행정 기관과 학교의 철학에 따라 크게 달라지는 것으로 보인다. 솔직히 말해서, 특수교육 학교의 관리자는 발달 기능보다는 생활 연령에 따라 아동을 그룹화하는 것이 가장 쉽다.

특수교육 현장에서의 그룹 음악치료 환경

문헌 연구

일반적으로 특수교육 환경에서 아동을 위한 그룹 음악치료에 관한 문헌 자료는 그 범위가 제한되어 있으므로, 여기서는 간략하게 소개한다. 특수교육 내에서 다양한 집단을 대상으로 한 지속적인 그룹 작업과 관련 전략에 대한 언급이 많이 있다(Adamak & Darrow, 2005). 이러한 설명에는 뇌성마비 아동의 발달적 요구(Ford, 1984), 학습장애 아동의 행동적 우발성(Steele, 1984), 자폐 아동의 감각적 요구(Nelson, Anderson, & Gonzales, 1984), '엄마와 나' 그룹 미취학 아동(Oldfield, 2006), '중도행동장애'로 분류된 아동에 대한 음악치료 기대 수준의 행동(Presti, 1984), 전형적인 학습자와 함께 음악치료를 즐기는 비정형 발달 미취학 아동을 위한 통합의 이점(Gunsberg, 1991) 등이 있다. 이러한 접근법과 방향은 제7장 '그룹 치료의 방법'에서 다룰 것이다. 그러나 실제 세션에 대한 임상적 설명은 드물고, 이 특정 장에서는 개인이 아닌 그룹으로 의뢰하는 것에 대한 근거가 부족하다. 역사적으로 그룹 작업을 많이 수행한 임상가로는 노르도프와 로빈스(1971, 1977, 1983), 그리고 퍼비스와 사멧(Purvis & Samet, 1976) 등이 있다.

노르도프-로빈스(1971, 1983) 그룹 작업

1970년대에 펜실베이니아주 필라델피아 학교 시스템의 음악치료 그룹은 노르도프와 로빈스(1971)에 의해 시작되었으며, 독창적인 작곡 자료를 제공하고 독특한 정의를 위해 노력했으며, 학교 환경의 음악교육과 일부 중복되는 것처럼 보였다. 노르도프와 로빈스는 노래, 레조네이트 벨, 편곡, 연극을 통해 아동을 위한 그룹 음악치료 작곡을 시작했다. 즉흥 음악치료 분야의 선구자인 노르도프와 로빈스는 인본주의적인 그룹 작업에서 자발적인 음악 활동과 계획된 음악 활동을 모두 사용했다고 보고했지만, 그들의 저술(Nordoff & Robbins, 1971, 1977)은 개별 사례 자료를 제시했다. 언어 교육자로서 훈련을 받은 로빈스와 작곡가로서 훈련을 받은 노르도프는 그룹을 위한 프로그램 측면에서 풍부한 자료와 실용적인 제안을 제공했다. 그룹 음악치료에 관한 그들의 제안은 이 주제에 관한 고전적인 책인 『특수교육에서의 음악치료』(1983)에 훌륭하게 제시되어 있지만, 안타깝게도 이 책에는 그룹 작업에 대한 사례 연구는 포함되어 있지 않다.

그룹 내 퍼비스 및 사멧의 발달 치료 수준(1976)

퍼비스와 사멧(1976)은 특수교육 시스템에서 행동, 의사소통, 사회화 및 학업 영역에서 발달 기능 연령별로 아동을 그룹화하는 음악치료 시스템을 개발했다. 음악치료 그룹과 세션은 다음 단계에 따라 구성된다.

1. 즐거움으로 환경에 반응하기: 이 단계의 아동은 환경에 거의 또는 전혀 반응하지 않으며, 기본적인 욕구를 충족하기 위해 자극과 각성이 필요하다. 구조, 일과/루틴, 신체 접촉, 접촉 및 신체적 중재를 사용하는 것이 좋다.
2. 환경에 성공적으로 대응하기: 아동의 기술은 제한되어 있으므로, 아동이 성공을 경험하기 위해서는 익숙한 일상적인 환경에서 자신의 기술과 능력을 개발하고 검사할 수 있도록 음악적 환경이 구성되어야 한다.
3. 성공적인 그룹 참여를 위한 기술 학습: 아동은 개별 기술을 그룹 절차에 적용하는 방법을 배운다.
4. 그룹 과정에 투자하기: 음악치료 세션은 그룹 계획과 문제 해결을 유도하는 방식으로 구성된다.
5. 새로운 상황에서 개인/그룹 기술 적용: 아동은 더 이상 음악치료 그룹의 일원이 아니며, 전통적인 환경에서 음악적 기술을 사용하도록 권장된다.

프레스티(1984) 그룹 행동 수준

프레스티는 학교 환경에서 심각한 장애아동을 대상으로 네 가지 계층적 수준의 행동 체계를 제시했다(Presti, 1984). 네 가지 수준은 운동, 언어 및 사회적 행동 측면에서 다양한 수준의 행동 조절이 필요한 음악 과제를 기반으로 한다. 음악치료 그룹에 속한 아동의 행동은 기록되었고 강화와 결과가 포함되었다.

활동 기반 교수(ABI)

이 책의 후반부에는 이전에 발표되지 않았던 활동 그룹 치료의 수많은 임상 사례가 소개되어 있으며(Goodman, 1982, 1992, 1996), 음악치료 그룹에서 내재적 발달 목적의 사용을 설명한다. 이 방법은 음악치료실에서 일상적으로 제공되지만 ABI로 판별되지는 않는다. ABI는 교실과 학교생활 중 아동이 겪는 자연스러운 환경에서 활용되는 것으로 알려져 있지만, 음악치료실에서 계획된 방식과 즉흥적인 방식으로 활용할 수도 있다.

그룹 음악치료는 일반적으로 지정된 시간과 장소에서 이루어지기 때문에 활동 기반이 될 수 있지만, 아동이 학교 일과를 보내는 자연스러운 환경에 보편적으로 통합되어 있지는 않다. 굿맨(1982)은 미취학 자폐 스펙트럼 장애아동을 위한 대학 모델 특수교육 프로그램을 활용하여 학교 수업 과정에 음악치료를 도입했다. 이 책(Goodman, 1996)에 수록된 활동 기반 계획의 사례는 다른 음악치료사들이 이 접근법을 활용하고 글을 쓸 수 있는 원동력이 되기를 바란다.

특수교육 음악치료 환경에서 음악치료 그룹에 참여하기 위한 전제 조건

퍼비스/사멧 모델(1976)에 명시된 음악치료 그룹에 참여하기 위한 전제 조건은 기능적 행동에 기반을 두고 있지만, 그 정의 자체로 반드시 그룹 행동과 일치하지는 않다. 이 모델의 3단계(성공적인 그룹 참여를 위한 기술 학습)에 이르러야 아동이 그룹에서 활동할 수 있다. 그 이전 단계에서는 아동이 그룹 환경 내에서 일대일 수준에서 작동하는 것으로 보인다.

노르도프-로빈스 모델에서 대인관계 및 음악적 관련성 척도(Nordoff & Robbins, 1977)는 그룹 내 음악적 공동 활동을 사다리의 가장 높은 단계로 보여 준다. 이는 노르도프와 로빈스가 음악치료에서 대인관계와 음악적 공유 사이의 관계를 아동의 목적으로 인식했음을 보여 준다.

음악치료에서 음악치료를 통한 그룹 내 사회화 능력에 대한 이러한 강조는 "5명의 소년과 1명의 소녀의 연령은 7~11세였지만, 그들의 사회적 성숙도는 비슷했고, 음악 활동에 대한 공통된 선호도를 공유했다"(1984, p. 6)고 쓴 스틸의 연구에 의해 더욱 뒷받침된다.

요약하자면, 특수교육 환경에서 음악치료 그룹의 구성에 대한 제한된 정보 기반은 사회적 성숙도와 음악 활동에 대한 관심이 기능적 수준의 기초를 형성할 수 있음을 시사한다. 그룹에 들어가기 위한 전제 조건 자체는 없다. 기능적 수준은 상호작용 수준을 시사하지 않는다.

아동 정신과 및 특수교육 환경에서 그룹 또는 개별 음악치료를 계획할 때의 요인들

개요

음악치료 그룹은 일반적으로 특수교육 또는 정신과 환경에서 미리 지정된 시간과 장소에서 진행되기 때문에 보다 공식적인 구조가 된다. 그룹의 구조는 사전 계획된 활동(활동 치료 모델에 가깝다.)이든 자발적으로 계획된 활동(참고: 놀이치료 모델에 더 가깝다.)이든 기본적으로 활동 기반이며, 물론 활동 자체에 발달 목적이 내재된 음악적 활동이다. 음악치료를 의뢰하는 아동의 진단명은 다양하지만, 가장 일반적으로 의뢰되는 아동은 일반적인 발달 아동보다 기능이 훨씬 낮다. 이러한 이유로, 이 장의 많은 사례에서는 다양한 발달 및 감각 문제를 가진 아동을 소개한다.

조직에서 실질적으로 고려해야 할 사항이 있을 때 그룹의 구성은 문제가 되지 않으며, 치료사는 자유롭게 그룹을 구성할 수 있다. 슬라브슨과 시퍼(1975)가 제시한 활동치료 그룹 모델에서 이전에 고려해야 할 사항으로는 아동의 발달 준비도와 다양한 기질의 이질적인 표현이 있다. 이러한 고려 사항을 음악치료 그룹을 구성할 때 고려해야 할 두 가지 요소로, ① 아동의 발달 수준(Goodman, 2002)과 ② 아동의 감각적 프로파일 및 또는 기질(Goodman, 2002)을 제시한다.

음악치료는 치료적 양식으로서 음악에 중점을 두는 독특한 특성이 있기 때문에, 음악성(Goodman, 2002)의 요소도 고려해야 한다. 요약하자면, 치료사는 음악치료에서 아동의 개인 또는 집단 배치를 결정할 때 네 가지 요인을 고려해야 한다: ① 발달 연령, ② 아동의 감각적 프로파일 및 또는 기질, ③ 음악성, ④ 실용적 고려 사항. 이러한 요인들은 이 장에서 사례 연구 예시의 맥락에서 정의하고 논의한다.

발달 연령

'발달 수준'과 '발달 행동'은 아동심리학, 발달심리학, 학교심리학, 이상심리학, 아동 정신과, 교육학, 특수교육, 작업치료, 물리치료, 언어치료, 그리고 이 글과 가장 관련이 있는 창조적 예술치료 분야에서 일반적으로 사용되고, 논의되고, 쓰이는 용어이다.

일반적인 관점에서 아동 발달은 다음과 같은 영역으로 나뉜다(Furuno et al., 1979): ① 사회-정서 발달, ② 음성-언어 발달, ③ 대근육 발달, ④ 소근육 발달, ⑤ 협응 발달. 이러한 각 영역 내에서 아동은 어느 정도 예측 가능한 연령에 특정 발달 단계에 도달한다.

출생부터 3세까지의 아동의 기능 발달에 대한 훌륭한 가이드인 『하와이 조기 학습 프로파일』(Furuno et al., 1997)에 기여한 몇 가지 발달 척도가 있다. 생후 첫 3년 동안 많은 중요한 발달이 이루어지며, 음악치료를 의뢰하는 많은 아동이 이 시기의 발달에 해당한다.

아동의 연대기적 나이, 즉 생일로 정의되는 나이와는 달리 발달 행동(예: 사회-정서, 운동, 의사소통, 인지, 음악)의 관점에서 발달 연령을 고려한다. 즉, 특별한 도움이 필요한 아동의 행동은 선천적으로 연대순 연령보다 낮은 발달 범위에 속하게 된다.

물론 발달 영역은 주요 이론가들이 독특한 관점에서 발달에 접근했기 때문에, 각기 다른 이론적 강조점을 받아 왔다. 예를 들어, 지크문트 프로이트 박사(Dr. Sigmund Freud)의 딸이자 저명한 분석가인 안나 프로이트 박사(Dr. Anna Freud)는 정신-성적 관점에서 아동의 사회-정서 발달을 강조한 반면, 장 피아제(Jean Piaget, 1929, 1952, 1954, 1964)는 감각운동기, 전 조작기, 구체 조작기, 그리고 형식 조작기의 관점에서 인지 발달을 강조했다.

현대 이론가들의 임무는 교육자, 치료사, 심리학자, 정신과 의사 등의 특정 훈련을 확장하여 아동 발달의 주요 이론을 재해석하고(Greenspan, 1992; Greenspan & Wieder, 1998), 이를 다른 맥락(즉, 음악 발달)에서 고려하며 치료적 장면에 적용하는 것이다. 이 과정에서 음악치료사에게 도움이 될 수 있는 발달 모델에는 어떤 것이 있을까?

음악치료의 경우, 브릭스(Briggs, 1991)가 제시한 발달 모델은 음악적 연구를 아동 발달 모델과 통합하여 음악적 행동을 심리적으로 해석하는 데 유용한 모델을 제시한다. 이 모델은 음악적 발달 연령이라고 할 수 있는 출발점으로 사용될 수 있다.

음악치료와 잘 맞는 또 다른 발달 모델은 스탠리 그린스펀 박사(Stanley Greenspan, 1992)가 설명한 발달 모델이다. 그린스펀은 인지-정서-의사소통-감각의 통합적 그림을 통해 발달 연령을 제시한다.

음악치료의 목적에 적합한 두 가지 독특한 발달적 관점에서 아동 발달을 이해하는 길을 닦기 위한 노력의 일환으로, 여기에서는 브릭스(1973)와 그린스펀(1992; Greenspan & Wieder, 1998)의 연구를 소개한다.

음악 발달 연령

브릭스(1991)는 음악 발달에 관한 연구에서 이 분야의 선행 연구에 대한 명확한 문헌 검토를 제공하고, 앞서 언급한 프로이트와 피아제와 같은 이론가들의 맥락에서 음악적 행동에 대한 해석을 제시한다. 프로이트(1966)의 연구를 확장한 다른 이론가들도 포함되어 있다: 스턴(Stern, 1985), 말러(Mahler), 파인(Pine), 그리고 버그만(Bergman, 1975) 등이 있다. 마찬가지로 피아제의 연구를 확장한 이론가들도 포함되어 있다: 로젠(Rosen, 1977) 그리고 키건(Kegan, 1982).

음악 발달 단계

브릭스에 따르면 유아기의 음악적 발달 단계는 다음과 같다(1991, p. 10).

나이	단계
0~9개월	반사 단계
9~18개월	의도 단계
18~36개월	조절 단계
36~72개월	통합 단계

이러한 단계는 청각, 보컬/음색, 리듬 행동, 그리고 통합 단계의 경우 인지 행동이라는 광범위한 범주를 포함하는 음악적 행동으로 더욱 세분화된다.

이 정보가 음악치료사에게 유용한 이유는 특수아동의 음악적 행동을 파악하고 해당 아동을 판별할 수 있는 '음악적 발달 단계'의 맥락에 '배치'할 수 있기 때문이다.

반사 단계

반사 단계의 음악적 행동은 아동의 감각 탐색을 암시하며, 가장 초기 단계의 청각 인식, 보컬/음색 탐색, 신체 부위를 분리하여 음악에 맞춰 움직일 때 제어되지 않는 운동 리듬을 포함한다.

조절 단계

조절 단계의 음악적 행동은 아동이 더 집중해서 탐색하도록 유도하므로, 조절이라는 단어가 사용된다. 조절 단계에서 아동은 더 많은 의도를 가지고 듣고, 노래하고, 그리고 움직이기 시작하며, 궁극적으로 또래와 더 많은 상호작용을 하게 된다.

의도 단계

반사 단계와 조절 단계 사이의 단계인 의도 단계에서는 아동이 자유롭지만, 의도적이지 않은 움직임과 음성/음색 반응을 통해 의도적으로 환경을 탐색한다.

통합 단계

통합 단계에서 아동은 노래하고, 연주하고, 음악에 맞춰 움직일 수 있는 초보적인 조정 감각에 도달할 수 있다. 통합 단계 이후, 즉 만 6세 정도가 되면 악기 공부를 시작할 수 있으며, 공식적인 음악 교육을 받을 수 있는 나이인 초등학생이 된다.

그룹과 일관된 음악적 행동

특히, 음악 발달의 **조절 단계**와 이상적으로는 음악 발달의 **통합 단계**에서 아동이 그룹과 일치하는 행동, 즉 다른 아동들과 함께 음악을 듣고, 노래하고, 연주하고, 그리고 움직일 수 있는 능력이 시작되며, 그룹이 음악을 선택하고 만들기 위해 함께 일하고 있다는 인식이 커지기 시작한다(〈표 3-1〉 참조).

〈표 3-1〉

나이	음악적 이정표
반사 단계	
청각	
0~6개월	듣는 법을 배우고 있습니다.
2주	소리가 들리면 움직임을 멈추고, 소리에 반응하는 상호작용 동시성을 보여 줍니다.
2개월	노래를 부를 때 주의력이 고정되었습니다.
3개월	조용한 음악이 재생되면 차분해지며, 고음을 선호합니다.
3~5개월	음악에 대한 비자발적/반사적 반응이 나타납니다.
3~4개월	두 가지 음색을 변별하고, 두 가지 음높이를 변별하고, 서로 다른 박자 그룹을 변별합니다.
5개월	조옮김된 멜로디 패턴을 인식합니다.
6~8개월	음원 검색
7.5개월	적당히 불일치하는 청각 자극에 주의를 기울입니다.
보컬/음색	
출생	신생아 때 울음소리(60데시벨), 5~12번의 반사적이고 반복적인 소리, 피로도가 증가함에 따라 울음의 데시벨 수준과 지속시간이 증가합니다.
2~6개월	보컬 전염(모방)을 보이고, 보컬 순환 반응을 보이며, 상호 모방에 참여하고, 개별 음정을 60%의 정확도로 일치시키고, 조성 중심이 없습니다.
4개월	출생 시보다 최대 1옥타브 높은 음정을 발성하고, 다양한 소리를 냅니다.
6~12개월	보컬이 증가하며, 지속적이고 정교한 순환 반응을 보입니다.
리듬	
출생	울고, 빠는 반사적 운동 리듬을 보입니다.
2주	소리에 대한 상호작용 동시성을 보여 줍니다.
2~3개월	앞뒤로 흔들기
3~6개월	리듬 패턴 변화를 판별합니다.
6개월	음악에 맞춰 온몸으로 움직입니다.

의도 단계

청각

9~12개월 눈, 머리를 사용하여 음원을 찾고, 수평 및 수직면을 사용하여 위치를 찾습니다.

12개월 별도의 신체 부위로 음악에 맞춰 이동합니다.

보컬/음색

9개월 소리를 사용하여 음악에 대한 싫음을 표현하고, 음의 중심이 없고, 음높이를 조절할 수 없으며, 음역 미끄러짐, 비명을 지르며 연주합니다.

10~18개월 익숙한 노래를 인식하고, 노래와 음악적 옹알이를 하며, 첫음절, 모음, 자음을 사용합니다.

리듬

10~14개월 걸음마를 배우는 시기

12개월 별도의 신체 부위로 음악에 맞춰 움직이고, 튕기거나 당기는 등 통제되지 않는 운동 리듬을 보입니다.

조절 단계

청각

24개월 몇 분 동안 조용히 음악을 듣고 음정을 더 정확하게 인식합니다.

보컬/음색

18개월 소리 혼합 발성에서 인식할 수 있는 음정과 음정 윤곽을 노래하는 것으로 전환, 멜로디나 리듬보다 가사를 더 일관되게 기억, 짧은 구절과 노래의 일부를 부름, 장 2 &3도, 단 3도, 완 4 & 5의 음정을 사용합니다.

24개월 음정 정확도(보컬/음색)가 지속적으로 향상되고, 4~5단계의 노래 범위(보컬/음색)를 가집니다.

24~36개월 노래하는 양(보컬/음색)이 크게 증가했음을 보여 줍니다.

리듬

18개월 파트너/다른 사람과 함께 음악에 맞춰 움직이는 것을 선호하며(리듬), 두드리고 두드리는 지속적인 리듬을 보입니다(리듬).

24개월 음악에 맞춰 다양한 움직임이 증가합니다(리듬).

24~36개월 리듬/운동 조절이 크게 증가합니다(리드미컬).

통합 단계

청각

36개월	'시끄러운' 소리를 변별할 수 있습니다.
36~72개월	음정 인식 능력이 향상됩니다.
60개월	익숙한 노래를 일관되게 인식하고 '부드러움'을 변별할 수 있습니다.
72개월	듣기 능력이 크게 향상되었으며, 4도와 6도 음정을 변별할 수 있습니다.
36개월	즉흥적으로 노래를 부르고, 노래의 멜로디 윤곽선과 가락을 단어와 리듬으로 부를 수 있으며, 음악에 맞춰 배운 동작을 할 수 있고, 리듬 동기화가 크게 증가합니다.
48개월	다음과 같은 특징을 가진 자발적인 노래를 부릅니다: 1~5초 길이, 1~3개의 짧은 프레이즈, 프레이즈당 2~4개의 음표, 전체 스텝 또는 단조, 하강 음정, 특히 하강 단3도, 무의미한 음절 및 모음 소리, 반전된 멜로디 패턴, 프레이즈마다 음높이 변화, 가사, 멜로디, 리듬, 프레이즈, 박자로 노래 가능, 멜로디 음정보다 멜로딕 리듬으로 노래 가능, 상승하는 것보다 하강 간격이 쉬워 노래할 수 있습니다.

보컬/음색

36~72개월	노래 레퍼토리가 크게 성장하고 가사를 일관성 있게 부를 수 있습니다.
60~72개월	장조와 단조로 노래하며, 정확한 음정 윤곽으로 노래 전체를 부릅니다.

리듬

36~72개월	운동 패턴을 조정하고, 3년 동안 눈과 손의 협응력, 속도와 운동 범위가 꾸준히 향상되며, 2박자 및 3박자 리듬을 배울 수 있습니다.
48~60개월	점점 더 안정적인 운동 패턴을 보입니다.
60개월	리듬 동기화 능력이 향상되고 시각적 단서를 사용하여 리듬 행동을 구성할 수 있습니다.

인지

60개월	(훈련을 시작하기에 가장 좋은 연령): 음악적 요소에 일관성이 없고, 음악적 개념은 이해하지만, 설명하거나 시연할 수 없으며, 높고 낮음과 위아래, 큰 소리와 부드러운 소리를 혼동합니다.
72개월	음악적 개념을 보여 주기 시작할 수 있고, 고음과 저음을 분리된 음정으로 인식할 수 있으며, 조성 보존부터 시작하여 리듬 보존까지 어느 정도 진전을 보입니다(9~12세까지 안정화되지 않음).

Briggs, C. (1991). A Model for Understanding Musical Development (in) *Music Therapy, 10*(1), pp. 1-21, pp. 10-17. Cynthia Briggs 박사의 허가를 받아 재인쇄.

인지적 정서 발달: 그린스펀

스탠리 그린스펀 박사의 발달상 구조적 접근방식은 '개인적 차이에 기초한 관계 중재 모델(Developmental Individual Difference Relationship-Based: DIR)'이라고 하며, 발달 수준의 불균형을 인식하고, 어린 내담자에 대한 객관적인 설명에서 아동 발달에 대한 인지적, 정신역동적, 행동적, 그리고 관계적 관점을 포괄한다. 실제로 그는 음악치료의 모든 잠재적 영향과 아름답게 어울리는 정신의학의 생물심리사회적 모델을 제공한다. 원래 전문 독자(1992)를 위해 글을 썼던 그린스펀은 자신의 글(1995, 1998)을 일반 청중, 특히 개인 임상 상황에서 만나는 아동의 부모를 포함하도록 확장했다.

6가지 이정표

그린스펀은 6가지 발달의 이정표(〈표 3-2〉 참조)를 제시하면서, 정서적 상호작용의 관점에서 발달을 설명한다. 이는 아동의 인지, 사회, 정서, 언어, 운동 능력 발달에 도움이 되는 정서적 상호작용이다. 그린스펀의 첫 번째 이정표인 **자기조절과 세상에 대한 관심**은 아동이 생리적으로 자신을 조절할 수 있는 능력을 본질적으로 설명한다. 음악은 감각에 문제가 있는 아동이 쉽게 경험할 수 없는 자극이나 안정 상태를 경험할 수 있도록 도와주는 능력이 있기 때문에 음악치료의 핵심 항목이다. 조절 상태를 경험하는 것은 아마도 아동이 학습과 주의를 기울이기 위해 그 생리적 조절 상태를 반복하고 싶어 하는 첫 번째 원동력이 될 수 있다. 아동의 감각 프로파일과 그 프로파일이 생리적 조절과 학습 능력 과정에서 아동에게 미치는 영향에 관한 그린스펀의 설명은 음악치료사에게 매우 귀중한 정보이다.

두 번째 이정표인 **친밀감**의 이정표는 아동과 주 양육자 사이에 일어나기를 바라는 비언어적 조율이 필요하다. 이것은 대니얼 스턴 박사(Dr. Daniel Stern, 1977, 1985)와 애착 분리 이론에 정통한 다른 많은 정신분석 이론가들이 언급한 비언어적 조율이다. 음악치료 과정에서 이것은 개별 치료의 맥락에서 음악적 경험을 통해 치료사와 아동 간의 유대감을 형성하는 것으로, 예를 들어 자폐 아동의 발달을 진전시키기 위해 필수적인 유대감을 형성하는 것이다.

세 번째 단계인 **양방향 의사소통**은 아동과 치료사 간의 유대감을 바탕으로 비언어적으로 대화하는 과정으로, 이제 막 말과 언어 발달을 시작하는 아동과 함께 일하는 음악치료사에게 잘 알려진 응답성 음악 발성법을 통해 이루어진다.

네 번째 단계인 **복합적 의사소통**은 부모나 치료사가 모델링한 행동을 모방하도록 유도한다. 아동은 배우고자 하는 욕구가 강하며, 피드백을 기대하면서 의도적인 방식으로 행동을 모방한다. 아동이 아직 구체적인 수준의 학습을 하고 있더라도, 정서적 인식과 마찬가지로 언어적 의사소통도 증가한다. 원인과 결과에 대한 탐색과 간단한 악기 연주와 간단한 노래를 배우는 모방 행동은 음악치료 세션에서 이러한 수준의 교류와 학습에 도움이 된다.

다섯 번째 이정표인 **감정적 아이디어**에서 아동은 가상 연극에 열중하는데, 이는 발달 문헌에서 표상적 놀이라고도 한다. 음악치료의 이 시점에서는 감정을 놀이에 투사해야 하는 의식적, 잠재의식적 또는 무의식적 욕구가 있기 때문에 투사 작업이 가능하다. 아동이 가상놀이를 하면서, 아동은 인지적으로도 성장하고 있으며, 더 규칙에 얽매인 게임과 여러 방향으로 움직이는 경험에 참여할 수 있다. 여러 가지 아이디어를 놀이나 음악치료 경험을 통해 표현할 수 있다.

여섯 번째 단계인 **감정적 사고**는 아동이 보다 정교한 가상 놀이와 의사소통 능력을 갖추고, 더 많은 지시에 반응할 수 있는 능력을 갖추게 하되, 가장 중요한 것은 가상 놀이 과정을 통해 문제를 해결할 수 있는 능력을 갖추게 하고, 그리고 음악치료의 맥락에서는 음악 가상 놀이와 음악 드라마 과정을 통해 문제를 해결할 수 있는 능력을 갖추게 한다.

특수아동에 대한 중재와 관련하여 그린스펀의 명칭에는 부모, 교사, 치료사 또는 보조원 등이 아동과 함께 바닥에 내려가 20~30분 동안 발달적 성장을 촉구하는 방식으로 상호작용하고, 놀이하는 '플로어 타임(Floor time)'이 포함된다. 아동과 '원'을 완성한다는 것은 아동이 비언어적 또는 언어적 교류에 적절히 반응하여 종결감에 도달했음을 의미한다. 이 놀이는 일대일 수준에서 이루어진다: **아동이 대부분의 경우 의사소통의 원을 열고 닫을 수 있을 때까지는 (다른 아동 한 명부터 시작하여) 아동과 다른 아동 사이의 상호작용을 촉구하는 것이 중요하다. 그러면 아동은 그룹에 들어갈 준비가 더 잘될 것이다**(Greenspan, 1998, p. 428).

그룹 작업의 전제 조건인 상보적 놀이 감각은 이정표 4, **복잡한 의사소통**에서 도달하는 것으로 보인다. 그러나 복잡한 의사소통 단계에 접어든 아동은 이전 발달 단계에서 여전히 상당한 약점이 있을 수 있으므로, 그룹 작업에 부적절해 보일 수 있다는 점에 유의하는 것이 중요하다. 발달의 고르지 않은 과정에 대한 이러한 인식은 치료사에게 **아동이 발달 계층의 최상위 단계에 도달할 수 있지만, 하위 단계에서는 아동의 발판이 흔들릴 수 있음**을 상기시키는 역할을 한다.

미취학 아동, 자폐 스펙트럼 장애아동과 함께 일하면서 굿맨(1996, 1998)은 **그룹 음악치료 환경에서는 '플로어 타임' 접근법이 잘 통하지 않는다**는 사실을 발견했다. 집중적으로 발달 연령이 낮은 아동과 상호작용하려면 각 아동과 6가지 이정표 및 중재 전략에 대해 교육을 받은 보조원이 짝을 이루어야 한다. 그럼에도 불구하고, 6가지 이정표는 진단과 관계없이 아동의 발달 수준과 생물학적 감각 프로파일을 고려한 중재, 그리고 자연스러운 환경에서의 상호작용을 위한 수단을 나타낸다. 인지 정서적 프레임워크에 기반한 음악치료는 관계 기반 치료뿐만 아니라, 음악치료의 작업과도 양립할 수 있다. 또한, 비언어적 조율과 감정 및 아이디어 표현을 위한 다양한 방법을 갖춘 음악치료는 그룹 활동으로 이어지는 플로어 타임에 이상적인 양식이다. 〈표 3-2〉에 이정표가 제시되어 있으며, 이 장에서 이어지는 음악치료 사례에 제시되어 있다.

〈표 3-2〉 6가지의 이정표

이정표 1: 자기조절과 세상에 대한 관심

1. 3초 이상 다양한 감각에 대한 관심을 표시합니다.
2. 2분 이상 침착하고 집중력을 유지합니다.
3. 당신의 도움을 받아 20분 이내에 고통에서 회복합니다.
4. 당신에 대한 관심을 표시합니다.

이정표 2: 친밀감

1. 당신의 접근에 반응합니다(예: 미소, 찡그림, 손 뻗기, 발성).
2. 당신의 접근에 분명한 즐거움으로 반응합니다.
3. 당신의 접근에 호기심과 단호한 관심으로 반응합니다.
4. 보여진 후 제거된 물건을 예상합니다.
5. 놀이 중에 30초 이상 반응하지 않으면 불쾌해합니다.
6. 좌절하면 항의하고 화를 냅니다.
7. 당신의 도움으로 15분 이내에 고통에서 회복합니다.

이정표 3: 양방향 의사소통

1. 의도적인 제스처로 당신의 제스처에 반응합니다(예: 팔을 뻗으면 손을 뻗고, 발성이나 표정에 반응합니다.).
2. 당신과 상호작용을 시작합니다(예: 코나 머리카락 또는 장난감을 잡기 위해 손을 뻗거나 팔을 들어 올리며 안아달라고 요청합니다.).
3. 다음과 같은 감정을 보여 줍니다:
   - 친밀감
   - 즐거움과 흥분
   - 적극적인 호기심
   - 항의 또는 분노
   - 두려움
4. 사회적 상호작용에 참여하여 10분 이내에 고통에서 회복합니다.

이정표 4: 복잡한 의사소통

1. 10개 이상의 연속적인 의사소통 고리를 완성합니다(즉, 손을 잡고, 냉장고까지 안내하고, 가리키고, 말하고, 더 많은 소리와 몸짓으로 질문에 대답하고, 문을 열고 원하는 것을 얻을 때까지 몸짓 교환을 계속합니다.).
2. 의도적인 방식으로 당신의 행동을 모방합니다(즉, 아빠의 모자를 쓰고, 집 안을 행진하며 칭찬을 기다립니다.).
3. 다음을 사용하여 10개 이상의 고리를 완성합니다.
   - 발성 또는 단어
   - 얼굴 표정
   - 상호 터치 또는 잡기
   - 공간에서의 이동(거친 놀이)
   - 큰 운동 활동(추격 게임, 등반 게임)
   - 공간을 초월한 의사소통(예: 방 건너편에서 나와 10개의 고리를 완성하며 소통할 수 있음)
4. 다음과 같은 감정을 느끼면서 고리를 3개 이상 연속으로 완성합니다:
   - 친밀감
   - 즐거움과 흥분
   - 적극적인 호기심
   - 두려움
   - 분노
   - 한계 설정
5. 모방을 통해 고통에 대처하고 회복합니다(예: 소리를 듣고 바닥을 치거나 고함을 지르는 행동).

이정표 5: 감성적 아이디어

1. 두 가지 이상의 아이디어로 가상 드라마를 만듭니다(예: 트럭이 충돌한 후 돌을 줍고, 인형이 포옹하고, 다과회를 갖는 등, 아이디어가 서로 관련될 필요는 없음).
2. 단어, 그림, 제스처를 사용하여 한 번에 두 개 이상의 아이디어를 전달합니다(예: 잠 안 자고 놀기). 아이디어가 서로 관련될 필요는 없습니다.
3. 다음을 사용하여 소원, 의도 및 감정을 전달합니다.
   - 단어
   - 연속된 여러 제스처
   - 터치(예: 많은 포옹 또는 거친 행동)
4. 규칙이 있는 간단한 운동 게임(예: 교대로 공 던지기)을 합니다.
5. 두 가지 이상의 아이디어를 표현하면서 다음과 같은 감정을 전달하기 위해 가상 놀이나 단어를 사용합니다.
   - 친밀감
   - 즐거움과 흥분
   - 적극적인 호기심
   - 두려움

- 분노
- 한계 설정

6. 고통에서 회복하고 대처하기 위해 가상 놀이를 사용합니다(예: 실제로 먹을 수 없는 과자를 먹는 척하는 놀이).

이정표 6: 감성적 사고

1. 가상 놀이에서는 아이디어 자체가 비현실적이더라도 두 개 이상의 아이디어가 논리적으로 연결됩니다(예: 자동차가 달을 방문하고 빠르게 날아가서 달에 도착하는 경우).
2. 어른의 가상 놀이 아이디어를 기반으로 합니다(예: 아동이 수프를 요리하고, 어른이 수프에 무엇이 들어 있는지 묻고, 아동이 '돌과 흙'이라고 대답하는 상황).
3. 말하기에서는 아이디어를 논리적으로 연결하고, 아이디어는 현실에 기반을 둡니다(잠은 안 자고, 텔레비전을 보고 싶어요).
4. 두 개 이상의 언어적 의사소통을 종료합니다(예: '밖에 나가고 싶어', 어른이 '왜?', '놀기 위해').
5. 다음을 사용하여 의도, 희망 사항 요구, 또는 감정에 대해 두 개 이상의 아이디어를 연결하여 논리적으로 의사소통합니다.
   - 단어
   - 여러 제스처 연속하기(예: 화난 개 흉내 내기)
   - 접촉(예: 아동이 아빠인 척하는 드라마의 일부로 포옹을 많이 하는 것)
6. 규칙이 있는 공간 및 운동 게임(예: 미끄럼틀을 번갈아 가며 내려가기)
7. 가상 놀이 또는 단어를 사용하여 다음 감정을 다루는 논리적으로 연결된 두 가지 이상의 아이디어를 전달합니다:
   - 친밀감(예: 인형이 다쳐서 엄마가 치료해 주는 상황)
   - 즐거움과 흥분[예: '응가(doody)'와 같은 화장실 단어를 말하고 웃음]
   - 적극적인 호기심(예: 실종된 공주를 찾는 착한 병사)
   - 두려움(예: 괴물이 아기 인형을 놀라게 함)
   - 분노(즉, 선한 병사가 악한 병사와 싸우는 것)
   - 한계 설정(예: 병사는 규칙에 따라 나쁜 사람들만 공격할 수 있음)
8. 괴로움에서 회복하기 위해 논리적인 아이디어 순서가 있는 가상 놀이를 사용하며, 종종 괴로움에 대처하는 방법을 제안합니다(예: 아동이 교사가 되어 학급을 지휘함).

Greenspan, S., & Wieder, S. (1998). *Intellectual and Emotional Growth*. Reading, MA: Perseus, pp. 92-97. Stanley I. Greenspan 박사의 허가를 받아 재인쇄.

아동 발달에 관한 음악치료사의 임무

아동 발달에 관한 두 가지 독특한 이론(Briggs, 1991; Greenspan & Wieder, 1998)과 발달 이정표를 추적하기 위한 표준 참고문헌(Furano et al., 1979)을 검토한 후, **치료사, 교육자 및 의사의 IEP와 보고서를 검토하고, 발달 연령을 명확히 하는 행동을 관찰하며 판별하는 것이 음악치료사의 임무이다.** 음악치료 세션에서 아동의 행동이 정신적으로 더 발달하거나, 혹은 더 낮은 경우도 있을 수 있다. 이러한 가능성에 대한 언급은 제2장 사정평가에서 검토했다.

적절한 발달 수준에 맞춰 아동과 함께 작업하는 것이 매우 중요하다. 아동의 발달 수준에 비해 너무 낮거나, 높은 목적을 설정하면 진전 가능성이 떨어지게 된다. 발달 수준을 이해하면 치료사는 그룹 작업이 아동에게 발달적으로 적합한지 결정할 수 있다.

그룹 작업이 아동에게 발달적으로 적합하지 않은 그룹 작업을 학교 환경의 행정부에서 의무화한 경우에도, 치료사는 여전히 그룹 작업의 한계를 이해하고 있다는 점에서 유리하다.

아동 발달 및 개인 대 그룹 배치와 관련된 질문

발달 연령은 아동이 개인 또는 그룹 음악치료를 받을지 결정하는 데 어떤 영향을 미치는가

음악치료의 상호작용 수준에 대한 논의에서 굿맨(2002)은 다음과 같은 가능성을 제시한다: ① 그룹 상호작용이나 인식 없음, 일대일 인식 발달, ② 서로에 대한 인식 시작 또는 평행 놀이, ③ 상호작용 인식이 상호작용 놀이로 이어짐. 슬라브슨과 시퍼의 그룹 작업에 대한 정의에 따르면, 제안된 시나리오의 3단계인 상호작용적 인식이 상호작용적 놀이로 이어지는 경우에만 실제로 그룹이 구성된다.

굿맨(2002)에 따르면, 잠복기 이전(prelatency) 수준보다 낮은 발달 단계의 행동을 보이는 아동들로 구성된 집단의 형성은 집단 응집력(group cohesion)의 가능성을 심각하게 제한한다. 이러한 집단은 치료사가 한 아동에 대해 중재 모델링을 하는 동시에 보조 인력들이 집단 내 다른 아동들에게 일대일 주의를 제공할 때에만 물리적으로 가능하다. 즉, 발달 전제 조건에 부합하지 않는 음악치료 그룹을 구성하려는 노력은 억지로 시도하는 것이며, 그룹의 전통적인 정의를 재정의하는 것이다. 또한 굿맨(2002)은 그룹 음악치료에서 발달 연령의 일부 차이는 허용 가능하지만, 상당한 차이는 허용되지 않는다는 것을 발견했다. 따라서 그룹 특수교육 배치에서 동질성 대 이질성 문제는 혼란스러울 수 있으며, 차이의 정도에 따라 달라질 수 있다.

상식적으로 아동들은 발달적으로 준비가 되었을 때만 그룹에 실제로 참여할 수 있다. 여기서 말하는 '발달적으로 준비된'이란, 최소 유아 수준, 이상적으로는 미취학 아동의 발달 연령에 해당하는 인지적, 사회적, 의사소통 능력을 갖춘 아동, 즉 그룹 활동을 즐기고 참여하기 시작하는 아동을 의미한다. 영아는 일대일 인식에 의존하고, 유아는 평행 놀이에 의존하며, 미취학 아동은 표상적 놀이를 사용하여 상호 작용할 수 있고, 잠복기 아동은 '게임의 규칙'을 즐길 수 있다. 이를 염두에 두면 발달적으로 유아 수준에 있는 아동은 그룹에서 많은 것을 얻지 못할 것이라는 결론을 내릴 수 있다. 그럼에도 불구하고, 우리는 교실과 음악치료 세션에서 중도장애 아동을 만난다. 이러한 그룹은 그룹 응집력에 심각한 제한이 있기 때문에, 치료사의 모델링과 다른 치료사 및 보조원과의 협력 계획을 통해 그룹에서 추가적인 도움이 필요로 한다(참고: 실제 고려 사항 참조). 다음은 치료사가 브릭스 모델과 그린스펀 모델을 모두 사용하여 음악치료 그룹에 대한 발달 적합성을 결정하는 과정에서 발달 준비도를 판단하는 사례이다.

사례 예시 1: 에비(Goodman, 1996~2002)

8세인 에비(Abby)는 중복장애 아동이다. 피질 실명으로 인해 시지각이 일관되지 않다. 그녀는 발작을 일으키기 쉽고, 좌측 운동 신경이 약하며, 그리고 특히 왼손을 사용하는 데 있어 두드러져 양측 작업을 더 어렵게 만든다. 그녀는 실어증과 시각 정보의 일관되지 않은 사용으로 인해 언어적, 몸짓적 또는 운동적 반응을 모델링할 수 없다. 청각 처리 지연도 나타난다. 그러나 에비는 주의력이 좋고, 배우고 싶어하며, 또한 쾌활한 기질을 갖고 있으며 유머 감각을 즐긴다.

기능적으로는 학업, 사회성, 그리고 의사소통 능력이 유치원 수준이며, 사회성은 그룹 내에서 기여하는 것을 즐길 수 있는 수준이다. 사회적으로는 표상적 놀이, 장난감 공유, 자기 차례 기다리기, 그리고 협동심을 발휘하지만, 쉽게 위축되는 것으로 알려져 있다. 언어 및 개념적으로는 2단계 지시를 따르고, 예/아니요 및 'Wh' 질문에 응답하고, 청각 처리 지연에도 불구하고 자신의 생활에서 일어난 일에 대해 이야기하고 간단한 노래를 부를 수 있다. 운동적으로는 자신감을 가지고 걷고 달릴 수 있다. 여러 신경학적 및 감각적 문제로 인해 발달 기술이 일관되지 않고 고르지 않지만, 그녀는 상호작용적 놀이로 이어지는 상호작용 인식의 초기 단계에 있다.

앞서 언급한 이론적 모델과 관련하여, 에비는 그린스펀이 **양방향 의사소통**의 초기 단계에서 일관되지 않은 행동을 보이는 **복잡한 의사소통**의 발달 단계에 접어들고 있다. 음악적 발달 단계의 맥락에서 볼 때, 에비는 브릭스가 **조절이라고 부르는 단계에 접어들고 있다.**

음악치료에서 처음에는 다소 수줍어하고 쉽게 위축되는 태도를 보였던 에비가 노래를 리드하고, 드럼-피아노 즉흥연주를 시도하고, 〈세서미 스트리트〉의 'New Way to Walk'와 'Sing After Me' 같은 노래의 맥락에서 친구들과 함께 즉흥적으로 보컬 및 동작을 하면서 좀 더 편안해진다. 그룹에 들어가면 다른 학생들의 반응에 주의를 기울이고 집중하는 데 어려움이 줄어드는 것으로 보인다. 그녀는 그룹에서 편안하다. 또한, 더 적극적인 반 친구들이 그녀에게 롤모델 역할을 한다(Goodman, 1996).

사례 예시 2: 테런스(굿맨, 1996~2002)

중복장애가 있는 7세 남아, 테런스(Terrence)는 2~3세 정도의 기능에 5세에 가까운 일부 분산 기술(Scatter skills, 예: 운동)을 가지고 있다. 그는 음악치료 그룹에 참여하는 것을 즐기는 친절한 아동이다. 그의 기질은 쉽게 흥분하고, 외향적이고, 충동적인 것으로 가장 잘 묘사되며, 어떤 일을 지속하기 위해서는 청각적 지시뿐만 아니라, 격려가 필요한 스타일이다. '집중'하고 싶을 때는 귀를 막거나 눈을 감거나 고개를 숙여 바닥을 향한다. 언어 발달이 가장 저조한 시기(18~24개월)인 테런스는 반향어를 보이며, 주의 집중 시간이 짧고 방향 이해력이 약하며 어휘력이 제한적이다. 그린스펀에 따르면, 그는 조절 능력에서는 일관성이 부족하지만, 복합적 의사소통을 나타내는 많은 모방 행동들과 함께 양방향 의사소통 수준에 있는 것은 확실하다. 그러나 브릭스에 따르면, 그는 **의도와 조절** 사이에 있다고 한다. 음악에 대한 그의 기능 수준은 교실에서보다 더 높은 것으로 보인다.

음악에서 테런스는 다음과 같은 '회색' 영역에 속할 수 있다. 개인 배치와 그룹 배치의 효과를 결정한다. 그의 사회성과 운동 능력은 그룹 배치에 적합하다. 그러나 지시에 따르지 못하고, 자신을 표현하는 데 어려움을 겪고 있어 그룹 배치에는 어려움이 있다. 흥미롭게도 테런스의 음악성과 신경학적 구성은 그가 노래 가사를 쉽게 배우는 데 도움이 된다. 노래에서 암기된 언어 사용을 피하고자, 치료사는 간단한 개념으로 즉흥적으로 노래를 구성하고 자발적인 언어 사용을 촉구하는 방식으로 노래를 구성한다. 그룹 노출은 테런스에게 성공적인 경험이었다.

사례 예시 3: 에드워드(Nordoff & Robbins, 1977)

폴 노르도프와 클라이브 로빈스는 획기적인 저서인 『창조적 음악치료』(Nordoff & Robbins, 1977)에서 개별 음악치료를 위해 의뢰된 5세 자폐아 '에드워드'의 이야기를 소개한다. 에드워드는 보컬/피아노 즉흥연주를 통해 폴 노르도프와 '대화'를 나누는 수준에서 노래를 통해 음악적 몰입을 하게 된다. 이 일련의 '대화'는 치료사와 점점 더 정교해지는 조성 발성과 옹알이 교환을 통해 에드워드의 언어 발달을 보여 준다. 에드워드는 레퍼토리와 모음/자음 교환의 지속시간을 늘린다. 음악적으로 참여한 에드워드는 치료에서 정서적 관계를 깊게 하는 지속적인 조성과 음악적 '조율'을 인식하고 있다.

그린스펀 프레임워크에 따르면, 에드워드는 **양방향 의사소통** 단계에 있는 것이 분명하다.

브릭스의 프레임워크에 따르면, 에드워드는 **의도** 단계에 속한다. 음악적으로는 **의도** 단계를 넘어섰지만, 의사소통/정서 단계는 더 낮다. 그는 두 음악치료사의 관심을 받으며 정서적, 그리고 음악적으로 연결되는 것을 좋아한다. 개별 치료가 그에게 적합하다.

사례 예시 4: 아리(Goodman, 1992~1998)

자폐 진단을 받은 일곱 살 소년 아리(Ari)는 자폐 스펙트럼 장애아동을 위한 모범 교실의 한 구성원이다. 그는 음악에 뚜렷한 반응을 보이지 않기 때문에, 이 수업 방식이 그에게 적합한지 여부는 논쟁의 여지가 있다. 발달 측면에서 그는 그린스펀의 이정표 5단계인 **정서적 아이디어**에서 가장 높은 수준에 접어들고 있다. 그 이전 단계는 그 범위에서 문제가 있다. 예를 들어, 아리의 **조절** 능력은 가변적이다. 어떤 경우에는 매우 산만하여 방 안을 돌아다니며 30초 이상 집중하지 못하고, 어떤 경우에는 대화형 의사소통에 1~2분 정도만 집중하기도 한다. **친밀감** 측면에서 아리는 감정적 위축보다는 주의 집중으로 인해 관계를 맺었다 끊었다 한다. **양방향 의사소통**의 영역은 존재하지만, 지속시간 측면에서는 상당히 제한적이다. **복잡한 의사소통**의 발달은 다시 존재하지만, 빈도수와 지속시간 측면에서 제한적이다.

음악 활동 중에 아리가 최소한으로, 그리고 아무런 감정 없이 방 안을 돌아다니는 것을 보는 것은 정서적 아이디어 단계에 진입했다는 평가에도 불구하고 분명히 그룹에 적합하지 않은 무관심한 아동을 보는 것과 같다. 그의 초기 발달 단계는 음악치료가 아니라도 집중적인 일대일 작업으로 강화되어야 한다. 그는 시각적으로 매우 정교하고, 특히 기계적인 것을 좋아한다.

한 학급에 속한 아동들이 발달적으로 그룹 활동을 할 준비가 되어 있지만 발달 연령이 다양하다면 어떻게 해야 할까

그룹에 속한 아동들의 발달 연령에 큰 차이가 있으면 계획을 세우는 것이 어려울 수 있다. 물론 어렵다는 것이 불가능하다는 뜻은 아니다. 연령대가 다른 사촌이나 형제자매가 아동의 친구들과 함께 파티를 여는 경우를 상상해 보자. 파티의 활동을 제대로 진행하려면 여러 단계의 활동을 계획하고, 각기 다른 아동들에게 다른 역할을 맡겨야 한다. 발달 연령이 다른 아동들이 음악치료 그룹에 함께 참여하려고 할 때 이런 일이 일어난다. 가능하지만 선호하지는 않는다.

사례 예시 1(Goodman, 1996~2002)

이전 학급 배치에 따라 아동들과 함께 일하게 된 치료사는 발달, 감각 및 음악적 요구 측면에서 매우 다른 여러 장애아동 그룹을 만나게 된다. 모든 아동은 관련된 감각 프로파일로 인해 자기조절 영역에서 어려움을 겪고 있으며, 이는 친밀감 및 양방향 의사소통의 다음 단계에 영향을 미친다. 그린스펀 모델에 따르면, 이들의 최고 수준의 기능은 복잡한 의사소통, 정서적 아이디어, 그리고 정서적 사고 사이에서 편차가 있다.

브릭스 음악 발달 모델의 관점에서 보면, 발달 연령 범위는 후기 의도 단계, 중간 단계의 조절, 초기부터 후기 통합 단계, 즉 1~5세 사이이다.

이 그룹의 장점은 다음과 같다: 베스(Beth), 가브리엘(Gabriel), 벤(Ben), 메이슨(Mason), 그리고 리처드(Richard)는 모두 사교적인 성향이 있고, 서로를 좋아하며, 음악적 수준이 비슷할 뿐만 아니라, 서로 공유하는 음악적 관심사가 다양하다. 베스는 노래를 좋아하고, 가브리엘은 드럼 연주를 좋아하며, 벤은 악기 앙상블을 이끄는 것을 즐기고, 그리고 리처드는 뮤지컬 드라마를 이끄는 것을 좋아한다. 그들은 사회적으로 성숙해서 발달적으로 어린 또래인 칼과 마커스에게 동정심을 느낀다. 그들은 도라(Dora)가 그룹을 알고 있다는 것을 느끼는 듯하지만, 그녀의 실제 참여는 제한적이다. 그들은 그녀를 신체적으로 지원하려고 노력한다.

이 그룹의 과제는 칼(Carl)과 마커스(Marcus)라는 전혀 어울리지 않는 두 명의 멤버를 통합하는 것이다. 이들의 발달 수준은 다른 반 친구들보다 현저히 낮기 때문에 지속적인 관심이 필요하다. 치료사(Goodman, 1996)는 다양한 사례를 처리하기 위해 부지런히 노력한다.

- 아홉 살인 베스는 매우 사교적이며, 경우에 따라서는 부적절할 정도로 사교적이다. 언어, 운동 능력, 사회적 기술, 인지 능력은 세 살 정도의 수준이며, **정서적 사고**의 단계에 접어들었다. 그녀는 **통합**의 초기 단계에서 노래와 춤을 추는 것을 가장 좋아한다.
- 열 살인 가브리엘은 대부분의 시간 동안 조용하고 내성적이지만, 드럼을 연주할 때는 아름다운 소리를 왕성하게 만들어 낸다. 그는 2~3단어 구문으로 드물게 말하고, 운동 신경이 약하고 운동 계획이 부족하며, 간단한 작업을 완료하기 위해 자주 독려해야 하고, 더불어 복잡한 의사소통을 나타내는 비언어적 제스처가 일관되지 않는다. 음악적으로 가브리엘은 24~36개월의 **통합** 단계에 접어들며 더 높은 수준에 있다.
- 여덟 살인 리처드는 중등도 청력 손실과 청각 처리 지연, 그리고 언어 실어증으로 인해 발음이 잘 안 되는 간단한 문장으로만 의사소통을 할 수 있다. 그는 극적인 표현에 재능이 있으며, 인형과 함께 노래를 부르며 주목받는 것을 좋아한다. 이는 **정서적 생각으로**

나아가는 정서적 아이디어의 특성을 보여 준다. 치료사의 음악 반주를 통해 빠르게 진행되는 그의 연극 시나리오는 제한된 의사소통보다 더 높은 수준의 사고력과 유머 감각을 드러낸다.

- 9세의 칼은 비언어적이며, 발성과 차등적 울음소리를 사용하여 기쁨, 불쾌감, 기본적인 욕구를 전달한다. 그는 음악에 맞추려고 하지만, 리듬이 맞지 않게 박수를 치고, 감각적으로 악기를 탐험하며, 그리고 다른 아동들을 보는 것을 좋아한다. 그는 공격적인 행동을 하기 쉽고, 그룹의 나머지 아동들과는 약간 떨어진 곳에 보조자와 함께 앉는다. 그린스펀 모델에 따른 양방향 의사소통의 시작과 브릭스 모델에 따른 의도의 시작에서 칼은 음악에 맞춰 자리에서 펄쩍펄쩍 뛰고, 가장 좋아하는 세서미 스트리트 노래인 'C is for Cookie'가 연주되면 큰 기쁨을 표현한다.
- 열한 살의 도라는 말을 하지 못하지만, 언어치료사와 함께 개발한 그림 교환 시스템을 통해 악기와 노래를 선택할 수 있다. 도라는 사지 마비 장애가 있어 신체적으로 중도장애를 가지고 있다. 이런 이유로 그녀의 발달 수준을 확인하기가 어렵다. 그녀는 그룹에서 클래식 음악을 듣는 것을 가장 좋아한다.
- 열한 살인 마커스는 훈련 가능한 남성 지체장애 아동으로 분류된다. 그룹에 속한 모든 아동들 중에서 음악에 가장 반응이 느리다. 그는 세션에서 부적절하게 자기 자극을 받고 자주 비명을 지르며 제지당하거나 그룹에서 제외된다. 음악에 대한 관심이 거의 없기 때문에, 그의 음악적 발달 수준을 확인하는 것조차 공정하지 않다. 그린스펀 모델의 관점에서 볼 때, 그는 자기조절, 친밀감, 양방향 그리고 의사소통에 큰 어려움을 겪고 있다.
- 열두 살인 벤은 그룹에서 가장 기능이 높은 아동으로, 간단한 음악치료 오케스트라를 지휘하고 노래를 유도하는 리더십 역할을 맡고 있다. 그는 활동을 제안하고 같은 반의 저기능 아동을 돕는 데 중요한 역할을 하고 있다. 발달 측면에서 볼 때, 그는 정서적 사고와 음악적 통합이 가장 높은 단계에 있다.
- 8세인 메이슨은 행동 기능이 일정하지 않지만, 그룹의 또 다른 리더이다. 정서적 사고와 음악적 통합 수준에서는 간단한 랩 노래 부르기, 복잡한 리듬 모방 연주와 박수 치기, 그리고 자신이 선택한 록 음악에 맞춰 자유롭게 춤추는 것을 매우 즐긴다.

감각 프로파일

감각 프로파일에 관한 설명

각 치료 세션, 특히 음악치료 세션은 모든 그룹 구성원이 감각을 적절히 허용하고 처리할 수 있는 감각적 환경을 조성하기 때문에, 그룹 구성원의 감각적 프로파일을 이해하는 것이 무엇보다 중요하다.

아동의 감각 프로파일을 설명하고 이해할 때, 음악치료사는 다양한 아동에게서 관찰되는 민감성, 아동이 감각 입력 유형을 처리하는 다양한 방식, 마지막으로 다양한 감각 프로파일을 설명하는 데 사용되는 용어를 이해하는 것이 절대적으로 필요하다. 이 정보는 치료사가 음악치료 세션에서 감각 입력에 대한 아동의 반응을 관찰하고, 개인 또는 그룹 치료를 적절히 추천하며, 음악치료 전략을 계획하는 데 도움이 된다(제7장 참조).

치료사는 아동을 그룹에 추천할 때, 음악치료 세션의 감각적 입력을 청각적(악기, 노래, 대화), 시각적(악기, 방의 구성, 방 안에 있는 사람), 촉각적(신호, 움직임 게임, 악기의 신체적 자극), 움직임(움직임 활동, 춤, 게임) 측면에서 고려해야 하며, 이는 도전적인 생물학적 프로파일을 가진 특수한 요구를 가진 아동의 관점에서 바라본 것이다. 어떤 경우에는 아동이 시각 또는 청각장애가 있을 것이다. 많은 경우, 특수한 요구를 가진 아동의 감각적 프로파일과 감각 처리가 정상적이지 않을 수 있다. 감각적 프로파일이 현저히 복잡한 집단 중 하나는 자폐 아동군이다(Nelson, Anderson, & Gonzales, 1984).

시각, 청각, 촉각, 후각, 미각의 5가지 감각 외에도, 아동은 신체 감각을 가지고 있다. 신체 감각에는 중력, 운동 및 근육 긴장도, 균형 및 각성에 민감한 전정계와 운동과 공간에서 신체의 위치를 인식하여 운동 제어 및 신체 스키마에 영향을 미치는 고유 감각계가 포함된다.

아동들은 감각 역치(Sensory threshold)에 따라 과도하거나 부족하게 반응할 수 있다. 이러한 감각 기질의 전반적인 영향은 음악치료 세션에서 곧바로 드러난다. 음악치료사의 목적은 아동이 전반적인 감각 그림에 따라 위 또는 아래로 조절할 수 있도록 돕는 것이다. 이는 아동을 최적의 각성 수준으로 되돌리려는 노력에 해당한다. 만약 아동이 반응이 부족하거나, 저반응을 보인다면 감각 조절에 문제가 있는 것이다. 따라서 치료사는 음악과 음악 활동을 사용하여 아동을 자극한다. 아동이 과반응성 또는 감각 과잉반응성인 경우, 과부하 또는 감각 차단을 경험한다. 이 경우 치료사는 음악과 음악 활동을 사용하여 아동을 진정시킨다. 아동이 한 감각 체계에서는 반응성이 낮고 다른 체계에서는 반응성이 높은 경우, 상황은 더욱 복잡해진다. 감각적 방어성은 일반적으로 무해하거나 자극적이지 않다고 여겨지는 감각적 입력에 부정적으로 반응하거나 경계하는 경향을 말하는데, 이는 과반응성이나 감각 과잉 반응성이 있는 어린이에게 흔히 나타나는 문제이다. 여기에는 빛이나 예상치 못한 접촉에 대한 과민성, 갑작스러운 움직임 또는 불안정한 바닥에 대한 과잉 반응, 고주파 소음, 과도한 소음 또는 시각적 자극 및 특정 냄새가 포함될 수 있다. 경미한 것에서부터 심각한 것까지 다양할 수 있다. 어느 경우든, 치료 또는 중재 노력의 효과는 종종 '감각 통합'이라고 하는 생리적 통합을 향하게 된다.

감각 통합은 안나 진 아동레스(A. Jean Ayres, 1979)가 작업치료사를 위한 표준 교육으로 개발한 이론이자 교정 접근방식으로, 환경으로부터 정보를 수용하고 분류하며, 연결하는 능력을 특징으로 한다. 이 용어의 의미는 '감각'이라는 단어를 정의할 때 가장 쉽게 기억할 수 있다. '감각'은 우리의 감각(청각, 시각, 후각, 촉각, 미각, 운동/움직임 인식 및 중력)과 통합, 전체를 만들고 통합하여 뇌가 감각이 받아들이는 정보를 사용할 수 있도록 하는 과정이다. 감각 통합 및 감각 프로파일링 주제는 음악치료 문헌(Berger, 2002; Joseph, 1984; Nelson, Anderson, & Gonzales, 1984; Goodman & July, 2002)에서 찾을 수 있으며, 음악은 여러 감각을 통해 동시에 아동에게 어필할 수 있는 능력을 가지고 있어서, 아동이 '통합'하거나 다른 말로 신경학적으로 연결되도록 돕기 때문에 음악치료사에게는 분명한 관심 있는 요소이다.

다양한 감각의 처리도 치료 환경에서 똑같이 중요하다. 아동들이 청각 처리, 인지 처리, 감정 처리, 시각 및 공간 처리를 달성하는 데는 다양한 시간이 필요하다. 그룹 내에서 이러한 처리 프로파일을 이해하고 관찰하면, 치료사가 신중하게 계획하고 그룹 내의 다양한 아동들을 다양한 방식으로 수용하는 데 도움이 된다.

감각 프로파일과 관련된 기질

기질은 토머스와 체스(Thomas & Chess, 1977)가 문헌에서 처음 소개한 주제이며, 이후 브라젤턴(Brazelton, 1974)과 그린스펀(1995, 1998)이 육아 서적에서 강조한 개념이다. 예를 들어, 편안하고 느긋한 성향과 긴장하고 불안한 성향 등 아동의 성향이 주변의 감각 세계에 대한 반응으로 나타날 수 있다는 점에서 기질은 감각 프로파일과 확실히 관련이 있다.

토마스와 체스(1977, pp. 21-22)는 기질의 9가지 범주를 제시한다.

1. 활동 수준: 활동 및 비활동 기간의 비율. 목욕, 식사, 놀이, 옷 입기 및 취급 시 이동성, 수면-각성 주기, 도달, 기어가기 및 걷기에 대한 정보.
2. 리듬성(규칙성): 모든 기능의 시간에 대한 예측 가능성 또는 예측 불가능성.

3. 접근 또는 철수: 새로운 자극에 대한 초기 반응의 특성, 긍정적 또는 부정적.
4. 적응성: 새롭거나 변경된 상황에 대한 대응.
5. 반응의 역치: 반응을 불러일으키는 데 필요한 자극의 강도 수준(예: 감각 자극, 환경적 대상 및 사회적 접촉에 대한 반응 관련).
6. 반응 강도: 반응의 에너지 수준.
7. 기분의 질: 유쾌하고 즐겁고 친절한 행동 대 불쾌하고 울고 비우호적인 행동의 정도.
8. 주의 산만성: 외부 환경 자극이 진행 중인 행동의 방향을 방해하거나 변경하는 데 얼마나 효과적인가.
9. 주의 지속 시간과 지속성: 아동이 활동을 추구하는 시간 길이; 방해물이 있음에도 불구하고 활동을 지속하는 것.

접근 또는 철회, 적응성, 반응 역치 및 주의 산만함으로 분류된 특성은 감각 프로파일과 직접적으로 관련이 있는 것으로 보인다.

감각 프로파일에 관한 음악치료사의 업무

IEP와 교사, 치료사 및 아동과 함께 일하는 의사가 작성한 보고서를 검토한 후, 음악치료사는 음악실 안팎에서 감각 입력에 대한 아동의 반응을 기록하는 것이 중요하다. 환경에 따라 다양한 종류의 반응이 나타날 수 있다. 감각 프로파일이 극단적인 경우, 음악치료사는 아동을 반대 감각 프로파일의 아동에게 금기시되는 그룹 환경에 배치하지 않도록 주의해야 한다.

드물게 청각이 극도로 예민하여 음악치료를 아예 받지 않는 아동들도 있을 수 있다. 감각 프로파일 측면에서 그룹을 구성하기 위한 이상적인 전제 조건에 대해 자세히 설명한 굿맨(2002)은 이질적인 감각 프로파일이 극단적이지 않다면 가장 성공적인 결과를 가져올 수 있다고 말한다. 기질의 특성은 감각 프로파일과 직접적인 관련이 있다. 일반적으로 그룹의 이질성은 자극적인 힘과 차분한 힘을 모두 제공하는 것이 중요하다. 교실에서 놀고 있는 아동을 관찰하여 어떤 아동들과 잘 어울리는지 확인할 수 있다.

다음 질문은 문제 또는 감각 프로파일을 고려할 때, 개인 또는 그룹 치료의 권장 사항과 관련이 있다.

감각 프로파일 및 개인 또는 그룹 배치와 관련된 질문

아동의 감각 프로파일의 특성이 중요한 이유는 무엇인가

아동의 감각 프로파일의 특성은 치료사에게 아동의 감각 수용 능력, 처리 능력, 그리고 무엇보다도 음악치료 환경에 적응할 수 있는 능력을 알려 준다. 아동이 발달적으로 사회적 연령 측면에서 그룹에 참여할 수 있는 경우, 치료사는 그룹 배치를 추천하기 전에 그룹 감각 입력에 대한 아동의 내성도 고려해야 한다.

사례 예시 1: 멜린다(Goodman, 1996~2002)

멜린다(Melinda)는 올해 일곱 살이며 발달장애가 있다. 그녀는 구두 언어는 사용하지 못하지만 '더', '내 차례', '원한다' 등 자발적으로 수화 기호를 사용할 수 있다. 호기심이 많은 성격으로 인해 독립적으로 활동을 찾아다니며 일반적으로 매우 충동적인 방식으로 활동한다. 청각 처리 능력이 떨어지고, 집중력이 짧으며, 시각적 집중력이 부족하고, 그리고 촉각에 대한 방어성 및 과잉행동이 나타난다. 치료사는 어떤 결핍이 더 두드러지는지, 그리고 멜린다가 그녀의 더 강하지만 여전히 문제가 있는 감각을 통해 어느 정도까지 배울 수 있는지 결정해야 한다.

시각적 집중력이 부족해 언어 학습에 그림 의사소통 시스템을 사용하는 데 한계가 있지만, 멜린다는 시각적 촉구와 모델링을 통해 성공적으로 학습하고 있다.

음악에서 멜린다는 촉각 방어력이 감소할 정도로 악기 사용을 즐기고 있다. 심각한 청각 발달지체와 충동성으로 인해 음악적 수준을 확립하는 것이 어렵지만, 불가능한 것은 아니다. 이 프로파일은 교사와 치료사의 많은 적응이 필요하다. 성공적인 전략에는 모델링 사용, 촉각적 입력을 천천히 증가시키기, 자극의 시각적 표현 강조, 제스처 촉구 및 그녀의 과잉행동을 조절하는 데 도움이 되는 높은 수준의 구조가 포함된다. 발달적으로 그녀는 인지 수준에서 약 18개월이며, 그룹에 포함되기에는 너무 어리다. 게다가 그녀의 감각적 프로파일은 너무 문제가 있어서 집중적인 주의를 받을 수 있는 개별 세션이 가장 좋다.

아동은 어떤 감각을 통해 가장 효과적으로 학습하는가

아동의 학습 스타일을 이해하면 치료사가 다양한 방식으로 다양한 아동에게 어필할 수 있는 방식으로 음악치료 세션을 효과적으로 계획하는 데 도움이 된다. 학습 스타일은 세션에서 제공되는 다양한 활동에도 영향을 미치며, 악기, 보컬, 움직임 및 듣기 활동을 제공할 수 있다.

사례 예시 1: 조지(Goodman, 1996~2002)

열두 살인 조지는 시각장애에 과민 반응과 중복 장애를 가지고 있다. 음악에서 조지는 자신이 가장 좋아하는 악기인 탬버린을 연주하기 위한 단서를 열심히 찾는다. 원래 목적이 1분 동안 촉각 입력을 철회하지 않고 견디기, 움직임에 대한 인식 증가, 활동 시작/중지, 3번의 상황 중 2번에서 자발적으로 양손 사용 등이었던 이 아동은 매우 잘하고 있다.

반응에 내재된 처리 지연에도 불구하고, 조지가 가장 선호하는 감각은 청각이다. 조지가 노래의 음악적 구조를 예측하고 운동 계획을 세우면서 음악적 방향과 반응 사이의 간격이 점점 줄어들고 있다.

그룹으로 앉아 있는 작업치료사의 신체적 자극이 점점 줄어들고 있다. 이상적으로는 개별 세션에 참여해야 하지만, 학교에서는 현실적으로 불가능했고(실용적인 고려 사항 참조), 다른 한편으로는 아동에게 더 많은 수행 부담을 줄 수 있다. 그는 그룹이 진행됨에 따라 다른 아동들의 말을 경청하는 것처럼 보인다.

아동이 과민 반응을 보이는 경우, 개인 또는 그룹 추천에 어떤 영향을 미치는가

저반응성 아동은 다감각적 입력이 필요하며, 작업치료사, 물리치료사, 언어치료사와 함께 다학제적 계획을 세우는 것도 도움이 될 수 있다. 아동이 발달적으로나 음악적으로 그룹에 적합하고 감각 자극을 위해 보조자의 추가 지원이 가능하다면, 이 아동은 그룹에서 잘 기능할 수 있다. 반면에 아동이 그룹에는 발달적으로 적합하지 않지만 음악적으로는 성향이 있다면 개별 세션이 좋은 추천이 될 수 있다. 그러나 아동이 개별 세션에서 너무 반응이 없어서 치료사가 30분 세션을 활용하여 그녀를 자극하려고 시도하지만, 단지 몇 분의 반응 시간만 얻을 수도 있다.

사례 예시 1: 캐롤린(Goodman, 1996~2002)

11세인 캐롤린(Carolyn)은 피질성 시각장애, 청력 상실, 뇌성마비, 그리고 모든 발달 영역에서 심각한 지체를 겪고 있다. 캐롤린은 유아 수준의 기능을 하고 있다.

감각 처리를 향상시키기 위해 치료사는 캐롤린이 음악 속 음원에 일관되게 위치 지각을 할 수 있도록 돕고, 이를 교실로 이어가도록 하고 있다. 또한, 캐롤린이 음식이 아닌 다른 물체에 손을 뻗어 잡는 기능적 손 사용을 늘리는 것이 목적이다.

캐롤린은 휠체어에 앉아서 상당히 느려 보인다. 캐롤린이 음악치료에 최소한의 주의를 기울이려면 작업치료사의 지속적인 고유 수용성 입력이 필요하다. 이 입력에 따라 캐롤린은 몸통을 들어 올리고 고개를 들어 올리며, 악기 소리를 듣고 위치를 파악하는 것처럼 보인다. 탬버린 소리에 충분히 자극을 받은 캐롤린은 손을 뻗어 탬버린을 잠시 잡고 악기를 신체적으로 탐색하면서 자신을 이끌어 준다.

이것은 과소 반응의 극단적인 예이며 이 아동은 개별 음악치료에 가장 적합한 것으로 보인다. 하지만 아동의 반응을 유도하는 작업이 너무 지속적이어서 형식적 압박이 문제가 된다(제2장 평가 예시 참조). 개별 세션을 갖는 경우 20분 이상은 넘지 않아야 한다.

그룹에 적합한 경우, 극도로 과소 반응을 보이는 아동은 지속적인 자극이 필요하므로, 그룹 활동의 진행 과정에 방해가 될 수 있다. 이는 극도로 과잉 반응하는 아동에게도 마찬가지로 문제이다.

아동이 과민 반응을 보이는 경우 개인 또는 그룹 추천에 어떤 영향을 미치는가

과민 반응이 심한 아동은 자극을 분류하는 데 어려움을 겪고 쉽게 압도당한다. 환경의 많은 자극에 반응하고 집중하는 데 어려움을 겪는 이런 유형의 아동은 그룹에서 심각한 방해 요소가 될 수 있다. 그러나 아동이 발달적으로나 음악적으로 그룹에 적합하고 심각한 방해가 될 정도로 과잉 반응하지 않는다면, 그룹 배치가 적절하다. 어떤 경우에는 그룹 내 아동의 반응성이 다른 아동에게 자극이 되어 긍정적인 힘이 될 수 있다.

사례 예시 1: 재러드(Goodman, 1996~2002)

연대순으로 열 살인 재러드(Jared)는 매우 사교적이고 음악적 성향이 강하다. 모든 영역과 기능이 4~5세 수준으로 지체되어 있다. 좌절에 대한 내성이 매우 낮고, 기분이 매우 행복하다가도 극도로 화를 내거나 울거나 투정을 부리는 등 기분이 가변적이다. 교실에서의 자조 기술 문제, 특히 배변 훈련에 대한 일관성 없는 태도는 재러드의 지시를 따르는 능력, 읽기 시작, 사전 쓰기, 분류 및 의사소통에서 긴 문장 사용 능력과 상충되는 것처럼 보인다. 자극을 변별하는 데 어려움을 겪고, 쉽게 울음을 터뜨리는 경향은 과잉행동의 징후이다.

아마도 자신의 감정을 파악하고 토론할 수 있는 새로운 능력은 아동이 자율성을 얻는 데 도움이 될 것이다.

재러드는 특히 좋아하는 노래를 부르거나 좋아하는 악기를 연주하거나 특정 곡을 듣기를 기대하는 음악에서 자신의 차례를 기다리는 데 어려움을 겪는다. 특정 음악적 경험에 대한 그의 높은 열정은 그룹 내에서 도전적인 존재인 동시에 그룹 내 활력소가 되기도 한다.

아동이 처리 지연을 겪는 경우, 개인 또는 그룹 추천에 어떤 영향을 미치는가

처리 지연은 치료사가 적절한 방식과 속도로 아동의 반응을 기다렸다가 정보를 제공할 수 있도록 예상해야 한다. 처리 지연이 심할 경우, 대기 시간이 다른 아동에게 방해가 될 수 있으므로 아동을 그룹 배치에 추천할 때 이를 고려해야 한다.

사례 예시 1: 아서(Goodman, 1996~2002)

아서는 웃으며 열정적으로 음악실을 찾아온다. 8살인 아서는 시각장애, 오른쪽 마비, 발작, 운동 조절 계획 미숙, 청각 처리 지연, 실어증 등의 장애를 가지고 있다.

이러한 장애에도 불구하고 아서는 다양한 동물 연기를 할 수 있는 합 팔머의 노래 '새미'(Palmer, 1981)를 좋아한다. 이 노래를 연기하기 위해 아서는 가사를 대략적으로 파악한 후 뱀, 원숭이, 곰, 개 등과 같은 동물과 관련된 단어와 행동을 단서 없이 해독한다.

처음에 아서는 노래의 노랫말을 해독하는 데 다소 시간이 걸린다. 그의 또래 친구들 역시 청각 처리에 어려움을 겪지만, 인내심을 가지고 기다린다. 더 많은 연습을 통해 청각 처리 속도가 향상되고 있다. 아서는 자신을 매우 자랑스러워한다.

아동이 그룹의 감각적 영향에 적응할 수 있는가

교실에서 아동을 관찰하는 것은 아동이 그룹의 감각적 영향에 어떻게 적응하는지에 대한 좋은 지표가 된다. 음악치료사는 교실의 시각적 · 공간적 · 청각적 특성, 활동의 소리 수준, 교실에 들어오는 방문객에 대한 반응, 그리고 교실에서 계획된 감각 활동에 대한 반응 등을 염두에 두고 아동의 감각 입력, 학습 스타일 및 처리 시간에 대한 아동의 내성을 관찰할 수 있다. 이 정보는 세션의 시간 프레임을 설정하는 데에도 매우 중요하다.

사례 예시 1: 에반(Goodman, 1996~2002)

열두 살인 에반은 많은 치료사와 교사들에게 수수께끼 같은 아동이다. 그는 비언어적 의사소통을 위해 제시된 그림에 반응하고 의사소통 책을 사용함으로써, 수용 언어에 강점을 보인다. 음악에서는 치료사가 에반이 가장 좋아하는 노래인 'Do, Re, Mi'를 부르는데, 이 노래는 집에서 선곡한 노래라고 한다. 에반은 귀를 막고 장난스럽게 치료사를 바라보며 웃는다. 그러나 이런 쾌감과 유머 감각은 과제나 활동을 하도록 강요받았을 때의 짜증 부리는 행동으로 인해 혼란스러워진다. 에반은 입으로 물고, 손가락을 물고, 몸을 흔들고, 가끔은 사물의 표면에 머리를 부딪히는 등 여러 가지 자기 자극 행동을 보인다.

이런 행동은 감각적 역치가 낮다는 것을 나타내며, 에반은 이를 조절해야 한다. 그는 드럼을 연주하고 싶을 때, 드럼헤드를 하나씩 치고 그 위에 손을 올려 진동을 느끼는 방식으로 '연주'한다.

같은 반 친구인 가브리엘이 직접 큰 소리로 드럼을 연주하자 에반은 그룹에서 물리적으로 물러나려고 했다.

시간이 지남에 따라, 가브리엘은 에반이 더 쉽게 견딜 수 있는 중간 수준의 역동으로 연주를 조절한다. 그 대가로 에반은 짧은 순간이지만 스틱으로 적절하게 음악적으로 드럼을 연주함으로써 사운드를 제어하려는 욕구를 내려놓는다.

아동의 음악성

음악성에 대한 설명

음악성에 대한 전통적인 정의는 단순히 음악을 만들고 그 과정에 정서적으로 애착을 갖는 아동의 성향으로 정의되며, 일반적으로 학령기 아동의 공식적인 음악 만들기 과제(Shuter-Dyson, 1982), 즉 춤, 악기 연주, 노래, 작곡 또는 음악 분석과 같은 과제에 의해 인식된다. 특수아동의 음악성은 보다 원시적이거나 초기 수준에서 인식될 수 있기 때문에, 음악치료 분야에서는 이 정의가 잘못 적용될 수 있다. 예를 들어, 초기 단계의 음악적 행동은 리듬성, 움직임, 발성 및 청취를 통해 표현되는데, 유아의 빨기(Wolff, 1968) 또는 호흡 패턴의 변화는 음악성을 나타낼 수 있고, 아기의 움직임 패턴(Kestenberg, 1965)의 변화는 음악적 성향을 나타낼 수 있으며, 그리고 아기의 초기 발성(Papoušek & Papoušek, 1981) 또는 울음(Fridman, 1973) 변화는 음악적 능력을 나타내는 신호로 볼 수 있는 등의 예가 이를 증명할 수 있다.

특수아동과 함께 하는 음악의 맥락

매우 초기의 음악적 행동을 인식하고 고려할 때, 자연스럽게 아동 발달의 맥락에 놓이게 된다. 따라서 음악치료사는 출생부터 음악적 행동을 발달 및 심리적 맥락과 연결시키는 것에 책임이 있다. 이러한 부가적인 맥락을 통해 치료사는 아동의 음악성을 전체적인 관점에서 이해할 수 있다.

음악성을 아동 발달에 대한 추가적인 관점으로 음악적 발달 및 음악적 발달과 관련된 것으로 인식한 오스트발트(Ostwald, 1973)는 0~5세 유아기의 음악적 행동을 자세히 설명한 최초의 이론가 중 한 명이다. 그의 문헌 리뷰는 당시 급성장하던 음악심리학 분야의 저자들(Revesz, 1954; Shuter, 1968; Farnsworth, 1969)을 기반으로 하고 있다. 음악적 행동은 그 초기 단계에서 리듬감, 움직임, 발성, 그리고 청취를 통해 표현된다

오스트발트를 시작으로 다른 정신과 의사들(Noy, 1968; Stern, 1985; Kestenberg, 1965; Wolf, 1968), 음악교육가(Fridman, 1973), 음악치료사(Briggs, 1991), 그리고 심리학자(Condon, 1974)는 발달 및 심리적 맥락에서 음악적 행동을 탐구한다. 예를 들어, 울프(Wolf, 1968)와 콘돈(Condon, 1974)은 유아로부터 리듬감의 생리적 기원(빨기 패턴, 호흡 패턴, 움직임 패턴)을 고려한다. 프리드먼(Fridman, 1973)은 유아의 차별적인 음악적 울음소리를 다양한 감정 상태와 연관시키고, 파푸오젝과 파푸오젝(Papoušek & Papoušek, 1981)은 유아의 발성 변화를 진화하는 의사소통과 연관시켰다. 스턴(1977, 1985)과 스피츠(Spitz, 1965)는 엄마와 아동 사이에서 일어나는 음악적 단서를 탐구하여 정서적 유대감을 유발하고, 노이(1968)와 맥도널드(McDonald, 1973)는 음악이 심리-성적 발달을 통해 아동을 이끌어 줄 수 있는 능력을 고려하고 있다.

오스트발트(1973)는 절대 음감으로 나타낼 수 있는 초기 음악적 재능에 대한 주제를 탐구하지만, 더 흥미로운 것은 '음향적 경험에 대한 높은 감정적 가치'(Pike, 1967; Noy, 1968; Ostwald, 1968, p. 369)이다. 음악을 통한 이러한 강렬한 즐거움의 감각은 폴 노르도프(Nordoff & Robbins, 1977)가 '음악 아동/음악아'라고 묘사한 것이다. "나를 따라 드럼을 치세요. 너는 '다다다'를 치면, 그는 '다다다'를 치죠."라고 말할 필요가 없다. 그는 음악 아동이다(영화 〈The Music Child〉). 선구적인 음악치료 작업에서 폴 노르도프와 클라이브 로빈스(Nordoff & Robbins, 1977)는 음악에 끌리는 아동들, 음악에 맞춰 뛰어오르고, 음악에 맞춰 중얼거리고, 음악에 맞춰 북을 치고, 음악에 맞춰 노래하고, 그리고 다양한 악기를 연주하는 것을 좋아하는 아동들을 묘사하고 있다. 이러한 음악성은 장애 조건으로 인해 일부 아동들에게는 비교적 모호하게 나타날 수 있지만, 관찰하는 치료사에게는 분명해진다. 다시 말하지만, 음악을 만드는 것을 통한 이러한 강렬한 즐거움이 특수한 요구를 가진 아동의 음악성의 핵심인 것이다.

아동의 음악성에 관한 음악치료사의 임무

특수아동의 음악성을 관찰할 때, 치료사는 신체적 · 감각적 · 정서적, 그리고 의사소통 프로파일에 따라 각 유형의 아동이 음악성을 다르게 표현한다는 점을 명심해야 한다. 특별한 도움이 필요한 아동의 음악성을 보고 이를 확장하는 방법을 아는 것은 음악치료사의 고유한 관점

이다.

일반적으로 서로 다른 음악적 선호도를 그룹으로 공유할 수 있는 그룹에 속한 아동들이 그룹에서 가장 큰 혜택을 받을 수 있는 잠재력을 가진 것으로 보인다. 이러한 종류의 그룹에 속한 아동들은 다양한 선호도를 가지고 있거나, 서로 상호 보완적으로 작용하여 그룹을 활발하고 생산적으로 유지하는 선호도를 가지고 있다고 말할 수 있다. 개별 음악치료에서 적절하게 시작한 아동이 그룹 치료로 넘어가는 사례 연구가 많이 있다. 그룹으로의 전환은 음악적 환경에 대한 감각적 수용뿐만 아니라 발달적 성장과 적응을 나타낸다.

음악성과 개인 대 그룹 배치와 관련된 질문

치료사가 개인 또는 그룹 음악치료 배치의 적절성을 결정할 때 다음 질문을 고려하도록 이끄는 것은 아동의 특별한 음악성이다.

아동의 음악성 표현과 질적인 수준은 어떠한가

모든 사례 연구에서 아동의 음악성 표현과 질은 음악치료를 받아야 하는 근거 측면에서 특히 중요하다. 음악적 행동의 표현은 음악치료를 받을 준비가 되었음을 나타낼 뿐만 아니라, 치료사가 아동이 음악에서 무엇에 반응하고 무엇을 즐기는지(예: 보컬, 악기, 움직임, 듣기)를 인식할 수 있도록 도와준다. 이는 폴 노르도프(1998)가 그의 강연에서 아동의 음악성은 아동의 음악적 영혼이라고 언급한 것을 인식하는 데 도움이 된다.

사례 예시 1: 가브리엘(Goodman, 1996~2002)

열두 살의 유쾌한 가브리엘(Gabriel)은 다운증후군과 중등도 지체장애 진단을 받았다. 유치원 수준의 기능을 하는 가브리엘은 간단한 작업을 완료하기 위해 신체적 자극과 잦은 도움이 필요하며, 다양한 음식 질감에 민감하게 반응하고 자기 자극적인 행동으로 자주 주의를 산만하게 한다. 자발적인 말하기와 청각 처리의 어려움, 짧은 주의 집중 시간, 그리고 운동 과제에 대한 일대일 교육은 IEP에 명시된 문제이다.

가브리엘의 어머니는 아들이 음악에 큰 관심을 가지고 음악을 즐긴다고 말한다. 음악치료 세션에서 가브리엘은 놀랍게도 활기차게 움직인다. 치료사가 그의 연주를 반주하는 동안, 그는 드럼과 심벌즈를 아름답게 즉흥적으로 연주할 수 있다. 이러한 경험을 한 후, 그의 자발적이지만 단순한 의사소통과 그의 감정이 눈에 띄게 증가했다. 리듬 모방 측면에서 그가 성공적으로 따르는 음악적 지시는 복잡하고 수업에서 종종 그에게 주어진 구두 지시보다 더 오래 지속된다. 이것은 '음악 아동'의 예이며, 음악은 아동의 최고를 끌어낸다.

아동의 뚜렷한 음악성이 그룹 내에서 향상되고 방향성을 갖게 될까, 아니면 반대로, 치료사가 그룹 상황에서 아동의 음악적 수준이나 요구를 적절히 다루기 어려운 입장에 처하게 될까

아동의 음악성이 너무 강렬하거나 특이한 방식으로 표현되는 경우, 치료사는 아동에게 자신의 음악적 관심사를 그룹과 타협하거나 통합하도록 요청하는 데 어려움을 겪을 수 있다. 또한, 치료사와 공유할 자료가 명확하고 뚜렷한 음악적 열정이 강한 아동은 그룹 음악치료보다 개별 음악치료를 통해 더 빨리 진전될 수 있다. 마지막으로, 음악치료 세션에서 언어적으로 자유롭게 표현할 수 있지만, 그룹 환경에서는 편안함을 느끼지 못하는 아동의 문제도 있다.

굿맨(2002)은 이질적인 선호도(예: 듣기, 움직임, 보컬, 악기)를 가진 아동의 중요성을 설명하면서, 이러한 선호도가 그룹의 강도를 '압도'하지는 않는다고 가정한다. 서로 다른 선호도를 그룹으로 공유하는 것이 이것의 핵심이다.

사례 예시 1: 스탠리(Goodman, 1977)

중등도 지체와 심각한 과잉행동장애 진단을 받은 활기차 보이는 9세 소년 스탠리(Stanley)는 손으로 가능한 모든 표면을 두드리고, 음악적으로는 혼자 옹알이를 하고 있다. 스탠리는 발성을 하고 초보적인 악기 놀이를 시작하는 등 일반적으로 유아기 수준의 어린이가 보이는 행동을 자극의 수단으로 사용하고 있다.

스탠리의 경우, 유아 수준의 음악적 행동이 있는데, 극도의 과잉행동으로 인해 혼란스러워한다. 발달적으로 그는 그룹에 포함될 준비가 되어 있지 않다. 게다가 그는 너무나 강렬하고 열정적인 음악적 능력을 보여 주어 그가 어떻게 그룹에 포함될 수 있을지 궁금해진다. 개별 세션의 맥락에서 그의 과잉행동은 넓은 공간 전체에 악기를 배치하고, 도전적인 오케스트레이션을 제공하며, 주어진 음악의 타이밍 내에서 한 악기에서 다른 악기로 이동할 만큼 충분히 운동 조절 계획을 잘 세우는 것을 관찰함으로써 해결된다. 결국 그는 그룹에 합류한다.

사례 예시 2: 콜린(Goodman, 1981~1984)

콜린(Colleen)은 경계성 인격장애 진단을 받은 키가 크고 다소 뚱뚱한 사춘기 이전의 11세 소녀이다. 그녀는 역기능적인 가정 환경에서 정서적으로 취약한 자살 충동으로 아동 정신과 병원에 입원하게 되었다. 콜린은 연기하고 노래하고 춤추는 것을 좋아하기 때문에

(Goodman, 참고), 뮤지컬 〈애니〉의 노래를 세션 레퍼토리로 선택한다. 노래의 주제는 사랑을 찾고, 정서적 유기에 대해 반성하고, 보호자를 찾을 수 있을지 궁금해하는 등 콜린의 삶을 연상시킨다. 노래를 부르는 동안 콜린은 노래에 감정적으로 사로잡혀 노래를 멈춰야 할 정도로 목소리가 '목이 조이는' 느낌이 들기 시작한다. 나중에 그녀는 자신의 버림받은 감정에 대해 자유롭게 이야기한다. 콜린은 뮤지컬 드라마라는 행위를 통해 자신의 내면의 감정을 투사하고 있다. 그녀의 발성 제한은 고통의 투사적 신호이지만, 치료사가 '어쩌면'이라는 노래에 대한 그녀의 감정적 부여를 이해하는 것을 막지는 못한다.

정서적으로 장애가 있는 아동의 경우에는 반드시 발달이 지체된 것이 아니라, 오히려 사회정서 발달 측면에서 퇴행하거나 비정상적인 아동의 경우, 우리는 음악적 행동이 비록 방해받기는 하지만 표현의 주요 원천이라고 생각한다. '방해받는다'는 말은 불규칙한 음악적 행동의 가능성을 허용한다는 의미이다.

콜린의 경우, 〈애니〉의 음악을 통해 버려짐이라는 주제를 직접적으로 투사할 필요가 있다. 이 작업이 그룹으로 이루어질 수는 있지만, 그녀의 언어적 과정이 자유로울 수 있을지는 의문이다. 그녀가 표현해야 할 음악적 자료를 공유하는 데 어려움을 겪을지도 의문이다. 콜린은 입원 아동 정신과 병동에 6~8주만 있었기 때문에, 그녀의 자아가 음악치료 그룹에 있는 것을 견딜 수 있는 지점까지 발전하지 못했다.

사례 예시 3: 미키(Goodman, 1981~1984)

미키(Mickey)는 무뚝뚝하고 눈을 자주 마주치지 않으며 의사소통이 부족하고 방향 감각이 없어 보이는 상태로 병원 바닥을 배회하고 있다. 그는 '품행장애'가 있는 청소년으로 진단받았다. 열두 살 때 부모님 집에 불을 지르고 자살을 시도하기도 했다. 그는 현재 3주 동안 입원 중인 아동 정신과 병동에 입원해 있으며, 누구와도 대화를 나누지 않고 있다. 미키의 언어치료를 맡게 된 아동 정신과 인턴은 당황해했다. 음악치료사는 미키에게 피아노를 옮기는 것을 도와달라고 부탁한다. 미키가 피아노 이동을 돕고 나자, 미키는 자연스럽게 치료사와 함께 피아노 앞에 앉았다. 치료사는 음악책을 펴고 미키에게 어떤 노래를 불러 줬으면 좋겠냐고 물어본다. 처음에는 한 여성이 어린 남자아동과 함께 피아노 앞에 앉아 있는 음악 페이지를 가리킨다. 그러자 미키가 말을 조금씩 하기 시작한다. "이거요.", "저거요." 30분이 채 지나기도 전에, 미키와 음악 연주자는 함께 노래를 부르고 미키는 수줍은 미소를 짓는다. 아동이 저녁을 먹으러 간 후, 정신과 의사가 달려와 "어떻게 한 거야?"라고 묻는다. 미키는 노래로 위협받지 않는다.

피아노를 연주하는 치료사의 도움을 받아 의사소통을 시작할 기회를 얻었다. 그의 노래는 음악에 대한 명백한 사랑을 반영한다. 이것은 치료사와의 첫 번째 '개방'이지만, 그가 실제로 이야기할 수 있을 만큼 편안할지는 의문이다. 그의 짧은 체류 기간으로 인해 치료사는 그 질문에 답할 수 없다.

미키의 경우, 정서적으로 너무 위협을 받아 '벙어리'가 될 정도로 모든 감정 저장고가 닫힌 아동이다. 그는 운동적으로나 정서적으로 완벽한 능력을 갖추고 있음에도 불구하고 정서적, 그리고 의사소통적으로 퇴행한 상태이다. 미키의 정서적 퇴행이 심하기 때문에 개별 치료를 통해 더 많은 것을 성취할 수 있다.

사례 예시 4: 브루스(Goodman, 1992~1998)

자폐 스펙트럼 장애 진단을 받은 주근깨 얼굴의 아홉 살짜리 브루스(Bruce)는 혼자 노래하는 것을 좋아하고, 특수학교 교장에 의해 이미 음악치료 그룹에 배정되어 있다. 음악치료사와 함께 '안녕하세요'라는 노래를 그룹으로 부른 후, 브루스는 매우 화가 난다. 노래의 시작 음정이 마음에 들지 않았기 때문이다: "거기서 부르지 말고 여기서 불러요." 그가 노래를 3도 더 높게 시작하자, 치료사는 브루스가 자신만의 음악적 성향을 갖고 있다는 것을 깨닫기 시작한다. 이후 몇 주에 걸쳐 그룹이 진행됨에 따라, 보컬 조성, 리듬, 노래의 종류, 그리고 사용하는 악기의 종류에 대한 브루스의 선호도가 더욱 뚜렷해진다. 치료사가 특이적 음악 취향(idiosyncratic musical tastes)이라고 부를 만한 이유로, 그는 그룹 활동을 즐기지 못한다. 치료사는 이후 1년 동안 그를 따로 불러내어 개별 음악치료를 진행한다. 이 기간이 지나면, 그는 개인 음악치료와 그룹 음악치료를 모두 즐길 수 있게 된다. 이제 그는 자신의 음악적 욕구를 충족시키고, 이전에 경직된 음악적 선호도에서 벗어나는 방법을 일대일 방식으로 배울 수 있게 되었다.

브루스의 경우, 독특한 음악적 특징이 있다. 그룹 선택에서 공유할 수 없는 선호도를 가지고 있다. 개별 세션에서 치료사는 이러한 선호도를 변화시키는 방향으로 '아기 걸음'을 내디딜 수 있도록 도와줄 수 있다. 드럼/피아노 즉흥연주, 처음에는 예측이 가능하지만 나중에는 예측이 어려워지는 피아노 듀엣, 한 키에서 다른 키로 변하는 곡 사용 등 다양한 방법이 사용된다. 브라이언은 개인 치료를 시작한 지 1년 후 그룹에 다시 합류한다.

자폐 아동은 저항적으로 보이는 방식으로 소리를 변별하는 특정 감각 프로파일을 보일 수 있다. 그러나 이러한 경직성은 특정 종류의 소리를 즐기는 음악적 감수성으로 볼 수도 있으며, 이는 아동의 음악성을 '멈추지 않게' 하는 데 활용될 수 있다.

음악적 행동으로 나타날 수 있는 인지, 사회-정서 및 의사소통 발달 측면에서 아동이 그룹 내 다른 아동과 교류할 수 있을 만큼 고기능 수행자인가

이 장에서는 아동 발달에 대한 주제를 살펴본다. 발달적으로 영아 또는 유아 수준의 아동은 일반적으로 사회적 또는 의사소통적으로 그룹에 참여할 것으로 기대되지 않는다. 브릭스(1991)에 따르면, 이러한 영유아 발달 행동은 음악적 발달 행동과도 일치한다고 한다. 그린스펀(1998)에 따르면, 정서적 관계에 차이가 있는 경우, 아동은 발달적으로 '고착'될 수 있다고 한다. 그린스펀의 연구는 인지 구조적 관점과 정신분석적 관점 모두에 해당한다.

사례 예시 1: 르네(Goodman, 1977)

여섯 살인 르네(Rene)는 올리브색에 보조개가 있고, 소두증에 시각장애가 있으며 웃고 있다. 하지만 이러한 특징들이 사람들의 관심을 독차지하지는 않는다. 즉시 눈에 띄는 것은 그가 열쇠 세트를 잡고 장난스럽게 바닥에 던지고 있다는 것이다. 열쇠가 '쿵' 하는 소리와 함께 바닥에 떨어질 때마다 그는 기쁨의 비명을 지르며 웃는다. 그는 자기 자극과 즐거움의 수단으로 이 행동을 계속한다. 이는 그가 청각 자극을 자극과 학습의 주요 원천으로 사용하고 있으며, 발달적으로 9개월 된 행동이라는 것을 의미한다(Furuno, 2005).

발달적으로 어리거나 지체된 아동은 음악성의 첫 징후, 즉 음악성의 초기 징후를 보인다. 이러한 행동은 아기가 음원에 몰두하고, 옹알이를 하며 온몸으로 음악에 맞춰 움직이기 시작할 때 관찰된다. 마찬가지로 유아의 음악적 행동은 단어가 있든 없든 노래를 구성하여 놀이를 동반할 때 관찰된다. 미취학 아동의 경우, 음악에 집중하는 방식, 노래를 부르고 싶어 하는 열의, 리듬에 맞춰 음악에 맞춰 움직이는 즐거움에서 음악성을 관찰할 수 있다. 음악치료사가 함께 일하는 특수아동 중 다수는 발달적으로 실제 연령보다 훨씬 어리기 때문에, 발달적으로 어린 음악적 행동을 찾는 것이 절실히 필요하다. 르네의 사례에서, 우리는 발달적으로 9개월 또는 그 정도의 나이에 있으며, 음원에 의해 자극을 받고 발달적으로 그룹에서 사회적으로 참여할 수 없는 아동을 발견했다.

사례 예시 2: 도라(Goodman, 1996~2002)

14세 청소년 도라(Dora)는 사지마비 환자로, 거의 항상 휠체어에 고정되어 있다. 그녀의 입에서는 침이 흐르고, 눈빛은 격렬하며, 자주 감염으로 인해 병원 신세를 진다. 보도에 따르면 도라는 영화 〈타이타닉〉의 음악을 좋아한다고 한다. 치료사(Goodman, 1996~2002)가 사랑 노래인 '내 마음은 계속될 거야'를 부르면 도라의 몸 자세와 호흡이 흥분되었다가 안정된다. 도라는 자신이 좋아하는 노래를 들으며 느끼는 정서적 만족감으로 인해, 자신의 몸과 호흡을 조절할 수 있게 된다. 운동장애가 있는 아동이 인지적으로 반응할 수 있는 보조 장치가 분명히 있지만, 이러한 장치가 도라의 지적 발달이 유아 수준을 넘어섰다는 것을 의미하지는 않는다.

운동장애가 있는 아동은 일반적으로 발달하는 아동처럼 움직이고, 노래하고, 놀기 어려울 것이다. 그러나 음악을 듣는 것에 대한 아동의 명백한 감정적 부여가 내재적인 음악성을 발견하는 기초가 될 수 있다. 도라는 르네와 마찬가지로, 발달적으로 12개월 또는 그 전후의 나이에 있으므로 개별 치료가 필요하다.

학교 환경의 실질적인 고려 사항

그룹화 및 일정 측면에서 학교 환경의 한계

엄격한 스케줄과 이전에 그룹으로 분류된 수업은 많은 치료사들이 학교 환경에서 대처해야 하는 현실이다. 개인 및 그룹 세션 일정을 정하는 데 가장 큰 자유도를 제공할 수 있는 설정은 대학 환경에서 운영하는 모범 프로그램, 신규 치료사의 지도하에 운영되는 새로운 프로그램, 정신과 병원 환경, 외래 임상 환경 및 개별 음악치료가 이미 개별화교육계획의 일부로 마련된 특수교육 학교이다. 가장 낮은 자유도를 제공하는 환경은 학교의 각 수업에 대해 음악치료 서비스를 제공하는 사립 및 공립 부문의 특수교육 학교로, 거의 항상 IEP에 포함되지 않으며, 일정 및 수업 그룹화 측면에서도 엄격한 구조를 가지고 있다.

분명히 모든 아동이 그룹으로 나뉘는 상황에서 치료사는 그 그룹이 작동하도록 대처 전략을 개발하거나 원칙에 대안을 고려하도록 간청해야 한다. 음악치료사를 위한 현실적인 배치 및 일정과 대처 전략이 여기에서 논의된다.

현실적인 한계를 다루는 음악치료사의 임무

음악치료는 1950년대부터 확립된 직업이지만, 그 목적과 실천에 관해서는 여전히 오해가 있을 수 있다. 많은 경우 음악치료사는 개인 및 그룹 음악치료의 일정과 대상 아동을 자유롭게 정할 수 없다.

학교 환경이나 병원 환경의 실제적인 고려 사항은 치료사가 이전에 고려했던 사고 과정과 개인 또는 그룹 배치에 관한 사정평가 및 의사 결정에 혼란을 줄 수 있다. 치료사에게 종종 부과되는 실질적인 고려 사항은 치료사에게 치료 및 전문적 접근방식을 재고하도록 강요할 것이다. 일반적인 문제로는 그룹을 구성할 때 임상 측면에서의 음악치료 고려 사항(예: 발달, 감각 프로파일, 음악성)이 아닌 교실별 그룹화, 개별 음악치료를 위한 옵션 없음, 음악치료의 본질과 목적에 대한 오해, 그룹 구성원의 집중력에 부적절할 수 있는 엄격한 일정 시간, 치료사에게 충분한 계획 또는 평가 시간을 허용하기에는 너무 많은 수업 시간, 음악치료실의 부족한 도움, 학교의 다른 부분으로부터의 소음 방해 등을 들 수 있다.

학교 환경의 실질적인 고려 사항과 관련된 질문 그리고 개인 또는 그룹 배치

학교에서 음악치료를 이런 식으로 설정하는 이유는 무엇일까

치료사의 초기 반응은 부정적일 수 있지만, 행정적 대응은 다음과 같이 교육 시스템의 맥락에서 이해해야 한다.

1. 많은 교실 그룹이 반드시 특수교육 교사를 위한 작업 그룹을 구성하지는 않는다. 따라서 교사는 개별 및 그룹 수업 계획을 모두 가지고 있으며, 종종 교사 조수와 교사 보조원을 고용하여 수업 계획을 지원한다. 예를 들어, 교실의 다양한 '스테이션'은 일대일 작업을 실행 가능하게 만든다. 음악치료 그룹에서는 음악실에서 그런 방식으로 구조화되지 않는 한 이런 종류의 유연성이 실제로 가능하지 않다. 더욱이 이 구조는 다음의 두 가지 이유로 음악에서 금기시될 수 있다: ① 직원들은 아동에게 음악치료를 제공하도록 훈련되지 않았다. ② 교실에서 진행되는 다양한 음악적 경험이 지나치게 자극적일 수 있다.
2. 음악, 미술, 체육 분야는 학교에서 '전문' 분야로 간주되고, 일부 병원에서는 놀이치료가 아동의 사회적 경험을 구성하며, 이러한 이유로 그룹화의 발달적 · 감각적 금기사항은 관리자에 의해 종종 금방 잊혀진다. 게다가 일부 교육자는 이러한 분야에서 치료, 적응 교육, 그리고 교육 간의 차이점을 이해하지 못한다.

이러한 학교 환경의 제약에 전반적으로 어떻게 대처해야 할까

부적절한 일정에 대한 음악치료사의 초기 충동적 반응은 종종 방어적이지만, 음악치료의 효능과 근거에 대해 동료와 관리자를 교육하는 것이 중요하다. 이는 직무 내 프레젠테이션, 공유된 전문 문헌, 빈번한 전문가적인 대화 및 직장의 전문가에게 음악치료사의 업무가 무엇인지 보여 주기 위한 협력적 노력을 통해 달성된다. 치료사가 대처하기 어려운 작업 상황에서 시작하여 문제를 신중하게 해결함으로써 상황을 바꿀 수 있는 경우가 있다.

단기적이든 장기적이든, 치료사는 그룹 내에서 일대일 주의가 필요한 이질적인 아동 그룹으로 '그룹'의 작업 개념을 재정의해야 할 수도 있다. 이를 위해서는 참여 수준에 대한 기대치가 다른 그룹 활동을 프로그래밍하고, 감각 입력에 주의를 기울이고, 그룹을 이끌기 위해 고기능 아동을 활용하며, 치료사가 시범을 보이는 음악치료 전략(예: 자세 잡기와 신체 보조, 칭찬, 지시, 손 위에 손 얹기 보조법 등)을 모델링하도록 개인 보조자와 교사 보조원을 교육하는 노력이 필요하다.

아동이 아직 그룹 내에서 효과적으로 활동할 수 없고, 음악치료 세션에 설정된 시간이 부적절한 경우, 그룹 일정을 엄격하게 조정하려면 어떻게 대처해야 하는가

많은 학교 환경에서는 미술, 음악 및 체육을 '특별 시간'으로 간주하여 초등 특수교육 교사가 '준비' 기간을 가질 수 있도록 한다. 이는 일반적으로 교사가 음악치료 그룹에 합류하지 않는다는 것을 의미한다. 또한, 평균 50분의 음악치료 세션 시간 동안 전체 아동 그룹이 한 그룹으로 참여해야 한다. 따라서 치료사는 아동이 그룹으로 모일지 여부에 대한 결정을 내릴 수 없다. 법에 따라 교사가 '준비'를 하는 동안 아동은 50분 동안 치료사의 교육적 감독을 받아야 하므로, 치료사는 시간을 더 작은 부분으로 '분할'할 수 없다.

이 문제에 대한 한 가지 가능한 대안은 보조원이 감독하는 동안 학급의 일부가 교실에 남아 있도록 허용하는 이해심 있는 교사와 함께 일하는 것이다. 그러나 이러한 배치에 동의하는 교사는 드물다. 이 문제에 대한 또 다른 가능한 대안은 각 아동이 가능한 한 많은 일대일 관심을 받을 수 있도록 교실에 여러 보조원과 치료사가 있는 그룹 활동을 제공하는 것이다. 협업의 중요성은 제7장에서 다루며, 여기서는 학제 간, 더 적절하게는 학제 간 작업에 많은 관심이 제공된다. 다행히도 대부분의 치료사가 협력적 노력을 즐긴다(Stewart, 2002). 이상적으로는 치료사가 교육적으로 의미가 있는 방식으로 아동과 함께 일할 수 있도록 허용되어야 하기 때문에, 여기서 해결책이 아닌 '대안'이라는 단어를 사용한다. 치료사에 대한 이해심이 있는 교장이 있는 경우, 관리자를 만나 의사결정 과정을 설명하고 준비 기간과 일치하지 않을 때, 음악치료 세션을 예약해 달라고 요청할 수 있다.

사례 예시 1(Goodman, 1996~2002)

9~18개월 수준의 기능을 하는 8명의 미취학 장애아동 그룹을 맡은 치료사는 당황스럽고 짜증이 난다(Goodman, 1996). 교장으로부터 기능 수준에 관계없이, 일주일에 두 번 50분씩 각 반에 음악치료를 제공해야 한다는 조언을 받은 그녀는 이 일정을 통해 아동들이 음악, 미

술 또는 체육 수업을 받는 동안 교사가 준비 시간을 가질 수 있다는 말을 들었다.

이러한 상황에 대처하기 위해 치료사는 보조 교사의 도움을 받아 한 번에 네 명의 아동을 데리고 25분간 음악치료 세션을 진행하며, 보조 교사는 음악 활동을 통해 감각 자극을 제공하는 음악치료사의 노력을 모델링한다. 네 명의 어린이가 음악실에 있는 동안 교사는 도서관에서 준비 시간을 갖고, 보조 교사는 교실 내에서 다른 네 명의 어린이를 다른 활동에 참여시킨다.

음악치료가 잘 적용이 안 되는 그룹은 어떻게 대처해야 할까

학년 초에 아동들은 학급별로 그룹화되고, 대부분의 경우 그룹별로 미술, 음악, 체육 수업을 듣는다. 어떤 경우에는 치료사가 겉보기에 이질적인 아동들의 그룹을 모아서 이 그룹화의 어려움을 예상하여 전략적으로 계획하기도 한다(Sutton, 2002). 어떤 경우든 그룹화의 근거는 매우 다양할 수 있다. 어떤 학교에서는 아동들을 단순히 생활 연령에 따라 그룹화한다(Goodman, 1996~2002). 다른 학교에서는 아동들을 발달 연령에 따라 그룹화한다(Goodman, 1992~1998). 이례적으로 진보적인 학교에서는 아동들을 발달 연령과 감각 프로파일에 따라 그룹화할 수도 있다(Goodman, 1992~1998). 다른 환경에서는 음악치료사가 성별, 연령, 진단 측면에서 동질적인 그룹을 고려하기 시작할 수 있다. 이러한 노력은 종종 불리한 것으로 판명된다(Kank & Grogan, 2002). 왜냐하면 이전에 지적했듯이, 이질성은 그룹 구성원의 성공적인 역동성과 개별적 정체성에 기여하기 때문이다. 음악성, 감각적 프로파일 및 발달 수준은 그룹을 구성하는 데 있어 핵심 고려 사항이지만, 이러한 측면이 서로 상충되는 입장에 처할 수도 있다.

이 책의 '방법' 섹션인 제7장에는 음악치료에서 잘 작동하지 않는 그룹에 대처하는 방법에 대한 여러 가지 제안이 있다. 또한 그룹의 구성이 어떻든 간에, 그룹은 진화한다는 것을 기억하는 것이 중요하다. 따라서 이 책의 이름이 붙혀졌다. 그러나 일반적인 음악치료 그룹 문제에 대처하는 샘플 전략은 다음과 같다.

- 극단적인 감각 프로파일의 조합이 있는 그룹에서는 사용되는 자료가 적당한 수준의 감각 자극으로 조절되도록 해야 한다.
- 발달 수준이 공존하고 변화가 극단적인 그룹에서는 치료사가 각 아동에게 다른 정도의 발달 기대치를 가진 하나의 활동을 사용할 수 있다.
- 음악적 관심의 극단이 있는 그룹에서는 치료사가 그룹 내 다른 시간에 각기 다른 아동

의 관심을 끌 수 있으며, 결국 서로의 선호도를 감사하지는 못하더라도 용인할 수 있도록 도울 수 있다.

사례 예시 1

매우 다양한 발달 및 감각 프로파일을 가진 잠복기 아동 그룹을 대상으로 치료사(Goodman, 1996~2002)는 교장에게 일정이나 그룹을 변경하도록 설득할 수 없다. 모든 아동은 중복장애가 있고, 비언어적이며, 유아에서 미취학 아동 수준까지 분산된 수준으로 기능한다. 치료사는 다음 그룹 구성원과 함께 작업할 방법을 찾아야 한다.

- 마거릿(Margaret)은 자폐증과 비슷하며, 지시에 따라 한 걸음씩 따라가며 음악에 거의 영향을 받지 않는다. 그녀의 주된 문제는 악기에 침을 뱉는 것이다.
- 캐롤린(Carolyn)은 극도로 과민한 반응을 보이며 참여의 순간을 위해 지속적인 자극이 필요하다.
- 사이먼(Simon)은 드럼을 사용하는 데 있어 한 단계씩 지시를 따를 수 있고, 키보드를 탐색하는 것을 즐기며 또래를 더 잘 알아보는 모습을 보이기 시작한다.
- 과잉 반응하는 맬리(Mally)는 몸의 움직임과 자발적인 발성으로 음악을 듣는 즐거움을 표현한다.
- 혼자 웃으면서 지시를 따르는 것에 저항하는 에드먼드(Edmund)는 인지 기능 측면에서는 그룹에서 가장 높은 기능을, 그리고 행동 저항 측면에서는 가장 낮은 기능을 가진 구성원일 것이다.
- 뇌성마비장애인인 대런(Darren)은 사진 교환을 활용하여 자신이 연주하고 싶은 보조악기를 전달할 수 있다.
- 시각장애가 있고 과민 반응을 보이는 아서(Arthur)는 탬버린 연주를 즐기고 치료사와 몸짓으로 의사소통을 할 수 있다.

다양한 발달 수준에서 움직임, 보컬, 악기 연주 및 청취 활동을 포함하는 신중하게 구성된 세션을 통해(방법에 대한 제7장 참조) 치료사는 보조자, 교사 조수 및 작업치료사의 도움을 받아 각 아동에게 적절한 수준의 자극을 제공할 수 있다.

개인 세션과 그룹 세션 중 어느 쪽을 선택하는 것이 더 중요할까

어린이가 그룹 환경에 적응할 수 없고, 음악치료의 혜택을 볼 가능성이 있는 경우, 치료사는 개별 치료의 가능성이 있도록 최선을 다해야 한다. 어떤 경우에는 부모에게 외부 개인 치료사의 가능성을 알려야만 가능할 수 있다.

사례 예시 1: 엘런(Goodman, 1986~1992)

어릴 때 자폐 진단을 받은 엘런(Ellen)은 음악치료사가 없는 특수교육 학교에 다니고 있다. 가족이 각 교실에 그룹 음악치료가 제공되는 학교로 이사했지만, 상황은 만족스럽지 못했다. 엘런은 비언어적이고, 간헐적인 주의 집중력, 부적절한 자기 자극 행동, 음악 활동이 진행되는 동안 방을 돌아다니는 경향이 있다. 하지만 부모는 엘런이 집에서 꾸준히 음악에 집중하고, 혼잣말을 하고, 혼자 노래를 부르고, 음악 장난감을 가지고 놀았다고 보고하고 있다.

개별 치료를 의뢰받은 엘런은 치료사와 빠르게 유대감을 형성하고, 몸짓과 말로 의사소통을 시작하고, 음악적 선택을 표시하고, 간단한 지시를 따를 수 있게 되었다. 엘런은 청소년기까지 개인 음악치료에 계속 참석한다.

개별 음악치료를 통해 처음에는 혜택을 얻을 수 있었던 아동이 개별 세션이 불가능한 경우 그룹 치료에 적응할 수 있을까

아동이 음악치료 그룹에 적응하는 방법을 배우는 경우가 많기 때문에, 아동이 적응할 수 있도록 모든 노력을 기울여야 한다.

사례 예시 1: 메이슨(Goodman, 1996~2002)

메이슨(Mason)은 미혼모의 가정에서 자주 이사하는 가정에서 자란 잘생긴 아프리카계 미국인 소년이다. 메이슨은 부적절한 행동으로 인해 네 곳의 특수교육 학교에서 퇴학 처분을 받았으며, 정서적으로 불안정한 것으로 간주된다. 학업 기능 수준에 관해서는 경도에서 중등도의 지체 수준을 갖고 있다. 음악적인 측면에서 그는 쉽게 참여하며, 한 번 참여하고 나면 그룹 내에서 적절하게 사교적으로 행동한다.

메이슨의 전형적인 행동은 미술, 음악 또는 체육 시간 전환이 이루어질 때마다 교실 책상 밑에 숨어 울음을 터뜨리는 것이다. 교사의 초기 전략은 말을 듣지 않는 것에 대해 '타임아웃'으로 그를 처벌하는 것이다. 이런 식으로 메이슨은 부정적인 강화를 요청하고 받기 시작한다. 치료사(Goodman, 1996)는 '숨바꼭질' 게임으로 시작하여 이 패턴을 바꾼다. 교실에 들어온 그녀는 장난스럽게 "메이슨은 어디 있니? 그는 음악을 하지 않아요. 오늘은 여기 없는 것 같네요." 메이슨이 책상 밑에서 고개를 내밀고 장난스럽게 웃더니 다시 숨어버린다. 선생님은 "오, 여기 있었네요. 셋까지 세고 음악을 시작하죠. 모두가 기다리고 있어요."

시간이 지남에 따라 메이슨은 세션에서 차례를 기다리는 데 더 오랜 인내심을 갖게 되고, 특히 'Hand Jive'(Sclesa, 1983, Volume 4)라는 노래와 같은 좋아하는 음악 활동이 다른 아동들과 세션을 진행하면서 보상으로 제공된다. 그의 더 높은 기능 수준 덕분에 그는 결국 다른 아동들을 음악 활동으로 이끌고, 그들의 선호도를 받아들이고 이해할 수 있다.

처음에는 그룹 음악치료에서 혜택을 볼 수 있었던 아동이 그룹 치료가 금기시될 때, 개별 치료에도 적응할 수 있을까

그룹에 가입하고 발달적 · 음악적 · 감각적 전제 조건이 있는 것처럼 보이지만, 그룹에 적응할 수 없는 아동들의 사례가 많이 있다. 그런 경우 음악치료사는 아동을 개별 치료에 추천할 수 있으며, 아동이 개별 치료에서 충분히 발전했다고 가정하면 그룹에 다시 포함시킬 수 있다.

사례 예시 1: 베벌리(Tyler, 2002)

타일러(Tyler, 2002)는 학습장애 진단을 받은, 역기능 가정 출신의 여덟 살 소녀 베벌리(Beverley)의 사례를 인용했는데, 그녀는 그룹에서 부적절하게 충동적이고 공격적인 행동을 관리할 수 없다. 베벌리가 치료사의 전적인 관심을 받을 수 있게 되면, 그녀는 악기 연주와 극적 놀이를 통해 갈등을 연기하고 분노를 투사할 수 있다. 돌이켜 보면, 베벌리는 그룹에서 치료사를 다른 아동들과 공유하는 것을 견뎌낼 수 있는 발달적 자아 안정성이 없었을 것이라고 가설을 세울 수 있다.

요약

이 장에서는 치료사가 특정 음악치료 그룹의 목적과 성격을 설정하는 데 도움을 준다. 목적과 본질은 어느 정도는 환경과 아동의 진단에 따라 정의된다. 이러한 이유로 아동 정신과 환경과 특수교육 환경 모두에서 그룹에 대한 설명이 논의된다.

치료사의 다음 임무는 어떤 아동이 그룹에 가장 적합한지 신중하게 결정하는 것이다. 이러한 결정은 다음과 같은 요인에 대한 아동의 면밀한 관찰을 바탕으로 이루어진다(Goodman, 2002): ① 발달 수준, ② 감각 프로파일, 그리고 ③ 음악성.

아동의 발달 수준이 다른 아동과 상호작용할 수 있을 만큼 충분히 온전하다면, 아동은 그룹 음악치료의 대상이다. 아동의 감각 프로파일과 음악성은 항상 그룹의 기능에 영향을 미치는 문제이며 치료사가 계획해야 한다. 일반적으로 감각 프로파일과 음악성이 극단적인 아동은 그룹 상호작용에 적합하지 않다.

그러나 다양한 감각 프로파일, 음악적 관심사, 발달적 강점과 약점은 그룹의 이질성을 더하고 궁극적으로 성공으로 이어진다.

마지막으로 학교 또는 기관 환경의 실질적인 고려 사항과 한계를 다루어야 한다. 이전 구조들이 유연한 한, 치료사는 교육적으로나 임상적으로 의미가 있는 개인 및 그룹 작업을 수행할 수 있다. 그룹 제한 사항을 변경하는 데 유연성이 없는 상황에서 치료사는 유연한 태도로 단기 또는 장기적으로 '그룹'의 본질을 재정의하고, 필요에 따라 전략을 조정하고 동료와 관리자를 교육할 수도 있다.

학습 가이드 질문

1. 아동 정신과 환경에서의 그룹의 성격을 설명하세요. 통합을 위한 전제 조건은 무엇인가요?
2. 아동 특수교육 환경에서 그룹의 특성을 설명하세요. 통합을 위한 전제 조건은 무엇인가요?
3. 아동 정신과 환경에서 음악치료 그룹의 성격에 대해 설명하세요. 통합을 위한 전제 조건은 무엇인가요?
4. 아동 특수교육 환경에서 음악치료 그룹의 특성을 설명하세요. 통합을 위한 전제 조건은 무엇인가요?
5. Goodman은 아동에게 개인 또는 그룹 음악치료를 추천할 때 고려해야 할 네 가지 요소를 설명합니다. 이러한 요소에 이름을 붙이고 이러한 요소가 추천에 중요한 변수가 되는 이유를 설명하세요.
6. 현재 임상에서 치료하고 있는 5명의 아동에 대해 설명하세요. 발달 수준(예: 그린스펀 모델, 브릭스 모델), 감각 프로파일 및 음악성 측면에서 이들을 분석한 후, 각 아동에게 개별 또는 그룹 치료 중 어떤 것을 추천할지 결정하세요.

7. 이 다섯 명의 아동 중에서, 그룹 활동에 적합한 아동이 있을까요? 그렇다면, 혹은 그렇지 않다면 그 이유는 무엇인가요?
8. 다섯 명의 아동 중 누구에게든 개별 또는 그룹 치료를 제공하는 데 방해가 되는 실질적으로 고려해야 할 사항이 있나요? 만약 있다면, 그 실제적인 고려 사항이 무엇이며, 이 상황에 어떻게 대처할 것인지 설명해 주세요.

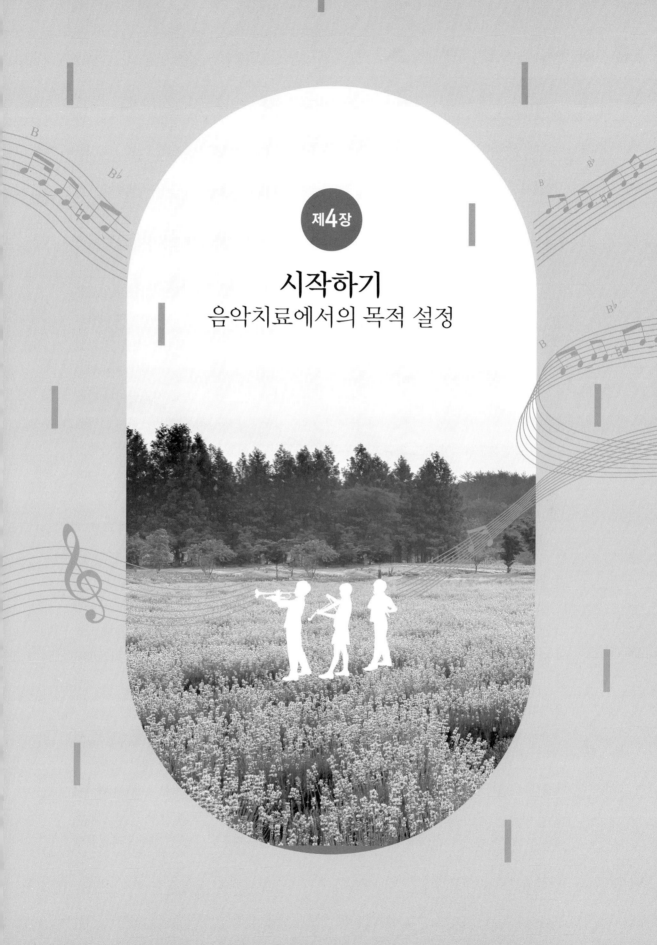

제4장

시작하기
음악치료에서의 목적 설정

소개

치료사는 그룹 계획을 세우기 위해 아동의 우선순위를 고려한 다음, 그룹 목적을 결정한다. 이것은 놀라울 정도로 간단하게 들릴 수 있다. 그러나 사실은 그렇지 않다. 치료사의 임상적 방향, 음악치료 그룹의 우선순위와 시간의 최적 활용에 대한 음악치료사의 관점을 고려할 때, 그룹 계획은 극적으로 달라질 수 있다.

노련한 치료사는 어린이를 개별적으로 또는 집단의 일원으로 효과적으로 치료하기 위해서는 어린이의 생리적 조절을 돕고, 치료사와 유대감을 형성하며, 언어적, 비언어적 의사소통을 하고, 발달적 목표를 향해 음악을 만드는 것을 즐기는 것이 필요하다는 것을 알고 있다. 이것은 간단하다. 그렇다면 치료사는 왜 이보다 더 많은 목적을 설정해야 할까? 이 질문에 대한 답은 이 책에서 소개하지 않은 다른 환경은 말할 것도 없고, 학교 시스템이나 정신병원에서 일하는 데 필요한 책임감과 관련이 있다. 치료사의 임상적 성향은 순수주의적일 수도 있고 절충주의적일 수도 있다고 충분히 말할 수 있다. 어쨌든 시설에서 아동의 진행 상황에 대한 문서화를 요청하는 것은 당연한 일이며, 진행 상황을 더 잘 관찰할 수 있을수록 더 명확하게 기록할 수 있다.

이 장의 주요 요점은 학교 환경에서 아동을 위한 IEP를 따르는 제약을 감안하여 그 목적의 구성을 개략적으로 설명하는 것이다. 나아가, 병원 환경에서 아동을 위한 아동 정신과 계획 내에서 목적의 구성을 검토한다. 이러한 제한 내에서도 치료사는 많은 자유를 취할 수 있다. 음악 자체의 가치와 음악을 어떻게 가장 잘 활용하여 그룹 내의 특정 문제를 해결하는지에 대한 질문은 치료사의 재량에 달려 있으며, IEP의 발달 목적이나 병원 치료 계획의 치료적 목적을 위해 일하는 경우에도 마찬가지이다. 음악치료 과정에서 치료사가 학교나 병원 환경의 특정 목적에 의문의 여지가 있음을 발견하면, 치료사는 반드시 그러한 목적의 적절성에 이의를 제기하기 위해 주도권을 잡아야 한다.

이 장에서 정의하는 용어의 목적상 그룹 목적은 장기적이고 관찰 가능한 행동 변화로, 일반적으로 학사 일정에 따라 또는 아동 정신과 입원의 경우 입원 기간에 따라 연간 단위로 설정된다. 다양한 행동 수준에 따라 목적을 구성할 수 있다. 그룹 우선순위를 정할 때 의사결정을 지배하는 것으로 보이는 질문은 다음과 같다: ① 음악치료를 통해 가장 잘 달성할 수 있는 목적은 무엇인가? ② 목적에 대한 성취도는 다르지만, 아동들 간에 겹치는 목적은 무엇인가?

기록의 면밀한 검토, 다른 임상가 및 교사와의 토론, 그리고 관찰 및 사정평가를 통해 아동의 개별 목적을 확인할 수 있다. 그런 다음 그룹 목적 설정이 시작된다. 이 장에서 그룹 '그리드'를 만드는 것은 그룹 음악치료 목적을 분석, 구성, 그리고 우선순위를 정하고 설정하는 실용적인 도구로, 학교 환경에서는 IEP에 명시되어 있으며, 병원 치료 계획에도 정의되어 있다. 목적의 구체성과 적절성은 학군마다, 병원 환경마다 다를 수 있다.

이 장에서 네 가지 임상 사례는 미취학 아동 중재, 잠복기 특수교육 및 입원 아동 정신과적 맥락에서 아동 샘플 그룹과 치료사가 초기 그룹 목적을 설정하기 위해 거치는 사고 과정을 제시한다. 임상 사례는 모든 발달 영역을 포괄하는 목적을 제시하지만, 치료사는 '모든 것을 다 할' 필요는 없다는 것을 기억하는 것이 중요하다. '양보다는 질'이라는 속담이 핵심이다. 필요에 따라 치료사로서 세션에서 다루고 세션에서 평가할 수 있는 목적(및 단기 목표)의 수를 제한하기 위해 그룹의 목적을 우선시한다. 음악치료사가 명심해야 할 중요한 점은, 음악치료 그룹이 더욱 응집력 있고 높은 기능을 보일수록, 아동들 스스로가 유연한 그룹 목적의식을 형성하게 된다는 것이다. 이러한 목적들은 치료사가 숙고하게 될 것이며, 초기 치료 계획에는 포함되지 않았을 수도 있다.

목적의 정의, 목적 기획의 어려움, 목적 설정의 근거

목적의 정의

목적은 음악치료 그룹의 유형, 임상적 방향, 아동의 기능 수준 및 치료 시설의 기대에 따라 정의되어야 한다.

음악치료 문헌에서 목적(goal)은 '치료의 바람직한 결과에 대한 광범위한 진술'(Davis, Gfeller, 1999, p. 281) 또는 "학생이 배워야 할 것에 대한 매우 일반적인 진술로, 주로 직접 측정 가능하고 따라서 다양한 해석의 여지가 있는 전반적인 행동 반응의 부재로 구분되는 것"(Jellison, 1983, p. 18)으로 정의되어 왔다. 반면 목표(objective)는 "학생이 할 수 있어야 하는 것에 대한 매우 구체적인 진술로, 측정 가능하고 따라서 제한된 해석만이 가능한 명백한 행동 반응을 포함한다는 점에서 구분되는 것"(Jellison, 1983, p. 18)으로 정의된다. 이는 아동 정신과 환경에서는 여전히 유효하지만, 교육 환경에서는 변화하고 있다. 학교 환경에서, 음악치료사가 개별화교육계획(IEP)의 목적과 양립할 수 있는 장기 목적을 선택한다면, 그러한 목적들은 관찰 가능하고 측정 가능할 것이다.

IEP 규정에 부합하는 음악치료 목적: 개별 사례

현재 IEP의 목적 작성 의무에 관한 연방법, IDEA는 IEP의 내용에 따라 '단기 목표의 벤치마크(성취 기준)를 포함하여 측정 가능한 연간 목적에 대한 진술[300.347(a)(2)]'을 IEP에 포함하도록 요구하고 있다. 그럼에도 불구하고, 음악치료사들은 IEP 목적의 세부 사항에서 다양성을 발견하거나 세부 사항이 부족하다는 것을 알게 될 것이다.

음악치료사는 IEP 의무에 부합하는 음악치료 목적을 작성하기 위해 IEP 목적의 임상적 언어를 사용할 수 있다.

사례 예시: 마리아(Goodman, K., 1996~2002)

세션의 임상 목적인 IEP 목적의 이 예시는 제1장에서 가져온 것이다.

마리아(Goodman, K., 1996~2002)

1. "손 내려"라는 구두 지시가 주어졌을 때, 5번의 시도 중 4번 손을 물어뜯는 행동의 빈도를 줄인다.
2. 10분 동안 대근육 활동에 순응적으로 참여하며 불평 없이 완수한다.
3. 4번의 시도 중 3번, 직원이나 또래에게 요청된 수(최대 3개까지)의 물건을 주어 일대일 대응 능력을 보여 준다.
4. 4번의 기회 중 3번, 최대 2번의 구두 지시만으로 적절히 앉아 자신이나 타인에 대한 공격적 행동을 보이지 않으면서 다른 2명의 또래의 차례를 기다린다.
5. 5번의 시도 중 3번, 모델 일정표를 보여 준 후 제시된 3개의 그림 중에서 적절한 선택을 하여 다음에 올 것에 대한 이해를 보여 준다.
6. 5번의 시도 중 3번, 최대 6개의 그림 선택지가 주어졌을 때 활동 관련 'Wh' 질문에 적절히 반응한다.
7. 구두 지시는 주어지지만 문구 모델링 없이, 그림 및 또는 수동 신호를 사용하여 3단어 조합을 만들어낸다.

만약 이들이 연방 정부의 지침과는 달리 더 광범위한 용어로 작성된다면, 다음과 같이 표현될 것이다.

1. 마리아는 손을 물어뜯는 행동을 줄일 것이다.
2. 마리아는 대근육 활동에 참여할 것이다.
3. 마리아는 일대일 대응 능력을 보여 줄 것이다.
4. 마리아는 선택하기를 보여 줄 것이다.
5. 마리아는 다음에 어떤 활동이 올지 보여 줄 것이다.

마찬가지로, 이들이 가능한 가장 광범위한 용어로 작성된다면, 다음과 같이 해석될 수 있다:

1. 마리아는 적절한 행동을 증가시킬 것이다.
2. 마리아는 대근육 활동을 증가시킬 것이다.
3. 마리아는 인지적 이해를 증가시킬 것이다.

그룹을 위한 음악치료 목적

물론 IEP는 개별 아동을 위해 작성되므로, 그룹에 대한 목적을 구성하는 방법에 대한 연방 차원의 정의는 따로 없다. 그룹에 속한 아동을 위한 구체적인 IEP 목적을 포함하려면 다음 절차를 따르는 것이 좋다:

1. 그룹 구성원의 모든 목적을 개발 그리드로 정리한 후 검토한다.
2. 음악치료와 가장 관련이 있고 그룹 구성원들과 가장 관련성이 높은 발달 영역에 우선순위를 둔다.
3. 구체적인 IEP 목적과 음악치료 목표를 아래에 두고, 광범위한 목적 설정 범주를 만든다.
4. IEP 목적의 구체성이 부족하거나 너무 구체적이어서 치료사가 중복되는 목적을 쉽게 만들 수 없는 '걸림돌(방해 요소)'을 처리한다.

이 장의 사례에서는 이 방법을 설명한다.

학교 환경

많은 학교 환경에서 음악치료 그룹은 교육적 치료, 즉 아동의 학습 잠재력을 강화하는 치료로 간주된다. 임상적 방향은 미리 결정되거나 개별 치료사의 철학에 맡길 수 있다. 아동의 기능 수준은 혼합되어 있으며, 시설의 기대는 관찰 가능한 행동 측면에서 IEP 목적과 목표를 충족하는 것이다. 학교 환경에서 일하는 경우, 학년은 일반적으로 10개월 동안 진행되며 IEP는 매년 검토된다. 이 스케줄은 학년에 의해 시간적으로 정의되고, IEP 목적에 의해 설명적으로 정의되는 장기 목적을 설정한다. 그런 다음 학교 환경에서 목적은 장기적이며 아동 발달의 선택된 영역에서 그 결과 기대치를 나타낸다. 반면에 목표(제5장 참조)는 목적을 향한 단계이며, 학년 내내 아동이 진전함에 따라 변경되는 단계이다.

아동 정신과 배경

아동이 단기 병원 환경에 있는 경우, 음악치료 그룹의 유형은 치료적인 것으로 간주되며, 심리 정서적 상호작용에 중점을 둔다. 다시 말하지만, 임상적 방향은 미리 정해져 있거나, 개별 치료사의 철학에 맡겨질 수 있다. 아동의 기능 수준은 혼합되어 있으며, 치료사의 기대는 관찰 가능한 방식으로 병원 치료 계획의 목적과 목표를 달성하는 것이다. 여기서 목적은 짧게는 몇 주, 길게는 몇 달까지 걸릴 수 있다. 따라서 목적의 시간적 특성은 치료 또는 교육 환경과 관련이 있다. 단기 입원 목적들은 치료를 담당하는 심리학자, 정신과 의사, 사회복지사 등의 임상 목적들과 중첩될 것이다.

아동을 대상으로 하는 음악치료 그룹 작업에서 재구성 치료를 동반한 통찰 치료라는 세 번째 수준의 심리치료가 이루어질 가능성은 낮다. 이는 대부분의 그룹이 연간 단위로 진행되며, 재구성 치료를 동반한 통찰 치료의 가능성은 성격의 재정의가 필요한 아동들에게만 국한될 것이기 때문이다. 재구성 목적을 가진 통찰 음악치료는 관련 기법을 활용하여 무의식적 자료를 끌어내고, 이를 통해 성격의 재조직화를 촉구하려는 노력이 이루어질 때 발생한다.

클리닉

아동이 외래 음악치료 또는 창조적 예술치료 클리닉에 소속된 경우, 음악치료 그룹의 유형은 교육 또는 치료일 수 있다. 클리닉의 임상 방향은 전반적인 철학에 따라 미리 결정될 수 있다. 뉴욕, 런던, 시드니에 설립된 노르도프-로빈스 클리닉이 이에 대한 좋은 예가 될 수 있다. 아동의 기능 수준은 다양할 수 있으며, 치료 시설에 대한 기대치가 자기중심적이거나 다른 한편으로는 학교 교육구와 함께 운영될 수 있다. 그럼에도 불구하고, 음악치료 목적을 학교 환경과 함께 설정하면 음악치료의 성장에 필수적인 음악치료에 대한 더 큰 이해를 전달하고 외래 치료에 대한 제도적 지원을 제공할 수 있다. 시간적인 측면에서 그룹 목적은 그룹의 진행 예상 기간 동안 설정된다.

목적 설정의 어려움

목적 설정의 어려움은 다음과 같은 문제와 관련이 있는 경우가 많다.

1. 치료사의 임상적 지향성
2. 기관의 임상적 지향성
3. 기관에서 기대하는 성과
4. 병원의 치료팀이나 교육청의 교육/치료팀에서 설정한 초기 목적 설정의 적절성 및 검토
5. 임상 목적과 음악적 목표와의 관계성
6. 음악치료에서 아동의 변화하는 요구 사항
7. 음악치료사가 IEP나 병원 치료 계획에 없는 새로운 목적 개시

이러한 모든 문제는 개별 아동과 관련하여 고려한 다음, 아동이 그룹의 일원이 될 때 개별 아동의 요구와 관련하여 고려할 수 있다.

임상적으로 지향하는 바와 그룹 목적 설정의 관계

실제로는 목적 설정이 치료사의 업무 방식을 정의할 필요는 없다. 단순히 수단에 목적을 제공할 뿐이다. 또한 아동이 변화함에 따라 목적도 변화할 수 있다는 점을 인식하는 것이 중요하다. 치료 방법 장(제6장 참조)에서는 다양한 임상적 방향을 보여 주는 사례 예시를 통해 목적 설정, 방법, 자료, 그리고 평가 간의 관계를 명확히 설명한다.

행동주의

음악치료 문헌에서 목적 설정은 임상적 방향에 따라 다르게 접근해 왔다. 제2장에서 인용한 바와 같이, 문헌에는 아동을 대상으로 한 그룹 음악치료에 대한 설명이 매우 제한적이므로, 목적과 목표에 대해 인용된 정보 대부분은 개별 아동을 대상으로 한 임상 작업에 속한다.

검토된 제한된 행동 그룹 작업 연구에서 목적과 목표는 관찰 가능하고 정량화할 수 있으며(Hanser, 1999; Standley, 1996a), 예상되는 인지 기능 수준에 따라 진행될 수 있다(Presti,

1984). 그러나 목적과 **목표**라는 용어는 서로 다른 방식으로 사용될 수 있다. 예를 들어, 스탠들리(Standley, 1996b)는 미취학 아동을 위한 일련의 발달에 적합한 학습 목표를 말하며, 이러한 목표가 장기적인지 단기적인지는 명시하지 않는다. 프레스티(Presti)는 임상 목적 영역을 말하며 음악치료 세션의 내용 내에서 중복장애 아동을 위한 목표로 행동을 묘사한다. 음악치료사가 구두로 신호를 주거나 신체적으로 자극을 주었을 때, 자신의 악기를 연주하는 것으로 정의되는 수준 I 표적 행동은 과제 수행 행동을 증가시키는 것이며(Presti, 1984, p. 121), 수준 II에서는 아동이 신호를 받았을 때만 악기를 연주할 것이라는 기대가 높아진다(Presti, 1984, p. 122). 그런 다음 파트너와의 협동 행동을 증가시키는 레벨 III 목적은 다음과 같이 정의된다: ① 과제와 무관한 언어적 또는 운동성 행동 없이 악기 공유하기, ② 순서 지키기, ③ 전체 음악 과제 완수하기(Presti, 1984, p. 123; Jellison, 1983).

인본주의/정신역동

인본주의 및 정신역동학 문헌에서 **목적**은 그룹 구성원들이 치료의 다양한 단계에서 무엇을 하고 있는지에 따라 **진화하고 드러나는 경향**이 있다(Pavlicevic, 2003): 이는 탐색적 작업이다. 이것은 목적 설정에 접근하는 한 가지 방법이다. 에이건(Aigen, 1997, pp. 48-51)은 외래 클리닉에서 노르도프-로빈스에 기반을 둔 청소년 음악치료 그룹의 음악치료 세션의 역동적인 과정을 자세히 설명한 후, 전환 촉구, 개인 및 그룹 요구 충족, 신체 표현 작업, 정서적 자기인식 증가, 그리고 개인 간 관계 향상 등의 임상 목적을 달성하는 데 음악의 역할에 대해 고찰하고 있다.

목적은 심리치료적 요소와도 연결될 수 있다. 정서장애 아동을 대상으로 한 연구에서 프리들랜더(Friedlander, 1994)는 얄롬(Yalom)이 창안한 치료적 요소인 집단 응집력, 보편성, 동일시, 그리고 대인관계 학습 및 사회적 대처 기술 향상과 관련된 치료 목적에 대해 고찰한다. "환자들은 기꺼이 음악 심리치료 그룹에 참석하여 긍정적인 상호 관련성과 문제해결 능력을 향상시킴으로써, 이러한 목표를 달성한다"(Friedlander, 1994, p. 94). 이러한 '목표'는 프리들랜더가 활용하는 5단계 모델(Garland, Jones, & Kolodney, 1976)과 관련된 판별된 행동에 반영되어 있다.

기관의 임상적 방향성

이해받기 위해서는 치료사가 기관의 다른 치료사 및 교육자뿐만 아니라 관리자와 동일한 언어로 '말'해야 한다고 가정하는 것이 합리적일 수 있다. 그러나 정의된 목적은 행동주의적, 인본주의적 또는 정신역동적 언어로 구성될 수 있으며, 반드시 방법론에 영향을 미치지는 않는다. 다시 말해, 목적은 기관의 운영 방침에 따라 작성할 수 있지만, 목적을 달성하는 방식은 치료사의 훈련과 임상 경험에 달려 있다.

기관의 기대 성과

주정부와 학군으로부터 추가 지원금을 받으려면 아동이 IEP에 명시된 목적을 향해 진전해야 한다고 가정하는 것이 현명하다. 이것이 바로 기관의 기대하는 성과이다. 아동이 성공에 도달하는 방법은 치료사의 능력에 따라 달라진다.

IEP가 즉시 적절하지 않은 상황(예: 병원 입원, 응급 정신과 입원, 개인 진료, 외래 진료)에서는 치료사가 목적을 설정하지 않고, 그룹이 스스로 지시하고 스스로 목적을 설정할 수 있다고 가정하여 그룹 과정 내에서 작업하는 것을 선택할 수 있다. 하지만 이는 매우 이례적인 상황이다. 병원 자체에서 치료사가 따라야 할 치료 계획이나 지침이 있을 수 있다. 사전 진료 또는 외래 진료 상황에서는 치료사가 아동의 학교 교사 및 치료사와 협력하여 아동을 위한 통합적인 치료 프로그램을 만드는 것이 현명하다.

초기 목적 설정의 적절성 및 검토

IEP는 목적과 목표 및 전략이 포함되어 있지만, 치료사는 특히 치료사가 그룹 내에서 아동과 협력 관계를 발전시키면서 비판적인 방식으로 목적을 검토하는 것이 필요하다. 핸서(Hanser, 1999)는 목적 선정 및 평가에 가치 있는 준거를 제공하며 다음과 같은 질문을 제시한다.

- 관련 행동들에 영향을 미치고 다른 환경으로 일반화되는 목적 달성의 관점에서 볼 때 그 목적의 가치는 무엇인가?
- 설정된 목적이 진정으로 주요 관심사라면, 그것이 음악치료 의뢰의 가능한 이유였거나 팀의 합의로 도출된 것인가?
- 이 목적이 아동의 발달 수준에 적절한가?
- 만약 목적이 발달적으로 적절하다면, 성공 가능성이 있는가?
- 목적을 향한 진전을 어떻게 관찰하고 평가할 것인가?
- 이 목적이 음악치료라는 방식에 적합한가?

이러한 기준은 실제로 기본적인 것이지만, 교사와 치료사가 기능성, 하루 종일 다른 환경으로 옮길 가능성, 발달 적합성, 구체적인 평가 가능성 및 성공 가능성 측면에서 문제가 있는 목적을 얼마나 자주 제시하는지 놀라울 정도이다. 최종 결과는 교사, 치료사, 아동 및 관리자의 입장에서 좌절감을 줄 수 있다. 따라서 기본적인 질문을 검토하고 목적을 '재조정'하는 노력은 일반적으로 유익하다.

또한 **목적의 언어도 중요하다.** 목적의 완성을 쉽게 관찰하려면 동사를 사용하는 것이 좋다. 예를 들어, "35번 시도할 때 촉구 없이 짧은 구절이나 문장으로 'Wh' 질문에 응답하기"에는 다음과 같은 구성 요소가 포함된다: ① 관찰 가능한 행동('Wh' 질문에 짧은 구절이나 문장으로 응답), ② 응답과 관련된 질적 및 또는 양적 정의(35번의 시도에서 촉구 없이 응답). 임상적 언어 목적과 동등한 음악적 목적에는 음악적 활동의 맥락이 다음과 같이 추가될 수 있다: 노래의 맥락 내에서 35번의 시도에서 촉구 없이 짧은 구절이나 문장으로 'Wh' 질문에 응답한다.

임상적 목적과 음악적 목표의 관계

치료사가 IEP 또는 아동 정신과 입원 계획의 공통 언어로 작업한다고 가정할 때, 목적은 음악의 맥락과 관련이 없는 것처럼 보인다. 이는 음악치료사에게 문제가 될 수 있는데, 이는 음악치료사로서 **음악적** 목적을 위해 일하는 경우가 많기 때문에 아동의 발달을 촉구하는 목적을 제대로 이해하지 못하기 때문이다. 제안된 타협안은 단기 목표의 언어를 단계화하는 것이다. 이는 미리 계획되었든 즉흥적이든, 음악 활동의 맥락에서 보이는 행동이나 세션에서의 음악적 행동 측면에서 최종 목적을 달성하기 위한 수단이다. 이에 대한 예시는 제5장에서 찾아볼 수 있다. 목적의 구체성 혹은 비구체성은 세부 목표 작성에 영향을 미칠 것이다. 만약 IEP가 광범위하고 여러 아동들에게 중복된다면, 각각의 광범위한 목적 진술은 한 번에 여러 아동을 위한 하나의 세부 목표 작성으로 이어진다(제5장의 사례 1과 사례 4 참조). IEP 목적이 구체적이고 더 적은 수의 아동들에게 중복된다면, 각각의 구체적인 목적 진술은 한 아동을 위한 하나의 세부 목표로 이어질 수 있다. 합리적인 지름길은 목적을 향한 다양한 수준의 구체성을 포괄하는 하나의 세부 목표를 작성하는 것이다(제5장의 사례 2와 사례 3 참조). 일부 경우에는, 최종 세부 목표가 실제로 음악 활동 맥락에서의 IEP 목적이 될 수 있다(제5장의 사례 3).

IEP 검토

IEP를 검토할 때, 일반적으로 해당 아동 거주 지역의 치료사와 교사가 일회성으로 초기

면접을 통하여 이러한 계획을 수립했다는 점을 기억하는 것이 중요하다. 이후, IEP는 아동을 담당하는 교육팀에 의해 매년 개정된다. 이러한 맥락에서 IEP는 완료가 아닌, 정기적으로 '작성 중인' 문서로 볼 수 있다.

일부 주에서는 교육부가 IEP를 작성하기 위해 특정 권장 사항이나 동향을 보일 수 있다. 예를 들어, 매사추세츠주에서는 현재 여러 세부 목표를 포함하는 상위 목적으로 통합하는 경향이 있다(예: 일상생활 기술 사용 증진). 반면에, 뉴저지주에서는 '핵심 교육과정 내용 표준'이라는 문서를 만들었다. 이 문서는 주 내의 모든 학생들에게 적용되며, '중도장애 학생을 위한 핵심 교육과정 내용 표준'(2000년 6월)이라는 버전도 있다. 이 버전은 중복장애를 가진 아동들의 IEP를 위한 템플릿으로 사용된다. 뉴저지 템플릿에는, 특히 시각/공연 예술 목적이 포함된다(제1장 참조). 모든 IEP의 공통 분모는 책무성이라는 개념이다.

연례 회의가 IEP 목적, 세부 목표, 방법론 및 서비스를 재구성하는 공식적인 장으로 여겨지긴 하지만, 이는 학교의 특수교육 전문가들과 부모의 추가적인 의견을 바탕으로 한다. 그러나 IEP의 명시된 목적을 재평가하고 의문을 제기하기 위해 반드시 6월까지 기다릴 필요는 없다. 아동의 학교에서 일하는 임상 전문가들은 명시된 목적과 세부 목표의 일부 수정을 제안할 수 있으며, 이 정보를 아동 연구팀의 핵심 대표자(주로 학군의 사회복지사)에게 전달할 수 있다.

음악치료사가 IEP나 병원 치료 계획에 없는 새로운 목적을 설정 및 시작

팀의 IEP 목적을 사용한다고 해서 치료사가 IEP 템플릿(시각/공연 예술이 포함된 뉴저지주의 IEP 템플릿 참조), 병원 치료 계획의 일부이든 아니든 음악과 관련된 목적을 특별히 추가하는 것이 금지되는 것은 아니다. 음악치료 상황은 고유하며 음악치료사는 아동의 행동에 따라 기존 또는 추가 목적의 변경을 제안할 수 있는 위치에 있을 수 있다. 이러한 정보는 아동 연구팀이나 병원 치료팀의 주의를 환기시키고, 가능하면 계획에 반영해야 한다.

목적 설정의 근거

관찰 가능한 목적을 설정하는 가장 구체적인 이유 중 하나는, 아동의 진전 정도를 정량화하기 위해서이다. 이를 통해 음악치료의 양식을 검증하고 보충 서비스 자금 지원을 결정하는 IEP 목적에 부응할 수 있다.

입원 아동 정신과 환경의 맥락에서 치료 계획의 결과는 음악치료의 효과를 입증하고 음악치료 사정평가의 맥락에서 평가적(Goodman, 1989)임을 입증할 수 있다. 사정평가 정보는 아동이 병원에서 퇴원할 때 그 아동을 돌보는 다른 전문가에게도 귀중한 자료가 될 수 있다.

그룹 목적 설정: 발달 그리드(점검표) 만들기

발달 그리드는 치료 또는 특수교육에서 개별 아동과 그룹 모두를 위한 조직화하는 수단을 나타낸다. 이 장의 목적상, 이 장의 초점은 그룹의 목적 구성이다.

그리드의 예는 〈표 4-1〉에 나와 있다. 이 그리드에는 세로로 아동의 이름이, 가로로 네 가지 발달 영역과 관련된 목적이 각각 포함되어 있다. 이렇게 하면 세션에서 겹치는 목적 영역과 음악치료와 가장 밀접한 목적 영역을 쉽게 확인할 수 있다.

모든 IEP 목적은 처음에 그리드에 표시되어 음악치료 세션과의 관련성을 분석할 수 있다.

1단계 A: 팀 정보 검토

학교 환경에서 작업할 때는 치료사가 함께 일하게 될 아동의 모든 IEP를 검토하는 것이 중요하다. 또한, 이 정보를 검토하고 함께 일하는 치료/교육팀과 함께 평가하는 것이 중요하다. 여기에는 다음이 포함될 수 있다: ① 특수교육 교사, ② 언어병리학자, ③ 작업치료사, ④ 물리치료사, ⑤ 학교 심리학자 또는 학습장애 교육 컨설턴트. 이 모든 네트워킹의 목적은 교육구 담당자가 IEP에 설정한 목적에 대한 다양한 관점을 얻기 위한 것이다.

1단계 B: 발달 그리드 내에서 아이디어 조직하기

발달 그리드를 구성할 때는 일반적으로 네 가지 발달 영역을 사용하는 것이 가장 좋다. 이 영역들은 의사소통, 운동(대근육 및 소근육), 인지, 사회-정서적 행동으로, 흔히 학습 영역이라고 불린다. IEP가 다른 참조 틀(예: 교육과정 내용 표준) 내에서 구성되는 경우, 음악치료사는 그 참조 틀을 그대로 사용하거나 정보를 가장 적절해 보이는 발달 영역으로 옮기는 것을 선택할 수 있다. 명확성을 위해 여기서는 발달 영역을 단순하게 정의하고 있다.

의사소통: 이 영역에는 비언어적 의사소통(예: 눈맞춤, 몸 자세, 표정), 특정 조음 목적, 특정 수용 언어 수준, 특정 표현 언어 수준, 언어의 양과 질 등이 포함될 수 있지만 이에 국한되지는 않는다.

운동: 이 영역은 대근육 운동 행동의 특정 수준, 소근육 운동 행동의 특정 수준, 그리고 대

근육 및 소근육 운동 행동의 질적, 양적 특성의 항목들을 포함할 수 있지만, 이에 국한되지는 않는다:

인지: 이 영역에는 지시를 따르는 능력, 학습 스타일, 학습에 영향을 미치는 감각 문제, 학습 수준, 발달 이론 및 정신역동심리학에 관련된 특정 동기 단계, 음악을 통해 통합할 수 있는 학업 전 및 현 학업 기술 등이 포함될 수 있지만, 이에 국한되지 않는다.

사회-정서적: 이 영역에는 정신적 수준의 관계성, 관계성의 질과 양, 충동 조절, 관계성의 주제, 그룹에 효과적으로 참여하는 능력 등의 항목이 포함될 수 있지만, 이에 역시 국한되지는 않는다.

2단계: 그룹 우선순위 평가

그룹 내 아동들 간에 겹치는 목적은 무엇일까

1. 목적을 검토하여 비슷한 방식으로 작성된 것들이 있는지 확인한다.
2. 동일한 목적 영역(즉, 수용적 언어, 표현적 언어, 주의 기울이기, 참여 등)과 관련이 있지만 겉보기에 조건이나 달성 수준이 다른 별개의 목적을 검토한다.
3. 그렇게 하면서 '참여하다', '시연하다', '인식하다', '판별하다' 등의 키워드를 찾는다.
4. 발달 영역 간에 겹치는 목적을 검토하고(대부분이 겹친다.) 세션 계획에 포함할 목적을 결정하여 가장 적합한 발달 영역을 결정한다.

3단계: 그룹 음악치료 목적에 대한 평가 우선순위

음악치료를 통해 어떤 목적을 가장 잘 달성할 수 있을까

1. 목적을 검토하여 음악을 통해 가장 잘 달성할 수 있는 목적을 결정한다.
2. 상황에 따라 다를 수 있고, 음악치료에서 다룰 수 없는 목적은 제거한다.
3. 의사소통과 사회화에 초점을 맞춘 목적들을 우선시한다. 특히, 아동 정신과 그룹의 경우, 상대적으로 인지적 그리고 운동 목적은 이차적인 관심사이므로, 의사소통과 사회화 관련 목적을 우선순위에 두어야 한다.
4. 방법과 평가 측면에서 달성할 수 있는 여러 목적의 우선순위를 정한다.

4단계: 걸림돌 고려하기

치료사가 음악치료를 통해 가장 잘 해결될 것으로 보이는 중복되는 목적을 결정한 후에도 일관성이 없는 경우가 항상 생긴다. 분명히 그룹의 모든 아동이 같은 목적을 가지고 있는 것은 아니다. 따라서 치료사는 그룹에 속한 다양한 아동의 다양한 요구를 사실상 '저글링'하는 활동을 설계해야 한다. 숙련된 치료사는 다양한 목적을 동시에 다루는 음악 활동을 설계 및 또는 지원할 수 있다. 또한 진행 중인 목적을 동시에 평가할 수 있어야 한다. 이 작업의 어려움은 분명 존재한다. 따라서 치료사는 주의를 기울여야 한다: 관찰할 수 있는 것보다 더 많은 목적을 평가하기 위한 활동을 설계하면 안 된다. 한 번에 하나 또는 두 개의 목적만 작업해도 괜찮다. 양보다는 질적인 관찰과 평가를 고려해야 한다. 하루에 여러 그룹을 담당하고 메모할 시간이 제한되어 있는 치료사에게도 동일한 규칙이 적용된다.

사례 예시: 정신 발달 그리드 만들기 및 그룹 음악치료 목적 설정하기

사례 예시 1: 발달지체 미취학 아동

그룹

이 그룹은 발달이 지체된 6명의 미취학 아동으로 구성되어 있다. 이들은 소규모 모델 특수교육 프로그램을 통해 학군 밖의 학교에 다니고 있다. 연대순으로 3~4세인 이들의 평균 기능 수준은 발달 연령 2.5세이다. 물리치료, 작업치료, 놀이치료, 음악치료, 특수교육 및 언어/언어병리학으로 구성된 다학제적 팀이 매주 회의를 통해 아동의 세션 계획과 회의에 참여하여 운동, 언어, 사회성, 의사소통 등 모든 영역에 걸쳐 다양한 기술을 가르친다.

이 시설의 임상적 방향은 '부드러운 교육'(McGee, 1991)과 '플로어 타임'(Greenspan, 1998)에 강하게 맞춰져 있다. 이러한 접근방식은 발달 전제와 정신역동적 인식뿐만 아니라, 인본주의 철학을 포함한다. 그럼에도 불구하고, 교실에는 아직 자신의 환경을 통제하거나 의사소통과 학습 문제를 효과적으로 해결할 수 있는 내적 메커니즘이 없는 아동들에게 필요한 강한 규칙이 존재한다. 목적은 아동들에게 기대되는 발달적 진전의 의미를 제시한다. 다른 IEP에서 볼 수 있듯이, 정량적으로 정의되지는 않지만 구체적이고 관찰할 수 있다(예: 아동이 주어진 과제를 몇일 동안 몇 번 성공할 것 등). 궁극적으로 다양한 학군의 성공을 측정하기 위해 이 학교는 정량적 데이터를 부과해야 할 수도 있다. 음악치료는 학교 수업에서 큰 비중을 차지한다. 모든 치료사와 교사들은 하루일과에 음악을 접목하는 방법을 배웠다. 하루를 시작할 때, 점심시간, 휴식 시간, 음악 시간, 그리고 마지막으로 집으로 돌아갈 때 사용하는 노래가 있다. 아동의 하루에서 음악의 중요성을 인식하는 것은 음악치료사가 음악치료 프로그램에 IEP 목적을 채택하고 적용하는 데 있어 소속감과 수용감을 느끼는 데 도움이 된다. 다른 관계자들은 사실상 이러한 목적을 강화할 수 있다.

〈표 4-1〉은 그룹 음악치료 목적을 설정하는 첫 번째 단계인 이 그룹의 발달 그리드 작성을 나타낸다.

1단계: 개발 그리드 만들기

〈표 4-1〉 발달지체 미취학 아동

자녀 이름	인지	언어	사회	운동
조셉	1) 대상에 걸쳐 분산된 상징적 놀이	1) 도움 요청하기 2) 작업 시 댓글 수 늘리기	1) 참석 2) 순서 지키기	1) 양식 보드 2) 보행 시 평형 감각 향상
아만다	1) 기능적 플레이	1) 사물의 존재나 부재를 요청하거나 언급하기 위해 단어를 근사하게 한 번 말하기	1) 참석 2) 눈맞춤 유지 3) 다른 사람들과 상호작용 시도하기	1) 물건 조작하기(쌓기, 돌리기, 열기, 닫기)
토미	1) 순차 재생	1) 한 단계 지침 따르기 2) 세 단어 조합(대상 + 속성 + 행동)	1) 충동 행동 조절 2) 밀치기 줄이기	1) 색상별로 정렬 2) 양식 보드 사용 3) 마크/크레용 4) 촉각 탐색
사만다	1) 도형 및 색상 2) 분류 3) 신체 지식 4) 패턴 모방 5) 기억	1) 'Wh' 질문의 이해 2) 지시어 3) 스토리 시퀀싱 및 다시 얘기하기 4) 문법적 복잡성 증가	1) 관심도 높이기 2) 짜증 줄이기	1) 가위 기술 2) 모방 3) 운동 조절 계획
폴라	1) 일대일 대응 2) 분류 3) 기억 4) 번호 인식	1) 주제 유지 관리 2) 스토리 시퀀싱 및 다시 얘기하기 3) 구두 정보에 대한 기억	1) 숙달 2) 동기 부여 3) 주의 4) 불필요한 대화 줄이기	
로런스	1) 매칭 2) 하나의 기능으로 분류 3) 일대일 대응 4) 패턴 모방	1) 형용사 + 명사 동사 사용 2) 단어 검색 3) 문법적 복잡성 증가 4) 스토리 시퀀싱 및 다시 얘기하기 5) 'Wh' 질문의 이해	1) 공유	1) 자르기

2단계: 그룹 우선순위 평가

이 그룹에 대해 표시된 발달 표, 〈표 4-1〉은 IEP 목적에 기반한다. 그룹 우선순위를 평가할 때, 치료사는 먼저 이 아동들에게 어떤 목적이 겹치는가에 대한 질문을 던진다. 답은 다음과 같다:

관련 사회성 목적: 다음을 포함한다: ① 주의 집중(폴라, 사만다, 아만다, 조셉); ② 충동성 감소(관련 없는 말하기: 폴라, 짜증 내기: 사만다, 밀치기: 토미, 충동적 행동: 토미) 및 ③ 차례를 지키기/공유하기(조셉, 로런스).

관련 의사소통 목적: 다음을 포함한다. ① 'Wh' 질문 이해(사만다, 로런스); ② 스토리 순서 지정 및 다시 얘기하기(폴라, 로런스, 사만다). ③ 문법적 복잡성 증가(사만다, 로런스) 및 관련 표현 언어 목적, 이는 아마도 동일한 목적 영역에 속할 수 있음(행동에 대한 코멘트 증가: 조셉, 3단어 조합 문장: 토미).

관련 인지 목적: 다음을 포함한다: ① 분류(폴라, 사만다, 로런스); ② 패턴 모방(사만다, 로런스); ③ 대응(폴라, 로런스). 이는 같은 학군에 속한 세 명의 아동과 관련된 특정 기술이며, 중복되는 스타일의 IEP 목적을 가지고 있을 가능성이 있다. 그룹의 다른 세 아동은 기능적(아만다), 중심 잡기(조셉), 순차적(토미) 놀이의 발달 및 대조적인 수준이라는 측면에서 인지 목적을 정의한다. 이러한 인지 목적은 서로 관련되어 있지는 않지만, 각각 인식하고 향상시켜야 하는 정의된 놀이 수준을 의미하며 '발달 수준의 놀이 강화 및 증가'라는 목적에 포함될 수 있다.

관련 운동 목적: 이 발달 그리드에서 '폼 보드 사용'과 관련하여 목적을 한 번 이상만 참조한다. 운동 목적은 상대적으로 그리드에서 가장 덜 발달된 부분이다.

두 번째 질문인 **"음악치료를 통해 가장 잘 해결되는 목적은 무엇인가요?"**에 대한 답변으로 치료사는 다음과 같은 결론을 내릴 수 있다.

1. 유일하게 두 번 언급된 운동 목적은 음악치료 세션에는 적용되지 않는다.
2. 대응과 분류는 악기 선택과 악기군 인식뿐만 아니라, 이러한 개념을 자세히 설명하는 노래 자료에서도 다룰 수 있는 인지적 목적이다.
3. 패턴 모방은 보컬과 악기 활동 모두에서 강화할 수 있다.
4. 기능적, 상징적, 그리고 순차적 놀이는 모두 악기 연주와 보컬 활동을 통해 해결할 수 있다.
5. 주의 집중은 음악치료의 기본 목적이다.

6. 충동성을 줄이는 것은 음악 활동의 시간적 특성을 통해 쉽게 달성할 수 있다.
7. 순서 지키기와 나누기는 모든 그룹 악기 활동에서 기능적으로 필수적인 전제 조건이다.

참고: 치료사가 위의 목적을 구분하기로 선택한 경우, 사회적 목적(5, 6, 7번 참조)이 우선시된다.

3단계: 그룹 목적 결정

따라서 첫 번째 임상 사례에 대해 설정된 그룹 목적은 다음과 같다.

인지 목적에는 다음이 포함된다.

1. 분류 능력 증가(폴라, 사만다, 로런스)
2. 패턴 모방 능력 증가(사만다, 로런스)
3. 일대일 대응 능력 증가(폴라, 로런스)
4. 적절한 학습 수준 설정 예
   - 기능적(아만다)
   - 탈중심화(조셉)
   - 순차적(토미)

의사소통 목적에는 다음이 포함된다:

1. 'Wh' 질문에 대한 이해도 높이기(사만다, 로런스)
2. 스토리 순서 지정 및 다시 말하기 능력 향상(폴라, 로런스, 사만다)
3. 문법적 복잡성(사만다, 로런스), 행동에 대한 설명(조셉), 세 단어 조합 문장(토미)의 난이도를 높인다.

사회적 목적에는 다음이 포함된다:

1. 주의 집중 기술 향상(폴라, 사만다, 아만다, 조셉)
2. 불필요한 말(폴라), 투덜거림(사만다), 밀치고 충동적인 행동(토미)과 관련된 충동성을 줄이기
3. 차례 지키기(조셉) 및 나누기(로런스) 능력 증가

운동 목적-교실에서 작업 및 물리치료사가 교육구 전문가와 함께 작업하여 명확히 설정

한다.

4단계: 걸림돌 처리하기

이러한 아동을 위한 IEP 목적은 연간 목적으로서 측정 가능한 행동을 나타내지 않는다. 따라서 학년 중반과 후반에 변화의 정도를 평가하기 위해 처음 몇 세션에서 기능적 기술에 대한 사전 사정평가를 하는 것이 도움이 될 것이다. 그룹에는 분명히 가장 낮은 기능을 보이는 아만다라는 한 명의 구성원이 있다. 그러나 그녀는 모든 활동에 참여할 수 있지만, 치료사의 기대치는 제한적이다. 활동을 설계하고 수행할 때 치료사는 다양한 수준의 기대치를 제공해야 한다. 이러한 작업 방식은 제5장 '방법'에서 설명된다.

사례 예시 2: 미취학 아동 자폐 스펙트럼 장애(Goodman, K., 1992~1998)

그룹

이 사례는 사례 예시 1에서 인용한 같은 학교에 다니는 3세와 4세 남자아동 다섯 명으로 구성된 그룹에 관한 것이다. 이 소년들은 3세 이상에 가까운 높은 수준의 발달을 보이고 있다. 그러나 이들은 모두 자폐 스펙트럼 장애라는 진단을 받았다. 따라서 이들은 관계성에서 상당한 결함이 있다. 앤드류가 글을 읽기 시작하고 테오와 제이콥이 드라마를 만드는 데 창의적이라는 사실이 이들의 사회적 문제를 무시할 수는 없다. 여기서도 목적은 관찰 가능한 방식으로 제시되지만, 정량화할 수는 없다. 이 사례는 오래된 사례 연구이므로 당시의 관행은 지금처럼 IEP에 정량화 가능한 목적을 의무화하지 않았을 가능성이 높다. 소년들은 음악, 연극, 그리고 미술에 강점을 가지고 있기 때문에, 이러한 목적을 달성하는 수단은 대부분 창의적일 것이다. 〈표 4-2〉는 그룹 음악치료 목적을 설정하기 위한 첫 번째 단계인 이 그룹의 발달 그리드 작성을 나타낸다.

1단계: 발달 그리드 만들기

〈표 4-2〉 미취학 아동 자폐 스펙트럼 장애 그룹

이름	인지	언어	소근육과 대근육 운동	사회성
조나단	1. 비정형적 지시 따르는 연습하기	1. 계획하고 설명하기 위한 언어 연습하기	1. 곡선 모형 자르기 연습하기	1. 친구들과 함께 루틴에 참석하기 연습하기
	2. 문제해결 연습하기	2. 상황에 따라서 대응하는 것 연습하기	2. 이름 인쇄하기	2. 차례 지키기와 나누기 연습하기
	3. 친구들과 연기 연습하기	3. 동명사(ing) 사용하기	3. 이름 출력 연습하기	3. 친구들과 상호작용하는 시간 늘이기 연습하기
	4. 크기 개념 일반화 연습하기	3. 과거 시제 사용하기	4. 규칙 있는 게임에 참석하는 것 연습하기	4. 규칙에 맞추는 것 연습하기
	5.기억과 과거 사건 순차적 나열하는 것 연습하기		5. 건너뛰기 연습하기	
			6. 볼잡기 연습하기	
앤드류	1. 문제해결 연습하기	1. 지시에 응답하기 연습하기	1. 풀을 사용하여 조절 연습하기	1. 공동 배려 실천 연습하기
	2. 탈중심화 놀이 연습하기	2. 언급하는 것 연습하기	2. 지정된 공간에 색깔 칠하기 연습하기	2. 친구들에게 반응하는 것 연습하기
	3. 분류화 연습하기	3. 반복 사용 연습하기	3. 게임에서 지시 사항에 반응하기 연습하기	
	4. 읽기 연습하기			
테오	1. 과거 사건 기억하기 연습하기	1. 계획하고 설명 위한 언어연습하기	1. 복잡한 모형 자르기 연습하기	1. 루틴에 동료와 함께 참여하기 연습하기
	2. 문제해결 연습하기	2. '그리고'와 '왜냐하면' 사용하는 것을 연습하기	2. 복잡한 모형 복사하기 연습하기	2. 나누고 차례 지키기 연습하기
	3. 상황에 따라서 대응하는 것 연습하기	3. 상황에 따라서 대응하는 것 연습하기	3. 이름 출력 연습하기	3. 친구들과 상호작용하는 시간 늘이기 연습하기
	4. 놀이에서 새로운 요소 추가 연습하기		4. 게임에서 지시에 반응 연습하기	4. 말로 타인들에 반응 연습하기
	5. 소리와 글자 협응하기		5. 규칙 있는 게임에 참석 연습하기	

제이콥	1. 이름표와 모양 변별 연습하기 2. 속성에 따라 그룹 짓기 연습하기 3. 순서 완성하기 연습하기 4. 놀이에서 새로운 요소 추가 연습하기	1. 정보 전달 연습하기 2. 사건 설명 연습하기 3. 주제에서 벗어나지 않기 연습하기 4. '무엇'과 '어디에'를 질문하는 것 연습하기	1. 간단한 모양 복사 연습하기 2. 종이를 반으로 자르기 연습하기 3. 게임에서 지시에 반응 연습하기 4. 달리기 연습하기	1. 루틴에 동료와 함께 참여하기 연습하기 2. 나누기 연습하기 3. 친구들과 상호작용하는 시간 늘이기 연습하기
마크	1. 활동 끝내기 연습하기 2. 정량화 개념 연습하기 3. 스크립 변경 연습하기 4. 탈중심화 놀이 연습하기 5. 순서 완성하기 연습하기	1. 무엇과 어디에에 반응 연습하기 2. 주제에 반응 연습하기 3.인과관계 연습하기 4. 생각 연결 연습하기	1. 풀을 사용하여 조절 연습하기 2. 색칠 연습하기 3. 자르기 연습하기 4. 형태 복사 연습하기 5. 게임에서 지시에 반응 연습하기 6. 계단에서 발을 번갈아 가면 연습하기	1. 공동 배려 연습하기 2. 친구들에게 반응 연습하기

2단계: 그룹 우선순위 평가하기

〈표 4-2〉에 보여진 이 그룹의 그리드는 IEP에서 도출된 목적들의 모음이다.

그룹 우선순위를 평가할 때, 치료사는 먼저 다음 질문을 제기한다. "이 아동들에게 어떤 목적들이 중복되는가?" 답변은 다음과 같다. 그룹 내 각 아동에 대해 기대되는 목적 달성 수준이 다양하기 때문에, 각 목적의 일반적인 제목은 그룹 내 여러 아동들에 대한 구체적인 목적 기대치를 포함할 때만 의미가 있다는 점에 주의해야 한다. 추가적인 세부 목표들(제5장 참조)은 이에 따라 진행될 것이다.

관련 사회적 목적은 다음과 같다.

1. 동료 상호작용에 참여하기
   - 일상에서(조나단, 테오, 제이콥)
   - 나누기 및 차례 지키기(조나단, 테오, 제이콥)
   - 상호작용 시간 증가(조나단, 테오, 제이콥)
   - 응답(앤드류, 마크)

- 시작(표시)
- 단어로(테오)
- 게임 규칙을 준수(조나단)
- 공동 관심사(앤드류, 마크)
- 탈중심화 놀이(앤드류, 마크)

2. 활동 완료(마크)

관련 의사소통 목적에는 다음이 포함된다.

1. 표현력 있는 언어를 확장하기
   - 계획 및 설명(조나단, 테오)
   - 조건부 응답(조나단, 테오, 마크)
   - 'Ing'(조나단)
   - 과거 시제(조나단)
   - 지시에 응답하기(앤드류)
   - 언급(앤드류)
   - 반복(앤드류)
   - 인과관계
   - '그리고' 및 ' 때문에'(테오)
   - 정보 제공(제이콥)
   - 사건 설명(제이콥)
   - 주제에 집중하고 문장을 완성하기(제이콥)
   - 연결 연습(마크)
   - 무엇을 그리고 어디로 질문하기(제이콥)
   - 대상/장소에 대한 응답

관련 인지 목적에는 다음이 포함된다.

1. 아이디어 확장
   - 비일상적인 방향(조나단)

- 문제 해결(조나단, 앤드류, 테오)
- 스토리 연기(조나단, 테오)
- 놀이에 새로운 요소 추가(테오, 제이콥)
- 스크립트 변경 사항(가브리엘)

2. 정보를 변별하고 분류하는 능력을 향상시키기
   - 레이블과 모양 변별하기(제이콥)
   - 속성별 그룹화(제이콥)
   - 크기 개념 일반화하기(조나단)
   - 분류하기(앤드류)
3. 기억력과 순차 능력을 향상하기
   - 과거 사건(테오, 조나단) 불러오기 및 순서 지정(조나단)
   - 전체 순차화하기(제이콥)

관련 운동 목적은 다음과 같다.

1. 게임 내 지시에 응답(조나단, 앤드류, 테오, 제이콥, 마크)
2. 운동 능력 향상
   - 달리기(제이콥)
   - 한 발로 균형 잡기(테오)
   - 건너뛰기(조나단)
   - 공 잡기(조나단)
   - 발 교대하기(마크)

두 번째 질문인 **"음악치료를 통해 어떤 목적을 가장 잘 달성할 수 있을까?"**에 대한 답변으로 치료사는 다음과 같은 결론을 내릴 수 있다.

1. 사회성: 또래 상호작용과 활동을 완료하려는 동기 부여는 치료사가 구성할 수 있는 모든 그룹 음악치료 활동의 필수 구성 요소이다.
2. 표현 언어: 표현 언어의 모든 측면은 치료사가 적절한 수준의 언어를 모델링하면서 아동과 대화하는 과정에서 다룰 수 있다. 음악에서 노래는 대화형 언어 수준을 소개하는

데 이상적인 방법이다.

3. 인지 A: 아이디어를 확장하는 것은 아동들이 노래 쓰기, 음악 드라마, 악기 '이야기', 동작 드라마를 추구할 때 할 수 있는 논리적인 과정이다.
4. 인지 B: 연주하거나 듣는 악기의 종류와 계열을 선택하고, 설명할 때 변별과 분류를 쉽게 수행할 수 있다.
5. 기억력과 순차적 능력은 아이디어의 확장과 상호 연관되어 있다.
6. 운동 A: 지시에 반응하는 것은 미리 작곡된 것이든, 즉흥적으로 만든 것이든 간에 모든 움직임, 기악 또는 상호작용적 노래 활동의 자연스러운 부분이다.
7. 운동 B: 모든 활동 지시에 다양한 움직임을 통합하는 것은 시간적 조직을 통해 쉽게 달성되고 도움이 된다.

참고: 치료사가 목적의 수를 한정하기로 선택하는 경우, 사회적 및 표현적 언어 목적이 우선시된다.

3단계: 그룹 목적 결정

따라서 두 번째 임상 사례에 대해 설정된 그룹 목적은 다음과 같다.

사회적 목적에는 다음이 포함된다.

1. 또래 상호작용에 참여하기:
   - 일상에서(조나단, 테오, 제이콥)
   - 나누기 및 차례 지키기(조나단, 테오, 제이콥)
   - 상호작용 시간 증가(조나단, 테오, 제이콥)
   - 응답(앤드류, 마크)
   - 시작(마크)
   - 단어로(테오)
   - 게임 규칙을 준수(조나단)
   - 공동 관심사(앤드류, 마크)
   - 탈중심화 놀이(앤드류, 마크)
2. 활동 완료(표시)

의사소통 목적에는 다음이 포함된다.

1. 다음과 같은 방식으로 표현 언어를 확장하기
   - 계획 및 설명(조나단, 테오)
   - 조건부 응답(조나단, 테오, 마크)
   - 'Ing'(조나단)
   - 과거 시제(조나단)
   - 지시에 응답하기(앤드류)
   - 댓글(앤드류)
   - 반복(앤드류)
   - 인과관계
   - '그리고' 및 '때문에'(테오)
   - 정보 제공(제이콥)
   - 사건 설명(제이콥)
   - 주제에 집중하고 문장을 완성하기(제이콥)
   - 연결 연습(마크)
   - 무엇을 어디로 질문하기(제이콥)
   - 무엇을 어디에 질문에 응답하기(마크)

인지 목적에는 다음이 포함된다.

1. 다음 방법으로 아이디어를 확장하기
   - 비일상적인 방향(조나단)
   - 문제 해결(조나단, 앤드류, 테오)
   - 스토리 연기(조나단, 테오)
   - 놀이에 새로운 요소 추가(테오, 제이콥)
   - 스크립트 변경 사항(마크)
2. 정보를 변별하고 분류하는 능력을 향상시키기
   - 레이블과 모양 변별하기(제이콥)
   - 속성별 그룹화(제이콥)
   - 크기 개념 일반화하기(조나단)
   - 분류하기(앤드류)

3. 기억력과 순차 능력을 향상하기
    - 과거 이벤트(테오, 조나단) 불러오기 및 순서 지정(조나단)
    - 전체 순서 정하기(제이콥)

운동 목적에는 다음이 포함된다.

1. 게임 내 지시에 응답(조나단, 앤드류, 테오, 제이콥, 마크)
2. 운동 능력 향상
- 달리기(제이콥)
- 한 발로 균형 잡기(테오)
- 건너뛰기(조나단)
- 공 잡기(조나단)
- 발 바꾸기(마크)

4단계: 걸림돌 처리하기

이 그룹에는 서로 다른 두 가지 수준의 기능이 있거나, 사실상 그룹 내에 두 개의 하위 그룹이 있는 것으로 보인다: ① 조나단, 테오, 제이콥; ② 앤드류와 마크. 각 수준을 반드시 다루어야 한다. 목적은 다르지만 모두 동일한 일반 콘텐츠 영역에 포함된다. 따라서 특히 관련성 측면에서 높은 기능을 가진 조나단, 테오, 제이콥은 낮은 기능을 가진 앤드류와 마크의 모델이자 촉구자 역할을 할 수 있다.

첫 번째 사례에서처럼 이러한 IEP 목적은 측정할 수 없으므로, 중간 및 연말 보고서에서 아동의 진행 상황을 비교하기 위해 기초선 기능의 사전 사정평가가 필요하다. 그룹 목적은 일반적인 용어(예: 운동 기술 향상)로 구성되지만, 그룹 목적에는 일반적인 용어 목적에 따라 각 아동의 기능 수준에 대한 세부 정보가 포함된다. 이 책의 앞부분에서 강조했듯이, 치료사는 관찰하고 평가할 수 있는 행동만 추적하도록 계획해야 한다. 이 그룹에 대한 세부 목적이 너무 많아서 가장 노련한 치료사조차도 한 번의 음악치료 세션에 이러한 모든 목적을 포함하는 데는 어려움을 겪을 것이다.

사례 예시 3: 중복장애를 가진 잠복기 연령 아동(Goodman, K., 1996~2002)

그룹

잠복기 연령 아동 5명이 속한 이 그룹은 10세에서 13세 사이로 구성되어 있다. 이들은 뉴저지주 전역에 걸쳐 31개의 학군에서 파견을 받는 지역 주간 학교에 다닌다. 이 학교에는 3세에서 21세 사이의 다양한 장애아동이 있다. 중복장애 아동 그룹에 대한 IEP의 목적은 다양한 학군과 각 학군 내의 다른 전문가가 작성했다. IEP의 목적은 동일한 수준의 구체성이 부족하다. 이에 대한 한 가지 예는 도라의 인지 목적이 구체적이지만 언어, 사회 및 운동 목적이 모호하다는 것을 들 수 있다. 그녀를 우리 학교에 보내는 학군의 기대를 명확히 하기 위해 더 많은 정보가 필요할 것이다. 다른 상황에서는 사회적 및 또는 운동 영역에서 패트릭의 필요와 같이 다루어지지 않은 목적 영역이 있다.

기관 자체에서 특정 유형의 임상적 지향성을 정의하기 위해 노력하지는 않는다. 작업치료, 물리치료, 음악치료, 언어/언어병리학, 사회복지, 심리학, 언어 교육 등 다양한 분야의 팀원들이 기관에 근무한다. 전문가들이 서로 소통하는 정도는 일정에 따라 정해져 있지 않다. 이로 인해 목적 달성이 더 어려워진다.

이 그룹은 미취학 아동부터 초등학교 저학년까지 다양한 신체적, 주의력 장애를 가진 발달 단계의 학생들로 구성되어 있다. 도라는 의학적으로 허약하고 사지 마비가 있어 간호사의 도움을 받고 있으며, 제러드는 극도로 과잉 행동하고 요구가 많아 교사 보조원의 관심이 많이 필요하며, 리처드는 교사의 관심에 크게 의존하는데 이러한 관심을 받지 못하면 소극적이고 공격적인 태도를 보일 수 있으며, 더불어 무산소증에 시달리고 있다. 에반은 레트 증후군을 가진 아동이다. 음악을 좋아하지만, 그는 종종 감각적 집착으로 인해 주의가 산만해진다. 이 그룹은 쉽게 작업할 수 있는 그룹이 아니므로 치료사의 많은 구조화가 필요할 것이다. 〈표 4-3〉은 이 그룹을 위한 발달 그리드의 생성을 나타내며, 이는 그룹 음악치료 목적을 설정하기 위한 첫 번째 단계이다(다음 장 참조).

1단계: 발달 그리드 만들기

〈표 4-3〉 중복장애 잠복기 연령 그룹

아동 이름	인지	언어	사회성	운동
도라	1. 26개의 손글자 및 그 소리들을 판별하기(도라)	1. 그녀의 수용성 어휘 확장하기(도라)	1. 그룹 활동에서 흥미 있는 것을 시연하기(도라)	1. 아동은 발달적으로 진전하고 있는 소근육 및 대근육 운동행위를 증가시키기
	2. 11개의 색깔 단어들을 판별하기(도라)	2. 예/아니요 질문 반응 향상시키기(도라)	2. 또래와 성인으로부터 주목받는 것 즐기기(도라)	2. 그녀의 요구와 욕구를 소통하는 제스처 개발하기(도라)
	3. 신호에 자주 보이는 12개의 단어와 13개의 다른 단어들 판별하기(도라)	3. 의사소통을 위한 컴퓨터 기술의 사용 개발하기(도라)		
	4. 1부터 5까지 숫자 판별하기(도라)	4. 의사소통을 위한 보완창치 사용 개발하기(도라)		
	5. 많게/적게, 텅 빈/가득 찬, 그리고 많이/한 개 등의 정량적 개념의 이해 시연하기(도라)			
재러드	1. 학교 환경 내에서 간단한 질문 잘 듣고 대답하기(재러드)	1. 간단한 질문에 대해 시간 관련 용어를 올바르게 사용하여 대답하도록 하여 어휘를 확장하기. 이는 언어적 촉구와 함께 5번의 시도 중 3번 성공하는 것을 목표로 하기	1. 10분간의 간단한 교실 활동을 최소 언어 촉구를 통하여 5번 중 4번 완성하기	1. 다양한 대근육 사용 활동에 참여하기 위해서 언어 지시를 따르고 행동 조정하기
	2. 숫자 1부터 30까지 인식하고 읽기	2. 25개의 단어를 시각적으로 인식하고 결합하여 읽기	2. 적절한 양의 언어 사용, 부적절한 행동 및 주의를 끌기 위한 소음 감소 등을 통해 교실 활동 중에 적절하게 행동하기	2. 3개의 놀이 활동 중 하나를 선택하고, 선택한 놀이에 독립적으로 15분간 참여하기

	3. 전화번호와 주소를 물었을 때, 정확히 대답하기		3. 자발적인 감정 표현에 의한 자신의 감정 상태 인식의 증가를 시연하기 4. 도전적인 환경 내에서 올바른 행동을 유지하는 것에 의한 실망에 대한 내성을 증가시키는 것 시연하기	
에반	1. 교실 활동 중 사용된 물건을 세는 데 있어 일대일 대응 관계를 개발하고, 3/5번의 횟수를 정확하게 세어 보기	1. 20분 동안 일대일로 기술 기반 자료를 활용하여 어휘력, 언어 개념, 청취 능력을 향상시키기 2. 의사소통과 상호작용을 위해 그림과 음성 출력 가능한 저기술 보완 장치 확장하기 3. 하루에 한 번의 활동 동안 한 번만 주어진 구두 메시지를 이해하고 그림이나 행동으로 적절히 반응하기 4. 10개의 시각 단어를 이해하며 읽기	1. 일대일로 20분 동안 어휘력, 언어 개념, 청취 능력 확장을 위한 기술 기반 자료를 활용하기 2. 의사소통과 상호작용을 위해 그림과 음성 출력 가능한 저기술 보완 장치 확장하기 3. 하루에 한 번의 활동 동안 한 번만 주어진 구두 메시지를 이해하고 그림이나 행동으로 적절히 반응하기 4. 10개의 시각 단어를 이해하며 읽기 5. 매일 학교 시간에 한 번씩 반 친구들과 평행놀이 시작하기	3/5번 이상 최소한의 언어적 재지시로 그룹 대근육 운동 활동에 참여하기
리처드	1. 일상적인 작업 맥락에서 물건 그룹을 세기 위해 자연수 사용하기	1. 자기 교정을 위한 단 한 번의 기회가 주어졌을 때 원하는 것, 필요한 것, 그리고 감정을 명확하게 구두로 표현하기	1. 구두 지시만으로 3~5일 동안 독립적으로 자리에서 하는 과제 완수하기	

	2. 매일 간식을 '구매'하기 위해 제시된 동전에서 정확한 금액 찾기	2. 필요한 직원에게 원하는 것, 필요한 것, 그리고 감정을 자발적으로 구두로 표현하기	2. 과제에 대한 주의력 향상과 함께 구두 촉구로 3/5번 교실 내 앉은 자세 개선하기	
	3. 질문받았을 때 거리, 마을, 주, 국가를 포함한 집 주소를 구두로 전달하기	3. 4/5번의 기회에 적절한 구두 응답을 통해 구두 정보에 대한 이해를 보여 주기	3. 최대 2번의 구두 재지시로 그룹 활동에 참여하기	
		4. 다양한 방식과 환경에서 제시된 최대 35개의 단어를 인식하여 사전 준비 독해 기술을 보여 주기		
패트릭	1. 일상적인 작업 맥락에서 물건 그룹을 세기 위해 자연수 사용하기	1. 4단어 구문을 반복하여 원하는 것과 필요한 것을 명확하고 알아들을 수 있게 구두로 표현하기		
	2. 매일 간식을 '구매'하기 위해 제시된 동전에서 정확한 금액 찾기	2. 적절한 처리 시간이 주어지면 적절하게 응답하여 그룹 활동 중에 청각 입력을 이해하고 기억하는 것을 보여 주기		
	3. 질문받았을 때 거리, 마을, 주, 국가를 포함한 집 주소를 구두로 전달하기	3. 다양한 방식과 환경에서 제시된 최대 40개의 단어를 인식하여 사전 준비 독해 기술을 보여 주기		

2단계: 그룹 우선순위 평가

이 그룹에 관해서 표시된 〈표 4-3〉은 IEP에서 파생된 목적의 모음이다.

그룹 우선순위를 평가할 때, 치료사는 먼저 이 아동들에게 어떤 목적이 겹치는가라는 질문을 던진다. 여기에 그 해답이 있다.

관련 사회적 목적은 다음과 같다.

1. 함께 활동 참여
   - 최대 두 번의 구두 지시 변경(리처드)
   - 최소한의 구두 안내로 10분 동안, 5회 시도 중 4회(재러드)
   - 언어적 안내만으로 대근육 운동/균형 활동(패트릭)
   - 세션 중 최소 한 번 이상 언어적 자극을 최소화하고 행동 반응이 감소한 경우(재러드)
   - 관심(도라)
   - 촉구 및 재지시 통해 수업 시간 중 최대 1/2시간 동안 참여(에반)
   - 3/5(세션) 일에 사진이나 몸짓을 적절히 활용하여 도움의 필요성을 인식하고 있음을 보여 주기(에반)
   - 자발적으로 감정을 언어화하여 감정 상태를 표현하기(재러드)
   - 적절한 행동을 유지함으로써 좌절에 대한 내성이 증가하기(재러드)
   - 또래와 어른들의 관심(도라)
2. 아래에 정의된 대로 '적절한' 행동 실천하기
   - 적절한 언어 사용량, 부적절한 행동 및 주의를 끄는 소음의 감소(재러드)
   - 도전적인 상황에서의 적절성(재러드)
3. 매일 수업 시간에 한 번씩 같은 반 친구와 평행 놀이 시작하기(에반)

관련 의사소통 목적에는 다음이 포함된다.

1. 보완 장치 사용
   - 의사소통을 위한 개발(도라)
   - 의사소통 및 상호작용을 위한 음성 출력 기능이 있는 저기술 보완 장치의 사용 확대(에반)
2. 수용 어휘
   - 확장(도라)
   - 예/아니요 질문에 대한 응답 개선(도라)
   - 하루에 한 가지 활동을 하는 동안, 사진이나 행동을 통해 적절하게 반응하기(에반)
   - 4/5번의 기회에 적절한 언어적 반응을 통해 언어적 정보에 대한 이해를 보여 주기(리

처드)

3. 표현력 있는 의사소통
   - 욕구, 요구, 느낌을 적절한 직원에게 자연스럽게 말로 표현하기(리처드)
   - 4단어 구문을 반복하여 욕구와 요구를 명확하고 명료하게 말로 표현하기(패트릭)
   - 적절한 처리 시간이 주어지면 적절하게 반응하여 그룹 활동 중 청각적 입력의 이해 및 유지력 보여 주기(패트릭)
   - 자기 교정의 기회가 한 번만 주어지면 욕구, 요구, 느낌을 명확하게 말로 표현하기(리처드)
   - 언어적 촉구가 있는 간단한 질문에 대한 응답으로 시간적 용어를 올바르게 사용, 5회 중 3회(도라)
   - 시각적 단어 사용(리처드)
   - 다양한 방식과 환경에서 제시된 최대 35개의 단어를 인식하여 사전 읽기 능력 보여 주기(리처드)
   - 다양한 방식과 환경에서 제시되는 최대 40개의 단어를 인식하여 사전 준비 기술 보여 주기(패트릭)

관련 인지 목적에는 다음이 포함된다.

1. 학습 전 단계
   - 11가지 색 단어 판별하기(도라)
   - 표지판에서 자주 보이는 12개의 단어와 13개의 다른 시각 단어 판별하기(도라)
   - 5까지 숫자 판별하기(도라)
   - 26개의 활자 문자와 그 소리 모두 판별하기(도라)
   - 일상적인 작업의 맥락에서 정수를 사용하여 개체 그룹을 세기(리처드)
   - 매일 간식을 '구매'하기 위해 제시된 동전으로 정확한 금액을 찾기(리처드)
2. 요청 시 거리, 도시, 주, 국가를 포함한 집 주소를 구두로 알려 주기(리처드, 패트릭)

관련 운동 목적. 운동 목적은 상대적으로 그리드에서 가장 개발이 덜 된 부분이다.

1. 발달적으로 점진적인 소/대근육 운동 행동 증가(도라)

2. 요구와 욕구를 전달하기 위한 제스처 개발(도라)
3. 다양한 대근육운동 활동에 참여하도록 움직임 수정(재러드)
4. 3/5회 이상 최소한의 언어적 변경지시로 그룹 대근육 활동 참여(에반)

두 번째 질문인 **"음악치료를 통해 어떤 목적을 가장 잘 달성할 수 있을까?"**에 대한 답변으로 치료사는 다음과 같은 결론에 도달할 수 있다.

1. 모든 사회적 목적은 음악치료 그룹과 관련이 있다.
2. 대부분의 의사소통 목적은 음악치료 그룹과 관련이 있으며, 치료사가 방향을 제시하고 아동으로부터 피드백을 받는 방식으로도 연결될 수 있다. 시각 단어 인식 목적은 인지 범주에 더 적합할 수 있으며, 음악치료와 즉각적으로 관련이 없다.
3. 모든 인지적 목적은 학업 전 단계이다. 노래, 보컬, 악기 활동을 통해 접근할 수도 있지만, 악기 색깔 고르기, 반 친구들에게 나누어 줄 악기 수 세기, 주제와 관련된 그림을 간단한 단어와 함께 사용하여 음악 활동 결정하기, 점심시간 전에 악기 판매를 위한 간단한 지침 만들기 등 기능적인 방법으로도 접근할 수 있다.
4. 이러한 IEP에는 목록에 추가할 수 있는 중요한 사회적 목적이 누락되어 있다. 여기에는 주의력이 부족한 아동의 경우 간단한 문제해결 능력으로 이어지는 감정 표현이 포함된다.
5. 앞서 언급한 목적 중 상당수는 맥락에 맞지 않거나, 발달적으로 부적절하거나, 중복되거나, 모호하다.

참고: 그룹이 이렇게 규모가 크고 목적이 서로 다른 경우에는 적어도 초기 단계에서는 사회성과 의사소통으로 목적을 구분할 필요가 있을 것이다.

3단계: 그룹 목적 결정

따라서 세 번째 임상 사례에 대해 설정된 그룹 목적은 다음과 같다.

사회적 목적에는 다음이 포함된다.

1. 활동 참여도를 높인다.
   - 최대 두 번의 구두 지시 변경(리처드)

- 최소한의 구두 안내로 10분 동안, 5회 시도 중 4회(재러드)
- 구두 안내만으로 대근육 운동/균형 활동에서(페트릭)
- 세션 중 최소 한 번 이상, 언어적 촉구와 행동 반응이 감소한 경우(재러드)
- 관심(도라)
- 촉구 및 지시 변경을 통해 수업 시간 중 최대 1/2시간 동안(에반)
- 3/5 회에 최소한의 언어적 지시 변경으로 그룹 대근육 운동 활동에 참여하기(에반)

2. 인식을 증가시키기
   - 3/5 세션일에 사진이나 제스처를 적절히 사용하여 도움의 필요성을 알리기(에반)
   - 자발적으로 감정을 언어화하여 감정 상태를 표현하기(재러드)
   - 적절한 행동을 유지함으로써 좌절에 대한 내성이 증가
   - 또래와 어른들의 관심(도라)
3. 아래에 정의된 대로 '적절한' 행동을 실천하기
   - 적절한 언어 사용량, 부적절한 행동 및 주의를 끄는 소음의 감소(재러드)
   - 도전적인 상황에서의 적절성(재러드)
4. 매일 수업 시간에 한 번씩 같은 반 친구와 평행 놀이 시작하기(에반)

의사소통 목적에는 다음이 포함된다.

1. 보완 장치 사용
   - 의사소통 및 상호작용을 위해 음성 출력이 가능한 저기술 보완 장치 사용 확대(에반, 도라)
2. 적절한 발달 수준에 맞는 수용 어휘력 향상
   - 예/아니요 질문에 대한 응답 개선(도라)
   - 하루에 한 가지 활동을 하는 동안 사진이나 행동을 통해 적절하게 반응하기(에반)
   - 4/5번의 기회에 적절한 언어적 반응을 통해 언어적 정보에 대한 이해를 보여 주기(리처드)
3. 적절한 발달 수준에 맞는 표현적 의사소통 향상
   - 욕구, 요구, 느낌을 적절한 직원에게 자연스럽게 말로 표현하기(리처드)
   - 4단어 구문을 반복하여 욕구와 요구를 명확하고 명료하게 말로 표현하기(패트릭)
   - 적절한 처리 시간이 주어지면 적절하게 반응하여 그룹 활동 중 청각적 입력의 이해

및 유지력을 보여 주기(패트릭)
- 자기 교정의 기회가 한 번만 주어지면 욕구, 요구, 느낌을 명확하게 말로 표현하기(리처드)
- 언어적 촉구가 있는 간단한 질문에 대한 응답으로 시간적 용어를 올바르게 사용, 5회 중 3회(재러드)
- 요구와 욕구를 전달하기 위한 제스처 개발(도라)

인지 목적에는 다음이 포함된다.

1. 적절한 발달 수준에 맞는 학업 전 기술 향상
   - 26개의 원고 문자와 그 소리 모두 판별하기(도라)
   - 11가지 색 단어 판별하기(도라)
   - 표지판에서 자주 보이는 12개의 단어와 13개의 다른 시각 단어 판별하기(도라)
   - 5까지 숫자 판별하기(도라)
   - 일상적인 작업의 맥락에서 정수를 사용하여 개체 그룹을 세는 방법(리처드)
   - 매일 간식을 '구매'하기 위해 제시된 동전으로 정확한 금액을 찾기(리처드)
   - 요청 시 거리, 도시, 주, 국가를 포함한 집 주소를 구두로 전달하기(리처드, 패트릭)

운동 목적에는 다음이 포함된다(참고: 운동 목적은 상대적으로 그리드에서 가장 발달이 덜 된 부분이다.).

1. 다양한 대근육 운동 활동에 참여하도록 동작을 수정한다(재러드).

4단계: 걸림돌 처리하기

학업 전 기술과 관련된 IEP의 목적은 음악치료 세션에 포함될 수 있지만, 그룹이 아동을 도울 수 있는 잠재력의 핵심 요소인 의사소통과 사회화를 배제해서는 안 된다. 그룹 내에는 신체적으로 도움을 주는 보조자가 필요한 아동이 있다. 이는 계획의 방법 섹션에서 다룰 수 있다. 여기서 언급하는 이유는 목적을 설정하고 관찰하는 '저글링' 행위를 더 어렵게 만들기 때문이다.

두 번째 사례 연구에서와 같이 치료사는 다양한 포괄적인 용어(예: 발달에 적합한 표현적 의사소통 증가)로 목적 영역을 구성할 수 있지만, 이 목적이 각 아동의 세부 사항을 배제하는 것은 아니다. 이 사례 연구에서는 측정 가능한 결과 측면에서 IEP 목적이 일관되지 않음을 알 수 있다. 그러나 사례 연구 예시 1, 2, 그리고 4와 비교할 때, 이 IEP 목적은 특정 결과를 찾는 측면에서 가장 구체적이며, 이는 아마도 가장 최근 사례 중 하나이기 때문일 것이다(Goodman, 1996~2002). 다시 말하지만, 이 문제는 목적과 관련된 현재 기능 수준에 대한 기준 정보를 취하고, 이 정보를 중간 및 연말 결과와 비교함으로써 대응할 수 있다.

사례 예시 4: 잠복기 연령 아동 정신과 그룹[입원 환자 학교(병원학교) 환경] (Goodman, K., 1981~1984)

그룹

자살 시도 또는 지속적인 자살 충동으로 사설 정신과 병원에 실려 온 9~12세의 사춘기 아동 4명은 모두 품행장애(앨런), 임상적 우울증(벳시), 조현병(데비), 양극성 장애, 조증(에드거) 등 다양한 정신과 장애를 진단받았다.

이러한 아동은 병원에 일시적으로(몇 주에서 3개월) 수용되기 때문에 단위 교실의 특수교육 교사가 교육을 담당한다. 이 교사는 사실상 아동의 임상적 요구와 응급 입원에 따라 아동의 목적을 미리 설정한다. 따라서 정신과 입원실 직원, 치료사, 의사, 교사의 임무는 아동을 정서적으로 안정시켜 적절한 시기에 병원을 떠나 가정이나 거주지로 돌아갈 수 있도록 하는 것이다.

필요에 따라 동일한 설정으로 변경할 수 있다.

이 경우 교육 목적과 임상 목적이 잘 겹치고 치료사가 이러한 목적에서 치료 계획을 쉽게 도출할 수 있다. 체류 기간이 짧기 때문에 그룹 구성이 빠르게 바뀔 가능성이 높으므로, 그룹 목적은 변화하는 배치 구성에 또 다른 과제가 추가된다. 〈표 4-4〉는 그룹 음악치료 목적을 설정하기 위한 첫 번째 단계인 그룹 발달 그리드 작성을 나타낸다.

1단계: 발달 그리드 만들기

〈표 4-4〉 잠복기 연령 아동 정신과 그룹

아동 이름	사회성	의사소통	인지	운동
앨런	1. 동료와의 상호작용 늘리기 2. 자살 충동을 줄이기 3. 충동성 줄이기 4. 기분에 대한 인식력 높이기	1. 1인칭 대명사 사용하기	1. 문제해결 능력을 향상시키기	1. 스스로 자극하는 습관을 줄이기
벳시	1. 동료와의 상호작용을 늘리기 2. 자살 충동을 줄이기 3. 긍정적인 영향력을 높이기 4. 기분에 대한 인식을 높이기	1. 생각 완성하기	1. 문제해결 능력을 향상시키기	1. 운동 참여도를 높이기
데비	1. 동료와의 상호작용을 늘리기 2. 자살 충동을 줄이기 3. 연주 패턴의 경직성을 줄이기 4. 기분에 대한 인식을 높이기	1. 관련 없는 의사소통을 줄이기	1. 문제해결 능력을 향상시키기	1. 동작의 유연성을 높이기
에드거	1. 동료와의 상호작용을 늘리기 2. 자살 충동을 줄이기 3. 기분에 대한 인식을 높이기 4. 충동성을 줄이기	1. 도피에 대한 생각을 줄이기	1. 문제해결 능력을 향상시키기	1. 움직임의 충동성을 줄이기

2단계: 그룹 우선순위 평가

위에 표시된 그리드는 IEP에서 파생된 목적의 모음이다.

그룹 우선순위를 평가할 때, 치료사는 이 아동들에게 어떤 목적이 겹치는가라는 질문을 던진다. 여기에 그 해답이 있다.

관련 사회적 목적은 다음과 같다.

1. 동료와의 상호작용 증가(에드거, 데비, 벳시, 앨런)
2. 자살 충동 줄이기(에드거, 데비, 벳시, 앨런)
3. 기분에 대한 인식 향상(에드거, 데비, 벳시, 앨런)
4. 충동성 감소(에드거, 앨런)
5. 연주 패턴의 경직성 감소(데비)
6. 긍정적 영향력 증가(벳시)

관련 의사소통 목적에는 다음이 포함된다.

1. 일인칭 대명사 사용(앨런)
2. 생각 완성(벳시)
3. 관련 없는 의사소통 줄이기(데비)
4. 도피에 대한 생각 줄이기(에드거)

관련 인지 목적에는 다음이 포함된다.

1. 문제해결 능력 향상(에드거, 데비, 벳시, 앨런)

관련 운동 목적은 다음과 같다.

1. 스스로 자극하는 습관 줄이기(앨런)
2. 운동 참여도 증가(벳시)
3. 움직임의 유연성 향상(데비)
4. 움직임의 충동성 감소(에드거)

두 번째 질문인 "음악치료를 통해 가장 잘 해결되는 목적은 무엇인가?"에 대한 답변이다. 다음과 같은 결론에 도달할 수 있다:

모든 목적은 정신과적 장애 및 기능장애 기질과 관련이 있다. 음악치료에서는 모두 쉽고 건강하게 접근할 수 있다.

3단계: 그룹 목적 결정

따라서 네 번째 임상 사례에 대해 설정된 그룹 목적은 다음과 같다.

사회적 목적

1. 동료와의 상호작용 증가(에드거, 데비, 벳시, 앨런)
2. 자살 충동 줄이기(에드거, 데비, 벳시, 앨런)
3. 기분에 대한 인식 향상(에드거, 데비, 벳시, 앨런)
4. 충동성 감소(에드거, 앨런)
5. 연주 패턴의 경직성 감소(데비)
6. 긍정적 영향력 증가(벳시)

의사소통 목적

1. 일인칭 대명사 사용(앨런)
2. 생각 완성(벳시)
3. 관련 없는 의사소통 줄이기(데비)
4. 도피에 대한 생각 줄이기(에드거)

인지 목적

1. 문제해결 능력 향상(에드거, 데비, 벳시, 앨런)

운동 목적

1. 스스로 자극하는 습관 줄이기(앨런)
2. 운동 참여도 증가(벳시)
3. 움직임의 유연성 향상(데비)
4. 움직임의 충동성 감소(에드거)

4단계: 걸림돌 처리하기

그룹 구성원의 상대적으로 빠른 변동 때문에, 목적들은 주간 단위로 재평가되어야 할 것이다. 이러한 점에서, 일부 목적들은 치료 목적이라기보다는 평가적 목적으로 볼 수 있다 (Goodman, 1989 참조). 목적들이 '증가'와 '감소'와 같은 상대적인 용어로 진술되어 있기 때문에, 치료사가 첫 세션을 기초선 데이터 기록에 사용하지 않는 한 구체적인 변화를 보고할 수 없다.

이 그룹의 또 다른 걸림돌은 장애의 광범위한 다양성이다. 아동들의 나이 차이가 크지 않음에도 불구하고, 그들은 기분(예: 조증, 우울증)과 인지적 조직화(경직성, 무질서한 충동성) 측면에서 극단적인 차이를 보인다.

요약

이 네 가지 사례 연구는 그룹 구성원들의 IEP 또는 병원 치료 계획을 검토하고 자료를 조직화하고 우선순위를 정하는 작업 과정을 보여 준다. 실제적으로 고려할 때, 이 과정은 많은 시간이 소요된다. 물론 치료사가 지속적으로 자료를 업데이트할 것이기 때문에, 시간이 계속 걸리는 작업이 될 것이다. 치료사가 시간을 '절약'할 수 있는 유일한 방법은 목적을 제한하는 것이다. 바라건대, 세션에서 집중하는 목적들이 작업에서 가장 의미 있는 것이 될 것이다. 다음 장에서는 목적 분석을 통해 치료사가 단기 음악적 목표를 설정하게 된다.

학습 가이드 질문

1. IEP 목적들은 어떻게 작성되는 건가요?
2. 음악치료 목적들은 어떻게 작성되어야 한다고 제안할 것인가요?
3. 한 학년이라는 맥락에서 장기 목적은 무엇이 되어야 하는가요?
4. 발달 그리드란 무엇인가요?
5. 발달 그리드는 IEP 정보를 조직화하는 데 어떻게 사용되는가요?
6. IEP에서 발생할 수 있는 목적의 한계점들은 무엇인가요?
7. 음악치료사가 그룹 환경에서 음악치료 목적을 조직화하기 위해 거쳐야 할 단계들은 무엇인가요?
8. 당신의 임상 환경에서 4~6명의 아동 그룹의 사례를 사용하여, 이 장에서 보여 준 것과 같은 과정으로 IEP 목적들을 조직화해 보세요.

제5장

음악 그룹 진행 중에 관찰하기

그룹 음악치료의 목표

소개

임상적 목적과 음악적 목표와의 관계

마지막 장에서는 그룹 음악치료 세션에 배정된 아동들의 목적을 검토, 조직화하고 우선순위를 정하는 과정이 제시된다. 장기적인 임상 목적은 종종 '아기 걸음마'라고 생각할 수 있는 것, 즉 목적 달성으로 이어지는 일련의 예비적 성공을 통해 달성된다. 이러한 예비적 성공들을 단기 목표라고 한다. 음악치료 세션의 목적을 위해, 단기 목표의 언어를 음악치료 세션의 맥락에서의 행동 및 또는 세션에서의 음악적 행동의 관점에서 단계적으로 표현하는 것이 합리적이다.

음악치료 목표는 두 가지 수준에서 진행된다.

1. 음악적 경험이 비음악적 행동의 변화를 지원한다.
2. 아동의 음악적 행동의 변화가 발달적 성장과 본질적으로 관련되어 있다. 음악치료 목표를 수립할 때, 음악치료사는 음악치료 세션에서 관찰되어야 할 것을 비음악적 행동과 음악적 행동의 측면에서 명확히 한다. 이 장에서는 그룹을 위한 음악치료 목표를 어떻게 도출하고 작성할 수 있는지에 대한 예시를 제공한다.

목표의 정의, 목표 작성에서의 도전 과제, 목표의 타당성

교육 또는 병원 계획의 목적과 음악치료 계획으로의 '번역'을 위해, 목표는 단기적이며 장기적인 목적의 달성으로 이어지는 일련의 단계로 구성된다. 단기 목표 중 하나는 일주일에 두 번 40분씩 치료사와 만나는 그룹이 달성하는 데 3개월이 걸릴 수 있으므로, 단기라는 표현은 상대적인 표현이다. 단기 목표를 정의하기 위한 몇 가지 초기적이고 일반적인 제안은 다음과 같다.

단기 목표의 정의는 반드시 음악치료와 관련이 있는 것은 아니다

궁극적으로 임상적 목적 달성으로 이어지는 단계의 표현은 목표로 정의할 수 있다. 콜먼(Coleman, 2002)은 우리에게 모든 목표의 부분을 상기시키기 위해 '구체적(Specific), 측정 가능(Measurable), 달성 가능(attainable), 현실적(Realistic), 시간 틀(Time frame)'을 의미하는 'SMART'라는 약어를 제공한다. 목표 달성은 행동 조성(shaping), 점진적 접근(successive approximation), 용암법(fading), 일반화(generalization), 그리고 전반적으로 과제 분석을 통해 도달하는 단계적 기대 수준과 같은 기법에 의존한다. 이것들은 행동주의적 용어이지만, 다른 언어로 재고려될 수 있다. 음악적 경험에서 아동의 기능적 수준에서 작업하는 것은 아동이 연속적으로 더 높은 이득(행동 조성)을 달성하도록 돕기 위해 현재 수준에서 작업하는 것이다. 아동이 더 어려운 음악적 경험과 관련된 발달적 이득에서 독립성을 얻으면, 지원에 대한 필요성이 감소하고(촉구에 대한 용암법), 아동의 발달적 이득이 다른 설정으로 이전될 가능성(일반화)이 있다.

음악치료와 관련된 단기 목표의 정의

정량적 준거

- 음악 활동에서 작업이 완료되는 횟수
- 음악 활동에서 작업을 완료하는 데 걸리는 시간, 기간
- 제안된 음악 경험 동안 작업이 완료되는 시간의 백분율
- 음악 경험 동안 촉구의 정도

임상적 예시, 음악치료 세션에서의 비음악적 행동

임상적 목적 1: 아동은 '좀 더'와 '음악'이라는 단어를 수화로 표시한다.

음악치료 목표 1a: 아동(로리, 재러드)은 세션 중 악기나 노래를 더 많이 사용하고 싶을 때, 세 번 중 한 번은 '좀 더'라는 단어를 수화로 표현한다.

임상적 예시, 음악에 의해 유발된 비음악적 행동

음악치료 목표 1b: 아동(로리, 재러드)은 세션 중 세 번의 시도에서 한 번 동안 활동 노래의 음악적 맥락에서 음악에 '더'라는 단어를 수화로 표현한다(예: 더 원할 때 뭐라고 말해요?).

임상적 예시, 음악치료 세션에서의 음악적 행동

임상적 목적 1: 아동은 5번의 시도 중 3번에서 활동 수준을 적절히 조절한다.

음악치료 목표 1a: 아동(로리, 재러드)은 다양한 템포의 즉흥연주에서 치료사의 템포에 맞춰 드럼 연주를 늦추거나 빠르게 진행한다(템포: 70~120, 5번의 시도 중 3번).

목표 작성의 어려움

음악 목표 작성의 어려움은 다음과 같은 문제와 관련이 있을 수 있다.

1. 관찰 가능한 목표를 추적할 때 실제적인 고려 사항
2. 아동이 단기간에 성취할 수 있는 것에 대한 현실적인 기대치
3. 촉구 및 단서의 수, 기간 및 성격에 대한 적절한 기능적 기대치
4. 음악 과제에 임상적 단기 목표의 적절한 포함
5. 음악적 과제가 임상적 단기 목표를 쉽게 구현하는 이유에 대한 임상적 이해

관찰 가능한 목표 추적 시, 실제적인 고려 사항

관찰 가능하고 정량화 가능한 목표를 설정하는 것과 세션 동안 실제로 어떤 일이 일어나고 있는지 추적하는 것 사이의 간극은 정말 어렵고, 이는 평가에 관한 장에서 자세히 논의할 것이다. 특히, 본질적으로 예술적이고 창조적이며 따라서 자발적으로 이루어지기를 바라는 음악치료 과정에서는 이러한 어려움 때문에 관찰 가능한 목표를 설정하는 데 저항감이 생길 수 있다. 따라서 이 책의 앞부분에서 설명한 것처럼, 치료사는 관찰 가능한 목적과 목표, 특히 IEP에 설정된 정도의 구체성을 가진 목표를 설정할 필요성을 느끼지 못할 수도 있다.

그러나 치료사가 목적과 목표를 설정하고 이에 대한 진행 상황을 추적하는 합리적인 방법을 찾을 수 있다면, 작업 자체에 대한 신뢰도가 높아진다. 치료사가 반응을 추적할 수 없다면 목표 설정은 의미가 없다고 해도 과언이 아니다. 오랜 임상 경험을 바탕으로 몇 가지 제안을 해드리면 다음과 같다:

1. 관찰 가능한 행동을 추적하기 위해 사용하기 쉬운 체크리스트 차트를 만들고(체크리스트 예시 샘플은 제8장 평가 참조), 다양한 수준의 참여도와 메시지가 표시된 그래픽 코드를 사용하여 참여도를 기록한다.

2. 주어진 세션에 대해 합리적으로 추적할 수 있는 것보다 더 많은 목표를 설정하지 않는다.
3. 추적하기 불가능한 정량화 가능한 정보를 설정하지 않는다.
4. 방에 있는 보조 인력(예: 교사 보조원, 특수교육 교사, 간호 보조원, 추가적인 치료사, 학생 인턴 등)을 사용하여 무슨 일이 일어나고 있는지 추적하는 데 도움을 받는다. 그들은 체크리스트를 사용하거나 치료사에게 관찰한 내용을 말할 수 있다.
5. 특히 그룹 일정이 벅찬 경우 2주마다 정보를 기록하는 것을 고려해야 한다.
6. 진행 또는 퇴보에 따른 행동의 주목할 만한 변화가 있을 때, 정보를 기록하는 것을 고려해야 한다.
7. 지속시간을 추적 및 기록하는 경우, 가독성 좋은 손목시계가 필요하다.

진행 상황이나 진행 부족을 관찰하고 추적하는 것은 그룹을 운영할 때 또 다른 과제이다. 치료사가 그룹을 위해 방을 준비하고, 필요한 악기, 음악, 소품 등을 미리 준비하며, 아동들이 방에 들어가기 전에 세션의 초점을 고려해야 한다는 사실을 고려하면 이러한 추가적 책임이 벅차게 느껴질 수 있다는 것을 쉽게 이해할 수 있다. 그러나 그룹이 나아갈 방향에 대한 구체적인 감각이 없다면, 작업의 유효성에 한계가 있다는 것도 분명하다. 치료사의 임상적 지향점이 무엇이든, 그룹에 속한 각 아동이 신체적·정신적 성장을 향해 나아갈 수 있도록 돕는 방향 감각이 있어야 한다. 목표가 관찰 가능한 행동으로 명시되어 있기 때문에 행동 철학에 기반한 것처럼 보이지만, 치료사의 작업 철학이 반드시 행동 철학일 필요는 없다.

아동이 단기간에 성취할 수 있는 것에 대한 현실적인 기대치 설정

현재 기능 수준

지난 장에서 제기된 요점 중 하나는 음악치료사가 목적을 설정하는 데 사용해야 하는 기준이었다. 물론 목표에도 마찬가지로 적용된다. 모든 목적과 목표의 중요한 기준 중 하나는 현실적이어야 한다는 것이다. 너무 높지도 낮지도 않아야 한다. 그룹에서 어린이가 목적을 향해 나아가는 데 있어 무엇을 할 수 있는지에 대한 이러한 현실적인 기대에 접근하는 데는 여러 가지 방법이 있다. 제안된 방법 중 하나는, 관찰된 기능적 행동의 가장 높은 수준에서 시작하여 더 높은 수준으로 작업하는 것이다. 아동이 최소한의 기대치를 충족하면 같은 세션에서 더 많은 것을 위해 노력한다. 반대로 아동이 최소한의 기대치를 충족하지 못하면 신체적 및 또는 언어적 촉구로 아동을 돕고, 그렇게 하여 한 걸음 뒤로 물러난다. 세션에서 아동의 작업 속도와 새로운 자료 또는 새로운 기대치로 함께 작업하는 그룹의 속도를 파악하려고 노력해야 한다.

사례 예시(Goodman, K., 1992~1998)

하워드(Howard)는 다른 중등도 지체 아동 그룹에 속해 있다. 하워드는 언어적 산만함으로 인해 그룹과의 상호작용과 참여에서 벗어나 자신에게만 주의를 기울이는 경향이 있다. 이 행동과 관련된 IEP 목적은 올해 말까지 이 행동을 완전히 없애는 것이다. 하워드에게 적절하게 주의를 끌면서도 목적 달성을 향해 나아갈 수 있는 경험을 제공하기 위해 치료사는 하워드뿐만 아니라, 그룹의 다른 아동들도 자기 자신에 대해 노래할 수 있는 개방형 노래 자료를 사용하기로 결정했다. 첫 주에는 하워드가 이 경험에 적절하게 참여하는 것이 목표이다. 두 번째 주에는 하워드가 이 체험에 참여할 뿐만 아니라, 그룹에 속한 다른 네 명의 아동들의 이야기를 한 번 이상 방해하지 않고 끝까지 듣는 것이 목표이다. 세 번째 주에는 하워드가 오프닝에 참여하고 다른 네 명의 아동들의 말을 방해하지 않고 참아내는 것이 목표이다. 하워드가 다른 아동들의 음악을 듣고 참여하는 것에 대한 내성이 향상되면, 그의 행동은 음악실 안의 다른 경험으로, 그리고 궁극적으로는 음악실 밖에서도 일반화될 수 있다.

촉구 및 단서의 특징, 지속 기간, 횟수에 대한 적절한 기능적 기대

이 문제는 치료사를 첫 번째 문제, 즉 아동이 무엇을 성취할 수 있는지에 대한 기대로 되돌린다. 해결책은 동일하다. 즉, 그룹 내 아동의 알려진 기능적 수준에서 시작하여 필요에 따라 지원하되, 가능한 한 빨리 촉구를 중단하거나 줄이는 것이다. 왜냐하면 궁극적인 목표는 행동이 연출된 것이 아니라, 자발적이어야 하기 때문이다. 치료사가 활동에서 아동에게 설정하는 목표는 아동이 할 수 있는 것에 대한 인식을 바탕으로 한다는 점을 기억해야 한다. 아동이 초기 목표를 초과할 때, 목표는 조정될 필요가 있다. 이런 의미에서, 치료사는 발달적 과제, 즉 목표를 다양한 음악적 경험에 내재된 것으로 본다. 제6장 '방법론'에서 논의된 바와 같이, 자료는 목표 완수에 맞게 조정될 것이다. 예를 들어, 치료사가 간단한 춤 경험을 통해 그룹 내 아동들과 운동 계획을 작업하고 있다면, 노래의 초기 버전은 20개 이상의 단계를 포함할 수 있다(아래 참조). 모든 아동이 이 순서를 완료하기를 기대하기보다는, 춤을 몇 가지 동작 지시로 조정하는 것이 더 합리적일 것이다. 아동들이 운동 계획, 청각 처리, 그리고 지시 따르기 능력을 향상시킴에 따라 춤은 더 큰 도전을 수용하도록 조정될 수 있다. 아동들은 그룹 활동 내에서 자신의 적절한 발달 수준에 맞춰 운동을 계획한다.

임상적 단기 목표를 음악 과제에 적절히 포함시키기

이 문제는 "닭이 먼저냐 달걀이 먼저냐"라는 속담과 같은 질문으로 이어진다. 아동의 음악적 관심 방향은 치료사가 단기 목표를 음악 과제에 포함시킬 수 있는 길을 마련해야 한다. 이는 두 가지 수준에서 달성할 수 있다: ① 단기 목표를 포함시키기 위해 아동이 좋아하는 사전 계획된 경험 또는 자료 레퍼토리; ② 세션에서 일어나는 일에 기반한 즉흥적 음악 경험으로 단기 목표도 포함한다. 이상적으로는 세션이 진행됨에 따라 사전 계획된 것과 즉흥적 및 또는 즉흥적 음악 자료를 모두 포함해야 한다. 궁극적으로 이는 치료사가 아동의 목적과 목표가 무엇인지, 그리고 이것들이 음악 자료에 어떻게 포함되는지에 대해 매우 편안하게 이해해야 한다는 것을 의미한다.

임상적 단기 목표를 음악 과제가 쉽게 구현하는 이유에 대한 임상적 이해

그룹의 아동을 위한 음악치료를 하는 즐거움은 종종 자연주의적 접근방식이라고 하는 것을 포함한다. 즉, 음악치료는 아동이 시작한 상호작용을 활용하고 자연스럽게 발생하는 결과를 사용한다. 치료사가 음악 활동을 통해 특정 수준의 발달적 학습을 미리 계획할 수 있지만, 노래 부르기, 악기 연주하기, 음악에 맞춰 움직이기, 음악 감상을 통해 점점 더 자연스럽게 발생하는 발달적 상호작용으로 이어지는 것은 음악적 순간 자체의 추진력이다.

목표 정보 검토, 목표 작성을 위한 아이디어 정리

치료사가 목표를 수립할 때 취할 수 있는 제안된 단계는 다음과 같다. 이러한 단계는 원래 제4장에서 제시된 4가지 사례 연구를 통해 설명되었다.

음악치료 목표 작성을 위한 제안 단계

1. 그룹 목적을 검토한다.
2. 세션에서 그룹이 어떤 음악적 관심사/활동을 하고 있는지 예상한다.
3. 목적과 음악적 관심사/활동을 연결하기 위해 그룹이 세션에서 작업 중인 음악적 관심사/활동에 어떤 목적이 논리적으로 포함되는지 설정한다(예: 노래와 연결된 의사소통, 움직임과 연결된 운동, 음악적 해결책 찾기 및 놀이 수준과 연결된 인지, 세션 내내 행동과 연결된 사회성 목적).

4. 정량적 기준에 따라 목적을 기대치(임상 목표)의 등급으로 자주 세분화한다.
5. 음악 활동의 맥락에 맞게 임상 목표를 수정한다.
6. 필요에 따라 목표에 참여하는 각 아동에 대한 기대치를 다양하게 한다.
7. 목적과 목표를 작성하는 논리적 형식은 다음과 같다.

목적 1:

1a. 목표

1b. 목표

1c. 목표

사례 예시

독자들이 기억하겠지만, 제4장에서는 4개의 샘플그룹을 제시하고 이 그룹들에 대한 목적을 설명했다. 이 그룹들은 단기 목표 샘플 설정 과정을 보여 주기 위해 여기에 다시 소개하고자 한다.

사례 예시 1: 발달지체 미취학 아동(Goodman, K., 1992~1998)

1단계: 그룹에 대해 이전에 설정한 목적 검토(제4장 참조)

인지 목적

1. 분류 능력 증가하기(폴라, 사만다, 로런스)
2. 패턴 모방을 위해 능력 증가하기(사만다, 로런스)
3. 일대일 대응 능력 증가하기(폴라, 로런스)
4. 적절한 학습 수준 설정하기
    - 기능적(아만다)
    - 탈중심적(조셉)
    - 순차적(토미)

의사소통 목적

1. 'Wh' 질문에 대한 이해도 높이기(사만다, 로런스)

2. 스토리 순서 지정 및 다시 말하기 능력 향상(폴라, 로런스, 사만다)
3. 문법적 복잡성(사만다, 로런스), 행동에 대한 설명(조셉) 및 3단어 조합 문장(토미)을 늘리기

사회적 목적

1. 참석 기술 향상하기(폴라, 사만다, 아만다, 조셉)
2. 불필요한 말(폴라), 투덜거림(사만다), 밀치고 충동적인 행동(토미)과 관련된 충동성을 줄이기
3. 차례 지키기(조셉) 및 나누기(로런스) 능력 증가하기

운동 목적-교실에서 작업 및 물리치료사가 교육구 전문가와 협력하여 명확히 설정한다.

2단계: 그룹이 세션에서 어떤 음악적 관심사/활동을 하고 있는지 예상하기

이 그룹은 드럼/피아노 즉흥연주, 실로폰의 짧은 멜로디 따라 하기, 치료사가 음악실에서 악기들을 설치하고 정리하는 것을 돕고, 교실에서 할로윈 파티를 준비하며, 짧은 동작 활동을 배우는 데 열성적이다.

3단계: 목적과 음악 관심사/활동을 연결하기 위해 그룹이 세션에서 작업 중인 음악 관심사/활동에 논리적으로 포함되는 목적을 설정하기

분류는 악기를 세팅하고 정리하는 것과 논리적으로 연결된다. 패턴 모방은 멜로디 및 리듬 순서 연주와 논리적으로 연결된다.

의사소통(이해력, 문법적 복잡성, 이야기 다시 말하기)은 그룹에서 사용하는 자료뿐만 아니라, 미리 작곡된 노래 자료 및 자발적인 노래 자료의 사용에 대한 지속적인 의사소통과 연결된다. 사회화 기술과 충동 조절은 모든 음악 활동의 시간적 특성과 세션에서 시간과 자료를 공유하는 데 내재된 상호작용과 연결된다.

4단계: 정량적 기준에 따라 목적을 기대치 등급으로 세분화하기

이러한 목표들은 최종 목적을 향한 초급 및 중급 수준의 진전을 보여 주고 있다(예: 절반을 분류하기, 최소 두 개의 음높이 모방하기, 다섯 개의 사진 중 하나와 일치시키기 등, 2분 동안 지속하기).

5단계: 음악 활동의 맥락에 맞게 임상 목표 수정하기

이 목표는 악기 설정, 악기 선택, 악기 공유, 실로폰의 펜타토닉 패턴 연주, 그리고 보컬 선곡 등의 음악 활동을 통해 어휘력을 확장하고, 서로 적절하게 상호작용할 수 있는 단계로 진행된다.

6단계: 필요에 따라 목표에 참여하는 각 아동에 대한 기대치를 다양하게 설정하기

이 그룹은 겹치는 목표가 더 많으므로 좀 더 동질적인 그룹이다. 폴라, 사만다, 아만다 및 조셉의 참석 기술은 사회적 목적(1a)의 목표에 따라 다르다.

이 그룹을 위해 설정된 목적과 관련된 샘플 세부 목표

인지 목적/목표

1. 분류 능력 증가(폴라, 사만다, 로런스)

   1a. 네 가지 타악기와 네 가지 멜로디 악기가 주어지면 아동(폴라, 사만다, 로런스)은 이 과제를 완료하기 위해 악기의 절반을 두 그룹으로 적절히 분류하고 필요에 따라 언어적 지지를 받는다.

2. 패턴 모방 능력 증가(사만다, 로런스)

   2a. 실로폰으로 간단한 5음계 패턴인 1-2-3-2-1의 모델이 주어지면, 아동(사만다, 로런스)은 이 과제를 완료하기 위해 패턴의 음정 중 적어도 두 개를 정확하게 모방하고 필요에 따라 시각적 안내를 받는다.

3. 일대일 대응 능력 증가(폴라, 로런스)

   3a. 이 세션에서는 음악실에 있는 악기 사진이 주어지면 아동(폴라, 로런스)은 5개의 사진 그래프 중 하나를 테이블에 있는 적절한 악기에 맞추는 활동을 한다.

4. 적절한 학습 수준 설정: 기능적(아만다), 탈중심적(조셉) 또는 순차적(토미) 학습 수준 설정

   4a. 두드릴 드럼이 주어지면, 아동(아만다)은 2분 동안 피아노와 리듬을 맞춰 연주하며 악기의 기능적 사용을 확립한다.

   4b. 두드릴 드럼이 주어지면, 아동(토미)은 치료사가 모델링한 5가지 사운드 리듬 순서 중 최소 두 가지를 따른다.

의사소통 목적/목표

1. 'Wh' 질문에 대한 이해도 높이기(사만다, 로런스)

   1a. 활동 노래인(이름)이 주어지면 '무엇', '어느 것', '언제', '어디'에 대한 이해를 바탕으로 아동(사만다, 로런스)은 적어도 하나의 지시에 적절하게 반응한다.

2. 스토리 순서 지정 및 다시 말하기 능력 향상(폴라, 로런스, 사만다)

   2a. 익숙한 핼러윈 노래를 들은 후, 아동(폴라, 로런스, 사만다)은 그룹과 함께 노래의 세 가지 세부 사항 중 두 가지를 순차적으로 반복하며 노래를 부른다.

3. 문법적 복잡성 증가(사만다, 로런스), 행동에 대한 설명(조셉) 및 세 단어 조합 문장(토미)

   3a. 노래 '바람이 분다'(Levin & Levin, 1997), 아동은 주어-동사 조합(토미, 사만다) 또는 주어-동사-직접 목적어 조합(로런스, 조셉)으로 바람이 할 수 있는 일에 대해 노래한다(3번 중 2번).

사회적 목적/목표

1. 참석 기술 향상(폴라, 사만다, 아만다, 조셉)

   1a. 노래 'Hokey Pokey'가 주어지면 조셉은 주어진 순서에 따라 세 가지 지시 중 하나를 따르고, 폴라, 사만다, 그리고 아만다는 주어진 순서에 따라 세 가지 지시 중 두 가지를 따른다.

2. 불필요한 대화(폴라), 짜증 내기(사만다), 밀치기 및 충동적 행동(토미)과 관련하여 충동성을 줄인다.

   2a. 40분 세션 동안 아동은 필요에 따라 느리고 단호한 안내를 통해 처음 20분 동안 짜증 내기(사만다)와 밀치기 또는 충동적 행동(토미)을 피할 수 있다.

3. 차례를 지키고(조셉) 나누는 능력 증가(로런스)

   3a. 차례를 지키고 나눌 수 있는 능력이 필요한 다양한 음악 활동이 주어지면 아동(조셉, 로런스)는 세 번 중 한 번은 자발적으로 차례를 지키고 세 번 중 한 번은 구두 촉구와 함께 나누어 주기를 할 수 있다.

사례 예시 2: 미취학 자폐 아동(Goodman, K., 1992~1998)

1단계: 그룹에 대해 이전에 설정한 목적 검토(제4장 참조)

사회적 목적

1. 동료 상호작용에 참여하기
   - 일상에서(조나단, 테오, 제이콥)
   - 나누기 및 차례 지키기(조나단, 테오, 제이콥)
   - 상호작용 시간 증가(조나단, 테오, 제이콥)
   - 응답(앤드류, 마크)
   - 시작(마크)
   - 단어로(테오)
   - 게임 규칙을 준수하기(조나단)
   - 공동 관심사(앤드류, 마크)
   - 탈중심화된 놀이(앤드류, 마크)
2. 활동 완료(표시)

의사소통 목적

1. 다음과 같은 방식으로 표현 언어 확장하기
   - 계획 및 설명(조나단, 테오)
   - 조건부 응답(조나단, 테오, 마크)
   - 'Ing(동명사)'(조나단)
   - 과거 시제(조나단)
   - 지시에 응답하기(앤드류)
   - 댓글(앤드류)
   - 반복(앤드류)
   - 인과관계(앤드류)
   - '그리고' 및 '때문에'(테오)
   - 정보 제공(제이콥)
   - 이벤트 설명(제이콥)

- 주제에 집중하고 문장을 완성하기(제이콥)
- 연결 연습(마크)
- '무엇' 및 '어디에' 질문하기(제이콥)
- '무엇' 및 '어디' 질문에 응답하기(마크)

인지 목적

1. 아이디어를 확장하기
    - 비일상적인 방향(조나단)
    - 문제 해결(조나단, 앤드류, 테오)
    - 이야기 듣고 연기하기(조나단, 테오)
    - 놀이에 새로운 요소 추가(테오, 제이콥)
    - 대본 변경 사항(마크)
2. 정보를 변별하고 분류하는 능력을 향상시키기
    - 레이블과 모양 변별하기(제이콥)
    - 속성별 그룹화(제이콥)
    - 크기 개념 일반화하기(조나단)
    - 분류하기(앤드류)
3. 기억력과 순차 능력을 향상하기

- 과거 이벤트(테오, 조나단) 회상 및 발생 순서 지정하기(조나단)
- 순서 완성하기(제이콥)

운동 목적

1. 게임 내 지시에 응답(조나단, 앤드류, 테오, 제이콥, 마크)
2. 운동 능력 향상
    - 달리기(제이콥)
    - 한 발로 균형 잡기(테오)
    - 건너뛰기(조나단)
    - 공 잡기(조나단)
    - 발 바꾸기(마크)

2단계: 그룹이 세션에서 어떤 음악적 관심사/활동할 것인지 예상하기

이 그룹은 라피(Raffi)와 노르도프-로빈스 플레이송 모음집에서 나온 '지금-여기' 언어 노래들을 즐기고 있다: '골디락스와 세 마리 곰' 놀이에서의 표상적 놀이의 시작과 'Old Brass Wagon'과 같은 전통 노래에서의 안무가 있는 동작 지시를 포함한다.

3단계: 세션에서 그룹이 작업하고 있는 음악적 관심사/활동에 논리적으로 내포된 목적들을 확립하여 목적과 음악적 관심사/활동을 연결하기

의사소통은 라피와 노도프, 로빈스의 노래 자료와, 운동은 'Old Brass Wagon' 등의 움직임 노래와, 인지는 연극 〈곰 세 마리〉의 극적인 역할을 연기하는 것과, 사회적 목적은 모든 활동을 통해 상호작용하는 행동과 연결된다. 고기능 아동은 저기능 아동의 역할 모델링을 제공할 수 있다.

4단계: 목적을 정량적 기준에 따라 기대치의 등급으로 세분화하기

다음 사례 목표 중 일부에 포함된 정량적 용어의 예로는 '1개' 또는 '3개 중 2개'가 있다.

5단계: 음악 활동의 맥락에 맞게 임상 목표 수정하기

가능하면 음악 활동에 참여하는 아동마다 다양한 기대치를 제시한다. 목적 뒤에 괄호 안에 아동의 이름이나 첫 이니셜을 넣는 것이 가장 쉽다.

6단계: 필요에 따라 목표에 참여하는 각 어린이에 대한 기대치를 다양하게 설정하기

이 그룹에는 여러 수준의 또래 상호작용과 소통이 있으므로 치료사는 그룹과 작업하는 동안 이를 염두에 두어야 한다(아래 참조). 이 사례 예시는 매우 다양한 수준의 또래 상호작용, 표현 언어 및 인지 작업 유형을 제시하므로, 주요 목적 제목 뒤에 목표를 설정하고 아래 작업의 성격을 이름으로 구분하는 것이 가장 쉬울 것이다.

이 그룹이 달성한 목적과 관련된 샘플 목표

사회적 목적/목표

1. 또래 상호작용에 참여하기

1a. '나눔의 노래'(라피)라는 노래와 탬버린을 흔들고 지나가는 동작이 주어지면, 아동

들은 2번 중 1번은 자신의 수준에 맞게 참여하며, 필요에 따라 촉구를 받는다.

- 일상에서(조나단, 테오, 제이콥)
- 나누기 및 차례 지키기(조나단, 테오, 제이콥)
- 상호작용 지속시간 증가(조나단, 테오, 제이콥)
- 응답(앤드류, 마크)
- 시작(마크)
- 단어로(테오)
- 게임 규칙을 준수함으로써(조나단)
- 공동 관심사(앤드류, 마크)
- 탈중심화적 놀이(앤드류, 마크)

2. 활동 완료(마크)

2a. 'We'll Make Music Together'(Nordoff-Robbins, 1968c)라는 노래가 주어지면 마크는 사인에 따라 드럼을 두 번 중 한 번씩, 두 번 연주하여 활동을 완료한다.

의사소통 목적/목표

다음과 같은 방식으로 표현 언어를 확장하기

1a. '학교 가는 길에 무엇을 보았나요?'라는 노래(Nordoff-Robbins, 5권, 1980c)가 주어지면, 아동은 적절한 표현 언어 수준에서 필요에 따라 음악적 안내와 함께 2번 중 1번 정도 응답한다.

- 상황에 따른 응답(조나단, 테오, 마크)
- 'ing'(조나단)
- 계획 및 설명(조나단, 테오)
- 과거 시제(조나단)
- 지시에 응답하기(앤드류)
- 댓글(앤드류)
- 반복(앤드류)
- 인과관계(앤드류)
- '그리고' 및 '때문에'(테오)
- 정보 제공(제이콥)
- 이벤트 설명(제이콥)

- 주제에 집중하고 문장을 완성하기(제이콥)
- 연결 연습(마크)
- 무엇을 어디로 질문하기(제이콥)
- 어떤 질문에 어디에 응답하기(마크)

인지 목적/목표

1. 아이디어 확장하기

   1a. '곰 세 마리'(Nordoff-Robbins, 1964b)의 세 번째 장면이 주어지면, 아동들은 일상적이지 않은 지시(조나단)를 따르고, 이야기에서 한 가지 역할을 연기하고(조나단, 테오), 필요에 따라 음악적 · 언어적 도움을 받아 연극에 새로운 요소 하나를 추가하고(테오, 제이콥), 연극 연습 중에 발생한 문제 하나를 해결하며(조나단, 앤드류, 테오) 대본의 한 부분을 변경한다(마크).

2. 정보를 변별하고 분류하는 능력을 향상시키기

   2a. '그게 뭐야?'라는 노래가 주어지면(Nordoff-Robbins, 플레이송, 2권), 아동들은 라벨과 모양(제이콥), 크기(조나단), 악기군(앤드류), 그리고 소리 속성(제이콥)에 따라 한 그룹의 악기를 분류해 본다.

3. 기억력과 순차 능력을 향상하기

   3a. 음악치료 세션이 끝나면, 아동들은 세션에서 어떤 순서로 진행되었는지 세 가지 세부 사항 중 두 가지(테오, 조나단)를 기억해 낸다(조나단, 제이콥).

운동 목적/목표

1. 게임에서 지시에 응답하기(조나단, 앤드류, 테오, 제이콥, 마크)

   1a. 'Old Brass Wagon'라는 노래가 주어지면, 아동들은 춤의 지시를 절반 이상 정확하게 따를 것이다(조나단, 앤드류, 테오, 제이콥, 마크).

2. 운동 능력 향상하기

   2a. 'Old Brass Wagon'를 수정/각색한 버전이 주어지면, 아동들은 달리기(제이콥), 한 발로 균형 잡기(테오), 줄넘기(조나단), 공 잡기(조나단), 발 바꾸기(마크)를 약 50% 정도 흉내 낸다.

사례 예시 3: 잠복기 연령 중복장애 아동(Goodman, K., 1996~2002)

1단계: 그룹에 대해 이전에 설정한 목적 검토(제4장 참조)

사회적 목적

1. 활동 참여도 높이기
   - 최대 두 번의 구두 재지시(리처드)
   - 최소한의 구두 안내로 10분간, 5회 시도 중 4회(재러드)
   - 언어적 안내만으로 대근육 운동/균형 활동에서(패트릭)
   - 세션 중 최소 한 번 이상, 언어적 자극을 최소화하고 행동 반응이 감소한 경우(재러드)
   - 흥미를 가지고(에반)
   - 촉구 및 재지시 통해 수업 시간 중 최대 1/2 시간 동안(에반)
   - 3/5 회에 최소한의 언어적 재지시로 그룹 대근육 운동 활동에 참여(에반)
2. 인지도 높이기
   - 3/5(세션)일 동안 사진이나 제스처를 적절히 사용하여 도움의 필요성을 알리기(에반)
   - 자발적으로 감정을 언어화하여 감정 상태를 표현하기(재러드)
   - 적절한 행동을 유지함으로써, 좌절에 대한 내성을 증가시키기
   - 또래와 어른들의 관심(도라)
3. 다음 사항을 나타내는 행동 연습하기
   - 적절한 언어 사용량, 부적절한 행동 및 주의를 끄는 소음의 감소(재러드)
   - 도전적인 상황에서의 적절성(재러드)
4. 매일 수업 시간에 한 번씩 같은 반 친구와 평행 놀이 시작하기(에반)

의사소통 목적

1. 의사소통 및 상호작용을 위한 음성 출력 기능이 있는 저기술 보완 장치의 사용 확대하기(에반, 도라)
2. 적절한 발달 수준에 따라 수용 어휘를 늘리기
   - 예/아니요 질문에 대한 응답 개선(도라)
   - 하루에 한 가지 활동을 하는 동안 사진이나 행동을 통해 적절하게 반응하기(에반)
   - 4/5번의 기회에 적절한 언어적 반응을 통해 언어적 정보에 대한 이해를 보여 주기(리

처드).

3. 적절한 발달 수준에 따라 표현력 있는 의사소통 늘리기
   - 욕구, 요구, 느낌을 적절한 직원에게 자연스럽게 말로 표현하기(리처드)
   - 4단어 구문을 반복하여 욕구와 요구를 명확하고 명료하게 말로 표현하기(패트릭)
   - 적절한 처리 시간이 주어지면 적합하게 반응하여 그룹 활동 중 청각적 입력의 이해 및 유지력을 보여 주기(패트릭)
   - 자기수정의 기회가 한 번만 주어지면 욕구, 요구, 느낌을 명확하게 말로 표현하기(리처드)
   - 언어적 촉구가 있는 간단한 질문에 대한 응답으로 시간적 용어를 올바르게 사용, 5회 중 3회(재러드)
   - 요구와 욕구를 전달하기 위한 제스처 개발(도라)

인지 목적

1. 학업 시작 전
   - 26개의 원고 문자와 그 소리 모두 판별하기(도라)
   - 11가지 색 단어 판별하기(도라)
   - 표지판에서 자주 보이는 12개의 단어와 13개의 다른 시각 단어 판별하기(도라)
   - 숫자를 5까지 판별(도라)
   - 일상적인 작업의 맥락에서 정수를 사용하여 개체 그룹을 세는 방법(리처드)
   - 매일 간식을 '구매'하기 위해 제시된 동전으로 정확한 금액을 찾기(리처드)
   - 요청 시 거리, 도시, 주, 국가를 포함한 집 주소를 구두로 전달하기(리처드, 패트릭)

운동 목적

운동 목적은 상대적으로 그리드에서 가장 발전이 더딘 부분이다.

1. 다양한 대근육 운동 활동에 참여하도록 동작을 수정한다(재러드).

2단계: 그룹이 세션에서 어떤 음악적 관심사/활동을 하고 있는지 예상하기

이 그룹은 매 세션마다 그룹을 시작할 때 인사말과 작별 노래를 사용한다. 이러한 시작과 끝에는 다양한 임상 목적이 포함되어 있다. 각 세션의 내용은 악기 활동, 움직임 활동, 차별적 듣기 활동, 보컬 활동 등 선택에 따라 달라진다. 그룹 구성원은 음악치료사와의 그림 교

환을 통해 진행 순서를 선택한다.

3단계: 목적과 음악 관심사/활동을 연결하기 위해 그룹이 세션에서 작업 중인 음악 관심사/활동에 논리적으로 포함되는 목적을 설정하기

기악 활동은 즉흥적이거나 미리 작곡된 것(운동 및 언어 목적에 기반한 간단한 오케스트레이션)이고, 보컬 활동은 지금-여기 주제에 기반하며 때로는 보컬 반응을 위해 준비된 보완 스위치를 사용하여 '빈칸 채우기'를 하기도 한다.

움직임 활동은 청각 처리 문제가 있는 어린이를 위해 2단계 또는 3단계 지시에 따라 조정되며, 종종 한 번에 하나의 지시가 주어진다(제7장 '방법' 참조).

4단계: 정량적 기준에 따라 목적을 기대치 등급으로 세분화하기

이러한 예시 중 상당수에는 예상되는 성공 횟수가 명시되어 있다. 촉구의 유형과 정도가 표시된다.

5단계: 음악 활동의 맥락에 맞게 임상 목표 수정하기

6단계: 필요에 따라 목표에 참여하는 각 아동에 대한 기대치를 다양하게 설정하기

여기서도 이 그룹에는 여러 수준의 또래 상호작용과 의사소통이 있으므로, 치료사는 그룹과 함께 작업하는 동안 이를 염두에 두어야 한다. 이 사례에서는 또래 상호작용의 수준, 표현 언어, 인지 과제의 유형이 매우 다양하므로 주요 목적 제목 뒤에 목표를 제시하고, 그 아래에 과제의 성격을 이름으로 구분하는 것이 가장 쉬울 것이다.

이 그룹이 달성한 목적과 관련된 샘플 목표

사회적 목적/목표

1. 활동 참여도 높이기:

  1a. 율동 노래가 주어지면, 아동들은 따라 부르며 방향을 잡는다.

  - 최대 두 번의 구두 재지시(리처드)
  - 최소한의 구두 안내로 10분 동안, 5회 시도 중 4회(재러드)
  - 대근육 운동/균형 촉구만 있는 대근육 운동/균형 활동(패트릭)

- 세션 중 최소 한 번 이상 언어적 촉구와 행동 반응이 감소한 경우(재러드)
- 관심 있음(도라)
- 각 수업일 중 최대 1/2시간 동안 촉구 및 재지시(에반)
- 그룹 대근육 운동 활동 참여
- 3/5회에 걸쳐 최소한의 언어적 지시로 그룹 대근육 운동 활동에 참여하기(에반)

2. 인지도 높이기

 2a. 악기 오케스트레이션과 적절한 촉구가 주어지면 아동은 지시를 따르고 도움의 필요성을 전달함으로써 참여(에반)

 - 감정을 자발적으로 말로 표현(재러드)
 - 3/5(세션)일에 그림이나 제스처를 적절히 접근(에반)
 - 도전을 받았을 때 적절한 행동을 유지(재러드)
 - 동료와 성인으로부터(도라)

3. 다음 사항을 나타내는 행동 연습하기

 3a. 특정 노래를 선택하기 위해 두 그림 중 하나를 선택할 기회가 주어지면, 아동은 다음과 같이 참여한다.

 - 적절한 양의 언어화, 부적절한 행동과 주의를 끌기 위한 소음 감소(재러드)
 - 도전적인 상황에서의 적절성 유지(재러드)

4. 매일 수업 시간에 한 번씩 같은 반 친구와 평행 놀이 시작하기(에반)

 4a. 리듬 악기를 선택할 수 있다면, 에반은 다른 반 친구와 함께 둘이 즉흥연주를 할 수 있다(참고: 시작을 위한 1단계).

의사소통 목적/목표

1. 의사소통 및 상호작용을 위한 음성 출력 기능이 있는 저기술 보완 장치의 사용 확대(에반, 도라)

 1a. '빅맥'이 주어지면 어린이(에반, 도라)는 '안녕하세요' 노래를 불러달라는 요청에 발성 출력 장치를 눌러 응답한다.

2. 적절한 발달 수준에 따라 수용 어휘를 늘리기

 2a. 활동 노래를 부르는 동안 아동은 세션 중에 적어도 한 번은 자신의 발달 수준에 맞는 참여를 시도:

 - 예/아니요 질문에 대한 응답 개선(도라)

- 하루에 한 가지 활동 동안 그림이나 행동을 통해 적절하게 응답(에반)
- 4/5번의 기회에 적절한 구두 응답을 통해 구두 정보의 이해력을 입증(리처드)

3. 적절한 발달 수준에 따라 표현적 의사소통을 증가시키기

3a. 음악치료 세션이 진행되는 동안 아동은 음악 활동 선택, 음악 활동 중 문제 해결, 의사소통 반응을 표현하기 위해 말이나 그림 교환을 사용한다:

- 욕구, 요구, 느낌을 자연스럽게 말로 표현하여 직원에게 적절히 전달하기(리처드)
- 4단어 구문을 최소 한 번 반복하여 원하는 것과 필요한 것을 명확하고 알아들을 수 있게 말로 표현하기(패트릭)
- 적절한 처리 시간이 주어지면 절반의 시간 동안 적절하게 반응하여 그룹 활동 중에 청각 입력을 이해하고 기억하는 것을 보여 주기(패트릭)
- 욕구, 요구, 느낌을 명확하게 말로 표현할 수 있는 기회가 한 번 주어지면 자기 반성의 기회를 갖기(리처드)
- 간단한 질문에 대한 응답으로 시간적 용어의 올바른 사용, 확인 촉구 포함, 5회 중 3회(재러드)
- 요구와 욕구를 전달하기 위해 절반의 시간 동안 제스처를 발달시키기(도라)

인지 목적/목표

1. 학업 전

- 26개의 원고 문자와 그 소리 모두 판별하기(도라)
- 11가지 색 단어 판별하기(도라)
- 숫자를 5까지 판별(도라)
- 일상적인 작업의 맥락에서 수를 사용하여 개체 그룹을 세기(리처드)
- 간식을 구매하기 위해 제시된 동전에서 정확한 금액을 찾기(리처드)

1a. 노래 중 'C'는 쿠키(세서미 스트리트)를 의미하며, 아동(도라)은 조작을 선택한다. 글자를 보고 치료사가 관련 물체를 제공하는 동안 자연스럽게 소리를 흉내낸다(참고: 노래에 부호를 넣을 수 있음).

1b. 노래가 진행되는 동안 'C'는 쿠키를 의미하며, 아동(도라)은 7번 중 5번의 색깔로 해당 사물을 가리킨다.

1c. '페니–니켈–다임–쿼터–달러 노래'(노르도프와 로빈스, 『Playsongs』, 5권)를 부르면서 아동들은 적절한 조작 도구를 선택하여 니켈 5페니(도라, 리처드), 다임 2니켈(리처

드), 달러 4쿼터(리처드)를 세어 본다.

1d. (미국 돈과 관련된) '페니-니켈-다임-쿼터-달러 송' 노래가 끝나면, 아동(리처드)은 그날 간식으로 무엇을 먹고 싶은지 생각하고 간식을 구매하기 위해 올바른 동전을 선택한다(이 목적에 적합한 다른 노래를 즉흥적으로 작곡할 수 있다.).

운동 목적/목표

운동 목적은 상대적으로 그리드에서 가장 발전이 더딘 부분이다.

1. 다양한 총체적 운동 활동에 참여하도록 동작을 수정한다(재러드).
   1a. '오, 나는 얼마나 기적이야'(전통)라는 노래를 부르는 동안, 재러드는 자신의 충동성을 적절히 모니터링하기 위해 대근육 운동 동작을 절반 정도 수정하려고 시도한다.

사례 예시 4: 잠복기 연령 아동 정신과(Goodman, K., 1981~1984)

1단계: 그룹에 대해 이전에 설정한 목적(제4장 참조)

사회적 목적

1. 동료와의 상호작용 증가(에드가, 데비, 벳시, 앨런)
2. 자살 충동 줄이기(에드거, 데비, 벳시, 앨런)
3. 기분에 대한 인식 향상(에드거, 데비, 벳시, 앨런)
4. 충동성 감소(에드거, 앨런)
5. 연주 패턴의 경직성 감소(데비)
6. 긍정적 영향력 증가(벳시)

의사소통 목적

1. 일인칭 대명사 사용(앨런)
2. 생각 완성(벳시)
3. 관련 없는 소통 줄이기(데비)
4. 도피에 대한 생각 줄이기(에드거)

인지 목적

1. 문제해결 능력 향상(에드거, 데비, 벳시 앨런)

운동 목적

1. 스스로 자극하는 습관 줄이기(앨런)
2. 운동 참여도 높이기(벳시)
3. 움직임의 유연성 향상(데비)
4. 움직임의 충동성 감소(에드거)

2단계: 그룹이 세션에서 어떤 음악적 관심사/활동을 하고 있는지 예상하기

이 그룹은 즉흥연주에 관심이 많고, 자신이 선택한 곡에 대한 반응을 공유하고, 타악기를 사용하는 등 지적 기능이 뛰어난 그룹이다.

3단계: 목적과 음악 관심사/활동을 연결하기 위해 그룹이 세션에서 작업 중인 음악 관심사/활동에 논리적으로 포함되는 목적을 설정한다.

또래와의 상호작용은 음악 감상 후 반음계 연주 및 생각 공유와 논리적으로 연관되어 있다. 자살 충동의 감소와 긍정적 자존감의 증가는 음악적 기술의 숙달뿐만 아니라, 부정적인 감정의 표현 및 방향 전환과도 관련이 있을 수 있다.

4단계: 정량적 기준에 따라 목적을 자주 기대치 등급으로 세분화하기

이러한 목표의 대부분 지표는 정량적이다. 아동 정신과 환경에서는 입원으로 이어진 병리적 증상을 줄이는 데 더 많은 중점을 둔다(참고: 학교 환경에서의 IEP 목적 대비). 평균 정신과 입원 기간은 약 3주이다.

5단계: 음악 활동의 맥락에 맞게 임상 목표 다시 작성하기

6단계: 필요에 따라 목표에 참여하는 각 아동에 대한 기대치를 다양하게 설정하기

이 유형의 그룹에서는 목적과 목표가 더 많이 겹치지만, 경직성을 줄이고 긍정적 영향을 증가시키는 목적은 그룹의 특정 아동을 대상으로 한다. 또한 의사소통과 동기 부여 목적/목표를 다룰 때 더 세분화되어 있다. 이 그룹은 기능이 더 높은 그룹이므로 치료사가 음악적으로 촉구할 수 있는 자료를 아동이 자발적으로 시작할 가능성이 더 높다.

이 그룹이 달성한 목적과 관련된 샘플 목표

사회적 목적

1. 또래와의 상호작용 증가(에드가, 데비, 벳시, 앨런)

   1a. 모달(선법) 즉흥연주와 시각적 신호가 주어졌을 때, 아동들은 최소 두 번의 교환을 포함하는 교대식 타악기 음악 교류에 참여할 것이다.

2. 자살 충동 줄이기(에드거, 데비, 벳시, 앨런)

   2a. 아동들은 음악 그룹에서 자살 충동을 표현하는 횟수가 기준 행동보다 줄어들 것이다(참고: 여기서는 기초선을 잡아야 한다.).

3. 기분에 대한 인식 향상(에드거, 데비, 벳시, 앨런)

   3a. 그룹과 함께 노래를 선택하고 부른 후, 각 어린이는 최소 한 가지 생각으로 자신의 감정/느낌을 파악한다.

4. 충동성 감소(에드거, 앨런)

   4a. 아동들은 치료사와 함께 드럼과 심벌즈의 모방 패턴을 따라하며, 적어도 절반 이상은 정확하게 모방한다.

5. 연주 패턴의 경직성 감소(데비)

   5a. 데비는 치료사의 음악적 지원을 받아 악기에서 주어진 드럼 패턴을 한 번 이상 확장한다.

6. 긍정적 영향력 증가(벳시)

   6a. 벳시는 음악치료 세션 중에 적어도 한 번은 자발적으로 긍정적인 감정을 표현한다.

의사소통 목적

1. 일인칭 대명사 사용(앨런)

   1a. 음악치료 세션의 일반적인 과정에서 앨런은 개인 대명사 '나'를 최소 두 번 사용한다.

2. 생각 완성(벳시)

   2a. 'Down by the Bay' 노래가 주어졌을 때, 벳시는 네 번 중 최소 두 번 완성된 생각으로 독창적인 노래 가사를 기여할 것이다.

3. 무의미한 의사소통 감소(데비), 도피에 대한 생각(에드가)
   3a. 음악치료 세션 동안 데비와 에드가는 음악 제작에 관한 질문에 주제에서 벗어나지 않는 선에서 답변한다.

인지 목적

1. 문제해결 능력 향상(에드거, 데비, 벳시 앨런)
   1a. '내일'(애니)에 맞춰 악기를 선택하는 동안 아동은 치료사의 도움을 받아 최소 한 가지 상황에서 문제를 해결한다.

운동 목적

1. 스스로 자극하는 습관 줄이기(앨런)
   1a. 음악치료 세션 동안 앨런은 처음 20분 동안은 스스로 자극하는 습관을 피한다.
2. 운동 참여도 증가(벳시)
   2a. '로큰롤 송(Greg & Steve, Sclesa, 1986 CD)'에서 벳시는 적어도 절반의 시간 동안 파티에 참여한다.
3. 움직임의 유연성 향상(데비)
   3a. 'Rock and Roll Song'(Greg & Steve, Sclesa, 1986 CD) 동안 데비는 치료사가 모델링한 유연한 동작을 4번 중 2번 이상 따라 한다.
4. 충동성 감소(에드가, 알란)
   4a. 'The Freeze Dance'(Greg & Steve, Sclesa, 1986 CD) 동안 에드가와 앨런은 음악에 맞춰 멈추고 시작한다.

요약

이 장에서 치료사는 장기 목적 설정에 이은 사고 과정, 즉 음악적 경험에 내재된 단기 목표를 수립하는 공식화하는 과정을 계속 진행하고 있다. 치료사가 음악치료 목표를 임상 목적과 연관시키면서, 제4장에 제시된 네 가지 음악치료 그룹이 이 다섯 번째 장에서 다시 제시된다. 학생들의 목표 달성 여부를 추적하는 것에 대한 자연스러운 저항감이 있겠지만, 이러한 책무성의 결과는 논리적인 관리자, 학군, 학부모, 동료 치료사/교사, 그리고 더 큰 의미에서 작업 자체의 신뢰성에 대해서는 감명을 줄 것이다. 음악치료의 아름다움은 학생들이 음악을 만들면서 내재적으로 이루는 발달의 작은 걸음들을 보는 것이다.

다음 장인 제6장에서는 치료사가 발달적 표현과 진전의 기초를 마련할 음악 자료들을 계획하기 시작한다.

학습 가이드 질문

1. 단기 목표란 무엇인가요?
2. 음악치료 세션에서 단기 목표는 어떻게 작성하나요?
3. 세 가지 유형의 음악치료 목표의 예를 제시하십시오: ① 음악치료 세션에서 비음악적 행동, ② 음악치료 세션에서 음악적 경험으로 인한 비음악적 행동 지원, ③ 음악적 행동으로 인한 발달적 증진(이득).
4. 음악치료 목표에 도달하기 위한 권장 단계들은 무엇인가요?
5. 치료사가 세션에서 목표를 평가할 수 있는 실용적인 방법에는 어떤 것이 있나요?
6. 제4장 학습 가이드 질문에서 당신이 목적을 정의한 그룹에 대해, 이 장에서 제시된 것 외에 그 목적들을 위한 일련의 단기 목표들을 지금 제시해 보세요.

제6장

음악은 어디에 있는가

그룹 음악치료에서 자료의 선택과 음악적 적응

소개

치료에서 음악을 사용하는 것은 음악치료사가 가진 가장 치료적인 도구이다. 계획된 것이든 자발적이든 간에 음악 경험을 제시할 때, 그룹의 아동들에게 치료적 가치를 제공하는 것은 음악의 요소이다.

음악치료사는 음악을 선택적으로 사용하는 것이 음악치료사의 작업을 정의하는 특징 중 하나라고 말한다. 이 음악치료의 원칙을 인식하고 이 장에서는 보컬, 악기, 움직임 및 청취 목적으로 음악을 선택할 때의 고려 사항과 악기 및 보조 자료를 선택할 때의 고려 사항에 대해 논의하고자 한다. 음악의 사용이 종종 그룹 내 아동들의 반응에 따른 조정을 요구하기 때문에, 이 장에서는 또한 자료 자체가 어떻게 수정될 수 있는지를 제안한다. 이 부분의 글은 다음 장인 '방법론'으로 가는 다리 역할을 한다.

아동 또는 아동 그룹에게 음악적 경험을 제시할 때 두 가지 필수 원칙이 있다: ① 치료사는 아동이 생리적으로 처리할 수 있는 음악을 제시해야 하며, ② 치료사는 아동 또는 그룹 내 아동의 발달적 요구를 수용하기 위해 순간 경험에 적응 가능한 음악을 제시해야 한다(제7장 '방법' 참조).

그룹 내에서 다양한 수준의 기능적 반응을 제공할 수 있는 자료를 선택할 수 있도록 하기 위해, 이 장에서는 음악 반응의 연속체(Continuum of Music Response: CMR)(Goodman, 1996~2002)의 개념을 제시하고 사례와 함께 설명한다.

마지막으로, 음악치료사가 다양한 기능 수준에 따라 동시에 제시하면서 발전시킬 수 있는 레퍼토리의 샘플로 5년 동안 여러 장애아동과 함께 사용한 다양한 자료 목록을 제시하고자 한다.

음악 보컬 선택 및 제작 시 고려 사항

보컬

음악치료에서 보컬 자료의 사용은 다면적이므로 치료사는 음악적 구조, 가사 내용, 그리고 적응성 측면에서 노래의 잠재적 사용 가능성을 평가해야 한다. 노래의 이러한 측면은 한 아동뿐만 아니라, 그룹에 속한 여러 아동의 발달 목적을 동시에 충족시키는 데 있어서 매우 중요하다.

음악적 구조와 서정적 콘텐츠

노래의 음악적 구조는 다음과 같이 정리할 수 있다: ① 멜로디의 음역대 및 조표, ② 형식, ③ 노래 가사의 간격, 프레이징 및 멜로디 리듬, ④ 화성학, ⑤ 강약법, ⑥ 템포, ⑦ 분위기, ⑧ 음악적 정보의 양, ⑨ 반복, ⑩ 노래가 만들어 내는 분위기.

노래의 서정적 내용은 다음과 같이 고려할 수 있다: ① 노래 가사를 이해하고 부르는 데 필요한 발달 인지 수준, ② 노래 가사의 주제적 관련성.

물론 '올드 맥도날드', '반짝반짝 작은 별', '빙고', '바퀴 달린 버스', '해피 앤 유 노우 잇' 등과 같은 일반적인 동요에 익숙한 아동들도 있을 것이다. 이러한 노래는 아동들이 노래를 부르기 시작하는 '안전지대'가 될 수 있다. 그러나 노래가 반드시 말과 언어 발달을 위한 치료 수단으로 유용하지는 않다. 치료사가 아동들에게 소개할 수 있는 훌륭한 노래 자료는 매우 많으며, 노래의 전반적인 발달적 가치를 고려해야 한다. 이 장에서는 고유한 치료적 가치를 지닌 노래의 유형을 소개한다.

노래의 음악적 구조

노래의 조성과 보컬 범위와 관련된 음정

노래의 조성과 노래에 포함된 음정은 아동들의 음역대에 적합해야 한다. 물론 그룹의 모든 아동은 음역대가 다를 것이다. 다행히도 아동마다 차이가 문제가 될 정도로 극적이지 않기를 바랄 뿐이다. 간단한 보컬 워밍업을 통해 치료사는 일반적으로 그룹에 적합한 음역대를 확인할 수 있다. 많은 특수 학습자의 음역대가 낮으므로 일반적으로 노래의 상한 음역은 중간 C보다 한 옥타브 높은 C가 합리적인 기준선이다. 음역대가 극적으로 다른 경우, 치료사는 필요에 따라 노래의 보컬 파트를 나누고(양식 참조) 다른 조로 전조하면서 노래하는 것을 고려할 수 있다. 불안이나 우울증이 음역대, 음정 맞추기 능력, 노래하는 목소리의 질에 영향을 미칠 수 있으므로, 정신과 치료 환경의 아동에게는 노래의 음역을 유연하게 고려하는 것도 중요하다(Goodman, 1989). 적절한 음역대에서 노래하는 것은 모든 아동에게 중요하지만, 특히 음역대가 좁은 아동에게는 더욱 중요하다. 더불어 음역대가 좁은 아동은 치료사가 아동의 음정을 모방하고, 그 음정을 포함하는 화음으로 더 높거나 낮은 음정을 도입하기 위해 그룹 내에서 일대일 발성 경험이 필요할 수 있다(Nordoff & Robbins, 1971). 또한 치료사는 자신의 노래가 아동의 보컬 모델이라는 점을 기억하는 것이 중요하며, 가능한 한 아동의 음역대에 있거나 그에 가깝고 압도적이지 않으면서 표현력이 풍부해야 한다는 점을 기억하는 것이 필요하다.

발달 목적과 관련된 노래의 형식

노래의 형식은 발달적 목적을 가져야 하며, 따라서 다양한 목적에 따른 여러 종류의 형식을 고려할 수 있다. 예를 들어, 노래는 단순한 반복, 악절(들)과 후렴구, 질문과 답변 또는 모델과 모방(교대식) 대화, 행동 요청, 또는 가장 복잡한 형태로는 라운드 하모니(캐논곡 형태)로 구성될 수 있다. 형식은 발달적 목적과 관련이 있다. 예를 들어,

- 치료사가 비언어적 또는 언어 시작 아동을 노래에 참여시키려는 경우, 모방할 정보가 제한된 노래의 반음 구조가 가장 좋다. 비언어적 또는 언어 시작 아동의 초기 반응은 구절의 마지막 음정에서 나타날 가능성이 가장 높다.
- 치료사가 아동의 수용적 언어연습을 돕고자 하는 경우, 노래에 내장된 행동 요청과 아동이 이해를 보여 줄 수 있는 음악적 '공간'이 있어야 한다.
- 치료사가 초보 화자와 함께 작업하는 경우, 구절과 간단한 후렴구가 있는 노래를 선택하면 아동들이 후렴구에서 노래를 부를 수 있다.
- 치료사가 중급 수준의 화자와 함께 작업하는 경우 구절과 후렴을 모두 부르는 것이 적절하다.
- 치료사가 말/언어에는 문제가 없지만 서로 듣거나 함께 작업하는 데 문제가 있을 수 있는 아동과 함께 작업하는 경우 라운드를 진행하는 것이 적절할 수 있다.

음정, 프레이징(악구 만들기) 및 선율적 리듬

노래의 음정, 프레이징, 그리고 선율적 리듬은 언어와 말을 발달시키려는 아동들에게 특히 중요하다. 음악치료에서 이를 처음 깨달은 작곡가는 폴 노르도프였다. 그는 클라이브 로빈스와 함께 특수교육과 음악에 관한 그들의 훌륭한 책에서 이러한 아이디어들에 대해 서술하고 있다(Nordoff & Robbins, 1971).

노르도프와 로빈스는 음절의 리듬 강조, 말의 굴절에 따른 음조 설정, 언어적 강조와 선율적 리듬, 말의 구절과 멜로디 구절에 대해 다음과 같은 가이드라인을 제시한다.

1. 일반적으로 말에서 강조되는 음절은 악센트가 있는 음악 박자에 맞아야 한다(Nordoff & Robbins, 1971, p. 28).
2. 말하는 목소리가 자연스럽게 높아지는 음절은 노래할 때 목소리가 낮아지는 음절보다 더 높은 음조여야 한다(Nordoff & Robbins, 1971).
3. 악센트가 있는 음절과 중요한 단음절 단어는 비교적 더 긴 시간 값을 주어 더욱 강조할 수 있다(Nordoff & Robbins, 1971, p. 29). 대사 구절이나 시의 한 줄에 음악을 넣을 때, 표현적으로 중요한 단어와 악센트가 있는 음절만 음높이 및 또는 연장으로 강조해야 한다.
4. "2차적으로 중요한 단어와 악센트가 없는 음절은 더 짧은 시간 값을 주며 일반적으로 음높이가 낮다"(Nordoff & Robbins, 1971, p. 29).

이상적으로, 언어 발달 초기 단계의 화자와 일하는 치료사들은 말의 음정(그중 가장 흔한 것은 완전 4도), 말의 프레이징, 그리고 정확한 선율적 리듬(선율적 리듬은 노래 가사의 음절들이 불리는 리듬으로 정의됨)을 복제하는 음악치료 구성을 사용해야 한다.

아동의 정서적 요구를 충족하기 위해 노력하는 화성

멜로디와 리듬과 함께, 노래의 화성은 아동들의 다양한 정서적 요구를 충족시키는 역할을 해야 한다. 음정에서 수평적으로 암시되는 화성은 일반적으로 수직적이며 화음 진행과 관련된 것으로 여겨진다. 그러나 화성적 음정 역시 음정 맞추기와 음역에 영향을 미치므로 치료사가 고려해야 한다. 초보 학생들이 I–IV–V의 아동 곡 진행을 사용하고 싶어 하지만, 이 진행은 그 기계적인 예측 가능성 때문에 쉽게 지루해질 수 있다. 화성에 '활기'를 더하고 아동의 기분에 더 영향을 주기 위해, 중간 화음과 7화음을 쉽게 추가할 수 있다.

예를 들어, 노르도프와 로빈스는 부7화음, 즉 음계의 첫째, 둘째, 셋째, 넷째, 여섯째, 일곱째 음에 기반한 화음을 기본 위치와 전위 모두로 사용하는 것을 제안한다. 화성은 자극의 중요한 요소이며, 치료에서 그러한 목적으로 사용되어야 한다. 노르도프와 로빈스의 노래들(Playsongs, Books 1, 1962)을 살펴보면, 청자를 자극하기 위해 우리가 불협화 음정으로 들을 수 있는 것들을 의식적으로 사용하고 있음을 알 수 있다. 학생들은 더 복잡한 화성의 노래를 배우는 과정에서 화성을 단순화하고 따라서 변경하고 싶은 유혹을 받을 수 있다(예: 화음에 추가된 단 2도나 장 2도를 제거하거나, 중간 화음이나 다른 조로의 전조를 제거하는 등). 이러한 단순화 시도는 피해야 한다. 이는 노래의 분위기를 변화시킬 뿐만 아니라, 아동을 자극하거나 진정시키는 노래의 능력을 제한하게 될 것이다.

강약의 변화

말하기에서와 마찬가지로, 노래는 강약의 뚜렷한 변화를 사용해야 한다. 이는 당연해 보이지만, 너무나 자주 노래들이 노래의 내용에 맞는 점진적이거나 갑작스러운 변화를 모델링하지 않고 같은 세기로 불린다. 강약의 변화 없이는 노래의 '생명'이 의미를 잃게 되며, 치료사는 이를 명심해야 한다.

작업 템포

노래의 작업 템포는 노래가 살아 있기 위해 진정한 박자 감각에 부합해야 한다. 그룹 구성원의 청각적 처리를 위해 더 느려야 한다면, 그것은 음악적으로 느려야 한다. 다시 말해, 노래의 음악적 감각에 적합해야 한다. 마찬가지로, 과잉 활동 아동들의 충동성을 수용하기 위해 더 빨라져야 한다면, 그것 역시 노래의 음악적 감각에 적합해야 한다. 템포의 조절이 가능한 노래들은 다양한 감각적 요구를 가진 아동들의 생리적 조절 요구를 충족시키기 위해 유용할 수 있다.

노래를 통한 분위기 설정

노래의 분위기는 물론 멜로디, 화성, 그리고 리듬의 조합으로 만들어진다. 이는 그룹 내 아동들의 반응을 유도하는 데 필수적이다. 행복하다고 묘사되는 많은 전통적인 아동 노래들은 감정의 범위를 제한한다. 노르도프와 로빈스는 행복한 노래가 기쁨이나 승리감을 불러일으킬 수 있고, 목적이 있는 노래는 질문을 던지거나 행동을 노래로 표현할 수 있으며, 서정적이고 사색적인 노래는 아동이 슬픔, 온화함 또는 갈망을 표현하는 데 도움을 줄 수 있다고 덧붙인다(Nordoff & Robbins, 1971, pp. 32-35). 분위기는 자극적이거나, 진정시키거나, 행복하거나, 슬프거나, 사색적이거나, 반성적일 수 있으며, 이는 각 아동에게 다양한 방식으로 영향을 미칠 것이다.

음악적 정보의 양

노래에 포함된 음악적 정보의 양은 아동이 처리하고, 기억하고, 노래할 수 있는 능력과 관련이 있다. 이 개념은 정보 처리 이론의 원칙에서 비롯된다. 따라서, 아동이 정보를 처리하고, 기억하고, 노래할 수 있는 능력을 보여 줄수록, 음악적 정보의 양을 점진적으로 늘릴 수 있다. 노래 내에서 반복되는 정보는 이 과정을 더 쉽게 만든다. 당연히 그룹 내 아동들의 능력이 다양하므로, 각 아동마다 다르게 수행할 것이다. 이것이 바로 다양한 참여를 가능하게 하는 음악 형식(예를 들어, 절과 후렴)의 사용이 그룹에 현실적인 이유이다.

요약하자면, 치료사는 적절한 음역대, 형식, 음정, 프레이징과 선율 리듬, 화성, 강약, 분위기 설정, 음악적 정보의 양, 그리고 반복을 갖춘 노래를 찾고 만들어야 한다. 모든 음악치료 자료나 즉흥연주가 이러한 요구 사항을 만족시키는 것은 아니므로, 치료사의 수정이 필요할 수 있다.

가사 내용

노래를 부르고 가사를 이해하는 데 필요한 발달적 인식 수준은 노래 자료를 선택할 때 매우 중요하다.

가사와 관련된 표현/수용 언어 수준

노래 부르기와 관련하여, 이전에 논의된 다양한 노래 형식은 다른 종류의 음악적 노래 구조를 제안한다. 이는 다양한 수준의 표현적 언어 발달을 촉구하고 확장하기 위한 것으로, 모음과 자음의 발성부터 시작하여 홀로프레이즈(Holophrase: 한 단어가 여러 의미를 대표), 한두 단어, 간단한 문장(명사–동사–목적어), 형용사, 대명사, 전치사 등의 사용으로 진행된다. 치료사가 이러한 종류의 자료를 찾는 것이 가능하지만, 대부분의 경우 이러한 목적을 위해 선택된 노래를 수정해야 할 수도 있다. 이 과정에서 선율 음정과 리듬에 맞춰 정확한 단어 발음을 유지하는 것이 중요하다.

노래를 막 시작하는 아동들은 자신의 주어진 음역대에서 시작하여 모음과 자음의 발성에 적합한 자료가 필요할 것이다. 노르도프와 로빈스(Nordoff & Robbins, 1977, 2007)의 Nunnu(눈누)라는 아동에 대한 개별 사례 연구에서 치료사들이 아동의 제한된 음역대를 부드럽게 확장시키는 아름다운 즉흥연주 예시가 제공된다. 또한, 더 잘 알려진 'Edward(에드워드)' 사례 연구(Nordoff & Robbins, 1977, 2007)에서는 아동이 치료사의 즉흥연주의 조성과 관련된 다양한 종류의 울음소리로 시작하여, 점차 정교해지는 발성 기간을 거친 후 단일 단어로 노래하기 시작한 이러한 사례들은 즉흥연주를 사용한다. 즉흥연주 학습에 대한 제안은 최근 출판물에서 찾아볼 수 있는데, 가장 오래된 것은 폴 노르도프의 원래 강의를 출판한 시리즈(Robbins, 1998)이며, 가장 최근의 것은 위그램(Wigram, 2004)이 저술했다. 즉흥연주는 단순하거나 복잡할 수 있으며, 자료를 수정하거나, 확장하거나, 새로운 자료를 만드는 데 있어 모든 치료사가 사용해야 하는 기술이어야 한다.

다른 노래들은 간단한 노래 가사 맥락에서 교대 모방 발성을 사용하여 아동이 노래하도록 '초대'하는데, 이는 음악치료 문헌 전반에 걸쳐 존재한다. 이러한 유형의 노래의 훌륭한 예시 중 하나는 앨런 터리(Alan Turry)(Ritholz, 1999, p. 44)가 작곡한 'Let's Sing a Song'이다. 이 노래에서 아동은 치료사의 간단한 '라 라 라' 발성을 모델링 후, 쉬는 부분에서 모방하도록 격려받는다. 노래의 화성 진행은 매력적이며, 음악이 진행됨에 따라 아동이 노래할 수 있는 여러 기회를 제공한다.

다른 전통적인 자료들도 발성을 위해 수정될 수 있다. 예를 들어, 디즈니의 'Zip a dee doo dah', 'Chim chimeree', 'Kumbayah'(단어의 마지막 음절에서 발성하고, 필요에 따라 음절을 변경하며 아동이 음악 구절을 완성하기를 기다림), 〈세서미 스트리트〉의 'Sing'(Moss & Raposo, 1992) 등이 있다. 나이가 더 많은 아동들을 위해서는 대중음악, 록, 브로드웨이의 '리프'를 자유로운 발성이나 스캣을 위해 활용할 수 있다. 리프는 악기 연주나 박수와 함께 사용될 수도 있다[예: 다 다 다 다, 다,(박수) 다 다 다 다(박수)].

발성을 불편해하는 일부 아동들은 동물 소리로 '아이스 브레이킹(마음을 열)' 수 있다. 이러한 노래들은 많이 있는데, 아마도 가장 잘 알려진 것 중 하나는 전통 곡인 'Bought me a Cat'(Copland 편곡 참조)일 것이다. 이 노래는 여러 수준에서 사용될 수 있는 훌륭한 예시이다. 반주와 편곡은 단순하거나 정교할 수 있다. 치료사는 더 많은 구조가 필요한 아동들을 돕기 위해 시각적 노래판을 사용할 수 있다.

적절한 수준의 표현 언어를 위한 자료를 선택하는 것만큼 중요한 것은 노래 가사를 이해하는 데 필요한 발달적 인식 수준을 이해하는 것이다. 예를 들어, 자폐증 아동들이 브로드웨이 전체 악보를 노래할 수 있지만 다른 사람에게 '안녕'이라고 말하는 것조차 시작할 수 없다는 이야기들이 있다. 음악치료에서는 기계적인 노래 부르기를 피해야 한다. 아마도 언어 이해도를 평가하는 가장 좋은 방법은 활동 노래, 즉 아동에게 지시에 반응하도록 요구하는 노래를 사용하는 것일 것이다. 이에 대한 예시들은 이 장에서 다룰 것이다.

노래 가사의 주제적 관련성

아동에게 노래 가사의 주제적 관련성은 필수적이다. 아동이 부르는 모든 노래는 의미가 있어야 한다. "장애아동에게 가장 효과적인 노래는 노래 자체에서 일어나는 활동에 대한 노래이거나, 아동이 알고 있거나, 상상할 수 있거나, 혹은 이해하게 될 수 있는 사물이나 사건에 대한 노래이다. 이러한 노래는 아동에게 개인적인 현실과 연계되며 더 큰 참여를 불러일으킨다"(Nordoff & Robbins, 1971, p. 22). 이런 종류의 노래는 음악치료 컬렉션(Nordoff & Robbins, 1962, 1968, 1980a; Ritholz & Robbins, 1999, 2003; Levin & Levin, 1997, 1998; Farnan, 1998b; Palmer, 1981)과 비음악치료 컬렉션(Glazer, 1983; Moss & Raposo, 1992; Raffi, 1983, 1984, 1986; Rogers, 1970; Wojcio, 1983)에서 찾을 수 있다. 아래 다양한 범주의 콘텐츠에 있는 노래의 예는 노르도프-로빈스 문헌에서 발췌한 것이다.

적응성

치료사가 노래를 진행할 때, 다음과 같은 방법으로 적응하는 것이 필요하다:

- 노래를 개인화하기
- 아동이 제공하는 즉흥적인 정보에 따라 가사 내용을 단순화하거나 확장하기
- 정확한 멜로디 리듬을 유지하기 위해 노래 가사를 수정할 때 음악에 적응하기
- 아동이 '휴식'이 필요하거나 치료사가 노래에 악기 즉흥연주나 움직임을 포함시키는 경우, 노래의 한 부분에서 다른 부분으로 넘어갈 수 있는 음악적 연결을 제공할 준비를 하기

노래의 유형

노르도프와 로빈스(1971)는 치료 목적을 위해 사용 가능한 다양한 유형의 노래를 치료사에게 소개한다.

시작과 끝 노래

시작과 끝 노래는 음악치료 그룹의 구조에 유용한 도구가 될 수 있다. 시작 노래는 그룹에 누가 있는지를 확인할 수 있게 해 준다. 또한, 적절하다면 날씨, 요일, 달, 특별한 행사, 그리고 참석자 수를 세고, 그룹 내 아동들의 이름을 호명하는 데 사용할 수도 있다. 끝 노래는 특히 세션에서 일어난 일에 대한 생각과 감정을 음악적으로 표현하는 데 유용하다.

노르도프와 로빈스가 작곡한 훌륭한 시작과 끝 노래의 예시는 다음과 같다(1962, 1968, 1980):

- 'Let's Sing Good Morning'(Book 5, p. 6)
- 'So Long'(Book 5, p. 24)

- 'Have a Good Day'(Book 4, p. 3)
- 'A Song for Julie'(Book 4, p. 10)
- 'Good Morning'(Book 3, p. 3)
- 'Hello, Girls ! Hello, Boys!'(Book 3, p. 4)
- 'Thank You'(Book 3, p. 23)
- 'Good Morning Song'(Book 2, p. 2)
- 'Greeting Song'(Book 2, p. 3)
- 'Goodbye Song'(Book 2, p. 19)
- 'Hello'(Book 1, p. 3)

활동 노래

활동 노래의 개념은 간단하다. 노래의 맥락에서 아동에게 어떤 행동을 하도록 요청한다. 활동 노래의 아름다움은 수용 언어와 극적 놀이를 발전시키는 데 그 가치가 있다는 점이다. 이러한 활동은 그룹 내에서 쉽게 상호작용적으로 변할 수 있다. 노르도프와 로빈스가 작곡한 신체적 또는 개념적 언어 참여를 초대하는 활동 노래의 예시는 다음과 같다(1962, 1968, 1980).

- 'I've Got a Hat'(Book 1, p. 7)
- 'What Did You See?'(Book 4, p. 6)
- 'Shoe-making Song'(Book 1, p. 10)
- 'Shoe-tying Song'(Book 1, p. 11)
- 'The Counting Song'(Book 2, p. 8)
- 'Safety Song'(Book 3, p. 6)
- 'Penny-Nickel-Dime-Quarter-Dollar Song'(Book 3, p. 9)
- 'What Did You See?'(Book 4, p. 6)
- 'The Way I Like To Sit'(Book 4, p. 12)
- 'A New Baby'(Book 4, p. 14), using a doll for a prop
- 'Water, Air, Sunshine, Fire, Earth'(Book 5, p. 3)
- 'Safety Song'(Book 3, p. 6)

감정을 탐구하는 노래

감정을 탐구하는 노래는 모든 아동들의 삶에서 중요하지만, 특히 감정 표현과 소통이 어려운 특수아동들에게는 매우 중요하다. 감정적인 내용을 담은 노래를 무작위로 소개하는 것은 좋지 않다. 치료사는 그룹의 분위기뿐만 아니라, 특정 감정을 표현할 필요가 있는 아동들의 개별적인 분위기에도 민감하게 반응해야 한다. 감정을 탐구하며 자기인식이나 투사된 감정을 초대하는 노르도프와 로빈스(1968c, 1980)의 작곡 예시는 다음과 같다:

- 'I'm Mad Today'(Book 5, p. 14)
- 'The Sunny Side'(Book 4, p. 18)
- 'You Never Can Tell'(Book 3, p. 12)
- 'Crying Song'(Book 2, p. 11)

이야기를 들려주고 인지적 개념을 도입하는 노래

이야기를 들려주고 인지적 개념을 도입하는 노래도 치료적 가치의 중요한 원천이다. 특히, 투사적 놀이를 위해 이러한 유형의 노래를 사용할 필요가 있는 아동 정신과 환자들에게 유용하다. 노래가 학습 전이나 학습내용을 도입하는 경우, 개념은 아동들에게 실질적이어야 하며, 일상생활에서 적용할 수 있는 개념이어야 한다(예: 점심 돈 계산하기, 특정 색상의 리듬 막대를 표현하기 위해 색상을 아는 것). 이야기를 들려주고 인지적 개념을 도입하는 노르도프와 로빈스의 작곡 예시는 다음과 같다:

- 'Dream Song'(Book 5, p. 8)
- 'They Each Walked Along'(Book 5, p. 12)
- 'Audrey's Hair'(Book 5, p. 16)
- 'Green Grass, Little Wind, Big Sky, Blue Sky'(Book 5, p. 16)
- 'The Old King'(Book 5, p. 20)
- 'I Have a Friend'(Book 4, p. 20)
- 'Color Song'(Book 4, p. 22)

극적 놀이를 초대하는 노래

이야기를 들려주는 노래와 비슷한 범위에서, 극적 놀이를 초대하는 노래는 상징적 놀이를 할 수 있는 아동들이 자신의 감정과 생각을 연기하는 데 도움이 된다. 극적 놀이를 초대하는 노래의 간단한 예로는 "Bill's Train"(Nordoff & Robbins, 1962, 책 1, p. 16)이 있다.

악기 연주를 소개하는 노래

마지막으로, 다양한 악기 연주를 소개하는 노래는 아동의 보컬과 악기 연주에 대한 충동을 통합한다. 이러한 노래는 아동들이 악기를 즉흥적으로 연주하고 동행하는 치료사가 음악적으로 지원할 수 있는 기회로 활용하면 치료사에게 음악적 유연성을 기를 수 있는 기회를 제공한다.

노르도프와 로빈스가 작곡한 1962년, 1968년, 1980년a, b, c의 다양한 악기 연주를 소개하는 곡의 예는 다음과 같다:

- 'We'll Make Music Together'(Book 5, p. 10)
- 'Who Would Like To?'(Book 3, p. 13)
- 'Hocus Pocus'(Book 3, p. 16)
- 'Drum Talk'(Book 2, p. 12)
- 'Listen to the Birds'(Book 1, p. 6)
- 'Charlie Knows How to Beat That Drum'(Book 1, p. 15)

악기 사용

임상 오케스트레이션이라고 할 수 있는 상황에서 치료사는 악기 자료의 음악적 구조, 전략적 발달 목적, 적응성을 평가해야 한다. 이러한 오케스트레이션 또는 즉흥연주의 측면은 한 아동뿐만 아니라, 그룹 내 여러 아동들의 발달 목적을 동시에 충족시키는 데 중요한 역할을 한다.

임상 오케스트레이션

음악치료에서 악기 경험을 위해 작곡되거나 편곡된 음악은 도전적인 청취 경험을 불러들이고 전략적으로 악기를 사용할 수 있도록 점진적으로 구조화되어야 한다.

음악 만들기에서의 역할의 중요성

치료사가 사전 작곡된 악기 선택이나 즉흥연주를 사용할 때 기억해야 할 가장 중요한 원칙 중 하나는, 각 아동이 작곡에서 특정 역할을 가지도록 하는 것이다. 이 원칙은 흔히 '리듬 밴드'라고 알려진 상황을 방지한다. 리듬 밴드에서는 모든 아동들이 편한 대로 기본 박자에 맞춰 연주한다. 음악치료에서는 아동들이 특정 역할을 맡지 않으면 쉽게 참여하지 않거나 동기 부여가 되지 않을 수 있다. 각 아동이 음악 작곡에서 특정 역할을 맡는 목적은 아동들이 서로의 연주를 듣고, 지휘자를 보며, 자신의 악기를 연주하는 신체적 · 인지적 책임을 전략적으로 수행하도록 하는 것이다. 이를 달성하는 음악은 일반적으로 치료사나 다른 전문가가 음악치료를 위해 작곡하고 편곡한 음악이다(Levin & Levin, 1977a, 1997b, 1998; Nordoff, 1972, 1979, 1981).

임상 오케스트레이션의 기능 수준

임상 오케스트레이션은 아동이 반응할 수 있도록 다양한 수준의 도전을 제공할 수 있다. 이 점은 게일과 허버트 러빈(Gail & Herbert Levin, 1977a, 1997b, 1998)의 음악에서 아름답게 표현되는데, 그들은 초급, 중급, 그리고 고급 수준의 오케스트레이션 곡들을 제공한다. 이 수준들은 음악적 구조 측면에서 어떤 차이가 있을까?

초급 수준의 작품에서는 아동의 리듬 입장에 앞서 '음악 리드인'이 선행된다: "빌리의 차례에 드럼을 치세요. 빌리의 차례에 드럼을 치세요. 드럼 소리를 들어 보세요. 오, 드럼 소리를 들어 보세요!"(Levin & Levin, 1998, p. 17). 이런 유형의 작품은 단 하나의 악기만 사용하고 단순한 음악적 지시를 내포하므로 초급 수준의 반응으로 간주된다.

유사하게, 러빈의 '벨을 한 번 치세요'는 한 번에 한 가지 지시, 한 가지 악기, 한 음높이를 사용한다: "벨을 한 번 치세요(벨). 벨을 한 번 치세요(벨). 벨을 한 번(벨) 치세요(벨). 다시 치세요(벨)"(Levin & Levin, 1998, p. 37). 그러나 이 작품에서는 4분음표와 8분음표에 3잇단음과 추가 쉼표가 보충되어 청취 경험이 약간 더 도전적인 중급 수준이 된다.

더 나아가, '감기 걸린 드럼'(Levin & Levin, 1998, p. 44)은 중급 수준의 도전으로 간주되는데, 러빈은 드럼과 심벌을 두 가지 악기를 사용한다. 심벌은 마지막에 단 한 번만 연주되며, 연주자에게 긴 대기 시간을 요구한다. 이 경우, 드럼 연주의 도전은 일련의 단순한 4분음표 후에 트레몰로를 연주해야 하는 음악적 요구 사항이다. 이는 다시 심벌 충격 직전에 등장한다.

마지막으로, 고급 수준의 임상 오케스트레이션의 예로 'Spooky Bells'(Levin & Levin, 1998, p. 84)에서는 네 가지 악기(심벌, 드럼, 트라이앵글, 공명벨)를 사용한다. 이 노래는 ABA 구조를 가지고 있다. A와 B 섹션 모두에서 심벌 직후에 저음 G 공명벨과 드럼이 항상 세 번 유니즌(같은 음)으로 연주된다. A 섹션에서는 트라이앵글이 항상 세 번의 벨과 드럼 비트 세트마다 연주되고, 이어서 A, 높은 G, E 벨이 순서대로 연주된다. B 섹션에서는 트라이앵글과 A, 높은 G, E 벨이 생략되고, 심벌과 저음 G 벨, 드럼의 유니즌 패턴이 네 번 반복된다. 마지막 응답은 심벌이 연주된다(Levin, 1998, p. 83).

요약하면, 악기 역할의 수가 많고, 음악에 포함된 정보의 양과 복잡성이 클수록 아동들에게 더 큰 도전이 된다.

그룹 내 아동들의 수가 오케스트레이션에 요구되는 연주자 수보다 많을 때 이 곡들을 어떻게 수정할 수 있을까? 오케스트레이션이 한 명의 아동을 위해 구성된 경우, 치료사는 예를 들어 드럼을 아동들 사이에서 돌리며 한 아동당 한 박자를 연주하게 하여 변형할 수 있다. 오케스트레이션이 세 명의 아동을 위해 구성되어 있는데 여섯 명이 있는 경우, 역할을 이중으로 할 수 있다. 영리한 치료사는 항상 그룹의 요구를 충족시키기 위한 해결책을 찾을 수 있다.

임상 오케스트레이션을 위한 제안

악기 작업을 위한 많은 훌륭한 음악치료 곡들이 있지만, 치료사는 클래식 음악뿐만 아니라, 다양한 장르의 민속 음악, 어린이 노래 등을 유연하게 활용하는 것이 중요하다. 치료사가 음악을 오케스트레이션할 때 가장 쉬운 방법은 악보를 복사하여 충분한 여백이 있는 다른 종이에 붙여 각 악기 라인 위에 그래픽을 포함하는 것이다(사용된 각 악기를 나타내는 음조를 기반으로 한 그래픽). 러빈(Levin, 1998)은 그의 오케스트레이션에서 벨, 드럼, 슬라이드 휘슬, 심벌 등을 위한 간단한 그래픽을 사용한다.

여기에 당신의 임상 오케스트레이션에 대한 몇 가지 제안을 하고자 한다.

공명 벨 배열

음악치료에서 공명 벨의 역할은 매우 중요하기 때문에 노르도프와 로빈스(1971)의 저서에서 자세히 다루고 있다. 공명 벨은 멜로디와 화성을 강조하는 데 다양한 역할을 한다. 그룹 환경에서 한 번에 한 명 이상의 아동이 사용할 수 있으며, 소근육 및 대근육 발달을 모두 촉구한다. 음악치료를 위해 작곡된 음악에서 사용할 수 있는 훌륭한 곡을 사용하는 것 외에도(Levin, 1977b, 1998; Ritholz, 1999; Nordoff & Robbins, 1977, 1979, 1981) 공명 벨은 음악치료사가 대중음악, 민속음악, 또는 클래식 음악에 맞게 오케스트레이션할 수 있다.

바흐의 '예수, 인간의 소망의 기쁨'(Goodman, 1996~2002) 편곡에서는 리듬과 화성을 강조하기 위해 각 음악 라인의 다운비트에 공명 벨을 사용했다. 이것은 간단한 오케스트레이션 방법이다. 공명 벨을 이런 식으로 배열한 이유는 장애가 있는 여러 명의 아동들에게 리듬감을 바로 전달하기 위해서였다. 공명 벨 사용의 다른 가능성은 노르도프와 로빈스(1971, pp. 56-72)에 의해 소개되었다.

1. 멜로디의 각 음을 공명벨로 연주하기
2. 멜로디의 상승과 하강 강조하기
3. 악구 형태 강조하기
4. 민첩성과 빠른 타격을 요구하는 편곡 만들기, 음높이들은 불협화음을 제공할 수 있으며, 한 연주자가 두 개의 음높이를 연주하되, 두 번째 음을 첫 번째 음 직후에 연주하도록 함
5. 특정 음정 강조하기, 예: 상행 옥타브를 사용하여 노래의 멜로디를 윤곽 잡은 후 4마디에서 불협화음으로 이어지게 함
6. 전적으로 쉼표에서만 벨 연주하기
7. 벨이 멜로디 악구를 메아리, 응답, 모방하게 하기; 이는 캐논처럼 들림

타악기

치료사가 다양한 오케스트레이션을 만들 때 타악기는 기본 박자, 멜로디 리듬, 악센트 및 서로의 대화에 사용될 수 있다. 또한 타악기는 전통적 또는 비전통적 방식으로 연주할 수 있으며, 민족 타악기의 사용은 모든 오케스트라에서 자극을 줄 수 있다는 점을 기억하는 것이 중요하다.

실로폰

아동을 위한 그룹 오케스트라에서는 덜 자주 사용되지만, 다양한 크기와 재질의 실로폰은 즉흥 또는 계획된 오케스트레이션에서 중요한 멜로디 요소를 제공한다. 치료사는 실로폰의 음정이 피아노 또는 기타 반주의 음정과 일치하는지 확인해야 하며, 펜타토닉 음계를 사용하면 가장 자유로운 하모니가 보장된다.

악기 체험 중 적응성

치료사가 악기 자료를 사용할 때, 다음과 같은 상황에 대비하여 유연하게 대처할 필요가

있다.

- 아동이 자신의 악기 파트를 창의적으로 확장할 수 있다.
- 멜로디나 타악기 부분을 사전 계획 없이 추가하거나 삭제해야 할 수 있다.
- 아동에게 추가 연습이나 추가 처리 시간을 제공하기 위해 반주에서 반복이나 변형이 필요할 수 있다.

발달 목적에 따른 악기 배정

음악치료사가 악기를 선택하고 파트를 배정할 때는 반드시 발달적 적합성을 고려해야 한다. 아동의 신체적 능력: 아동이 어떤 악기를 물리적으로 다룰 수 있을까? 명령 수행 능력: 아동은 얼마나 많은 지시를 따를 수 있을까?(치료사가 얼마나 많은 지시를 줄 수 있는지도 중요하다.) 청각 처리 및 시각 운동 계획: 악기 신호를 따르기 위해 어떤 청각 처리 및 시각 운동 계획이 필요할까? 신체 능력 및 장애: 신체 능력과 장애를 고려할 때 어떤 관현악기가 유용할까?(참고: Elliott, 1982). 이러한 질문들에 대한 답변은 치료사가 그룹 활동에서 무엇이 가능할지, 그리고 효과적으로 악기 활동을 도입하기 위해 치료사에게 어떤 방법(제7장 참조)이 필요할지 결정하는 데 도움이 될 수 있다.

사례 연구(Goodman, K., 1996~2002)

열세 살이며 경도/중등도의 지적장애 진단을 받은 폴은 음악치료 그룹에서 어색해 보였다(Goodman, 1996~2002). 그는 대부분 집중하기 어려웠고, 참여를 꺼려 했다. 하지만 학생 치료사가 첼로를 가져와 동물의 사육회(카미유 생상스)에서 '백조'를 연주하자, 폴은 바른 자세로 앉아 매료되었으며 첼로 사용을 직접 시도해 보고 싶어 했다. 그룹 모두 폴의 자세가 첼로를 잡는 데 적응하고 의도적으로 그리고 음악적으로 활을 사용하여 첫 번째 음을 연주하는 것을 보고 놀라 했다. 학생 치료사는 다음 세션을 위해 또 다른 첼로를 가져왔고, 멜로디 연주와 잘 어울리는 간단하고 반복적인 화음 반주를 폴에게 제공할 수 있었다. 다른 또래들이 폴의 음악성을 존경하고 정서적으로 지지하면서, 그룹 내에서 폴의 집중력과 자존감이 눈에 띄게 달라졌다.

동작

동작 작품의 구조

라이브 vs. 녹음된 음악: 딜레마

그룹을 위한 동작 경험을 제시할 때 매우 현실적인 문제 중 하나는 라이브 음악과 녹음된 음악 사이의 선택이다. 라이브 음악은 모든 치료 상황에서 항상 최선의 선택이다. 치료사가 템포를 조절하고 세션에서 필요에 따라 안무를 최소화하거나 최대화할 수 있는 최대의 유연성을 제공하기 때문이다. 그러나 녹음된 음악은 치료사가 아동들이 움직이는 동안 시범을 보이고 보조하기 위해 양손을 자유롭게 사용할 수 있게 해 준다.

라이브와 녹음된 반주의 절충안으로, 치료사는 녹음된 노래를 귀로 익히거나 악보를 찾아 학습한 뒤, 카시오의 녹음 기능을 사용하여 학습 상황의 속도에 맞는 반주를 녹음할 수 있다. 이는 음악치료 세션 전이나 도중에도 할 수 있다. 이 작업이 성공적으로 이루어졌다고 가정하면, 치료사는 동작 경험의 단계를 아동들에게 상기시키기 위해 '보이스 오버(음악 녹음 후, 목소리를 더빙하는 음성 해설)'로 노래할 수 있다.

안무의 정보량

오케스트레이션과 마찬가지로, 음악의 정보량과 복잡성이 높을수록 아동들에게 더 큰 도전이 된다. 따라서 치료사는 동작 경험을 단순화하고 아동이 따를 수 있는 지시의 수를 의식적으로 생각하는 것이 좋다. 수정할 수 없는 자료는 치료에 사용하기에 덜 바람직하다. 치료를 위해 수정할 수 있는 자료의 예로는 햅 파머(Hap Palmer, 1981, 1982, 1994a, 1994b), 그레그와 스티브(Greg & Steve, 1983), 조지아나 스튜어트(Georgianna Stewart, 1977, 1984, 1987, 1991, 1992)의 음악과 달크로즈 운동을 위한 콤팩트 디스크(Abramson, 1997)가 있다. 햅 파머와 그레그와 스티브의 자료는 노래책 형태로도 제공된다. Georgianna Stewart 테이프의 많은 춤은 귀로 배울 수 있지만, 'Children of the World'(Stewart, 1991)와 같은 다른 음악은 그렇지 않다.

동작을 위한 자료에는 공이나 콩 주머니 같은 조작물을 잡거나 전달하는 활동, 낙하산을 올리거나 내리는 활동이 포함된다. 이러한 활동들은 추가적인 감각 입력을 제공하며, 다중 감각 경험이 필요한 아동들에게 유용할 수 있다. 음악에 맞춘 낙하산 경험은 중앙에 부드러운 공이나 풍선을 조작하여 더욱 보완할 수 있다. 이러한 물건들이 각 아동에게 굴러갈 때 아동은 그것들을 낙하산의 중앙으로 다시 밀어넣어야 한다.

안무 및 음성 해설에 대한 제안 사항

월드뮤직이나 클래식 음악에 맞춰 간단한 안무를 만들 때는 다음 사항에 유의해야 한다.

- CD 삽입물 안에 있는 가사를 복사하여, 안무를 구성할 때 강조하고 싶은 스텝을 적어 둔다.
- 간단한 스텝을 사용하여 음악의 기본 박자를 강조한다.
- 아동이 여러 방향을 다룰 수 없는 경우 한 번에 한 방향만 사용한다.
- 간단한 ABA 구조의 음악을 선택한다. 이렇게 하면 익숙한 'A' 부분의 댄스로 돌아갈 수 있다.
- 항상 음악 구조의 변화와 일치하는 단순 반복 순차 진행을 사용한다.
- 아동들이 운동 계획에 익숙해지고 한 번에 두 가지 이상의 스텝을 따라 할 수 있으며 이전의 순서를 기억할 수 있게 되면, 그때 안무를 더 복잡하게 만들 수 있다. 그전까지는 자제해야 한다.
- 움직임 체험을 위한 간단한 시작 대형에는 다음이 포함될 수 있다: ① 마스킹 테이프 위에 줄을 지어 서게 하고 부모가 앞에 서서 모델 역할을 하거나, 더 좋은 방법은 각 아동이 성인 또는 더 높은 기능을 가진 아동과 짝을 이루어 모델 역할을 하는 것, 그리고 ② 서클 대형.
- 간단한 스텝에는 다음과 같은 것들이 포함될 수 있다: ① 서서 박자에 맞춰 박수 치기, ② 박자에 맞춰 제자리에서 걷고 박수 치기, ③ 박자에 맞춰 원 안으로 걸어가며 박수 치기, ④ 박자에 맞춰 원 밖으로 걸어가며 박수 치기, ⑤ 옆으로 돌고 원형으로 걷기(이것은 우리에게는 쉽지만 특별한 학습이 필요한 아동들에게는 어렵다.), 그리고 ⑥ 반대쪽으로 돌고 원형으로 걷기.

아동들에게 움직임을 지도할 때, 목소리의 리듬이 기본 박자나 음악의 멜로디 리듬과 맞아떨어지도록 해야 한다. 이렇게 하면 아동들이 청각 정보를 받아들여, 이를 움직임으로 전환하는 데 도움이 된다.

청취

듣기 경험의 구조

듣기에서의 정보량

이 개념을 다시 한번 반복할 가치가 있다: 음악의 정보량과 복잡성이 클수록 아동들에게 더 큰 도전이 된다. 아동들은 다양한 유형의 음악을 듣고 즐길 수 있지만, 그들의 청각 처리 수준과 주의 집중 시간을 존중해야 한다. 듣기의 목적은 다양할 수 있다. 아동들은 휴식을 위해 음악을 듣는 것을 즐기며, 이러한 경험은 보조원, 교사, 치료사가 신체적으로 관여된 아동들의 사지를 음악에 맞춰 리드미컬하게 움직일 때 특히 유용할 수 있다. 추상적 상상력이 있는 아동들은 이야기를 들려주는 음악, 예를 들어 '피터와 늑대'(프로코피예프), '어머니 거위 모음곡'(라벨)을 듣는 것을 즐긴다. 이러한 음악은 아동들의 투사적 반응을 유도할 수 있으며, 이는 음악치료 문헌에서 초기에 인식된 점이다(Crocker, 1968).

음악 드라마

드라마 경험의 구조

음악치료 경험을 위해 각색되고 편곡된 많은 훌륭한 연극들이 있다. 다음과 같은 것들이 포함된다:

- 세 마리 곰(Nordoff & Robbins, 1964b)
- 크리스마스 연극(Nordoff & Robbins, 1970)
- 피프-파프 풀트리(Nordoff & Robbins, 1969)
- 왕을 위한 메시지(Nordoff & Robbins, 1976)
- 동화: 아동들을 위한 음악 드라마(Ginger Clarkson, 1986)
- 백설공주: 아동 중심 뮤지컬 연극 가이드(Rickard-Lauri, Groeschel, Robbins, Robbins, Ritholz, & Turry, 1997)
- 아르타반, 또 다른 현자의 이야기(Nordoff & Robbins, 1964a)

이러한 연극들은 아동들에게 다양한 감정과 캐릭터 발달의 기회를 제공하는 등장인물들을 포함한다. 음악 자체는 적당한 수준의 정보, 말/언어를 모방한 선율적 리듬과 프레이징, 그리고 아동들에게 살아 있는 주제들을 통해 치료에 적합하다. 각 연극에는 여러 장면이 포함되어 있으며, 이 장면들은 여러 세션에 걸쳐 소개와 반복적인 리허설이 필요하다. 이는 고기능 그룹에게 좋은 아이디어로, 그룹에게 인내심을 가르치고 학교에서 공연할 수 있다. '세 마리 곰'(Nordoff & Robbins, 1964b)은 음악치료 목적으로 임상적 오케스트레이션과 노래부르기 스피치(음악적으로 말하기)를 사용하는 친숙한 이야기의 예이다. 폴 노르도프가 이야기에 맞춰 작곡한 노래들은 말과 일치하도록 작곡되었으며(노래 자료 선택 참조), 스피치 푸가는 언어장애가 있는 아동들의 말을 리드미컬하게 정리하려는 노력을 보완한다.

마찬가지로, 치료사는 음악치료를 위해 어떤 연극이든 각색하고 편곡할 수 있으며, 음악치료사가 직접 작곡할 수도 있다. 하지만 음악 드라마의 도입이 반드시 대규모 제작에 국한될 필요는 없다. 아동이 표상적 놀이를 할 수 있게 되면 소규모 드라마의 기회가 생기며, 치료사는 미리 작곡된 음악이나 즉흥 음악에서 이러한 가능성에 주의를 기울여야 한다.

사례 예시: 닐스(Goodman, K., 1996~2002)

그룹이 'Sammy'(Palmer, 1981)를 부르는 동안, 새처럼 날고 벌레처럼 기어가는 등 자아를 실험하는 아동에 대한 이야기를 전하고 있었다. 이때 그룹의 한 아동인 닐스, 시각장애와 중복장애가 있는 아동이 자발적으로 노래 속 사건의 전체 순서를 재연하기 시작했다. 이를 통해 닐스는 향상된 방향 감각과 이동성을 탐구하고 상상력을 즐길 수 있었다. 그룹의 다른 아동들은 닐스를 지켜보는 데 매료되어 그의 '연기'를 반복하도록 격려했고, 그를 모방하기 시작했다.

자료 선택 시 고려 사항: 악기 및 보조 자료

음악치료에서 일반적으로 사용되는 악기

치료에 사용되는 악기는 주로 청각적·촉각적 특성 측면에서 그 감각적 품질을 고려해야 한다. 다양한 악기를 사용하면 이러한 요소 중 하나만이 아닌 즐거운 리듬, 멜로디, 화성을 만들 수 있다. 아래에 자세히 설명된 일반적으로 사용되는 악기 외에도, 치료사가 양질의 대안적인 세계 음악 악기를 찾는 것이 중요하다. 다음은 치료에서 일반적으로 사용되는 악기

군이다.

타악기

다양한 종류의 드럼이 있으며, 아동이 신체적으로 접근해야 하는 방식과 만들고자 하는 소리에 따라 다른 목적으로 사용될 수 있다. 오르프 드럼은 주로 서서 연주한다. 모든 크기의 젬베 드럼은 앉아서 연주할 수 있지만, 기울이면 더 큰 소리가 난다. 개더링 드럼은 작은 아동들이 주변에 앉아 함께 연주하고 싶을 때 유용하다. 밴드 크기의 스네어, 베이스, 팀파니는 치료 환경에서 흔히 볼 수 없지만, 특히 큰 소리를 내거나 특정 감각 자극을 유도하기 위해 사용할 수 있다. 오션 드럼(예: Remo에서 제작)은 특이한 시각적 · 촉각적 입력을 유도하기 때문에 다중감각 자극의 원천으로 주목받고 있다. 작은 타악기로는 클라베스, 리듬 스틱, 마라카스, 트라이앵글, 울리-울리 셰이커(하와이안 깃털 호박), 귀로, 아푸체 카바사(머리 주변에 구슬이 있는 다양한 크기), 탬버린 등이 있다. 이 악기들이 유용하려면 전문가 수준의 품질이어야 한다.

마찬가지로, 심벌즈와 공도 전문가 수준의 품질이어야 한다. 두 개의 심벌즈를 사용할 수 있는데, 하나는 직경 14~16인치(대략 31~15cm), 다른 하나는 약 10인치(대략 25cm)로, 둘 다 부드러운 말렛 스틱과 함께 스탠드에 장착된다. 신비로운 음색의 무거운 공이 음악치료 컬렉션에 추가될 수 있다면 유용하다.

선율 악기

첫 번째 선율 악기는 목소리이다. 치료에서 일반적으로 사용되는 다른 선율 악기로는 공명 벨, 리드 호른, 버드 콜, 슬라이드 휘슬, 다양한 크기와 재료의 실로폰, 그리고 물론 피아노가 있다. 가장 맑은 소리를 내는 공명 벨은 스즈키에서 만든 것으로, 가장 효과적으로 연주하려면 팔 전체를 움직여야 한다. 치료에서 가장 흔히 사용되는 취주 악기인 리드 호른은 아동들이 적절한 입술 모양을 형성하고 조절된 호흡을 연습하는 데 도움이 된다. 단순한 카주와 버드 콜도 이러한 목적으로 사용될 수 있다. 가장 아름다운 실로폰은 오르프 악기로 만들어진 소프라노, 알토, 베이스이며, 재질에 맞는 적절한 스틱으로 연주된다. 이 실로폰들은 음악 작곡에 사용되지 않는 음판을 제거함으로써, 시각운동 용이성에 가장 쉽게 적응할 수 있다.

화성 악기

일반적으로 노래 반주에 사용되는 오토하프는 스트럼된 코드를 연주하기 때문에 화성 악기로 생각할 수 있다. 기타와 옴니코드도 마찬가지이다. 오토하프는 다양한 크기와 다양한 수의 코드 가능성으로 제공된다. 아동과 치료사의 무릎 위에 '공유'될 때, 오토하프는 눈맞춤을 촉구하며, 비언어 치료사들에 의해 일차 평가에 사용되었다(Heimlich, 1975). 스트럼하거나, 작은 스틱으로 타악기처럼 치거나 뜯을 수 있다. 옴니코드의 물리적 위치는 오토하프와 유사한 주의 집중 목적을 공유한다. 그룹에서 한 아동이 더 높은 기능을 가지고 있다면, 그 아동에게 그룹이 부르는 노래에 반주 코드를 스트럼하는 역할을 줄 수 있다.

악기 사용을 위한 적응 수단

신체적 어려움이 있는 아동들의 경우, 자세와 조작뿐만 아니라, 악기 사용을 위한 적응 수단의 선택과 사용도 고려해야 한다. 악기를 이해하고 적응시키는 가장 좋은 자료는 클라크와 채드윅(Clark & Chadwick, 1980)의 작업이다. 악기 적응과 자세 및 조작을 위한 적응 수단은 치료사가 작업치료사나 물리치료사와 협력하여 만들 수 있다. 구매할 수 있는 다른 디자인은 West Music을 통해 이용 가능하다.

적응된 디자인은 아동이 악기의 감각적 입력을 경험하고/하거나 연주할 수 있게 한다. 간단한 적응에는 적응된 피크, 적응된 스틱, 포켓 팜 스트랩, 프레임, 스탠드 등이 포함된다. 천장에 악기를 매다는 것, 아동이 위치한 악기를 연주할 수 있도록 대안적 각도를 제공하는 폼 웨지 사용, 드럼을 제자리에 고정시키기 위해 아동의 무릎 위에 고무 처리된 목욕 매트를 사용하는 등의 가능성은 창의적인 음악치료사가 신체적 어려움이 있는 아동을 돕기 위해 사용할 수 있는 일상적인 해결책의 예시이다(Chadwick, 2006년 8월 20일, 개인 통신).

보조 자료의 사용

보완대체 의사소통(AAC) 장치

의사소통에 어려움이 있는 아동들은 치료사나 교사가 사전에 프로그래밍한 메시지를 활성화하기 위해 스위치 작동 또는 터치 작동 수단을 사용할 수 있다. 이것의 장점은: ① 아동이 의사소통 메시지를 스스로 선택한다는 점(터치 작동 Boardmaker 참조)과 ② 아동이 노래의 부른 부분이나 오케스트레이션의 녹음된 악기 부분을 스스로 선택하여 음악 경험 중 적절한 음악적 시간에 활성화할 수 있다는 점이다(Big Mack으로 알려진 터치 토크 장치와 같은 스위치 작동 장치, SAD 참조). Step by Step Big Mack은 비언어 아동이 장치를 대리 가수로 사용하면서 음악적 신호에 반응할 수 있도록 여러 악구를 순서대로 녹음할 수 있다. 주제 선택을 위한 예/아니요 제거 시스템을 사용한 안내된 작곡을 통해 치료사는 노래의 일부로 선택된 노래 정보를 녹음할 수 있다; 이후 치료사는 음악 반주를 제공할 수 있다(Chadwick, 2006년 8월 25일, 개인 통신).

세션 외에도 아동은 스위치를 사용하여 음악 장난감이나 테이프 레코더를 작동시킬 수 있다. 그러나 이러한 장치들은 신중하게 사용해야 한다. 터치 작동 의사소통 시스템인 Boardmaker에는 3,000개 이상의 그림 의사소통 기호가 포함되어 있어 음악치료사가 아동의 음악 속 의사소통을 돕기 위해 선택할 수 있다. 이 시스템은 보드와 비슷하며 하나의 주요 의사소통 기호와 보조 기호를 위한 공간이 있다. 예를 들어, 음악치료사는 보드에 '나는 원한다'를 주요 기호로 사용하고 '탬버린, 드럼, 호른 등'을 보조 기호로 사용할 수 있다. 그러나 이 장치와 관련된 또 다른 아이디어는 음악치료사가 일대일 대응 시스템을 만들어 아동이 먼저 원하는 악기를 물리적으로 만진 다음 해당 그림을 활성화하여 예비 읽기를 장려하는 것이다.

Boardmaker와 유사하지만, 더 정교한 장치로 32개의 메시지 통신기가 있는데, 이는 6개 레벨에 192개의 3초 메시지를 가지고 있다. 각 그림은 아동에게 의사소통의 내용을 상기시킨다. 이 의사소통 보드는 아침 식사 트레이와 비슷하며 휠체어의 트레이 위에 놓을 수 있다.

노래와 함께 사용하는 조작 가능한 시각 자료

노래를 제시하기 위한 추가 자료로는 봉제 동물, 인형, 작은 거울, 알파벳 형태(단일 또는 3차원 형태), 숫자 형태(단일 또는 3차원 형태), 송보드와 같은 조작물이 포함될 수 있다. 마이어-존슨(Meyer-Johnson)의 그림 교환용 그림과 Big Mack 음성 발화기(보완대체 의사소통 참조)는 언어치료 계획과 함께 사용해야 한다. 치료사는 악기를 촬영한 사진을 라미네이팅(얇게 잘라서) 음악 세션에서 그림 교환용으로 사용할 수 있다. 치료사가 만든 추가 시각 자료는 활동 유형을 위한 그림 교환으로 사용될 수 있다. 모든 자료는 벨크로 보드로 유지하고 음악실에 보관할 수 있다.

송보드 만들기

송보드는 음악치료용으로 준비된 노래(Coleman & Brunk, 2001)를 사용하거나 직접 만들 수 있다. 직접 만들기 위해서는 다음 자료가 필요하다.

- 8.5×11 파일 폴더
- 노래 이야기의 내용을 참조하는 그림, 사진 또는 그림
- 노래의 악보
- 양면 벨크로(일명 찍찍이)
- 라미네이팅 기계 사용

앞표지에는 노래의 내용을 나타내는 그림을 그린다. 앞표지에 노래 제목을 추가한다. 뒷표지에 악보를 붙인다. 앞뒤를 한 번에 라미네이팅하고, 그다음 폴더 안쪽을 라미네이팅한다. 치료사가 설명하고 싶은 노래를 선택한 후, 노래 이야기의 내용을 참조하는 그림, 사진 또는 그림을 잘라내어 라미네이팅한다. 이들을 벨크로로 안쪽 표지에 추가한다.

인형

인형은 치료사가 아동들과 함께 이야기 노래를 연기하는 데 매우 유용하다. 다른 경우에는 모든 아동들에게 이야기 노래를 연기하는 데 도움이 되는 봉제 동물이나 인형을 준다. 예를 들어, 'Teddy Beat'(Palmer, So Big, 1994 CD), 'A new baby'(Nordoff & Robbins, Book 3, 1980a)와 같은 노래이다. 아동이 자신의 얼굴에 대해 노래하는 경우에는 작은 거울을 주는 것이 적절하다.

동작 경험을 보완하는 자료

동작 경험을 보완하는 데 사용되는 자료에는 낙하산, 스트리머, 부드러운 중간 크기의 공, 콩 주머니, 버디 밴드가 포함될 수 있다. 앞서 설명한 대로, 낙하산은 아동들이 집단적으로 올리고 내리는 데 사용되며, 낙하산 동작이 진행되는 동안 균형을 잡기 위해 중앙에 부드러운 공이나 풍선을 던질 수 있다. 스트리머는 각 아동이 음악에 맞춰 움직이는 동안 가지고 있는 색깔 있는 스카프처럼 간단할 수 있다. 조작물로 사용되는 콩 주머니는 전달되거나 던져질 때 음악과 함께 사용된다. 버디 밴드는 모든 아동들이 동작 경험 동안 잡고 있는 물건으로, 아동들이 물리적 경계를 유지하는 데 유용할 수 있다. 물리적 경계를 설정하는 또 다른 방법은 작은 그룹을 위해 바닥에 훌라후프를 사용하거나, 더 큰 그룹을 위해 바닥에 마스킹 테이프를 사용하는 것이다.

음악 반응 연속체(CMR)

음악 반응 연속체(CMR)(Goodman, 1996~2002)는 그룹 내 아동들을 위해 필요에 따라 자료를 적응시키고 다양한 방법을 사용하여, 가장 낮은 기능 수준부터 가장 높은 기능 수준까지 그룹에서 다양한 수준의 음악 반응을 예상하는 시스템이다. 음악치료에서 단계적 기대의 개념은 원래 이디스 박실(Edith Boxill, 1985)이 성인 발달지체자와의 작업에서 제시했다. 그러나 그룹 환경에서 치료사가 음악 반응 연속체의 개념을 그룹의 특정 구성원들에게 적용하는 것을 더 고려하는 것이 도움이 된다. 이 장에서 CMR을 자료에 포함시키는 것은 치료사가 사용된 자료를 그룹의 다양한 구성원들에게 다른 방식으로 제시할 수 있도록(제7장 '방법' 참조) 가능한 다용도성을 위해 선택해야 한다고 고려한다면 이해가 된다. 따라서 자료의 적응은 방법론과 겹치게 된다(제7장 참조). 이러한 이유로, CMR 개념은 목표 계획, 방법, 자료 사용의 적응적 특성과 겹친다. 치료사는 그룹 내 아동들의 기능 수준에 따라 각 음악 경험에서 연속체를 만든다. 중복장애 아동 그룹을 위한 연속체의 한 예는 여기서 보컬, 기악, 동작 경험에 대한 일반적인 제안과 함께 개략적으로 설명된다. 또한, 특정 음악 반응 연속체의 예는 사례 예시를 통해 제시된다.

보컬 경험

일반적인 음악 반응 연속체

1. 듣고 보기, 일부 정서적 반응, 보컬은 움직임/기악과 결합될 수 있음
2. 발성(지연될 수 있음)
3. 음높이 근사치, 구절 노래하기
4. 한 단어
5. 한 단어 이상의 노래 가사
6. 감정, 생각을 전달하는 노래 가사

특정 음악 반응 연속체

사례 예시 1

노래: Bought me a Cat

그룹 구성원: 중복장애 아동

특정 음악 반응 연속체:

- 동물 소리 모방
- 치료사가 노래하는 동물을 가리킬 때 한 단어로 반응
- 치료사와 함께 노래 문장의 일부를 근사치로 부르기
- 치료사와 함께 완전한 문장 노래하기
- 노래 끝에 불렀던 동물 순서 회상하기

토론: 이 그룹의 아동들은 여러 수준에서 기능하고 있다. 가장 높은 기능을 하는 아동들은 치료사와 함께 노래하고, 노래 끝에 불렀던 동물 순서를 회상하며, 또래들이 치료사와 함께 노래 문장의 일부를 근사치로 부르도록 격려할 수 있다. 치료사는 낮은 기능의 아동들에게 적절한 음악적 순간에 스위치를 활성화하여 노래하는 동물 소리를 모방하거나, 또는 송보드에서 그것을 가리키도록 유도할 수 있다.

사례 예시 2

노래: 'C' is for Cookie(Henson; Muppets, 1986, p. 10)

그룹 구성원: 중복장애 아동, 읽기 전 기술

특정 음악 반응 연속체:

- 물리적으로 조작할 알파벳 글자 선택
- 보조원과 함께 글자의 초성을 모방하면서 알파벳 글자 선택
- 시작 글자에 맞는 적절한 그림을 선택하면서 알파벳 글자를 물리적으로 조작
- 시작 글자에 맞는 적절한 그림을 선택하면서 단어 근사치 말하기
- 촉구를 받으며 글자의 물리적 조작, 그림의 올바른 선택과 노래 가사 부르기
- 촉구 없이 글자의 물리적 조작, 그림의 올바른 선택과 노래 가사 부르기

참고: 치료사는 노래 가사와 시각 자료 선택을 알파벳 선택에 맞게 수정한다. 예를 들어, 'B'는 바나나, 'D'는 도넛, 'E'는 달걀, 'F'는 프렌치프라이, 'G'는 포도, 'H'는 핫도그, 'I'는 아동 스크림, 'J'는 젤리, 'K'는 케첩, 'L'은 레몬, 'M'은 마시멜로, 'N'은 국수, 'O'는 오렌지, 'P'는 땅콩, 'R'은 건포도, 'S'는 딸기, 'T'는 참치 등이다.

토론: 이 그룹의 아동들은 여러 수준에서 기능하지만, 언어 능력이 혼합되어 있음에도 불구하고 많은 아동들이 읽기 전 수준에 있다. 가장 높은 기능을 하는 아동들은 연속체의 가장 높은 지점에 도달할 수 있는 반면, 다른 아동들은 연속적 음악 반응의 적절한 단계에 도달하도록 도움을 받거나 유도된다. 노래 가사의 수정과 시각 자료의 선택은 음식 주제에 맞추어져 있어, 분류라는 또 다른 기능적 학업 과제로 가는 길을 닦는다.

악기 경험

일반적인 음악 반응 연속체

1. 악기가 연주되는 동안 듣기(감각 입력은 시각, 청각, 촉각, 운동감각 포함 가능)
2. 초보 수준에서 악기 탐색(보조 또는 비보조)
3. 한 단계 지시(정지/시작 포함 가능, '신체 타악기' 포함 가능)
4. 두 단계 또는 다중 지시
5. 표상적 악기 사용
6. 학습 전 지시를 위한 악기 사용

특정 음악 반응 연속체

사례 예시 1

악기: 'Drum caught cold'(Levin & Levin, 1998)(참고: 아동들이 이 곡을 번갈아 가며 연주하거나, 또는 치료사가 두 개의 드럼 파트와 두 개의 심벌즈 파트로 부분을 두 배로 늘린다.)

그룹 구성원: 자폐 스펙트럼 장애, 지적장애

특정 음악 반응 연속체:

- 음악 없이 드럼과 심벌즈 물리적 탐색

- 음악과 함께 드럼과 심벌즈 물리적 탐색
- 치료사가 아카펠라로 노래하며 활동 모델링 관찰
- 치료사가 아카펠라로 노래하고 피아노로 노래 반주를 연주하는 동안 보조원과 함께 치료사의 활동 모델링 관찰
- 시각적 신호와 함께 드럼 파트 연주
- 시각적 신호와 함께 드럼과 심벌즈 파트 연주
- 신호 없이 드럼과 심벌즈 파트 연주
- 신호 없이 리듬적 안정성을 가지고 드럼과 심벌즈 파트 연주
- 치료사가 즉흥연주하는 동안 드럼과 심벌즈 파트 창조적 확장

토론: 이 그룹의 아동들은 모두 매우 다른 감각적 접근방식을 가지고 있다. 가장 신체적 저항이 큰 레트 증후군 아동은 연속체의 다섯 번째 단계인 시각적 신호와 함께 드럼 파트를 연주하는 단계까지 점진적으로 높은 수준으로 물리적 탐색을 할 수 있다. 중요한 운동 계획 문제가 있는 다운증후군 아동은 연속체의 세 번째 수준에서 시작하여 꽤 빠르게 최종 수준까지 도달할 수 있다. 그룹 내 정서장애 아동은 열심히 연주하고 싶어 했고, 연속체의 네 번째 수준에서 시작하여 신호 없이 연주할 수 있었다. 그러나 그녀는 리듬을 유지하는 데 문제가 있었는데, 이는 아마도 그녀의 산만한 생각 때문일 수 있다. 나중에 밝혀진 바로는 그녀가 아동 학대의 피해자였다고 한다.

동작 경험

일반적인 음악 반응 연속체

1. 음악에 맞춰 신체적으로 조작되는 동안 듣기(감각 입력)
2. 시각 자료가 물리적으로 조작되는 것을 보기
3. 대근육 시작과 정지
4. 손가락 놀이
5. 한 단계 지시
6. 다중 지시
7. 표상적 놀이

8. 동작 맥락에서의 학습 전 지시

특정 음악 반응 연속체

사례 예시 1

동작 활동: Hokey pokey

그룹 구성원: 지적장애, 중복장애

특정 반응 연속체:

- 아동에게 세 단계 지시를 수행하기 위한 손 위에 손을 얹는 보조 제공
- 아동이 세 단계 지시를 따름(들어가기, 나오기, 박수 치기)
- 아동이 다섯 단계 지시를 따름(들어가기, 나오기, 들어가기, 흔들기, 박수 치기)
- 아동이 여섯 단계 지시를 따름(들어가기, 나오기, 들어가기, 흔들기, 돌기, 박수 치기)

토론: 이 그룹의 아동들은 신체적 경계에 어려움이 있어 치료사는 바닥에 마스킹 테이프를 제공하여 아동들이 선 위에 서고 이 시각적 자료를 들어가고 나오는 방법으로 사용하도록 돕는다. 5명의 그룹 중 오직 한 명만이 좌우 감각이 있고 아동들 앞에 서 있는 치료사를 모방하는 것은 어차피 이러한 용어와 모순될 것이므로, '왼쪽'과 '오른쪽'이라는 단어는 '이것'과 '저것'으로 바뀐다. 언어 능력이 있는 아동들은 치료사와 함께 노래하며, 처음에는 세 가지 지시의 순서를 따르고 점진적으로 첫 번째 절의 여섯 가지 지시까지 더 많은 지시를 추가한다. 이러한 점진적인 노래 소개는 아동들이 효과적으로 운동 계획을 세우기 시작할 수 있게 하며, 매주 더 많은 절을 추가할 수 있다. 음악 자체는 그에 따라 조정되며 아동들이 운동적으로 진전됨에 따라 주제와 변주의 관점에서 제시될 수 있다.

사례 예시 2

동작 활동: 'Pita Pata'(Stewart, 1991)

그룹 구성원: 중복장애 아동 그룹이 아프리카계 미국 음악인 Pita Pata(Stewart, Music from around the World)에 맞춰 4단계 순서를 따른다. 순서는 다음과 같다:

박수 치기, 발 구르기, 두드리기, 차기

특정 음악 반응 연속체:

- 아동이 동작을 통해 신체적으로 보조를 받음, 비보행 아동의 경우 다리 대신 팔 사용
- 아동이 동작을 통해 신체적으로 보조를 받음
- 아동이 한 가지 지시를 성공적으로 따름
- 아동이 두 가지 지시를 성공적으로 따름
- 아동이 세 가지 지시를 성공적으로 따름
- 아동이 네 가지 지시를 성공적으로 따름
- 아동이 순서를 회상함
- 아동이 유도와 함께 안무를 확장할 수 있음
- 아동이 독립적으로 안무를 확장할 수 있음

토론: 음악을 조정하기 위해 치료사는 음악을 복제한 비트 위에 멜로디를 녹음했다. 그녀는 각 아동이 적어도 한 번은 단계를 숙달할 수 있도록 각 지시를 두 번 이상 반복하며 보이스오버로 노래한다. 그런 다음, 다음 단계로 넘어간다. 이 노래는 자발적인 반복을 수용하고도 여전히 음악적으로 남을 만큼 충분히 단순하다.

청취 경험

일반적인 음악 반응 연속체

1. 감각 자극을 받기 위해 가사 없는 라이브 음악 듣기
2. 감각 자극을 받기 위해 가사 없는 라이브 또는 녹음된 음악 듣기
3. 휴식을 위해 음악 듣기
4. 정서적 인식과 투사적 사고의 수단으로 음악 듣기

일반적인 음악 반응 연속체

사례 예시 1(Goodman, K., 1996~2002)

듣기 선택: Peter and the Wolf

그룹: 정서장애

특정 음악 반응 연속체:

- 아동이 음악에 주의를 기울임
- 아동이 음악에 맞춰 조작되는 인형 캐릭터를 보며 음악의 주제적 역할이 제시됨(피터, 할아버지, 고양이, 새, 늑대, 오리, 사냥꾼)
- 아동이 독립적으로 음악에 나타나는 대로 인형 캐릭터를 조작함
- 음악 이후, 아동이 이야기 순서를 회상함
- 음악 이후, 아동이 투사적 자유 연상을 제공함

토론: 불행히도 공격적 행동으로 인해 네 개의 특수학교에 재입학이 거부된 정서 장애 아동인 메이슨은 음악을 사랑한다. 그룹의 다른 아동들에 의해 지지를 받아 그는 도우미이자 리더가 된다. 그는 음악에서 도전적인 과제를 해결할 수 있으며, 보상으로 'Hand Jive' (Sclesa, 1983)의 음악 경험을 요청했다. 메이슨이 음악적 재능이 있다는 것을 깨달은 나는 음악치료 세션에 음악 로또 게임의 일부인 악기 테이프를 도입한다. 메이슨은 자주 이기고 자존감이 높아진다. 그는 클래식 음악을 요청하기 시작한다. 'Peter and the Wolf'를 들으면서 그는 활기를 띠고 나무 꼭대기로 몰래 올라가 늑대의 꼬리를 올가미로 잡고, 사냥꾼들의 도움을 받아 동물원으로 데려가는 피터의 캐릭터와 동일시하기 시작한다. 메이슨은 자랑스러워하며 치료사에게 자신이 강력하고 통제할 수 있다고 말한다. 치료사는 그가 통제력을 잃지 않고 상황을 조절할 수 있다는 것을 확인해 준다. 이것이 음악치료의 가장 훌륭한 순간이다.

음악 드라마

일반적인 음악 반응 연속체

1. 아동이 다른 아동들이 드라마에 참여하는 것을 봄
2. 아동이 표상적 놀이의 물체(예: 테디 베어, 인형, 거울)를 들고 다른 아동들이 하는 것을 복제하기 위한 보조, 신호, 모델링을 받음
3. 아동이 독립적으로 표상적 놀이의 물체를 조작함
4. 아동이 독립적으로 또는 다른 아동들과 함께 표상적 놀이를 확장함
5. 아동의 주의 집중 시간이 더 큰 규모의 음악 드라마 참여를 허용함

특정 음악 반응 연속체

사례 예시(Goodman, K., 1996~2002)

드라마 선택: Does anyone have a new baby?(Nordoff & Robbins, 1980, Book 5)

그룹: 중복장애 청소년 전기

특정 음악 반응 연속체:

- 아동이 다른 아동들이나 치료사가 드라마에 참여하는 것을 관찰함
- 아동이 인형을 들고 노래의 지시를 따르기 위한 구두 지시를 받음
- 아동이 독립적으로 자신의 감정을 인형에 투사하며 자신의 행동을 시작함
- 구두 지원과 함께, 아동이 자신의 행동과 그 가능한 의미에 대해 반영할 수 있음
- 독립적으로, 아동이 자신의 행동과 그 가능한 의미에 대해 반영할 수 있음

토론: 루이스는 13세로, 대부분 비언어적이며, 지적장애와 정서장애가 있다. 그는 건물 내 또래와 교사들에게 행한 폭행 이력이 있다. 어느 날 그는 특히 변덕스러웠고, 치료사는 그의 어머니가 새 동생을 낳았다는 것을 알게 된다. 음악치료에서 그는 치료사가 'A New Baby'라는 제목의 노래를 소개하는 동안 다룰 아기 인형을 받는다. 노래의 첫 번째 버전은 작곡된 대로 진행된다. "새 아기를 아는 사람 있나요? 새 아기를 본 사람 있나요? 아기의 눈을 보세요. 보세요, 아기의 눈을 보세요. 아기의 코를 보세요. 보세요, 아기의 코를 보세요. 오! 오! 아기에게 노래하는 걸 잊지 마세요! 아기에게 노래하는 걸 잊지 마세요."(Nordoff & Robbins, 1980, Book 4, p. 14). 이 연주 후, 루이스는 인형을 바닥에 던진다. 그룹의 아동들은 어떻게 반응해야 할지 확신하지 못한다. 그들은 불편해 보인다. 치료사는 가사를 수정한다. "때때로 당신은 아기에게 화가 날 수 있어요. 때때로 당신은 아기에게 화가 날 수 있어요. 때때로 당신은 아기를 좋아하지 않을 수 있어요. 때때로 당신은 아기를 좋아하지 않을 수 있어요." 이러한 음악적 감정 인정 후, 루이스는 웃고 인형을 집어 들어 부드럽게 안는다. 치료사는 계속해서 노래한다. "그리고 때때로 당신은 아기를 사랑해요. 때때로 당신은 아기를 사랑해요."

소규모 드라마 경험은 호세가 자신의 감정을 외재화하는 데 도움을 준다. 그의 상승된 행동이 완화되고 그의 감정을 이해할 수 있는 다른 아동들도 호세가 그룹에서 더 편안해질 때 자신들의 불편함이 완화되는 것으로 보인다.

다양한 기능 수준 아동을 위한 예시 자료

음악치료사들이 일상적인 임상 작업에서 사용하는 자료 목록을 수집할 때 다양한 방식으로 정리할 수 있다. 이 목록들은 양식(보컬, 기악, 움직임)과 작곡가 또는 컬렉션 이름으로 정리되어 있다. 자료를 정리하는 다른 가능한 방법으로는 발달 목적에 따른 분류, 또는 진단 그룹과 발달 목적에 따른 분류가 있다.

컴퓨터가 없던 시대에는 학생들에게 다음 정보를 3 × 5 또는 5 × 7 카드에 저장하도록 권장했다: 노래 이름, 작곡가, 참고 자료, 발달 목적, 제안된 발표 방법, 적응 또는 변형. 이런 종류의 정보는 아동들과 성공적으로 사용되고 적응된 자료의 레퍼토리를 구축하는 치료사에게 유용하다.

다음의 자료 샘플 목록은 중복장애 아동들과 치료를 수행하는 동안 5년에 걸쳐 정리되었다(Goodman, 1996~2002). 이는 음악 반응 연속체(CMR)(Goodman, 2002)를 기반으로 한다.

보컬 경험

아래 나열된 자료들은 다음 수준에서 사용된다: ① 듣기와 보기(일부 정서적 반응); 보컬은 움직임/기악과 결합될 수 있음, ② 발성(지연될 수 있음), ③ 음정 근사치, 구절 노래하기, ④ 한 단어, ⑤ 한 단어 이상의 노래 가사, ⑥ 감정, 생각을 전달하는 노래 가사.

다양한 노래의 목록 뒤에는 샘플 사용이나 주제가 따르게 된다.

1. 디즈니 컬렉션, 추상적 생각, 감정(Disney Collection, 1993)
    - Candle on water(p. 19): 우정
    - I've got no strings(p. 56): 독립성
    - It's a small world(p. 61): 우정
    - Zip a dee doo dah(p. 156): 행복
    - Let's go fly a kite(p. 74): 계절, 봄
    - When you wish upon a star(p. 129): 동기 부여
    - Love is a song(p. 80): 애착; 밸런타인데이
    - Little April shower(p. 78): 계절, 봄

- Baby mine(p. 4): 분리/개별화
- Supercalifragalistic(p. 118): 조음
- Chim chim cherri(p. 24): 발성
- Whistle while you work(p. 144): 입술 모양
- Give a little whistle(p. 48): 입술 모양

2. 음악 연결(Silver-Burdett, 1995)
   - Sound Poem(5학년, p. 31): 극적 놀이
   - Read me a story(유치원, p. 178): 학습 전 활동
   - Falling Rain(2학년, p. 106): 레인스틱을 이용한 극적 놀이
   - I shall sing(4학년, p. 138): 자유 발성
   - Zuni Song(p. 192): 모음 소리
   - Think positive(5권, p. 4): 자존감
   - One moment in time(5학년, p. 140): 자존감
   - Somewhere out there(5학년, p. 128): 표상적 놀이; 분위기 노래
   - Under the sea(p. 160): 표상적 놀이
   - I can do it(유치원, p. 182): 긍정적 확언
   - I feel tall inside(유치원, p. 172): 자기 감각
   - You're not everybody(유치원, p. 170): 자기 감각
   - Magical me(유치원, p. 168): 자기 감각
   - There's just something about a song(5학년, p. 21): 분위기 노래
   - A round of good-byes(5학년, p. 28): 마무리
   - Bounce and catch(공놀이)
   - One, two, three alary(2학년, p. 30): 리듬 놀이
   - Come sailing with me(2학년, p. 124): 응답형 움직임
   - Talking on the telephone(유치원, p. 152): 표상적 놀이

3. 전통 노래
   - Down on Grandpa's farm; 순차적 소리, 발성, 인형 사용; cock a doddle do, moo, oink, wuff, neigh, gobble, he haw, how do you do; 절 후렴 구조, 순차적 행동

- Bingo: 아동의 이름을 철자하도록 적용, 투사적 사용
- Kimbayah: 마지막 음절 'yah'에서 발성; 발달 순서에 따라 음절을 대체하여 발성
- You gotta sing: 다방향
- Twinkle twinkle little star: 청각 추적을 위한 작은 불빛 사용
- Wheels on the bus: 일련의 모방 동작
- Whole world in his hands: 일련의 모방 동작
- Pat a cake: 초기 친밀감
- Row, row, row, your boat: 응답형 리듬 움직임
- Michael row your boat ashore: 응답형 움직임
- Down by the riverside: 다중 지시

4. 그레이스 내시(Grace Nash, 1988)
    - Fifty States United(Nash, Holidays and Special Days, p. 120)

5. 라피(Raffi, 1983, 1984, 1986, 1989)
    - Bathtime(Everything grows CD): 일상생활 활동
    - Brush your teeth(Raffi Singable Songbook, p. 16): 일상생활 활동
    - Over in the meadow(Baby beluga, p. 28): 동물 소리
    - Six little ducks(Raffi Singable Songbook, p. 78): 동물 소리
    - Listen to the horses(Raffi Singable Songbook, p. 50): 동물 소리, 발성
    - Good-night Irene(Raffi Singable Songbook, p. 34): 표상적 놀이
    - Going to the zoo(Raffi Singable Songbook, p. 32): 동물 소리, 표상적 놀이
    - Five little frogs(Raffi Singable Songbook, p. 28): 동물 소리, 표상적 놀이, 대상 영속성, 세기, 극적 놀이
    - Cluck, cluck red hen(Raffi Singable Songbook, p. 18): 동물 소리, 표상적 놀이
    - Finger play(Everything grows songbook, p. 40)
    - You'll sing a song(Raffi Singable Songbook, p. 101): 응답형 놀이, 악기로 확장, 움직임
    - Mary wore her red dress(Raffi Singable Songbook, p. 22): 색깔, 의복
    - Aikendrum(Raffi Singable Songbook, p. 7): 유머 감각, 신체 부위; 음식(송보드 적용)
    - Willoughby, wallowby: 운율, 소리 대체, 유머(Raffi Singable Songbook)

- Who built the ark?(Raffi Singable Songbook, p. 90): 응답형, 운율
- Peanut butter sandwich(Raffi Singable Songbook): 일상생활 활동, 나누기
- Going on a picnic(Raffi Singable Songbook, p. 31): 분류, 가능한 시각 자료 및 송보드 사용
- This old man(Baby beluga, p. 32): 세기, 움직임 순서
- If I had a dinosaur(Raffi Singable Songbook, p. 44): 표상적 놀이
- Down by the bay(Raffi Singable Songbook, p. 26): 운율
- My way home(Raffi Singable Songbook, pp. 60-61): 전환, 단기 기억
- It's mine but you can have some(Raffi Singable Songbook, p. 18): 나누기
- I wonder if I'm growing: 전환(Raffi Singable Songbook)
- Swing low(Raffi Singable Songbook, p. 86)
- Pick a bale(Raffi Singable Songbook, p. 70): 한 단계에서 다단계 지시로
- Mr. Sun(Raffi Singable Songbook): 시각 자료
- To everyone in all the world(Baby beluga): 악수
- Slow day(Bananaphone CD): 보컬
- The world we love(Bananaphone CD): 개념적

6. 톰 글레이저(Tom Glazer, 1973, 1983)
   - The little white duck(Eyewinker, p. 46)
   - Old Macdonald(Eyewinker, p. 56): 손가락 놀이
   - Baa, baa, black sheep, 전통
   - Barnyard Song(Eyewinker, p. 10)
   - Bought me a cat, 전통: 순서, 표상적 놀이, 동물 소리
   - The bear went over the mountain(Eyewinker, p. 11)
   - Bingo(Eyewinker, p. 13)
   - Baby's going bye-bye(Music for ones and twos): 표상적
   - Pull my wagon(Music for ones and twos): 표상적
   - Blocks(Music for ones and twos): 표상적
   - Rock my doll(Music for ones and twos): 표상적
   - Bang hammer(Music for ones and twos): 표상적

- Roll my ball(Music for ones and twos): 표상적

7. 송보드
   - 작은 오리 여섯 마리
   - 꼬마 거미
   - 올드 맥도널드

8. 그레그와 스티브(1983, 1986)
   - Little Sir Echo(We all live together, p. 17): 청각 추적
   - Rainbow of colors(Greg and Steve Live Together, Vol. 5): 빨강, 노랑, 초록, 파랑, 하양, 주황, 갈색, 검정: 만지기, 판별하기, 매칭하기
   - Piggy bank(Greg and Steve Live Together, Vol. 3): 숫자 세기
   - Days of the week(Greg and Steve Live Together, Vol. 4)
   - Months of the year(Greg and Steve Live Together, Vol. 2)
   - Sing a happy song(We all live together): 자유 발성
   - Let's go to the market(Greg and Steve Live Together, Vol. 5)
   - We're all together again(Greg and Steve Live Together, Vol. 5)
   - The number game(Greg and Steve Live Together, Vol. 5)

9. 러빈 허버트와 게일(1997a, 1998)
   - The hungry song(Learning Through Songs, p. 31): 질문/답변
   - Happy things(Learning Through Music, p. 115): 합창에서 자유 발성
   - When it rains(Learning Through Songs, p. 38): 원인과 결과
   - Rhyme time(Learning Through Songs, p. 5): 운율
   - Friends(Learning Through Songs, p. 47): 우정
   - Everybody makes mistakes(Learning Through Songs, p. 19): 학습 과정
   - Sad things(Learning Through Songs, p. 44): 기분
   - Friends(Learning Through Songs, p. 47): 대인관계 개념
   - Yes, I can(Learning Through Songs, p. 24): 긍정적 확언
   - Some people(Learning Through Songs, p. 36): 반영

- Windy wind(Learning Through Songs, p. 28): 반영
- What's in your house?(Learning Through Songs, p. 9): 문장 만들기, 대명사, 동사, 복수형, 분류, 단기 기억
- How old are you?(Learning Through Songs, p. 12): 학습 전 활동
- Now and before(Learning Through Songs, p. 15): 원인과 결과
- What do you say?(Learning Through Songs, p. 21): 축약형
- Learn about things(Learning Through Songs, p. 33): 감각
- Today, yesterday and tomorrow(Learning Through Songs, p. 40): 시간 순서
- Silly song(Learning Through Songs, p. 42): 논리

10. 노르도프-로빈스 플레이송스(1962, 1968, 1980a, 1980b, 1980c)
   - Penny-nickel-dime-quarter-dollar song(Book 3, p. 9): 세기; 조음
   - Color song(Book 4, p. 22): 색깔
   - Green grass, little wind, big sun, blue sky(Book 5, p. 18): 기분, 색깔, 시각화, 기악 드라마로 확장
   - Safety song(Book 3, p. 6): 경계
   - What did you see?(Book 4, p. 6): 수다스러운
   - The way I like to sit(Book 4, p. 12): 자율성
   - Let me tell you(Book 4, p. 16): 이야기
   - I have a friend(Book 4, p. 20): 대인관계
   - I'm mad today(Book 5, p. 14): 부정적 감정, 대처
   - A new baby(Book 4, p. 14): 전환, 표상적 놀이
   - Good-bye(Book 2, p. 19): 마무리
   - A brand new day(Book 4, p. 8): 기분
   - A song for Julie(Book 4, p. 10): 개인화, 날짜 강화
   - Thank you(Book 3, p. 23): 마무리
   - Roll Call(Book 2, p. 4): 시작
   - Hello(Book 1, p. 3): 시작
   - Good morning(Book 3, p. 3): 시작
   - You have a name(Book 1, p. 19): 자아(ego)

- Let's sit and talk(Book 1, p. 20): 매칭/판별
- What's that?(Book 2, p. 10): 매칭, 판별
- 비 오는 날이에요(Book 2, p. 9): 기분
- You never can tell(Book 3, p. 12): 기분, 반영적
- Green grass, little wind, big sun, blue sky(Book 5, p. 18): 기분
- Who would like to take a little walk with me(Book 3, p. 13): 움직임
- I've got a hat(Book 1, p. 7): 표상적 놀이, 지시, 날씨

11. 만남 인사와 작별 인사(Ritholz & Robbins, 1995)
    - Goodbye and tootleloo(p. 18): 마무리
    - Dismissal song(p. 18): 마무리
    - Thank you for the music(p. 20): 마무리
    - Now it's time to say good-bye: 마무리
    - Clap hands(Novickes): 다중 지시
    - Good morning, everyone(p. 3): 시작
    - Good morning to you(p. 4): 시작
    - It's your turn to sing(p. 6): 자유 발성
    - What shall we do(p. 8): 간단한 언어
    - Calypso greeting(p. 10): 움직임

12. 세서미 스트리트(Prebenna, D., Moss, J., & Conney, J., 1992; Henson, 1986; Moss & Raposo, 1992)
    - Picture a world(Sesame Street, vol. 2, p. 46): 반영적
    - Sing(Sesame Street, vol. 2, p. 35): 자유 발성
    - What do I do when I'm alone(Sesame Street, vol. 2, p. 26): 기분, 개념적, 외로움
    - The Grouch song(Sesame Street, vol. 2, p. 51): 기분
    - I'm pretty(Sesame Street, vol. 2, p. 59): 자존감
    - Green(Muppets, p. 28): 개별화
    - One of these things is not like the other(Sesame Street Songbook, p. 50): 분류; 매칭
    - Everybody makes mistakes(Sesame Street, vol. 2, p. 10): 대처

- Word family song(Sesame Street, vol. 2, p. 24): 가족
- Over, under, around and through(Sesame Street, vol. 2, p. 67): 전치사, 방향성

13. 햅 파머(1969b, 1981a, 1981b, 1994)
  - Triangle, circle or square(Favourites, p. 68): 학습 전 활동
  - So Big(So Big, #6): 비교
  - So happy you're here(So Big, #1): 한 단계 지시, 모방 발성
  - Letter sounds(Favourites, p. 73): 학습 전 활동
  - Pocket full of B's(Favourites, p. 74): 학습 전 활동
  - Making letters(Favourites, p. 76): 학습 전 활동
  - Marching around the alphabet(Favourites, p. 78): 움직임, 학습 전 활동, 극적 놀이
  - Let's hide the tambourine(Learning Basic skills, #7, vol. 2): 대상 영속성
  - Big things come from little things you do(So Big): 표상적 놀이
  - Rub a Dub(More Baby Songs, #1): 표상적 놀이
  - My baby(More baby songs): 표상적 놀이
  - The hammer song(Tickey Toddle): 표상적 놀이
  - Big things come from little things you do(So Big): 표상적 놀이
  - My baby(More Baby Songs, #2): 표상적 놀이
  - The hammer song(More Baby Songs, #4): 표상적 놀이

14. 톰 피스(Pease & Stotts, 2003)
  - Read a book with me: 학습 전 활동
  - Love grows: 제스처

악기 경험

다음에 나열된 자료들은 다음 수준에서 사용된다: ① 악기가 연주되는 동안 듣기(감각 입력은 시각, 청각, 촉각, 운동감각을 포함할 수 있음), ② 초보 수준에서 악기 탐색(보조 또는 비보조), ③ 한 단계 지시(정지/시작 및 '신체 타악기' 포함 가능), ④ 두 단계 또는 다중 지시, ⑤ 표상적 악기 사용, ⑥ 학습 전 지시를 위한 악기 사용.

1. 음악 연결
   - Environmental Sounds Bank(K, CD 7): 오토하프, 핸드 심벌즈, 징글 바, 리듬 스틱, 샌드블록, 스텝벨, 탬버린, 탐탐, 트라이앵글, 우드블록

2. 그레그와 스티브: 기악 음악뿐만 아니라 보컬과 움직임을 위한 배경(Sclesa & Millang, 1983)
   - It's a beautiful day(vol. 4)
   - Everyone has music inside
   - Siesta
   - Sing a happy song(vol. 3)
   - Friends forever(vol. 5)
   - Lullaby tape(K, CD 2, D, G, B의 오스티나토)
   - Big ol storm a coming
   - Something about a song

3. 러빈과 러빈(1997) Learning Through Song
   - Quietly: 톤 차임 시작
   - Play your bell one time(p. 62): 톤 차임 시작
   - Bell dance(p. 80): 톤 차임 시작
   - Take turns(p. 40): 드럼
   - One(p. 52): 드럼
   - One(p. 58): 드럼
   - Copycat(p. 55): 드럼
   - Two(p. 59): 드럼
   - Three(p. 60): 드럼
   - Alternate hands(p. 64): 드럼
   - Four and five(p. 76): 드럼
   - With cymbal(p. 44)
   - Two and three(p. 72): 호른
   - Slow horns(p. 78): 호른

4. 라피(Raffi, 1982, 1983, 1984, 1989)
   - Let's make some noise(Everything Grows, p. 26): 노래, 박수, 흔들기
   - Working on the railroad(p. 94): 휘파람, 호른
   - Morningtown(Baby beluga): 기차 휘파람, 종 울리기
   - Old MacDonald had a band(p. 66)
   - Twinkle(벨 트리와 함께 사용)
   - Rise and shine: 시각 자료

5. 노르도프-로빈스(1962, 1968, 1980a, 1980c)
   - Fun for four drums
   - Charlie knows how to beat that drum(Book 1)
   - Drum talk(Book 2)
   - Who would like to?(Book 3, p. 13): 그룹 기악 가능성
   - We'll make music together(Book 5, p. 10)
   - What shall we do on a sunny sunny morning?: 그림 교환 사용

6. 리톨즈와 로빈스(Ritholz & Robbins, 1999, 2003): Themes for Therapy

7. 세서미 스트리트(Prebenna et al., 1992)
   - Play along(p. 5)
   - I've got a new way to walk(흔들기, 울리기, 노래하기 등으로 적용)

8. 톰 글레이저(1983)
   - What does baby hear?: 청각 변별, 대상 영속성

9. 햅 파머(1981, 1987 CD)
   - Family Harmony(Tickley Toddle)
   - Harmonica happiness: 박수/행진
   - I'm a little wood block(p. 104, Favourites): 기본 박자
   - Tap your sticks(p. 110)

- Clap and rest(p. 120)
- Play your sticks(p. 122)

10. 그레그와 스티브(Scelsa & Millang, 1983)
    - Rock and roll rhythm band(vol. 5): 누적 연주에는 탬버린, 스틱, 셰이커, 벨, 트라이앵글, 블록, 부드럽게와 크게, 정지가 포함됨

11. 엘라 젠킨스(Ella Jenkins, 1994)
    - Play your instruments and make a pretty sound(머리 흔들기, 카우벨 듣기, 리듬 스틱, 마라카스, 부드럽게, 트라이앵글, 캐스터네츠)
    - 전통: Come on and join into the game.

동작 경험

다음에 나열된 자료들은 다음 수준에서 사용된다: ① 음악에 맞춰 신체적으로 조작되는 동안 듣기(감각 입력), ② 시각 자료가 물리적으로 조작되는 것을 보기, ③ 대근육 시작과 정지, ④ 손가락 놀이, ⑤ 한 단계 지시, ⑥ 다중 지시, ⑦ 표상적 놀이, ⑧ 움직임 맥락에서의 학습 전 지시.

1. 햅 파머(Hap Palmer)
    - Rock and Roll Freeze Dance(So Big, #5, 1994 CD): 충동 조절
    - Five little monkeys(So Big, 1994 CD): 극적 놀이는 원숭이를 포함(손가락), 침대에서 뛰기, 떨어지기, 머리 부딪치기, 의사 부르기, 아니요, 침대에서 깡충깡충 뛰기, 침대에서 돌기, 침대에서 뛰기 순서 반복을 포함
    - Let's Dance(Learning basic skills, vol. 2, 1969b CD): 아동들이 줄, 원 또는 흩어진 상태, 'Partners'도 참조, 파트너와 다중 지시
    - Marching around the alphabet(Learning Basic Skills, vol. 1, 1969a CD): 알파벳 콩백(오자미)과 함께 사용: 초기 수준에서 구부리기/잡기
    - Put your hands up in the air(Learning Basic Skills, vol. 1, 1969a CD): 다중 지시
    - Ten Wiggle Worms(So Big, 1994 CD): 손가락 분리

- Toes(Tickley Toddle): 신발과 양말을 벗고, 발가락, 감각 자극(Palmer, 1981b, CD)
- Parade of colors(Learning basic skills, vol. 2 recording): 색깔 카드(파랑, 빨강, 검정, 초록, 노랑, 분홍, 보라, 갈색, 하양, 주황)를 들고 원 주위를 행진. 노래 가사에 지시된 대로 서고 앉기, 필요에 따라 조정, 아래도 참조:

  a. 색깔 주위로 움직이기
  b. 색깔들
  c. 색깔 퍼레이드
  d. 무엇을 입고 있나요?

- Bluegrass jambouree(So Big, #12, 1994 CD): 박수 치기, 발 구르기, 뛰고 돌기, 깡충 뛰고 웃기, 걸음걸이와 스윙, 제자리 달리기, 모두 넘어지기. 빠른 속도의 순서, 녹음을 사용하지 않으면 단순화 가능
- Growing(So Big, #11): 모방 제스처
- Teddy bear playtime(So Big, 1994 CD): 테디 베어와 표상적 놀이를 위한 시각적 모델링; 다중 지시

2. 라피(Raffi, 1989)
   - Ha ha this away(Everything Grows, p. 33, 노래책과 테이프): 시각적 위치 파악
   - Shake my sillies out(Singable songbook, p. 74): 반복, 신체 부위
   - Walking(rise and shine): 행진

3. 엘라 젠킨스(Ella Jenkins, 1994)
   - Follow the leader: 박수 치기, 가슴 치기, 허벅지 치기, 무릎 두드리기, 발 구르기, 발 미끄러뜨리기
   - Let's listen to the band: 지휘와 행진
   - This is the way to lead the band: 행진, 왈츠, 재즈 비트: 필요에 따라 시각적 신호를 위해 바닥에 테이프 추가

4. 그레그와 스티브(Scelsa & Millang, 1983)

- Simon Sez, vol. 3: 자유 반주와 함께 사용하고 보이스 오버를 할 수 있음. 첫 번째 연주에는 다음 지시가 포함됨: 머리, 눈, 코, 입, 눈썹, 귀, 치아, 머리카락, 볼, 턱, 목, 어깨, 팔, 손가락, 손, 팔꿈치 만지기
- Rainbow of colors
- Bingo(vol. 4): 음향 효과
- Happy and you know it(vol. 3): 지시, 호출/응답, 누적 응답, 창의적 지시 만들기
- A walking we will go(CD 5): 걷기, 발 구르기, 스킵, 슬라이드, 통통 튀기기, 발끝으로 걷기, 행진, 손잡기, 앉기(느린 속도)
- Old brass wagon(CD 5) 왼쪽으로 원, 오른쪽으로, 안으로, 밖으로, 뛰어다니기, 어깨/무릎, 세 번 박수 치기, 발가락과 점프, 만세 외치기
- Hand Jive(vol. 4): 응답형, 단순에서 복잡으로
- Dancing machine(vol. 3): 상상 놀이
- Just like me(vol. 4): 빠른 속도의 모방
- Shapes(vol. 3): 움직임 신호에 반응하기 위해 콩백(오자미) 모양이나 라미네이트 사용
- When I'm down I get up and dance(CD 5): 표상적 놀이
- Disco limbo(vol. 3)

5. 톰 피스(Tom Pease, 1983)
   - Apple Pickin Time: 두 줄이 서로 마주 보고, 더 높은 기능을 위해 다음과 같이 안무: 발 구르기, 박자에 맞춰 행진, 손을 엉덩이에, 다리 차올리기, 파트너를 오른쪽으로 스윙, 왼쪽으로, 줄로 돌아가서 다음 학생 쌍과 갱신. Do see doe를 두 번 하고 다음 학생 쌍으로 이동. 다리를 만들고 모두 그 밑으로 지나가기-다음 학생 쌍으로 이동. 끝내거나 음악이 끝날 때까지 발 구르기/행진으로 돌아가기
   - Walk a mile in your shoes
   - Love grows: 제스처, 수화
   - Rain comes down: 제스처, 수화

6. 음악 연결(Silver-Burdett, 1995)
   - Jig along home(K, CD 7, #5): 보이스오버: 박수치기, 발 구르기, 도시도, 다리 아래로, Bluegrass jambouree도 참조

- Zion's children(K, CD 7, #7): 빠른 속도의 행진, 카시오 관련 기능으로 속도를 늦출 수 있음
- Will you follow me(K, p. 260): 모방 동작
- Hokey Pokey(p. 274, K, CD 7, #2 and #4):
  순서 1: 오른발 안으로, 오른발 밖으로, 오른발 안으로, 흔들기(호키 포키를 하고) 돌기(그게 전부야) 박수
  순서 2: 왼발 안으로, 왼발 밖으로, 왼발 안으로, 흔들기, 돌기, 박수
  순서 3: 오른손 등
  순서 4: 왼손 등
  순서 5: 머리 안으로, 밖으로, 안으로, 흔들기, 돌기. 박수
  순서 6, 온몸 안으로, 밖으로, 흔들기, 돌기, 박수
  필요에 따라 순서를 추가하거나 제거. 한 순서가 6단계의 진행임을 유의
- 자장가 테이프

7. 톰 글레이저(Tom Glazer, 964, 1983)
   - Where are your eyes?: 손거울과 함께 사용할 여러 지시(눈, 코, 귀, 입, 손으로 박수 치기, 눈 감기, 코 흔들기, 입 벌리기, 손뼉 치고 발차기). 시각적 모델링을 위해 인형 사용 옵션
   - Ten fingers(p. 72, Eye Winker)
   - Ten Little Indians(p. 74, Eye Winker)
   - Peters hammers(p. 61, Eye Winker): 개인화
   - Where is thumbkin?
   - One finger, one thumb: 손가락 분리
   - Hickory dickory dock
   - Ten fingers(p. 60, Eye Winker)
   - Eeentsy weentsy spider(p. 59, Eye Winker)
   - Here is the church(p. 52, Eye Winker)
   - I'm a little teapot(p. 53, Eye Winker)
   - What will we do with the baby?(p. 51, Eye Winker)
   - Pat a cake(p. 50, Eye Winker)
   - Roll the Ball: 간단한 패싱

8. 에이브럼슨(Abramson, 1997) 달크로즈 운동: 기초 악보 인식으로 이어질 수 있음
    - Bounce and Catch, #5
    - Catch, #6
    - Clap beat, #7
    - Swing to beat, #8
    - Walk to beat, #10
    - Clap vs. walk, #11
    - Skip/gallop, #12
    - Count to 8, #13

9. 디즈니(Disney, 1993)
    - Following the leader(Peter Pan, p. 42): 행진
    - Heigh-ho(p. 52): 행진
    - Mickey Mouse march, p. 82

10. 조지아나 스튜어트(Georgianna Stewart, 1977, 1984, 1987, 1991, 1992): 콩백(오자미), 낙하산 놀이
    - Beanbag Parade(#7): 행진
    - Pass(1): 콩백(오자미)
    - Catch(5): 콩백(오자미)
    - Bumping/jumping(#1, 낙하산 놀이): 들어올리기/위아래로 흔들기/돌리기: 다중 지시
    - Mountain high(#2, 낙하산 놀이): 추상적 놀이

11. 클래식
    - Turkish March, 베토벤: 행진
    - Dreams: 스트레칭
    - Swan: 천천히 스트레칭(동물의 사육제, 생상)
    - Mother Goose Suite(라벨)
    - 브람스 자장가: 흔들기, 천천히 스트레칭
    - Girl with flaxen hair(어린이 구석, 드뷔시): 천천히 스트레칭

- Parade of wooden soldiers: 행진
- March of the toys(호두까기 인형, 차이코프스키): 행진
- March of Siamese children: 행진
- 비제: 행진
- Gallop: 달리기(슈만, 어린이 정경)
- Hoedown(코플랜드): 스퀘어 댄스 안무
- 파헬벨 캐논: 스트레칭, 호흡 운동

12. 모스와 라포소(Moss & Raposo, 1992): 세서미 스트리트
    - Circles, p. 63
    - Follow the leader: 동작 모방(보컬 및 기악도 포함)

요약

이 장에서는 음악치료를 위한 자료 선택 및 적용에 대한 고려 사항을 설명했다: 보컬, 기악, 움직임, 듣기, 음악 드라마. 또한, 음악 반응 연속체(CMR) 개념을 통해 치료사는 그룹 내 다른 아동들의 다양한 반응을 예상하면서 그룹 음악치료 경험을 진행할 수 있다. 음악을 사용하는 치료 접근법에서는 창의성과 유연성이 핵심이 되어야 한다. 음악치료 자료에 대한 자세한 자원 목록은 이 책의 부록에 포함되어 있다.

학습 가이드 질문

1. 보컬 자료를 선택할 때의 고려 사항은 무엇인가요?
2. 기악 자료를 선택할 때의 고려 사항은 무엇인가요?
3. 움직임/동작 자료를 선택할 때의 고려 사항은 무엇인가요?
4. 듣기 자료를 선택할 때의 고려 사항은 무엇인가요?
5. 음악 드라마 자료를 선택할 때의 고려 사항은 무엇인가요?
6. 음악 반응 연속체(CMR)란 무엇인가요?
7. 음악치료 그룹을 위한 송보드를 만들어 보세요.
8. 녹음된 음악의 안무를 만들어 보세요.
9. 슈만의 어린이 정경에서 클래식 음악 한 곡을 오케스트레이션 해 보세요.

제7장

어떻게 해야 할까

그룹 음악치료의 방법

소개

음악치료사가 그룹 세션의 목적, 목표 그리고 자료를 정한 후에는 아동들에게 음악을 제시하는 방법 또는 구체적인 단계를 고려하는 것이 가장 중요하다.

앞서 논의한 바와 같이, IEP 검토와 음악치료 사정평가를 통해 수립된 초기 장기 목적은 음악 만들기 경험의 맥락에서 목적을 향한 단계가 어떻게 나타나는지에 대한 치료사의 인식을 바탕으로 한 단기 목표의 수립으로 이어진다. 적응 가능해야 하는 자료들은 아동들의 다양한 발달 요구, 음악적 관심사, 문화적 배경을 기반으로 하며 특정 유형의 활동을 제안할 수 있다. 치료사가 음악 활동이나 경험을 제시하는 방식(미리 계획되었든 즉흥적이든)은 방법, 또는 절차, 전략, 중재로도 알려진 것들을 구성한다.

독특한 분야로서의 음악치료

특수교육, 음악교육, 작업치료, 물리치료, 언어치료, 그리고 다양한 심리학 이론과 같은 관련 분야에서 선택된 방법론은 음악치료 세션의 맥락으로 '번역'될 수 있다. 이는 역사적 관점에서 흥미로운데, 특수교육, 음악 교육, 심리학 분야가 변화함에 따라 음악치료도 이러한 변화의 영향을 받아 왔기 때문이다. 그러나 전문 분야로서, 관련 분야의 새로운 정보에 영향을 받는 것뿐만 아니라, 음악치료 분야를 독특한 정체성과 가치를 지닌 분야로 만드는 것도 중요하다. 음악치료 전문가들이 이를 달성하는 중요한 방법 중 하나는 음악을 선택하고, 적응시키고, 즉흥연주할 때 음악적 요소—리듬, 멜로디, 화성, 음색, 강약, 형식—의 사용을 어떻게 수정할지 이해하는 것이다(제6장 '자료' 참조). 음악치료 전문 분야는 이를 수행해 왔고 계속해서 하고 있다.

전문 분야를 만들고 관련 분야의 영향을 받는 과정에서, 음악치료사들은 선별적으로 음악치료 접근법을 개발하고 사용한다. 이러한 접근법들은 방법론을 제시하고 포함한다. 예를 들어, 오르프(Orff), 코다이(Kodaly), 그리고 달크로즈(Dalcroze)는 음악치료에 맞게 적응된 음악교육 접근법의 예시인 반면, '노르도프-로빈스', '행동주의적', '신경학적', '정신역동적' 접근법은 음악치료 접근법의 예시이다.

단순한 세계에서는 하나의 접근법이 방법의 사용을 단순화할 것이다. 그러나 매우 자주 치료사는 그룹 내 아동들의 요구가 접근법의 혼합 또는 가능한 접근법의 적응을 필요로 한다는 것을 발견한다. 물론 내담자의 요구에 따라 음악치료에서 많은 접근법을 사용하는 것에는 타당성이 있다. 이는 순수주의적인 사고방식이 아닌, 절충주의적 사고방식이다. 무엇보다도 치료사는 그룹의 발달 수준과 요구를 충족시키는 데 적절한지 모든 방법을 평가해야 한다. 이러한 사고 과정은 이 장에서 설명된다.

방법 계획 vs. 방법의 이해 내재화

'방법'이라는 단어가 계획된 체계적인 방식으로 무언가를 수행한다는 것으로 정의된다는 사실은 사전 계획과 일관성을 암시하며, 이는 방법론이 그룹 내 아동들에게 잘 '맞는다'고 가정할 때, 성공적인 결과를 위한 핵심 요소이다.

방법론에서 사전 계획과 일관성은 음악이 계획된 것이든 즉흥적인 것이든 상관없이 중첩되는 관심사이다.

사전 계획과 일관성을 위한 초기 수단으로, 방법이 서면 세션 계획에 상세히 기술하여 의도적인 치료 방식으로 수행하고 나중에 효과를 평가할 수 있도록 하는 것이 가치 있다. 학생 치료사가 임상 전문성을 얻고 치료적 음악 경험을 수행하는 데 필요한 방법을 내면화하기 시작하면서부터는 방법론을 글로 작성할 필요성은 감소한다.

세션에서의 유연성

다양한 종류의 음악 경험에 대한 방법이 미리 계획되고 결국 내면화된 사고가 되더라도, 이러한 계획은 단지 초기 게임 플랜으로만 간주되어야 한다. 사실, 경험 많은 치료사에게 일어나는 일은 음악치료 세션에서 발생하는 모든 즉흥적인 사건에 대응하기 위한 방법론의 이해이다. 세션에서 혹은 세션들이 발전함에 따라 목적, 목표, 방법, 자료를 수립하는 데 있어 치료사가 유연하고 적응적이어야 하는 것이 중요하다. 이 과정은 치료사와 아동들 사이의 대인 관계 및 음악적 교류에 의해 만들어진다.

방법론의 '왜'와 '어떻게'

방법론 측면에서 고려해야 할 정보는 잠재적으로 엄청나게 많다. 방법을 결정하는 것은 치료사의 관점과 그룹을 대표하는 임상 대상을 이해하는 치료사의 구체적인 이해 정도에 따라 다르다. 더욱이 음악치료 전문 분야는 다행히도 방법론 뒤에 있는 '왜'와 '어떻게'가 항상 고려되어야 하는 지점에 도달했다. 이 장은 비판적 과정을 환영하며, 특정 방법들이 시작점이지, 결코 끝이 아닌 이유를 치료사가 염두에 두기 위한 출발점이다.

방법론의 고려 사항

음악치료 그룹의 방법론은 여러 가지 고려 사항을 포함하고, 이 모든 것이 이 장에서 설명되며, 그리고 음악치료 세션을 어떻게 진행할지 결정할 때 치료사가 반영할 수 있는 검토 지점으로 사용될 수 있다.

1. 음악치료에 사용되는 공간
2. 그룹의 물리적 배치
3. 그룹 내 아동들의 다양한 기능 수준과 일치하는 음악치료 활동 수준
4. 그룹 내 아동들의 진단과 주요 강점 및 약점과 관련된 음악치료 전략
5. 모든 그룹 구성원을 위한 목적과 목표에 연결된 음악치료 전략, 종종 음악 자료의 적응으로 이어짐
6. 학제 간, 다학제 간, 그리고 초학제 간 작업을 위한 지원 및 전문 인력의 통합
7. 그룹 과정을 환영하고 촉구하도록 설계된 음악치료 전략
8. 그룹의 목적, 선호도, 기능 수준을 고려한 음악치료 세션 형식
9. 방법론의 적응적 특성
10. 사용되는 방법론에 적합한 치료사의 지식 기반과 도움의 철학

다시 말하지만, 음악치료에서 사용되는 접근법의 유형에 관계없이, 전략은 아동들의 현재 기능 수준과 요구에 일치해야 하고, 변화하는 기능 수준과 요구에 대응하여 적응적이어야 하며, 그리고 마지막으로 음악치료사가 개인적으로 편안하게 작업할 수 있는 특정 접근법 또는 접근법들의 조합이어야 한다.

이러한 점들, 아동과의 그룹 작업에서 가능한 다양한 음악치료 접근법에 대한 비판적 검토, 그리고 실제 사례 예시가 이 장에서 제시된다.

방법론의 고려 사항

음악치료에 사용되는 공간

이상적으로, 음악치료사는 적절한 악기와 악기 보관소, 피아노, 악보, CD, 좋은 품질의 오

디오 장비, 송보드, 아동에게 적합한 의자, 그리고 음악에 맞춘 휴식을 위한 매트가 갖춰진 음악실을 가져야 한다. 방은 보컬, 기악, 움직임, 청취 즐거움을 위한 음악 경험을 수용할 수 있을 만큼 충분히 커야 한다. 방에는 창문과 적절한 조명이 있어야 한다. 예를 들어, 고주파 소리를 내는 형광등은 청각과민증이 있는 민감한 아동들에게 방해가 될 수 있다.

물품 저장 문제도 중요한데, 과도한 자극을 주거나 정리되지 않은 방은 아동들에게 매우 산만할 수 있고, 일부 아동들에게는 그 순간 마음에 드는 것을 잡으라는 공개적인 초대로 작용할 수 있기 때문이다. 자극이 부족한 아동들의 경우, 보이는 곳에 다양한 악기를 꺼내 놓아 자발적인 선택을 유도하는 것이 도움이 될 수 있다.

불행히도, 음악치료사가 항상 이상적인 공간을 가지고 있지는 않다. 이런 경우, 공간이 세션 중 아동들에게 미치는 영향을 인식하고 이를 관리자에게 설명하려 노력하는 것이 중요하다.

그룹의 물리적 배치

치료사와 서로 간의 눈 맞춤을 촉구하기 위해, 아동들을 반원형으로 배치하는 것이 도움이 된다. 치료사가 피아노를 사용할 때는 이 반원을 피아노 주위로 배치할 수 있다. 이것이 불가능한 경우, 치료사가 아동들과 눈 맞춤을 유지하기 위해 키보드로 작업해야 할 수도 있다. 하지만 이는 불행한 타협이며 가능하다면 피해야 한다. 아동들은 세션 중 그들을 방해할 가능성이 가장 적은 또래들 옆에 앉아야 한다.

음악치료사가 방마다 이동해야 하는 상황에서는, 공간이 음악치료 세션에 도움이 되는 어떤 종류의 통제된 환경이 될 수 없기 때문에, 세션이 유연성의 일부 요소를 잃게 된다. 그러나 치료사가 중앙에 앉아 그룹의 모든 아동들에게 물리적·시각적으로 접근할 수 있는 말굽 모양의 테이블을 사용하는 것은 어려운 상황을 최대한 활용하는 것이다.

그룹 내 아동들의 다양한 기능 수준과 일치하는 음악치료 활동 수준

발달적 관점

연령에 적합한 방법론을 사용하기 위해서는 그룹 내 아동들의 다양한 기능 수준과 일치하는 음악치료 활동 수준을 고려해야 한다. 제3장에서 제시된 발달 프레임워크(Briggs, 1991; Greenspan & Wieder, 1998)는 아동이 개별 치료에서 그룹 치료로 이동하는 능력 측면에서 독특한 관점을 제공한다. 이러한 관점 외에도, 음악치료사가 세션 중 아동이 음악 경험에 어떻게 반응할지에 대한 작업 그림을 더욱 발전시키기 위해 이 장에서는 피아제의 작업에서 기초적인 개념들이 제시된다.

음악 안에서의 발달적 기대

발달심리학자 장 피아제(Ginsburg & Opper, 1969)에 따르면, 발달 단계는 감각운동기(출생부터 2세), 전조작기(2~7세), 구체적 조작기(7~11세) 또는 형식적 조작기(11세 이상)로 구분될 수 있다. 흔히 치료사는 다른 단계에서 작업하는 아동 그룹을 담당하게 된다. 발달 준거틀이 무엇이든 간에, 사용되는 자료는 동질적 그룹의 요구를 충족시킬 뿐만 아니라, 더 가능성 있게는 이질적 그룹의 요구를 충족시키기 위해 다양한 발달 수준에서 제시될 수 있을 만큼 충분히 적응 가능해야 한다.

예를 들어, 연령에 관계없이 영아/유아 또는 감각운동 발달 수준에서 기능하는 아동들은 추상화나 투사 기술을 요구하는 음악 활동에 참여할 것으로 기대할 수 없다. 마찬가지로, 잠재기 또는 구체적 조작 수준에서 기능하는 아동들은 단순한 드럼/심벌즈 응답 이중주를 넘어서야 하며, 단순한 모방을 요구하는 동요를 제시받아서는 안 된다.

감각운동기

이 발달 단계는 피아제(Piaget)가 생후 24개월까지로 기술한 시기(Ginsburg & Opper, 1969)이며, 그린스펀(Greenspan)은 자기조절, 친밀감, 양방향 의사소통, 복잡한 의사소통의 시작이라는 영역 아래 포괄한다(Greenspan, 1998). 이 시기는 아동이 모든 감각을 통해 음악을 경험하는 것으로 시작된다. 이는 그룹 과정에 도움이 되는 발달 수준은 아니지만(제2장 참조), 현실적으로 말해서 이 수준의 발달지체 아동들은 자주 음악치료 그룹에 배치되며, 그룹 내에서 일대일 수준으로 진전할 수 있다(Coleman, 2002; Oldfield, 2006). 발달 초기 2년 동안 다양한 발달(인지, 의사소통, 사회, 운동) 이정표 측면에서 많은 변화가 있으며, 이는 아동과 함께 사용되는 발달 프로파일에 자세히 설명되어 있다(Furuno et al., 2005).

음악 활동 측면에서, 아동의 첫 번째 발달 연도의 강조점은 음악 경험을 듣고 보는 것뿐만 아니라. 음악 자료의 자기중심적 탐색을 통한 자기조절에 있다. 발달 두 번째 해에는 음악치료의 강조점이 구체적인 음악 과제에 대한 단순한 지시에 대한 적극적인 반응에 있다. 이는 추상적인 것보다는 여기와 지금을 다루는 과제이다.

보컬 활동 측면에서, 아동은 치료사가 노래하는 것을 듣고 볼 수 있다. 이것이 치료사에게는 수동적인 활동으로 보일 수 있지만, 아동 입장에서는 매우 활발한 활동이다. 치료사는 아동의 변화하는 신체 자세, 얼굴 또는 호흡의 변화에 반응해야 한다. 아동이 노래로 인해 불안해 보인다면, 치료사는 전달되는 강약, 리듬, 정보의 양을 고려해야 한다. 듣고 보는 것과 함께, 아동은 종종 치료사 및 또는 또래와 함께하는 시작으로 발성을 한다. 치료사는 자유로운 발성을 허용하는 자료를 사용해야 한다. 또한, 치료사는 언어 습득에서의 모음과 자음의 순서와 모방이나 응답식 교환을 위해 아동에게 제시되는 정보의 양을 인식해야 한다.

대니얼 스턴 박사(Daniel Stern, 1977, 1985)는 이 시기에 제안되는 보컬적인 조율의 수준을 아름답게 설명한다. 이 시기의 가장 높은 수준에서 아동은 노래의 선택된 단어를 부르고(Briggs, 제3장 참조) '활동' 노래의 맥락에서 한 단계 또는 두 단계 지시를 따를 것이다. 수용언어를 진정으로 평가하기 위해, 치료사는 촉구나 신호 없이 지시를 노래해야 한다.

기악 활동 측면에서, 감각운동기 수준의 아동은 악기가 연주되는 동안 듣고 보며, 다양한 악기의 질감과 결과적인 소리를 직접 탐색하는 것을 즐긴다. 여기서의 감각 입력은 시각, 청각, 촉각, 운동감각 인식을 포함할 수 있다. 이 초기 수준에서의 악기 탐색은 보조를 받거나 받지 않을 수 있다. 독특한 감각 프로파일을 가진 아동이 발달적으로 더 높은 기능을 하지만, 발달적으로 퇴행적인 방식으로 악기를 탐색하는 것을 선택하는 경우가 드물지 않다. 이는 아동에게 어떤 종류의 요구를 충족시키는 것으로 보이며, 그룹에 방해가 되지 않는다면 허용되어야 한다. 오케스트레이션된 기악 작품이나 단순한 즉흥연주를 위한 음악적 신호 따르기가 그다음에 온다.

움직임 활동 측면에서, 감각운동기 수준의 아동은 음악에 맞춰 신체적으로 조작되는 동안 듣고 반응하기 시작하며, 비록 불규칙적이지만 음악에 반응한다(Briggs, 제3장 참조). 그 단계 이후, 같은 아동이 간단한 안무된 움직임 작품을 따라 하기 시작할 수 있다.

감각운동기 아동을 위한 현실적인 음악치료 연속체(Goodman, 1996~2002)의 한 예는 기대 측면에서 다음과 같은 계층일 수 있다.

보컬 활동 측면에서: ① 듣고 보기(감각 입력), 일부 효과적인 반응, 보컬은 움직임 및 또는 기악과 결합될 수 있음; ② 발성(지연될 수 있음); ③ 음정 근사치, 구절 노래하기; ④ 한 단어 반응; ⑤ 한 단어 이상의 노래 가사.

움직임 활동 측면에서: ① 음악에 맞춰 신체적으로 조작되는 동안 듣기(감각 입력); ② 시각 자료가 물리적으로 조작되는 것을 보기; ③ 대근육 시작과 정지; ④ 손가락 놀이; ⑤ 한 단계 지시; ⑥ 다중 지시.

기악 활동 측면에서: ① 악기가 연주되는 동안 듣기(감각 입력은 시각, 청각, 촉각, 운동감각

을 포함할 수 있음); ② 초기 수준에서 악기 탐색(보조를 받거나 받지 않을 수 있음); ③ 음악에서 한 단계 지시(정지/시작 포함 가능하며 '신체 타악기' 포함 가능); ④ 음악에서 두 단계 또는 다중 지시.

상징적

피아제가 기술한 초기(2~4세) 전조작기의 상징적 기능은 그린스펀의 정서적 아이디어와 정서적 사고의 이정표(제3장, Greenspan 참조)와 겹치며, 이는 아동이 노래, 기악 작업, 움직임을 통해 표상적 놀이에 참여할 수 있게 한다.

전조작기가 진행됨에 따라(7세까지), 음악은 점점 더 정교한 투사적 역할을 할 수 있으며, 울버그(Wolberg)가 재교육 수준에서의 통찰 치료라고 부른 심리치료의 두 번째 수준과 관련된 일부 필요한 언어적 과정(Grinnel, 1975)으로 이어질 수 있다(Wolberg, 1977). 이 수준에서 노래 가사는 그 목적을 위해 무의식적으로 선택되었든 치료사와 함께 즉흥적으로 작곡되었든 간에 감정과 생각을 전달할 수 있다. 또한 이 수준에서는 감정이 기악 연주 경험으로 무의식적으로 전달되며, 이 중 일부는 언어적으로 처리될 수 있다. 악기는 성격, 생각, 감정의 속성을 띨 수 있다. 마찬가지로, 악기는 이야기의 요소를 전달할 수 있다. 마지막으로, 움직임 활동은 생각, 감정, 아이디어의 의사소통 역할을 할 수 있다. 상징적 시기는 그룹과 함께 간단한 뮤지컬 극을 시작하기에 이상적이며, 이 극은 미리 작곡되거나 그룹이 선택한 주제를 바탕으로 그룹과 함께 작곡될 수 있다.

이 단계의 아동들에 대한 기대 수준의 예(Goodman, 1996~2002)는 다음과 같을 수 있다:

보컬 활동 측면에서: ① 아동이 정서적으로 관련될 수 있는 친숙한 노래를 선택함; ② 아동이 노래 선택에 적절한 감정을 표현함; ③ 아동이 무의식적으로 정서적 성향이나 집착을 반영하는 노래를 선택함; ④ 아동이 노래에 대해 언어적으로 반영할 수 있음; ⑤ 아동이 자신의 감정, 생각, 정서를 반영하는 간단한 가사를 즉흥적으로 작곡할 수 있음. 이러한 감정, 생각, 정서는 과거, 현재 또는 투사된 미래일 수 있다.

기악 활동 측면에서: ① 아동이 정서적으로 관련될 수 있는 악기를 선택함; ② 아동이 악기 선택에 적절한 감정을 표현함; ③ 아동이 무의식적으로 악기를 사용하여 정서적 성향이나 집착을 반영함; ④ 아동이 기악 경험에 대해 언어적으로 반영할 수 있음; ⑤ 아동이 자신의 감정, 생각, 정서를 반영하는 즉흥연주를 할 수 있음. 이러한 감정, 생각, 정서는 과거, 현재 또는 투사된 미래일 수 있다.

움직임 활동 측면에서: ① 아동이 움직임 순서를 따를 수 있음; ② 아동이 안무에 적절한 정서적 에너지를 전달함; ③ 아동이 춤에 대해 언어적으로 반영할 수 있음; ④ 아동이 감정, 생각, 정서를 반영하는 간단한 춤을 즉흥적으로 창작할 수 있음. 이러한 감정, 생각, 정서는 과거, 현재 또는 투사된 미래일 수 있다.

구체적 조작기

이 발달 시기는 잠복기(7~11세)와 전형적으로 발달하는 초등학교 아동의 연령 범위에 해당한다. 이 연령의 아동들은 규칙 기반 구조에 편안함을 느끼지만, 자신들이 추구하는 음악 활동과 목적을 만드는 데 도움을 줄 수 있는 충분한 기술을 가지고 있다. 더 정교한 오케스트레이션을 사용할 수 있다; 음악을 치료의 맥락에서 '가르칠' 수 있다(Ostwald, 1968); 움직임은 자체 안무가 될 수 있으며, 노래는 아동들 스스로 작곡할 수 있다. 다시 말해, 치료사는 이 수준의 아동들이 자신을 더 철저히 표현하고 음악의 요소를 통해 서로 관련될 수 있도록 음악 지도(음악을 읽고, 쓰고, 연주하는 방법)를 제공할 수 있다. 투사적 내용은 더 감정적으로 집중된 수준에서 계속된다. 치료사가 학업을 가르치는 대안적인 방법을 소개하는 것이 의미가 있다면, 이 수준에서 이를 소개할 수 있다.

심리치료적 관점

현재의 기능 수준과 연결된 목적에 대한 야망 또한 방법론에 영향을 미친다. 기능이 낮은 아동들에게는 더 작은 진전이 기대되고, 기능이 높은 아동들에게는 더 큰 진전이 기대되므로, 그룹의 '야심' 수준은 다양할 것이다. 휠러(Wheeler, 1983)는 활동 치료로서의 음악치료 사용에 대해 이 수준을 "목적이 일반적으로 통찰력을 통해서가 아니라, 치료적 활동의 사용을 통해 달성되는" 수준으로 정의했다(Wheeler, 1983, p. 9). 이는 또한 결과 지향적 그룹의 사용을 참조한다.

비록 일부 치료사들이 '활동 치료'라는 용어를 경멸적으로 여기지만, 현실적으로 이 수준은 통찰력을 얻기 위한 추상화가 아직 준비되지 않은 아동들에게 사용되는 것으로, 이는 재교육적 목표를 가진 통찰 치료라는 또 다른 수준의 치료와 연관된다. "이러한 종류의 음악치료(재교육적 목적을 가진 통찰 치료)의 주요 초점은 감정에 있으며, 그 감정의 표현과 논의가 통찰력으로 이어진다"(Wheeler, 1983, p. 9). 재교육적 목적을 가진 통찰 치료는 종종 전이(Turry, 1998)에 대한 치료사의 인식으로 이어지며, 이는 치료사가 세션을 이끄는 방식의 활성 구성 요소이다. 전이는 문헌에서 두 번째 수준의 심리치료와 관련해서만 언급되었지만,

치료사가 모든 수준의 치료에서 전이를 인식할 수 있다는 것은 전적으로 가능하다.

세 번째 수준의 심리치료, 즉 재구성적 수준에서의 통찰 치료는 아동들과의 음악치료 그룹 작업에서는 가능성이 낮다. 대부분의 그룹이 연간 기준으로 진행되고 재구성적 수준에서의 통찰 치료의 가능성은 성격 재정의가 필요한 아동들로 제한될 것이기 때문이다. 재구성적 목적을 가진 통찰 음악치료는 음악치료 기법이 무의식적 자료를 이끌어 내는 데 사용되고, 이후 성격의 재조직을 촉구하기 위한 노력으로 그 자료가 작업될 때 발생한다(예: DSM-IV-TR 성격장애 참조. 주의: 현재 2025년 기준 DSM의 상위 버전은 DSM-5-TR이다.).

그룹 내 아동들의 진단과 주요 강점 및 약점과 관련된 음악치료 전략

개요

진단

특수한 요구를 가진 대상 영역 내에는 많은 진단이 있다. IDEA에 의한 대부분의 교육적 분류 범주의 정의는 현재 4판인 DSM-IV-TR(1994)의 『정신질환의 진단 및 통계 편람』에 제공되어 있다: 지적장애, 학습장애, 의사소통 장애, 전반적 발달장애, 주의력 결핍 및 파괴적 행동장애(예: 품행장애 포함). 기분장애, 불안장애, 성격장애, 조현병도 포함되지만, 일반적으로 십대나 청년기까지 표면화되지는 않는다.

3~21세의 특수 요구 학습자를 위한 서비스를 의무화하는 「미국 장애인교육법(IDEA)」은 다음에 대한 자세한 정의를 포함한다: 지적장애, 학습장애, 정서장애, 자폐증, 의사소통장애, 청각장애, 시각장애, 중도장애.

진단과 분류가 아동에게 서비스를 제공하기 위해 필요하지만, 이 책은 성격, 감각 프로파일, 발달 기능의 측면에서 아동을 바라보기로 선택했다. 다양한 진단이 방법론 측면에서 다른 강조점으로 이어지는 경우, 그 정보가 소개된다. 따라서 이 장에서 다른 대상군에 대해 제안된 음악치료 전략은 대상에 특정한 것이 아니라, 오히려 다양한 대상의 강점과 약점을 제안하기 위한 것이다.

그룹에서의 방법에 대한 음악치료 문헌

1974년 P.L. 공법 94-142의 도입으로 특수 요구 학습자를 위한 연방 교육이 의무화되었고, 특수교육 분야가 발전함에 따라 음악치료 분야의 문헌도 발전했다.

그러나 음악치료 문헌의 많은 부분이 그룹이 아닌 개별 치료에 관여하는 다른 종류의 아동들과 함께 하는 방법론으로 작성되어 있다. 또한, 음악치료 그룹에서 혼합 진단에 대한 방법론을 설명하는 문헌은 거의 없다. 따라서 두 가지 중요한 이슈가 문헌에서 크게 다루어지지 않은 상태로 남아 있다: ① 그룹에서의 방법 문제; ② 그룹 내 다른 종류의 진단을 가진 아동들과의 그룹 작업 문제.

학교의 특수아동을 위한 일반적인 전략에 대한 훌륭한 자료가 독자에게 제공되지만(Hughes et al., 2002, pp. 364-368), 음악치료사는 다른 진단의 아동들에 대해 다른 임상적 고려 사항을 가질 것으로 예상할 수 있다: 지적장애, 신체장애, 언어장애, 심각한 정서장애, 자폐증, 학습장애 등. 음악치료 전문 분야의 초기(Gaston, 1968; Schneider, 1964)와 최근(Lathom-Radocy, 2002; Adamak & Darrow, 2005; Jellison, 2006)에 특수한 요구를 가진 학습자에 대한 음악치료 문헌의 풍부한 정보는 개별 및 그룹 환경에서 음악치료의 사용(즉, 일반적인 목적)에 초점을 맞추는 경향이 있다. 방법을 포함하는 글들은 이 장에 포함되어 있다.

다른 유형의 아동들에게 어떤 방법이 가장 좋은지, 그리고 그룹 내 다른 아동들의 요구를 충족시키기 위해 방법을 어떻게 혼합해야 하는지에 대한 상세한 설명은 지속적인 연구로부터 이익을 얻을 것이며, 이 장은 그 목적을 향한 지속적인 노력이다.

제4장과 제5장에서 제시된 바와 같이, 치료사는 다양한 목적과 목표를 향해 작업해야 한다. 마찬가지로, 각 음악 경험은 다양한 임상적 고려 사항 또는 방법과 함께 제시되어야 한다. 학생으로서, 이러한 고려 사항들은 세션 계획의 방법 섹션에 명시될 수 있다. 전문가로서, 이러한 고려 사항들은 아동들에게 음악을 제시할 때 내재화된 지식이 될 것이다.

특수아동과의 작업에서 중복되는 고려 사항

그룹을 운영하는 데 있어 전반적인 이슈로서, 특수한 요구를 가진 아동들과의 음악치료 그룹 작업의 원칙이라고 부를 수 있는 것들을 고려하는 것이 도움이 된다. 이러한 원칙에는 다음과 관련된 개념이 포함된다.

- 그룹의 구조화 정도
- 그룹의 형식
- 자료의 반복성
- 다양한 장애에 대한 조정/수용
- 모델링

- 축구
- 언어적 과정
- 감각 프로파일링
- 음악을 만들기 위한 의도성은 정서적 참여를 요구함
- 그룹 내 다른 아동들의 요구를 고려한 기대와 강조의 단계적 수준에서의 자료 제시
- 평가

그룹의 구조화 정도

예를 들어, 치료사가 그룹 활동을 설정하는 데 필요한 구조화의 정도는 기능이 낮은 그룹에 있어서 더 크다. 반대로, 치료사가 그룹 활동을 설정하는 데 필요한 구조화의 정도는 기능이 높은 그룹에 대해서는 더 적다.

구조적 고려 사항은 그룹의 유형과 응집된 단위로서의 그룹 단계에 따라 다양할 것이다(Hibben, 1991a). 일반적으로, 기능이 낮은 그룹이 그룹 응집력, 세션에서 가능한 자료와 방법에 대한 친숙함, 서로 간의 자신감을 갖기 시작하면, 그들은 그룹을 구조화하는 데 치료사에 덜 의존하게 될 것이다.

형식

구조를 설정하는 한 가지 방법은 세션에 대한 형식을 제공하는 것이다. 세션 형식에는 많은 옵션이 있다(그룹의 목적, 선호도, 기능 수준을 고려한 음악치료 세션 형식 참조). 세션 형식의 한 가지 일반적인 예는 시작과 종료, 그리고 치료사가 처음에 소개하는 기악, 보컬, 움직임 활동에 대한 다양한 옵션을 포함한다. 아동들이 이러한 자료와 활동에 익숙해짐에 따라, 그들은 특정 세션에서 하고 싶은 것을 선택하기 시작할 것이다. 형식에 대한 또 다른 옵션은 특정 음악적 목적을 위한 그룹을 만드는 것이다: 기타 그룹, 록 앙상블, 합창단, 작곡, 음악드라마. 또한, 치료사는 특정 임상적 목적을 위한 그룹을 만들 수 있다: 이완, 보컬 대화, 물리치료, 음악치료 등.

자료의 반복성

자료의 반복은 아동들의 기계적 학습을 피하기 위한 요구와 균형을 이루어야 한다. 일부 그룹, 특히 기능이 낮은 그룹의 아동들은 반복의 편안함에 의존한다. 이는 일부 아동들에게 편안함과 예측 가능성의 요소를 제공하며, 이는 아동들이 숙달감을 발전시켜야 하거나 새로

운 자료에 적응하는 데 어려움이 있을 때 특히 중요하다. 그러나 자료의 기계적인 모방을 설정하는 것은 아동들에게 제한된 가치를 지닌다. 치료사는 자료를 반복할 때, 자료를 다른 방식으로 반복하거나(즉, 주제와 변주) 제시 방식을 창의적으로 생각할 수 있다. 이에 대한 간단한 예는 잘 알려진 노래 'Head, Shoulders, Knees and Toes'의 사용이다. 노래의 예측 가능한 순서대로 제시하는 대신, 치료사는 이를 '섞어' 제시함으로써 아동들이 정말로 그들의 무릎이 어디 있는지 아는지 더 유효한 방식으로 확인할 수 있다. 자료를 다양하게 활용하는 또 다른 방법은 자료의 용도를 확장하는 것이다. 아동들이 특정 노래를 부르는 데 익숙한 경우 치료사는 노래를 오케스트레이션하거나 안무를 짜거나 연기를 함으로써, 그 사용을 확장할 수 있다. 요컨대, 매주 각 세션의 복사본을 제시하지 말기 바란다.

다양한 장애에 대한 조정

다양한 장애에 대한 조정이 필요하며 이는 이 장에서 자세히 설명될 것이다. 간단히 말해, 아동의 장애에 따라 한 발달 영역이 다른 영역보다 더 강조될 수 있다. 예를 들어, 지체장애 아동은 적응 장비뿐만 아니라, 자세 보조와 신체 보조가 필요하다; 정서장애 아동은 감정을 전달할 수 있는 여러 기회가 필요하다; 자폐증 아동은 음악치료 과정에서 초기 정서적 유대와 반향어(Echolalia) 및 보속증(Perseveration)의 재방향 설정이 필요하다; 학습장애 아동은 음악 중 읽기, 쓰기, 수학적 조작이 필요한 음악 학습에 적응하기 위해 다감각적 지원이 필요하다; 뇌성마비 아동은 음악 활동 중 이동성을 위한 자세 보조와 신체 보조가 필요하며, 지적장애 아동은 각 음악 활동 중 제시되는 자료의 단계별 분석에서 이익을 얻을 수 있다.

모델링

치료사의 모델링 역할은 아동들이 자신들에게 기대되는 것에 대해 편안함을 느끼고, 음악을 통해 곧 하게 될 일에 대한 전염성 있는 흥분감을 얻도록 돕는 중요한 방법이다. 모델링은 악기를 시연하거나, 노래의 일부를 부르거나, 음악 드라마나 동작 루틴의 일부를 수행하는 것처럼 간단할 수 있다. 아동들은 일반적으로 치료사를 보는 것을 즐기며, 모델링은 또한 특수교육 교사, 보조 교사 또는 보조원이 세션에 정서적으로 참여할 수 있는 귀중한 기회를 만든다. 아동들이 세션 자료와 즉흥적 가능성에 대한 능숙함과 친숙함을 얻게 되면, 치료사의 모델링 필요성은 감소하고 가능하면 그룹의 학생 '리더' 중 한 명에게 넘어갈 수 있다.

촉구(프롬프팅)

프롬프팅(신체적 · 시각적 · 언어적)의 필요성은 가변적이다. 다큐멘터리 영화 〈The Music Child〉의 한 아름다운 순간은 음악치료사에게 이를 상기시킨다: 폴 노르도프는 "나는 '범, 범, 범'을 연주한다; 아동은 의성어인 '범, 범, 범'을 연주한다. 나는 "드럼으로 나를 모방하세요"라고 말하지 않았어요. 그럴 필요가 없어요! 그것이 음악 아동(음악아)입니다!"라고 말한다. 많은 아동들이 그룹에서, 특히 그룹 오케스트레이션 동안 신호가 필요하겠지만, 이러한 신호는 필요에 따라 사용되어야 하며, 아동들이 숙달감을 얻음에 따라 반드시 점진적으로 감소되어야 한다.

언어적 과정

음악치료 그룹에서의 언어적 과정 수준은 가변적이며 그룹 구성원의 표현/수용 언어 능력뿐만 아니라, 아동들의 추상화 능력에 따라 다르다. 물론, 초기 언어 기술을 가진 아동들은 명확하고 구체적이며, 간단한 지시와 피드백이 필요하다. 일반적으로 이 수준에서는 아동들을 활동으로 끌어들이기 위해 더 많은 행동이 필요하며 말은 적게 필요하다. 그룹이 곧 할 일에 대한 언어적 설명보다 음악으로 바로 들어가는 것이 훨씬 더 효과적이다. 음악이 끝난 후에는 간단한 피드백이 적절하다. 더 나아가, 자기 사정평가를 도입하는 아이디어는 아동이 세션에서 성취하고자 하는 것을 조절하는 데 힘을 느끼기 시작하도록 돕는다.

언어적 능력이 있는 아동들, 특히 정서장애 아동들과 함께 일할 때는 음악 경험 후에 언어적 반영을 장려하는 것이 도움이 된다. 이는 정교할 필요가 없다. 간단히 "음악이 어떻게 들렸다고 생각하나요?" 또는 "우리의 음악에 대해 어떻게 생각하나요?"라고 묻는 것이 음악 경험에 대해 이야기하는 좋은 시작이다. 이러한 상황에서 아동은 음악 경험을 투사적으로 사용할 수 있다. 예를 들어, "음악이 무섭게 들렸어요, 마치 누군가가 숲에서 나와 다른 사람을 공격할 것 같았어요." 아동에게 즉시 이 생각을 개인화하도록 장려하는 대신(예: "무서웠나요? 무엇이 무서웠나요?"), 투사적 생각을 안전하게 음악에 국한시키고, 가능하다면 음악적 '이야기'를 확장하고, 필요할 때 아동 또는 아동들이 그룹으로서 자신의 생각과 감정을 개인화할 수 있도록 하는 것이 가장 좋다. 언어적 심리치료 훈련이 제한적이거나 없는 치료사의 경우, 이 접근법은 임상적 감독이 필요할 것이다.

감각 프로파일링

치료사는 아동의 반응을 통해 사용된 리듬, 멜로디, 화성, 음색, 강약, 그리고 형식이 잠재적 학습에 어떤 영향을 미치고 전반적인 감각 프로파일에 어떻게 기여하는지, 그리고 따라서 그 프로파일에 적응하는 데 필요한 방법론을 학습한다(제6장 '자료' 참조; Berger, 2002 참조). 최근 영국 옥스퍼드에서 열린 제10회 국제 세계 회의에서 발표된 감각 반응성에 대한 연구에서(Goodman, 2002), 중복장애 아동의 감각 반응성과 통합에 대해 자세히 설명되었다. 감각 시스템에는 시각, 청각, 후각, 촉각, 미각, 운동 감각뿐만 아니라 전정 시스템(중력과 움직임에 민감하여 음악적 음조, 균형, 각성에 영향을 미침)과 고유 수용 시스템(움직임과 공간 내 신체 위치에 대한 인식을 제공하여 신체 도식과 운동 제어에 영향을 미침)과 같은 신체 감각도 포함된다. 특수 학습자의 감각 시스템은 일반적으로 불균형하며, 치료사의 임무는 아동을 감각 조절이라고 알려진 최적의 각성 수준으로 되돌리는 것이다. 감각 방어적이거나 과반응적이거나 저반응적인 아동들과 일하는 것은 드문 일이 아니다. 감각 방어적인 아동은 일반적으로 무해하거나 자극적이지 않다고 여겨지는 감각 입력에 부정적으로 또는 경계심을 가지고 반응하는 경향이 있다. 버거(Berger, 2002)는 이러한 반응에 대해서 "투쟁 또는 도피" 반응이라고 언급한다. 과반응적인 아동은 과부하나 감각 차단을 경험하고, 자극을 분류하는 데 어려움이 있으며, 집중하기 어렵고, 쉽게 압도되며 환경의 많은 자극에 반응한다. 저반응적인 아동은 반응이 부족하고, 다감각적 입력이 필요하며, 고유 수용적 입력(근육, 관절, 인대로부터의 정보)의 이점을 얻을 수 있거나 감각 조절 문제가 있다. 치료사가 아동을 최적의 각성 상태로 조절하기 위해서는 음악을 사용하여 시스템을 자극하거나 이완시켜야 한다. 음악 경험과 함께 다른 감각 입력(예: 시각적 · 운동감각적)을 동시에 사용하거나, 반대로 감각 입력을 제한하는 것이 유용할 수 있다.

감각 통합은 진 에이어스(Jean Ayers, 1979)가 처음 작업치료에 도입하고 나중에 특수 학습자와 일하는 많은 다른 전문가들이 채택한 방법으로(Kranowitz, 1999), 아동이 정보를 통합하는 것을 돕고 아동의 다른 감각에 대한 반응성에 따라 더 많은 다감각적 정보나 더 적은 다감각적 정보가 필요한지에 의존한다.

음악치료사들은 또한 음악을 청취 배경으로 사용하여 소리 환경을 구조화하는 데 도움을 주는 것을 인용했으며, 이러한 경험은 그룹 작업에서 더 많은 연구의 이점을 얻을 것이다. 예를 들어, 록 음악 배경은 ADHD 아동들이 집중하는 데 도움을 주기 위해 성공적으로 사용되었다(Cripe, 1986). 클래식과 대중 민속 음악은 놀이치료와 예술에 참여하는 경계선 성격장애와 공포증이 있는 아동을 위한 배경으로 리듬과 강약의 규칙성 때문에 선택되었다. 이후자의 연구에서 치료사는 음악이 불안을 줄일 뿐만 아니라, 노래하고 음악에 대해 자유 연상하는 적극적인 음악 만들기 경험으로 이어져 그녀가 생각을 구조화하는 데 도움이 되었다고 보고하고 있다(Cooke, 1969). 이러한 경험들은 감각 프로파일링과 관련될 수 있다. 이 아동들은 모두 특정 종류의 음악에 반응적이었고, 이는 그들이 앞서 언급한 최적의 각성 상태로 돌아가는 데 도움을 주었기 때문이다.

그룹 내 아동들의 감각 프로파일은 또한 치료사가 자극적이거나 진정 효과를 제공하는 음악 경험의 순서를 결정하는 데 있어 유연성과 민감성을 필요로 할 것이다.

음악을 만들기 위한 의도성은 정서적 참여를 필요로 한다

음악을 만들기 위한 의도성은 정서적 참여를 필요로 한다. 아동이 정보를 받아들이는 동기(제2장과 제3장도 참조)는 스탠리 그린스펀 박사와 비에더(Dr. Stanley Greenspan & Wieder, 1998)의 저술에서 아름답게 설명되어 있다. 그린스펀에 따르면, 아동이 감정을 표현하고, 생각하고, 행동하는 동안 작용하는 구성 요소의 수를 염두에 두는 것이 도움이 된다. 이러한 구성 요소에는, 예를 들어 운동 계획과 순서화, 청각 처리와 언어 이해, 말하기, 시각-공간(우리가 보는 것을 해독하고 이해하는 것), 감각 조절(과소 각성이나 과부하를 피하기 위해 감각을 조절하는 것), 정서 조절 등이 포함된다(Greenspan & Wieder, 1998, p. 339). 아동이 이러한 구성 요소를 사용하기 위해 정서적으로 참여하지 않으면, 이것들은 충분히 활용되지 않거나 심지어 작동하지 않게 된다.

예를 들어, 자폐증 아동의 경우, 우리가 방금 설명한 구성 기능에 목적과 의미를 제공하기 위해 의도나 감정을 느끼는 데 어려움이 있는 것이 극복해야 할 주요 문제이다. 이를 극복하는 가장 좋은 방법은 자폐증 아동을 음악적 상호작용으로 끌어들이는 것이다. 그렇게 함으로써, 예를 들어 감정이 음악을 통해 치료사와 연결되고, 행동하고 생각하려는 동기가 생긴다.

뇌성마비, 지적장애, 언어장애 등 다른 특수교육 진단의 경우, 정서적으로 연결하는 능력은 작동하고 기능하지만, 구성 기술의 결함으로 인해 아동이 기능하기 어렵다. 음악치료사는 뇌성마비 아동이 구조화된 음악 경험을 통해 먼저 혀 움직임, 몸통 움직임, 그리고 머리 돌리기 움직임과 같은 더 쉬운 움직임을 격려함으로써 팔, 다리, 손의 더 어려운 움직임을 시도하는 데 자신감을 갖도록 도울 수 있다. 마찬가지로, 음악치료사는 언어장애 아동이 단순한 말하기와 언어 기술로 시작하여, 점진적인 성공 경험을 통해 더 큰 동기 부여를 갖도록 도울 수 있다.

다운증후군 아동들은 일반적으로 낮은 근긴장도와 심각한 운동 계획 조절의 어려움을 가지고 있으며, 소리를 인지하는 데 더 느리고 청각 및 시각-공간 처리 문제에 도전을 받는 경향이 있다. 그러나 많은 치료사들이 다운증후군 아동과 일하는 것을 즐기는데, 이는 불변적으로 매력적이고 따뜻한 기질 때문이다. 따라서 이러한 정서적 강점을 더 약한 발달 영역을 발전시키기 위해 음악을 사용하는 데 아동을 동기 부여하고, 흥미를 유발하는 수단으로 사용할 수 있다.

단계적 기대 수준에서의 자료 제시

지금까지 이 책에서는 음악치료 그룹에서 다른 기대 수준으로 단계화될 수 있는 기능적으로 적절한 목적과 목표를 설정하는 중요성이 제시되었다. 음악치료 자료는 그룹 내 다른 아동들의 요구를 고려하여 단계적 기대 수준과 강조점으로 제시되어야 한다. 이 점은 아무리 강조해도 지나치지 않다.

많은 음악치료사들은 일반적인 단순화된 목적과 목표를 사용하여 하나의 기대 수준에 기반하여 치료 세션을 진행하는 경향이 있다. 이 장에서는 이러한 단순화된 접근법을 피해야 하는 방법을 계속해서 강조한다. 다른 반응 수준을 구조화하고, 동시에 그룹 인식을 장려하기 위해 가능한 한 적응적인 방식으로 자료를 제시하려면 숙련된 치료사가 필요하다.

평가

세션의 평가는 그룹이 진전되고 있는지, 퇴보하고 있는지, 또는 다른 수준의 행동을 유지하고 있는지 결정하는 데 있어서 중요하다. 치료 과정에서 내담자들이 행동 면에서 유지, 진전 또는 퇴보하는 것은 정상적이다. 치료사가 이러한 변화를 추적하여 치료가 어떻게 작용하고 있는지 또는 작용하지 않는지, 그리고 아동들의 변화하는 요구에 적응하기 위해 세션에서 어떤 변화가 이루어졌는지 주기적으로 재평가하는 것이 중요하다(제8장 평가 참조).

지적장애 아동과 일할 때의 고려 사항

IDEA(미국 장애인교육법) 속의 정의

IDEA에서 지적장애는 "발달 기간 동안 나타나고 아동의 교육 수행에 부정적인 영향을 미치는 적응 행동의 결함과 동시에 존재하는 현저하게 평균 이하의 일반 지적 기능"으로 정의된다[34 C.F.R., Sec.3000.7(b)(5)]. 지적장애의 수준에는 경도, 중등도, 중도, 최중도가 포함된다.

특수교육 전략

지적장애 아동과 함께하는 특수교육 문헌에 상세히 기술된 교수 방법에는 종종 행동주의와 관련된 많은 기법이 포함된다. 이 방법론은 행동주의가 미국에서 인기 있는 힘이었던 1950년대와 1960년대로 거슬러 올라가는 역사를 가지고 있다. 오늘날에도 많은 교육자들은 일반적으로 지적장애 아동들이 '시연–촉구–연습'으로 간단히 요약되는 명시적이고 체계적인 제시 방법으로 가장 잘 배운다고 믿고 있다(Stevens & Rosenshine, 1981, p. 37).

이러한 방법을 실천하기 위해 행동주의자일 필요는 없다. 이 방법들은 반드시 다른 조력의 철학들과 불일치하지는 않다. 이들은 방법의 일부로 간주될 수 있다. 아마도 지적장애 아동과 일할 때 가장 잘 알려진 교수 기법은 과제 분석일 것이다. 여기서 치료사는 복잡하거나 다단계 기술을 더 작고 배우기 쉬운 하위 과제로 분해한다. 가장 좋은 음악치료 자료 중 하나(예: Levin & Levin, 1998)는 노래나 기악 오케스트레이션의 제시에서 이러한 단계적 분석을 제안한다. 아동들이 한 번에 한 단계씩 배우도록 돕는 것은 실제로 활동 중인 음악가나 다른 많은 분야에 낯선 관행이 아니다. 음악 작품을 제시할 때의 단계적 분석은 반드시 음악적이어야 한다. 예를 들어, 한 번에 한 음악 구절이나 아이디어를 제시하지, 한 음표씩 제시하지는 않는다. 아동들은 노래, 기악 작품, 움직임 노래의 일부만 배우는 데 시간이 필요할 수 있으며, 내용의 양(잠재적 음악적 즐거움이 아닌)에 관해서는 음악을 단순화해야 할 수 있다.

학생이 학습하는 과정에 있는 동안 활발한 학생 반응이 기대되어야 한다. 간단히 말해, 활발한 학생 반응은 교수적 선행 사건에 대해 이루어지는 관찰 가능한 반응이다. 이는 명백해 보이지만, 아동들로부터의 정기적인 피드백은 치료사가 아동들이 무엇을 해독하고 반응할 수 있는지 결정하는 데 도움이 된다. 아동들의 반응 후에 치료사는 체계적인 구체적 피드백을 제공할 수 있다: 예를 들어, "토미, 오늘 드럼 연주를 잘했어요!" 여기서 중요한 제안은 아동들이 성공하지 못했을 때 부적절하게 칭찬하지 않는 것이다; 더 현실적인 접근법은 진정한 피드백을 포함한다: "그게 어렵지, 그렇지? 다시 한번 해 보고 연주하는 동안은 드럼을 계속 보도록 하자!" 이 진정한 피드백 과정은 행동주의 용어로 수반성 강화, 교수적 피드백, 그리고 오류 수정이라고 한다.

활발한 학습 단계는 학습의 습득 단계로 간주될 수 있으며, 대부분의 과제를 숙달하기 위한 현실적인 기간이다. 이 단계를 돕기 위해 치료사는 자주 신체적 안내, 구두 지시, 그림 신호, 사전 녹음된 청각 촉구 등을 포함할 수 있는 다양한 수준의 신호나 촉구를 사용한다. 이는 때때로 매개된 비계 설정(scaffolding)이라고 불리는데, 치료사가 촉구와 신호를 제공하고 나서 점차 줄여 학생이 자연스럽게 발생하는 자극에 반응할 수 있도록 하기 때문이다.

음악치료의 맥락에서 '자연스럽게 발생하는 자극'은 물론 음악 자체이다. 음악적 반응을 위한 궁극적인 촉구는 음악 자체의 구조에 있으며, 이러한 이유로 음악 선택은 활발한 음악적 반응을 장려하는 데 적절해야 한다.

아동들이 음악에서 배운 것을 일반화하고 유지할 수 있기를 바라는 것은 기술의 기능적 사용, 숙달 수준, 그리고 기술의 내면화를 필요로 한다. 이러한 상황에서 음악치료에서 오는 아동에게는 문제가 될 수 있다. 예를 들어, 음악을 통해 적절한 말과 언어를 촉구하고 초대하는 것(예: '안녕하세요'라고 노래하기)은 다른 환경에서 부적절하다고 여겨질 수 있는 곳에서 복제될 수 있다(예: 누군가가 당신의 거실로 걸어 들어올 때 '안녕하세요'라고 노래하는 것이 기대됩니까?). 따라서 이 특정 기술의 일반화는 아동이 '안녕하세요'라고 말하는 방법을 이해하는 것을 필요로 할 것이다.

음악치료 전략

최소 제한 환경(Least Restrictive Environment: LRE)과 일반적 제안:

최소 제한 교육 연속체는 일반적으로 경도 지적장애 아동들을 주류화하고, 때로는 중등도 장애아동들을 자체 포함하는 교실에서 음악치료보다는 음악교육으로 주류화한다.

아다마크와 대로우(Adamak & Darrow, 2005)가 이러한 아동들과 일할 때 인용한 일반적인 고려 사항에는 아동들에게 기대되는 다양한 참여 수준, 지시가 제공되는 방식 조정, 아동들이 지시에 반응하는 방식 조정, 기술 수준의 난이도 조정, 학습과 반응을 위한 충분한 시간 허용, 그룹 내 아동들에 대한 기대 조정, 필요에 따른 악기 조정, 보조 인력의 지원 증가, 그리고 필요에 따른 교실 공간 조정이 포함된다. 이러한 지침은 모든 특수교육 집단에 다르게 그리고 구체적으로 적용될 수 있다. 예를 들어, 중등도 지적장애 아동의 경우, 기대되는 음악적 행동을 모델링하여 구체적인 정보가 되도록 하는 것이 중요하다. 그 후 청각 처리와 의사 결정을 위한 시간과 함께 모방 수준이 따를 수 있다. 아동들이 음악 기술에 더 능숙해짐에 따라, 습득해야 할 정보의 양이 더 많은 지시, 더 많은 순차적 반응, 더 큰 도전과 함께 증가한다. 어떤 의미에서 이는 '주제와 변주' 형식과 비슷하다. 드물게, 중도장애 아동들이 주류화될 수 있는데, 이는 젤리슨과 그녀의 동료들이 연구한 상황이다(Jellison, Brooks, & Huck, 1984).

이러한 상황의 대부분에서 음악 교육자는 주류화된 학생들과 일하도록 훈련받지 않았으며(Darrow, Colwell, & Kim, 2002), 이상적으로는 학교 시스템이 음악교육 프로그램의 컨설턴트로 음악치료사를 고용할 것이다. 더 자주, 공립학교나 사립 특수교육 학교의 자체 포함된 중등도 지적장애 아동들은 음악치료를 받게 될 것이다.

다행히도 지적장애의 발생률이 가장 낮은 중도/최중도 장애아동들은 지역 외 특수교육 학교(예: Coleman, 2002) 또는 주거형 발달 센터(예: Farnan, 2002)에서 음악치료를 받을 가능성이 가장 높은 그룹이며, 역사적으로 감각운동, 청각-시각 지각, 의사소통 및 사회적 기술 영역에서 효과를 경험했다(Grant, 1989). 분명히 지적장애 아동과 일할 때의 고려 사항은 아동의 기능 수준에 따라 극적으로 다양해진다.

중도/최중도 지적장애로 분류된 아동들은 자신의 연령에 비해 수년 아래의 발달 수준에 있을 것이다. 예를 들어, 파넌(Farnan, 2002)은 연대기적 나이로 9~17세이지만, 발달 연령이 2.7에서 5.7개월인 그룹을 칭한다. 그룹 작업에서의 발달적 고려 사항에서 이전에 제안된 바와 같이, 영아 수준에서 기능하는 아동들에게 적합한 감각운동 발달 기간은 다감각 자극을 초대하며, 이에 대한 반응은 자주 지체될 수 있다. 악기 연주 측면에서, 아동들은 오션 드럼의 진동하는 소리 표면을 만지거나, 울리-울리라고 불리는 하와이안 깃털 박을 흔들거나, 옴니코드나 오토하프를 연주하거나, 또는 치료사가 부는 리드 호른 안에 손을 넣음으로써 청각, 촉각, 그리고 시각 자극을 얻을 수 있다. 이러한 과제들은 노래의 맥락 내에서 달성될 수 있으며(예: 'Let's make Music'; Nordoff & Robbins, Book 5, 1980), 이를 통해 그룹 인식을 초대하는 음악적 구조를 제공한다. 보컬 활동 측면에서, 아동들은 소리를 발성하고, 수화하고, 리듬에 맞춰 움직이고, 적절한 반응을 위해 프로그래밍된 'Big Mack'(Ablenet 제작)을 사용하도록 자극받을 수 있다. 마지막으로, 음악치료를 실천하는 과정에서 치료사가 직접적이고 빈번한 측정(제2장 평가 및 제8장 평가 참조)을 객관적 평가의 한 측면으로 사용하는 것이 중요하다.

객관적 평가는 그룹 구성원들이 제시된 기술을 어떻게 진전시키고, 퇴보하거나 유지하고 있는지에 대한 정확한 감각을 얻기 위해 특수아동 그룹과 일할 때 중요한 측면이다. 이 측정은 비음악적 행동에만 국한될 필요는 없다. 실제로, 노르도프-로빈스 방법에서의 음악적 반응 추적은 인본주의적 도움의 철학의 일부임에도 불구하고, 직접적이고 빈번한 측정의 완벽한 예이다.

요약

요약하면, 지적장애 아동을 위한 음악치료 제안에는 다음이 포함된다.

1. 아동들이 옵션을 선택할 수 있도록 하면서 세션에 대한 명확한 구조를 제공한다.

2. 필요에 따라 각 음악 과제를 모델링한다.
3. 아동들에게 한 번에 한 단계씩 제시하기 위해 음악 과제를 과제 분석한다.
4. 모델링–연습–칭찬 또는 수정한다.
5. 아동들이 요청한 대로 음악 자료를 반복하지만, 더 많은 발달적 도전을 제공하기 위해 다양성을 추가한다.
6. 세션이 진행됨에 따라 자연스러운 방식으로 언어를 주입한다.
7. 정기적으로 반응을 평가한다.

학습장애 아동과 일할 때의 고려 사항

IDEA(미국 장애인교육법) 속의 정의

IDEA에서 학습장애는 '특정 학습장애'로 언급되며, 이는 "언어를 이해하거나 사용하는 데 관련된 기본적인 심리 과정 중 하나 이상의 장애를 의미하며, 이 장애는 듣기, 생각하기, 말하기, 읽기, 쓰기, 철자, 또는 수학적 계산을 하는 능력의 불완전함으로 나타날 수 있다" [IDEA, 2004, H.R. 1350, Sec. 602(301)].

음악치료 전략

최소 제한 환경 및 일반적 제안:

많은 학습장애(LD) 아동들은 다양한 수준의 결함을 가지고 있으며, 음악교육을 위해 주류화되어 있고, 학교 환경에서 음악치료를 받을 수 없다. 학습장애 아동을 위한 학교에 다니는 아동들은 음악치료 서비스를 받을 가능성이 더 크다. 음악치료 클리닉에 다니는 아동들은 다른 LD 아동들이나 다른 진단을 받은 아동들과 그룹화될 수 있다. 학습장애는 특정적이므로, 아동의 일반적인 지적 적성과는 변별된다; 학생의 지적 능력과 학업 성취도 사이에 심각한 불일치가 있다. LD 아동의 많은 결함이 읽기, 수학, 쓰기에서 나타나기 때문에, LD 아동들은 대체 교육 수단을 위해 음악치료로 의뢰될 수 있으며, 의뢰하는 전문가는 자존감과 사회적 기술 영역을 간과할 수 있다. 음악적 리듬을 읽고, 쓰고, 수학적으로 해독하는 기술이 다른 읽기, 쓰기, 수학 학습 환경으로 일반화되는지 여부는 음악치료 문헌에서 더 많은 탐구가 필요한 주제이다.

지펠러(Gfeller, 1984)는 세 가지 교육 철학의 맥락에서 LD 학생들을 위한 가능한 음악치료 방법론을 제시한다: 기본 기술 이론, 행동 이론, 그리고 인지 이론.

기본 기술 이론은 읽기와 수학과 같은 학업 기술을 준비하기 위해 지각, 운동, 언어 처리(예: 청각 기억 또는 판별)의 선행 기술 발달을 강조한다. 이 이론은 지각-운동 기술의 향상이 자동적으로 학업 기술의 향상으로 이어지거나, 적어도 학업 과제를 추구하기 전에 습득된 기술로 작용할 것이라고 제안한다. 이는 매우 논란의 여지가 있다. 그럼에도 불구하고, 음악을 통한 감각-운동 통합의 매력은 자연스러운 과정이며, 음악적 음이나 음색의 순서화, 또는 악기 활동 중 중심선 교차(악기 연주 시 신체 양쪽 사용관 관련)와 같은 활동에서 나타난다(Gfeller, 1984).

행동주의: LD 아동을 위한 행동 이론은 학업을 가르치고 충동성이나 주의산만과 같은 학습을 방해하는 것으로 여겨지는 행동을 관리하는 데 행동적 접근을 제안한다. 음악 과제의 과제 분석 외에도, 이 접근법은 성공적인 학업 작업에 대한 보상으로 음악을 사용하는 것을 포함할 수 있다(Yarbrough, Charboneau, & Wapnick, 1977). 이러한 접근법들은 지적장애 아동에게도 사용된다.

인지주의: LD 아동을 위한 인지적 접근은 새로운 정보가 단계별 과정으로 축적되는 것이 아니라, 학생이 이미 알고 있는 것에 대한 이해를 통해 동화되거나 조절되며, 그런 다음 새로운 정보를 이미 숙달된 자료와 연관을 짓는다고 제안한다. 능동적 학습은 전략의 개발을 필요로 할 수 있다. 예를 들어, 정보 회상을 돕기 위해 음악을 사용하는 것은 기억술 전략이라고 불리며(Gfeller, 1984), 지펠러의 연구(1982, 1983)에서 효과적임이 입증되었다.

인지행동주의: 지펠러(1984)는 학습장애 아동의 목적의 성격에 따라 접근법의 조합을 제안한다. 행동적 접근법은 산만함 및 또는 과잉행동을 관리하고 학업 성공에 대한 강화를 위해 사용될 수 있다.

- 학업 개념과 과정을 음악 활동을 통해 제시할 수 있다.
- 음악치료는 사회적 또는 정서적 어려움이 있는 아동들이 활동을 전달하고 자신을 표현할 수 있게 한다.
- 아동의 경험과 아이디어를 바탕으로 초기 어휘를 구성한 이야기나 노래를 쓴다. 이를 통해 아동은 읽기 이해력과 작문 능력을 향상시킬 수 있다.
- 학업 개념을 제시할 수 있는 방식으로 악기를 사용한다. 예를 들어, 오르프 악기는 숫자, 양, 크고 작음, 짝수와 홀수, 크기 등의 개념을 탐구하기 위한 수학적 조작물로 작용할 수 있다.
- 정보를 전달하고 문법 규칙이나 계산 단계의 순서와 같은 기억해야 할 정보를 회상하

기 위한 기억술로 작용하기 위해 노래의 가사를 사용한다.

음악치료실과 아동들의 물리적 배치에 대한 이전의 언급 외에도, LD 아동과 일하는 음악치료사인 글래드펠터(Gladfelter, 2002)는 이 집단에 대한 추가적인 의견을 제공한다. 그는 치료사에게 다양한 학습 스타일의 문제를 인식하고, 아동들이 한 번에 한 명씩 방 안을 돌아다니도록 허용하며, 구두지시를 간단하고 구체적으로 유지하고, 말하기보다는 음악을 주의 집중 장치로 사용하며, 자료를 다감각적 방식으로 제시하고, 한 번에 한 가지 새로운 정보를 제시하며, 반복에 다양성을 추가하고, 문자, 숫자, 음악 기호 및 단어와 같은 시각 자료와 노래 가사나 시각 기호를 위한 오버헤드 프로젝터를 사용하고, 시각적 추적을 위해 적응된 음악과 라미네이트된 차트를 사용하며, 작사 과정을 단순화하기 위해 빈칸 채우기 작사법을 사용하고, 노래 가사의 가능한 것들을 기반으로 단순한 시 형식(예: 하이쿠–일본 전통의 짧은 시)을 사용하며, 그리고 마지막으로 외부 소리를 걸러내야 하는 아동들을 위해 헤드폰을 사용할 것을 상기시킨다.

요약: 이러한 제안 중 많은 부분이 읽기(예: 시각적 추적; 리듬 구조의 인식)와 쓰기(기호 생성 및 해독)에 필요한 기술과 관련이 있으며, 다른 제안들은 구조의 필요성, 다른 감각 프로파일에 대한 민감성, 다른 활동 수준의 필요성, 공간 감각의 정의, 체계적 학습과 관련이 있다. 치료사는 시각 자료를 사용하여 음악을 제시하는 것을 피하고 싶을 수 있는데, 이는 더 '학구적'으로 보이기 때문이지만, 학습장애 아동에게 시각 자료가 다른 학업 과정에 필요한 기술을 통합하는 데 도움이 될 수 있음을 인식하는 것이 중요하다.

정서장애 아동과 일할 때의 고려 사항

IDEA 속의 정의

IDEA의 정서장애 정의는 다음과 같다.

(I) 이 용어는 장기간에 걸쳐 다음 특성 중 하나 이상을 현저한 정도로 나타내며 교육 수행에 부정적인 영향을 미치는 상태를 의미한다.

a) 지적, 감각적, 건강상의 요인으로 설명할 수 없는 학습 불능;

b) 또래 및 교사와 만족스러운 대인관계를 구축하거나 유지할 수 없는 무능력;

c) 정상적인 상황에서 부적절한 유형의 행동이나 감정;

d) 일반적이고 만연된 불행감이나 우울감; 또는

e) 개인적 또는 학교 문제와 관련된 신체적 증상이나 공포를 발전시키는 경향.

(II) 이 용어는 조현병을 포함한다. 이 용어는 사회적으로 부적응된 아동들에게는 적용되지 않으나, 그들이 정서장애를 가지고 있다고 판단되는 경우는 예외이다(U.S. Department of Education, 1999, p. 12422).

음악치료 전략

최소 제한 환경(LRE) 및 진단:

앞서 언급했듯이, 정서장애 아동 범주 내에는 진단과 명명법의 광범위한 변이가 있다. 예를 들어, 최근의 음악치료 문헌은 사별(bereavement) 중인 아동 및 청소년(Hilliard, 2001; Dalton & Krout, 2005)의 요구와 SED(Seriously Emotionally Disturbed: 심각한 정서장애)(Hussey, Laing, & Layman, 2002), 그리고 EBD(Emotional Behavioral Disturbance: 정서행동장애)(Sausser & Waller, 2006)에 초점을 맞추고 있다. 치료사는 품행장애와 가능성 있는 기분장애, 정신병적 장애, 성격장애, 공포증 등에 대한 다양한 종류의 방법을 고려하기 위해 『정신질환의 진단 및 통계 편람』인 IV-TR(1994)의 사용에 매우 숙달되어야 한다. 또한 다축 진단을 이해하는 것도 필요한데, 특히 이중 진단을 받은 아동들, 예를 들어, 지적장애와 함께 품행장애를 가진 아동들의 경우에 그렇다. 더 나아가, 심각한 정서장애(SED)와 정서행동장애(EBD)와 같은 주어진 명명법보다는 그들의 행동 측면에서 장애아동을 이해하는 것이 중요하다.

대화를 나누기 어렵고, 감정을 표현하기 어려우며, 그룹 활동에 참여하기 어렵고, 실패나 비판에 긍정적이고 건설적인 방식으로 반응하기 어려운 아동들에게 음악치료는 축복이다.

행동주의: 1960년대와 1970년대의 음악치료 문헌에서 잘 나타나며(예: Steele et al., 1976), 주로 클리포드 매드슨(Clifford Madsen)의 작업을 통해 소개된(Madsen, 1998, 1981) 규율에 대한 전통적인 강조는 교육자들이 '행동 관리'라고 부르는 것과 관련이 있다. 이러한 기법을 사용하는 음악치료사들은 다음을 계획에 포함한다: ① 행동 기대치가 명시된다; ② 행동 기대치가 정의되고 가르쳐진다; ③ 적절한 행동이 인정된다; ④ 행동 오류가 사전에 수정된다.

행동 시스템은 행동 형성/조성(Shaping), 조건부 계약(Contingency contracting), 소거(Extinction: 방해 행동 무시), 다른 행동의 차별적 강화(Differential reinforcement of other behavior: 바람직하지 않은 행동을 제외한 모든 행동의 강화), 반응 대가(Response cost), 타임아웃(Time-out), 과잉 교정(Overcorrection: 반사회적 행동의 해로운 영향을 넘어서는 보상, 예를 들어 다른 아동의 악기를 가져간 아동이 그것을 돌려주고 자신의 악기 하나를 추가로 주는 경우) 등의 도구를 장려할 것이다.

장애아동과의 행동적 접근법의 최근 예는 조지아주 아테네의 Rutland 심리교육 센터에서 설명되고 있다(Sausser & Waller, 2005). 이 기사는 그룹 목적을 "드럼 연주와 찬트를 포함하는 체크인 방법을 사용한 그룹 응집력과 협력, 즉각적인 긍정적 강화를 사용한 과제 집중과 적절한 행동, 두 번째 기회, 그리고 적절한 행동에 대한 조건부로서의 음악"으로 제시한다(Sausser & Waller, 2005, p. 2). "세션 활동에는 가사 분석, 작사, 악기 즉흥연주, 악기 앙상블, 그룹 노래, 그룹 드럼 연주, 음악에 맞춘 움직임, 음악 게임과 같은 다양한 확립된 기법이 포함된다. 각 세션을 마무리하기 위해 치료사는 드럼을 치고 각 학생의 이름을 찬트로 부르며 줄을 서도록 유도한다"(Sausser & Waller, 2005, p. 9). 여기서 '경험'이라는 단어 대신 '기법'이라는 단어가 사용되어 이러한 경험들이 제시되는 방식(방법)이 아닌 제시되는 세션 활동의 종류를 설명한다는 점에 주목해야 한다.

장애아동과의 행동적 접근법의 또 다른 예인 프레스티의 작업(Presti, 1984)은 음악 과제 완료에서 나타나는 운동 행동, 언어 행동, 사회적 행동의 다양한 정도의 행동 통제를 기반으로 한 네 가지 수준의 기대치를 포함하는 음악치료 그룹을 설정한다. 음악치료 그룹의 아동들의 행동은 기록되며 강화와 결과를 포함한다. "음악치료에 수준 시스템을 적용하는 것은 음악 매체의 강화 가치와 동기 부여 잠재력을 활용한다"(Presti, 1984, p. 123).

그러면 "왜 외부 강화를 사용하는 대신 음악 경험 자체의 가치에 의존하지 않는 이유는 무엇인가?"라는 질문이 제기된다.

행동 전략의 문제는 음악치료사에게 있어서 음악으로의 감정 전달과 음악 만들기 경험에서 얻는 즐거움(긍정적 강화)이 부적절한 행동을 교정하기에 충분하지 않다는 것을 암시할 수 있다는 점이다. 많은 음악치료사들이 장애아동이 음악치료를 시작한 직후 부적절한 행동이 중단되는 경험을 했음에도 불구하고 말이다.

관계 기반 접근법: 엄격한 행동 전략과는 대조적으로, 게위르츠(Gewirtz, 1964)에 의해 음악치료 문헌에서 초기에 제안된 관계 기반 접근법은 음악적 관계성과 치료사-아동 상호 관계성의 성장을 강조한다. 이러한 유형의 접근법은 그린넬(Grinnel, 1975)에 의해 음악치료에 도입된 놀이치료 접근법(Linder, 1990)에서 더 나아간 선례를 가지고 있다. 여기서 치료사는 투사적 놀이를 생각, 감정, 정서를 표출하는 수단으로 사용하기 위해 아동의 놀이를 따른다. 관계 기반 음악치료는 정서장애 아동과의 개별 사례 연구 자료에 대한 출판된 보고서(예: Nordoff-Robbins, 1971, 1977; Goodman, 1989)의 성공에 의해 지지되며, 정서장애 아동(Friedlander, 1994; Oldfield, 2006)과 청소년(Aigen, 1997; Brooks, 1989; Haines, 1989;

Henderson, 1983; Mark, 1988; McFerran-Skewes, 2000; Wells, 1984)과의 관계 기반 그룹 음악치료 사례 연구 자료의 출판된 보고서에 의해 추가적인 정당성을 얻고 있다.

카시티와 카시티(Cassity & Cassity, 2006)의 특정 매뉴얼은 미국 전역의 음악치료사들이 사용하는 검증된 방법들과 정서장애 아동의 증상을 연관시킨다. 이 접근법의 유용성은 진단이 아닌 증상이 치료사를 치료 선택으로 이끈다는 점이다. 이 매뉴얼의 대부분의 방법은 과정 지향적이 아닌 활동 기반, 그리고 결과 지향적인 경향이 있지만, 음악 경험을 제시하는 데 사용되는 방법이나 단계를 상세히 설명하지는 않는다.

요약

치료사가 세션을 결과와 과정 지향적으로 모두 운영하고 싶고, 장애아동이 추상화와 문제해결 능력의 잠재력이 있으며 자신을 표현하고 그룹 내 다른 사람들의 표현에 반응하는 법을 배울 수 있다면, 치료사는 다음과 같은 방식으로 세션을 구조화할 수 있다.

1. 아동들이 자신의 행동에 대한 기대치를 정의하도록 돕고, 원한다면 이를 큰 오크 태그(태그보드 종이)에 게시한다.
2. 아동들이 관련되고 동일시할 수 있는 음악을 가져오도록 격려한다.
3. 아동들이 긍정적이고 부정적인 감정을 기악, 보컬, 움직임 경험으로 전달하도록 돕는다.
4. 준비가 되지 않았다면 경험에 대해 반드시 말하지 않고도 음악을 통해 감정을 표현할 수 있는 각 아동의 요구를 존중한다.
5. 아동들이 자신의 감정을 판별하기 시작하도록 돕는다.
6. 장애아동과의 간단한 언어적 기법에는 감정적 문제를 인정하고, 아동을 위해 문제를 해결하거나 문제의 존재를 부인하지 않고 지지하며, 아동의 생각을 확장하도록 돕고, 그룹의 다른 구성원들에게 문제를 제기하며, 음악 사용을 포함한 문제에 대한 다양한 해결책을 논의하는 것이 포함된다.
7. 아동들이 음악 프로젝트를 완성하기 위해 서로 협력하도록 돕는다.
8. 아동들이 음악에서 어떻게 문제를 해결하고 있는지 인식하고 이러한 해결책을 일상생활의 다른 측면으로 일반화하도록 돕는다.
9. 아동들이 세션에서 자신의 행동 지침을 어떻게 따랐는지 자체 평가하도록 돕는다.

자폐 스펙트럼 아동과 일할 때의 고려 사항

IDEA 속의 정의

'자폐 스펙트럼 아동'이라는 용어는 전반적 발달장애(PDD; DSM IV 기준)라고도 불리며, 자폐장애, 아스퍼거 증후군, 레트 증후군, 아동기 붕괴성 장애, 달리 명시되지 않은 전반적 발달장애를 포함한다. 자폐증은 1990년(P.L. 101-476)에 다음과 같이 IDEA 정의에 추가되었다.

> (i) 자폐증은 언어적 및 비언어적 의사소통과 사회적 상호작용에 영향을 미치는 발달장애를 의미하며, 일반적으로 3세 이전에 나타나 아동의 수행에 부정적인 영향을 미친다. 자폐증과 자주 관련되는 다른 특성으로는 반복적인 활동과 정형화된 움직임에 참여하는 것, 환경 변화나 일상 루틴의 변화에 대한 저항, 감각 경험에 대한 비정상적인 반응 등이 있다. 이 용어는 아동의 교육 수행이 이 섹션의 (c)(4) 단락에 정의된 대로 심각한 정서장애를 가진 아동이기 때문에 주로 부정적인 영향을 받는 경우에는 적용되지 않는다.
>
> (ii) 3세 이후에 '자폐증'의 특성을 나타내는 아동은 이 섹션의 (c)(1)(i) 단락의 기준이 충족된다면 '자폐증'으로 진단될 수 있다[34 C.F.F., Sec. 300.7 (c)(1) (1999)].

특수교육 방법

특수교육 문헌은 긍정적 행동 지원(Positive Behavior Support: PBS)의 연구 기반 방법과 반드시 체계적인 환경 조정과 행동에 대한 차별적 결과를 제공하지 않는 관계 기반 접근법을 변별한다. 이는 자폐 아동과 일할 때 논란의 여지가 있는 주제이다(Bailey, 1992; Heflin & Simpson, 2002; Cullen & Mudford, 2005; Romanczyk, Weiner, Lockshin, & Ekdahl, 1999).

행동주의: 자폐 아동과 일하기 위한 다양한 특수교육 방법이 있으며, 아마도 가장 유명한 것 중 하나는 응용행동분석(Applied Behavior Analysis: ABA)일 것이다. 일반적으로 ABA로 알려진 이 방법은 환경이 학습에 미치는 영향을 설명하는 과학적으로 검증된 원칙에 기반하여 지침을 설계, 수행, 그리고 평가하는 체계적인 접근법이다(Alberto & Troutman, 2006; Cooper, Heron, & Heward, 2006). 더 간단히 말하면, ABA 방법은 행동 평가와 기능적 유용성에 기반하여 개별 특정 목적을 결정하고, 그 기술에 대한 자연 환경에서 발생하는 '표적 행동'의 달성을 기록한다. 놀랍게도, 이는 특수교육에만 국한된 방법이 아니며, 행동주의 철학에만 국한되지도 않는다. 음악을 통해 정기적으로 평가되는 체계적인 학습이 있을 수 있으며, 반드시 행동주의 방법론을 통해 제시될 필요는 없기 때문이다. ABA 시스템에서 사용되는 전략

은 다양하며 다음을 포함한다.

1. 학생의 반응에 대한 통제를 인위적 자극에서 자연적으로 발생하는 자극과 사건으로 전환하는 전략(Green, 2001).
2. 그림 교환 의사소통 시스템과 같은 대체 의사소통 형태(Bondy & Frost, 2002; Schwartz, Garfinkle, & Bauer, 1998; Sundberg & Partington, 1998).
3. 사회적 관계를 위한 또래 매개 중재(McConnell, 2002; Strain & Schwartz, 2001).
4. 무오류 변별 학습 방법(Sidman, 1994).
5. 학생들이 직접 가르치지 않은 관계를 배우는 자극 등가 클래스의 발달, 이를 통해 교수의 효과가 확장(Sidman, 1994).
6. 도전적 행동의 기능적 평가(Horner, Carr, Strain, Todd, & Reed, 2002).
7. 핵심 반응 개입(Koegel, Koegel, Harrower, & Carter, 1999).
8. 자연주의적 언어 전략(Goldstein, 2002; McGee, Morrier, & Daly, 1999).
9. 개별 시행 방법/변별학습이론(DTT)은 치료사가 일련의 문제를 가지고 이를 학생에게 한 번에 하나씩, 아마도 가르치고 배우는 데 최적의 순서로 제시하고, 아동의 각 반응이나 무반응에 반응하며, 올바른 반응에 대해 보상하거나 인정하고, 잘못된 반응은 무시하거나 수정하거나 꾸짖고, 무반응 후에는 무시하거나 촉구하는 방법이다(Baer, 2005).

아마도 앞에서 언급된 일반적으로 사용되는 접근법 중 음악치료에 포함되는 것으로는 그림 교환 의사소통 시스템(PECS)의 사용과 자연주의적 언어 전략(Goldstein, 2002; McGee, Morrier, & Daly, 1999)의 사용이 있을 것이다. 관계 기반 접근법이 행동 지원 설계와 중첩될 수 있는지 여부에 대한 질문은 자폐 아동과의 음악치료에서 추구되지 않았다.

관계 기반 접근법: 정신의학과 특수교육에서의 관계 기반 접근법에는 스탠리 그린스펀의 '플로어 타임(Floor time)' 접근법(Greenspan & Wieder, 1998)과 맥기(McGee)가 '부드러운 가르침(Gentle teaching)'(McGee, 1991, 1992)이라고 부르는 철학적 태도가 포함된다. 또한, 오래전 버지니아 액슬린(Virginia Axline, 1969)이 처음 제시한 '놀이치료(Play therapy)' 접근법이 계속해서 검증을 받고 있다(Linder, 1990). 이러한 접근법들은 초기에 자폐 아동과의 유대관계를 형성하기 위해 개별 치료에서 사용된다. 그린스펀의 '플로어 타임' 접근법은 발달 이정표를 이해하고(제3장 참조), 감각 반응성과 음악을 통한 초기 유대 및 상호작용 방법을 이해하는

데 매우 도움이 되지만(Goodman, 1996), 아동이 치료사와 상호작용하는 집중적인 성격 때문에 그룹 작업에서는 유효성이 입증되지 않았다(Goodman, 1998). 그럼에도 불구하고, 그린스펀 모델에서 제안된 발달 진행, 인지적 참여의 전제 조건으로서의 정서적 참여 강조, 감각 프로파일링에 대한 인식은 모두 특수아동과 일하는 데 필수적인 측면이다.

음악치료 접근법

감각적 고려 사항: 자폐증 아동의 독특한 감각 프로파일(Greenspan & Wieder, 1998)은 각 그룹 구성원의 청각 및 시각 생리학적 처리에 대한 평가가 필요함을 시사한다. 이는 "그룹 내 치료가 다양한 기능 수준과 그룹 만남의 결과로 발생할 수 있는 신체적 문제를 편안하게 다룰 수 있도록 보장하기 위함"이다(Berger, 2002, pp. 172-173). 이 책의 제3장에서 언급했듯이, 감각 프로파일은 개인 또는 그룹 배치를 결정하는 데 중요한 고려 사항이다. 아동이 어떻게 가장 잘 배우는지 결정하는 측면에서뿐만 아니라, 음악의 구체적인 제시와 사용 측면에서도 중요하다. 치료사는 본질적으로 아동의 반응을 통해 사용된 리듬, 멜로디, 화성, 음색, 강약, 형식이 잠재적 학습에 어떤 영향을 미치는지 배운다(Berger, 2002)(제6장 '자료' 참조). 이는 특히 자폐증 아동과의 작업에서 사실인데, 그들은 특이한 감각 프로파일을 가지고 있기 때문이다. 이러한 도전받는 시스템 때문에, 음악치료사가 자폐증 아동이 방을 배회하는 것을 보면서 왜 아동이 놀이를 시작하지 않는지 의아해하는 것은 드문 일이 아니다. 자폐증 아동과 일할 때는 아동의 한계와 촉구의 필요성을 기억하는 것이 중요하다. 스탠리 그린스펀 박사는 아동의 반응을 촉구하기 위해 '장난스러운 방해'를 구조화할 것을 제안한다(Greenspan & Wieder, 1998). 음악치료 대안은 음악적 즉흥연주를 통해 상호작용을 촉구하는 노르도프-로빈스 접근법일 수 있다. 아동이 목적 없이 방을 배회하도록 허용하는 대안은 생산적이지 않다.

관계 기반: 자폐증 아동과의 음악치료에서 사용되는 주요 관계 기반 접근법은 에이브러햄 매슬로 박사(Dr. Abraham Maslow)가 제시한 인본주의 개념에 기반한 노르도프-로빈스 접근법이다. 피아니스트이자 작곡가인 폴 노르도프와 그의 동료인 특수교육자 클라이브 로빈스가 소개한 노르도프-로빈스 접근법은 자폐증 아동의 세계로 즉흥적으로 진입하는 것을 장려한다. 감정의 언어인 음악이 관계 기반 치료의 기초가 되어야 한다는 것은 완전히 이치에 맞는 것으로 보인다. 음악은 치료사와 아동을 비언어적 조율의 기본 관계로 되돌릴 수 있는 능력을 가지고 있기 때문이다. 이는 정신의학 문헌에서 언급된 관계이다(Stern, 1977). 그러나 이 작업의 대부분은 개별 치료에서 이루어진다.

노르도프-로빈스 접근법에서, 아동이 음악적 및 대인관계적 관련성에서 진전을 보이면 그룹의 일부가 될 수 있다. 그러나 그룹이 형성되면, 치료사는 즉흥연주의 가능성을 여전히 유지하면서도 미리 작곡된 자료에 더 의존하게 되는 것으로 보인다(제6장 '자료' 참조). 그러나 자폐증 아동과의 관계 기반 접근법의 맥락에서, 개인이든 그룹이든, 치료사는 자폐증 아동이 자기구조화에 대한 내부 능력이 없을 수 있음을 인식해야 한다. 따라서 즉흥적인 음악 경험은 자폐증 아동이 시작하기 어려워하는 구조의 감각을 전달해야 한다. 이에 대한 아름다운 예는 켄 에이건(Ken Aigen, 1997)이 인쇄물로 설명한 비디오 〈Here We Are in Music-One Year with an Adolescent Creative Music Therapy Group〉에서 볼 수 있다. 한 자폐증 청소년이 '초콜릿'이라는 말의 단편을 제공하는 장면에서, 치료사 앨런 터리(Alan Turry)는 이 순간을 포착하여 "어떤 종류의 사탕을 좋아하나요?"라는 질문을 구조화한다. 이 질문은 세 번 제시되는데, 질문이 그러하듯 끝에서 쉬는 멜로디, 말하자면 음악적 질문으로 시작하여 두 번 반복되며, 매번 다른 음높이에서 시작한다. 이 음악적 순서는 음악적으로 답변을 요구한다. 예를 들어, "나는 초콜릿을 좋아해요?" 그 후, 다른 아동들에게 같은 질문이 주어지고, 그들은 개별적인 답변을 하며, 결과적으로 그룹은 통합의 순간을 갖는다. 그들의 훌륭한 의사소통의 결과는 무엇인가? 결과는 공유된 의사소통의 즐거움이다.

일반 지침/활동 선택: 아다멕과 대로우(Adamek & Darrow, 2005, pp. 198-199)는 자폐증 아동의 다양한 발달 목적 영역을 다루기 위한 음악치료 활동 선택의 예를 제안한다. 이러한 제안된 활동들은 방법론이나 활동 제시 방법을 포함하지는 않지만, 목적 영역을 다루기 위한 초기 선택에 도달하는 데 있어 치료사에게 매우 유용한 일반 지침이다. 이 정보는 다음과 같이 요약된다:

- 다음과 같이 의사소통 기술을 다룬다: ① 기악 및 보컬 활동을 통한 선택 옵션; ② 노래에서의 보컬 모방; ③ 지시 따르기(예: 멈춤/시작).
- 다음과 같이 사회적 기술을 다룬다: ① 차례 지키기와 나누기; ② 앙상블의 일부로서 협력적 음악 만들기; ③ 노래, 악기, 움직임을 통한 자기표현; ④ 새로운 기술 숙달을 통한 자존감 달성.
- 다음과 같이 행동 변화를 다룬다: ① 음악에서 지시 따르기; ② 리더십 및 따르는 역할; ③ 음악을 통한 적절한 행동 강화.
- 다음과 같이 학업 기술을 촉구한다: ① 세기 노래와 리듬 활동; ② 방향 개념을 강화하는 움직임 활동; ③ 색상, 크기, 모양, 소리를 통한 악기 분류.

• 다음과 같이 신체적 기술을 개발한다: ① 특정 악기 연주를 통한 소근육 기술 다루기; ② 패턴화된 음악을 통한 보행 훈련.
• 다음과 같이 여가 기술에 대한 관심을 개발한다: ① 기타나 피아노와 같은 악기에 대한 훈련; ② 공연 옵션을 위한 보컬 앙상블 리허설.

요약

요약하면, 자폐증 아동과 일하기 위한 몇 가지 주요 음악치료 제안은 다음과 같다.

1. 음악적 관련성과 대인관계적 관련성에 중점을 두고 음악 경험 내에서 구조화된 관계 기반 접근법을 고려한다.
2. 음악치료 세션에 대한 명확한 형식을 제공하고, 아동들이 작업하고 싶은 자료를 선택하도록 장려한다.
3. 음악 활동의 기계적 반복보다는 다양성을 장려한다.
4. 한 활동에서 다른 활동으로 전환할 때 노래 전환이나 간단한 단어를 반드시 사용한다.
5. 반향어 또는 보속적 말/언어를 더 확장하여 반향어 또는 보속적 말/언어를 억제하도록 반응한다.
6. 음악 활동의 제시를 분해하여 한 번에 한 단계씩 제시하고, 필요에 따라 단순화하며 모델링과 촉구를 제공한다.
7. 차례 지키기 유형의 기악, 움직임, 보컬 활동을 통해 아동들 간의 공유된 의사소통과 자연스러운 눈 맞춤을 장려한다.
8. 아동들의 자발적인 비언어적 또는 언어적 의사소통을 활용하여 추가적인 음악적 및 대인관계적 연결을 형성한다.

의사소통장애 아동과 일할 때의 고려 사항

IDEA 속의 정의

IDEA의 말 또는 언어장애 정의는 다음과 같다: "아동의 교육 수행에 부정적인 영향을 미치는 말더듬, 조음장애, 언어장애, 또는 음성장애와 같은 의사소통장애"[20 U.N.C. 1401 (3), Section 300.7 (c) (11)].

음악치료 방법

음악치료는 의사소통장애를 다루는 자연스러운 방법이며 광범위한 문헌 기반의 역사를 가지고 있다(Galloway, 1975). 발달 순서의 일부로, 아동들은 말하기 전에 '노래'하며 말하기의 모든 구성 요소는 사실상 음악적 요소이다. 강약, 구절, 리듬, 억양, 음색. 아동들이 조음 어려움, 단어 발음에서의 대체와 생략(12~18개월), 반향어(약 4세까지)와 같은 '정상적인 단계'의 '오류'를 거치지만, 이러한 오류가 이후 발달 시기에도 계속 발생할 때 일탈적이 된다.

움직임과 말/언어: 보스턴 대학교의 심리학자 콘던(Condon)은 개인이 말할 때 움직임과 말의 일치를 연구한 최초의 학자 중 한 명이었다(1974, 1975). 이는 동조화의 한 형태로 간주되며, 이 능력의 가능한 기능장애를 자폐증 진단과 연관 지었다(1986). 움직임과 노래의 결합을 장려하는 음악치료사는 이 본질적으로 감각 통합적인 노력이 말을 자극한다는 것을 볼 수 있다. 이 개념은 처음에 실어증 환자와 함께 사용된 음악치료 기법인 멜로디-억양 치료의 개발에서 처음 활용되었다(Sparks, Helm, & Marin, 1974).

또한, 음악치료 노래는 자연스러운 말 요소, 여기와 지금의 언어, 응답형 반응, 노래를 통한 요청된 행동을 활용하는 미리 작곡되거나 즉흥적으로 작곡된 자료라고 가정할 때, 여기와 지금의 수용 및 표현 언어 발달을 장려한다(제6장 '자료' 참조).

일반 지침/'활동 선택': 아다멕과 대로우(Adamek & Darrow, 2005, p. 207)는 광범위한 목적 영역의 맥락에서 의사소통장애 아동을 위한 제안된 음악치료 활동을 구성하는 음악치료 '전략'을 제안한다. 그들의 제안은 다음과 같이 요약된다:

- 다음과 같이 표현 언어 기술을 다룬다: ① 아동들이 아이디어를 표현하는 데 도움이 되는 노래 작성; ② 노래, 악기, 움직임 측면에서의 선택하기; ③ 간단하고 반복적인 노래의 맥락에서 단어 습득 및 연습.
- 다음과 같이 수용 언어 기술을 다룬다: ① 노래의 지시에 대한 적극적 반응; ② 드럼이 멈출 때 멈추고 드럼이 연주될 때 움직이는 것과 같은 비언어적 신호에 대한 적극적 반응.
- 다음과 같이 사회적 기술을 다룬다: ① 톤 차임이나 타악기 앙상블 과정에서의 그룹 음악 만들기; ② 악기 연주 후 전달하기; ③ 음악 만들기 중 의사 결정; 리더십 역할 맡기; ④ 듣기, 반응하기, 의사 결정하기.
- 다음과 같이 기억력과 주의력 어려움을 다룬다: ① 치료사가 간단한 활동으로 동기를 부여하고, 주의 집중 기술을 증가시키기 위해 이들의 길이와 복잡성을 점진적으로 증가시킨다; ② 리듬 모방; 호출과 응답.

실행증(Apraxia), 조음장애(Dysarthria), 연하장애(Dysphasia: 삼킴장애)에 대한 프로토콜: 아다멕, 거빈, 시라이시(Adamek, Gervin, & Shiraiski, 2000)는 언어 실행증, 조음장애, 연하장애가 있는 뇌 손상 환자를 위한 특정 프로토콜을 제안한다. 사례 예시가 모두 성인 개인이지만, 이러한 프로토콜을 아동에게도 사용할 수 있을 것이며 이는 가치 있는 연구가 될 것이다. 실행증의 경우 중재에는 들숨/날숨 호흡 운동, 관악기 사용, 모음 모방 및 자음-모음 결합(먼저 분리하여 사용한 다음 노래 가사에서 사용하고 다시 분리하여 사용), 멜로디 억양 치료 및 악기 운동이 포함된다. 조음장애(말 운동장애)의 경우 중재에는 들숨/날숨 호흡 운동, 관악기 사용, 리듬 조절을 통한 구강-운동 메커니즘 강화, 마지막으로 악기 운동이 포함된다. 연하장애의 경우 들숨 및 날숨을 통한 호흡 운동과 관악기 사용 후 모음 및 자음/모음 결합, 구절 완성 및 노래, 그다음 조음장애에 사용되는 것과 유사한 구강-운동 강화, 팔세토(가성) 운동, 다시 악기 운동이 이어진다.

조음, 음운론, 유창성, 언어장애에 대한 프로토콜: 말과 언어적 어려움의 분류는 저자(Goodman, 2006)의 다음 제안으로 다룰 수 있다.

노래를 통한 조음 오류의 교정은 치료사가 변별 활동을 도입함으로써 달성할 수 있다. 노래의 맥락에서 아동은 청각, 시각, 촉각 피드백을 사용하여 자신의 말을 표준 모델에 맞추는 법을 배운다. 노래의 맥락에서 소리의 산출은 먼저 분리하여 연습한 다음 음절, 단어, 구절, 문장, 음악적 대화에서 연습하여 구조화되지 않은 대화로 일반화될 수 있을 때까지 할 수 있다.

아동이 소리를 올바르게 조음하는 데 일관성이 없는 음운론적 오류는 활동 노래의 맥락에서 아동에게 밀접하게 관련된 단어(예: sea vs. seat)를 변별하도록 요청함으로써 교정할 수 있다.

유창성 장애는 음악치료 환경을 넘어 일반화하기 더 어려울 수 있는데, 말더듬는 사람들이 노래할 때는 말을 더듬지 않는다는 것이 잘 알려져 있기 때문이다. 말에서의 '느린 시작'과 리듬 패턴에 대한 이러한 증가된 인식이 비리듬적 화자가 리듬적이 되도록 돕는다.

자폐증, 지적장애, 의사소통장애, 중복장애 아동에게서 자주 지체된 언어 발달로 나타나는 언어장애는 음악치료의 풍부한 보컬 자료 가능성의 이점을 얻는다. 또한, 아동이 원하는 것을 주기 전에 언어를 요청함으로써 음악 세션에 언어를 주입할 수 있다. 이는 환경 교수 전략으로도 알려진 자연주의적 중재의 예이다. 언어 중재를 위한 인위적 상황을 받아들이는 대신, 자연주의적 중재는 아동이 관심을 가질 때 가르치고, 그 순간 학생에게 기능적인 것을 가르치며, 학생과 교사/치료사가 여전히 상호작용을 즐기는 동안 멈춘다. "탬버린과 리드 호른 중 어느 것을 원하나요?"와 같은 단순한 선택 상황은 단어를 근사하거나 조음할 수 있는 아동에게 말하도록 지시한다. 또한, 아동의 비언어적 의사소통을 해독하는 것도 자연주의적 중재로 간주된다. 예를 들어, 아동이 호른을 가리키면 치료사는 "아, 호른을 원하는구나. 말로 표현할 수 있니?"라고 해독한다. 물론, 이들은 모두 음악치료를 위해 작곡된 활동 노래에 언어를 주입하기 위한 예비 노력이다(제6장 '자료' 참조).

음악치료사가 노래의 맥락 내에서 언어 반응을 장려하는 것이 중요하다. 여기서 노래에 사용된 언어 수준(제6장 '자료' 참조)과 노래가 아동에게 제시되는 방식을 고려하는 것이 중요하다.

예를 들어, 특히 언어를 시작하는 아동을 위한 노래의 구조는 단순하고, 반복적이며, 예측 가능해야 하고 청각 처리 시간(즉, 평소보다 몇 초 더)을 허용해야 한다. 이는 노래의 음악적 템포를 유지하면서 음악적 쉼표의 맥락에서 가능할 수 있다. 이러한 종류의 제시의 일반적인 예는 다음과 같다:

1. 한 번에 한 절씩 부르고 간단한 후렴구가 따르는 노래. 후렴구는 종종 한 단어나 음절로 이루어진다. 치료사가 절을 부르고 아동들이 후렴구를 부를 수 있다. 아동들의 언어 잠재력이 증가함에 따라 후렴구의 단어를 적절히 수정할 수 있다.
2. 응답형 노래로, 음악적 대화를 만들어 내며, 특히 아동의 언어 수준에서 모방적인 노래.
3. 한 번에 하나의 물체(예: 악기)에 대해 노래하는 노래로, 노래한 후 실제로 그 물체를 사용한다.
4. 아동의 언어 수준에 따라 음악적 구절의 끝에 한두 단어로 '빈칸 채우기'를 할 수 있는 노래.
5. 아동의 수용 언어 수준에 따라 한 번에 한두 가지 지시로 신체적으로 반응하도록 음악적으로 요청하는 활동 노래.

보완대체 의사소통(Augmentative and alternative communication: AAC)의 사용: 보완대체 의사소통(AAC) 방법은 특히 말과 언어를 물리적으로 생성할 수 없는 아동들과 함께 음악치료에서 자주 사용된다. AAC는 세 가지 구성 요소를 가진다(Kangas & Lloyd, 2002): ① 표상 기호 세트 또는 어휘; ② 기호를 선택하는 수단; ③ 기호를 전송하는 수단.

음악치료에서 가장 일반적인 AAC 의사소통 방법은 구어, 제스처, 얼굴 표정, 일반적인 신체 자세, 수동 기호와 같은 무보조 기법으로 간주된다.

보조 기법은 일련의 그림 기호, 외부 장치 또는 장비를 포함한다. 치료사가 언어치료사

(Speech-language pathologist: SLP)와 함께 AAC 시스템의 어휘를 선택한 후, 어휘를 나타내는 기호를 선택하거나 개발할 수 있다. 예를 들어, 음악 기호의 경우 종종 단순한 그림이나 실제 사진으로 개발되어 그들이 나타내는 물체나 개념처럼 보이게 한다. 음악치료에서 자주 사용되는 상업적 기호 세트에는 Oakland Picture Dictionary(Kirsten, 1981), Picture Communication Symbols(Mayer-Johnson, 1986), Pictogram Ideogram Communication 기호(Johnson, 1985)가 있다. 기호 세트와 달리, 기호 체계는 실제로 자체적인 그래픽 언어를 구성하며, 가장 잘 알려진 것은 뇌성마비 아동들과 자주 사용되는 Bllissymbolics이다.

가장 일반적으로, 음악치료 그룹의 아동은 선택이나 질문에 대한 응답을 전달하기 위해 그림 기호나 사진을 가리키거나, 만지거나, 눈으로 응시하거나, 선택하여 치료사에게 건넬 수 있다. 이러한 기호 카드는 치료사가 아동에게 직접 보여 주거나(예: 세 가지 중 하나 선택), 휠체어 트레이의 의사소통 보드의 일부가 되거나, 사진 앨범에 배열될 수 있다.

Prentke Romich Intro Talker, Prentke Romich Liberator, DECtalk(Digital Equipment Company), Sentinent System의 Dynavox와 같은 여러 컴퓨터화된 음성 선택 또는 전송 시스템이 있으며, 이는 일반적으로 가장 신체적으로 제약이 있는 아동들에게서 볼 수 있다.

음악치료 세션과 관련하여, 'Big Mack'으로 알려진 장치는 말하는 목소리나 음악 소리를 녹음할 수 있으며, 음악치료 세션에서 미리 녹음하여 비언어적 아동이 노래의 정확한 음악적 순간에 장치를 터치하도록 초대하는 수단으로 사용할 수 있다. 추가 제안은 제6장 '자료'에서 논의된다.

시각장애 아동과 일할 때의 고려 사항

IDEA 속의 정의

"교정을 하더라도 아동의 교육 수행에 부정적인 영향을 미치는 시각장애"

음악치료 방법

1940~2000년의 60년 기간을 검토한 시각장애 및 중도 시각장애에 대한 음악치료 문헌 및 임상 적용 검토에서(Codding, 2000), 시각장애 아동에 대한 연구는 놀랍게도 부족하다. 코딩(Codding)은 44개의 연구를 찾았는데, 그중 17개는 사례 연구이고 27개는 데이터 기반 연구이다. 1975~1999년 사이에 젤리슨(Jellison, 2000)은 시각장애 아동에 대한 연구를 단 두 개만 찾았으며, 이는 초기 연도에 이 집단에 대한 관심이 더 많았음을 시사한다. 연구들 중

어느 것도 시각장애 아동에 특정한 방법을 제안하지 않았지만, 시각장애와 관련된 치료의 초점은 특별한 인식과 이동을 위한 청각적 신호로서의 음악, 방향 신호의 제공, 부적절한 비음악적 행동(예: 운동 정형화 움직임)을 확립, 유지 또는 제거하기 위한 우발성/조건부로서의 음악 사용 등을 포함한다.

음악치료사들은 종종 시각장애 아동들이 시각적 결함을 청각 감각의 강화로 보상하므로 음악치료에 매우 적합한 대상이라는 인상을 가지고 있다. 많은 경우 이는 사실이다. 그러나 다른 경우, 소리에 대한 강화된 반응이 시각장애 아동에게 압도적으로 들릴 수 있으므로 이러한 아동들에게는 강약에 대한 주의가 필요하다.

요약 제안: 시각장애 아동과 일하기 위한 몇 가지 간단한 제안은 그룹 내 다른 아동들에 대한 청각적 인식, 세션에서 사용되는 음악 악기에 대한 오리엔테이션, 음악실에서의 물리적 공간과 움직임에 대한 감각 등의 그들의 요구를 포함한다. 이러한 우려 때문에 다음과 같은 간단한 방법들이 제안된다.

1. 시각장애 아동이 관습적인 방식으로 연주하기 전에 악기를 물리적으로 탐색할 수 있도록 한다.
2. 아동이 적절한 음악적 순간에 연주하지 않으면 언어적으로 또는 물리적으로 촉구한다.
3. 시각장애 아동이 오케스트레이션 내에서 한 악기에서 다른 악기로 이동할 수 있을 정도로 음악실의 공간에 대한 물리적 감각을 갖도록 장려한다.
4. 움직임 활동에 대해 손 위에 손을 얹는 물리적 보조를 고려하고, 점진적으로 이 보조를 줄여 나간다.
5. 아동이 말하는 또래나 치료사의 방향을 바라보도록 장려한다.
6. 지적으로 앞선 아동들은 점자 악보를 사용할 수 있다.

청각장애/난청 아동과 일할 때의 고려 사항

IDEA 속의 정의

IDEA는 교육 수행에 부정적인 영향을 미치는 청각 손실을 나타내기 위해 청각장애라는 범주 라벨을 사용하며, 이로 인해 아동이 특수교육을 받을 자격이 있다.

특수교육 방법

구어/청각 방법: 구어/청각 방법은 아동이 잔존 청력과 가능한 언어 이해도를 발달시키는 데 도움을 준다(Stone, 1997). 이를 위한 청각, 시각, 촉각 방법에는 증폭, 청각 훈련, 독화, 큐드 스피치, 기술적 보조 도구의 사용, 그리고 물론 말하기가 포함된다. 말하기와 수화 옵션(수동 코딩된 영어, 지문자, 미국 수화법)을 동시에 사용하는 전체 의사소통은 1960년대 이후 청각장애 학교에서 가장 널리 사용된 교육 방법이었지만, 최근에 논란의 대상이 되었다. 일부 교육자들은 "교사들이 일반적으로 수화를 희생하면서 말하기와 청취를 강조하거나, 그 반대의 경우도 있다. 그리고 학생들은 한 가지 모드에 더 주의를 기울인다. 동시에 말하고 ASL(American Sign Language: 미국 수화법)을 사용하는 것은 불가능하다"고 믿기 때문이다(Schirmer, 2004, pp. 441-442).

미국 수화법(ASL)의 아름다움은 그것의 이중 언어-이중 문화적 접근법(Bilingual-bicultural approach)에 있다. 시각-공간적 언어로서 ASL은 손의 모양, 위치, 움직임 패턴, 동작의 강도, 그리고 수화자의 얼굴표정을 활용하여 의미와 맥락을 전달한다. ASL은 고유한 음운론, 형태론, 구문론, 의미론, 그리고 화용론을 가지고 있으므로, 구어나 문어 영어와 일치하지 않는다. 이중 언어-이중 문화(bi-bi) 접근법의 지지자들은 ASL을 청각장애 아동의 첫 번째 또는 모국어로 간주하고, 두 번째 언어의 숙달을 추가적인 목적으로 삼을 것을 제안한다.

음악치료 방법

최소 제한 환경(LRE): 청각장애 또는 난청 아동을 지칭하는 용어에는 농(Deaf; 참고: 대문자 'D'는 청각장애인들의 고유한 문화와 정체성을 인정하는 의미를 담고 있다.), 청각장애(deaf, 선천적이 아닌 후천적으로 청력을 잃은 개인들로 주로 구어를 사용), 난청(말을 처리하는 데 기능적인 잔존 청력이 있는 경우)이 포함된다. 오늘날 청각장애 및 난청 아동(D/HH)을 가르치는 접근법에는 구어/청각 접근법, 전체 의사소통, 이중 언어-이중 문화 접근법이 있다. 이 모든 것이 음악치료에서 역할을 하며, 로빈스와 로빈스(Robbins & Robbins, 1980), 대로우와 그로헤(Darrow & Grohe, 2002), 대로우(Darrow, 1995), 대로우와 지펠러(Darrow & Gfeller, 1991) 등의 작업에서 가장 두드러지게 제시되었다. 청각장애 및 난청 인구는 음악에 대해 주류화될 수 있거나(Darrow & Gfeller, 1991) 음악치료가 제공되는 사립 또는 공립학교에 다닐 수 있다. 배치 결정의 상당 부분은 물론 아동의 발달 수준과 다른 가능한 장애 상태에 따라 달라질 것이다(중도/중복장애 아동, 시청각장애 및 외상성 뇌손상과 일할 때의 고려 사항, p. 203 참조).

우선순위: 대로우와 그로헤(Darrow & Grohe, 2002)는 청각장애/난청(D/HH)에 대한 개요, 포괄적인 문헌 검토, 그리고 이 집단의 요구를 다루기 위한 음악치료의 다양한 용도를 제시한다. 그들의 글에는 많은 실용적인 제안도 있다. 대로우와 그로헤(Darrow & Grohe, 2002)에 따르면, 음악치료 환경에서 D/HH 내담자에 적응하는 데 있어 우선순위는 물리적 환경과 대인 의사소통에 관한 것이다.

이 장에서 앞서 언급한 적절한 조명과 그룹 작업을 위한 원형 배치 외에도, 대로우와 그로헤(Darrow & Grohe, 2002)는 물리적 환경에 관해 다음과 같은 제안을 추가한다.

1. 커튼, 카펫, 실내 장식으로 불필요한 소리 흡수
2. 보청기를 착용한 아동은 보청기가 그룹을 향하도록 위치해야 함
3. 화자의 얼굴이 명확히 보여야 함
4. 독화 거리는 6피트(183cm)가 최적임
5. 마이크, 시각 보조기, 촉각 보조기, 수화 통역사, 기술적 보조기와 같은 추가 의사소통 장치를 음악치료실에 추가할 수 있음

대로우와 그로헤(Darrow & Grohe, 2002)는 로체스터 공과대학의 국립 청각장애인 기술 연구소의 정보를 바탕으로 대인 의사소통에 대한 제안을 다음과 같이 요약한다.

1. 말하기 전에 물리적(예: 어깨 탭) 또는 시각적(예: 손 흔들기) 촉구를 사용하여 아동의 주의를 끈다.
2. 명확하고 천천히 말하며, 청각 처리 시간을 허용한다(반드시 독화 목적은 아님).
3. 대화하는 아동을 직접 마주 보고 어떤 식으로든 의사소통을 가리지 않도록 한다; 눈맞춤을 유지하려 노력한다; 걸어 다니면서 동시에 말하지 않는다.
4. 필요에 따라 종이와 연필이 대체 의사소통 수단이 될 수 있다.
5. 성공적인 의사소통을 위해 때때로 생각을 바꾸어 표현하거나 다른 단어로 문장을 다시 말해야 할 수 있다.
6. 팬터마임, 신체 언어, 얼굴 표정과 같은 시범적 의사소통이 권장된다.
7. 청각장애인을 자신의 가까이에 앉힌다.
8. 창문이나 다른 광원 앞에 서지 않도록 한다. 이는 청각장애 아동의 독화를 더 어렵게 만들 수 있기 때문이다.

9. 시각 보조 자료를 사용한다.

청각장애에 대한 목적 관련 전략: 청각장애 및 난청 아동을 위한 음악치료 전략은 청각 훈련, 언어 습득, 말 산출의 목적에 초점을 맞춘다. 청각 변별의 첫 두 수준인 탐지(청취자가 음원의 존재, 부재, 시작 또는 종료를 결정할 수 있음)와 변별(청취자가 음원의 차이를 인식할 수 있음)은 일반적으로 D/HH 아동이 환경의 맥락에서 발달시키지만, 다음 두 수준인 판별(음악 소스에 음악적 라벨 적용)과 이해(형식, 화성 또는 질감과 관련된 음악에 대한 비판적 판단)는 음악치료에서 제시되어야 한다. 청각 이해에 선행하는 다른 청각 처리 기술에는 음향 자극 인식, 위치 파악, 주의력, 말과 비말 사이의 변별, 전체 음악 맥락 내에서 다른 악기의 청각적 변별, 강약, 템포, 프레이징과 같은 음악의 표현적 품질에 대한 변별(이를 초분절적 변별이라고 함), 청각 기억, 청각 순차 기억, 청각 합성(형식, 질감, 화성에 대한 비판적 판단을 하기 위해)이 포함된다.

D/HH 아동의 언어 습득과 발달은 어휘 지식과 단어 클래스 사용에 초점을 맞출 것이다. 작사, 노래 수화, 의사소통이 필요한 소그룹 앙상블, 노래 텍스트 연구는 이러한 목적으로 사용되는 방법의 일부이며 지펠러(1987, 1990)의 추가 저작에서 구체적으로 설명된다.

청각장애/난청 아동의 말 산출과 수용에는 잔존 청력을 통해 자신의 목소리를 들을 수 있는 가능성이 포함된다. 말과 언어를 발달시켜야 하는 다른 특수아동들과 마찬가지로, 음절, 음절 조합, 단어, 단어 조합, 구, 간단한 문장의 리듬적 찬트와 노래가 노래 자료를 통해 제공되는 습득 순서이다. 조음 문제는 특정 말소리나 단어에 초점을 맞춘 노래를 통해 다룰 수 있다.

청각 훈련을 위한 음악: 청각 훈련 수단으로 음악 지도를 사용할 때, 대로우와 그로헤(Darrow & Grohe, 2002)는 치료사에게 청각장애/난청 아동의 몇 가지 기본적인 특성을 상기시킨다:

1. 리듬 능력은 일반적으로 음높이 관련 능력보다 강하므로, 청각장애 및 난청 아동은 음악의 음조적 측면보다 리듬적 측면에 더 반응할 것이다.
2. 비트 재생은 리듬 패턴의 변별이나 생성보다 쉽다.
3. 아동이 음악을 들을 수 있도록 적절한 증폭이 필요하다.
4. 촉각적 지각은 청각 결함을 부분적으로 보상하는 데 도움이 된다.
5. 시각적 신호(예: 비트 두드리기)가 학습자를 돕는다.
6. 음악 기술은 일탈적이라기보다는 지체된 것으로 간주된다.

7. 낮은 주파수 범위가 음높이 변별에 더 쉽다.
8. 훈련을 통해 음높이 변별 능력을 발달시킬 수 있다.
9. 언어 문제가 종종 아동이 들은 것을 설명하는 능력을 방해할 것이다.
10. 음역대가 제한적이고 낮다; 이는 노래 문헌의 음역대를 선택할 때 고려해야 한다.
11. 청각장애 및 난청 아동은 성취하기 위해 더 많은 음악 경험이 필요할 수 있다.
12. 지속음 악기가 타악기보다 더 유용한 청각적 피드백을 제공할 수 있다.
13. 중간 템포를 사용하면 더 정확한 리듬 수행을 달성할 수 있다.
14. 표준 음악 기보법이 귀로 모방하는 것보다 더 정확한 수행으로 이어질 수 있다. 물론, 이 읽기 능력은 음악 어휘 사용에 대한 지도에서 이익을 얻을 것이다.
15. 청각장애 및 난청 아동은 연습을 통해 보컬 음정과 청음 훈련을 향상시킬 수 있다.
16. 진동촉각 자극을 음악 지도를 위한 보조적 방법으로 사용할 수 있다.
17. 청각장애 및 난청 아동은 다른 아동들처럼 소리, 소스, 강도, 청취 조건 측면에서 특정한 음악적 선호를 나타낼 수 있다.
18. 적절한 소리 증폭과 음질이 중요하다.

음악치료에서의 수화: 대로우와 그로헤(Darrow & Grohe, 2002)는 노래를 수화로 해석하는 방법을 권장하는데, 이는 젊은 자폐증 아동과 같은 비언어적 아동들과도 사용되는 방법이다. 이 활동에 대한 지침은 기본적으로 수화가 음악의 특징과 호환되도록 장려하는데, 이를 음악적 수화라고 할 수 있다. 이 지침은 다음과 같이 요약된다:

1. 수화는 음량, 음높이, 리듬, 분위기와 같은 음악 요소뿐만 아니라, 신체 언어, 얼굴 표정, 공간, 실행 방식을 통한 어휘 내용의 감정적 해석을 반영할 수 있다.
2. 수화는 단어의 리듬에 맞춰 리듬적으로 진행되어야 한다; 여기에는 수화의 지속 시간이 단어의 지속 시간과 일치하는 것이 포함된다.
3. 기악 파트, 허밍, 비유적 언어 또는 상징은 창의적인 마임 사용이 필요할 것이다.
4. 단일 수화가 종종 노래의 전체 구절을 의미할 수 있다(참고: 아동이 말하기 시작할 때 전체 어구 사용과 크게 다르지 않다.).
5. 멜로디가 상승할 때 수화가 위로 움직이고 멜로디가 하강할 때 수화가 아래로 움직이는 옵션을 사용할 수 있지만 D/HH 관객에게 반드시 도움이 되는 것은 아니다.
6. 포르테를 위한 수화는 더 크고 더 강하게 실행될 수 있지만, 피아노를 위한 수화는 그

렇지 않다.

7. 마찬가지로, 크레셴도를 위한 수화는 점진적으로 수화를 더 크고 강렬하게 만들어 시연할 수 있고, 디크레셴도를 위한 수화는 수화를 더 작고 부드럽게 만들어 표현할 수 있다.
8. 수화의 프레이징은 노래의 프레이징을 반영해야 한다.
9. 노래 스타일(예: 클래식, 민요, 록, 컨트리 또는 팝)은 수화의 리듬, 얼굴 표정, 신체 언어, 심지어 아동의 의상을 통해 해석될 수 있다.
10. 목소리와 마찬가지로, 수화자들도 조화를 이루어 그룹에서 한 사람이 두드러지지 않도록 해야 한다.
11. 한 아동이 '수화 마스터'로서 음악 앙상블을 이끌 수 있다.

요약 진술: 청각장애/난청 아동과 일하는 치료사들은 아동의 잔존 청력과 타고난 음악성을 충분히 활용하여 아동을 음악적 공동 활동으로 이끌고 전체 의사소통 시스템을 최대한 활용하도록 권장된다.

지체장애 아동과 일할 때의 고려 사항

IDEA 속의 정의

특수교육이 필요한 지체장애 및 건강 상태를 가진 아동들은 IDEA 장애 범주 중 정형외과적 장애와 기타 건강 장애 두 가지로 설명된다. 정형외과적 장애는 다음과 같이 설명된다: "아동의 교육 수행에 부정적인 영향을 미친다. 이 용어는 선천적 이상, 질병, 그리고 다른 원인으로 인한 장애를 포함한다"(예: 뇌성마비, 절단, 구축을 유발하는 골절 또는 화상)[C.F.R. Sec. 300.7 (b)(7)].

특수교육 전략

자세 보조와 신체 보조: 음악치료사들이 가장 흔히 접하는 지체장애는 아마도 뇌성마비일 것이다. 이는 신체의 영향받는 부위(즉, 단마비, 편마비, 삼지마비, 사지마비, 하반신마비, 양측마비, 이중 편마비)와 움직임에 미치는 영향[과긴장, 아테토시스(무정위/불수의 운동형), 저긴장]에 따라 분류된다. 뇌성마비 진단이 반드시 지적 능력에 영향을 미치는 것은 아니며, 이는 음악치료 방법에서 중요한 고려 사항이다.

자세 잡기, 앉기, 움직임의 중요성은 지체장애가 있는 아동들에게 중요한 요소이다. 이러한 요소들은 노래 부르기, 악기 연주, 움직임의 성공에 영향을 미친다. 따라서 음악치료사는 다음과 같은 이유로 물리치료사와 협력하여 이러한 고려 사항에 대해 작업해야 한다:

1. 좋은 자세는 신체의 정렬과 근위부(신체 중심에 가까운 부분) 지지를 가져온다.
2. 안정성은 상체 사용에 긍정적인 영향을 미친다.
3. 안정성은 신체적 안전과 보안 감각을 증진시킨다.
4. 좋은 자세는 압력을 균등하게 분산시키고 앉은 자세의 편안함과 장기 사용을 위한 편안함을 제공한다.
5. 좋은 자세는 변형을 줄일 수 있다.
6. 자세는 자주 변경되어야 한다.
7. 적절한 앉기는 나쁜 순환, 근육 긴장, 압박성 궤양을 막는 데 도움이 되며 적절한 소화, 호흡, 신체 발달에 기여한다.

헬러, 알베르토, 포니, 슈와르츠만(Heller, Alberto, Forney, Schwartzman, 1996)은 자세 보조와 신체 보조에 대해 다음과 같은 기법을 제안한다:

1. 얼굴은 앞을 향하고 중앙선 위치에 있어야 한다.
2. 어깨는 중앙선 위치에 있어야 하며 구부정하지 않아야 한다.
3. 몸통은 척추의 정상적인 곡선을 유지하며 중앙선 위치에 있어야 한다.
4. 안전벨트, 안장 또는 다리 분리대, 그리고 또는 어깨와 가슴 스트랩이 어깨/상체 지지와 직립 자세를 위해 필요할 수 있다.
5. 골반 위치는 엉덩이를 가능한 한 의자 뒤쪽으로 위치시켜, 둔부 양쪽에 체중이 균등하게 분산되도록 하는 것으로 정의된다.
6. 발 지지는 양발이 수평을 이루고 바닥이나 휠체어 발판에 지지되어 이루어진다.

음악치료 전략

움직임과 음악: 적절하게 자세를 잡고 다루어질 때, 지체장애 아동은 움직임 활동과 악기 연주로 인한 움직임 활동에서 가장 큰 이점을 얻을 수 있다. 타우트(Thaut, 1999)에 따르면, 움직임 훈련의 특정 기법은 음악의 다음 속성과 관련이 있다.

① 음악이 리듬 패턴을 조직화하고, 따라서 리듬 악센트와 구절을 타이밍 신호로 사용하는 능력
② 소리가 놀람 반사의 강도 수준 이하이고, 리듬 패턴으로 조직될 때, 중추신경계의 운동 시스템이 활성화되어 근육이 리듬과 동기화되어 움직임을 적절히 예측하고 시간을 맞출 수 있게 됨
③ 리듬 동조화는 "움직임의 빈도와 패턴이 청각적 리듬 자극의 빈도와 패턴에 고정되는 동기화"로 정의되며(즉, 음악의 리듬 패턴), 이는 움직임의 지속 시간을 비트 간격의 지속 시간에 맞추는 결과를 가져온다(Thaut, 1999, p. 238).

이 세 가지 음악의 속성은 음악치료에서 사용되는 기법에 대한 탄탄한 근거이다. 리듬 청각 자극과 패턴화된 감각 강화는 지체장애뿐만 아니라 신경학적 장애가 있는 내담자에게도 사용된다. 이러한 기법들이 지체장애와 신경학적 장애가 있는 내담자를 위해 상세히 설명되어 있지만, 예를 들어 자폐증 아동이나 음악을 통한 신경학적 움직임 신호가 필요한 지적장애 아동을 돕지 못할 이유는 없어 보인다.

"리듬 청각 자극(Rhythmic Auditory Stimulation: RAS)은 보행을 촉구하기 위해 리듬적 움직임을 사용한다. 패턴화된 감각 강화(Patterned Sensory Enhancement: PSE)는 음악의 시간적, 시각-공간적, 동적 패턴을 사용하여, 기능적 과제나 운동 중 특히 손과 팔 훈련 중에 개별 움직임이나 더 긴 움직임 순서를 신호하는 구조를 만든다"(Thaut, 1999, p. 158).

치료적 악기 연주, 세 번째 기법은 운동과 기능적 움직임 패턴의 시뮬레이션을 위해 악기를 사용한다. 운동 범위, 지구력, 힘, 기능적 손 움직임과 손가락 민첩성, 사지 협응 등은 적응적 악기 설계(Clark & Chadwick, 1980)와 일반적으로 사용되는 악기의 처방적 사용(Elliot, 1982)에 의해 촉구된다.

맞춤형 악기: 적절한 자세 보조와 신체 보조와 결합된 맞춤형 악기의 사용은 지체장애 아동이 악기를 연주할 수 있게 하여 손 위에 손을 얹는 보조의 필요성을 줄인다. 아다멕과 대로우(Adamek & Darrow, 2005, p. 283)는 치료사에게 악기 사용에 관한 실용적 고려 사항을 상기시킨다.

① 운동 범위를 장려하기 위해 악기는 아동이 그것을 향해 손을 뻗을 수 있도록 전략적으로 배치되어야 한다.
② 손 쥐기 힘을 증가시키기 위해 아동이 들고 있을 악기의 무게를 점진적으로 증가시킬

수 있다.

③ 손 민첩성을 증가시키기 위해 치료사는 악기를 연주하는 데 필요한 수동 조작의 복잡성을 증가시킬 수 있다.

④ 손가락 유연성을 장려하기 위해 치료사는 키보드와 같이 개별 손가락을 사용하는 악기의 사용을 장려해야 한다.

다른 악기 고려 사항은 이 책의 제6장에서 언급된다.

보조 공학(Assistive technology): 마지막으로, 보조 공학은 비언어적인 아동에게 종종 중요하다. 저기술 보조 장치, 그림 의사소통 책, 그리고 고기술 보조 장치에는 컴퓨터화된 합성 음성 장치와 눈 움직임으로 활성화할 수 있는 전자 스위치가 포함된다(Parette, 1998). 또한, 'soundbeam'(Tomaino, ed., 1998)이라는 전자 장치가 있는데, 이는 아동의 움직임에 의해 활성화된다.

중도/중복장애, 시청각장애 및 외상성 뇌손상 아동과 일할 때의 고려 사항

IDEA 속의 정의

'중도장애 아동'이라는 용어는 신체적, 정신적 또는 정서적 문제의 강도로 인해 사회에서의 유용하고 의미 있는 참여와 자기성취/실현을 위한 잠재력을 최대화하기 위해 고도로 전문화된 교육, 사회, 심리 및 의료 서비스가 필요한 장애아동을 지칭한다. 이 용어에는 중도 정서장애(조현병 포함), 자폐증, 중도 및 최중도 지적장애, 그리고 시청각장애, 지적장애와 시각장애, 뇌성마비와 청각장애와 같은 두 가지 이상의 심각한 장애를 가진 아동들이 포함된다. 중도장애 아동은 심각한 말, 언어 및 또는 지각-인지 결핍을 경험할 수 있으며, 현저한 사회적 자극에 대한 반응 실패, 자해, 자기 자극, 강렬하고 지속적인 분노 발작의 표현, 언어적 통제의 기본적 형태의 부재와 같은 비정상적인 행동을 보일 수 있다. 또한 극도로 취약한 생리적 상태를 가질 수 있다[34 C.F.R., Sec. 315.4(d)].

특수교육 방법

이 범주의 아동들은 새로운 기술을 학습하는 데 있어 느린 습득률을 보이는 경향이 있으며, 일단 학습된 기술을 일반화하고 유지하는 데 어려움을 겪는다. 의사소통 기술이 극도로 제한될 수 있으며, 신체 및 운동 발달장애, 사회적 상호작용의 부족, 정형화된 행동과 도전적 행동을 동반할 수 있다. 이러한 이유로 이 장에서 이미 소개된 다른 집단에 강조된 다음과 같은 특수교육 전략이 관련이 있다:

① 현재 수행 수준 사정평가
② 가르칠 기술을 명확히 정의
③ 기술을 구성 요소로 분해
④ 명확한 촉구 및 또는 신호 제공
⑤ 피드백과 강화 제공
⑥ 아동이 기술을 일반화하는 데 도움이 되도록 다른 환경에서 학습된 기술 반복
⑦ 지속적인 사정평가

음악치료 전략

발달 기능 수준: 이 범주의 아동들은 일반적으로 감각운동 수준에서 작동하며(이 장의 시작 부분 참조) 반드시 그룹의 구조에 맞지 않는다(제3장 참조). 그럼에도 불구하고, 치료사가 학교의 전체 인구에 서비스를 제공할 때 이들은 종종 음악치료로 보내진다. 이들에게 적절히 서비스를 제공하기 위해, 치료사는 세션이 진행되는 동안 본질적으로 각 아동에게 일대일 지원을 제공하도록 방의 보조 직원을 도와야 한다. 보컬 노래는 시작 말소리와 홀로프레이즈(한 단어 문장) 연습의 기회를 제공할 수 있으며, 수화와 프로그램된 'Big Mack' 사용도 가능하다. 노래는 또한 아동들이 청각 처리 시간을 허용하면서 간단한 한 단계 지시를 따르도록 지시할 수 있다. 움직임 노래는 낮은 기능 발달 수준에서 흔한 비리듬적 움직임을 수용해야 하며(Briggs, 제3장 참조), 악기 자료는 탐색적 수준에서 도입될 수 있다. 진전의 정도는 작을 것이며 이 집단과 일하는 치료사는 이러한 작은 수준의 변화에 인내심을 가져야 한다.

모든 그룹 구성원을 위한 목적과 목표에 연결된 음악치료 전략, 종종 음악 자료의 적응으로 연결

사고 과정

음악치료사가 사정평가와 IEP 검토 후, 초기 목적 우선순위 지정 과정(제4장 참조)을 거친 후, 이러한 목적에 대해 숙고하고 이들이 방법과 자료의 계획에 어떤 영향을 미칠지 추측하

는 것이 도움이 된다. 세 가지 주요 질문은 다음과 같다: 어떤 종류의 음악 경험이 아동(들)이 발달 목적을 향한 진전을 보여 줄 기회를 제공할 것인가? 치료사가 그룹 내 아동(들)의 다양한 반응을 구조화하는 데 도움을 주기 위해 사용된 자료를 어떻게 적응시켜야 하는가? 치료사가 그룹 내 아동(들)의 다양한 반응을 구조화하는 데 도움을 주기 위해 자료를 어떻게 제시해야 하는가(방법)?

치료사가 치료를 위해 작곡된 광범위한 노래, 움직임 경험, 악기 오케스트레이션 레퍼토리에 익숙하고 자료를 즉흥연주하고, 음악을 오케스트레이션하고, 노래를 작곡하는 데 자신감이 있는 상황에서는(제6장 '자료' 참조), 적응이 필요하더라도 초기 음악 경험과 자료의 선택은 쉽다. 적응이 까다로워질 수 있다. 치료사가 기본 음악 경험을 제시하는 단계를 절차적으로 작성한 다음, 아동들의 모든 목적을 고려하여 다시 돌아가 방법을 더 자세히 설명하는 것이 더 쉬운 과정일 수 있다(아래 사례 예시 참조).

목적이 거의 겹치지 않는 경우의 방법 적응

목적이 거의 겹치지 않는 그룹에서는(아래 사례 예시 1 참조), 먼저 한 아동을 위한 음악 경험을 생각한 다음에, 그룹의 다른 아동들을 포함시키기 위해 필요한 적응을 고려하는 것이 도움이 될 수 있다. 이때 세션의 모든 음악 경험이 아동들의 발달 성장을 동등하게 촉구하지는 않을 것임을 명심해야 한다. 다른 음악 경험들은 다른 발달 목적을 강조할 것이며, 이는 각 아동마다 다양한 관심사가 될 것이다.

사례 예시 1: 학령전기 발달지체 그룹(Goodman, K., 1992~1998)

4세 발달지체 아동인 사만다(참고: 제4장과 제5장의 예시 1 그룹에 포함)의 의사소통 목적 중 하나는 'Wh' 질문을 적절히 이해하는 것이다. 어떤 종류의 노래가 그 경험을 제공할 수 있을까? 그리고 치료사는 아동의 반응을 어떻게 음악적으로 구조화할 수 있을까? 더 나아가, 치료사는 이 음악 경험에 그룹의 다른 아동들을 어떻게 포함시킬 수 있을까?

어떤 종류의 노래가 그 경험을 제공할 수 있고, 치료사는 아동의 반응을 어떻게 음악적으로 구조화할 수 있을까? 'Questions'(Levin & Levin, 1981, p. 10) 노래는 'Wh' 질문의 목적을 설명한다: "what, where, why, who…… 이것들은 질문을 시작하는 단어들이야. what, where, why, who…… 한 단어를 골라 질문을 해 봐. What is it? (솔로) 그게 질문이야 (학급). Where are you? (솔로) 그게 질문이야 (학급). Why me? (솔로) 그게 질문이야 (학급). Who are you? (솔로) 그게 질문이야 (학급). what, where, why, who…… 이것들은 질문을 시작하는 단어들이야. what, where, why, who?"

얼핏 보면 이 노래는 사만다에게 사용하기에 좋아 보인다. 하지만 사만다의 학습 스타일과 관련하여 이 노래를 사용하는 데 몇 가지 문제가 있다. 그녀는 구체적 학습자이다. 따라서 단순히 '그게 질문이야'라고 노래하는 것으로는 충분하지 않다. 노래 맥락 내에서 질문을 하고 그에 대답하는 것이 더 타당하다. 이 기법은 노래의 적응을 필요로 할 것이며(제6장 '자료' 참조), 아래 작성된 계획에서 볼 수 있듯이 방법을 변경한다.

목적 1: 'Wh' 질문의 이해 증가.

목표 1a: 사만다는 활동 노래의 맥락에서 적절히 반응함으로써 'Wh' 질문에 대한 이해를 보여 줄 것이다.

자료: 'Questions'(Learning Songs, Levin & Levin, 1997, p. 10).

방법:

1. 치료사는 보조원과 함께 노래 사용을 모델링할 것이다. 노래의 질문/답변 부분을 적응시켜 음악적으로 "What is it?" 질문을 한 후 악기(예: 마라카스, 탬버린, 오션 드럼)를 가리키고, 그것을 의자에 놓고 "Where is it?"이라고 음악적으로 질문하고, 마지막으로 "Who will play it?"이라고 음악적으로 묻는다.
2. 치료사는 질문받은 보조원이 'I will play it'이라고 노래했다고 가정하고 선택된 악기를 보조원에게 건넬 것이다.
3. 치료사는 자연스러운 말에 맞추기 위해 음정, 템포, 멜로디 리듬을 적절히 조정할 것이다.
4. 치료사는 충분한 청각 처리 시간을 허용하기 위해 템포를 조정할 것이다.
5. 그 후 치료사는 보조원이 연주하는 동안 원래 멜로디로 여러 마디를 즉흥연주한다.
6. 그다음 치료사는 'Who will play next?'라고 노래하고 보조원은 한 아동의 이름을 말한다.
7. 치료사는 각 아동과 함께 노래를 계속 사용한다.
8. 치료사는 그룹의 모든 아동에게 오션 드럼을 사용할 수 있지만, 추상적으로 생각할 수 있는 더 고차원적인 아동(토미)에게는 이 악기들을 연주한 후 "What does it sound like?"라고 물을 수 있다.

그러나 치료사는 이 음악 경험에 그룹의 다른 아동들을 어떻게 포함시킬 수 있을까? 로런스를 제외하고(로런스도 표현 언어 목적으로 "'Wh' 질문의 이해"가 있음), 그룹의 다른 아동들은 이 노래의 방법론적 제시에 포함될 수 있는 다른 표현 언어 목적을 가지고 있다. '행동에 대한 언급을 증가'시켜야 하는 조셉을 수용하기 위해, 조셉에게도 사만다와 같은 질문을 할 것이다. "요청하고 존재, 비존재, 재발생에 대해 언급하기 위해 단일 단어 근사치를 사용"해야 하는 아만다를 수용하기 위해, 치료사는 그녀에게 'Where' 질문만 할 것이다. 또한 아만다가 비존재에 대해 언급할 수 있도록 악기를 담요 아래 숨길 수 있고, 재발생에 대해 언급할 수 있도록 악기를 다시 의자 위에 놓을 수 있다. 가장 표현 언어가 뛰어난 아동인 토미는 노래 반응에서 '세 단어 조합'을 사용할 수 있다(대상 + 속성 + 대상). 따라서 "What is it?" 질문에 대한 답변으로 치료사는 작은 탬버린과 큰 탬버린을 모두 사용할 수 있고, 큰 탬버린을 집어 들며 "It's a big tambourine"이라고 노래할 수 있다. '이야기를 순서대로 말하고 다시 말하기'와 '정보 기억하기'가 기대되는 폴라에게는 활동 후 그룹이 무엇을 했는지 물어볼 수 있다. 이제 방법의 7단계를 수정하여 이 음악 경험의 원래 방법 섹션을 수정할 필요가 있다.

방법:
치료사는 각 아동과 함께 노래를 계속 사용하며, 필요에 따라 방법을 적응시킨다.

- 의자에 놓인 탬버린에 대한 '어디에 있어?' 질문에 대한 응답 후, 탬버린을 천 아래에 숨기고 질문을 다시 한다(아만다). 그런 다음 탬버린을 의자에 놓고 질문을 반복한다. 필요에 따라 이 질문들에 대한 한 단어 응답을 모델링하거나 촉구한다.
- 필요에 따라 더 높은 기능의 아동(토미)을 위해 세 단어 조합 응답, 대상 + 속성 + 대상을 모델링한다.
- 노래 후, 그룹이 방금 무엇을 했는지 다시 말하도록 요청한다(폴라).

목적이 더 많이 중첩되는 경우의 방법 적응

목적이 더 많이 겹치는 그룹에서는 자료와 방법을 미리 생각하기가 더 쉬울 수 있다(아래 사례 예시 2 참조).

사례 예시 2: 임상 예시, 잠복기 연령 정신과(Goodman, K., 1981~1984)

제4장과 제5장에서 제시된 바와 같이, 9~12세의 잠복기 아동 4명으로 구성된 그룹은 모두 자살 시도나 지속적인 자살 사고로 인해 사립 정신병원에 입원했다. 그들은 품행장애(앨

런), 임상적 우울증(벳시), 조현병(데비), 양극성 장애 조증기(에드가)와 같은 다양한 정신과적 장애로 진단받았지만, 병원의 정신건강 전문가 팀이 제공한 그들의 사회적/대인관계적 목적은 겹친다. 모든 아동은 '또래 상호작용 증가', '자살 사고 감소', '기분 인식 증가'가 필요하다. 에드가와 앨런은 '충동성 감소'가 필요하고, 데비는 '놀이 패턴의 경직성 감소'가 필요하며, 벳시는 '긍정적 정서 증가'가 필요하다. 입원 정신과 병동 직원, 치료사, 의사, 교사의 과제는 평균 3주간의 체류 기간 동안, 아동을 정서적으로 안정시켜 적절한 시기에 퇴원하고 필요에 따라 집이나 거주 시설로 돌아갈 수 있게 하는 것이다.

정신과적 안정화를 위한 방법: 결과에서 과정으로

어떤 종류의 음악 경험이 그 경험을 제공할 수 있고 치료사는 아동의 반응을 어떻게 음악적으로 구조화할 수 있을까? 이 경우 잠복기와 사춘기 전 연령의 아동들은 종종 현대 음악을 선호한다. 현실 검증에 어려움이 있는 데비를 제외하고, 그룹의 모든 아동들은 인지적으로 추상적 사고가 가능하다. 진행 중인 단순한 록 그룹과 같은 결과 지향적 경험은 그룹을 결속시키고 대인 관계에 대한 반영, 즉 과정 지향적 경험을 소개하는 데 사용될 수 있다. 이러한 음악 경험에 대한 작성된 계획은 다음과 같을 것이다.

목적:

1. 또래 상호작용 증가(에드가, 앨런, 데비, 벳시).
   1a. 아동들은 서로 노래하고 연주하는 데 참여하며, 시작, 유니즌 연주, 솔로 연주, 음악적 시작, 종료, 멈춤을 위해 치료사와 서로를 주시할 것이다(에드가, 앨런, 데비, 벳시).
2. 자살 관념 형성 감소(에드가, 앨런, 데비, 벳시).
   2a.아동들은 음악 경험에 참여하며, 최대 두 번의 방해적인 자살 관념 형성만 갖고 오로지 그 경험에 집중할 것이다(에드가, 앨런, 데비, 벳시).
3. 기분 인식 증가(에드가, 앨런, 데비, 벳시).
   3a. 아동들은 음악 경험 후 자신의 기분에 대해 언어적으로 반영할 것이다(에드가, 앨런, 데비, 벳시).
4. 충동성 감소(에드가, 앨런).
   4a.아동들은 치료사가 설정한 음악적 경계를 따를 것이다(에드가, 앨런).
5. 연주 패턴의 경직성 감소(데비).
   5a. 아동은 노래에 대한 타악기 반주 패턴을 확장하기 위해 치료사의 음악적 신호를 따

를 것이다(데비).

6. 긍정적 정서 증가(벳시).

   6a. 아동은 노래와 연주 후, 반영적 토론에서 음악 경험에 대한 하나의 긍정적 감정을 자발적으로 표현할 것이다.

자료:

노래 #1. 'I can see clearly now'(J. Rivers)

노래 #2. 'Feelin the Same Way'(Norah Jones)

노래 #3. 'Digging a Ditch'(문제 해결-Dave Andrews)

방법:

1. 세 가지 현대 노래를 들은 후, 그룹 구성원들은 협력하여 노래하고 리듬적으로 즉흥연주하고 싶은 노래를 결정할 것이다.
2. 치료사는 노래 가사를 복습하기 위해 필요에 따라 행동연쇄(chaining) 방법을 사용하여 노래 '리허설'을 할 것이다.
3. 아동들이 노래를 편안하게 부르게 되면, 반주를 연주하는 치료사는 그룹 구성원들이 스네어 드럼, 팀파니, 마라카스, 심벌, 클라베스를 사용하여 다양한 리듬 패턴을 선택하고, 실험하도록 도울 것이다. 각 아동은 다른 아동들이 듣는 동안 치료사와 함께 연주할 것이다. 필요에 따라 치료사는 아동이 음악적으로 경계를 따르도록 돕거나(에드가, 앨런) 연주에서 가능한 경직성을 확장하도록 도울 것이다(데비).
4. 그런 다음 모두가 함께 연주할 것이다.
5. 노래 후, 아동들은 그들의 소리가 어떻게 어우러졌는지, 그리고 이것이 그들의 기분에 어떤 영향을 미쳤는지에 대해 반영할 것이다.
6. 치료사는 언어적 처리를 인정하고, 명확히 하며, 확장하는 데 도움을 줄 것이다.
7. 그룹이 여전히 집중할 수 있다고 가정하면, 치료사는 아동들에게 배울 수 있고, 반주할 수 있는 다른 노래를 선택할 수 있는 옵션을 제공할 것이다.

치료사는 이 음악 경험에 그룹의 다른 아동들을 어떻게 포함시킬 수 있을까? 이 예시는 공통된 사회적 목적을 공유하는 아동들을 포함하고 있기 때문에, 활동 그룹에서 정서장애 아동들을 포함하는 모든 계획에서의 발달적 강조점인 방법을 계획하기가 더 쉽다. 그러나 여전히 다루어져야 할 다양한 고려 사항들이 있다. 예를 들어, 한 아동인 데비는 연주에서 경직되어 있는 반면, 다른 아동들인 에드가와 앨런은 충동적이고 경계 설정에 어려움이 있다. 이러한 경향은 의심할 여지 없이 그들의 진단과 관련이 있다. 데비는 우울증이 있고 음악 경험에 있어 낮은 수준의 반응성에 '갇혀' 있을 수 있다; 에드가는 양극성 장애의 조증기에 있고 앨런은 품행장애이다: 이 두 진단 모두 경계와의 어려움을 암시한다. 조현병이 있는 데비는 사고 측면에서 경계 문제가 있으므로 음악을 통해 추가적인 정의가 필요할 수 있다.

지원 및 전문 인력의 통합: 학제 간, 다학제 간, 초학제 간 방법

세션에서

지원 인력의 역할

종종 교사, 교사 보조, 개인 보조원, 간호사들이 그룹 내 아동의 수와 아동들의 기능 수준에 따라 음악치료 그룹의 아동들을 동반한다. 모두에게 상호 이익과 즐거움이 있도록 이러한 인력을 음악치료 세션에 참여시키는 것이 중요한 목적이다. 인력은 음악치료 세션에서 여러 역할을 맡을 수 있다: ① 음악 과제의 모델 역할; ② 필요에 따라 아동들에게 손 위에 손을 얹는 보조 제공; ③ 낮은 기능의 아동들을 위한 신체적 촉구와 신호; ④ 아동들의 행동 반응 추적 및 기록; ⑤ 교실 음악에서 관련 기술을 이어갈 수 있도록 주의 깊게 관찰.

추가 인력에 대한 지시

일반적으로 음악치료 세션의 추가 인력(보조원)은 도움이 되며 세션의 성공에 기여한다. 그러나 불가피하게 그렇지 않은 경우가 있으며, 치료사는 더 긍정적인 참여를 도입하려고 시도해야 한다. 그 보조원이 아동을 너무 많이 돕고 아동이 처음에 독립적으로 시도할 수 있도록 허용하지 않는 상황에서, 음악치료사는 단순히 "지미가 먼저 혼자 시도해 보고 어떻게 되는지 볼까요?"라고 말할 수 있다. '우리'라는 단어를 사용하면 해당 보조원이 불쾌해할 가능성이 줄어든다. 마찬가지로, 보조원이 전혀 참여하지 않으려 할 경우, 치료사는 다음에 할 일을 구체적으로 제안할 수 있다. "조니가 노래할 때 더 쉽게 숨을 쉴 수 있도록 몸통을 똑바로 세워 자세를 잡아 주세요." 인력들이 음악 세션에 더 많이 신체적 · 정서적으로 참여하기 시작하면, 그들은 자발적으로 음악치료를 기대하게 되고 치료사에게 큰 도움이 될 수 있다.

다학제 간, 학제 간, 초학제 간 작업

작업치료, 물리치료, 언어치료, 음악치료와 같은 관련 치료의 계획과 제공은 세 가지 가능한 수준으로 진행된다: 다학제 간, 학제 간, 초학제 간. '다(多)'라는 단어는 '많은 것을 가진'을 의미하며 반드시 목적 설정이나 전략 계획 측면에서 서로 연결되지 않은 여러 학문의 존재를 의미한다. '간(間)'이라는 단어는 '사이'를 의미하며 학문 간의 협력적 계획을 의미한다. 마지막으로, '초(超)'라는 단어는 '가로질러'를 의미하며 학제를 넘나드는 계획과 서비스 제공을 의미한다. 이 용어들은 개별화교육계획을 위한 계획 수준에도 적용된다(Johnson, 2002).

학교 환경에서의 풍부한 학제 간 팀워크는 음악치료사가 협력적 목적 계획 과정에서 음악치료와 관련된 목적과 전략에 대해 다른 전문가들을 교육할 기회를 만든다. 치료사가 외래 클리닉에서 운영하는 경우, 이러한 노력을 팀의 나머지 구성원들과 소통하는 것이 중요하다.

음악치료에서의 초학제적 방법의 성장은 음악치료사들에게 큰 혜택이 되었다. 언어병리학, 물리치료, 작업치료 분야가 발전함에 따라 이러한 서비스를 'pull-out(일반 환경에서 분리 후 개별 교육 실시)' 세션으로 구획화하는 경향이 줄어들었다. 오늘날에는 운동 학습, 의사소통 학습, 그리고 자세 보조와 신체 보조 등을 포함하여, 학교의 모든 환경에서 학습을 주입하는 것이 일반적이다. 이러한 경향은 음악치료실로 확장되어 많은 관련 분야의 치료사들이 음악으로 인해 아동들이 정서적 · 신체적으로 더 치료에 접근 가능하다는 것을 발견한다. 초학제적 작업은 음악치료사와 관련 치료사들 사이의 이중 목적을 초래할 뿐만 아니라, 더 나아가 학제의 경계를 넘나드는 공동 치료를 수행한다는 감각을 준다. 이에 대한 최근의 예는 물리치료사와 언어치료사와의 세션을 설명하는 올드필드(Oldfield, 2006)에 의해 자세히 설명되었다. 작업치료사와 음악치료사의 세션(Goodman, 1996~2002)은 아래에 자세히 설명되어 있다.

사례 예시: 작업치료와 음악치료에서의 캐시

작업치료사인 말린(Marleen)과 나는 캐시(Cathy)를 위한 세부적인 목적과 목표를 설정했고, 앞으로 몇 주 동안 우리의 작업을 통합하기를 희망한다. 캐시는 11세의 중복장애 아동으로, 보행이 불가능하며 시각과 청각에 감각적 약점이 있고, 매우 낮은 근긴장도를 가지고 있다. 그녀는 머리와 몸통을 들어올리는 데 어려움이 있고, 비언어적이며 영아-유아 수준에서 기능한다. 그녀는 6명의 그룹에 속해 있는데, 절반의 아동들은 그녀보다 약간 높은 수준에서 기능하고 나머지 절반은 유치원 수준에서 기능한다. 모두 중복장애를 가지고 있다.

말린은 보고한다. "캐시는 점심시간과 음악 시간 동안 기능적 손기술을 연습해 왔습니다. 그녀는 일반적으로 매우 주의 깊고 환경의 사건들에 대해 더 의식적이었지만, 독립적이고 자발적인 손 사용의 증가는 아직 나타나지 않았습니다. 어떤 날에는 캐시가 최소한의 도움이나 신체적 촉구만으로 과제를 수행합니다. 다른 때에는 모든 것이 손 위에 손을 얹고 수행됩니다. 그녀는 음악과 음식 모두에 잘 반응하므로 치료 세션 동안 동기 부여가 문제가 되는 요인으로 보이지는 않습니다. 그러나 시각적 주의나 관심이 활동 전반에 걸쳐 항상 존재하는 것은 아니며, 이는 그녀의 기능 수준에 영향을 미칩니다."

우리의 목적과 목표는 다음과 같다: ① 감각 처리 능력 향상; ①a 음악에서 소리 원천을 일관되게 찾아 이를 교실 상황으로 일반화하기; ② 기능적 손 사용 개선; ②a 촉구 없이 음식 이외의 물체를 향해 손을 뻗고 잡기.

우리는 말린이 캐시 뒤에 앉아 있고, 캐시는 머리와 몸통을 최대한 세우려는 노력으로 휠체어에 자리 잡은 채로 시작한다. 나는 인사 노래로 시작하고 말린은 "내 친구 캐시는 어디 있나요?"라는 질문에 대한 반응으로 캐시가 가슴을 토닥이도록 손 위에 손을 얹고 도울 수 있다. 'Oh, what a miracle am I(전통)'라는 제목의 노래로 넘어가면서, 나는 피아노를 치고 노래하며 돌아서서 'I got hands'를 모델링하는 동안 그룹의 더 높은 기능을 하는 아동들이 나를 따라 반복한다. 'Watch me move them'을 하는 동안 그룹의 더 높은 기능을 하는 아동들이 나를 따라 반복하고 손을 움직인다. "Oh what a miracle am I." 캐시가 몸통과 머리를 똑바로 세운 채로 주의를 기울이고 소리를 듣고 위치를 파악할 수 있도록, 말린은 고유 수용 입력을 위해 주기적으로 그녀의 척추를 문지른다. 캐시 뒤에 앉아 있는 말린은 손을 회전시키거나, 노래의 두 번째 지시에 따라 머리를 좌우로 움직이거나, 세 번째 지시에 따라 어깨를 위아래로 움직이는 데 손 위에 손을 얹고 도움을 줄 수 있다. 캐시의 처리 시간이 더 어려워짐에 따라, 나는 음악을 천천히 하고 반응 시간을 예상한다. 내가 얼마나 멀리서 노래를 부르고도 여전히 캐시가 소리를 듣고 위치를 파악할 수 있는지 평가하기 위해, 나는 피아노를 떠나 제한된 거리에서 아카펠라로 노래하기 시작한다. 그녀는 여전히 내 노력을 추적하고 있다. 마지막으로, 나는 "I've got a tambourine(더 높은 기능을 하는 아동들과 직원들의 모방적 반응). 'Watch me play it'(shake, shake, shake, shake). Oh, what a miracle am I."라는 노래에 탬버린을 추가한다. 이후, 나는 아동들이 서로에게 탬버린을 전달하도록 하여 각자가 참여할 기회를 제공한다. 탬버린이 캐시에게 도달했을 때, 나는 전면에서 그녀에게 제공한다. 말린과 나는 그녀가 자발적으로 손을 뻗어 탬버린을 흔들려고 시도하는 것을 보고 매우 기쁘다. 다음 만남에서 우리는 'The Echo Song'을 사용하여 말린이 방의 다른 부분에서 내 발성을 반향하게 하여 캐시가 그 소리를 듣고 위치를 파악하기 위해 돌아볼지 확인할 것이다.

세션 외부에서

음악치료사가 녹음된 테이프와 악기 및 음악에 대한 접근(예: 특수교육 교사나 보조 교사가 음악가인 경우)을 제공하여 주중에 아동들을 위한 보충 자료로 사용할 수 있도록 하는 것이 도움이 된다. 이것이 엄밀히 말해 음악치료는 아니지만, 교사가 음악치료 세션의 많은 노력을 강화하고 긍정적인 라포(rapport: 친밀감)를 구축하는 데 도움이 된다. 보충 음악 자료 생성을 위한 개방형 초대로서 교사들에게 보내는 초기 메모는 다음과 같은 확인 가능성을 제공할 수 있다:

- 교실 주제와 연결된 발달적으로 적절한 노래 자료
- 발달적으로 적절한 악기 활동
- 발달적으로 적절한 움직임 활동
- 발달적으로 적절한 청취 자료
- 학습 전 또는 학업 목적 영역에 음악을 통합하는 방법
- 기타

또한, 음악치료사는 직원들에게 음악치료의 목적과 기법에 대해 교육하기 위한 현장 워크숍을 계획할 수 있다. 이러한 워크숍에는 경험적 작업과 함께 유인물 자료와 브레인스토밍 질의응답 세션이 포함되어야 한다.

그룹 과정을 초대하고 촉진하기 위해 고안된 음악치료 전략

개요

아동 그룹에서 그룹 과정을 초대하고 촉구하기 위한 전략을 상세히 설명하는 음악치료 문헌은 부족하다. 히벤(Hibben, 1991a)과 프레스티(Presti, 1984)는 아동들이 더 요구되는 그룹 작업 수준으로 발전함에 따라 그룹 활동에서의 더 큰 책임 정도를 제안했지만, 이 글은 그룹의 발전 단계와 더 관련이 있다. 그룹 응집력을 창출하기 위한 실제 방법은 청소년(Joseph & Freed, 1989)과 성인 정신과 대상을 위한 그룹 작업 음악치료 중재에 대한 풍부한 문헌들의 영향을 받아 추가 연구들의 혜택을 받을 것이다.

아동 음악치료 그룹에 대한 문헌 검토

아동과의 음악치료 그룹 작업에서 그룹 응집력을 촉구하기 위한 가능한 기법들이 암시적으로 보이지만, 이 주제에 대한 음악치료 문헌은 부족하다. 후속 작업의 길을 닦는 한 논문은 이 책의 제3장에서 이전에 제시된 프리들랜더(Friedlander, 1994)가 쓴 것일 수 있다.

프리들랜더는 얄롬(Yalom)이 인용한 여러 치료적 요인을 상세히 설명하는데, 여기에는 응집력, 보편성, 동일시, 대인관계 학습 및 사회적 대처 능력 향상이 포함된다. 그녀는 긍정적인 상호 관련성과 문제 해결을 통해 이를 충족시키고자 제안한다. 프리들랜더(1994)는 그룹 발달 단계라고 부르는 것을 통해 그룹 과정을 추적하며, 히벤(1991)을 통해 음악치료 문헌에 이전에 소개된 네 단계를 확인하는데, 이는 반복할 가치가 있다: ① 그룹 형성 초기 단계; ② 권력과 통제; ③ 친밀감; ④ 분화와 분리. 그녀는 이 네 단계 중 처음 세 단계가 음악치료 그룹에서 어떻게 나타나는지 설명한다.

그룹 형성 초기 단계는 아동이 음악 자료의 사용을 탐색하고 개방적 갈등과 적대감을 피할 수 있는 충분한 자아 강도를 가져야 하는 접근-회피 행동으로 특징지어진다. **권력과 통제**는 치료사의 권위에 도전하고 언어적으로나 비언어적으로 음악을 통해 관심을 경쟁하는 것을 포함한다; **친밀감**은 몇 주간의 집중적인 작업 후에 친숙함, 구조, 음악에 의존하여 구성원들이 서로 듣고 지지하면서 공동의 음악적 목적을 향해 작업하도록 돕는다. 이러한 단계들은 분리-개별화의 다섯 번째 단계(Garland et al., 1976)와 함께 히벤(1991a)에 의해 논의되었으며, 아동들이 공유하고, 친밀해지고, 더 큰 책임을 맡을 수 있는 능력을 얻음에 따라 그룹 작업의 요구가 증가한다는 제안이 있다. 그룹 응집력을 촉구하는 과제는 발달적으로 연령에 적합한 그룹에서 완전히 가능하며, 음악치료 문헌에서 더 상세히 기술될 수 있고 또 그래야 한다.

청소년에 대한 문헌 검토

그룹 응집력이란 무엇인가? 조셉와 프리드(Joseph & Freed, 1989)는 그룹 응집력의 관찰 가능한 측면을 인용한다. 예를 들어, 구성원들이 적극적으로 듣고 피드백을 주고받는 데 참여하며, 지지적인 그룹 환경을 만들고, 위험 감수와 자기 공개를 위한 신뢰할 수 있는 환경을 조성한다. 그룹 작업을 개인적 목적 달성을 위한 잠재적 환경으로 보고 사용하는 구성원들은 자기존중감(self-esteem)과 자기존중(self-respect)을 얻기 시작하며, 그들의 통찰력을 행동으로 옮긴다.

그러나 응집력의 수준을 달성하기 위해서는 몇 가지 방법이 필요하다. 먼저, 치료사는

"명확한 목적을 설정하고, 그룹 구성원들에게 도전하며, 목적 완수가 어떻게 그들의 요구를 충족시킬 수 있는지 내담자들에게 명확히 하여" 작업 동맹을 구축해야 한다(Joseph & Freed, 1989, p. 29에서 인용). 치료사는 내담자의 경험과 공유된 감정에 초점을 맞춰 적절한 중재를 할 수 있다. 이 방법의 중요한 확장은 내담자들이 더 많은 진전을 이루도록 돕기 위해 그들이 위험을 감수하도록 격려하고 단서를 제공하는 것을 의미할 수 있다. 또한 내담자에게 도전을 제기하는 것은 수용과 이해가 동반되어야 한다. 마지막으로, 앞서 언급한 집단 구조의 원칙으로 돌아가 보자. 구조화는 실제로 응집력 있는 집단을 만들어 가는 데 중요한 고려 사항이다. 초기 집단에서 더 높은 수준의 구조는 초기 단계의 불필요한 불안을 완화할 수 있다. 대인관계 신뢰와 안정적인 관계는 불필요한 불안이 없을 때 더 쉽게 꽃 필 수 있다.

청소년 집단의 응집성을 촉구하기 위해, 조셉과 프리드(1989)는 다음과 같은 5단계와 관련 목적 및 강조점을 제시했다.

1. **목적 설정**: 음악치료 서비스의 필요성을 확인하고 치료 집단에서의 내담자 책임감을 강화한다.
2. **개인/평행 활동**: 대인관계 인식을 발달시키기 위해 이 단계에서는 음악을 통한 유사한 생활 경험을 강조한다.
3. **협력 활동**: 대인관계 협력을 증진시키기 위해 이 단계에서는 집단이 목표를 향해 함께 일할 수 있다는 현실을 강조한다.
4. **자기 노출**: 신뢰를 발달시키기 위해 이 단계에서는 집단 내에서의 자기노출을 수용한다.
5. **문제 해결**: 이 단계에서는 개인적 및 또는 집단적 문제 해결의 비효과성을 해결하기 위해 치료에서 개인적 문제를 명확히 할 수 있다. 이 단계에는 대인관계적 대립이 포함될 수 있으며, 따라서 구성원들이 이러한 대립을 다루는 기술을 익히고 다른 환경에 일반화할 수 있도록 돕는다.

비록 조셉과 프리드의 모델은 청소년을 대상으로 사용되었지만, 잠복기에 해당하는 아동 수준의 내담자들과 함께 작업할 때에도 치료사가 집단 과정에 대한 감각을 촉구할 수 있다. 이 연령 수준 이전에는 집단 과정이 어렵고, 제3장에서 언급했듯이 아동들은 집단 내에서 일대일 수준으로 효과적으로 작동한다.

자살 위험이 있는 잠복기 아동을 대상으로 한 사례 연구에서, 굿맨(Goodman, 1989)은 음악치료를 통해 문제해결 능력과 통찰력 획득이 이익을 얻을 수 있다고 제안했다.

아동과의 음악치료 그룹 작업과 관련된 그룹 유형

Slavson과 Schiffer(1975): 놀이 그룹 치료

아동과의 그룹 치료에 대한 주목할 만한 저작에서, 슬라브슨과 시퍼(Slavson & Schiffer, 1975)는 아동과의 두 가지 유형의 그룹과 접근법을 언급한다.

첫 번째 유형의 그룹은 놀이 그룹 치료라고 불리며, "잠복기 이전 아동을 위한 그룹 치료 방법으로, 다양한 유형의 연령에 적합한 놀이 자료가 제공되고 치료사가 적절한 시기에 개별 아동 및 또는 그룹과 대화하며, 그들의 이해 수준에서 감정과 행동을 설명하고 해석한다; 양자, 삼자, 전체 그룹 상호작용과 태도를 포함한다"(Slavson & Schiffer, 1975, p. 465). 잠복기 이전 연령은 일반적으로 학령기 이전과 관련된 발달 연령인 3~5세이다. 이 연령의 아동들은 놀이 치료의 주요 대상이다; 그들의 사고, 감정, 개념화, 문제해결 작업은 본질적으로 놀이를 통해 이루어진다. 이러한 기능을 음악 놀이를 통해 전이하는 것이 발달적으로 적절한 아동을 위한 음악치료 그룹을 구성할 것이다.

놀이치료 그룹을 위한 음악치료 그룹 과정: 음악치료사가 이러한 발달 연령에서 그룹 과정을 장려하기 위해 무엇을 할 수 있을까? 여기에 몇 가지 적절한 제안이 있다.

① 악기, 보컬, 움직임으로 차례 지키기 활동을 구조화한다.
② 창조적 즉흥연주와 즉흥 노래, 움직임, 음악 연극, 악기 창작을 통한 관련 사고를 통해 표상적 놀이의 발달을 장려한다.
③ 음악에 대한 해석적 청취를 장려한다.
④ 그룹에서 일어나고 있는 일에 대해 언급하고, 가능하면 인내, 이타심, 성공, 도전 대처와 관련하여 그룹의 여러 구성원들에게 주의를 기울이도록 하여, 아동들이 그룹 감각에 모두 기여하고 있는 것을 인식하도록 돕는다.

Slavson과 Schiffer(1975): 활동 치료

두 번째 유형의 그룹은 활동 그룹 치료라고 불리며, 이는 프리들랜더(1994)가 언급한 그룹 구조의 한 유형으로, 장애아동들이 사회적 기술, 운동 기술, 그리고 내적 조직화에서 진전을 이루는 데 도움을 준다. 슬라브슨과 시퍼는 활동 그룹 치료를 "특별히 선택된 잠복기 아동의 그룹 치료 방법으로, 교정 양식이 그룹 내 중요한 활동과 상호작용에서 흐르는 경험적인 것(vs. 분석적 그룹 심리치료)"이라고 설명한다(Slavson & Schiffer, 1975, p. 463). 잠복기 연령은 일반적으로 초등학교와 관련된 5~12세이다. 이 연령의 아동들은 도덕성 개념, 의사결정 기술, 규칙 따르기, 그리고 서로 잘 지내기 위해 노력하기 시작한다. 그들은 놀이와 달리 학업과 결과 기반 프로젝트의 더 전통적인 환경에서 사고, 감정, 개념화, 문제해결 작업을 수행한다.

활동 치료 그룹을 위한 음악치료 그룹 과정: 음악치료사가 잠복기 연령 아동들의 기능 수준에서 그룹 과정을 장려하기 위해 무엇을 할 수 있을까? 이 아동들은 협력 작업과 의사 결정을 포함하는 더 길고 정교한 음악 프로젝트에 참여할 수 있으므로, 그룹 과정에 대한 더 큰 책임을 갖게 한다. 이에 대한 예로는 음악극 작업, 선택된 주제에 대한 일련의 노래 개발, 학교 집회에서 공연할 수 있는 오케스트레이션된 작품, 합창단, 수정된 오케스트라와 밴드 그룹, 록 앙상블, 스트레스 감소를 위한 음악 듣기를 통한 이완 등과 같은 앙상블 그룹 작업이 포함될 수 있다.

그룹 응집력과 관련된 수동적 vs. 능동적 음악치료 접근법

그룹이 서로 충분히 신뢰하여 서로 작업하고 대인 관계적, 음악적 위험을 감수하는 것에서 이익을 얻기 시작할 때, 치료사는 이러한 목적에 점진적으로 도움이 되는 음악 경험을 초대하는 것에 주의를 기울여야 한다. 쿤스와 몬텔로(Coons & Montello, 1998)는 정서장애가 있는 학습장애 사춘기 전 남아 두 그룹과의 작업에서, 수동적 청취 접근법이 아동들이 서로의 음악을 공유하도록 도와 신뢰와 관용을 가르칠 수 있어 능동적 음악 만들기의 길을 닦을 수 있다는 것을 발견했다.

점진적 기대의 원칙을 염두에 두고, 치료사는 그룹이 새로운 학습, 문제 해결, 서로 잘 지내기, 위험 감수 측면에서 편안하게 견딜 수 있는 것이 무엇인지 인식해야 한다.

그룹 작업의 치료적 요인: Irving Yalom

정신역동적: 대인관계 그룹 치료

어빙 얄롬(Irving Yalom)은 원래 1970년대에 성인과의 그룹 작업을 위한 모델을 소개했다. 어빙 얄롬(1985)은 그룹 응집력 감각에 모두 기여하는 그룹 치료의 여러 치료적 요인을 판별했다. 원래 성인과의 그룹 치료를 참조하여 작성되었지만, 이러한 요인들은 논란의 여지가 있음에도 잠복기 연령 아동들에게 작용하며 음악치료 그룹에서 장려될 수 있다. 정신역동적 모델로서, 얄롬의 그룹 치료 모델의 치료적 요인들은 활동 치료 모델을 넘어 과정 지향적 그룹으로 나아간다. 여기에는 희망의 주입, 보편성, 이타심, 사회화 기술의 발달, 모방 행동, 대인관계 학습, 그룹 응집력, 카타르시스가 포함된다.

아동 그룹 음악치료에서의 카타르시스/대인관계 학습

음악치료의 본질은 그룹의 아동들이 음악 경험을 통해 그들의 에너지를 전달할 수 있게 하는 것이다. 이 카타르시스는 일어날 것이다. 문제는 치료사가 이 카타르시스 경험을 통찰을 위한 기회로 어떻게 사용하는가이다. 예를 들어, "드럼을 치는 것이 어땠나요?"라는 매우 간단한 질문은 인지적으로 더 높은 기능을 하는 아동이 음악 만들기의 정서적 해방에 대해 반영할 수 있는 길을 닦을 것이다. 그룹의 다른 아동들은 이러한 유형의 과정 지향적 경험에서 배우고 그들도 음악을 통해 안전하게 충동을 표현할 수 있다는 것을 알게 된다. 이러한 경험을 공유함으로써, 아동들은 서로에게서 배우며, 이는 대인관계 학습으로 알려진 과정이다.

아동 그룹 음악치료에서의 희망 주입/보편성 감각/모방 행동

희망의 주입과 보편성 감각은 불가피하게 그룹의 다른 아동들과 자신을 동일시하는 것에서 비롯되며, 이들은 유사하거나 심지어 다른 도전에 직면하고 있으며 이러한 도전을 충족시키기 위해 노력하고 있다. 예를 들어, 다루어야 할 도전을 제시하는 음악은 어린 아동의 노래 자료에서 흔히 볼 수 있다(제6장 참조). 예를 들어, "혼자 있을 때 나는 무엇을 하나요?"(Moss & Raposo, 1992); "오늘 나는 화가 났어요"(Nordoff & Robbins, 1980); "모든 사람은 실수를 해요"(Moss & Raposo, 1992). 그룹의 아동에 의한 이러한 희망의 주입과 보편성 감각은 의식적으로 일어나지 않을 수도 있다. 치료사는 다양한 유형의 도전을 만나는 아동의 노력을 칭찬하고 단순히 "조니가 한 것을 봐! 우리 모두 그것을 시도해 봐요."라고 말함으로써 이러한 동일시와 또래들의 감탄을 장려할 수 있다. 이러한 유형의 언급은 또한 그룹의 다른 아동들의 모방을 더욱 장려하며, 이는 얄롬이 판별한 또 다른 교정 요소이다.

아동 그룹 음악치료에서의 이타심

그룹의 아동들이 서로에 대해 더 큰 애착 감각을 느끼기 시작하면, 그들은 이타적으로 되어 또래들에게 주는 것에서 만족을 얻는다. 이러한 주는 행위는 대개 서로를 자발적으로 칭찬하거나, 위로하거나, 그룹에서 신체적으로 서로 돕는 것처럼 간단하다. 치료사는 이러한 행동을 인식하고 간단한 인정으로 칭찬함으로써 이를 지원할 수 있다.

아동 그룹 음악치료에서의 사회화 기술

얄롬 문헌에서 언급된 사회화 기술의 발달은 함께 음악을 만들기 위한 필요한 노력을 통해 자연스럽게 이루어진다. 특히, 잠복기 연령 그룹에서 아동들은 서로 협력적으로 일하는 법을 배워야 한다. 이것이 어려워질 때, 서로 잘 지내고 갈등을 해결하는 과정을 겪는 것이 치료사와 그룹 구성원들의 작업이 된다.

아동 그룹 음악치료에서의 일차 가족 그룹의 재현

음악치료 노력의 일부는 얄롬이 '일차 가족 그룹의 교정적 재현'이라고 부르는 것에 영향을 미칠 수 있다. 특히, 아동들이 무의식적으로 대리 어머니나 아버지 치료사의 관심을 얻기 위해 경쟁하는 형제자매의 역할을 맡는 경우에 그렇다. 그룹이 협력적으로 함께 일하도록 돕기 위해, 치료사는 그룹 구성원들이 그룹 기능에 대한 기본 규칙을 정하는 것을 도울 수 있다.

더 나아가, 음악 결과물의 성공 자체가 함께 일할 수 있는 그룹의 능력을 반영하는 역할을 할 수 있으며, 이는 치료사에 의해 인정되고 칭찬받아야 한다. 가능하다면 어떤 종류의 긍정적인 대인관계 행동이 결과의 성공으로 이어졌는지 논의할 수도 있다. 대인관계 갈등으로 인해 음악 만들기에 어려움이 있을 때, 치료사는 처음에 음악적 문제를 교정하려고 시도할 수 있다. 아동들이 대인관계 갈등에서 비롯될 수 있는 음악적 문제의 성공 또는 실패를 언어적으로 처리할 준비가 되어 있다면, 치료사는 그 수준에서도 진행할 수 있다. "오늘 우리 음악이 '잘 진행되지' 않네요. 무슨 일이 일어나고 있다고 생각하나요? 더 좋게 들리게 하려면 우리가 무엇을 할 수 있을까요?"와 같은 간단한 질문을 할 수 있다. 이러한 경우, 음악은 아동들이 음악에서 다양한 역할을 맡고, 서로 듣고, 충동을 통제하는 등의 측면에서 서로 성공적으로 일할 수 있는지 또는 없는지에 대한 투사적 역할을 할 수 있다.

그룹의 목적, 선호도, 기능 수준을 고려한 의미 있는 음악치료 세션 형식

제안된 활동 유형의 형식이 어떤 종류의 방법을 구성하지는 않지만, 이는 치료사가 세션에 대한 조직을 예측하는 데 도움이 되며, 특히 구조가 필요한 아동들에게 도움이 될 수 있다.

일반 세션 형식

앞서 언급했듯이, 일반 세션 형식의 한 가지 공통적인 예는 시작과 마무리 외에도 치료사가 처음에 소개하는 기악, 보컬, 움직임 활동에 대한 다양한 선택권을 포함한다. 아동들이 이러한 자료와 활동에 익숙해짐에 따라, 그들은 특정 세션에서 하고 싶은 것을 선택하기 시작할 것이다. 구조화된 방식(예: 그림 교환이나 구두 요청을 통해)으로 자료를 선택하는 것 외에도, 아동들이 특정 노래를 부르기 시작하거나 특정 악기에 접근하면서 선택이 자발적으로 일어나는 경우가 많다. 그룹이 그 순간의 흐름에 동의한다면 이는 괜찮다.

특정 그룹 형식

중복장애 그룹을 위한 더 구체적인 형식(Coleman, 2002)에는 다음이 포함된다: 인사 노래, 인형 놀이, 타악기 사용, 음성 활성화 장치를 사용한 보컬 모방, 운동 모방, 태그보드 책의 시각적 따라가기, 노래 파일 폴더 사용, 간단한 노래를 위한 오스티나도 패턴으로 큰 음계막대 사용, 노래 맥락 내에서 빈백(오자미)이나 후프와 같은 조작물 사용, 마지막으로 작별 노래.

치료사가 다양한 유형의 세션 형식을 설정할 수 있는 상황에서, 이들은 발달적 진행을 따를 수 있고, 가능하면 기존의 성인 모델에서 수정될 수 있으며(Unkefer, 2000), 다양한 주요 범주 아래 조직될 수 있다.

1. 움직임
   - 감각 자극
   - 음악을 통한 이완 그룹
   - 기존 안무에 기반한 움직임
   - 창조적/즉흥적 움직임

2. 기악
   - 감각 자극 그룹
   - 오케스트레이션된 편곡에 기반한 기악 작업, 초급 이전, 초급, 중급, 고급(Levin & Levin, 1998)
   - 기악 앙상블, 기존에 작곡된 음악
   - 기악 앙상블, 창조적/즉흥적
   - 작곡 그룹

3. 보컬
   - 감각 자극–초기 발성

- 음악치료 자료에 기반한 발성 작업, 초급 이전, 초급, 중급, 고급(Levin & Levin, 1997a; Ritholz & Robbins, 1999, 2003; Nordoff & Robbins, 1962, 1968, 1980)
- 성악 앙상블, 기존에 작곡된 음악
- 성악 앙상블, 창조적/즉흥적
- 성악 작곡 그룹

4. 청취
   - 청각 변별 활동
   - 안내된 음악 청취
   - 음악 감상

5. 음악 드라마
   - 간단한 드라마, 활동 노래
   - 중급에서 고급 드라마, 음악치료 드라마
   - 창조적/즉흥적 드라마
   - 음악극 대본 작성 그룹

아동들이 주어진 형식 내에서 수행한 참여 수준에서 다른 수준으로 이동함에 따라, 치료사는 더 이성적이고 추상적인 수준의 반응을 기대할 수 있다. 일부 그룹 구성원들은 결과물 완성을 향해 함께 일할 것으로 기대될 수 있지만(예: 기악 오케스트레이션 연주, 노래 부르기, 음악 감상, 음악 드라마 수행), 다른 그룹 구성원들은 음악 작업 중 그룹에서 일어나는 일에 대한 문제 해결과 정신역동적 인식을 더 포함하는 과정 지향적 작업을 통해 결과물 완성을 향해 함께 일할 것으로 기대될 수 있다. 이는 그룹의 증가하는 정교함에 대한 목적을 구성할 것이다.

방법론의 적응적 특성

이 장의 샘플 사례 연구가 희망적으로 설명할 수 있듯이, 음악치료 세션의 방법론이 정체되지 않는 것이 가장 중요하다. 이는 매우 실용적인 측면에서 음악치료사가 그룹 구성원들이 그룹에서 대안적이거나 확장된 활동 수준을 제안하거나, 반대로 그룹에서 일어나는 일에 반대하고 문제 해결이 필요한 경우 진화하는 요구에 반응해야 한다는 것을 의미한다. 이에 대한 예는 주관적 평가의 맥락에서 제1장과 제8장에 제시되어 있다.

방법론에 적합한 치료사의 지식 기반과 도움의 철학

학생 치료사가 실습 훈련에 참여함에 따라, 치료적 접근에 대한 자신만의 철학을 발전시키는 것이 필요한데, 이는 자연스러운 것이다. 이는 학생이 교육 프로그램에서 배우고 있는 것에 의해 더욱 촉구된다. 예를 들어, 일부 프로그램은 아동과의 그룹 치료를 수행할 때 행동적 접근법을 강조할 것이다; 다른 프로그램은 관계 기반 접근법을 강조할 것이다; 또 다른 프로그램은 학생에게 많은 접근법을 이용 가능하게 하고, 그룹 음악치료를 수행할 때 절충적 접근법이 가능하다고 제안할 것이다.

비판적 사고의 발전

교육 프로그램이 무엇을 제시하든, 학생 치료사는 음악치료 문헌을 검토하고 다른 대상 집단과의 음악치료 접근법의 적절성을 논의할 때, 학생들과 전문가들의 대화에 참여하면서 비판적 접근법을 개발해야 한다.

이는 어떻게 달성되는가? 한 가지 제안은 학생이 다양한 가능성에 열려 있어야 한다는 것이다. 이를 통해 학생은 음악치료 문헌을 검토하고, 관찰하고, 보조하고, 마지막으로 아동들과 다양한 종류의 음악치료 그룹 작업을 시도함으로써 특정 대상 집단에 대한 특정 접근법의 효과를 평가할 수 있다. 또 다른 제안은 학생이 자신의 특정한 요구와 기질에 맞는 어떤 유형의 치료적 철학이 적합한지를 스스로 확인하는 것이다.

혼합 진단군 대상 세션 계획 예시 및 방법론: 집단 반응에 따른 유연한 적용

그룹

그룹 구성원들에 대한 생각

이 잠복기 아동 7명의 그룹 중 5명인 재러드, 에반, 리처드, 도라, 패트릭은 이전에 함께 그룹화되어 이 책의 제4장과 제5장에서 독자에게 소개되었으며, 연령은 10세에서 13세 사이이다. 그들은 뉴저지의 지역 주간 학교에 다닌다. 작년 이후 에비와 가브리엘, 두 아동이 이 그룹에 합류했다. 이 7명의 아동들의 기능 수준이 유치원에서 초등학교 저학년까지 다양하고 다양한 신체적, 주의력 문제를 가지고 있기 때문에(진단에는 다양한 범위의 지적장애, 자폐 스펙트럼 장애, 뇌성마비, 정서행동장애, 의사소통장애가 포함됨) 방법은 다양할 것이다.

매우 다른 성격, 강점, 약점을 가진 그룹이기 때문에, 이 그룹을 '다루는 것'은 쉽지 않을 것이다. 교실에서의 연속성을 제공하기 위해 언급된 학생의 강점과 약점 및 교실 전략을 고딕체로 표시했다. 이는 IEP 목적과 목표를 넘어서는 몇 가지 관찰과 질문을 발전시키는 데 도움이 될 것이다. 아동들을 소개하겠다.

도라는 갈색 머리와 파란 눈을 가진 키 큰 13세, 10대이다. 그녀의 어머니와 유아기부터 도라를 돌봐 온 간호사는 그녀가 음악을 절대적으로 사랑하며 집에서 이완하기 위해 클래식 음악과 오페라를 듣는다고 보고한다. 도라는 의학적으로 취약하고, 사지마비이며 비언어적이다. 모든 신체적 제약에도 불구하고, 그녀는 음악치료 활동에서 인내하며 움직임, 악기 연주, 발성에서 도전적인 신체 과제를 시도하도록 동기 부여된다. 그녀는 **그림 교환, 시각 단어에 대한 눈 응시**(25개의 개인적으로 관련된 시각 단어) 또는 적응형 스위치와 음성 출력 장치를 통해 표시하는 특정 **음악 선택**을 가지고 있다. 물리치료사는 그녀가 자발적으로 **오른손을 더 자주 사용하고 있으며**, 보행 훈련기나 적응형 세발자전거에 있을 때 더 똑바른 자세를 유지할 수 있는 능력이 있다고 보고한다. 그러나 그녀의 오른쪽 팔꿈치에 발생하는 것으로 보이는 구축(연축)이 문제가 되고 있는데, 이는 그녀가 이 **관절의 수동 스트레칭에 저항성이 있기** 때문이다. 도라는 많은 것을 이해하고, 확실한 선택을 할 수 있으며, 그룹에서 가장 강한 독서가이다. 다른 아동들은 그녀의 제약에도 불구하고 그녀의 비언어적 신호를 편안하게 읽으며 그녀를 친구로 대한다.

재러드는 곱슬거리는 검은 머리와 녹색 눈을 가진 튼튼한 체격의 잘생긴 10세 아동로, 음악에서 자주 웃는다. 그의 어머니와 교사에 따르면, 음악은 '그의 분야'이며 그는 엄청난 흥분감으로 음악 경험에 접근한다. 이는 그의 이미 충동적이고 과잉 활동적인 기질과 맞물려 전달되어야 하며, **때때로 그는 음악에서 다음에 무엇을 할지 선택하는 데 있어 그룹의 나머지 사람들과 함께 일하는 데 어려움을 겪는다.** 그는 뛰어난 유머 감각을 가지고 있으며, 농담을 하지만 모두가 적절한 것은 아니다. 그는 매우 표현력이 풍부한 아동이며 자신의 감정을 판별하고 논의하는 법을 배우고 있다. 그의 진단은 광범위하다: 지적장애와 정서행동장애(EBD) 공존. 의사소통 면에서, 재러드는 이전 학습을 잘 기억하며, 이제 **자신의 문장을 자체 수정하고 있으**

며, 또한 더 긴 문장으로 생각을 정교화하고 있다. **그는 누가, 무엇을, 왜와 같은 간단한 'Wh' 질문에 답할 수 있다.** 수용 언어 면에서, 재러드는 두 단계 운동 명령을 따를 수 있다. 학업에서 재러드는 숫자를 판별하고 10까지 물건을 세며, 11~20까지의 숫자 판별과 20까지의 물건 세기를 연습하고 있다. 그의 시각 단어 어휘는 약 7개 단어이며 음식, 의복, 동물과 같은 범주로 그림을 분류할 수 있다. **좌절 감내하기는** 여가 기술 개발 및 학업, 언어, 초기 수학과 읽기, 소근육 및 대근육 기술 향상을 계속하는 것과 함께 재러드의 주요 목적으로 남아 있다.

에비는 검은 머리를 땋은 갈색 눈을 가진 작은 체구의 아프리카계 미국인 10세 아동로, 수줍은 기질에도 불구하고 열심히 음악에 방문한다. 그룹에서 유일하게 말을 할 수 있는 여자 아동이라는 점에서 보이는 그녀의 소극성을 고려할 때, 에비는 **또래들 사이에서 자신의 권리를 주장하는 기술을 더 발전시켜야 했다.** 에비는 **청각 처리** 장애, **인지 및 언어 지연**, 그리고 **왼쪽 운동 기능 약화**의 도전에 직면해 있다. 그녀는 **촉구 없이 한 단계 루틴을 따를 수 있으며, 두 단계 루틴을 연습하고 있다.** 그녀의 기질 때문에 그녀의 목소리는 부드러운 경향이 있고, 자발적으로 짧은 문장과 구를 사용할 때 목소리를 투사하도록 **격려가 필요하다.** 그녀의 **운동 계획은 매일 변하는 감각 기능의 조직에 의존한다.** 예를 들어, 그녀가 잘 기능할 때 물리치료사는 그녀가 장애물 주변을 적응형 세발자전거로 타고 스쿠터 보드에서 다양한 자세를 취하고 유지하는 등 대근육 기술이 필요한 지시를 따를 수 있다고 보고한다. 에비는 청각 처리가 약하기 때문에, 현재 **더 복잡한 지시와 '왜'라는 질문에 대답하는 데 어려움이 있다.** 그녀는 계속해서 **촉구**에 의존한다. 이것이 그녀의 상대적으로 수동적인 기질과 청각 처리 장애와 관련이 있을까? 올해 그녀는 이전에 함께 있었고 따라서 하나의 단위로 결속된 5명 중 1명으로 이 그룹에 합류한다.

패트릭은 밝은 갈색 머리와 파란 눈을 가진 좋은 체격의 잘생긴 11세 아동로, 개인 보조원과 함께 음악에 온다. 패트릭은 그의 보조원인 빌을 **기쁘게 하고 싶어 하는 것 같으며**, 세션 내내 계속해서 빌에게 안내와 지시를 찾아 돌아서는데, 이는 패트릭의 자신감 부족을 더욱 나타낸다. 패트릭은 **활동 관련, 한 단계와 두 단계 지시를 따르며**, 시각적 신호로 그의 성공이 향상되기 때문에 청각적 학습자보다 **시각적 학습자일 가능성이 있다.** 그는 비언어적이지만 **제스처, 근사적 수화, 그림, 발성의 조합**을 사용하여 의사소통한다. 패트릭의 구두 의사소통 노력은 침 조절과 말 명료성의 부족을 초래하는 그의 **열악한 구강 운동 기술**로 인해 타협된다. 더욱이 그는 쉽게 낙담하는 것 같고, **말소리 교정을 참는 데 동기 부여가 되지 않는 것 같다.** 또한, **수동 수화 어휘를 확장하는 데 대한 그의 저항과 교실 전환 동안의 혼란과 공격성**은 이러한 행동들이 단지 **열악한 청각 처리 기술**의 이차적인 것인지 궁금하게 만든다. 패트릭은 아직 배변 훈련이 되지 않았고, 연령 이하의 학업 기술, 세련되지 않은 소근육 기술을 가지고 있으며, 협응과 균형 활동에 대해 물리치료사의 모니터링이 필요하다. 그는 긍정적인 기대감으로 음악에 온다.

모래색 머리카락에 전기가 흐르는 듯한 푸른 눈동자, 코와 뺨에 주근깨가 있는 열두 살 소년 에반이 환한 미소를 지으며 음악에 맞춰 등장한다. 그는 레트 증후군 아동이며 충동적인 물기로부터 손을 보호하기 위해 장갑을 끼고 있다. 그가 비언어적임에도 불구하고, 그는 많은 것을 이해하며 그의 **수용 언어는 계속해서 강점**이다. 그는 의사소통 책을 사용하고 **제시된 그림에 반응**함으로써 의사소통한다. 그는 저기술 보완대체 의사소통 장치를 소개받았지만 실제로 사용하기 위해서는 더 많은 어휘와 추가 내용이 필요하다. 그의 **주의력은 짧지만, 집중적**이라고 설명되며, 빈번한 언어적 재지시로 **과제를 완수하기 위해 언어적 지시에 반응**한다. 에반은 자신의 환경을 정리하는 데 있어 **강한 성격**을 가지고 있으며, **과제나 활동을 수행하도록 강요받을 때 떼를 쓸 것이다.** 그는 구강 자극을 자주 하며, 레트 증후군과 관련된 행동인 손가락을 입에 넣고 물기를 자주 한다. **그는 사회적으로 자신을 고립시키는 것 같지만, 그룹의 진행 중인 행동이 그를 참여시키고 자극할 때 즐거움으로 미소 짓는다.** 나는 그의 환경을 정리하려는 의지와 이것이 얼마나 감각적으로 보호적인지에 대해 궁금하다.

가브리엘은 매력적인 미소를 가진 12세의 다운증후군 아동이다. 그는 작은 체구에 단발머리와 부드러운 갈색 눈을 가지고 있다. 그는 항상 음악을 사랑했으며, 이 그룹으로의 전환이 약간 어려운데, 이는 다른 많은 남자아동들이 그보다 신체적으로 더 크고 공격적이기 때문이다. **가브리엘은 기계적으로 잘 배우며** 축구와 함께 그림 일정을 따라 학급 루틴을 배운 것으로 보인다. 그는 **사교적이며** 새 친구들과 놀고 싶어 하는데, **가급적 신체적으로 활동적인 게임을 선호한다. 그의 청각 처리 능력은 일관성이 없으며 때때로 두 단계 지시를 따르는 데 어려움을 겪는다.** 의사소통 측면에서는 **광범위한 표현 어휘에도 불구하고 자기 대화, 반향어, 보속증이 상당히 나타나며** 이를 완전한 문장으로 유도할 필요가 있다. 그는 **낮은 근긴장도를 가지고 있으며 운동 계획 능력이 느릴 수 있다.**

리처드는 11세의 중등도 지적장애와 실행증을 가진 아동로, 사랑스러운 보조개와 물결 모양의 머리카락을 가졌다. 그는 **그룹에서 리더가 되는 것을 좋아하며, 그룹을 '지휘'하고 자신이 적절하다고 생각할 때, 한 노래에서 다른 노래로 바꾸려고 한다.** 간단히 말해, 그는 훌륭한 자아를 가지고 있으며 음악을 통해 이를 보여 준다. 실행증에도 불구하고, **그의 자발적인 말하기가 현저히 증가했으며, 적절한 질문과 적극적인 반응을 통해 나타난다.** 그는 특히 음악 시간에 열심히 **참여하고 기쁘게 하려고 한다.** 그의 **소근육과 대근육 능력이 더 조직화되고 있으며, 더 많은 체중의 지지를 반영하고 좌에서 우로의 순차적 기술을 보이기 시작한다.** 신체적 기술의 성장과 대조적으로, 학업 기술은 일관되지 않은 수행을 보이는데, 이는 주로 정보를 유지하기 어렵게 만드는 **청**

각 처리 문제 때문이다. 그는 현재의 순간에 머무는 아동이며 **무언가를 배울 내적 이유를 찾지 못하면 그것을 배우려는 노력은 제한적이다.** 그의 **주의력은 순간적일 수 있으며,** 작업 공간을 조직하거나 작업을 완료하는 데 필요한 **과정을 순서대로 배열하는 데 어려움을 겪는다. 교사는 일반화의 부족을 보완하기 위해 기계적 학습 기술(반복적 연습을 통한 학습)을 권장한다.**

그룹 구성원에 대한 형성

이 장의 초반에 개괄한 고려 사항들을 이 그룹에 어떤 방법을 사용할지 생각하며 요약할 것이다.

음악치료에 사용되는 공간

이 세션들을 위해 사용 가능한 공간은 이전에 교실이었던 곳으로, 현재 미술과 음악 모두를 위해 갖추어진 공유 공간이다. 다행히도 방은 공유하기에 충분히 컸지만, 학교 등록 인원이 증가하기 전에 원래 가지고 있었던 것처럼 내 자신의 공간을 갖는 것이 더 바람직했을 것이다. 악보, 음악 책, 음악 게임, 그리고 책들은 피아노 왼쪽의 책장에 보관되어 있었다. 피아노에서 좀 떨어진 곳에는 정사각형 칸막이가 있는 선반이 있어 작은 타악기들을 정리할 수 있었다. 글로켄슈필, 오토하프, 옴니코드, 스탠딩 드럼, 서스펜디드 심벌즈와 같은 더 큰 악기들은 칸막이 근처에 배치되어 있었다. 피아노 뒤에는 칠판 벽과 칠판, 그리고 악기 그림이 있는 벨크로 보드가 있었다. 내 주요 문제는 형광등이었지만, 다행히도 자연광도 있었다.

그룹의 물리적 배치

아동들은 피아노 주위에 반원 형태로 앉아 있었다.

그룹 내 아동들의 다양한 기능 수준과 일치하는 음악치료 활동 수준

이 그룹의 활동 수준은 주로 상징적 시기(발달 연령 2~7세)에 있지만, 적어도 절반의 아동들은 여전히 언어 면에서 감각운동기의 낮은 기능 기술을 가지고 있다. 감각적이고 구체적인 제시가 동시에 일어나야 할 것이다; 표상적 놀이는 모든 이에게 계속해서 도전이 될 것이다.

그룹 내 아동들의 진단 및 주요 강점과 약점과 관련된 음악치료 전략

도라는 심각한 신체적 제약이 있지만, 높은 수준의 동기와 정서적 의도성을 가지고 있다.

그린스펀이 아동의 이 요소에 대해 긍정적으로 언급한 것을 기억한다. 도라의 이러한 특성과 음악에 대한 그녀의 사랑을 활용하여 그녀가 특정 음악 선택을 하게 하고, 자세 보조와 신체 보조, 그리고 개조된 악기를 사용하여 오른손을 계속 자주 사용하게 하며, 심지어 자유로운 발성과 호흡, 자발적인 움직임을 위해 보행 보조기를 사용하여 음악에 오게 할 수 있다고 믿는다. 그녀가 오른쪽 팔꿈치 관절의 수동 스트레칭을 거부하는 이유가 궁금하다. 이 관절들을 스트레칭하도록 동기를 부여할 수 있는 악기 과제를 줄 수 있을까? 이는 학제 간 접근으로 물리치료사와 협력하여 수행할 수 있을 것이다.

도라와 마찬가지로, 재러드는 음악에 대한 높은 동기를 가진 축복을 받았다. 그가 충동성과 과잉행동 성향이 있지만, 이러한 특성들이 음악을 통해 전달될 수 있고, 결국 그룹의 나머지 사람들과 잘 지내도록 동기를 부여할 수 있다고 믿는다. 그가 문장을 자가 교정할 수 있다는 사실은 특히 이전 학습을 잘 기억한다는 점에서 충동적인 행동도 자기 교정할 수 있을 것이라고 생각하게 한다. 두 단계 명령을 따를 수 있는 능력은 오케스트레이션에서 그에게 다소 더 정교한 음악적 역할을 부여하는 데 가치가 있을 것이다.

음악 공연에 동기 부여된 에비도 보컬 투사를 통해 주저함을 극복할 것이라고 믿는다. 적절하게 타이밍이 맞춰진 음악이 그녀의 청각 처리를 돕고 운동 과제가 그녀의 왼쪽 운동 약점에 도전할 것이라고 믿는다.

패트릭도 음악 공연에 동기 부여되어 있지만, 불안과 자신감 부족으로 쉽게 낙담한다. 그도 청각 처리 장애가 있지만 시각적 단서와 함께 더 높은 수준으로 수행하는 것 같다. 그에게 음악적 경험을 제공할 때 이 학습 강점을 활용하고 싶다.

아동 대부분보다 더 강한 수용 언어를 가진 에반도 패트릭처럼 그림에 반응한다. 그의 감각 스타일은 과잉행동적이다; 그는 소리와 접촉에 민감하고 쉽게 압도될 수 있다; 아마도 그의 환경을 통제하려는 노력이 감각 과부하를 보호하기 위한 수단일 것이다. 그가 그룹에 참여하는 순간에 미소 짓는다는 사실은 매우 긍정적이다; 이는 그의 정서적 참여의 표시이며, 그의 세계에 들어갈 기회이다.

음악을 통해 강하게 동기 부여된 가브리엘도 기계적으로 잘 배운다고 한다. 이것이 사실일 수 있지만, 적어도 교실에서는 익숙하지 않은 정서적 자유를 주기 위해 음악을 통해 그의 개념적 창조성을 격려하는 것이 좋을 것이다. 그가 사교적이고 신체적으로 활동적인 게임을 즐긴다는 사실은 음악에서 춤의 전조일 수 있으며, 운동 계획 기술을 향상시키기 위해 악기를 연주하면서 신체를 사용하는 것의 전조일 수 있다. 또한, 때때로 두 단계 지시를 따르는 데 방해가 되는 일관성 없는 청각 처리를 음악을 통해 재훈련할 수 있다고 믿는다.

마지막으로, 또 다른 음악 애호가인 리처드는 자기조직화를 배우고, 주의 집중 시간을 늘리고, 호기심을 계속 유지하고, 학습에 대한 내적 이유를 발달시킨다면 그룹에서 그의 리더십 기술을 보여 줄 수 있다. 가브리엘처럼 리처드도 기계적(반복적)으로 배우도록 격려받았다. 그러나 그는 드라마와 팬터마임에 대한 성향이 있어, 내가 보기에 그가 기계적 학습을 넘어설 수 있고 아마도 이런 방식으로 다른 방면에서 개념적으로 발전할 수 있음을 나타낸다. 또한 노래와 함께하는 움직임이 그의 실행증을 극복하는 데 도움이 될 것이라고 생각한다. 아마도 드라마를 활용하여 그에게 학업을 가르칠 수도 있을 것이다.

방법과 관련된 요약, 강점 및 약점

아동들의 강점과 약점에 대해 생각해 보면, 그들 모두가 음악을 통해 일하는 데 매우 동기부여되어 있다는 것을 깨닫게 되어 기쁘다. 그린스펀에 따르면, 이 장에서 이전에 논의된 이 정서적 의도성은 아동들이 자신의 도전 과제에 대해 작업할 이유를 갖도록 하는 데 놀라운 효과를 낼 수 있다. 몇몇 아동들은 까다로운 감각 프로파일을 가지고 있지만, 긍정적인 점은 그들은 자기인식과 초기 단계의 통찰력을 가지고 있다는 것이다. 그 때문에 나는 그들에게 무슨 일이 일어나고 있는지 말할 수 있다: 에반은 과민반응하지만 자신의 한계를 알고 있다; 도라와 에비는 약한 사지를 보호한다; 재러드는 충동적이고 좌절 허용치가 낮지만, 자기 교정 능력과 과거 경험에서 배우는 능력이 있다; 가브리엘과 리처드는 기계적 스타일로 가르침을 받았지만 극적인 경험, 사회화, 잠재적 리더십에 대한 재능이 있다; 에비, 패트릭, 리처드, 가브리엘 모두 다양한 정도의 청각 처리 장애가 있어 내가 템포에 대해 신중하게 인식해야 할 것이다. 리처드의 어려움은 실행증, 즉 구강 운동 조절 계획 문제로 더욱 복잡해지는데, 이는 짝을 이룬 움직임과 노래를 통해 다룰 수 있다. 에비와 패트릭은 시각 자료로 보충될 때 잘 배운다. 또한, 그들 둘 다 그룹 내에서 점진적으로 솔로 역할을 맡음으로써 자신감을 높이고 불안을 완화할 필요가 있다. 다행히도 리처드와 가브리엘은 사회적으로 편안해하며 더 소극적인 구성원들을 위한 역할 모델로서 그룹 내에서 자리를 잡을 수 있다.

모든 그룹 구성원을 위한 목적과 목표에 연결된 음악치료 전략, 종종 음악 자료의 적응으로 이어짐

세션 계획 측면에서 이 그룹은 도전적이다. 겹치는 목적이 거의 없기 때문에, 모든 아동들의 요구에 맞출 수 있는 음악적 경험을 찾는 데 매우 창의적이어야 할 것이다. 이것이 첫 반응일 수 있지만 이에 압도될 필요는 없다. 각 음악 경험이 그룹 내 아동들에게 다양한 정도의 이점을 제공할 것임을 상기한다. 내 목적은 가능한 한 그들을 그룹 경험에 포함시키고, 세션에서 달성하고자 하는 것과 그러한 우선순위에 초점을 맞출 수 있는 음악 경험이 무엇인지 우선순위를 정하는 것이다. 이 그룹에서는 사회적 문제가 가장 중요해 보인다. 일부 아동들은 소극적(에비), 불안(패트릭), 의존적(패트릭), 자기중심적(도라, 에반)인 반면, 다른 아동들은 사회적이지만 치료사의 관심을 필요로 하는 면에서 소유욕이 강하다(재러드, 리처드).

그룹 역동의 사회적 측면에 이어 의사소통 목적에 관심을 둔다. 에비, 패트릭, 리처드, 가브리엘, 그리고 재러드는 매우 다른 수준의 언어적 의사소통을 가지고 있는 반면, 도라와 에반은 상대적으로 높은 수준의 수용 언어를 가지고 있음에도 불구하고 비언어적이다. 마지막으로, 운동 목적을 살펴보고 에비와 도라가 운동 경험 측면에서 최대한의 이점을 얻을 수 있는 음악 경험을 우선시한다. 발달 그리드에 포함시켰음에도 불구하고, 학업 전 목적에 대해서는 그다지 관심이 없다는 것을 인정해야 한다. 나에게 있어 그것들은 음악치료 세션의 부수적인 요소이다.

먼저 특정 유형의 음악 경험의 맥락에서 목적을 보는 것이 도움이 된다. 의사소통 목적은 내 생각에 노래를 통해 가장 잘 다룰 수 있다. 운동 목적은 내 생각에 움직임과 전략적 악기 과제를 통해 가장 잘 다룰 수 있다. 대인관계 목적은 모든 음악 경험을 통해 지속적으로 유지되지만, 그룹 내 일대일 산출물보다는 그룹 산출물에 주의를 요하는 경험이 이와 같은 낮은 기능 그룹의 대인관계 인식에 가장 효과적이다.

이를 염두에 두고, 그룹 악기 오케스트레이션, 응답 형식이나 솔로/그룹 형식으로 구조화된 노래, 그리고 파트너 놀이, 콩주머니(빈백) 전달, 공 전달 또는 음악에 맞춰 낙하산 움직이기와 같은 움직임 경험이 더 많은 대인 관계 인식과 협력을 제공한다고 생각한다. 그룹이 서로를 더 인식하게 되면, 참여하기 위해 자발적으로 기다리고 차례를 기다려야 하는 경험으로 진행할 수 있다. 〈표 7-1〉을 보면 이 그룹에 대한 목적 요약을 볼 수 있다. 목표는 세션 계획에 따라 구성되어 있다.

〈표 7-1〉 그룹에 대한 목적

사회적 목적

1. 활동 참여 증가:
   a. 최대 2회의 언어적 재지시로(리처드)
   b. 5회 시도 중 4회 동안 최소한의 언어적 촉구로 10분 동안(재러드)
   c. 세션 중 최소 한 번 최소한의 언어적 촉구와 감소된 행동 반응으로(재러드)
   d. 관심을 가지고(도라)
   e. 촉구와 재지시를 통해 매 학교일 최대 1/2시간 동안(에반)

2. 인식 증가:
   a. 5일의 세션 중 3일 동안 적절하게 그림을 사용하거나 제스처를 취함으로써 도움의 필요성 인식(에반)
   b. 감정 상태를 자발적으로 말로 표현함으로써 정서 상태 인식(재러드)
   c. 도전받을 때 적절한 행동을 유지함으로써 증가된 좌절 감내 인식(재러드)
   d. 또래와 성인으로부터의 주의 인식(도라)

3. 아래와 같이 정의된 '적절한' 행동 연습:
   a. 적절한 음량의 말하기, 부적절한 행동과 관심 끌기 소음 감소(재러드)
   b. 도전적인 상황에서의 적절성(재러드)
   c. 그룹 활동 중 2회 동안 또래에게 청각적 · 시각적으로 주의 기울이기(가브리엘)

4. 매 학교일 동안 한 번 동급생과 병행 놀이 시작하기(에반)

의사소통 목적은 다음을 포함한다:

1. 의사소통과 상호작용을 위해 음성 출력이 있는 저수준 보완 장치의 사용을 확장하기 위한 보완 장치 사용(에반, 도라)

2. 수용 어휘
   a. 예/아니요 질문에 대한 반응 개선(도라)
   b. 하루에 1가지 활동 동안 그림이나 행동을 통해 적절하게 반응하기(에반)
   c. 5번의 기회 중 4번 적절한 언어적 반응을 통해 언어 정보의 이해를 보여 주기(리처드)
   d. 한 번 제스처 촉구와 함께 3단계 활동 관련 지시 따르기(가브리엘)

3. 표현적 의사소통
   a. 적절한 직원에게 자발적으로 욕구, 요구, 느낌을 말로 표현하기(리처드)
   b. 4단어 구문을 반복하여 욕구와 요구를 명확하고 이해할 수 있게 말로 표현하기(패트릭)
   c. 적절한 처리 시간이 주어졌을 때, 그룹 활동 중 적절하게 반응함으로써 청각적 입력의 이해와 유지를 보여 주기(패트릭)

d. 자기 교정의 기회를 한 번만 주고 욕구, 요구, 느낌을 이해할 수 있게 말로 표현하기(리처드)
e. 5번의 시도 중 3번 언어적 촉구와 함께 간단한 질문에 대한 시간 관련 용어의 정확한 사용(재러드)
f. 요구와 욕구를 전달하기 위한 제스처 개발(도라)
g. 5번의 시도 중 3번 그림 촉구와 함께 간단한 활동 기반 'Wh' 질문에 4단어 구문을 자발적으로 사용하여 대답하기(가브리엘)
h. 1가지 활동 내에서 5번 중 3번 제스처 촉구와 함께 발성을 억제하고 조용히 화자에게 주의를 기울이기(가브리엘)
i. 5번의 시도 중 3번 시각적 · 제스처적 · 언어적 촉구와 함께 또래에게 3단계 활동을 언어적으로 지시하기(에비)
j. 그룹 활동 중 제스처나 언어적 촉구 없이 자신의 참여 차례를 인식하기(가브리엘)

인지적 목적

1. 학습 전 단계:
a. 모든 26개의 필기체 글자와 그 소리 판별하기(도라)
b. 11개의 색상 단어 판별하기(도라)
c. 표지판에서 자주 볼 수 있는 12개의 단어와 13개의 다른 시각 단어 판별하기(도라)
d. 5까지의 숫자 판별하기(도라)
e. 일상적인 과제의 맥락에서 물체 그룹을 세기 위해 정수 사용하기(리처드)
f. 매일 간식을 '구매'하기 위해 제시된 동전에서 정확한 금액 찾기(리처드)
g. 질문을 받았을 때 거리, 마을, 주, 국가를 포함한 집 주소를 말로 전달하기(리처드, 패트릭, 에비)
h. "나에게 주세요"라는 요청에 응답하여 5까지의 숫자에 대해 일대일 대응 보여 주기(가브리엘)
i. 5번의 시도 중 3번 1회의 언어적 촉구와 함께 2개의 그룹 중 어느 그룹이 '더 많은지' 표시하기(가브리엘)
j. 3가지 다른 재료의 10개 물체를 적절하게 표시된 통에 2회 이하의 언어적 및 또는 제스처적 촉구로 분류하기(가브리엘)
k. 1회의 언어적 촉구와 함께 일일 그림/단어 일정을 읽고 3가지 활동을 순차적으로 따르기(가브리엘)

운동 목적

1. 대근육 활동의 변형에 참여하기 위해 운동 수정하기(재러드)
2. 지시 후 30초 이내에 언어적 지시에 응답하여 원하는 운동 활동 수행하기(3번 중 2번)(에비)
3. 활동 지속 시간 동안 도전적인 자세에서 균형 유지하기(에비)
4. 언어적 촉구 없이 양측 활동 중 왼쪽 상지의 자발적 사용(에비)
5. 3번 중 2번 언어적 촉구만으로 적절한 앉은 자세를 취하기 위해 교실 의자에서 자세 재조정하기(에비)
6a. 5번의 시도 중 3번 신체적 촉구 없이 지시를 따르고 그룹 대근육 활동에 참여하기(가브리엘)
6b. 언어적 촉구만으로 대근육/균형 활동에 참여하기(패트릭)
6c. 5번의 기회 중 3번 최소한의 언어적 재지시로 그룹 대근육 활동에 참여하기(에반)

지원 및 전문 인력의 통합을 위한 학제 간, 다학제 간, 초학제 간 작업

이 그룹에서 나는 운이 좋다. 담임 교사가 준비 시간을 건너뛰고 음악치료 세션에 참석할 예정이다. 또한 보조 교사, 개인 보조원(가브리엘을 위한), 간호사(도라를 위한)도 있어 7명의 아동들에 5명의 성인이 있다. 때로는 이렇게 많은 사람이 필요한지 의문이 들기도 한다; 방이 때때로 혼잡하게 느껴진다.

그룹 과정을 초대하고 촉구하도록 설계된 음악치료 전략

패트릭, 에반, 도라는 대부분 비언어적이고 리처드, 에비, 재러드, 가브리엘은 언어적 의사소통에 제한이 있지만, 그들이 그룹 내 많은 치료적 요인들로부터 이익을 얻는 데 필요한 이해 수준을 가지고 있다고 믿는다.

그룹의 목적, 선호도, 기능 수준을 고려한 음악치료 세션 형식

이 그룹을 위해 시작, 보컬, 악기, 동작, 종결 형식을 유지하기로 결정했으며, 그룹이 응집력을 갖게 되면 변경될 수 있다.

방법론의 적응적 특성

모든 음악은 아동들의 반응에 따라 적응적일 것이며, 이렇게 함으로써 후속 세션을 계획하는 데 있어서 평가 과정에서 이점을 얻을 수 있다(제8장 '평가' 참조).

치료사의 지식 기반과 도움의 철학

임상 경험을 통해 정서적으로 성장하면서 자신의 지식 기반과 도움의 철학을 정의하는 것은 지속적인 도전이다. 현재 나는 음악치료에서의 출발점인 노르도프-로빈스의 요소들을 발달 이론 및 행동주의와 함께 내 작업 모델에 편안하고 자신 있게 통합하고 있다. 더 간단히 말하면, 나는 발달심리학의 관점에서 아동들이 현재 할 수 있는 것과 열망할 수 있는 것을 이해하기 위해 그들의 기능 수준에서 단계를 설정한다. '열망하다'라는 동사는 나를 노르도프-로빈스 사고로 이끈다. 이는 폴 노르도프가 '음악 아동(음악아)'이라고 묘사한, 장애가 없는 아동의 일부, 자기실현을 열망하는 영혼을 믿는 나의 인본주의적 부분이다. 그렇다, 이는 시적이다. 나는 개인적으로 이에 공감하며, 이러한 사고가 처음에 나를 음악치료에 정서적으로 관여하게 만들었다. 내 작업의 행동적 요소들은 음악적 경험을 분석하는 것이 과제 분석과 어떻게 관련되는지, 그리고 모델링과 촉구가 아동들을 자기실현 발견으로 이끄는 데 어떤 중요한 행동적 역할을 하는지에 대한 나의 증가된 인식과 함께 온다. 일부 그룹에서는 아동들이 자신의 규칙을 정하고 성취의 기록(보통 차트에 스티커)으로 자신을 보상하도록 장려한다; 이 외부 보상은 아동들이 생산적이고 창조적인 행동을 내면화함에 따라 덜 필요해진다. 마지막으로, 내 측면의 평가는 행동적으로 반응을 기록하고, 인본주의적으로 내 작업에 영향을 미치는 전이와 주관적 반응을 주관적으로 추적한다.

초기 방법 요약

모든 아동에게 자기 교정을 위한 구체적인 칭찬과 자기 평가를 장려하는 일관된 방식을 적용한다. 교사와 보조원들에게 적절히 세션 경험 동안 모델링, 손 위에 손을 얹는 보조, 신체적 촉구를 돕도록 요청한다. 그룹에서 다양한 목적을 동시에 통합하는 음악 경험을 선택하며, 시작, 움직임, 악기, 보컬, 종결의 다양한 형식을 사용하고 아동들의 음악적 선호에 따른 선택을 포함한다.

- 도라–움직임을 돕기 위한 자세 보조와 신체 보조, 그리고 악기의 적응적 사용.
- 에반–감각적 자기 보호의 필요성을 존중; 손 위에 손을 얹는 보조를 제공할 때 천천히 접근.
- 에비–그녀의 모방을 초대하는 보컬 투사 모델링; 양측 타격을 포함하는 악기 작업 활용; 자신감을 얻으면 솔로 작업 초대; 청각 처리를 위한 시간 허용; 시각 자료 활용.
- 재러드–시작과 멈춤 활동을 통해 충동성 조절; 좌절 허용에 어려움이 있을 때 대화와 자기 교정 장려. 음악 공유 활동에서 자신의 차례를 기다려야 하는 시간이 늘어나는 것에 주의.
- 리처드–노래, 악기, 동작 경험에서 극적인 경험 장려; 짝을 이룬 움직임과 노래의 유무에 따른 의사소통의 차이 기록; 청각 처리를 위한 시간 허용 및 시각 자료로 보충; 그룹의 역할 모델 및 '지휘자' 역할 수행.
- 가브리엘–청각 처리를 위한 시간 허용; 시각 자료로 보충; 기계적 학습에서 창의적 실험 장려로 이동; 그룹의 역할 모델 역할; 전환 곡에 참여 초대(예: 점심 시간).
- 패트릭 –청각 처리를 위한 시간 허용; 처음에는 보조원(모델로서)과 짝을 이루어 '솔로'로 노래하게 한 후, 혼자 노래하게 함.

초기 자료에 대한 생각

어떤 자료를 사용할지 고려할 때(제6장 '자료' 참조), 다음과 같은 고려 사항들을 수용할 수 있는 자료에 대해 생각한다: 적절한 청각 처리, 모델링, 절과 후렴구 보컬 구조, 응답식 보컬 구조, 간단한 노래 가사, 반복, 전략적 신체 움직임, 극적 경험, 비언어적 선택하기, 시각 자료 사용, 응답식 노래, 그룹 내 다양한 사회적 역할, 나누기, 전달하고 나누기, 기계적 학습에서 창의적 학습으로, 노래 가사 변경이나 악기 사용의 다양한 변화에 쉽게 적응 가능, 음악적으로 정체되거나 연령에 부적절하지 않은 단순한 구조, 1~2단계 지시.

인정하건대, 생각해야 할 것이 꽤 많다. 초기 음악 선택지들을 마련하고, 아동들이 매주마다 가능성에 익숙해지면서 선택할 수 있도록, 그 선택을 위한 필요한 자료를 만들었다. 초기 음악 옵션은 〈표 7-2〉를 참조하라.

〈표 7-2〉 초기 음악 옵션

개시

- 나를 소개하겠습니다(Turry & Beer; Themes for Therapy, p. 31)
- 출석 부르기(Nordoff & Robbins; Book 2, p. 4)
- 너를 보니 좋아(Carol Robbins & Alan Turry; More Themes for Therapy, p. 33)

보컬

- 'C'는 쿠키를 위한 것(Muppets, p. 10)
- 페니-니켈-다임-쿼터-달러 노래(Nordoff & Robbins; Book 4)
- 우리 함께 노래 부르자(Ritholz; Themes for Therapy, p. 50)
- 우리 무엇을 할까(Carol Robbins; Themes for Therapy, p. 80)
- 친구를 볼 때 "안녕!"이라고 말해(Turry; Themes for Therapy, p. 36)
- 모든 사람은 실수를 한다(Levin & Levin; Learning through Songs, p. 19)
- 모두가 실수를 한다(Moss; Sesame Street, p. 10)
- 단어 가족 노래(Moss & Raposo; Sesame Street, p. 24)
- 혼자 있을 때 나는 무엇을 하나(Moss; Sesame Street, p. 26)
- 노래해(Raposo; Sesame Street, p. 35)
- 화가 났어(Moss; Sesame Street, p. 39)
- 세상을 상상해 봐(Raposo; Sesame Street, p. 46)
- 그라우치 노래(Moss; Sesame Street, p. 51)
- 친구들(Levin & Levin; Learning through Songs, p. 47)
- 노래판: 소풍 가기(Raffi), 고양이를 얻었어(전통)
- 방 안에 몇 명이 있나요?(Turry; Themes for Therapy, p. 42)
- 보고 알아보자(Ritholz; Themes for Therapy, p. 29)

악기

- 함께 연주해요(Raposo; Sesame Street, p. 24)
- 바쁜 손(Levin & Levin; Learning through Music, p. 38)
- 이제 하나를 쳐봐(Levin & Levin; Learning through Music, p. 24)
- 차례 지키기(Levin & Levin; Learning through Music, p. 16)
- 따라쟁이 I; 따라쟁이 II(Levin & Levin; Learning through Music, p. 30)
- 종을 한번 울려 봐(Levin & Levin; Learning through Music, p. 36)
- 느린 호른(Levin & Levin; Learning through Music, p. 52)
- 종 춤(Levin & Levin; Learning through Music, p. 54)
- 으스스한 종소리(Levin & Levin; Learning through Music, p. 83)
- 누가 하고 싶나요?(Nordoff & Robbins; Book 3, p. 13)
- 우리 함께 음악을 만들어요(Nordoff & Robbins; Book 5, p. 10)
- 선물이로다(치료사가 편곡)
- 파헬벨의 캐논(치료사가 편곡)
- 셰넌도(치료사가 편곡)
- 북을 두드리는 소리를 들려줘(Ritholz; Themes for Therapy, p. 76)
- 종을 연주할 수 있나요?(Lee; Themes for Therapy, p. 76)
- 준비됐나요?(Carol Robbins; Themes for Therapy, p. 69)
- 핸드 자이브(Greg and Steve): 신체 타악기
- 음악을 만들어 보자(Ritholz; Themes for Therapy, p. 2)
- 탬버린을 연주할 수 있어요(Ritholz; Themes for Therapy, p. 2)
- 드럼-토크(Nordoff & Robbins; Book 2, p. 12)
- 록앤롤 리듬 밴드(Greg & Steve, vol. 5): 누적 연주에는 탬버린, 스틱, 셰이커, 종, 트라이앵글, 블록, 부드럽고 크게, 멈춤이 포함됨

움직임

- 록앤롤 프리즈 댄스(Hap Palmer, So Big, #5): 충동 조절
- 알파벳 주변 행진(Learning Basic Skills, Vol. 1): 알파벳 콩주머니와 함께 사용, 시작 단계에서 구부리기/잡기
- 사이먼 세즈(Greg & Steve, vol. 3): 자유 반주와 함께 사용하고 음성을 덧입힐 수 있음. 첫 번째 연주에는 다음 지시 사항이 포함됨: 머리, 눈, 코, 입, 눈썹, 귀, 치아, 머리카락, 볼, 턱, 목, 어깨, 팔, 손가락, 손, 팔꿈치 만지기
- 오래된 황동 마차(Greg & Steve, CD 5) 왼쪽으로 원, 오른쪽으로, 안으로, 밖으로, 주변 달리기, 어깨/무릎, 세 번 박수 치기, 줄넘기와 점프, 만세 외치기
- 핸드 자이브(Greg & Steve, vol. 4), 응답식, 단순에서 복잡한 순서로
- 댄싱 머신(Greg & Steve, vol. 3): 상상 놀이
- 나처럼 해 봐(Greg & Steve) vol. 4): 빠른 속도의 모방
- 디스코 림보(Greg & Steve, vol. 3): 림보 스틱과 함께 사용

- 호키 포키(Music Connection, p. 274, K-CD 7, #2 및 #4). 순서 1: 오른발 안으로, 오른발 밖으로, 오른발 안으로, 온몸을 흔들어(호키 포키를 하고) 몸을 돌려(그게 전부야) 박수; 순서 2: 왼발 안으로, 왼발 밖으로, 왼발 안으로, 온몸을 흔들어, 몸을 돌려, 박수; 순서 3: 오른손, 등; 순서 4: 왼손, 등; 순서 5: 머리 안으로, 밖으로, 안으로, 흔들고, 돌아서. 박수; 순서 6: 온몸을 안으로, 밖으로, 흔들고, 돌고, 박수. 필요에 따라 순서를 추가하거나 제거한다. 한 순서가 6개의 점진적인 단계라는 점을 명심한다.
- 튀기고 잡기(Abramson Dalcroze 운동 #5)
- 잡기(Abramson, Dalcroze 운동, #6)
- 콩주머니 퍼레이드(#7, Stewart): 행진
- 전달하기(1, Stewart): 콩주머니
- 잡기(5, Stewart): 콩주머니
- 부딪치기/점프하기(Stewart,#1, 낙하산 놀이): 들어올리기/위아래로 흔들기/주변으로 흔들기, 여러 지시
- 산 정상(Stewart,#2, 낙하산 놀이): 추상적 놀이
- 터키 행진곡, 베토벤: 행진
- 시암 아동들의 행진: 행진
- 호다운(코플랜드): 스퀘어 댄스 안무
- 파헬벨의 캐논: 스트레칭, 호흡 운동
- 아마(플랙슨)빛 머리의 소녀(어린이의 세계, 드뷔시): 느린 스트레칭

종결

- 작별 인사(Sorel; More Themes for Therapy, p. 48)
- 작별 인사할 준비(Sorel; More Themes for Therapy, p. 57)
- 네, 할 수 있어요(Music Connection)
- 작별 노래(Nordoff & Robbins; Book 2, p. 19)

세션 계획 시작

이제 목적, 목표, 방법 및 자료를 함께 정리할 준비가 되었다. 다음은 샘플 세션 계획이며, 세션이 진행됨에 따라 유연성과 방법론 변경이 필요했던 세션에서 발생한 일에 대한 직접적인 설명이 뒤따른다.

〈표 7-3〉 세션 계획 샘플

개시

목적/목표

1. 의사소통과 상호작용을 위한 음성 출력 기능이 있는 저기술 보조 장치의 사용 확대(에반, 도라).
   1a. 'Big Mac'이 주어졌을 때, 아동들(에반, 도라)은 '나를 소개하겠습니다' 노래에서 자신의 이름을 부르라고 요청받았을 때 음성 출력 장치를 눌러 반응할 것이다.
2. 적절한 발달 수준에서 수용 언어 증가(에반, 리처드, 가브리엘).
   2a. 개시 노래 동안 최소 한 번 행동을 통해 적절히 반응하기(에반).
   2b. 개시 노래 동안 및 후에 5번의 기회 중 4번 적절한 언어적 반응을 통해 언어 정보의 이해를 보여 주기(리처드).
   2c. 제스처 촉구와 함께 개시 노래의 맥락 내에서 3단계 활동 관련 지시(그룹을 향하기, 자신을 가리키기, 자신의 이름 부르기) 따르기(가브리엘).
3. 적절한 발달 수준에 따라 표현적 의사소통 증가(리처드, 패트릭, 재러드, 에비).
   3a. 개시 노래 동안 절반의 시간 동안 적절한 직원에게 자발적으로 욕구, 요구, 느낌을 말로 표현하기(리처드).
   3b. 적절한 처리 시간이 주어졌을 때, 개시 노래 동안 '나를 소개하겠습니다'라는 4단어 구문을 반복하여 절반의 시간 동안 적절하게 반응함으로써 청각적 입력의 이해와 유지를 보여 주기(패트릭).
   3c. 에비는 가브리엘에게 그룹을 향하고, 자신을 가리키는 제스처 동작을 모방하고, '내 이름은 __________입니다'에서 자신의 이름을 부르는 3단계 활동을 간단한 언어로 지시할 것이다.
   3d. 최소 한 가지 질문에 대해 시간 관련 용어를 정확하게 사용하여 답변하기(재러드).

자료

나를 소개하겠습니다(Turry & Beer; Themes for Therapy, pp. 31-32).
벨크로 보드에 그림 교환으로 활동 유형과 특정 활동 선택

방법

1. 치료사가 노래를 아카펠라로 모델링하며, 서서 연극적으로 발표하고, 'myself' 단어에서 자신을 가리킨다.
   나를 소개하겠습니다.
   내 이름은 ( )입니다.
   나를 소개하겠습니다.
   내 이름은 ( )입니다.
2. 치료사는 시각적으로 보조원과 교사들에게 계속 모델링을 위해 후렴구를 부르도록 초대한다.
   우리는 음악 시간에 있어요, 우리는 음악 시간에 있어요, 우리는 음악 시간에 있어요, 오늘, 오늘.
3. 치료사는 아카펠라로 노래 모델링을 계속한다,
   내 친구를 소개하겠습니다,
   내 친구를 소개하겠습니다,

내 친구를 소개하겠습니다,
그/그녀의 이름은 (   )입니다.
('친구'라는 단어에서 보조원이나 교사를 가리키고 그들의 이름을 부른다.).

4. 치료사는 선택된 보조원이나 교사에게 노래를 모델링하도록 신호를 보내고, 치료사는 중간 템포로 반주하며, 각 줄 후에 멈추고 다른 보조원/교사들에게 시각적으로 후렴구를 부르도록 상기시킨다. 노래의 마지막 부분에서 보조원은 노래하고 싶어 보이는 아동을 가리킨다.
5. 치료사는 시각적으로 그리고 언어적으로 첫 번째 아동을 피아노로 초대하고, 아동이 그룹을 시각적으로 살펴볼 수 있고 노래하는 동안 시각적 신호를 위해 치료사를 볼 수 있도록 아동을 적절히 위치시킨다.
6. 치료사는 아동이 전체 노래를 부르는 동안 반주하며, 필요에 따라 언어적 및 시각적 촉구와 신호를 제공한다.

나를 소개하겠습니다.
내 이름은 (   )입니다.
나를 소개하겠습니다.
내 이름은 (   )입니다.
(또는 자리에 앉아 있고 'myself' 단어에서 자신을 가리키고 자신의 이름을 말하는 것을 근사하게 하거나 노래의 그 지점에서 터치토커를 작동시키는 방식으로 수정된 형태로 노래를 '수행', 에반과 도라)

7. 치료사는 시각적으로 그룹에게 후렴구에서 노래하도록 상기시킨다. 모든 아동들, 보조원, 교사들이 '후렴구'에서 노래한다.

우리는 음악 시간에 있어요, 우리는 음악 시간에 있어요, 우리는 음악 시간에 있어요, 오늘, 오늘.

8. 치료사는 아동이 노래를 완성하는 데 필요한 촉구를 제공한다.

내 친구를 소개하겠습니다, 그/그녀의 이름은 (   )입니다.
(아동이 다음에 노래할 아동을 가리킨다; 다음 아동이 나온다; 첫 번째 아동은 자리에 앉는다.)

9. 치료사는 가브리엘을 위한 3단계 활동을 소개하고 신호를 주기 위해 필요에 따라 에비를 돕는다.
10. 노래 시간 동안, 치료사는 노래 전과 후에 질문을 함으로써 언어 표현과 이해를 위한 촉구를 제공한다. 예를 들어, 우리는 누구에게 노래하고 있나요? 우리는 무엇을 노래하고 있나요? 우리는 어디에 있나요? 등. 지금은 아침, 점심시간, 또는 오후인가요?
11. 치료사는 필요에 따라 방해가 되는 방식으로 소리 지르는 아동들을 재지시하며 차례를 기다려야 한다는 것을 상기시킨다(재러드).
12. 치료사는 활동 후에 아동들에게 활동 중이나 후에 어떤 느낌이 들었는지 공유하도록 요청하며, 적절한 수준의 언어를 사용하도록 촉구한다(리처드, 패트릭, 에비).

전환

목적/목표

1. 적절한 발달 수준에 따라 표현적 의사소통 증가(리처드, 패트릭, 재러드, 가브리엘).
   1a. 전환 활동 중, 절반의 시간 동안 적절한 직원에게 자발적으로 욕구, 요구, 느낌을 말로 표현하기(리처드).

1b. 전환 활동 중 최소 한 번 4단어 구문을 반복하여 욕구와 요구를 명확하고 이해할 수 있게 말로 표현하기(패트릭).
1c. 적절한 처리 시간이 주어졌을 때, 전환 활동 중 절반의 시간 동안 적절하게 반응함으로써 청각적 입력의 이해와 유지를 보여 주기(패트릭).
1d. 전환 활동 중 자기 교정의 기회를 한 번 주고 욕구, 요구, 느낌을 이해할 수 있게 말로 표현하기(리처드).
1e. 전환 활동 중 간단한 질문에 대해 언어적 촉구와 함께 5번의 시도 중 3번 시간 관련 용어를 정확하게 사용하기(재러드).
1f. 그림 촉구와 함께 최소 한 번 '누구' 질문에 4단어 구문을 사용하여 대답하기(가브리엘).

2. 음악치료 세션 과정에서 아동들은 단어나 그림 교환을 사용하여 음악 활동 선택을 표현하고, 음악 활동 중 문제를 해결하며, 의사소통적 반응을 표현할 것이다(도라, 에반).
2a. 전환 활동 중 절반의 시간 동안 요구와 욕구를 전달하기 위한 제스처와 그림 교환 사용 개발하기(도라, 에반).

방법

1. 치료사는 아동에게 움직임, 악기, 노래, 듣기에 대한 시각 자료가 있는 벨크로 보드를 보여 주고, 'Wh' 질문을 사용하여 아동에게 언어적으로(가브리엘, 재러드, 리처드, 패트릭) 또는 비언어적으로, 눈 응시나 그림 교환을 통해(도라, 에반) 다음에 하고 싶은 음악 경험 유형을 선택하도록 요청한다(다음 음악 경험들은 선택된 목적과 목표를 가지고 가능할 것이며, 반드시 계획에 작성된 순서대로 진행되지는 않을 것이다.).
2. 치료사는 아동들에게 그룹 선택을 알린다.
3. 이의가 있을 경우, 치료사는 아동(예: 재러드)에게 지금이 아니라면 나중에 다른 활동을 할 수 있다고 상기시킨다(시간적).
4. 치료사는 '악기를 연주할 시간(또는 노래를 부를 시간; 음악에 맞춰 춤출 시간; 음악을 들을 시간 등), 악기를 연주할 시간, 악기를 연주할 시간, 지금 준비해요'라는 창작 전환 곡을 부른다.

보컬/악기

목적/목표

1. 적절한 발달 수준에서 활동 참여 증가(리처드, 재러드, 도라, 에반, 가브리엘).
1a. 보컬/악기 활동 동안 최대 두 번의 언어적 재지시로(리처드).
1b. 보컬/악기 활동 동안 5번의 시도 중 4번 최소한의 언어적 촉구로 10분 동안(재러드).
1c. 보컬/악기 활동 동안 최소한의 언어적 촉구와 감소된 행동 방해로(재러드).
1d. 보컬/악기 활동 동안 관심을 가지고(도라).
1e. 보컬/악기 활동 동안 촉구와 재지시로(에반).
1f. 보컬/악기 활동 동안 신체적 촉구 없이(가브리엘).

자료

'당신은 탬버린을 연주할 수 있어요'(Ritholz; Themes for Therapy, p. 90).

방법

1. 치료사는 보조원이 피아노 옆으로 와서 노래에 지시된 대로 탬버린을 연주하게 함으로써 노래를 소개한다(참고: 치료사는 노래의 가사를 질문에서 긍정문으로 수정했다.).

   당신은 탬버린을 연주할 수 있어요(시각적 촉구가 흔들기로 이어짐).
   당신은 탬버린을 연주할 수 있어요(시각적 촉구가 흔들기로 이어짐).
   네, 당신은 할 수 있어요(시각적 촉구가 흔들기로 이어짐).
   네, 당신은 할 수 있어요(시각적 촉구가 흔들기로 이어짐).
   당신은 탬버린을 연주할 수 있어요(시각적 촉구가 흔들기로 이어짐).
2. 치료사는 보조원에게 두 가지 악기 중 선택하도록 하여 탬버린이나 드럼을 선택하게 한다. 그는 드럼을 선택한다.
3. 치료사는 노래 모델링을 계속한다. 이번에는 보조원이 노래에 맞춰 드럼을 연주한다; 치료사는 가사를 수정하지만 노래의 선율 리듬은 유지한다.

   당신은 드럼, 드럼, 드럼을 연주할 수 있어요(시각적 촉구가 4분음표 비트로 이어짐).
   당신은 드럼, 드럼, 드럼을 연주할 수 있어요(시각적 촉구가 4분음표 비트로 이어짐).
   네, 당신은 할 수 있어요(시각적 촉구가 4분음표 비트로 이어짐).
   네, 당신은 할 수 있어요(시각적 촉구가 4분음표 비트로 이어짐).
   당신은 드럼, 드럼, 드럼을 연주할 수 있어요(시각적 촉구가 4분음표 비트로 이어짐).
4. 치료사와 보조원들은 아동들이 자리에 앉아 있거나, 피아노 옆으로 나와서 두 가지 악기 중 하나를 선택하고 노래를 부르며 연주하는 차례를 돕는다.
5. 치료사는 필요에 따라 언어적 촉구를 제공한다(에비, 패트릭, 에반, 재러드, 리처드).

전환

목적/목표

1. 적절한 발달 수준에 따라 표현적 의사소통 증가(리처드, 패트릭, 재러드, 가브리엘).
   - 1a. 전환 활동 중 절반의 시간 동안 적절한 직원에게 자발적으로 욕구, 요구, 느낌을 말로 표현하기(리처드).
   - 1b. 전환 활동 중 최소 한 번 4단어 구문을 반복하여 욕구와 요구를 명확하고 이해할 수 있게 말로 표현하기(패트릭).
   - 1c. 적절한 처리 시간이 주어졌을 때, 전환 활동 중 절반의 시간 동안 적절하게 반응함으로써 청각적 입력의 이해와 유지를 보여 주기(패트릭).
   - 1d. 전환 활동 중 자기 교정의 기회를 한 번 주고 욕구, 요구, 그리고 느낌을 이해할 수 있게 말로 표현하기(리처드).
   - 1e. 전환 활동 중 간단한 질문에 대해 언어적 촉구와 함께 5번의 시도 중 3번 시간 관련 용어를 정확하게 사용하기(재러드).
   - 1f. 그림 촉구와 함께 최소 한 번 'Wh' 질문에 4단어 구문을 사용하여 대답하기(가브리엘).

2. 음악치료 세션 과정에서 아동들은 단어나 그림 교환을 사용하여 음악 활동 선택을 표현하고, 음악 활동 중 문제를 해결하며, 의사소통적 반응을 표현할 것이다(도라, 에반).
   a. 전환 활동 중 절반의 시간 동안 요구와 욕구를 전달하기 위한 제스처와 그림 교환 사용 개발하기(도라, 에반).

방법

1. 치료사는 아동에게 움직임, 악기, 노래, 듣기에 대한 시각 자료가 있는 벨크로 보드를 보여 주고 'Wh' 질문을 사용하여 아동에게 언어적으로(가브리엘, 재러드, 리처드, 패트릭) 또는 비언어적으로, 눈 응시나 그림 교환을 통해(도라, 에반) 다음에 하고 싶은 음악 경험 유형을 선택하도록 요청한다(다음 음악 경험들은 선택된 목적과 목표를 가지고 가능할 것이며, 반드시 계획에 작성된 순서대로 진행되지는 않을 것이다.).
2. 치료사는 아동들에게 그룹 선택을 알린다.
3. 이의가 있을 경우, 치료사는 아동(예: 재러드)에게 지금이 아니라면 나중에 다른 활동을 할 수 있다고 상기시킨다(시간적).
4. 치료사는 '이제 음악에 맞춰 움직일 시간(또는 노래를 부를 시간; 음악에 맞춰 춤출 시간; 음악을 들을 시간 등), 이제 음악에 맞춰 움직일 시간, 이제 음악에 맞춰 움직일 시간, 지금 준비해요'라는 창작 전환 곡을 부른다.

움직임

목적/목표

1. 적절한 발달 수준에서 활동 참여 증가(리처드, 재러드, 도라, 에반).
   1a. 움직임 동안 최대 두 번의 언어적 재지시로(리처드).
   1b. 움직임 동안 5번의 시도 중 4번 최소한의 언어적 촉구로 10분 동안(재러드).
   1c. 움직임 동안 최소한의 언어적 촉구와 감소된 행동 방해로(재러드).
   1d. 움직임 동안 관심을 가지고(도라).
   1e. 움직임 동안 촉구와 재지시로(에반).
2. 언어적 촉구만으로 3번 중 2번 교실 의자에서 자세 재조정하기(에비).
   2a. 움직임 동안 노래 중 3번 중 2번 언어적 촉구만으로 적절한 앉은 자세를 취하기 위해 교실 의자에서 자세 재조정하기(에비).
3. 지시 후 30초 이내에 언어적 지시에 응답하여 원하는 운동 활동 수행하기(에비).
   3a. '일어서세요' 노래가 주어졌을 때, 에비는 '위로'의 세 번째 언급과 '아래로'의 세 번째 언급까지 30초 이내에 언어적 촉구에 반응할 것이다.

자료

일어서세요(Levin & Levin; Stand Up, p. 22, Learning through Music); 피아노

방법

1. 치료사는 보조원과 함께 노래를 모델링한다. 적절한 운동 계획과 청각 처리를 위해 템포는 중간으

로 한다. 마지막 줄의 가사는 아동들이 서 있는 채로 노래를 끝내지 않도록 수정되었다. 치료사가 노래를 개인화하고 싶다면, 예를 들어, '가브리엘이 일어설 수 있어요'라고 부르며 원래의 선율 리듬을 강조한다. 자극을 위해 불협화음을 추가할 수 있다.

모두 일어서세요(멈춤).
위로, 위로, 위로.
모두 앉으세요
아래로, 아래로, 아래로.
일어서세요
위로, 위로
위로, 위로
위로, 위로
앉으세요
아래로, 아래로
아래로, 아래로
아래로, 아래로
이제 박수(4분음표 박수).

2. 치료사는 아동들에게 일어서고 앉는 동작과 함께 노래하도록 언어적으로 초대한다.
3. 치료사는 모든 가사 대신 '위로'와 '아래로' 단어를 강조하여 노래를 수정할 수 있다.
4. 치료사는 마지막 '위로' 또는 '아래로' 단어 전에 멈추고 아동들의 음성 반응을 기다리며 노래를 더 수정할 수 있다.
5. 치료사는 도라를 위해 다음과 같이 별도로 초대하여 수정할 수 있다.

팔을 올려요
위로 위로 위로
팔을 내려요
아래로 아래로 아래로
(기타 등등)

간호사나 물리 치료사가 도라의 구축된 팔꿈치를 수동으로 스트레칭하는 것을 도울 수 있다.

전환

목적/목표

1. 적절한 발달 수준에 따라 표현적 의사소통 증가(리처드, 패트릭, 재러드, 가브리엘).
   1a. 전환 활동 중 절반의 시간 동안 적절한 직원에게 자발적으로 욕구, 요구, 그리고 느낌을 말로 표현하기(리처드).
   1b. 전환 활동 중 최소 한 번 4단어 구문을 반복하여 욕구와 요구를 명확하고 이해할 수 있게 말로 표현하기(패트릭).
   1c. 적절한 처리 시간이 주어졌을 때, 전환 활동 중 절반의 시간 동안 적절하게 반응함으로써 청각적 입력의 이해와 유지를 보여 주기(패트릭).
   1d. 전환 활동 중 자기 교정의 기회를 한 번 주고 욕구, 요구, 그리고 느낌을 이해할 수 있게 말로 표

현하기(리처드).

1e. 전환 활동 중 간단한 질문에 대해 언어적 촉구와 함께 5번의 시도 중 3번 시간 관련 용어를 정확하게 사용하기(재러드).

1f. 그림 촉구와 함께 최소 한 번 'Wh' 질문에 4단어 구문을 사용하여 대답하기(가브리엘).

2. 음악치료 세션 과정에서 아동들은 단어나 그림 교환을 사용하여 음악 활동 선택을 표현하고, 음악 활동 중 문제를 해결하며, 의사소통적 반응을 표현할 것이다(도라, 에반).

2a. 전환 동안 절반의 시간 동안 요구와 욕구를 전달하기 위한 제스처와 그림 교환 사용 개발하기(도라, 에반).

방법

1. 치료사는 아동에게 움직임, 악기, 노래, 듣기에 대한 시각 자료가 있는 벨크로 보드를 보여 주고 'Wh' 질문을 사용하여 아동에게 언어적으로(가브리엘, 재러드, 리처드, 패트릭) 또는 비언어적으로, 눈 응시나 그림 교환을 통해(도라, 에반) 다음에 하고 싶은 음악 경험 유형을 선택하도록 요청한다(다음 음악 경험들은 선택된 목적과 목표를 가지고 가능할 것이며, 반드시 계획에 작성된 순서대로 진행되지는 않을 것이다.).
2. 치료사는 아동들에게 그룹 선택을 알린다.
3. 이의가 있을 경우, 치료사는 아동(예: 재러드)에게 지금이 아니라면 나중에 다른 활동을 할 수 있다고 상기시킨다(시간적).
4. 치료사는 '악기를 연주할 시간(또는 노래를 부를 시간; 음악에 맞춰 춤출 시간; 음악을 들을 시간 등), 악기를 연주할 시간, 악기를 연주할 시간, 지금 준비해요'라는 창작 전환 곡을 부른다.

보컬/악기

목적/목표

1. 적절한 발달 수준에서 활동 참여 증가(모두).

1a. 보컬/악기 활동 동안 최대 두 번의 언어적 재지시로(리처드).

1b. 보컬/악기 활동 동안 5번의 시도 중 4번 최소한의 언어적 촉구로 10분 동안(재러드).

1c. 보컬/악기 활동 동안 최소한의 언어적 촉구와 감소된 행동 방해로(재러드).

1d. 보컬/악기 활동 동안 관심을 가지고(도라).

1e. 보컬/악기 활동 동안 촉구와 재지시로(에반).

2. 도움의 필요성 인식 증가(에반), 정서 상태 인식(재러드), 좌절 허용 증가 인식(재러드), 또래와 성인으로부터 주의 받기(도라), 그리고 다른 사람 돕기(에비).

2a. 보컬/악기 활동 동안 5일(세션) 중 3일 동안 적절하게 그림에 접근하거나 제스처를 취함으로써(에반).

2b. 보컬/악기 활동 동안 감정을 자발적으로 말로 표현함으로써(재러드).

2c. 보컬/악기 활동 동안 또래와 성인으로부터 주의를 받음으로써(도라).

2d. 보컬/악기 활동 동안 시각적 · 제스처적 · 언어적 촉구와 함께 가브리엘에게 3단계 활동을 지시하고(에비) 자발적으로 모델링함으로써(에비).

3. 매 학교 일과 동안 한 번 동급생과 병행 놀이 시작하기(에반).

3a. 리듬 악기 선택이 주어졌을 때, 에반은 다른 동급생과 2인 즉흥연주를 허용할 것이다(참고: 시작을 향한 1단계).

자료

음악을 만들어 보자(Nordoff & Robbins; Book 3).

악기

오션 드럼, 클라베스, 스탠딩 오르프 드럼, 톤 벨, 리드 호른, 탬버린, 심벌즈.

방법

1. 치료사는 보조원과 교사들에게 아동들 앞으로 나와 악기를 선택하고 치료사가 반주하는 동안 노래를 모델링하도록 요청한다(참고: 이 노래는 치료사가 한 번에 한 아동씩 선택된 악기를 연주하도록 부르고 반대로 그룹이 함께 연주하도록 초대함으로써 솔로와 그룹 연주를 제공하도록 구성되어 있다.).
2. 치료사는 아동들이 앉아 있는 동안 그들의 지정된 악기의 그림/사진을 가리키거나 이름을 말하도록 요청한다. 구강 운동 근육에 어려움이 있는 패트릭은 리드 호른을 연주하도록 격려받는다. 도라는 왼팔을 사용하기 위해 심벌즈를 연주하도록 격려받는다; 마찬가지로 에비는 드럼을 사용하도록 격려받고 재러드는 많은 신체적 조절이 필요하기 때문에 오션 드럼을 사용하도록 격려받는다. 리처드는 청각 처리 능력을 개발하기 위해 톤 벨을 사용하도록 격려받는다; 에반은 다면적 감각 입력을 즐기기 때문에 탬버린을 받고 가브리엘은 그룹에서 비트를 유지하는 것을 즐기기 때문에 클라베스를 받는다.
3. 치료사는 아동들의 템포에 맞추고 각 음악 구절의 마지막 단어를 기다림으로써 아동들이 노래 가사를 부르도록 돕는다.
4. 아동들은 필요에 따라 언어적 및 또는 제스처적 의사소통을 통해 도움을 요청하도록 격려받는다.
5. 치료사는 필요에 따라 절과 선율 리듬을 개인화한다,
   예시: 절.
   가브리엘이 클라베스를 연주해요(쉼표, 쉼표, 쉼표). 가브리엘이 클라베스를 연주해요(쉼표, 쉼표, 쉼표); 가브리엘이 클라베스를 연주해요(쉼표). 바로 지금(쉼표).
   예시: 후렴.
   모두 다. (쉼표) 음악을 만들어 보자(쉼표, 쉼표, 쉼표). 음악을 만들어 보자(쉼표, 쉼표, 쉼표). 음악을 만들어 보자(쉼표). 음악 바로 지금(쉼표).
   예시: 절 2, 등.
6. 치료사는 에반과 에비의 2인 연주를 다음과 같이 구성한다: '음악을 만들어 보자(드럼, 드럼, 탬버린)', 두 번 더 반복. '음악 바로 지금' —심벌즈(도라).
7. 또한, 노래 시간 동안 에비는 가브리엘을 돕기 위해 여러 가지 노래와 제스처 지시를 제공하도록 요청받는다(클라베스 연주, 쉼표, 쉼표; 클라베스 연주, 쉼표; 클라베스 연주, 쉼표).
8. 노래 후, 한 아동이 악기를 수집하는 것을 돕고(리처드) 아동들은 가능하다면 솔로 순서를 기억하며 그들의 음악 경험에 대해 언어적으로 반영하도록 격려받는다.
9. 노래의 두 번째 연주 요청이 있다면, 아동들은 리처드에 의해 지휘될 수 있다.

10. 치료사는 움직임 활동으로의 전환 곡을 제공한다.

움직임

목적/목표

1. 적절한 발달 수준에서 활동 참여 증가(모두).
   1a. 움직임 동안 최대 두 번의 언어적 재지시로(리처드).
   1b. 움직임 동안 5번의 시도 중 4번 최소한의 언어적 촉구로 10분 동안(재러드).
   1c. 움직임 동안 최소한의 언어적 촉구와 감소된 행동 방해로(재러드).
   1d. 움직임 동안 관심을 가지고(도라).
   1e. 움직임 동안 촉구와 재지시로(에반).
2. 아동들은 양측 활동 동안 언어적 촉구 없이 3번 중 2번 왼쪽 상지의 자발적 사용을 통해 신체적 기동성을 증가시킬 것이다(에비).
   2a. 콩주머니 노래 동안, 아동은 언어적 촉구 없이 3번 중 1번 콩주머니를 전달하기 위해 왼팔을 사용할 것이다(에비).
3. 대근육 활동의 변형에 참여하기 위해 움직임 수정하기(재러드).
   3a. 콩주머니 노래 동안, 자신의 충동성을 적절히 모니터링하기 위해 절반의 시간 동안 대근육 움직임을 수정하려고 시도하기(재러드).

자료

전달하기(1, 스튜어트): 콩주머니

방법

1. 치료사는 보조원과 교사들에게 아동들 앞으로 나와 콩주머니 전달 게임을 모델링하도록 요청한다.
2. 치료사와 교사 그룹은 아동들이 지켜보는 동안 녹음된 음악과 노래 지시에 맞는 기본 박자에 부합하는 리듬적 전달 움직임을 강조하며 콩주머니 전달을 모델링한다.
3. 치료사는 반원의 왼쪽에 있는 첫 번째 아동에게 콩주머니를 건네주고 '콩주머니를 전달하세요'의 반복에 맞춰 아동들이 콩주머니 전달을 시작하도록 신호를 보낸다. 이때는 그룹의 작업 템포를 설정하기 위해 녹음된 반주를 사용하지 않고 치료사가 아카펠라로 노래한다.
4. 치료사는 녹음된 음악을 사용하거나 대안으로 적절한 작업 템포로 카시오에서 노래의 반주를 연주하며, 아동들에 대한 물리적 접근을 위해 녹음 기능을 사용한다.
5. 치료사는 간호사에게 도라가 왼쪽에서 뻗어 콩주머니를 잡을 때 왼쪽 팔꿈치의 수동 스트레칭을 돕도록 신호를 보낸다.
6. 치료사는 에비에게 콩주머니를 받고 전달할 때 왼팔을 사용하도록 촉구한다.
7. 치료사는 아동들에게 어떻게 했는지 물어본다. 음악의 박자에 맞춰 콩주머니를 적시에 전달할 수 있었나요? 자신의 차례를 기다릴 수 있었나요?(재러드)
8. 치료사는 다음 보컬을 위한 전환 곡을 사용한다.

보컬

목적/목표

1. 의사소통과 상호작용을 위해 음성 출력이 있는 저수준 보완 장치의 사용 확장(에반, 도라).
   1a. '빅 맥'이 주어졌을 때, 아동들(에반, 도라)은 '네, 할 수 있어요'를 부르라고 요청받았을 때 음성 출력 장치를 눌러 반응할 것이다.
2. 아래에 명시된 대로 적절한 발달 수준에서 수용 언어 증가(에반, 리처드).
   2a. 개시 및 활동 노래 동안, 아동들은 세션 중 최소 한 번 한 가지 활동 동안 그림이나 행동을 통해 적절하게 반응하며 그들의 발달 수준에서 참여를 시도할 것이다(에반).
   2b. 5번의 기회 중 4번 적절한 언어적 반응을 통해 언어 정보의 이해를 보여 주기(리처드).
   3. 적절한 발달 수준에 따라 표현적 의사소통 증가(리처드, 패트릭, 도라).
   3a. 노래 동안 절반의 시간 동안 적절한 직원에게 자발적으로 욕구, 요구, 그리고 느낌을 말로 표현하기(리처드).
   3b. 적절한 처리 시간이 주어졌을 때, 노래 시간 동안 그룹 활동 중 절반의 시간 동안 적절하게 반응함으로써 청각적 입력의 이해와 유지를 보여 주기(패트릭).
   3c. 노래 동안 표현적 제스처(도라).

자료

'네, 할 수 있어요'(Music Connection, 수정됨)

방법

1. 치료사는 그림을 사용하여 아동들에게 세션에서 무엇을 했는지 상기시킨다.
2. 치료사는 아동들에게 가장 좋아하는 음악 경험을 묘사하는 그림을 고르도록(에반, 패트릭) 또는 같은 질문에 비언어적으로 제스처로 반응하도록(도라) 요청하며, 필요에 따라 치료사가 모델링한다.
3. 치료사는 아동들에게 오늘 음악에서 무엇을 했는지, 그리고 그것을 어떻게 좋아했는지 언어적으로 회상하도록 요청한다(리처드).
4. 치료사는 '네, 할 수 있어요' 노래를 사용하여 오늘 음악에서 이룬 것에 대한 정보를 통합하며, 이 노래는 일어난 각 세부 사항이 불려진 후 '네, 할 수 있어요'라는 노래 응답을 요구한다.
5. 치료사는 필요에 따라 템포와 선율 리듬을 조정하여 노래를 즉흥적으로 변형하고 적절히 개인화한다.

종결

목적/목표

1. 의사소통과 상호작용을 위해 음성 출력이 있는 저수준 보완 장치의 사용 확장(에반, 도라).
   1a. '빅 맥'이 주어졌을 때, 아동들(에반, 도라)은 '안녕히 가세요'를 부르라고 요청받았을 때 음성 출력 장치를 눌러 반응할 것이다.
2. 적절한 발달 수준에서 수용 언어 증가(에반, 리처드).
   2a. 종결 노래 동안 그림이나 행동을 통해 적절히 반응하기(에반).
   2b. 종결 노래 동안 5번의 기회 중 4번 적절한 언어적 반응을 통해 언어 정보의 이해를 보여 주기

(리처드).

3. 적절한 발달 수준에 따라 표현적 의사소통 증가(리처드, 패트릭).
   3a. 종결 노래 중 절반의 시간 동안 적절한 직원에게 자발적으로 욕구, 요구, 그리고 느낌을 말로 표현하기(리처드).
   3b. 적절한 처리 시간이 주어졌을 때, 종결 노래 중 절반의 시간 동안 적절하게 반응함으로써 청각적 입력의 이해와 유지를 보여 주기(패트릭).

자료

'작별 인사를 할 시간이에요'(Nordoff and Robbins, Book 2, p. 19).

방법

1. 치료사는 작별 인사 노래를 시작하며, 음악 구절의 끝에서 멈춰서, 기능이 낮은 아동들이 '작별 인사' 단어를 근사하게 부르거나, 손을 흔들거나, '빅 맥'을 사용하도록 한다(에반, 도라).
   - 작별 인사를 할 시간이에요.
   - 안녕히 가세요, 안녕히 가세요, 안녕히 가세요.
   - 소년 소녀 여러분 모두 작별 인사를 하세요.
   - 오!
   - 소년 소녀 여러분 모두 작별 인사를 하세요.
2. 치료사는 아동들에게 세션을 반영하고 다음에 작업하고 싶은 것을 제안할 수 있는 마지막 기회를 제공하며, 이는 언어적으로(예: 리처드, 재러드, 에비, 패트릭) 또는 그림 선택이나 제스처를 통해(도라, 에반) 이루어진다.

세션에서 실제로 일어난 일, 방법론, 그리고 자료를 어떻게 조정했는가

참고: 방법론의 지속적인 변경 사항은 아래에 **고딕체**로 표시되어 있다.

아동들은 명랑한 기분으로 방에 들어왔다. 이는 아침 세션이었고, 그들이 무한한 에너지로 가득 차 있었기 때문에 운이 좋았다. 재러드는 거의 자신을 좌석에 던지다시피 했고, 에비는 그 격렬한 시작에 웃기 시작했다. 그러자 재러드도 웃기 시작했고, 도라는 어떤 종류의 표현적인 얼굴 표정을 짓는 데 어려움이 있음에도 불구하고 미소를 지으려 노력했다. 나도 재러드의 에너지에 웃기 시작했음을 인정해야 한다.

아동들이 자리에 앉은 후, 나는 '나를 소개하겠습니다'로 시작했다. 나는 큰 열정으로 노래했고 이는 분명히 아동들에게 전염되었는데, 그들이 나를 보며 즐겁게 웃었기 때문이다. 그런 다음 나는 내 '친구'로 패트릭의 보조원인 빌을 선택했다. 빌은 꽤 조용한 사람이었는데 이 노래가 그의 또 다른 자아를 끌어낸 것 같았다. 그는 노래를 부르면서 팔을 벌렸고 목소리도 열렸다. 보통 조용하고 불안해하는 패트릭은 이에 정말 매료되었다. 그는 자신의 보조원을 계속 쳐다보았다. 이제 그는 자신의 보조원처럼 공연할 준비가 되어 있었다. 보조원이 그를 부르자마자, 그는 약간 당황했고 자리에서 노래하기로 결정했다. 그는 보조원으로부터 매우 긍정적인 관심을 받았고 이것이 그를 자극한 것 같았다. 그는 리처드를 부르며 자신의 노래 부분을 마쳤다. 교사가 농담으로 부르는 천성적인 '광대'인 리처드는 또래들 앞에서 꽤 연극적으로 되었다. 그가 끝낸 후, 그는 자신의 공연을 반복하게 해달라고 간청했다. **나는 좋다고 했다.** 그는 다시 했고 또다시 공연을 반복하게 해달라고 간청했다. 그는 이것이 정말 좋았던 것 같다. 나는 두 번째 연주가 발음을 더 강하게 숙달하는 결과를 가져왔음을 알아차리고 그에게 이 점을 말해 주었다. 그는 기뻐 보였다. **나는 결국 그가 다른 아동을 선택하여 노래하게 하는 데 약간 엄격해야 했음을 인정해야 한다. 이때쯤 재러드는 자신의 차례를 기다리며 자리에서 뛰어오르고 있었고, 나는 그가 기다릴 수 있어서 매우 자랑스럽다고 말했다.** 그는 도라 다음 차례가 될 것이다. **도라는 빅 맥을 사용하지 않기로 했다. 그보다는 '나 자신'이라는 단어에서 자신을 가리키고 '친구'라는 단어에서 에비를 가리키는 제스처를 선호했다. 이는 괜찮았는데, 특히 그녀가 이러한 제스처를 수행하기 위해 구축된 왼팔을 자발적으로 펴는 것을 알아차렸기 때문이다.** 재러드와 리처드의 "어서(빨리)"라는 언어적 격려를 받은 에비는 주저하며 일어서서 피아노 옆으로 와서 솔로를 불렀다. 그녀는 주저했다. **나는 그녀를 시작하게 하고 그녀가 그룹에 팔을 벌리려고 노력하는 동안 계속 미소를 지으며 어려움을 겪고 있는 단어를 근사하게 말하도록 도왔다.** 그녀가 끝낸 후, 그룹은 그녀를 위해 박수를 쳤는데, 이는 지지의 훌륭한 표현이었다. 이때쯤 에반은 귀를 막고 있었다; 흥분이 그에게 압도적이면서도 위협적이었을 수 있다. 나는 어느 쪽인지 확실하지 않았다. **어쨌든, 그는 행동의 모든 단계를 지켜보고 있었음에도 참여를 포기했고 나는 그것이 얼마나 훌륭한지 언급했다.** 노래할 마지막 그룹 구성원인 가브리엘은 지금까지의 모든 모델링으로부터 이익을 얻어 노래의 많은 단어를 불렀고, 이는 교사를 놀라게 했다.

우리는 '일어서고 앉기' 노래의 그룹 선택으로 순조롭게 전환했는데, 특히 아동들이 이미 인사 노래를 하기 위해 일어났었고 이제 '워밍업'이 되어 있었기 때문이다. 내가 먼저 노래를 모델링하고 아동들을 참여하도록 초대하자 흥분이 고조되었다. 에반은 자리에서 일어났다 앉았다 하며 웃고 있었고, 재러드와 리처드가 만들어 내는 전염성에 동참했다. 에비, 리처드, 패트릭은 신체적으로 약간 더 느렸고, **그들의 지체된 청각 처리와 운동 계획을 수용하려는 내 노력으로, 나는 재러드가 과잉행동을 관리하도록 하는 도전을 제공했다.** 나는 이를 정말 예상하지 못했지만 그룹 역동 측면에서는 잘 작동했다.

나는 아동들에게 다음 음악 활동 선택에 대해 '투표'하도록 요청했다. 그들은 모두 악기 그림을 선택했다. 나는 드럼을 선택할 수 있는 옵션과 함께 탬버린 노래를 소개했다. 보조원이 나와 함께 모델링했다. 내가 그에게 탬버린과 드럼을 어떻게 모델링하는지 간단히 시연하는 동안, 나는 탬버린과 드럼을 연주하는 것이 실제로 여러 가지 방식으로 할 수 있으며, 각 방식이 다른 종류의 감각 자극을 초대한다는 것을 깨달았다. 나는 가장 쉬운 방법(단순히 탬버린을 흔들기; 드럼을 세 번 치기)을 모델링해야 할지, 아니면 더 복잡한 순차적 기술(첫 번째 박자에 탬버린을 위로 흔들고, 두 번째 박자에 중간에서, 세 번째 박자에 아래로; 각 4분음표 박자마다 다른 리듬 조합으로 드럼 치기)을 사용해야 할지, 또는 더욱 복잡한 방식(첫 번째 박자에 탬버린 흔들기, 팔꿈치로 치기, 무릎에 치기; 세 가지 다른 다이내믹으로 드럼 치기)을 사용해야 할지 확실하지 않았다. **노래를 소개하는 데 대한 내 흥분으로 인해 음악적으로 주제에서 벗어날 가능성이 있었고 이것이 아동들에게 혼란을 줄 수 있다는 것을 깨달았다. 나는 첫 번째에는 단순하게 유지하기로 결정했고, 매 박자마다 탬버린을 흔들었다.** 이것조차도 세 박자 동안 계속 흔드는 것보다 더 큰 도전이었다. 연주와 전달은 순조롭게 진행되었지만 내가 예상했던 것보다 아동들이 전달하는 것을 돕기 위해 더 많은 신체적 노력이 필요했다. **아동들이 멈추는 데 추가적인 음악적 촉구를 돕기 위해, 나는 '탬버린을 연주할 수 있어요'의 마지막 연주 후에 추가 구절을 넣어 음악을 약간 변경했다.** 그 시점에서 나는 두 개의 4분음표와 불협화음을 추가하며 '이제 멈춰!'라고 노래했다. 그것이 도움이 되었다. 내 유일한 문제는 재러드였다. 그는 탬버린을 놓고 싶어 하지 않았고 공중에서 위아래로 격렬하게 흔들고 있었다. **나는 피아노에서 일어나 다른 탬버린을 가져와 그와 함께 흔들기 시작했고, 마지막에 아카펠라로 '멈추고 (쉼표) 쉬어'라고 노래했다. 그는 멈추는 시점, 음악적 연결의 순간을 너무 즐겼기 때문에 웃음을 터뜨리고 탬버린을 내려놓았다.**

다음 전환 후, '콩주머니'에 대한 투표가 이루어졌다. 우리는 먼저 아카펠라로 했는데, 이는 녹음을 사용하여 내 손을 자유롭게 하기 전에 그룹의 작업 템포를 가늠할 수 있게 하기 위해서였다.

재러드가 콩주머니를 받았을 때, 그는 그것을 공중으로 던졌고 실제로 에비를 거의 맞출 뻔했다. 그녀는 갑작스러운 침입을 예상하지 못해 겁을 먹었다. **우리는 음악을 멈추고 나는 그에게 자신이 한 일을 자체 평가하도록 요청했다.** 그는 "미안해, 미안해, 미안해 에비"라고 중얼거렸다. 나는 그가 정말로 미안해한다고 믿는다. 나는 그에게 말했다, **"재러드, 너는 네 행동을 통제할 수 있어. 다시 해 보자. 음악을 들어야 해."** 그러자 그는 괜찮아졌다. **이 에피소드 동안, 나는 다른 그룹 구성원들의 주의를 유지해야 했기 때문에, 단순히 "재러드가 콩주머니 전달에 약간 어려움을 겪고 있지만, 이제 그는 할 수 있어."라고 말했다.** 리처드는 고개를 끄덕였고, 도라는 주의를 기울이는 것 같았으며, 에반은 그도 던지고 싶어 하는 것처럼 관심을 보였다. 음…… 그 일이 정확히 일어났다. **에반은 결국 콩주머니를 바닥에 던지고 웃었다.**

이제 우리는 45분 세션 중 35분이 지났고, 나는 내 시간 관리 기술을 사용해야 했는데, 항상 최고는 아니지만, 확인/회상("네, 할 수 있어요")과 종결을 위해 얼마나 시간이 있을지 예상해야 했다. 리처드는 개시 노래를 기억하며 우리가 다시 '연기'할 수 있는지 물었다. 나는 추가 노래/악기 활동 옵션을 건너뛰고 '네, 할 수 있어요'를 더 연극적인 발표로 전환하기로 결정했다. 이를 위해 나는 리처드에게 우리가 음악에서 했던 것을 회상하는 모델을 보여달라고 요청했다. 나는 그에게 '움직임'(콩주머니; 일어서고 앉기), '악기'(탬버린 노래), 그리고 개시(나를 소개하겠습니다)에 대한 **그림 교환 카드를 보여 주며 순서를 기억하도록 도왔다. 그 시각적 촉구로,** 그는 내 반주에 맞춰 '오, 나는 안녕이라고 노래할 수 있어요(오오오오오), 오, 나는 앉았다 일어설 수 있어요(시연), 오, 나는 드럼을 연주할 수 있어요(시연), 오, 나는 콩주머니를 전달할 수 있어요'(나에게 건넨다)라고 노래하고 연기할 수 있었다.

모든 아동들은 '네, 할 수 있어요' 후렴구에 참여하도록 격려받았고 리처드의 우스꽝스러운 행동을 즐기는 것 같았다. **세션에서 우리가 했던 일에 대한 더 구체적인 시각적 회상은 실제로 그들의 기억을 강화하는 훌륭한 방법이었다.**

우리는 편안하게 마무리했고 패트릭은 교실에서 어떤 짜증도 내지 않고 전환할 수 있었다.

후속 세션에서의 방법론 변경

해가 진행됨에 따라 그룹은 서로를 지켜보고, 감정적으로 서로에게 반응하며, 발달 목적을 향해 진전하고, 유대감(라포)를 발전시키는 면에서 더 응집력 있게 되었다. 핼러윈 무렵, 그룹이 시작된 지 얼마 되지 않아, 그들은 여러 후속 세션을 사용하여 '으스스한 종소리'(Levin & Levin, 1998)를 준비할 수 있었는데, 이는 여러 다른 악기가 대위법적으로 연주되는 작품이었다. 치료사로서의 내 방법론은 근본적으로 변하지 않았다.

11월, 추수감사절 직후에 변한 것은 그룹 구성원 중 일부가 더 큰 정서적·인지적 도전을 받아들일 수 있는 능력이 진전되었다는 내 깨달음이었다.

추수감사절 이후 매우 슬픈 날이 있었는데, 교사들과 치료사들이 청소년 반의 학생인 폴이 자동차 사고로 사망했다는 것을 알게 되었다. 음악치료에서, 나는 폴의 반 아동들이 그들의 반 친구 폴에 대한 노래를 쓰는 것을 도왔다. 이는 친숙한 멜로디인 '나를 소개하겠습니다'의 멜로디를 기반으로 했다. 그들은 모두 그들의 반 친구가 좋아하는 일, 좋아하는 것들에 대한 정보를 제공했고 나는 이를 노래에 포함시켰다. 폴은 (______) 하는 것을 좋아해요, 등. 폴은 (______) 하는 것을 좋아해요, 네, 폴은 (______) 하는 것을 좋아해요. 내 친구를 소개하겠습니다, 그의 이름은 폴이었어요.

청소년 그룹이 음악실을 떠날 때 더 어린 그룹이 들어왔다. 그들은 더 어린 그룹을 위해 그들의 노래를 불러줄 수 있는지 물었다. 더 어린 그룹의 모든 사람들로부터 얼굴 표정, 눈물, 그리고 '나는 슬퍼요'와 같은 단순하고 사려 깊은 댓글을 통해 주목할 만한 공감이 있었다.

그룹 작업을 위한 음악치료 접근법 평가

교수적 질문들

샘플 사례 연구의 경험에서 나아가, 치료사는 이제 그룹 작업을 위한 다양한 음악치료 접근법을 어떻게 평가할지 반영할 수 있다. 앞서 언급했듯이, 접근법은 일련의 방법들이다. 음악치료에는 여러 가지 접근법이 있다. 이러한 접근법들로 훈련받은 치료사들은 그룹의 요구와 임상 환경의 실제적 현실에 맞는 독특한 치료 스타일을 개발하면서 이들을 단독으로 또는 서로 병행하여 사용할 수 있다. 대로우의 최근 기여(Darrow, 2004)는 음악치료 접근법들을 상세히 다루는 것을 정리한 것이다. 치료사가 다양한 접근법들을 선택적으로 검토하고 그룹 작업에 포함할지 고려하는 것이 중요하다. 여기서 제시된 질문들은 다음 접근법들의 설명을 요약한다: 오르프(Colwell, C. M., Achey, C., Gillmeister, G., Woolrich, J., 2004), 달크로즈(Frego, R. J. D., Liston, R. E., Jama, M., Gillmeister, G., 2004), 코다이(Brownell, M. D., Frego, R. J. D., Kwak, E., Rayburn, A. M., 2004), 킨더뮤직(Pasiali, V., De L'Etoile, S., Tandy, K., 2004), 노르도프-로빈스(Aigen, K., Miller, C. K., Kim, Y., Pasiali, V., Kwak, E., Tague, D. B., 2004), 정신역동적(Isenberg-Grzeda, C., Goldberg, F. S., Dvorkin, J. M., 2004), 행동적(Standley, J., Johnson, C. M., Robb, S. L., Brownell, M. D., Kim, S., 2004), 그리고 신경학적 음악치료(Clair, A. A., Pasiali, V., 2004).

1. 이 방법의 설명은 무엇인가?
2. 이 방법은 그룹 작업에 적합한가?
3. 나는 이 방법을 실천하는 데 필요한 배경, 기술, 그리고 지식을 가지고 있는가?
4. 이 방법은 어떻게 그룹 내 아동들의 발달 목적을 더 진전시키는가? 구체적으로 어떻게?
5. 이 방법이 어떤 식으로든 금기시되는가?

오르프 슐베르크(Orff-SCHULWERK)

이 방법의 설명은 무엇인가

- 음악과 단어의 초기 탐색 및 모방
- 음악과 단어를 사용한 즉흥연주
- 음악과 단어를 사용한 작곡
- 작곡된 음악의 점진적 소개
- 리듬은 모든 작업의 기초이며 말하기, 춤, 움직임에서 통일성을 제공한다; 운율이 있는 말과 없는 말로 이동한다.
- 멜로디는 호출과 응답, 노래 부르기, 그리고 5음 음계와 7음 음계를 통해 발전한다.
- 비음정 악기에 이어 음정 악기를 사용하여 말하기, 노래, 움직임을 동반한다.

이 방법은 그룹 작업에 적합한가

맞다, 음악교육을 위해 개념화된 오르프는 그룹 접근법이다. 일반적으로 학령기 아동들에게 소개된다.

나는 이 방법을 실천하는 데 필요한 배경, 기술, 그리고 지식을 가지고 있는가

오르프는 음악 교육 방법이며 음악 교육자를 위한 수업과 워크숍에서 가르친다. 아마도 이 작업을 적용하고 워크숍을 제공하는 음악치료사들을 찾을 수 있을 것이다.

이 방법은 어떻게 그룹 내 아동들의 발달 목적을 더 진전시키는가? 구체적으로 어떻게?

오르프는 다감각적 접근법이다. 음악과 움직임의 결합은 언어와 운동 조절 계획을 촉구하기 위해 음악치료에서 인기 있는 감각 통합 방법이다. 또한, 오르프가 점진적으로 음악 악보 필사로 이동한다는 사실은 처음에 다감각적 관점에서 음악에 노출된 학습장애 아동들에게 음악 읽기와 쓰기를 가르치는 데 유용한 도구가 될 수 있다. 오르프 악기 자체는 탁월한 음질을 가지고 있어 특수한 요구를 가진 모든 인구에게 사용하기에 가치가 있다.

오르프는 성인 그룹 작업에서 사용되었으며(Bitcon, 2000), 콜웰, 애쉬, 길마이스터, 울리치(Colwell, Achey, Gillmeister, & Woolrich, 2004, p. 10)에 따르면 음악치료에 다음과 같이 적용될 수 있다.

- 모방, 솔로/앙상블 연주, 오스티나토, 리듬 춤을 통해 차례 지키기와 지시 따르기 장려
- 노래 부르기, 말하기 오스티나토, 호출과 응답 활동을 통해 말하기와 질문–답변 기술 사용 장려
- 신체 타악기(모방/오스티나토)와 말렛(북채) 사용을 통해 운동 모방과 손바닥 잡기 발달 장려
- 앙상블 파트의 기계적 교육(학습)과 다양한 이름 게임 및 노래 부르기를 통해 듣기 기술과 이름 인식 장려
- 즉흥연주, 자유 움직임, 작곡 선택, 참여 수준을 통해 스트레스 해소와 자기통제 장려
- 자신을 묘사하는 노래 부르기와 움직임 모방을 통해 언어적 자기표현과 신체 언어 인식 장려
- 감정에 기반한 즉흥연주, 작곡, 노래, 창조적 작업을 통해 자기표현과 감정 변별 장려
- 리듬/텍스트 차트 읽기와 시각 자료를 사용한 론도 활동을 통해 시각적 추적과 기호/글자 변별 장려
- 작곡에서 환경 소리 사용과 일반적으로 앙상블 공연을 통해 청각 변별과 또래 상호작용 장려

이 방법이 어떤 식으로든 금기시되는가

보행과 언어 면에서 매우 기능이 낮은 아동들은 이 방법에 어려움을 겪을 것이다.

달크로즈(DALCROZE)

이 방법의 내용은 무엇인가

- 고정된 'do' 시스템을 사용하여 솔페지(Solfege: 고정도법 사용하여 계이름 부르기)를 가르치며, 이를 통해 아동들은 음높이와 조성 관계에 대한 감수성을 발달시킨다. 솔페지는 항상 리듬과 움직임과 결합된다.
- 즉흥연주 기술은 순차적으로 발달한다.
- 유리드믹스(Eurythmics: 리듬을 몸동작으로 표현하기)는 움직임을 통해 대칭, 균형, 리듬적 정확성을 제공한다.
- 솔페지, 즉흥연주, 유리드믹스는 상호 의존적 시스템이므로 함께 가르친다.
- 전형적인 초급 달크로즈 수업은 음악의 박동(펄스), 박자, 세분화, 박자, 리듬, 구절, 형

식과 같은 요소를 소개하기 위해 '즉흥 음악에 맞춰 걷기, 그리고 빠른 반응 게임에서 템포, 강약, 구절의 변화에 반응하기'를 포함한다.

- 중급 수업은 복합박자, 복합리듬, 캐논, 긴장과 이완, 호흡, 지휘, 대위법, 약박, 강박, 후박의 상호작용 경험을 포함할 수 있다.
- 모든 수업은 참가자들이 비언어적 의사소통을 발전시키는 그룹으로 진행된다.
- 플라스티크 아니메(Plastique Animee)는 이전의 리듬 학습을 바탕으로 한 자유로운 안무이다.

이 방법은 그룹 작업에 적합한가

맞다, 달크로즈는 그룹으로 진행된다.

나는 이 방법을 실천하는 데 필요한 배경, 기술, 지식을 가지고 있는가

달크로즈는 수업과 워크숍에서 가르치는 음악교육 방법이다. 음악치료사들이 이 접근법을 적용했으며 워크숍에서 다른 치료사들을 훈련시킬 수 있다.

이 방법은 어떻게 그룹 내 아동들의 발달 목적을 더 진전시키는가? 구체적으로 어떻게?

달크로즈는 음악, 솔페지의 보컬 연습, 움직임을 결합한 다감각적 접근법이다. 치료사가 접근법을 적응시킬 수 있다면, 초급 달크로즈 경험은 아동들의 반응 시간, 충동성, 청각 처리를 도울 수 있다. 중급 및 고급 달크로즈 경험은 감각 입력 통합(예: 복합박자, 복합리듬) 면에서 더 도전적일 것이다. 달크로즈는 학습장애, 정서장애, 지적장애 아동들과의 그룹 작업에서 사용되어 아동들이 주의를 기울이고 듣는 것을 돕고, 공간 내 신체에 대한 자기인식을 증가시키며, 움직임을 통제하고, 또래 사회화와 자기표현을 증가시키는 데 사용되었다. 이 방법은 치료적 유리드미(eurhythmy; Rudolf Steiner, 1977, 1983)가 개발한 움직임 예술 형태)라고 불리는 슈타이너 유리드미와 혼동해서는 안 된다.

이 방법이 어떤 식으로든 금기시되는가

비보행 및 또는 비언어적인 저기능 아동들은 달크로즈에 어려움을 겪을 것이다.

코다이(KODALY)

이 방법의 내용은 무엇인가

- 아카펠라 노래, 민속 음악, 솔페지, 이동도법에 기반한다.
- 음높이와 음높이 관계의 시각적 표현으로서의 손 기호가 음높이에 대응한다.
- 아동이 나중에 장조와 단조에 적응할 수 있도록 초기 음악 작업에서 5음 음계 음악을 광범위하게 사용한다.
- 솔미제이션(Solmization: 음계의 각 음에 특정 음절이나 이름을 부여하여 음악을 가르치는 것)은 음표 길이를 나타내는 음절로 구성된다(예: 4분음표는 Ta, 두 개의 8분음표는 ti–ti, 네 개의 16분음표는 ti–ri–ti–ri, 2분음표는 ta–a, 온음표는 ta–a–a–a).
- 리듬은 처음에 음표의 크기가 길이와 관련된 상징적 그림 카드를 통해 제시된다.
- 노래의 학습 순서는 새로운 노래를 통한 준비를 포함하며, 이는 기계적 노래, 크게 또는 부드럽게 노래하기, 리듬 박수치기, 박자에 맞춰 걷기, 빠르게 또는 느리게 노래하기, 노래 게임하기 등 여러 수준에서 학습되고 경험된다.
- 준비 후 학습 순서는 특정 노래를 통해 새로운 개념에 대한 의식적 인식을 위한 음악적 기회를 포함한다.
- 새로운 개념의 강화는 아동들이 이제 악보를 읽고, 리듬 음절과 솔페지를 사용하여 이루어진다.
- 개념 학습의 마지막 단계는 아동에게 이러한 개념을 내면화하기 위해 선율적 또는 리듬적 요소가 있는 새로운 노래를 읽도록 요구한다.

이 방법은 그룹 작업에 적합한가

그렇다, 코다이는 그룹으로 진행된다.

나는 이 방법을 실천하는 데 필요한 배경, 기술, 그리고 지식을 가지고 있는가

코다이는 워크숍과 수업을 통해 달성되는 음악교육 방법이다. 이 작업이 음악치료에 적용된 사례는 매우 적다.

이 방법은 어떻게 그룹 내 아동들의 발달 목적을 더 진전시키는가? 구체적으로 어떻게?

코다이는 음높이가 시각적으로 표현되고, 음표 길이가 청각적 및 시각적으로 표현되며,

노래 학습이 다양한 감각 입력을 사용하여 반복적인 방식으로 이루어지는 다감각적 접근법이다. 따라서 특수 학습자들의 감각 통합 노력에 유용할 수 있다. 시각적 표현은 특히 청각 장애/난청 학습자에게 유용할 수 있다.

이 방법이 어떤 식으로든 금기시되는가

코다이는 다면적이고 추상적이므로, 구체적 학습자와 비보행 및 비언어적 학습자에게는 아마도 금기시될 것이다.

킨더뮤직(KINDERMUSIK)

이 방법의 내용은 무엇인가

- 출생부터 7세까지의 아동들을 위한 심화 프로그램
- 부모를 포함한다.
- 피아제의 인지 발달 단계에 기반한다.
- 음악 기술은 사회화(차례 지키기), 언어 및 청각 기술(다양한 노래에서 소리와 음절, 볼륨, 속도, 음높이의 변화에 대한 노출), 신체 발달 증가(흔들기와 흔들림, 재배치), 사회-정서 발달(조절을 위한 음악에 맞춰 시작하고 멈추기)과 같은 비음악적 목적을 통합한다.
- 킨더뮤직 빌리지는 1.5세까지의 영아를 대상으로 하며 노래, 찬팅, 물체 놀이, 의도적 터치, 음악에 맞춘 움직임, 부모 교육을 포함한다.
- 킨더뮤직 아워 타임은 1.5세에서 3세 사이의 유아를 대상으로 하며 노래, 리듬 악기 연주, 창조적 움직임, 음악 감상, 참여적 액션 송을 포함한다.
- 3~5세 아동을 위해 설계된 킨더뮤직인 '이매진 댓'은 부모가 45분 수업의 마지막 15분에 참여하도록 요청한다. 음악 만들기, 공연, 앙상블 연주를 포함한다. 수업은 개념을 소개하는 음악 게임을 포함한다.
- 4.5세에서 7세 아동을 위한 킨더뮤직 포 더 영 차일드는 이전 프로그램의 45분에서 60~75분으로 수업 시간을 늘린다. 춤추기, 듣기, 읽기, 타악기 연주, 음악 쓰기와 읽기 소개를 포함한다. 부모와 형제자매가 참여한다. 음악 경험을 복제할 수 있는 가정용 자료가 있다.

이 방법은 그룹 작업에 적합한가

그렇다, 킨더뮤직은 그룹으로 진행된다.

나는 이 방법을 실천하는 데 필요한 배경, 기술, 지식을 가지고 있는가

킨더뮤직은 라이선스 킨더뮤직 교육자로서의 특별한 훈련을 요구한다.

이 방법은 어떻게 그룹 내 아동들의 발달 목적을 더 진전시키는가? 구체적으로 어떻게?

킨더뮤직은 발달에 기반하므로, 영아기부터 7세까지 모든 아동의 기능적 발달에 적합하다. 그러나 이는 전형적으로 발달하는 아동을 위해 만들어졌으며, 프로그램의 특수 학습자들은 그들의 특정 장애에 따라 조정이 필요할 것이다.

파시알리, 드레투알, 탠디(Pasiali, DeL'Etoile, & Tandy, 2004)는 킨더뮤직 전문가로서의 음악치료사가 특수 학습자에게 본질적으로 주류화된 경험인 적응된 경험을 제공할 수 있다고 제안한다. 예를 들어, 시각장애 학습자는 촉각 자극을 제공하는 악기와 재료(예: 다른 질감)가 필요할 것이고, 청각장애 아동은 더 큰 볼륨과 진동을 통한 느낌(예: 스피커 근처)이 필요할 것이다. 자폐 아동은 활동 영역 내에서 사용되는 재료가 변경되더라도 일정하게 유지될 수 있는 세션 구조의 시각적 신호로부터 이익을 얻을 수 있다. 지체장애 아동은 보행 활동 중 부분적으로 참여하거나 부모에 의해 안겨야 할 수 있다. 부모-자녀 관계의 장려는 집에서 음악 복제를 장려하므로 긍정적이다. 마찬가지로, 적절한 발달 연령에 부모로부터 분리할 수 있는 능력이 프로그래밍에서 인식된다.

이 방법이 어떤 식으로든 금기시되는가

킨더뮤직은 음악 주류화에 적합한 아동에게 적절해 보인다.

행동주의(BEHAVIORAL)

이 방법의 내용은 무엇인가

- 첫 번째 원칙: "행동주의의 목적은 행동 또는 인지적 혹은 정서적 과정의 행동 지표를 판별, 수정, 행동 빈도 측정 또는 달리 관찰하는 것이다."
- 두 번째 원칙: 관찰을 사용하여 사건의 발생과 규모를 문서화한다.
- 세 번째 원칙: 행동을 긍정적으로 수정하기 위해 내담자의 환경에 조건부 상황을 도입

한다. 특정 조작적 기술에는 과제 분석, 촉구, 무오류 학습, 연쇄, 연속적 근사치/점진적 접근, 모델링, 프리맥 원리, 일반화된 강화제, 그룹 조건부 상황, 부정적 강화, 차별화된 강화, 소거, 타임아웃 등이 포함된다.

• 네 번째 원칙: 표적 행동의 지속적 또는 사후 관찰을 통해 결과를 평가한다.

이 방법은 그룹 작업에 적합한가

그렇다. 행동주의적 방법은 처음에 개인 치료 사례에서 음악치료 문헌에 도입되었지만(Madsen, 1979), 심각한 장애아동(Ghetti, 2002; Jellison, Brooks, & Huck, 1984), 청각장애 및 난청(Darrow, Gfleller, Gorsuch, Thomas, 2000), 정서장애(Hanser, 1974; Presti, 1984; Wilson, 1976), 그리고 취학 전 아동(Steele, 1971; Wolfe, 1993; Harding, et al., 1982)과의 그룹 작업에 사용되었다.

나는 이 방법을 실천하는 데 필요한 배경, 기술, 그리고 지식을 가지고 있는가

행동주의 훈련은 많은 음악치료 훈련 프로그램의 구성 요소이다. 플로리다 주립대학교는 이 접근법을 가르치는 것으로 유명하다.

이 방법은 어떻게 그룹 내 아동들의 발달 목적을 더 진전시키는가? 구체적으로 어떻게?

다양한 조작적 기술의 사용을 통해, 음악을 사용하는 조건부 상황은 교육 및 치료 목적 모두에 대한 강화제로서 전통적인 조건부 상황보다 우수하다(Standley, 1996).

이 방법이 어떤 식으로든 금기시되는가

내적 통찰 지향적 작업을 달성하고자 하는 치료사에게는 행동주의가 금기시된다.

노르도프-로빈스

이 방법의 내용은 무엇인가

• 정해진 형태가 없다.
• 음악이 변화의 주요 수단이다.
• 즉흥연주 중 음악 요소들이 의식적 의도로 사용된다(예: 멜로디의 방향과 구성, 불협화음의 정도와 유형, 종지의 사용, 특정 스타일과 음계 패턴의 사용, 음색의 사용).

- 사전에 작성된 곡들이 즉흥연주와 함께 사용된다.
- 순간순간 내담자의 감정에 맞추고, 동반하고, 강화한다.
- 장기적 치료 성장(단기적 행동 목적과 대비)은 '표현의 자유와 창조성, 의사소통 능력, 자신감, 독립성'으로 특징지어진다.
- 임상 목적은 음악적 목적 내에서 달성된다.
- 원래 모델은 두 명의 치료사로, 한 명은 피아노(또는 기타)를 맡고 다른 한 명은 아동(들)과 상호작용한다; 실용성의 문제로 이 모델은 현재 더 유연해졌다.

이 방법은 그룹 작업에 적합한가

맞다. 노르도프-로빈스의 대부분의 획기적인 발전이 개별 아동에 대해 작성되었지만, 노르도프-로빈스는 특히 필라델피아 학교 시스템에서 많은 해 동안 그룹 작업을 수행했다. 특수교육에서의 음악에 대한 그들의 책은 그룹 작업에 대한 많은 훌륭한 제안을 담고 있다(Nordoff & Robbins, 1971, 초판). 노르도프-로빈스 접근법에서 사용되는 평가 척도에 따르면, 음악적 반응성과 대인관계 연관성의 연속체를 따라 진전을 보이는 아동은 그룹에 참여할 준비가 된 것이다. 이는 발달적으로 의미가 있다.

나는 이 방법을 실천하는 데 필요한 배경, 기술, 그리고 지식을 가지고 있는가

노르도프-로빈스 방법은 전 세계의 클리닉에서, 그리고 미국에서는 뉴욕시에서 가르쳐지며, 이를 완료하면 NRMT 자격이 부여된다. 그러나 임상 즉흥연주의 초기 단계를 장려하는 수업은 선별된 대학 프로그램(예: Montclair State University)에서 가르쳐지고 있으며, 사전 작곡된 자료는 모든 음악치료사가 사용할 수 있다.

이 방법은 어떻게 그룹 내 아동들의 발달 목적을 더 진전시키는가? 구체적으로 어떻게?

음악적 성장은 인지, 사회화, 언어, 운동 계획 영역에서의 발달적 성장으로 이어진다.

이 방법이 어떤 식으로든 금기시되는가

그렇지 않다. 그러나 음악치료에서 단기 행동 목적의 문서화를 요구하는 학교는 이 접근법을 받아들이지 않을 수 있다. 따라서 치료사는 평가 척도를 수정해야 할 것이다. 아동의 음악적 성장을 추적하는 것 외에도, 발달적 성장도 명시하고 추적해야 할 것이다.

정신역동적(Psychodynamic)

이 방법의 설명은 무엇인가

- "과거의 사건이 현재에 영향을 미치고, 무의식적 자료가 현재의 행동을 주도한다는 개념에 기반한다. 치료의 목적은 현재의 기능을 방해하는 과거와 무의식적 요소를 밝히고 해결하는 것이다."
- 자유 연상의 한 형태로서의 음악과 관련됨(프로이트 기반).
- 자기(self)의 일부가 서로 '분리된' 투사적 기제로서의 음악과 관련됨(클라인 기반).
- 이행 대상으로서의 음악과 관련됨(위니콧 기반).
- 담아 주기 또는 안아 주기 환경으로서의 음악과 관련됨(비온 기반).
- 거울로서의 음악과 관련됨(코헛 기반).
- 전이, 역전이, 상호 주관적 반응을 초대하는 것으로서의 음악 경험과 관련됨(프로이트와 스턴 기반).
- 서술적 사례 자료는 일반적으로 개인적이며, 성인과의 장기 치료 맥락에서 사용됨.
- 이 접근법의 한 예는 분석적 음악치료(Priestley, 1975)라고 불리는 관련 접근법이다.

이 방법은 그룹 작업에 적합한가

주로 개별 사례 연구에서 설명되는데, 장애가 있지만 인지적으로 높은 기능을 하는 아동들과의 개별 사례를 포함한다(Goodman, 1989). 이 방법은 아동들과의 그룹 작업에서 사용될 수 있지만, 그들은 인지적으로 높은 기능을 하고, 자아(ego)가 온전하며, 장기적인 그룹이어야 할 것이다.

나는 이 방법을 실천하는 데 필요한 배경, 기술, 그리고 지식을 가지고 있는가

이 접근법은 언어적 과정을 포함하므로, 심리치료에 대한 추가 훈련이 필요하거나, 최소한 정신과 의사나 사회복지사의 감독이 필요할 것이다. 부가적 지식기반으로서의 분석적 방법에 대한 배경 훈련이 권장되며, 특히 앞서 언급된 이론가들(프로이트, 클라인, 위니콧, 비온, 코헛, 스턴)에 대한 지식이 필요하다.

이 방법은 어떻게 그룹 내 아동들의 발달 목적을 더 진전시키는가? 구체적으로 어떻게?

이 접근법의 강조점은 성격에 영향을 미치는 무의식적 갈등의 해결에 있다.

이 방법이 어떤 식으로든 금기시되는가

단기 작업, 인지적으로 손상된 저기능 아동들에게는 금기시된다.

신경학적(NEUROLOGIC)

이 방법의 내용은 무엇인가

- 감각운동 훈련, 언어 및 말 훈련, 인지 훈련에 사용된다.
- 감각운동 훈련에는 리듬적 청각 자극(RAS)이 포함되며, 이는 리듬적 보행을 촉구하는 기술이다.
- 감각운동 훈련에는 패턴화된 감각 강화(PSE)가 포함되며, 이는 기능적 움직임을 구조화하고 신호를 주기 위해 음악의 요소를 사용하는 기술이다.
- 감각운동 훈련에는 치료적 악기 연주(TIMP)가 포함되며, 이는 음악적 반주의 맥락에서 전략적으로 선택된 악기를 사용하여 내담자를 신체 운동에 참여시키고 기능적 움직임 패턴을 시뮬레이션하는 기술이다.
- 언어 및 말 훈련에는 멜로디 억양 치료(MIT)가 포함되며, 이는 스파크스와 홀랜드(Sparks & Holland, 1976)가 개발한 프로토콜을 기반으로 한다. 여기서 기능적 구문은 처음에 말한 단어와 유사한 운율과 억양으로 노래되고, 그다음 말하기 노래로 통합되며, 마지막으로 정상적인 말 패턴으로 전환된다.
- 언어 및 말 훈련에는 음악적 말 자극(MSS)이 포함되며, 여기서 내담자는 노래, 노래 부르기, 운율 또는 음악적 구문의 맥락에서 말한 단어나 기능적 구문을 완성하거나 시작한다.
- 언어 및 말 훈련에는 리듬적 말 신호(RSC)가 포함되며, 특히 실어증, 조음장애, 유창성 장애가 있는 내담자에게 권장된다. 여기서 내담자는 말 운율에 맞는 템포로 손 두드리기나 드럼 연주를 듣고, 그다음 리듬에 맞춰 말하도록 요청받는다.
- 언어 및 말 훈련에는 보컬 억양 치료(VIT)가 포함되며, 음성장애가 있는 내담자의 억양, 음높이, 호흡 조절, 음색, 음량을 훈련하는 데 사용된다. 전형적인 말의 운율, 억양, 속도를 시뮬레이션하는 노래 구문을 처음에 배우고 그다음 말한 구문으로 점차 전환한다.
- 언어 및 말 훈련에는 치료적 노래하기(TS)가 포함되며, 말의 시작과 발달, 조음 개선, 호흡 기능 증가를 위해 사용된다.

- 언어 및 말 훈련에는 구강 운동 및 호흡 운동(OMREX)이 포함되며, 이는 음악적 관악기 연주와 구강 운동을 사용하여 더 나은 소리 발성, 더 나은 조음, 더 나은 호흡 강도, 더 나은 말 메커니즘 기능을 목적으로 한다.
- 언어 및 말 훈련에는 음악을 통한 발달적 말과 언어 훈련이 포함되며, 이는 말과 언어 발달에 부합하는 음악 경험(노래, 노래 부르기, 악기 연주, 음악, 말, 움직임의 조합)을 제공한다. 일반적으로 발달지체가 있거나 기능적 의사소통이 거의 없는 자폐 아동에게 사용된다.
- 언어 및 말 훈련에는 음악을 통한 상징적 의사소통 훈련(SYCOM)이 포함되며, 여기서 구조화된 그리고/또는 즉흥적인 음악 공연이 내담자의 언어적 및 비언어적 의사소통(예: 듣기, 질문/답변, 진술, 입력 대기 등)을 돕는 데 사용된다.
- 청각 주의력 및 지각 훈련에는 청각 지각 훈련(APT)이 포함되며, 이는 시간, 템포, 지속시간, 음높이, 음색, 리듬 패턴, 말소리를 포함한 소리의 변별과 판별을 장려하는 기술이다. APT는 악기 연주를 지시하는 기호나 음표 읽기, 음악에 맞춰 움직이거나 춤추기, 또는 드럼을 치면서 소리 느끼기와 같은 감각 자극의 통합을 요구한다.
- 청각 주의력 및 지각 훈련에는 음악적 주의력 통제 훈련(MACT)이 포함되며, 이는 작곡되거나 즉흥적인 음악이 다양한 유형의 주의력(선택적, 지속적, 분할된, 교대적)에 대한 신호로 작용하는 기술이다.
- 기억력 훈련에는 음악적 기억술 훈련(MMT)이 포함되며, 이는 감각 정보의 즉각적 회상(에코 기억술), 규칙과 이전에 학습한 기술 기억하기(절차적 기억술), 그리고 마지막으로 의미 및 일화 기억 기술 가르치기(선언적 기억술)를 포함하는 일련의 기억술 연습이다. 모든 기억술은 노래, 운율 또는 노래 부르기로 가르쳐진다.
- 기억력 훈련에는 연상적 기분 및 기억 훈련(AMMT)이 포함되며, 이는 다양한 기분을 설정하기 위해 설계된 기술이다. 예를 들어, 회상을 촉구하는 기분, 기억과 관련된 기분, 학습과 회상에 도움이 되는 기분 등이다.
- 실행 기능 훈련에는 음악적 실행 기능 훈련(MEFT)이 포함되며, 이는 즉흥연주와 작곡이 내담자의 조직화, 문제 해결, 의사 결정, 추론, 이해를 돕는 기술이다.
- 심리사회적 행동 훈련에는 음악 심리치료 및 상담(MPC)이 포함되며, 이는 기분 유도, 인지적 재정향, 정서적 행동 반응 훈련, 사회적 기술 훈련, 행동 수정을 위한 음악적 강화 훈련 등 다양한 음악 사용을 포함한다.

이 방법은 그룹 작업에 적합한가

앞서 설명한 많은 접근법들이 그룹 작업에 적합할 수 있으며, 일부는 특히 그룹 옵션을 위해 설명되거나 암시된다(MEFT, MPC). 타우트(Thaut, 1999)는 지체장애 아동에 대한 그의 작업에서 아동을 위한 기술을 포함하지만, 이를 그룹의 일부로 사용할 수 있는지는 명시하지 않는다.

나는 이 방법을 실천하는 데 필요한 배경, 기술, 그리고 지식을 가지고 있는가

언급된 많은 접근법들이 음악치료사들에게 익숙해 보일 수 있지만, 이들은 타우트 훈련에서 측정 가능하고 따라서 연구 타당성에 유용한 특정 프로토콜로 설명된다. 클레어와 파시알리(Clair & Pasiali, 2004)에 따르면, 신경학적 음악치료사들은 신경해부학, 신경생리학, 뇌 병리학, 의학 용어, 인지 및 운동 기능의 재활에 대해 훈련받으며, 이 훈련은 콜로라도 주립대학교에서 이루어진다.

이 방법은 어떻게 그룹 내 아동들의 발달 목적을 더 진전시키는가? 구체적으로 어떻게?

이러한 프로토콜에 참여하는 아동들은 감각운동 훈련, 언어 및 말, 그리고 더 높은 수준의 조직화, 의사 결정, 기억 기술 영역에서 혜택을 받을 수 있다.

이 방법이 어떤 식으로든 금기시되는가

보행이 불가능한 아동들은 보행 제어 방법에 적합하지 않다. 인지 기능이 낮은 아동들은 고차원적 훈련 기술에 적합하지 않다.

요약

이 장은 방법론 부분이 그룹과 함께 일하는 음악치료사를 위한 아이디어의 집합을 나타내기 때문에 엄청난 양의 정보를 포함하고 있다. 방법을 구성하는 것에 대한 정의, 방법론 결정에 있어 고려 사항에 대한 종합적인 검토, 다양한 대상군에 대한 방법을 제안하는 일련의 상세한 제안, 그룹을 위한 방법 결정 과정을 보여 주는 표본 사례 연구, 그리고 마지막으로 음악치료 접근법의 적절성을 비판적으로 이해하기 위한 제안된 과정이 이 장을 완성한다.

학습 가이드 질문

1. Goodman이 그룹을 위한 방법론을 고려할 때 제시하는 고려 사항은 무엇인가요?
2. 특수교육, 음악교육, 그리고 심리학의 역사 변화가 음악치료의 변화와 어떤 연관성이 있나요?
3. Goodman이 특수 학습자를 위한 음악치료 그룹 계획에서 제시하는 여러 원칙 중 일부는 무엇인가요?
4. 최소 네 가지 다른 대상 집단 그룹을 열거하고, 각 그룹에 대한 특정 방법론적 고려 사항을 설명해 보세요.
5. 음악치료에서 행동적 접근이 어떻게 사용될 수 있는지에 대한 예를 하나 제시해 보세요.
6. 음악치료에서 관계 기반 접근이 어떻게 사용될 수 있는지에 대한 예를 하나 제시해 보세요.
7. 특수교육 환경에서 다학제 간, 학제 간, 초학제 간 작업의 차이점은 무엇인가요?
8. 당신이 함께 일하고 있는 그룹을 설명해 보세요. 그들의 목적, 목표, 그리고 진단에 기반하여 방법을 어떻게 설정하나요?
9. 방법에서 어떻게 유연성을 허용하나요?
10. 최소 두 가지 음악교육 방법을 열거하고, 이들이 음악치료에 적합한지 또는 적합하지 않은지에 대한 이유를 제시해 보세요.

제8장

반영
음악치료 세션 평가

소개

끝과 시작

평가 과정은 기만적일 수 있다. 종점처럼 느껴지지만, 사실 새로운 시작으로 볼 수도 있다. 이는 사정평가, 목적, 목표, 중재, 그리고 데이터 수집의 주기 끝에 오지만(Asmus & Gilbert, 1981), 궁극적으로 치료사를 이 순환의 다른 지점으로 되돌릴 수 있다. 치료사가 그룹의 아동들이 만족스럽게 진전되지 않았다고 깨달으면, 이는 '도면'으로 돌아가 목적을 다시 작성하거나 중재를 수정해야 한다는 깨달음이다. 반면에 아동들이 만족스럽게 진전되었다면, 더 높은 기능의 목적과 더 도전적인 중재를 설계할 시간이다. 이것이 평가를 음악치료의 지속적인 과정에서 또 다른 단계로 만드는 부분이다.

음악치료 평가를 위한 AMTA 역량

AMTA(미국음악치료사협회) 역량(AMTA, 2006, date)에 따르면, 평가 과정은 치료사가 '내담자의 치료에 대한 반응의 중요한 변화와 패턴을 인식하기' 위해(18.3) '내담자 진전과 치료 전략의 효과성을 평가하고 측정하는 방법을 설계하고 실행할 것'(18.7)을 요구한다. 이는 아마도 '내담자의 치료 반응에 기반하여 치료 접근법을 수정하고'(18.2) '필요에 따라 치료 계획을 수정하기' 위함이다(18.4). 또한, 치료사는 치료 계획과 기관 지침(18.6) 및 시간 프레임(18.5)의 관계를 인식해야 한다. 결과적인 기록은 임상 데이터(19.2)로 뒷받침되어야 하며, 이는 '음악치료 과정의 모든 단계에 걸쳐 내담자를 정확하고 간결하며, 객관적인 방식으로 설명하는' 보고서(19.3)를 포함한다. 이러한 전문적 역량은 많은 실무 현장에서 도전적일 수 있다.

음악치료 목표와 세션 평가 간의 관계

평가를 위해 설계된 음악치료 목표는 치료사의 작업 철학과 치료사가 일하는 기관에 따라 다양하다. 이러한 목표는 모두 데이터 기반(객관적)일 수 있거나 객관적 및 주관적 기록의 조합일 수 있다. 목표는 음악치료에서 아동의 진전 또는 진전 부족을 이해하고, 필요에 따라 음악치료를 수정하며, 세션에서 정보를 관찰, 기억, 기록하는 데 있어 실행적 문제에도 불구하고 진전 또는 진전 부족에 대한 단기 및 장기 보고를 하는 것을 목표로 한다. 이에 대한 예시는 이 장에서 설명된다.

개인 대 그룹 평가

개별 평가와 그룹 평가의 문제는 추가적인 연구가 필요하며, 이 장에서도 탐구된다. 마지막으로, 음악치료사가 더 긴 기간 동안 행동을 기록 및 문서화하고 음악치료에서 배운 기술의 일반화를 자연스럽고 통합적인 환경에서 일반화화는 것의 전반적인 필요성(Jellison, 2000)에 대해 논의한다.

평가의 목적

평가의 목적은 다음과 같이 더 자세히 논의된다:

- 내담자의 진전 상황 측정하기
- 치료 전략의 효과성을 판단하기
- 치료에 대한 내담자의 반응 변화를 인식하기
- 치료에 대한 내담자의 반응 패턴을 인식하기
- 필요에 따라 치료 접근법을 수정하기
- 필요에 따라 치료 계획을 수정하기

진전(경과)의 측정?

내담자 진전을 측정하는 데 있어 '측정'이라는 단어는 양적 용어이며, 진전이 관찰된 행동의 객관적 측정에 기반해야 함을 명확히 암시한다. 이 관찰된 행동은 치료사가 설정한, 역시 정량화 가능한 목표에 기반한다. 이 책의 제5장에서 논의된 목표 설정은 치료사에게 목적과 관련된 행동을 관찰해야 할 필요성을 상기시킨다. 객관적 평가 그리드 설정을 위한 제안은 이 장의 다음 부분에 제시된다. 관찰된 행동은 치료사의 작업 철학에 따라 발달적일 수도 있고, 또는 음악적일 수도 있다. 진전의 측정은 관계 기반 실천 이론과 모순되지 않는다. 예를 들어, 그린스펀(Greenspan)은 아동이 닫는 원(circle)의 수(그가 의사소통에서의 상호작용과 종결을 언급하는 데 사용하는 용어)를 기록한다. 노르도프-로빈스는 음악치료 세션을 녹음하고 음악적 반응 분석을 위해 녹음으로 돌아간다(제2장 노르도프-로빈스 척도 참조). 이것이 주요 데이터 베이스이며, 그들의 판단에 따르면 발달적 변화의 기초가 된다. IEP 목적을 향해 일하는 책임이 있는 치료사들은 그 목적과 관련된 목표를 측정한다.

평가 후 방법 재고

음악치료 그룹의 아동들의 목적과 목표에 기반한 효과적인 치료 전략은 종종 미리 계획된다. 이 책의 제7장에서 논의된 이러한 전략의 기초는, 아무리 온전해 보이더라도 반드시 효과가 있는 것은 아니다. 한 아동 또는 여러 아동이 그룹에서 진전을 보이지 않는다면, 이는 다차원적인 문제이다. 목적, 목표, 또는 방법의 일부 측면의 부적절성과 관련될 수 있으며, 이 경우 이 모든 것을 재고해야 한다. 반대로, 진전 부족은 의료 문제, 출석 문제, 또는 역기능적 가족 문제와 관련될 수 있다. 이는 치료사가 해결해야 할 퍼즐처럼 보일 수 있으며, 종종 학교나 정신과 환경에서 나머지 치료 팀의 도움을 받아야 한다.

유의미한 변화란 무엇인가

내담자 진전의 측정은 내담자 반응의 변화를 인식하고 내담자 진전의 측정과 관련된다. AMTA가 변화 관찰에 관한 지침에서 '유의미한'이라는 단어를 사용하지만, 이 단어는 그룹 내 아동들의 기능 수준에 상대적이다. 예를 들어, 그룹의 한 아동이 매우 작은 이익적 변화만 가능하다면, 그 작은 변화가 '유의미하다'. 반면에, 그룹의 한 아동이 주요 이익적 변화가 가능하다면, 그 주요 변화가 '유의미하다'. 매우 작은 이익적 변화만 가능한 아동이 치료 세션에서 큰 도약을 한다면, 상황은 거의 기적적으로 보이며, 치료사는 명시된 목적과 목표의 신뢰성에 대해 의문을 가질 수 있다. 아마도 아동의 궁극적인 능력을 과소평가했을 수 있다. 반대로, 큰 이익적 변화가 가능한 아동이 아주 작은 진전의 변화만 보이거나 상당히 퇴보한다면, 치료사는 명시된 목적과 목표의 정확성뿐만 아니라, 아동의 삶에서 역기능적인 사건의 가능성도 고려해야 한다.

치료에 대한 내담자 반응의 변화 패턴

치료에 대한 내담자 반응의 패턴을 인식하는 것은 변화를 인식하는 것과 다르다. 패턴은 맥락 내에서 긍정적이거나 부정적인 반응을 포함할 수 있기 때문이다(예: 음악치료의 양식에 대한 반응, 음악이나 악기 유형에 대한 반응, 특정 기법에 대한 반응). 치료사가 단순한 체크리스트에서 반응 패턴을 알아차릴 가능성은 낮다. 오히려 이러한 패턴은 주관적 평가나 아동의 특정 행동과 그 맥락에 초점을 맞춘 행동 도구에서 기록될 것이다. 반응 패턴을 탐지하는 것은 치료사가 아동에게 유리하거나 불리한 맥락을 계산하기 시작하는 데 매우 도움이 된다. 예를 들어, 아동이 움직임 활동 후에 일관되게 더 많은 언어를 생성한다면, 그룹에서 다른 이유로 금기시되지 않는 한, 움직임 활동이 표현 언어 경험에 선행해야 한다. 또한, 이러한 관찰은 치료사를 이론과 실제 사이의 가능한 연결로 되돌리며(Goodman, 2006), 움직임과 표현 언어 사이의 관계에 대한 문제에 관한 관련 문헌 검토와 실험 연구의 길을 열어 준다. 이는 이미 연구가 이루어진 영역이다.

치료 접근법의 수정

치료사는 종종 평가에 대한 반응으로 치료 접근법을 수정한다. 수정의 필요성은 이 장에서 추가로 설명되는 바와 같이 객관적, 주관적 세션 보고를 통해 종종 인식된다. 이 수정은 치료사가 접근법이 적절하게 작동하지 않음을 깨달을 때 세션에서 자발적으로 일어날 수 있거나, 후속 세션을 위해 미리 계획될 수 있다. 수정이 반드시 중대할 필요는 없다. 때로는 촉구나 모델링 개입과 같은 간단한 것을 변경하는 것만으로도 아동의 진전에 영향을 미칠 수 있다. 수정이 아동에게 더 많거나 적은 도전을 초래할 수 있음을 기억해야 한다. 세션에서의 자발적 수정의 예는 이 장의 뒷부분에 있는 사례 예시에서 보여진다.

치료 계획의 수정

계획의 수정은 평가에 대한 반응에서 더 급진적인 단계이다. 이는 목적 및 또는 목표와 관련 방법이 '잘못되었다'고 전제한다. 제4장에서 언급된 바와 같이, IEP 목적은 처음에 학군의 임상가들에 의해 설정되지만, 항상 정확한 것은 아니다. 최소한 그것들은 가변적이다. 따라서 그것들이 적응을 필요로 할 수 있다는 가능성을 제안하는 것은 불합리하지 않다. 또한, 목적이 목표와 연결되어 있으므로 목적이 변경되면 목표도 변경될 것이다.

그러나 목적이 치료 기간 동안 아동이 달성할 수 있는 것에 대한 합리적인 추정이고 목표가 문제라면, 치료사는 그것들이 너무 도전적인지 또는 충분히 도전적이지 않은지 재고해야 한다. 이러한 상황 중 어느 하나도 양적 및 또는 질적 기대를 변경함으로써 바꿀 수 있다. 예를 들어, "재러드는 세 번의 연속 중 두 번 움직임 노래에서 독립적으로 3단계 지시를 따를 것이다"라는 목표 대신에, 덜 도전적인 목표로 "재러드는 세 번의 3단계 연속 중 두 번 움직임 노래에서 구두 및 신체적 촉구와 함께 3단계 지시를 따를 것이다”로 할 수 있다. 또는 도전을 증가시켜 “재러드는 네 번의 연속 중 네 번 모두 움직임 노래에서 독립적으로 3단계 지시를 따를 것이다”로 할 수 있다.

평가에는 객관적 평가와 주관적 평가가 모두 필요하다. 이들은 여기서 설명된다.

평가의 유형

주간(Weekly) 객관적 평가

객관적 평가는 평가의 일부가 되어야 한다. 이 유형의 평가는 편견, 추론 또는 해석 없이 행동의 변화를 관찰하고 기록한다. 따라서 거의 항상 세션을 위해 설정된 초기 목적과 목표에 기반한다. 객관적 평가의 장점은 편견, 추론 또는 해석의 부재에 있다. 이상하게도 이는 또한 단점이 될 수 있는데, 치료사가 세션이 잘 진행되었거나 잘 진행되지 않은 이유에 대해 가치 있을 수 있는 추가적인 일화적 정보를 놓칠 수 있기 때문이다. 이것이 일화적 객관적 관찰이나 추가적으로 주관적 평가(아래 사례 예시 참조)를 추가하는 이유이다.

객관적 평가의 형식

그룹 맥락에서의 개별 평가는 다양한 방식으로 문서화될 수 있다. 객관적 평가는 코딩되거나 코딩되지 않은 시스템을 사용하여 각 계획된 활동의 로그를 따를 수 있다. 객관적 평가는 평가 양식에서 세션을 따를 수 있다.

이를 수행하는 가장 간단한 방법은 각 아동의 이름 아래에 목표를 나열하고 체크 표시(달성됨) 또는 N(달성되지 않음)을 위한 열을 인접하게 두는 것이다. 이는 부분적으로 반응하거나 다양한 종류의 촉구가 주어진 상태에서 반응한 아동에게는 너무 단순할 수 있다. 따라서 아래의 또 다른 치료사 제작 평가 양식(Goodman, 2002) 샘플은 다양한 발달 목표를 양식의 왼쪽에 나열하고 평가 코드를 다음과 같이 표시한다.

√+ 일관되게 관찰됨,
√ 촉구 시 관찰됨(신체적, 구두, 시각적),
√− 일관되지 않게 관찰됨,

NO 관찰되지 않음,

NA 해당 없음.

이러한 코딩은, ① 손 위에 손 보조, ② 부분적으로 손 위에 손 보조, ③ 신체적 촉구, ④ 언어적 촉구, ⑤ 시각적 촉구, ⑥ 근사치, ⑦ 자발적-일관되지 않음, ⑧ 자발적-일관됨, ⑨와 같이 숫자(Charoonsathvathana, 2000) 또는 문자를 지정하여 더 세분화될 수 있다.

사례 예시

객관적 평가와 이에 따른 객관적 정보 분석의 두 가지 사례 예시는 이 책에서 독자가 이전에 만난 그룹들을 나타낸다. 사례 예시 1, 잠복기 연령의 다중장애 아동 그룹(테런스, 사이먼, 키샤, 마리아, 알렉산더, 린다)은 제1장 그룹의 이야기에 제시되어 있다. 사례 예시 2, 또 다른 잠복기 연령의 다중장애 아동 그룹(재러드, 에반, 리처드, 에비, 패트릭, 가브리엘, 도라)은 처음에 제4장과 제5장에 제시되었고, 그다음 제7장에 제시되어 있다.

〈표 8-1〉 사례 예시 1: 객관적 평가 형식 샘플

객관적 평가

지역 주간 학교 6번 학급
학생 평가
평가 날짜
이번 평가 일자

코드
√+ 일관되게 관찰됨
√ 단서가 있을 때 관찰됨(신체적, 구두, 시각적)
√- 일관되지 않게 관찰됨
NO 관찰되지 않음
NA 해당 없음

목표	케이샤	테런스	마리아	사이먼	알렉산더	린다
언어 및 제스처 촉구가 주어지면 3번의 시도 중 1번에서 음성 출력이 있는 프로그래밍된 터치 토커를 사용하여 의사소통한다(린다, 사이먼): 안녕, (작별) 안녕.				√		√

목표	케이샤	테런스	마리아	사이먼	알렉산더	린다
구두 촉구(마리아)가 주어지면 수동 기호로 3단어 조합(여기 있습니다, 안녕 노래)을 생성한다.			√			
자연스럽고 일관된 짧고 적절한 구두 문장(케이샤)을 사용하고, 활동 관련 'Wh' 질문(케이샤)에 촉구 없이 짧은 구절이나 문장으로 응답한다. 3번의 시험 중 1번(테런스).	√√	√				
손을 물지 않고 음악 과제에 집중하고 "손을 내려"라는 구두 안내를 받으면 4점 만점에 4점을 준다. 5번의 시험(마리아).			√+			
다른 동료의 차례가 두 번 있는 동안 적절하게 앉아서 음악 과제에 집중한다. 2번 이하의 구두 지시가 주어졌을 때 4번 중 3번에서 자신이나 타인에게 공격적인 행동을 보이지 않는다(마리아).			√+			
5회 중 3회 중 1회 구두 안내가 제공되면 물체나 사람을 잡거나 만지지 않고 음악 과제에 집중한다(케이샤).	√+					
구두 지시를 따를 때 5번 중 4번(테런스)에서 부적절한 행동을 보이지 않고 음악 과제에 집중한다.		√+				
신체적 · 언어적 촉구가 주어졌을 때 다른 사람을 긁거나 꼬집거나 때리지 않고 음악 과제에 집중한다. 5회 중 3회 성공해야 한다(사이먼).				√-		
신체적 · 언어적 자극이 주어지면 10분 동안 부적절한 행동을 보이지 않고 제시된 활동에 참여하여 음악 과제에 집중한다(사이먼).				√-		
5번의 시도 중 4번의 구두 알림으로 불만 없이 작업을 완료한다(알렉산더).					√	
선호하는 활동에서 전환할 때 음악 과제에 집중하고, 단 한 번의 구두 안내(린다) 후 최소한의 신체적 도움(5가지)을 받는다.						√
2단계 지시(손뼉 치기, 발도장 찍기)를 저항 없이 5회 중 3회(케이샤, 마리아) 따라 하기	√		√			
3단계 지시(손뼉 치기, 발로 밟기, 무릎 두드리기)를 따르거나(알렉산더), 3번의 시도 중 2번의 지시가 주어진다(테런스).		√			√	

목표	케이샤	테런스	마리아	사이먼	알렉산더	린다
노래(사이먼)를 시작하려면 2번 칸에서 사진 1장을 선택한다(손뼉 또는 발도장 찍기).				√		
악기 연주 및 동작 활동 중 양손을 자연스럽게 사용(알렉산더)하여 중간 선에서 스틱을 치며 템포를 조절하여 양손을 자연스럽게 사용하는 모습을 보여준다.					√	
5번의 시도 중 3번에서 물리적 촉구 없이 함께 스틱을 치기 시작한다(사이먼).				√		
노래의 맥락에 따라 필요에 따라 템포를 수정하여 중간 선에서 손뼉을 친다(알렉산더).					√	
노래 부르는 상황에서 3번의 시도 중 1번은 손뼉치기(사이먼)				√-		
4번의 시도 중 3번(마리아)에서 그룹의 다른 아동들에게 리듬 스틱 2개를 준다.			√			
최대 4개의 객체(테런스)까지 계산한다.		√				
다른 또래의 차례가 2번 주어질 때 적절하게 앉고, 4번 중 3번 이상은 자신이나 다른 사람에게 공격적인 행동을 보이지 않도록 한다(마리아).			√			
그룹 활동 중 2번의 상호 순서를 위해 적절한 시간에 한 번의 구두 안내와 함께 차례를 시작한다(린다).						√
최대 5개의 사진을 선택하거나 음성 출력이 켜진 보완 장치를 사용하여 원하는 사항, 필요 사항 및 선호 사항(예: 지시 사항 선택)을 전달한다. 언어 및 제스처 촉구가 주어지면 3~5회 시도한다(린다).						√-
구두 촉구가 주어졌을 때 그림 및 또는 수동 기호를 사용하여 3단어 조합을 만들되, 문구 모델링은 하지 않는다(마리아).			√			

일화적인 메모:

객관적 정보 분석, 사례 예시 1

이 세션에서는 총 29개의 행동이 추적되고 있다. 경험 많은 치료사라도 이렇게 많은 행동을 추적하는 것은 거의 불가능할 것이다. 치료사는 이 작업을 성공적으로 수행하기 위해 보조원, 보조 교사, 학생 치료사, 주 교사 또는 세션의 치료사들의 도움을 받아야 할 것이다. 그것이 불가능하다면, 세션에 걸쳐 추적되는 객관적 행동의 수를 수정해야 한다. 4개의 행동은 √+로 평가되었고, 21개의 행동은 √로 평가되었으며, 4개의 행동은 √−로 평가되었다. 전반적으로 그룹은 매우 잘하고 있다.

일정 기간(예: 2~3회 세션) 동안 일관된 행동(√+ 일관되게 관찰됨)을 보이는 아동들은 아마도 더 도전적인 목표가 필요할 것이다. 따라서 치료사는 마리아의 긍정적인 주의 행동에 대해 이러한 가능성을 주목해야 한다. 이것이 다음 몇 세션에서도 계속된다면, 이러한 목표들이 더 이상 필요하지 않을 수 있다는 결론이 합리적이다.

신호가 주어졌을 때 적절한 반응을 보이는 아동들(√ 신호 시 관찰됨− 신체적, 구두, 시각적), 이는 그룹의 대부분 아동을 포함하는데, 어떤 종류의 신호가 주어졌고 반응하기 전에 몇 번의 신호가 주어졌는지에 대한 더 정확한 분석을 통해 기대치를 조정하는 데 도움을 받을 수 있다. 일정 기간 동안 일관되지 않은 반응(√− 일관되지 않게 관찰됨)을 보이는 아동들은 긍정적 또는 부정적 반응이 있는 맥락에 대한 추가 관찰로부터 이익을 얻을 것이다.

마지막으로, 2~3회 세션에 걸쳐 과제에 반응을 보이지 않는 아동(NO)과 작업하는 치료사는 과제의 적절성과 방법을 재고해야 한다.

〈표 8-2〉 사례 예 2: 객관적인 평가 형식

객관적 평가

지역 주간 학교
7번 학급
학생 평가
이 평가의 날짜

코드
√+ 일관되게 관찰됨
√ 단서가 있을 때 관찰됨(물리적 · 언어적 · 시각적)
√− 일관성 없이 관찰됨
NO 관찰되지 않음
NA 해당 없음

목표	재러드	에반	리처드	에비	패트릭	가브리엘	도라
노래의 맥락에서 보완 장치 사용(에반, 도라)		√-					√-
사진이나 행동을 통한 적절한 대응(에반)		√					
적절한 언어적 반응을 통한 언어적 정보 이해(리처드)			√				
노래 콘텐츠에 대한 콘텐츠 관련 질문에 답하기(에비)				√			
욕구, 요구, 감정을 절반 정도는 자연스럽게 말로 표현하기(리처드)		na	√+				
그룹 활동 중 적절한 처리 시간이 주어지면 절반의 시간 동안 적절하게 응답하여 청각적 입력의 이해 및 유지력을 보여 준다(패트릭).					√		
이의 없이 전환에 참여하기(패트릭)		na			√+		
4단어 구문을 한 번 이상 반복하여 원하는 것과 필요한 것을 명확하고 이해하기 쉽게 말로 표현한다(패트릭).					√		
단일 질문에 대한 답변에서 구두 촉구와 함께 시간적 용어를 올바르게 사용, 3/5(재러드)	√						
제스처를 개발하여 요구와 욕구를 절반으로 전달(도라)							√+
최대 두 번의 구두 재지시로 참여(리처드)			√				
최소한의 구두 촉구를 통해 10분 동안 응답, 4/5(재러드)		√					
최소한의 언어적 촉구로 대응하고 행동 방해 감소(재러드)							
관심을 가지고 참여하기(도라)							√+
촉구 및 재지시를 통한 참여(에반)		√					
3/5번의 경우 최소한의 구두 재지시로 참여(에반)		√					
두 개의 구두 지시어만으로 간단한 한 단계 작업을 독립적으로 완료하여 참여(에비)				√			
구두 안내로만 참여하기(패트릭)					√		
물리적 촉구 없이 참여하기(가브리엘)						√+	
지시 후 30초 이내에 응답(에비)				√+			

목표	재러드	에반	리처드	에비	패트릭	가브리엘	도라
한 번의 자기교정 기회가 주어지면 욕구, 요구 및 감정을 명확하게 말로 표현한다(리처드).			√+				
활동 시간 동안 도전적인 자세에서 균형 유지(에비)				√+			
적절한 앉은 자세를 취할 수 있도록 2/3 번만 구두로 안내하여 교실 의자에 앉도록 한다(에비).				√			
충동성을 적절히 모니터링하기 위해 총 운동 동작을 절반으로 줄이려고 시도한다(재러드).	√						
3/5일에 사진 또는 제스처에 접근(에반)		√					
감정을 자연스럽게 말로 표현하기(재러드)	√+						
도전이 있을 때 적절한 행동으로 참여하기(재러드)	√						
지시에 따라 참여하고, 또래와 어른의 도움이 필요하면 돕고 소통한다(도라).							√+
시각적, 몸짓 및 언어적 촉구를 사용하여 동료에게 3단계 활동을 하도록 지시하여 도와주기(에비)				√			
작업의 자발적 모델링을 통한 그룹 내 도움을 제공(에비)				√			
같은 반 친구(에반)와 리듬 연주를 통해 병행 놀이를 시작한다.		√-					

일화적인 메모:

객관적 평가 분석, 사례 예시 2

이 세션에서는 총 31개의 행동이 추적되고 있다. 얼핏 보면 사례 예시 1보다 더 많은 행동이 추적되는 것처럼 보인다. 이는 실질적으로 중복되는 항목이 거의 없기 때문인데, 이로 인해 관찰 치료사의 과제가 더욱 어려워진다. 첫 번째 사례 예시와 마찬가지로, 이 과제를 성공적으로 수행하기 위해서는 치료사가 보조원, 보조 교사, 학생 치료사, 주 담당 교사 또는 세션의 치료사들의 도움을 받아야 할 것이다. 그것이 불가능하다면, 세션 동안 추적되는 객관적 행동의 수를 조정해야 한다.

10개의 행동은 √+로 평가되었고, 18개의 행동은 √로, 3개의 행동은 √−로 평가되었으며, NO로 평가된 행동은 없다. √ 평가가 이 그룹의 목표를 고려할 때 약간 혼란스러운데, 이는 이 평가가 과제를 수행하기 위해 촉구를 포함하기 때문이다. 아동이 일관되게 촉구에 반응한다면 목표를 지속적으로 달성했음에도 불구하고 여전히 √+ 평가를 받지 못한다는 의미인가? 치료사는 평가 기준에 대해 더 구체적인 설명을 고려해야 한다.

첫 번째 사례 예시와 마찬가지로, 여러 세션(예: 2~3회) 동안 일관된 행동(√+ 지속적으로 관찰됨)을 보이는 아동들은 아마도 더 도전적인 목표가 필요할 것이다.

신호가 주어졌을 때 적절한 반응을 보이는 아동들(√ 신호 시 관찰됨– 신체적 · 언어적 · 시각적)은 그룹의 대부분을 차지하며, 어떤 종류의 신호가 사용되었는지, 반응하기 전에 아동에게 몇 번의 신호가 주어졌는지에 대한 더 정확한 분석을 통해 기대치를 조정하는 데 도움을 받을 수 있다.

여러 세션 동안 일관성 없는 반응(√− 비일관적으로 관찰됨)을 보이는 아동들은 긍정적 또는 부정적 반응이 나타나는 맥락에 대한 추가 관찰이 도움이 될 것이다.

마지막으로, 2~3회의 세션 동안 과제에 대해 반응을 보이지 않는 아동(NO)과 작업하는 치료사는 과제와 방법의 적절성을 재고해야 한다. '관찰 기회 없음'을 나타내기 위해 NOO라는 항목을 추가할 수 있다.

주간 주관적 평가

주관적 평가의 목적

객관적 보고와 대조적으로, 주관적 보고(아래의 제1장과 제7장 사례 연구 샘플 참조)는 문헌에서 덜 논의된다. 객관적 평가가 행동 변화 측면에서 아동이 실제로 하는 일을 측정하는 진정한 근거이지만, 주관적 평가는 여러 목적을 제공한다. 이는 다음을 기록한다: ① 다양한 그룹 구성원에 대한 치료사의 반응, ② 행동에 대한 치료사의 해석, ③ 그룹 내 아동의 진전 또는 진전 부족과 관련하여 치료사가 인식하는 문제, ④ 이후 세션 계획에서 고려될 수 있는 세션 내 필요한 수정 사항, ⑤ 그룹 역동과 관련된 문제, ⑥ 이론에서 실제로의 연계 실현. 이러한 요소들은 내담자에 대한 반성적 이해의 기반을 제공하고, 치료사가 세션에서 변경해야 했던 사항과 그 변경의 가능한 이유를 인식하게 한다. 각 주관적 보고 아래에는 이러한 요소들에 대한 분석이 있다.

사례 연구

객관적 보고와 마찬가지로, 주관적 평가의 두 가지 사례 예시와 그에 따른 주관적 정보 분석은 이 책에서 이전에 만난 그룹을 나타낸다. 사례 예시 1은 잠복기의 중복장애 아동 그룹(테런스, 사이먼, 키샤, 마리아, 알렉산더, 린다)으로 제1장: 그룹의 이야기에 제시되어 있다. 사례 예시 2는 또 다른 잠복기의 중복장애 아동 그룹(재러드, 에반, 리처드, 애비, 패트릭, 가브리엘, 도라)으로 제4장과 제5장에 처음 제시되어 있다. 고딕체로 표시된 단어들은 분석될 내용을 나타낸다.

사례 예시 1: 주관적 평가(제1장에서)(Goodman, K., 1996~2002)

오늘 그룹을 시작하는 것은 편안하다. 겨우 두 번째 세션임에도 불구하고, **아동들은 방에 들어올 때 매우 '들떠' 보인다.** 테런스, 마리아, 케이샤, 알렉산더는 미소 짓고 있다. **사이먼은 낮은 근긴장도로 인해 얼굴 근육에 많은 신체적 제한이 있어서 그의 감정을 파악하기가 어렵다.** 휠체어에 앉은 린다는 침을 흘리고 의자에서 비리듬적으로 움직이고 있다. 그녀는 안절부절못하고 불편해 보인다. 모든 아동들이 보조 장치, 수화 또는 노래를 통해 '안녕하세요' 노래에 반응할 수 있다. **그들은 노래에 언제 들어가야 할지에 대한 본능적인 감각이 있는 것 같고, 세션이 진행됨에 따라 내가 촉구할 필요가 없을 것 같다.**

박수 치기 노래로 넘어가면서, 케이샤와 테런스가 나와의 눈 맞춤을 잃고 충동적으로 박수를 치기 시작하는 것을 알아차렸다. **나는 음악에 대한 그들의 열정을 방해하고 싶지 않아서 그들을 '교정'하지 않기로 했다.** 여기서 충동성과 열정을 판단하는 사이에 회색 지대가 있다고 생각한다. 세 가지 다른 단계를 결합한 노래의 마지막 연주에서, 나는 중단되지 않은 박수가 의도적인 리듬 박수로 바뀐 것을 알아차렸다. 이 아동들이 내가 소개한 패턴을 해독하는 데 필요한 처리 시간에 대해 궁금하다. 분명히, 그들은 노래의 반복 후에 '올바르게' 처리한다. 마찬가지로, 알렉산더는 박자를 물리적으로 잡기 위해 흔들리는 손을 중심선으로 가져오는 데 어려움을 겪고 있다. 다시 한번, 나는 그를 '교정'하지 않는다. 노래가 끝날 무렵, 그는 '따라잡는다'. **마리아는 보조원이 계속해서 두 번째와 세 번째 박자를 도와주고 있음에도 불구하고 혼자서 한 번씩만 박수를 치고 있다. 여기서 다시, 나는 처리 시간에 대해 궁금하다. 마리아를 개별적으로 다룰 수 있다면, 그녀에게 한 박자만 박수를 치게 할 수 있을 것이다.**

시작과 박수 치기에서 리듬 스틱 사용으로의 전환은 내가 방 안의 악기를 향해 걸어가면서 즉흥적으로 작곡한 작은 노래, '나를 봐, 나를 봐, 나는 리듬 스틱을 찾고 있어'를 부르면서 잘 이루어졌다. 이는 린다가 동요하지 않게 하고 그녀가 시각적으로 내가 방의 다른 구석으로 움직이는 것을 추적하는 데

도움이 되는 것 같다. 아동들이 스틱이 담긴 통을 든 나를 지켜보는 동안, 나는 내 노래 소리의 박자에 맞춰 걸으면서 빠르게 돌아온다. 대학의 내 학생들 중 일부는 아동들이 '행동하지' 않도록 '활동을 계속 진행해야 한다'고 말하지만, **나는 전환이 로봇 같은 연속적인 활동보다는 항상 아동들에게 환영받는 편안함이라고 생각한다.**

아동들이 리듬 스틱을 선택할 차례를 기다리는 동안 잠깐 **불안한 기대**의 순간이 있다. 다시 한번, 나는 방에서 무슨 일이 일어나고 있는지 이야기하면서 **탄력을 안정적으로 유지하려고 노력한다.** 그것이 효과가 있다. 우리가 노래로 넘어가면서, 나는 보조원들이 **자동적으로** 아동들에게 손 위에 손을 얹는 도움을 주려고 하는 것을 알아차린다. **자율성을 장려할 수 있는 유일한 부드러운 방법은 특정 위반자를 지목하는 대신 "아동들이 먼저 스스로 해 보게 합시다"라고 말하는 것이다.** 그것이 효과가 있다. 물론, 아동들은 모두 어떤 식으로든 신체적으로 제한되어 있지만, **그들이 자연스럽게 이러한 재료를 사용하는 방식을 보는 것은 나에게 도움이 된다.** 한 시점에서, 테런스는 장난스럽게 자신의 스틱 중 하나를 케이샤와 함께 연주하려고 시도한다. **시각-운동 매치가 처음에는 완전히 맞지 않지만 점차 개선된다. 다시 한번, 나는 이것을 변경할 필요성을 느끼지 않는다.** 이는 서로의 음악적 에너지를 친구처럼 대하고 공유하려는 훌륭한 노력이다. 잠시 후, 웃으며 그들은 자신의 스틱을 연주하는 것으로 돌아간다.

리듬 스틱을 치운 후, 나는 다시 내 작은 노래로 전환하지만 **이때쯤 자극이 린다에게는 너무 많아서 그녀가 울기 시작한다. 우리는 45분 세션 중 약 30분이 지났고, 이 세션 시간은 이 아동들 중 일부에게 쉽게 감각 과부하를 초래할 수 있다.** 나는 보조원 중 한 명이 린다를 잠시 데리고 나가 휴식을 취하게 하자고 제안하고 결국 그녀는 간호사에게 가서 낮잠을 잔다. 나는 자극에 과도하게 반응하는 아동들, 과잉행동을 통제해야 하는 다른 아동들, 그리고 **마지막으로 반응이 부족한 아동들 사이의 균형 잡기에 대해 생각한다. 이는 그룹 작업을 하는 데 있어 가장 큰 도전 중 하나로 남아 있다.**

드럼과 서 있는 심벌즈를 꺼내는 것은 아동들에게 흥분되는 순간이며 마리아는 기대감에 자발적으로 손뼉을 치기 시작한다. **나는 그녀가 여기서 여러 번 손뼉을 칠 수 있는데 어떻게 전에는 한 번만 쳤는지 궁금하다.**

다시 한번, 아동들은 내가 보조원과 시범을 보이고 첫 번째 아동인 마리아에게 악기 선호 카드를 제시하는 동안 차례를 기다릴 수 있다. **흥분한 그녀는 자발적으로 자신을 가리키고 있고 나는 이 순간을 이용해 그녀의 의사소통을 인정한다.** "오, 모두 봐, 마리아가 음악을 원해요(수화)!" 나는 다른 아동들이 기다리고 있음에도 불구하고 그들을 참여시키려고 노력하고 있다. "마리아, 너는 (이것)을 원하니, 아니면 (이것)을 원하니?" 그리고 나는 그녀에게 카드를 보여 준다. 그녀는 심벌즈를 선택한다. 예비 모델링 후, 그녀가 연주한다. **그녀의 연주가 너무 커서 사이먼이 떨기 시작한다. 이 흥분 수준을 어떻게 관리해야 할까?** 다시 한번, 세션에서 감각 입력의 균형을 잡는 문제가 분명해진다. 다행히도, 사이먼은 심벌즈 '충돌'에 대한 반응을 억제하고 자기조절할 수 있다. **나는 스탠리 그린스펀(Stanley Greenspan)이 쓴 첫 번째 이정표인 이 '자기조절' 문제가 얼마나 근본적인 문제인지 볼 수 있다.** 마리아가 정말로 내가 연주하던 노래의 역동을 따를 수 있다면, 그녀는 자기조절을 하고 있을 것이다. 하지만 그녀는 아직 그 단계에 이르지 못했다. **테런스와 케이샤가 연주한 후에도 같은 일이 일어난다. 나는 이 활동을 위해 내가 설정한 IEP의 명시된 목적에 대해 생각한다. 그것들은 발달 목적에 대한 인본주의적 감정을 많이 반영하지 않는 것 같다.** 이 계획을 세운 임상가들은 왜 행동 조절의 준비 단계로서의 자기조절에 대해 생각하지 않았을까? 음악은 조절을 돕는 완벽한 방법이다.

알렉산더에게 차례가 오면, 그는 흥분으로 과호흡을 하고 있다. 그는 드럼과 심벌즈 둘 다 선택하므로 나는 'Mary is sleeping'의 오케스트레이션을 변경하여 그가 멜로디의 기본 박자를 치고 곡의 끝에 심벌즈를 연주할 수 있게 한다. 그는 흔들리는 팔을 곡의 역동에 맞추려고 노력하고 부분적으로 성공한다. **나는 그가 마음속으로는 신체적으로 무엇을 해야 하는지 알고 있지만 몸을 통제하는 데 성공하지 못하고 있다는 것을 알 수 있다. 나는 그의 인내력에 감탄하고 교실의 다른 교사들과 보조원들도 이에 놀란다.** 음악에서 이렇게 높은 동기 부여를 보이는 아동이 교사가 말하는 대로 교실에서 '불평'하는 아동이라는 것을 믿기 어렵다.

음악 시간이 끝나갈 무렵, **나는 그룹이 여전히 대체로 주의 집중하고 있다는 것을 알 수 있고 이에 정말 감명받는다.** 평가 측면에서, IEP에 명시된 기능 수준과 음악 활동에서 내가 보는 기능 수준을 비교할 때, 수준은 비슷하다. 그러나 **정서적 관련성은 압도적으로 긍정적이며, 이는 아동들의 행동 목적을 읽고 예상했던 것과는 다르다.** 나는 음악에 참여하려는 욕구가 아동들의 에너지를 매우 긍정적인 방식으로 전달하여 그들이 단순히 부정적인 방식으로 주의를 분산시킬 필요가 없다고 생각한다. 아동들이 기능적으로 제한되어 있음에도 불구하고, **그들의 열정은 기능 수준을 능가하고 그들이 자신의 수준에서 세션을 자발적으로 진행하기 시작할 수 있게 할 것이다.** 상대적으로 말하면, 이는 실행 가능한 그룹이 될 것이다.

주관적 평가 분석: 사례 예시 1

치료사의 다양한 그룹 구성원에 대한 반응 예시: 이는 저기능 그룹이며, 주관적 평가에서 나는 아동들에 대해 복합적인 반응을 가지고 있음을 느낀다. 감정의 일부는 공감이다. 특히 신체적으로 매우 제한된 아동들에 대해, 예를 들어, **사이먼은 낮은 근긴장도로 인해 얼굴 근육에**

많은 신체적 제한이 있어 그의 감정을 파악하기 어렵다. 알렉산더의 경우, 그의 마음속으로는 신체적으로 무엇을 해야 하는지 알고 있지만 몸을 통제하는 데 성공하지 못하고 있다. 알렉산더에 대해, 나는 그가 신체가 허용하는 것보다 더 높은 기능을 하고 있다고 주관적으로 판단한 것 같고, 그는 감탄의 대상이 된다: **나는 그의 인내력에 감탄한다, 특히 음악에서 이렇게 높은 동기 부여를 보이는 아동이 교사가 말하는 대로 교실에서 '불평'하는 아동이라는 것을 믿기 어렵다.**

또 다른 감정의 일부는 학교 구조의 한계를 고려할 때 아동들의 요구를 충족시키지 못할 것이라는 나 자신의 불편함과 예상이다. 이는 린다와 마리아에 대한 내 언급에서 명백하다. **린다는 휠체어에 앉아 침을 흘리고 비리듬적으로 움직이고 있다. 그녀는 안절부절못하고 불편해 보인다. 마리아를 개별적으로 다룰 수 있다면, 그녀에게 한 박자만 박수를 치게 할 수 있을 것이다. 그리고 이는 심지어 한 시점에서 전체 그룹으로 확장된다. 이 계획을 세운 임상가들은 왜 행동 조절의 준비 단계로서의 자기조절에 대해 생각하지 않았을까?**

그러나 좌절의 요소에도 불구하고, 나는 궁극적으로 그룹 전체에 대해 긍정적이다. 어떤 이유에서인지 그들의 노력과 음악치료에서의 예후 사이에 인과관계를 만들고 있다: **아동들이 기능적으로 제한되어 있음에도 불구하고, 그들의 열정은 기능 수준을 능가하고 그들이 자신의 수준에서 세션을 자발적으로 진행하기 시작할 수 있게 할 것이다.**

치료사의 행동 해석 예시: 비언어적 아동들과 함께 일할 때, 치료사는 행동을 더 자주 해석하는 경향이 있을 수 있다. 이 그룹에서 테런스만이 유일한 언어적 아동이므로, 나는 많은 비언어적 행동을 해석하려고 노력하는 것을 볼 수 있다. 여기서 치료사에게 중요한 질문은 "이러한 치료사의 행동 해석이 중재에 어떤 영향을 미치는가?"이다.

세션 초기에 내가 아동들이 세션에 들어올 때 어떻게 느끼는지 파악하려고 노력하는 것에서 내 해석을 볼 수 있다: **오늘 그룹을 시작하는 것은 편안하다. 겨우 두 번째 세션임에도 불구하고, 아동들은 방에 들어올 때 매우 '들떠' 보인다. 사이먼은 낮은 근긴장도로 인해 얼굴 근육에 많은 신체적 제한이 있어서 그의 감정을 파악하기가 어렵다.**

세션이 진행됨에 따라, 나는 원인과 결과에 대해 추가적인 해석을 한다. **이러한 해석은 나를 방법론으로도 이끈다. 먼저, 나는 세션에서 무엇이 일어날지 예상한다: 그들은 노래에 언제 들어가야 할지에 대한 본능적인 감각이 있는 것 같고, 세션이 진행됨에 따라 내가 촉구할 필요가 없을 것 같다.** 그러고 나서 나는 필요에 따라 내 방법을 조정한다. 세션이 진행됨에 따라, 나는 음악치료 세션의 소리 수준과 린다의 **반응 사이에 또 다른 인과관계를 만든다: 자극이 린다에게는 너무 많아서 그녀가 울기 시작한다.** 이는 세션의 제약과 그녀의 문제를 고려할 때 그녀의 요구를 충족시키지 못할 수 있다는 내 초기 의심을 확인한다.

흥미롭게도, 세션의 마지막에 나는 주의력과 정서적 관련성 사이에 해석적 연결을 만든다. 이는 내가 그린스펀(Greenspan)을 읽은 것을 반영하는 점이다(이론에서 실천으로의 연결 참조): **음악 시간이 끝나갈 무렵, 나는 그룹이 여전히 대체로 주의 집중하고 있다는 것을 알 수 있고 이에 정말 감명받는다. 평가 측면에서, IEP에 명시된 기능 수준과 음악 활동에서 내가 보는 기능 수준을 비교할 때, 수준은 비슷하다. 그러나 정서적 관련성은 압도적으로 긍정적이며, 이는 아동들의 행동 목적을 읽고 예상했던 것과는 다르다.**

세션에서 이루어진 필요한 수정의 예시(후속 세션 계획에서 고려될 수 있음):

앞서 언급했듯이, 치료사의 행동 해석은 세션에서의 수정으로 이어질 수 있다. 나는 불안 수준에 대한 내 인식, 특히 린다에 대해 자발적으로 전환 곡의 필요성을 감지한다(해석과 아동에 대한 치료사의 반응 참조): **나는 전환 곡을 만들고, 이것이 린다에게 교정의 기회를 제공할 것이라고 가정한다: 이는 린다가 동요하지 않게 하고 그녀가 시각적으로 내가 방의 다른 구석으로 움직이는 것을 추적하는 데 도움이 되는 것 같다.** 또한, 나는 하나의 음악 경험이 다른 경험을 뒤따르는 것이 어떻게 의미가 있는지 인식하게 된다: **시작과 박수 치기에서 리듬 스틱 사용으로의 전환은 내가 방 안의 악기를 향해 걸어가면서 즉흥적으로 작곡한 작은 노래 덕분에 잘 이루어졌다. 심지어 리듬적 안정성을 제공하기 위해 내가 부르는 전환 곡의 리듬에 맞춰 걸음 패턴을 조정한다.**

아동들을 '잃은' 것처럼 보일 때조차 나는 행동을 호의적으로 해석하고 유연하게 행동한다. 이는 특히 그룹 내 둘 사이의 상호작용인 케이샤와 테런스 사이의 상호작용에서 눈에 띈다: **한 시점에서, 테런스는 장난스럽게 자신의 스틱 중 하나를 케이샤와 함께 연주하려고 시도한다. 시각-운동 매치가 처음에는 완전히 맞지 않지만 점차 개선된다. 다시 한번, 나는 이것을 변경할 필요성을 느끼지 않는다. 이는 서로의 음악적 에너지를 친구처럼 대하고 공유하려는 훌륭한 노력이다. 잠시 후, 웃으며 그들은 자신의 스틱을 연주하는 것으로 돌아간다.**

또 다른 예가 뒤따른다: 박수 치기 노래로 넘어가면서, **케이샤와 테런스가 나와의 눈 맞춤을 잃고 충동적으로 박수를 치기 시작하는 것을 알아차렸다. 나는 음악에 대한 그들의 열정을 방해하고 싶지 않아서 그들을 '교정'하지 않기로 했다.** 이러한 나의 반응은 사려 깊은 추측으로 이어진다. 일부는 이론에서 실천으로의 질문이고 일부는 아동들에 대한 반응이다: **여기서 충동성과 열정을 판단하는 사이에 회색 지대가 있다고 생각한다. 세 가지 다른 단계를 결합한 노래의 마지막 연주에서, 나는 중단되지 않은 박수가 의도적인 리듬 박수로 바뀐 것을 알아차렸다. 이 아동들이 내가 소개한 패턴을 해독하는 데 필요한 처리 시간에 대해 궁금하다. 분명히, 그들은 노래의 반복 후에 '올바르게' 처리한다.**

나는 알렉산더에 대한 기대도 완화한다. 이번에는 처리 시간에 대한 추측 때문이 아니라 운동 계획에 대한 것이다: 마찬가지로, 알렉산더는 박자를 물리적으로 잡기 위해 흔들리는 손을 중심선으로 가져오는 데 어려움을 겪고 있다. 다시 한번, 나는 그를 '교정'하지 않는다. 노래가 끝날 무렵, 그는 '따라잡는다'.

세션의 다른 조정에는 자발적인 긍정적 순간에 대한 인정으로서의 칭찬이 포함된다: 흥분한 그녀(마리아)는 자발적으로 자신을 가리키고 있고 나는 이 순간을 이용해 그녀의 의사소통을 인정한다. 오, 모두 봐, 마리아가 음악을 원해요(수화)! 그리고 알렉산더를 위한 음악적 적응: 그는 드럼과 심벌즈 둘 다 선택하므로 나는 'Mary is sleeping'의 오케스트레이션을 변경하여 그가 멜로디의 기본 박자를 치고 곡의 끝에 심벌즈를 연주할 수 있게 한다.

유연해야 할 필요성과 함께, 시간 제약을 고려할 때 그룹의 감각적 취약성에 대한 인식이 커지고 있다: 우리는 45분 세션 중 약 30분이 지났고, 이 세션 시간은 이 아동들 중 일부에게 쉽게 감각 과부하를 초래할 수 있다. 나는 자극에 과도하게 반응하는 아동들, 과잉행동을 통제해야 하는 다른 아동들, 그리고 마지막으로 반응이 부족한 아동들 사이의 균형 잡기에 대해 생각한다. 이는 그룹 작업을 하는 데 있어 가장 큰 도전 중 하나로 남아 있다.

그룹 역동과 관련된 문제의 예시: 흥미롭게도, 이 그룹의 경우 두 번째 사례 연구와 비교하여 역동이 제한적이다. 이 그룹은 더 낮은 기능을 하고 있으므로, 그룹 작업 능력이 제한적이다(제3장 참조). 이러한 시나리오를 고려할 때, 나는 여전히 케이샤와 테런스 사이의 관계를 인식하고 있으며, 마리아의 자발적인 긍정적 행동과 알렉산더의 타악기 연주에 대한 인내력에 초점을 맞출 때 모든 구성원들에게 언급함으로써 그룹의 인식을 촉구하려고 노력한다.

이론에서 실천으로의 연결 예시: 그룹에서 일어나는 일을 이론과 연결하려고 노력하면서 내 부분에 많은 추측이 있다. 예를 들어, 나는 처리 시간의 문제를 계속 고려한다: 특정 노래의 지시 순서가 더 요구되는 것이 되면서 나는 이상하게도 중단되지 않은 박수가 의도적인 리듬 박수로 바뀐 것을 알아차렸다. 이 아동들이 내가 소개한 패턴을 해독하는 데 필요한 처리 시간에 대해 궁금하다. 분명히, 그들은 노래의 반복 후에 '올바르게' 처리한다.

감각 조절에 대해서도 마찬가지다: 그녀의 연주가 너무 커서 사이먼이 떨기 시작한다. 이 흥분 수준을 어떻게 관리해야 할까? 다시 한번, 세션에서 감각 입력의 균형을 잡는 문제가 분명해진다. 다행히도, 사이먼은 심벌즈 '충돌'에 대한 반응을 억제하고 자기조절할 수 있다. 나는 스탠리 그린스펀이 쓴 첫 번째 이정표인 이 '자기조절' 문제가 얼마나 근본적인 문제인지 볼 수 있다. 마리아가 정말로 내가 연주하던 노래의 역동을 따를 수 있다면, 그녀는 자기조절을 하고 있을 것이다. 하지만 그녀는 아직 그 단

계에 이르지 못했다. 테런스와 케이샤가 연주한 후에도 같은 일이 일어난다.

사례 예시 2

주관적 평가(제7장에서)

아동들은 명랑한 기분으로 방에 들어왔다. 이는 아침 세션이었고, 그들이 무한한 에너지로 가득 차 있었기 때문에 운이 좋았다. 재러드는 거의 자신을 좌석에 던지다시피 했고, 에비는 그 격렬한 시작에 웃기 시작했다. 그러자 재러드도 웃기 시작했고, 도라는 어떤 종류의 표현적인 얼굴 표정을 짓는 데 어려움이 있음에도 불구하고 미소를 지으려 노력했다. 나도 재러드의 에너지에 웃기 시작했음을 인정해야 한다.

아동들이 자리에 앉은 후, 나는 '나를 소개하겠습니다'로 시작했다. 나는 큰 열정으로 노래했고 이는 분명히 아동들에게 영향을 주었는데, 그들이 나를 보며 즐겁게 웃었기 때문이다. 그런 다음 나는 내 '친구'로 패트릭의 보조원인 빌(Bill)을 선택했다. 빌은 꽤 조용한 사람이었는데 이 노래가 그의 또 다른 자아를 끌어낸 것 같았다. 그는 노래를 부르면서 팔을 벌렸고 목소리도 열렸다. 보통 조용하고 불안해하는 패트릭은 이에 정말 매료되었다. 그는 자신의 보조원을 계속 쳐다보았다. 이제 그는 자신의 보조원처럼 공연할 준비가 되어 있었다. 보조원이 그를 부르자마자, 그는 약간 당황했고 자리에서 노래하기로 결정했다. 그는 보조원으로부터 매우 긍정적인 관심을 받았고 이것이 그를 자극한 것 같았다. 그는 리처드를 부르며 자신의 노래 부분을 마쳤다. 교사가 농담으로 부르는 천성적인 '광대' 리처드는 또래들 앞에서 꽤 연극적으로 되었다. 그가 끝낸 후, 그는 자신의 공연을 반복하게 해달라고 간청했다. **나는 좋다고 했다.** 그는 다시 했고 또다시 공연을 반복하게 해달라고 간청했다. 그는 이것이 정말 좋았던 것 같다. 나는 두 번째 연주가 발음을 더 강하게 숙달하는 결과를 가져왔음을 알아차리고 그에게 이 점을 말해 주었다. 그는 기뻐 보였다. **나는 결국 그가 다른 아동을 선택하여 노래하게 하는 데 약간 엄격해야 했음을 인정해야 한다.** 이때쯤 재러드는 자신의 차례를 기다리며 자리에서 뛰어오르고 있었고, **나는 그가 기다릴 수 있어서 매우 자랑스럽다고 말했다. 그는 도라 다음 차례가 될 것이다. 도라는 Big Mack을 사용하지 않기로 했다. 그보다는 '나 자신'이라는 단어에서 자신을 가리키고 '친구'라는 단어에서 에비를 가리키는 제스처를 선호했다. 이는 괜찮았는데, 특히 그녀가 이러한 제스처를 수행하기 위해 구축된 왼팔을 자발적으로 펴는 것을 알아차렸기 때문이다.** 재러드와 리처드의 '어서 빨리'라는 언어적 격려를 받은 에비는 주저하며 일어서서 피아노 옆으로 와서 솔로를 불렀다. 그녀는 주저했다. **나는 그녀를 시작하게 하고 그녀가 그룹에 팔**

을 벌리려고 노력하는 동안 계속 미소를 지으며 어려움을 겪고 있는 단어를 근사하게 말하도록 도왔다. 그녀가 끝낸 후, 그룹은 그녀를 위해 박수를 쳤는데, 이는 지지의 훌륭한 표현이었다. 이때쯤 에반은 귀를 막고 있었다. 흥분이 그에게 압도적이면서도 위협적이었을 수 있다. 나는 어느 쪽인지 확실하지 않았다. **어쨌든 그는 행동의 모든 단계를 지켜보고 있었음에도 참여를 포기했고 나는 그것이 얼마나 훌륭한지 언급했다.** 노래할 마지막 그룹 구성원인 가브리엘은 지금까지의 모든 모델링으로부터 이익을 얻어 노래의 많은 단어를 불렀고, 이는 교사를 놀라게 했다.

우리는 '일어서고 앉기' 노래의 그룹 선택으로 순조롭게 전환했는데, 특히 아동들이 이미 인사 노래를 하기 위해 일어났었고 이제 '워밍업'이 되어 있었기 때문이다. 내가 먼저 노래를 모델링하고 아동들을 참여하도록 초대하자 흥분이 고조되었다. 에반은 자리에서 일어났다 앉았다 하며 웃고 있었고, 재러드와 리처드가 만들어 내는 들뜬 분위기에 영향을 받은 것이었다. 에비, 리처드, 패트릭은 신체적으로 약간 더 느렸고, **그들의 지연된 청각 처리와 운동 계획을 수용하려는 내 노력으로, 나는 재러드가 과잉행동을 관리하도록 하는 도전을 만들었다. 나는 이를 정말 예상하지 못했지만, 그룹 역동 측면에서는 잘 작동했다.**

나는 아동들에게 다음 음악 활동 선택에 대해 '투표'하도록 요청했다. 그들은 모두 악기 그림을 선택했다. 나는 드럼을 선택할 수 있는 옵션과 함께 탬버린 노래를 소개했다. 보조원이 나와 함께 모델링했다. 내가 그에게 탬버린과 드럼을 어떻게 모델링하는지 간단히 시연하는 동안, 나는 탬버린과 드럼을 연주하는 것이 실제로 여러 가지 방식으로 할 수 있으며, 각 방식이 다른 종류의 감각 자극을 초대한다는 것을 깨달았다. 나는 가장 쉬운 방법(단순히 탬버린을 흔들기; 드럼을 세 번 치기)을 모델링해야 할지, 아니면 더 복잡한 순차적 기술(첫 번째 박자에 탬버린을 위로 흔들고, 두 번째 박자에 중간에서, 세 번째 박자에 아래로; 각 4분음표 박자마다 다른 리듬 조합으로 드럼 치기)을 사용해야 할지, 또는 더욱 복잡한 방식(첫 번째 박자에 탬버린 흔들기, 팔꿈치로 치기, 무릎에 치기; 세 가지 다른 다이내믹으로 드럼 치기)을 사용해야 할지 확실하지 않았다. **노래를 소개하는 것에 대한 나만의 흥분으로 인해 음악과 상관없는 것으로 빠질 가능성이 있었고, 이것이 아동들에게 혼란을 줄 수 있다는 것을 깨달았다. 나는 첫 번째에는 단순하게 유지하기로 결정했고, 매 박자마다 탬버린을 흔들었다.** 이것조차도 세 박자 동안 계속 흔드는 것보다 더 큰 도전이었다. 연주와 전달은 순조롭게 진행되었지만 내가 예상했던 것보다 아동들이 전달하는 것을 돕기 위해 더 많은 신체적 노력이 필요했다. **아동들이 멈추는 데 추가적인 음악적 촉구를 돕기 위해, 나는 '탬버린을 연주할 수 있어요'의 마지막 연주 후에 추가 구절을 넣어 음악을 약간 변경했다. 그 시점에서 나는 두 개의 4분음표와 불협화음을 추가하며 '이제 멈춰!'라고 노래했다. 그것이 도움이 되었다. 내 유일한 문제는 재러드였다. 그는 탬버린을 놓고 싶어 하지 않았고 공중에**

서 위아래로 격렬하게 흔들고 있었다. 나는 피아노에서 일어나 다른 탬버린을 가져와 그와 함께 흔들기 시작했고, 마지막에 아카펠라로 '멈추고 (쉼표) 쉬어'라고 노래했다. 그는 멈추는 시점, 음악적 연결의 순간을 너무 즐겼기 때문에 웃음을 터뜨리고 탬버린을 내려놓았다.

다음 전환 후, '콩주머니'에 대한 투표가 이루어졌다. 우리는 먼저 아카펠라로 했는데, 이는 녹음을 사용하여 내 손을 자유롭게 하기 전에 그룹의 작업 템포를 가늠할 수 있게 하기 위해서였다.

재러드가 콩주머니를 받았을 때, 그는 그것을 공중으로 던졌고 실제로 에비를 거의 맞출 뻔했다. 그녀는 갑작스러운 침입을 예상하지 못해 겁을 먹었다. **우리는 음악을 멈추고 나는 그에게 자신이 한 일을 자체 평가하도록 요청했다. 그는 "미안해, 미안해, 미안해 에비"라고 중얼거렸다. 나는 그가 정말로 미안해한다고 믿는다. 나는 그에게 말했다. "재러드, 너는 네 행동을 통제할 수 있어. 다시 해 보자. 음악을 들어야 해." 그러자 그는 괜찮아졌다. 이 에피소드 동안, 나는 다른 그룹 구성원들의 주의를 유지해야 했기 때문에, 단순히 "재러드가 콩주머니 전달에 약간 어려움을 겪고 있지만, 이제 그는 할 수 있어."라고 말했다. 리처드는 고개를 끄덕였고, 도라는 주의를 기울이는 것 같았으며, 에반은 그도 던지고 싶어 하는 것처럼 관심을 보였다! 음…… 그 일이 정확히 일어났다. 에반은 결국 콩주머니를 바닥에 던지고 웃었다. 나는 그의 감정을 인정했다.** "그래, 던지는 것은 재미있을 수 있어. 이제 다른 방법을 시도해 보자." 나는 이것이 꾸짖음이 아니라 재지시였다고 생각하고 싶다. 에반에게는 어떤 수준에서든 참여하는 것이 중요하기 때문에, 두 살짜리의 발달 행동처럼 느껴졌음에도 불구하고 겉보기에 부정적인 행동이 인정되었다. 아마도 에반은 그 수준에 있는 것 같다. 어쨌든, 그는 던지는 것을 바꾸는 데 순응했고 우리는 계속했다.

이제 우리는 45분 세션 중 35분이 지났고, 나는 내 시간 관리 기술을 사용해야 했는데, 항상 최고는 아니지만, 확인/회상("네, 할 수 있어요")과 종결을 위해 얼마나 시간이 있을지 예상해야 했다. 리처드는 개시 노래를 기억하며 우리가 다시 '연기'할 수 있는지 물었다. **나는 추가 노래/악기 활동 옵션을 건너뛰고 "네, 할 수 있어요"를 더 연극적인 발표로 전환하기로 결정했다. 이를 위해 나는 리처드에게 우리가 음악에서 했던 것을 회상하는 모델을 보여 달라고 요청했다. 나는 그에게 '움직임'(콩주머니; 일어서고 앉기), '악기'(탬버린 노래),** 그리고 시작(나를 소개하겠습니다)에 대한 그림 교환 카드를 보여 주며 순서를 기억하도록 도왔다. 그 시각적 촉구로, 그는 내 반주에 맞춰 '오, 나는 안녕이라고 노래할 수 있어요(오오오오오) 오, 나는 앉았다 일어설 수 있어요(시연), 오, 나는 드럼을 연주할 수 있어요(시연), 오, 나는 콩주머니를 전달할 수 있어요'(나에게 건넨다)라고 노래하고 연기할 수 있었다.

모든 아동들은 '네, 할 수 있어요' 후렴구에 참여하도록 격려받았고 리처드의 우스꽝스러운 행동을 즐기는 것 같았다. **세션에서 우리가 했던 일에 대한 더 구체적인 시각적 회상은 실제로 그들의 기억을 강화하는 훌륭한 방법이었다.**

우리는 편안하게 마무리했고 패트릭은 교실에서 어떤 짜증도 내지 않고 전환할 수 있었다.

주관적 평가 분석: 사례 연구 2

치료사의 다양한 그룹 구성원에 대한 반응 예시: 주관적 해설은 아동들에 대한 많은 반응의 이론적 근거를 설명한다. 예를 들어, **"그래, 던지는 것은 재미있을 수 있어. 이제 다른 방법을 시도해 보자. 나는 이것이 꾸짖음이 아니라 재지시였다고 생각하고 싶다. 에반에게는 어떤 수준에서든 참여하는 것이 중요하기 때문에, 두 살짜리의 발달 행동처럼 느껴졌음에도 불구하고 겉보기에 부정적인 행동이 인정되었다"는 것은 도움이 된다.** 그럼에도 불구하고, 일부 반응은 설명 없이 진행되므로, 내 부분에서 더 많은 생각을 요구한다.

예를 들어, "나도 재러드의 에너지에 웃기 시작했음을 인정해야 한다"는 것은 재러드의 충동성에 대한 복합적인 반응을 보여 준다. 한편으로는 문제가 있지만, 다른 한편으로는 신선하다고 생각하며 아마도 나는 개인적으로 그것에 공감할 수 있다. 이것이 세션에서 내가 그것을 다루는 방식에 일관성이 없을 수 있다는 것을 의미하는가? 나중에, 나는 재러드에게 그의 차례를 기다리도록 요청함으로써 그를 한계까지 밀어붙인다. **이때쯤 재러드는 자신의 차례를 기다리며 자리에서 뛰어오르고 있었고, 나는 그가 기다릴 수 있어서 매우 자랑스럽다고 말했다.**

그룹의 특정 아동에 대한 또 다른 반응의 예는 리처드에 대한 나의 반응이다: **나는 결국 그가 다른 아동을 선택하여 노래하게 하는 데 약간 엄격해야 했음을 인정해야 한다.** 여기서의 함의는 내가 '엄격한' 것에 정말 편안하지 않고 리처드에 대한 나의 자발적인 반응은 그의 극적인 놀이를 격려하고, 계속 즐기고 그것을 확장하는 것을 돕는 것일 것이라는 것이다. 하지만…… 그룹의 치료사로서, 나는 다른 아동들이 내 시간을 공유하고 세션에서 그들의 차례를 가질 필요성을 인식해야 한다.

치료사의 행동 해석 예시: 이전 예시에서 에반에 대한 나의 반응에서 가리키는 대로, 나는 세션 전체에 걸쳐 행동을 해석하고 그 기초 위에서 반응한다. 이는 이론과 실천이 연결되는 숙련된 치료사의 특징이다.

나는 여러 가지 원인과 결과 해석을 만드는 것 같다. 예를 들어, 이 개시 설명에서 나는 재러드의 에너지와 그룹의 다른 아동들의 행동 사이에 인과 관계를 만든다: **재러드는 거의 자신을 좌석에 던지다시피 했고 에비는 그 격렬한 시작에 웃기 시작했다. 그러자 재러드도 웃기 시작했고, 도라는 어떤 종류의 표현적인 얼굴 표정을 짓는 데 어려움이 있음에도 불구하고 미소를 지으려 노력했다.**

이어서, 나는 패트릭의 노래 동기와 그의 보조원의 세션 모델링 사이에 인과관계를 만든다: 그런 다음 나는 내 '친구'로 패트릭의 보조원인 빌을 선택했다. **빌은 꽤 조용한 사람이었는데 이 노래가 그의 또 다른 자아를 끌어낸 것 같았다. 그는 노래를 부르면서 팔을 벌렸고 목소리도 열렸다. 보통 조용하고 불안해하는 패트릭은 이에 정말 매료되었다. 그는 자신의 보조원을 계속 쳐다보았다! 이제 그는 자신의 보조원처럼 공연할 준비가 되어 있었다!**

마지막으로, 주관적 해설의 다른 부분에서, 나는 에반과 그가 귀를 막고 있는 이유에 대한 나의 해석에 대해 쓴다: **에반은 귀를 막고 있었다; 흥분이 그에게 압도적이면서도 위협적이었을 수 있다. 나는 어느 쪽인지 확실하지 않았다.**

그룹의 아동의 진전 또는 진전 부족과 관련하여 치료사가 인식하는 문제의 예시: 이 항목은 행동에 대한 치료사의 해석 아래의 항목인 것 같다. 후자 섹션에서 패트릭과 에반에 대한 언급을 참조하라.

그룹 역동과 관련된 문제의 예시: 내가 만드는 인과관계는 분명히 그룹 역동을 암시한다. 예를 들어, 행동 해석에 대한 치료사 해석 아래의 내 언급은 재러드에 대한 반응으로 두 명의 다른 아동들을 포함하는 또래 반응을 제안한다. 그룹 역동과 관련된 주관적 평가의 추가 언급이 따른다. 우리는 더 소극적인 아동, 먼저 가브리엘에 대한 모델링의 장점을 본다. **노래할 마지막 그룹 구성원인 가브리엘은 지금까지의 모든 모델링으로부터 이익을 얻어 노래의 많은 단어를 불렀고, 이는 교사를 놀라게 했다. 그러고 나서 에반, 에반은 자리에서 일어났다 앉았다 하며 웃고 있었고, 재러드와 리처드가 만들어 내는 들뜬 분위기에 동참했다.** 우리는 또한 매우 다른 두 가지 유형의 감각 프로파일을 수용하고, 따라서 그룹에 균형 상태를 가져오려고 노력하는 것이 가능하다는 것을 본다: **에비, 리처드, 패트릭은 신체적으로 약간 더 느렸고, 그들의 지연된 청각 처리와 운동 계획을 수용하려는 내 노력으로, 나는 재러드가 과잉행동을 관리하도록 하는 도전을 만들었다. 나는 이를 정말 예상하지 못했지만 그룹 역동 측면에서는 잘 작동했다.**

세션 전체에 걸쳐, 다음 음악 경험 유형에 대한 '투표'는 만장일치 선택이 모방적인지 또는 그룹 정신으로 인한 것인지 확인하기 어렵지만 민주주의 느낌을 만든다: **나는 아동들에게 다음 음악 활동 선택에 대해 '투표'하도록 요청했다. 그들은 모두 악기 그림을 선택했다.**

세션은 긍정적인 메모로 끝나고 우연히 그룹에서 리더십 역할을 맡은 것 같은 아동이 그의 시각적으로 우스꽝스러운 행동을 통해 종결을 굳힌다: **모든 아동들은 '네, 할 수 있어요' 후렴구에 참여하도록 격려받았고 리처드의 우스꽝스러운 행동을 즐기는 것 같았다. 세션에서 우리가 했던 일에 대한 더 구체적인 시각적 회상은 실제로 그들의 기억을 강화하는 훌륭한 방법이었다.**

세션에서 이루어진 필요한 수정의 예시(후속 세션 계획에서 고려될 수 있음): 세션에는 이전에 계획되지 않은 많은 수정이 있다. 이들은 후속 세션 계획의 방향을 제시하며 객관적 평가에서는 나타나지 않았을 것이다.

좋은 치료사가 세션 계획에서 명확히 표현하지 않고 자발적으로 수행하는 많은 방법들이 있다. 이 중 하나는 아동의 자발적 행동에 대해 칭찬하는 것이다. **리처드와의 작업에서 이를 발견했는데, 두 번째 연주에서 조음의 숙달도가 더 높아졌음을 알아차리고 이를 리처드에게 말해 주었다. 그는 기뻐하는 것 같았다. 재러드의 경우, 기다릴 수 있었던 것에 대해 매우 자랑스럽다고 말해 주었다. 에반의 경우, 그는 모든 활동 단계를 주시하고 있었음에도 참여를 거부했고, 나는 그것이 얼마나 대단한 일인지 언급했다.**

또한 치료사를 놀라게 하는 많은 경우가 있는데, 이는 아동이 의식적으로 또는 무의식적으로 선택을 함으로써 목표 행동을 자발적으로 촉진하는 것이다: **도라는 빅맥을 사용하지 않기로 선택했다; 대신 그녀는 '나 자신'이라는 단어에서 자신을 가리키는 제스처를 선호했고 '친구'라는 단어에서 애비를 가리켰다.** 이는 특히 그녀가 이러한 제스처를 수행하기 위해 수축된 왼팔을 자발적으로 펴는 것을 내가 알아차렸기 때문에 좋았다. 이러한 일들은 치료사가 초기 세션 계획과는 별개로 아동에게 대안을 열어 주는 유연성 덕분에 일어난다.

음악 제시 방식의 변화는 분명히 음악 치료의 중요한 측면이다: **아동들이 멈추는 데 도움이 되는 추가적인 음악적 신호를 주기 위해, '너는 탬버린을 연주할 수 있어'의 마지막 연주 후에 추가 구절을 넣어 음악을 약간 변경했다. 그 시점에서 나는 두 개의 4분음표와 불협화음을 추가하면서 '이제 멈춰!'라고 노래했다.**

음악 제시와 관련하여, 치료사의 지속적인 사고 과정은 인식을 창출한다: **나는 노래를 제시하는 데 대한 나 자신의 흥분으로 인해 음악적으로 주제에서 벗어날 가능성이 있고 이것이 아동들에게 혼란을 줄 수 있다는 것을 인식하게 되었다. 나는 첫 번째 회차에서는 간단하게 유지하기로 결정했고, 매번 박자에 맞춰 탬버린을 흔들었다.**

세션 중 방법론을 변경하는 다른 예로는 특히 음악적 변화를 통해 감각 프로파일에 적응하는 지속적인 과제가 있다: **그들의 지연된 청각 처리와 운동 계획에 맞추려는 노력 속에서, 나는 재러드가 과잉행동을 관리할 수 있는 도전 과제를 만들었다. 나는 이를 정말로 예측하지 못했지만 그룹 역동, 추가적인 신체 자세 조정과 다루기 면에서 잘 작용했다. 연주와 전달은 원활하게 진행되었지만, 아동들이 전달하는 것을 돕는 데 내가 예상했던 것보다 더 많은 신체적 노력이 필요했다.**

더 나아가, 세션의 자발적 변화에는 잠재적으로 방해가 될 수 있는 상황을 다루는 것이 포함되는데, 이는 유머와 정서적 연결 감각으로 다룰 수 있는 상황이다: **재러드는 탬버린을 놓지 않으려 했고 공중에서 위아래로 격렬하게 흔들고 있었다. 나는 피아노에서 일어나 다른 탬버린을 들**

고 그와 함께 흔들기 시작했고, 마지막에 아카펠라로 '멈춰(쉼) 그리고 쉬어'라고 노래했다. 그는 음악적 연결의 순간인 멈추는 지점을 너무 즐겼고, 웃음을 터뜨리며 탬버린을 포기했다……. 그 뒤에 언어적 재지시가 따랐다. 우리는 음악을 멈추고 나는 그에게 자신이 한 일을 자체 평가하도록 요청했다. 그는 "미안해, 미안해, 미안해 애비"라고 중얼거렸다. 나는 그가 정말로 미안해했다고 믿는다. 나는 그에게 "제러드, 너는 네 행동을 통제할 수 있어. 다시 한번 해 보자. 너는 음악을 들어야 해."라고 말했다. 그러자 그는 괜찮아졌다. 잠재적으로 방해가 될 수 있는 상황의 또 다른 에반의 예시: 에반은 결국 콩 주머니를 바닥에 던지고 웃었다. 나는 그의 감정을 인정했다.

앞서 언급했듯이, 그룹 역동을 인식하고 촉진하는 것은 지속적인 책임이다: 이 에피소드 동안, 나는 다른 그룹 구성원들의 관심을 유지해야 했기 때문에 단순히 **재러드가 콩 주머니를 전달하는 데 약간의 어려움을 겪고 있지만, "이제 그는 할 수 있어."라고 말했다.** 이는 언어적 · 음악적 소통을 통해서뿐만 아니라 실제적인 의미에서 한 음악 경험에서 다음으로의 전환과 마무리를 위한 충분한 시간을 남겨두어야 할 필요성을 통해 다루어졌다: 이제 45분 세션 중 35분이 지났고, 나는 항상 최선은 아니지만 시간 관리 기술을 사용하여 긍정/회상("네, 할 수 있어요")과 마무리를 위해 얼마나 시간이 남았는지 예측해야 했다. 마지막으로, 유동적인 방법론은 치료사가 세션에서 예상치 못했지만, 긍정적인 힘을 자발적으로 따라갈 것을 요구한다. **이에 대한 좋은 예는 리처드의 리더십과 연극적 기술을 활용하기로 한 내 결정이다: 나는 추가 노래/악기 활동 옵션을 건너뛰고 "네, 할 수 있어"를 더 연극적인 발표로 전환하기로 결정했다. 이를 위해 나는 리처드에게 우리가 음악에서 한 일을 회상하여 반 전체에 시범을 보여 달라고 요청했다.**

이론에서 실제로의 연계 예시: 주관적 요약 전반에 걸쳐 치료사가 아동 발달, 특수교육 방법, 음악치료를 공부했음을 나타내는 암묵적인 언급들이 있다. 그렇지 않다면, 세션은 긍정적이고 변화하는 방법, 특히 세션 계획에서 예상치 못했던 방법들로 진행될 수 없었을 것이다. 이에 대한 두 가지 구체적인 예는 다음과 같은 언급을 포함한다. 그리고 **에반에게는 어떤 수준에서든 참여하게 하는 것이 중요하기 때문에, 두 살 아동의 발달 행동처럼 느껴졌음에도 불구하고 겉보기에 부정적인 행동이 인정되었다.** 첫 번째 언급은 다중감각 입력의 필요성에 대한 이해를 보여 주는데, 이는 특히 이 세션의 아동들의 청각 처리 능력이 부족하기 때문에 중요하다. 두 번째 언급은 발달 퇴행에 대한 이해를 보여 준다.

사례 연구 1과 2: 요약, 평가 문제

객관적 평가

두 사례 모두 객관적 그리드에 개선의 여지가 있다. 기호를 다음과 같이 변경할 수 있다.

C: 신호 없이 일관되게 관찰되는 행동
C-P: 신체적 촉구와 함께 일관되게 관찰되는 행동
C-V: 언어적 촉구와 함께 일관되게 관찰되는 행동
C-Vi: 시각적 촉구와 함께 일관되게 관찰되는 행동
I-P: 신체적 촉구와 함께 비일관적으로 관찰되는 행동
I-V: 언어적 촉구와 함께 비일관적으로 관찰되는 행동
I-Vi: 시각적 촉구와 함께 비일관적으로 관찰되는 행동
N: 관찰되지 않는 행동
NO: 행동을 관찰할 기회가 없음
Na: 이 목표가 이 아동에게 해당되지 않음

또는 각 아동의 한 세션에서 다음 세션으로의 성공 정도를 비교하기 위해 숫자 등급(3: 일관된 반응, 2: 촉구와 함께 반응, 1: 비일관적 반응, 0: 무반응)을 사용할 수 있다.

주관적 평가

주관적 평가에 개괄된 영역들이 중복된다는 점을 인정한다. 치료사의 행동 해석은 아동들에 대한 치료사의 반응과 이론에서 실천으로의 연결을 결합한 것에 기반하여, 개별 아동들과 그룹에 영향을 미치는 세션의 수정으로 이어질 것이다. 그럼에도 불구하고, 이러한 지침들은 주관적 평가에 도움이 된다. 전반적으로 주관적 평가의 중요성은 음악치료 평가에서 과소평가되고 있을 수 있다. 주관적 평가는 치료사의 자기성장과 방법과 자료가 왜 작동하는지 또는 작동하지 않는지를 더 조사하는 데 정보를 제공한다.

세션에서 정보를 관찰하고, 기억하고, 보고하는 데 있는 실행적 문제들

앞서 언급했듯이, 음악치료사의 하루의 현실은 세션에서 일어나는 일을 체계적으로 기록하는 것을 못하게 할 수 있다. 많은 치료사들이 세션 사이에 메모를 위한 휴식 시간이 없고,

메모하려고 할 때쯤이면 관찰된 행동의 일부를 잊어버렸을 수 있다. 첫 번째이자 가장 중요한 제안은 치료사가 세션에서 합리적으로 관찰할 수 있는 수의 행동 목표만 각 아동에 대해 설정하는 것이다.

이 문제를 다루기 위한 다른 방법으로는, ① 교사나 보조원이 간단한 체크리스트를 작성하게 하기, ② 특정 날짜에 그룹의 특정 아동들의 행동을 기록하기, ③ 주요 변화(유의미한 진전 또는 퇴보)만 메모하기 등이 있다.

행동 변화 기록의 유연성 예로, 자폐 스펙트럼 장애아동을 위한 시범 학교에서는 치료사와 교사들이 확실히 관찰된 경우에만 아동들의 목적과 관련된 관찰된 행동을 로그에 기록하도록 하는 순환 시스템을 사용했다(Goodman, 1996~2002). 이 정보는 로그 기록을 검토, 취합, 요약한 한 명의 지정된 직원이 작성한 중간 및 최종 연간 평가의 일부가 되었다.

주관적 평가로서의 학생 로그(기록)에 대한 노트

많은 음악치료 훈련 프로그램에서 학생들이 음악치료 실습 세션에 대한 지속적인 로그를 작성하도록 제안한다. 이러한 세션 로그는 여러 면에서 이전의 주관적 평가 사례 자료에서 분석된 것과 유사한 요소들을 포함한다. 그러나 차이점도 있다. 학생 치료사의 발전하는 감정에 더 큰 강조점—음악 만들기와 임상 결정을 내리는 데 있어 자신의 역량 수준에 대한 의구심, 불안, 아동들로부터의 긍정적인 피드백에 대한 큰 욕구, 슈퍼바이저에 대한 반응, 아동들에 대한 정서적 애착, 아동들에게 한계를 설정하는 데 어려움—이 있는 것 같다. 이론과 실천 사이의 연결을 실현하는 어려움은 불안에 의해 악화되는 것으로 보인다(Goodman, 2005). 이에 대한 몇 가지 예는 다음과 같다.

한계 설정에 관한 자기 질문의 예: 임상적 의사 결정에 관한 불안

나는 일부 아동들이 나를 시험하고 있다는 것을 알아차렸다. 그들이 내가 그들의 부정적인 행동뿐만 아니라, 긍정적인 행동도 받아들일지 보기 위해 일부러 잘못 행동하고 있다고 생각한다. 그들은 또한 내가 있을 때 무엇을 할 수 있는지 보기 위해 경계를 시험하고 있었다. 나는 엄격한 경계를 설정하는 데 어려움을 겪었다. 아동들을 화나게 하거나 기분 나쁘게 할까 봐 너무 두려웠다. 나는 그들의 자기가치감(Self-worth)을 높여 주고 싶었고, 너무 엄격하면 어떤 식으로든 그들을 해칠까 봐 두려웠다.

학생 노트에서 이론에서 실천으로의 연결 예시

어쨌든, 내가 이 학생을 관찰했을 때, 그녀는 더 높은 기능을 하는 학생 중 한 명이었는데, 마치 유아가 할 법한 무작위 발성을 하고 있었다. 그녀는 '바! 부!' 소리를 좋아하는 것 같았고, 말하기를 배우는 초기 단계에 있는 것처럼 보였다. 나는 그녀가 아직 자신이 내는 소리에 의미를 부여하거나 그것들을 어떤 식으로든 의사소통에 사용하지는 않는다고 생각한다. 대신, 그녀는 의사소통을 위해 훨씬 더 제스처를 사용했다. 수업에서 배웠듯이, 그녀가 언어적으로 하는 것은 한때 매우 정상적이었지만, 그녀가 이제 약 여덟 살이기 때문에, 나는 그녀의 뇌성마비와 다른 상태로 인한 지체의 정도를 볼 수 있었다.

학생 로그(기록)에 관한 교육자의 책임

학생들과 일하는 교육자들은 학생들이 초기 훈련 단계에서 할 수 있는 것에 대해 더 객관성을 갖도록 초대함으로써, 학생들이 치료를 수행하는 데 있어 그들의 정서적 반응을 정리하는 데 도움을 줄 필요가 있다.

경과 보고서

주간 객관적 및 주관적 평가와 달리, 경과 보고서는 일반적으로 중간 연도와 연말에 작성되거나 그룹의 아동이 그룹 치료를 마칠 때 작성된다(종결이라는 단어도 사용됨). 따라서 경과 보고서는 이전 주간의 정보를 전반적으로 종합한 것이다. 사용되는 형식은 다양할 수 있다.

경과 보고서의 일반적인 샘플 형식

경과 보고서의 샘플 형식은 기관에 따라 다양하며, 분기별 또는 반년마다 요청될 수 있다. 3~4페이지 경과 보고서의 한 샘플 형식은 다음을 포함할 수 있다:

시설 이름
음악치료 경과 요약

내담자 이름:
보고서 날짜:
서비스 기간:

음악치료사:

서비스 요약:

다루어진 목적과 목표:

중재:

경과 요약:

권장 사항:

학교에서의 경과 노트 샘플 형식

학교에서 '등급'이 매겨지는 전형적인 경과 노트는 주로 객관적 평가에 기반한 1~2단락의 짧은 경과 요약을 포함하며, 이는 학년도의 다음 분기에 대한 권장 사항으로 이어진다. 일반적인 '등급 매기기'의 예는 'A', 달성; 'P', 꾸준히 진전; 'I', 일관되지 않은 성장; 'E', 어려움 경험 등이다. 이 평가는 그룹 음악치료 세션 내에서 목표의 달성 또는 달성 실패에서 생성된 데이터에 기반하며, 아마도 IEP 목적을 참조할 것이다.

또 다른 옵션은 오른쪽에 구체적인 목표를 명시하고, 왼쪽에 경과 '등급'을 포함하는 것이다. 이것이 목표의 달성 또는 달성 실패에 대해 더 구체적인 보고이긴 하지만, 이것이 아동에 대해 무엇을 말해 주는가?

사용된 중재, 가능한 행동 패턴, 그리고 권장 사항을 설명하는 일화적 노트가 그 추가 정보를 제공할 수 있을 것이다(행동 보고 이후 저자의 추가 사항 참조).

학교에서의 객관적 및 일화적 경과 노트 샘플 형식

사례 예시 1(Goodman, K., 1992~1998)

아널드는 다른 자폐 스펙트럼 장애 아동들과 함께 소그룹에 참여하는 10세의 자폐 아동이다. 그의 임상 목표는 행동 결함, 인지/주의력, 사회적 기술, 의사소통, 소/대근육 기술, 읽기/수학 영역으로 구성되어 있다. 음악치료 세션의 초점은 그의 사회적 기술과 의사소통을 다루는 것이다. '등급 매기기'에는 'A', 달성; 'P', 부분 달성(% 달성); 'I', 소개됨, 달성되지 않음; 'N', '소개되지 않음'이 포함된다.

이것은 의사소통과 관련된 목표로 연도의 첫 분기에 대한 보고서이다.

이름: 아널드

영역: 의사소통

목적: 향상된 말하기와 언어 기술을 보여 주기

경과:

1 2 3 4 목표: 학생은……

P _ _ _ 다양한 환경과 활동에서 5번의 시도 중 3번, 한 단어 답변을 사용하여 구두로 응답할 것이다.

I _ _ _ 다양한 환경과 활동에서 5번의 시도 중 3번, 단어를 결합하여 두 단어 발성을 시작할 것이다.

P _ _ _ 다양한 환경과 활동에서 5번의 시도 중 3번, 발성 및 또는 적절한 머리 움직임을 통해 예/아니요 질문에 응답할 것이다.

N _ _ _ 다양한 환경과 활동에서 5번의 시도 중 3번, 가리키기 및 또는 발성을 통해 50개의 물체 또는 물체 그림을 판별할 것이다(예: 일반 가정용품, 학교 환경의 물체).

용어: A = 달성; P = 부분 달성; I = 소개됨, 달성되지 않음; N = 소개되지 않음.

일화적 노트:

아널드는 그룹에서 기능하는 데 어려움을 겪고 있다. 이는 그가 자주 방 주위를 배회하고, 진행 중인 음악 경험에 주의를 기울이기 어려워하며, 눈맞춤이 부족한 것으로 나타난다. 그는 그룹과 함께 앉는 것을 거부한다.

그러나 치료사는 그룹이 노래하는 동안 아널드가 혼자 흥얼거리는 것을 관찰했으며, 종종 노래와 관련된 키(조)로 흥얼거린다고 기록했다.

권장 사항은 아널드가 개별 음악치료 세션을 시험적으로 경험할 수 있게 하는 것이다. 또한, 목표는 팀에 의해 검토되어야 하고 그 기능적 가치에 대해 재평가되어야 한다.

개별 대 그룹 평가

아동과의 음악치료에서 그룹 경과에 대한 보고서를 찾기는 어렵다. 그러나 히벤(Hibben, 1991)은 그룹이 한 그룹 과정 단계에서 다른 단계로 이동하는 것을 보고한다. 이것이 객관적 정보와 주관적 정보를 모두 포함하려면, 단계는 한 그룹에서 다른 그룹으로 변경될 때 예상되는 행동 변화를 명확히 기록하고 문서화하여 치료사 측의 추론과 해석을 보고해야 할 것이다. 이는 음악치료사에게 도전이다.

글래드펠터(Gladfelter)가 제공한 '그룹 음악치료 경과 보고서'의 더 전형적인 예(Wilson, 2002, p. 287)는 그룹의 목적과 활동 요약에 이어 수업 태도와 행동(지시 따르기, 좋은 듣기 기술 사용, 활동 참여, 또래와 적절하게 상호작용, 독립적으로 작업, 칭찬과 격려 받아들이기, 음악 장비 존중)의 목록을 포함하며, 아동의 참여는 우수(E), 좋음(G), 만족(S) 또는 개선 필요(N)로 평가된다. 중간 연도와 연말 소견은 평가 '등급'과 관련된 더 자세한 설명을 제공한다. 이 경과 보고서는 그룹 목적에 기반하여 아동을 평가한다. 이러한 목적이 IEP와 어느 정도 관련되어 있는지는 불분명하다.

미래 연구/문서 작성

제리슨(Jellison, 1975~1999)은 특수아동과의 임상 작업과 관련된 연구 검토에서 1975~1999년 동안 완료된 작업을 문서화했다. 특수교육에서의 음악 연구로 언급되는 제리슨의 분석에 포함된 148개의 연구는 데이터를 보고하고, 서술적 또는 실험적 연구 방법론을 사용한다. 연간 평균 6편의 논문만 있다는 점에서 더 많은 연구의 필요성이 두드러진다. 특히, 이 책에서 주로 언급되는 통합 학교 환경에서의 연구가 필요하다. 음악치료에서의 아동 평가와 음악치료 프로그램의 효과성에 대한 종단적 평가 측면의 연구는 거의 없는 실정이다. 개별화교육계획(IEP)과 개별화 가족 지원 계획(IFSP) 모두 연구 도구로서 더 많이 활용될 필요가 있다. 제리슨은 또한 통합 음악 환경의 효능과 관련된 연구의 필요성을 강조한다.

요약

이 장은 객관적 평가와 주관적 평가의 정의를 내리고 사례 예시를 제공한다. 객관적 평가는 행동을 측정하는 반면, 주관적 평가는 치료사의 편견, 추론, 행동 해석, 그리고 설명되는 세션에서의 수정 사항을 기술하는 것으로 설명된다. 일반적으로 두 평가 모두 목표와 중재의 필요한 수정으로 이어질 것이다.

결과적인 경과 노트나 보고서는 객관적인 경과 또는 경과 부족에 대한 보고와 함께 후속 작업을 위한 권고 사항을 포함해야 한다.

학습 가이드 질문

1. 객관적 평가를 정의하세요.
2. 그룹에서 객관적 평가를 제공할 수 있는 가능한 방법은 무엇인가요?
3. 주관적 평가를 정의하세요.
4. 그룹에서 주관적 평가를 제공할 수 있는 가능한 방법은 무엇인가요?
5. 객관적 평가의 장단점은 무엇인가요?
6. 주관적 평가의 장단점은 무엇인가요?
7. 현재 작업 중인 그룹 중 하나를 선택하여 객관적 평가 체계를 고안하고 사용해 보세요. 그리고 결과를 분석하세요.
8. 현재 함께 작업하고 있는 그룹 중 하나를 선택하여 주관적 평가에 포함시키고 싶은 요소를 고려해 보세요. 그룹에 대한 주관적 평가를 작성한 후, 결과를 분석해 보세요.

부록

음악치료 자료

음악치료 노래/악기/동작 자료

Farnan, L., & Johnson, F. (1998a). *Everyone can move*. New York: Hal Leonard.

Farnan, L., & Johnson, F. (1998b). *Music is for everyone*. New York: Hal Leonard.

Levin, H., & Levin, G. (1977). *A garden of bell flowers*. Bryn Mawr, PA: Theodore Presser.

Levin, H., & Levin, G. (1981). *Learning songs*. Bryn Mawr, PA: Theodore Presser.

Levin, H., & Levin, G. (1997a). *Learning through songs*. Gilsum, NH: Barcelona.

Levin, H., & Levin, G. (1998). *Learning through music*. Gilsum, NH: Barcelona.

Levin, H., & Levin, G. (2004). *Distant bells: 12 delightful melodies from distant lands-Arranged for resonator bells and piano*. Gilsum, NH: Barcelona.

Levin, G., & Levin, H. (2005). *Let's make music*. Gilsum, NH: Barcelona.

Nordoff, P., & Robbins, C. (1962). *The first book of children's play songs*. Bryn Mawr, PA: Theodore Presser.

Nordoff, P., & Robbins, C. (1964). *The three bears: A musical adventure for an orchestra and chorus of young children, story-teller, and piano*. Bryn Mawr, PA: Theodore Presser.

Nordoff, P., & Robbins, C. (1968a). *The second book of children's play songs*. Bryn Mawr, PA: Theodore Presser.

Nordoff, P., & Robbins, C. (1968b). *Fun for four drums*. Bryn Mawr, PA: Theodore Presser.

Nordoff, P., & Robbins, C. (1969). *Pif-Paf-Poultrie*. Bryn Mawr, PA: Theodore Presser.

Nordoff, P., & Robbins, C. (1970). *The children's Christmas play: For narrator, actors, piano, percussion, instruments, and reed horns*. Bryn Mawr, PA: Theodore Presser.

Nordoff, P., & Robbins, C. (1972). *Spirituals for children to sing and play,* volumes 1 and 2. Bryn Mawr, PA: Theodore Presser.

Nordoff, P., & Robbins, C. (1976). *A message for the King: A story with music for percussion, piano, voices, and narrator*. Bryn Mawr, PA: Theodore Presser.

Nordoff, P., & Robbins, C. (1977). *Folk songs for children to sing and play*. Bryn Mawr, PA: Theodore Presser.

Nordoff, P. (1979). *Fanfares and dances*. Bryn Mawr, PA: Theodore Presser.

Nordoff, P., & Robbins, C. (1980a). *The third book of children's play songs*. Bryn Mawr, PA: Theodore Presser.

Nordoff, P., & Robbins, C. (1980b). *The fourth book of children's play songs*. Bryn Mawr, PA: Theodore Presser.

Nordoff, P., & Robbins, C. (1980c). *The fifth book of children's play songs*. Bryn Mawr, PA:

Theodore Presser.

Ritholz, M., & Robbins, C. (Eds.) (1999). *Themes for therapy from the Nordoff-Robbins Center for Music Therapy at New York University: New songs and instrumental pieces*. New York, NY: Carl Fischer.

Ritholz, M., & Robbins, C. (Eds.) (2003). *More themes for therapy*. New York, NY: Carl Fischer.

Robbins, C. (1995). *Greetings and goodbyes: A Nordoff-Robbins Collection for classroom use*. Bryn Mawr, PA: Theodore Presser.

치료에 사용할 수 있는 클래식 음악 추천

Bach, J. S., Notebook of Anna Magdalena Bach.

Bartok, Bela, *For children,* Piano solo, volumes 1 and 11.

Copland, A., (arranged by) *Old American songs*.

Debussy, C., *Children's corner*.

Gershwin, G., *An American in Paris*.

Pachelbel, J., *Canon in D*.

Prokofieff, Serge, *Peter and the Wolf*.

Prokofieff, Serge, *Music for children, opus 65*.

Ravel, M., *Ma Mere I'oye (Mother Goose)*.

Starer, R., *Sketches in color: Seven pieces for piano*. Melville, NY: MCA Music.

Schumann, *Forest scenes for piano solo, opus 82*.

Schumann, *Kinderscenen* (*Album for the young, op. 68* and *Scenes from childhood, op. 15*).

음악치료를 위해 각색할 수 있는 다양한 악보 자료

Birkenshaw, L. (1977). *Music for fun, music for learning*. Toronto: Holt, Rinehart & Winston.

Birkenshaw-Fleming, L. (1989). *Come on everybody let's sing*. Toronto, Canada: Gordon V. Thompson Music.

Disney Collection (1993). *The Disney Collection: Best loved songs from movies, television shows, and theme parks*. New York: Hal Leonard.

Glazer, J. (1973). *Eyewinker Tom Tinker, Chin Chopper*. New York: Doubleday.

Glazer, J. (1983). *Music for ones and twos: Songs and games for the very young child*. New York, NY: Doubleday.

Henson, J. (1986). *Favorite songs from Jim Henson's Muppets*. New York: Hal Leonard.

Moss, J., & Raposo, J. (1992). *The Sesame Street songbook, Volume 2*. New York: Macmillan.

Nash, G., & Rapley, J. (1988). *Holidays and special days*. Sherman Oaks, CA: Alfred.

Palmer, H. (1981a). *Hap Palmer favorites: Songs for learning through music and movement*. Sherman Oaks, CA: Alfred.

Palmer, H. (1987). *Hap Palmer songs to enhance the movement vocabulary of young children*. Sherman Oaks, CA: Alfred.

Prebenna, D., Moss, J., & Cooney, J. G. (1992). *Sesame Street Songbook: Sixty favorite songs featuring Jim Henson's Sesame Street Muppets*. New York: Scribner.

Raffi (1983). *Baby beluga book*. Toronto, Ontario: McClelland & Stewart.

Raffi (1984). *The Raffi Singable Songbook*. Ontario, Canada, Chappell.

Raffi (1986). *The Second Raffi Songbook*. New York, NY: Crown.

Raffi (1989). *Everything Grows Songbook*. New York, NY: Crown.

Rogers, F. (1970). *Mister Rogers' Songbook*. New York, NY: Random House.

Sclesa, G., & Millang, S. (1986). *We all live together*. Milwaukee, WI: Hal Leonard.

Sharon, Lois, & Bram (1980). *Elephant jam*. San Francisco: McGraw-Hill.

Silver-Burdett (1995). *The music connection*. Morristown, NJ.

Wojcio, M. (1983). *Music in motion: 22 songs in signing exact English for children*. Los Alamitos, CA: Modern Sign Press, Inc.

CD

Abramson, R. (1997). *Rhythm games for perception and cog-272 Music Therapy Groupwork with Special Needs Childrennition*. Miami, FL: Volkwein.

Jenkins, E. (1994). *Play your instrument and make a pretty sound*. Washington, DC: Smithsonian Folkways Recordings.

Morris, S. (1998). *Songs for speech therapy and beyond*. Boulder, CO: Belle Curve.

Orozoco, J. L. (1985). *Canto y Cuento: Latin American childrens' folklore*. Berkeley, CA: Arcoiris.

Orozoco, J. L. (1996). *DeColores*. Berkeley, CA: Arcoiris. Palmer, H. (1969a). *Learning basic skills through music*. Freeport, NY: Educational Activities.

Palmer, H. (1969b). *Learning basic skills through music, vol. 11*. Freeport, NY: Educational Activities.

Palmer, H. (1972). *Getting to know myself*. Freeport, NY: Educational Activities.

Palmer, H. (1981b). *More baby songs* (formerly Tickley-Toddle). Freeport, NY: Educational Activities.

Palmer, H. (1994). *So big: Activity songs for little ones*. Freeport, NY: Educational Activities.
Palmer, H. (2004). *Two little sounds-Fun with phonics and numbers*. Northridge, CA: Hap-Pal Music.
Pease, T. (1983). *Wobbi-do-wop*. Amberst, WI: Tom Pease.
Pease, T. (1989). *I'm gonna reach*. Amberst, WI: Tom Pease.
Pease, T., & Stotts, S. (2003). Celebrate. Amherst, WI: Tom Pease.
Raffi (1976). *Singable songs for the very young*. Universal City, CA: Troubadour.
Raffi (1977). *More singable songs*. Universal City, CA: Troubadour.
Raffi (1980). *Baby Beluga*. Universal City, CA: Troubadour.
Raffi (1982). *Rise and shine*. Universal City, CA: Troubadour.
Raffi (1985). *One light one sun*. Universal City, CA: Troubadour.
Raffi (1987). *Everything grows. Mary wore her red dress*. Universal City, CA: Troubadour.
Raffi (1994). *Bananaphone*. Universal City, CA: Troubadour.
Sclesa, G., & Millang, S. (1983). *Greg and Steve Live Together, Vol. 1-5*. Los Angeles, CA: Youngheart.
Stewart, G. (1977a). *Beanbag activities and coordination skills*. Long Branch, NJ: Kimbo.
Stewart, G. (1977b). *Playtime parachute fun for early childhood*. Long Branch, NJ: Kimbo.
Stewart, G. (1984). *Folkdance fun and simple folk songs and dances*. Long Branch, NJ: Kimbo.
Stewart, G. (1987). *Good morning exercises for kids*. Long Branch, NJ: Kimbo.
Stewart, G. (1991). *Children of the world*. Long Branch, NJ: Kimbo.
Stewart, G. (1992). *Multicultural rhythm stick fun*. Long Branch, NJ: Kimbo.

보완 장비 자료

1) Enabling Devices
385 Warburton Ave
Hastings On Hudson, New York 10706
www.enablingdevices.com

시각 보조 도구 키트

Coleman, K., & Brunk, B. (2001). *Visual Aids Kit*. Grapevine, TX: Prelude Music Therapy.

참고문헌

Abramson, R. (1997). *Rhythm games for perception and cognition*. Miami, FL: Volkwein.

Adamek, M. S., & Darrow, A. A. (2005). *Music in special education*. Silver Spring, MD: American Music Therapy Association.

Adamany, R. (Ed.). (2006). Amusia. *Medical Dictionary of Terms*. Abstract retrieved May 1, 2006, from www.medterms.com.

Ademek, M. S., Gervin, A. P., & Shiraishi, I. M. (2000). Speech rehabilitation with brain-injured patients. In C. Furman (Ed.), *Effectiveness of music therapy procedures: Documentation of research and clinical practice* (3rd ed.). Silver Spring, MD: American Music Therapy Association.

Aigen, K. (1997). *Here we are in music: One year with an adolescent creative music therapy group*. St. Louis, MO: MMB.

Aigen, K. (1998). *Paths of development in Nordoff-Robbins music therapy*. Gilsum, NH: Barcelona.

Aigen, K., Miller, C. K., Kim, Y., Pasiali, V., Kwak, E., & Tague, D. B. (2004). Nordoff-Robbins music therapy. In A. A. Darrow (Ed.), *Introduction to approaches in music therapy* (pp. 63-77). Silver Spring, MD: American Music Therapy Association.

Alberto, P. A., & Troutman, A. C. (2006). *Applied behavior analysis for teachers* (7th ed.). Upper Saddle River, NJ: Merrill/Prentice Hall.

Alvin, J., & Warwick, A. (1992). *Music therapy for the autistic child*. New York: Oxford.

Amaducci, L., Grassi, E., & Boller, F. (2002). Maurice Ravel and right hemisphere musical creativity. *European Journal of Neurology, 9,* 75-82.

AMTA. (2006). *Effectiveness of music therapy procedures: Documentation of research and clinical practice* (3rd ed.). Silver Spring, MD: American Music Therapy Association.

AMTA. (2006). Standards of clinical practice. In A. Elkins (Ed.), *AMTA member sourcebook 2006*. Silver Spring, MD: American Music Therapy Association.

Amusia. (2006). *Merck Manual*. England: Oxford University Press.

Anshel, A., & Kipper, D. (1988). The influence of group singing on trust and cooperation. *Journal of Music Therapy, 25,* 145-155.

Apprey, Z. R., & Apprey, M. (1975). Applied music therapy: Collected papers on a technique and a point of view. London: Institute of Music Therapy & Humanistic Psychology, International University.

APPI. (1994). *DSM-IV-TR*. Washington, DC: American Psychiatric Publishing.

Arieti, S. (1955). *Creativity: Interpretation of schizophrenia*. New York: R. Brunner.

Arieti, S. (1976). *The magic synthesis*. New York: Basic Books.

Asmus, E. P., & Gilbert, J. P. (1981). A client-centered model of therapeutic intervention. *Journal of Music Therapy, 18*(1), 41-51.

Axline, V. (1969). *Play therapy*. New York: Ballantine.

Ayotte, J., Peretz, I., & Hyde, K. (2002). Congenital amusia [A group study of adults with a music-specific disorder]. *Brain, 125,* 238-251.

Ayres, A. J. (1979). *Sensory integration and the child*. Los Angeles: Western Psychological Services.

Bach, J. S. *Notebook of Anna Magdalena Bach*.

Baer, D. M. (2005). Letters to a lawyer. In W. L. Heward, T. E. Heron, N. A. Neef, S. M. Peterson, D. M. Sainato, G. Cartledge, R. Hardner III, L. D. Peterson, S. B. Hersh, & J. D. Dardig (Eds.), *Focus on behavior analysis in education: Achievement, challenges, and opportunities* (pp. 3-30). Upper Saddle River, NJ: Merrill/Prentice Hall.

Bailey, J. S. (1992). Gentle teaching: Trying to win friends and influence people with euphenism, metaphor, smoke, and mirrors. *Journal of Applied Behavior Analysis, 25,* 879-883.

Bang, C. (1986). A world of sound and music. In E. Ruud (Ed.), *Music and health* (pp. 19-36). Oslo, Norway: Norsk Musikforlag.

Bartok, Bela, *For children*. Piano solo, volumes 1 and 11.

Bautista, R. E. D., & Ciampetti, M. Z. (2003). Expressive Aprosody and Amusia as a Manifestation of Right Hemisphere Seizures. *Epilepsia, 44*(3), 466-467.

Bean, K. L., & Moore, J. R. (1964). Music therapy from auditory inkblots. *Journal of Music Therapy, 1,* 143-147.

Berger, D. S. (2002). *Music therapy, sensory integration and the autistic child*. London: Jessica Kingsley, Publishers.

Bion, W. R. (1961). *Experiences in groups*. London: Tavistock.

Birkenshaw, L. (1977). *Music for fun, music for learning*. New York: Holt, Rinehart & Winston.

Birkenshaw-Fleming, L. (1989). *Come on everybody let's sing*. Toronto, Canada: Gordon V. Thompson Music.

Bitcon, C. H. (2000). *Alike and different: The clinical and educational uses of Orff-Schulwerk* (2nd ed.). Gilsum, NH: Barcelona.

Bixler, J. (1968). Music therapy practices for the child with cerebral palsy. In Gaston (Ed.), *Music in therapy* (pp. 143-150). New York: Macmillan.

Bondy, A., & Frost, L.. (2002). *A picture's worth: PECS and other visual communication strategies in autism*. Bethesda, MD: Woodbine House.

Boxill, E. (1985). *Music therapy for the developmentally disabled*. Denver, CO: Aspen.

Braswell, C., Brooks, D. M., Decuir, A., Humphrey, T., Jacobs, K. W., & Sutton, K. (1986). Development and implementation of a music/activity therapy intake assessment for psychiatric patients. Part II. Standardization procedures on data from psychiatric patients. *Journal of Music Therapy, 23,* 126-141.

Brazelton, B. (1972). *Infants and mothers*. New York: Dell.

Brazelton, B. (1974). *Toddlers and parents: A declaration of independence*. New York: Dell.

Bricker, D. D., Pretti-Frontczak, K. L., & McComas, N. R. (1998). *An activity-based approach to early intervention* (2nd ed.). Baltimore: Brookes.

Briggs, C. (1991). A model for understanding musical development. *Music Therapy, 10*(1), 1-21.

Brooks, D. (1989). Music therapy enhances treatment with adolescents. *Music Therapy Perspectives, 6,* 37-

39.

Brownwell, M. D., Frego, R. J. D., Kwak, E., & Rayburn, A. M. (2004). The Kodaly approach to music therapy. In A. A. Darrow (Ed.), *Introduction to approaches in music therapy* (pp. 25-33). Silver Spring, MD: American Music Therapy Association.

Bruscia, K. (1982). Music in the assessment and treatment of echolalia. *Music Therapy, 2*(1), 25-41.

Bruscia, K. (1987). *Improvisational models for music therapy*. Springfield, IL: Charles C Thomas.

Bruscia, K. (1988). Standard for clinical assessment in the arts. *The Arts in Psychotherapy, 15,* 5.

Bruscia, K. (1989). The practical side of improvisational music therapy. *Music Therapy Perspectives, 6,* 11-16.

Bruscia, K. (1991). *Case studies in music therapy*. Gilsum, NH: Barcelona.

Bruscia, K. (2001). A qualitative approach to analyzing client improvisation. *Music Therapy Perspectives, 1,* 7-21.

Carter, E., & Oldfield, A. (2002). A music therapy group to assist clinical diagnosis. In Davies & Richards (Eds.), *Music therapy and group work: Sound company* (pp. 149-163).

Cassity, M. C. (1985). Techniques, procedures and practices employed in the assessment of adaptive and music behaviors of trainable mentally retarded children. *Dissertation Abstracts International, 46*(10A), 2955.

Cassity, M. D., & Cassity, J. E. (1994). Psychiatric music therapy assessment and treatment in clinical training facilities with adults, adolescents, and children. *Journal of Music Therapy, 30*(1), 2-30.

Cassity, M. D., & Theobold, K. A. (1990). Domestic violence: Assessments and treatments employed by music therapists. *Journal of Music Therapy, 27*(4), 179-194.

Cassity, M. D., & Cassity, J. E. (2006). *Multi-modal music therapy* (3rd ed.). London: Jessica Kingsley, Publishers.

Cattell, R. B., & Anderson, J. C. (1953). The measurement of personality and behavior disorders by the L.P.A.T. music preference test. *Journal of Applied Psychology, 37,* 446-454.

Cattell, R. B., & Saunders, D. R. (1954). Musical preferences and personality diagnosis: A factorization of 120 themes. *Journal of Social Psychology, 39,* 3-24.

Charoonsathvathana, A. (2000). [Unpublished Evaluation Tool]. Unpublished manuscript.

Chase, K. (2004). Music therapy assessment for children with developmental disabilities. *Journal of Music Therapy, 41*(1), 28-54.

Clair, A., & Pasiali, V. (2004). Neurologic music therapy. In A. A. Darrow (Ed.), *Introduction to approaches in music therapy* (pp. 143-157). Silver Spring, MD: American Music Therapy Association.

Clark, C., & Chadwick, D. M. (1980). *Clinically adapted instruments for the multiply handicapped*. St. Louis, MO: West Music.

Clarkson, G. (1986). *Fairy tales: Musical dramas for children*. St. Lawrence, MO: MMB.

Codding, P. A. Music Therapy Literature and Clinical Applications for Blind and Severely Visually Impaired Persons: 1940-2000. AMTA. (2000). *Effectiveness of music therapy procedures: Documentation of research and clinical practice* (3rd ed.). Silver Spring, MD: American Music Therapy Association, pp. 159-198.

Cohen, G., & Gericke, O. (1972). Music therapy assessment: Prime requisite for determining patient objectives. *Journal of Music Therapy, 9*(4), 161-189.

Cohen, N. S. (1986). *Cohen Music Therapy Assessment Tool*. Unpublished document.

Cole, K. (2002). *The music therapy assessment handbook*. Columbus, MS: Southern Pen Publishing.

Coleman, K., & Brunk, B. (1999). *SEMTAP: Special Education Music Therapy Assessment Process*. Grapevine, TX: Prelude Music Therapy.

Coleman, K., & Brunk, B. (2001). *Visual Aids Kit*. Grapevine, TX: Prelude Music Therapy.

Coleman, K. (2002). Music therapy for learners with severe disabilities in a public school setting. In B. Wilson (Ed.), *Models of music therapy interventions in school settings*. Silver Spring, MD: American Music Therapy Association.

Coleman, K., McNairn, P., & Shioleno, C. (1996). *Qick Techn Magic: Music-based literacy activities*. SolanaBeach, CA: Mayer Johnson.

Colwell, C. M., Achey, C., Gillmeister, G., & Woolrich, J. (2004). The Orff approach to music therapy. In A. A. Darrow (Ed.), *Introduction to approaches in music therapy* (pp. 3-13). Silver Spring, MD: American Music Therapy Association.

Condon, W. S. (1975). Multiple response to sound in dysfunctional children. *Journal of Autism and Childhood Schizophrenia, 5*, 37-56.

Condon, W. S. (1986). Communication: Rhythm and structure. In J. R. Evans & M. Clynes (Eds.), *Rhythm in psychological, linguistic, and musical processes* (pp. 55-78). Springfield, IL: Charles C Thomas.

Condon, W. S., & Sander, L. W. (1974). Synchrony demonstrated between movements of the neonate and adult speech. *Child Development, 45*, 456-462.

Cooke, R. (1969). The use of music in play therapy. *Journal of Music Therapy, 11*(3), 66-75.

Coons, E., & Montello, L. (1998). Effects of active versus passive group music therapy on preadolescents with emotional, learning, and behavioral disorders. *Journal of Music Therapy, 35*(1), 49-56.

Cooper, J. O., Heron, T. E., & Heward, W. L. (2006). *Applied behavior analysis* (2nd ed.). Upper Saddle River, NJ: Merrill/Prentice Hall.

Copland, A. (arranged by) *Old American Songs*.

Cripe, F. (1986). Rock music as therapy for children with attention-deficit disorder. *Journal of Music Therapy, 31*(1), 31-62.

Crocker, D. (1955). Music as a projective technique. *Music Therapy, 7*, 114-119.

Crocker, D. B. (1968). In Gaston (Ed.), *Clinical experiences with emotionally disturbed children* (pp. 202-207). New York: Macmillan.

Cullen, C., & Mudford, O. C. (2005). Gentle teaching. In J. W. Jackson, J. A. Mulic & R. M. Foxx (Eds.), *Controversial therapies in developmental disabilities: Fads, fashion, and science in professional practice* (pp. 423-432). Hillsdale, NJ: Lawrence Erlbaum Associates.

Dalton, T., A., & Krout, R. E. (2005). Development of the grief process scale through music therapy songwriting with bereaved adolescents. *The Arts in Psychotherapy, 32*, 131-143.

Darrow, A. A., & Gfeller, K. (1991). A study of public school music programs mainstreaming hearing impaired students. *Journal of Music Therapy, 28*, 23-39.

Darrow, A. A. (1995). Music therapy for hearing impaired clients. In R. Wigram, R. West, & B. Saperston (Eds.), *The art and science of music therapy: A handbook*. Chur, Switzerland: Harwood Academic.

Darrow, A., Gfeller, K., Gorsuch, A., & Thomas, K. (2000). Music therapy with children who are deaf and hard of hearing. *Effectiveness of music therapy procedures: Documentation of research and clinical practice*. Silver Spring, MD: American Music Therapy Association.

Darrow, A., & Grohe, H. S. (Music Therapy for Learners Who are Deaf/Hard-of-Hearing. Wilson, B. L. (Ed.) (2002), *Models of music therapy intervetions in school settings* (pp. 291-317).

Darrow, A., Colwell, C., & Kim, J. (2002). Research on mainstreaming. In B. Wilson (Ed.), *Models of music therapy interventions in school settings* (pp. 41-67).

Darrow, A. A. (Ed.). (2004). *Introduction to approaches in music therapy*. Silver Spring, MD: American Music Therapy Association.

Daugherty, S., Grisham-Brown, J., & Hemmeter, M. L. (2001). The effects of embedded skill instruction on the acquisition of target and nontarget skills in preschoolers with developmental delays. *Topics in Early Childhood Special Education, 21,* 213-221.

Davidson, L., Gardner, H., & McKernon, P. (1981). The acquisition of song: A developmental approach. *Documentary report of the Ann Arbor Symposium:* Applications of psychology to the teaching and learning of music (pp. 301-314). Reston, VA: Music Educators National Conference.

Davis, W., Gfeller, K., & Thaut, M. (1999). *An introduction to music therapy: Theory and practice* (2nd ed.). Boston: McGraw-Hill.

Debussy, C. *Children's corner*.

Disney Collection (1993). *The Disney Collection: Best loved songs from movies, television shows, and theme parks*. New York: Hal Leonard.

Doyle, P. K., & Ficken, R. (November, 1981). Application of a stages of therapy model to music therapy activities in adult psychiatric populations. Paper presented at the meeting of the National Association for Music Therapy. Denver, CO.

Edgerton, C. (1990). Creative group song-writing. *Music Therapy Perspectives, 18,* 15-19.

Edgerton, C. L. (1994). The effect of improvisational musich therapy on the communicative behaviors of autistic children. *Journal of Music Therapy, 31,* 31-62.

Elliott, B. (1982). *Guide to the selection of musical instruments with respect to physical ability and disability*. St. Lawrence, MO: MMB.

Farnan, L., & Johnson, F. (1998a). *Everyone can move*. New York: Hal Leonard.

Farnan, L., & Johnson, F. (1998b). *Music is for everyone*. New York: Hal Leonard.

Farnan, L. (2002). Music therapy for learners with profound disabilities in a residential setting. In B. Wilson (Ed.), *Models of music therapy interventions in school settings*. Silver Spring, MD: American Music Therapy Association.

Farnsworth, P. R. (1969). *The Social Psychology of Music*. Ames, IA: Iowa State University Press.

Ficken, T. (1976). The use of songwriting in a psychiatric setting. *Journal of Music Therapy, 13*(4), 163-171.

Ford, S. (1984). Music therapy for Cerebral Palsied. *Music Therapy Perspectives, 1*(3), 8-13.

Fox, L., & Hanline, M. F. (1993). A preliminary evaluation of learning within developmentally appropriate early childhood settings. *Topics in Early Childhood Special Education, 13,* 308-327.

Foxton, J. M., Dean, J. L., Gee, R., Peretz, I., & Griffiths, T. D. (2004). Characterization of deficits in pitch perception underlying 'tone deafness.' *Brain, 127,* 801-810.

Freed, B. (1987). Songwriting for the chemically dependent. *Music Therapy Perspectives, 4,* 13-18.

Frego, R. J. D., Liston, R. E., Harna, M., & Gillmeister, G. (2004). The Dalcroze approach to music therapy. In A. A. Darrow (Ed.), *Introduction to approaches in music therapy* (pp. 15-24). Silver Spring, MD: American Music Therapy Association.

Freud, S. (1932). *New introductory lectures on psychoanalysis* (standard ed., Vol. 22, pp. 3-157). London: Hogarth Press.

Fridman, R. (1973). The first cry of the newborn: Basis for the child's future musical development. *Journal of Research in Music Education, 21,* 264-269.

Friedlander, L. H. (1994). Group music psychotherapy in an inpatient psychiatric setting for children: A developmental approach. *Music Therapy Perspectives, 12*(2), 92-97.

Froehlich, M. A. (1996). Orff-Schulwerk music therapy in crisis intervention with hospitalized children. In M. A. Froelich (Ed.), *Music therapy with hospitalized children* (pp. 25-36). NJ: Jeffery Books.

Furuno, S., O'Reilly, K., Hosaka, C., Inatsuka, T., Allman, T., & Zeisloft, B. (2005). *Hawaii Early Learning Profile, HELP-Activity Guide*. Palo Alto, CA: Vort.

Gallagher, L. M., & Steele, A. L. (2002). Music therapy with offenders in a substance abuse/mental illness treatment program. *Music Therapy Perspectives, 20*(2), 117-122.

Galloway, H. (1975). A comprehensive bibliography of musical studies referential to communication development, processing disorders and remediation. *Journal of Music Therapy, 12*, 164-197.

Gardstrom, S. (2002). Music therapy for juvenille offenders in a residential treatment setting. In B. Wilson (Ed.), *Models of music therapy interventions in school settings*. Silver Spring, MD: American Music Therapy Association.

Garland, J. A., Jones, E., & Kolodney, R. L. (1976). A model for stages of development in social work groups. In S. Bernstein (Ed.), *Explorations in group work: Essays in theory and practice* (pp. 17-71). Boston: Charles River Books.

Gaston, E. T. (Ed.). *Music in therapy*. New York: Macmillan.

Gershwin, G. *An American in Paris*.

Gewirtz, H. (1964). Music therapy as a form of supportive psychotherapy with children. *Journal of Music Therapy, 1*(2), 61-65.

Gfeller, K. E. (1982). The use of melodic-rhythmic mnemonics with learning disabled and normal students as an aid to retention (Doctoral dissertation, Michigan State University, 1982). University Microfilms International, No. 8303786.

Gfeller, K. E. (1983). Musical mnemonics as an aid to retention with normal and learning disabled students. *Journal of Music Therapy, XX* (4), 179-189.

Gfeller, K. E. (1984). Prominent theories in learning disability and implications for music therapy methodology. *Music Therapy Perspectives, 2*, 9-13.

Gfeller, K. E. (1987). Songwriting as a tool for reading and language remediation. *Music Therapy, 6*, 23-38.

Gfeller, K. E. (1990). A cognitive-linguistic approach to language development for preschool children with hearing impairments. *Music Therapy Perspectives, 8*, 47-51.

Ghetti, C. M. (2002). Comparison of the effectiveness of three music therapy conditions to modulate behavior states in students with profound disabilities: A pilot study. *Music Therapy Perspectives, 20*, 20-30.

Gibbons, A. C. (1983). Rhythm responses in emotionally disturbed children with differing needs for external structure. *Music Therapy, 3*(1), 94-102.

Gilbert, J. (1980). An assessment of motoric motor skill development in young children. *Journal of Music Therapy, 29*, 18-39.

Ginsburg, H., & Opper, S. (1969). *Piaget's theory of intellectual development: An introduction*. Englewood Cliffs, NJ: Prentice-Hall.

Gladfelter, N. D. (2002). Music therapy for learners with learning disabilities in a private day school. In B. Wilson (Ed.), *Models of music therapy interventions in school settings*. Silver Spring, MD: American Music Therapy Association.

Glazer, T. (Ed.). (1964). *Tom Glazer's treasury of songs for children*. New York: Doubleday.

Glazer, T. (1973). *Eyewinker Tom Tinker, Chin Chopper*. New York: Doubleday.

Glazer, T. (1983). *Music for ones and twos: Songs and games for the very young child*. New York:

Doubleday.
Goldstein, H. (2002). Communication intervention for children with autism: A review of treatment efficacy. *Journal of Autism and Developmental Disabilities, 32,* 373-396.
Goldstein, S. L. (1990). A songwriting assessment for hopelessness in depressed adolescents: A review of the literature and a pilot study. *Arts in Psychotherapy, 17,* 117-124.
Goodman, K. (1977). Unpublished case notes, Brooklyn School for Special Children, Brooklyn, NY.
Goodman, K. (1981). Music Therapy. Arieti, S. (Ed.), *The American Handbook of Psychiatry-New Advances and New Directions,* Vol VII. New York: Basic Books, pp. 564-585.
Goodman, K. (1981-1984). Unpublished case notes, New York Hospital—Cornell Medical Center, White Plains, NY.
Goodman, K. (1982). Unpublished case notes, Creative Arts Rehabilitation Center, New York, NY.
Goodman, K. (1982-1984). Unpublished case notes. Parent-Infant Program. Montclair State University.
Goodman, K. (1983). *Musical development and affective development in infants and toddlers*. Separately Budgeted Research Grant, Montclair State University.
Goodman, K. (1985). *Musical development and affective development in infants and toddlers, phase two*. Separately Budgeted Research Grant, Montclair State University.
Goodman, K. (1986-1992). Unpublished case notes, Private Practice.
Goodman, K. (1989). Music therapy assessment with emotionally disturbed children. *The Arts in Psychotherapy, 16*(3), 179-192.
Goodman, K. (1992-1998). Unpublished case notes, Communication Disorders Demonstration Program, Montclair, NJ.
Goodman, K. (1996). *Greenspan methods applied to individual music therapy for developmentally delayed/emotionally disturbed children*. Separately Budgeted Research Grant, Montclair State University.
Goodman, K. (1996-2002). Unpublished case notes, Regional Day School, Morristown, NJ.
Goodman, K. (1997). *Greenspan methodology applied to individual and group music therapy for autistic spectrum disorder preschoolers, phase two*. Separately Budgeted Research Grant, Montclair State University.
Goodman, K., & Chadwick, D. (1999). *Music Therapy on the I.E.P.* Paper presented at the 9th World Congress, Washington, DC, November, 1999.
Goodman, K. (2002). *Music therapy and sensory integration*. Paper presented at the Tenth World Congress, July, 2002, Oxford, U.K.
Goodman, K. (2002). *Core considerations in forming the music therapy group*. Paper presented at the Annual Meeting of the American Music Therapy Association: November, 2002, Atlanta, GA.
Goodman, K. (2005). *Music Therapy on the Individual Education Plan,* Certification Board for Music Therapy Paper/Workshop, MidAtlantic Regional Conference, Garden City, New York, April 2005.
Goodman, K. (2005). *Theory to practice: The link in undergraduate clinical supervision*. Paper presented at the Eleventh World Congress, July, 2005, Brisbane, AU.
Gordman, E. (1979). *Primary measures of music audiation*. Chicago, IL: GIA Publications.
Gordon, E. (1984). *Instrument preference test*. Chicago, IL: GIA Publications.
Graham, R. (1968). Music therapy for the moderately retarded. In T. Gaston (Ed.), *Music in therapy* (pp. 78-85). New York: MacMillan.
Grant, R. (1989). Music therapy guidelines for developmentally disabled children. *Music Therapy Perspectives, 6,* 18-22.

Green, G. (2001). Behavior analytic instruction for learners with autism. *Advances in stimulus control technology: Focus on Autism and Other Developmentally Disabilities, 16,* 72-85.

Greenspan, S. (1981). *The clinical interview of the child*. New York: McGraw-Hill.

Greenspan, S. (1992). *Infancy and early childhood: The practice of clinical assessment and intervention with emotional and developmental challenges*. Madison, CT: International Universities Press.

Greenspan, S. (1995). *The challenging child: Understanding, raising and enjoying the five 'difficult' types of children*. Reading, MA: Addison-Wesley.

Greenspan, S., & Wieder, S. (1997). Developmental patterns and outcomes in infants and children with autistic spectrum diagnoses. *Journal of Developmental and Learning Disorder, 1,* 87-141.

Greenspan, S., & Wieder, S. (1998). *The child with special needs: Encouraging intellectual and emotional growth*. Reading, MA: Addison-Wesley.

Griggs-Drane, E., & Wheeler, J. (1997). The use of functional assessment procedures and individualized schedules in the treatment of autism: Recommendations for the music therapist. *Music Therapy Perspectives, 2,* 87-93.

Grinnel, B. (1980). The developmental therapeutic process: A new theory of therapeutic intervention(Doctoral Thesis, Bryn Mawr College, PA). Available from University Microfilms.

Gunsberg, A. (1991). A method for conducting improvised musical play with children both with and without developmental delay in preschool classrooms. *Music Therapy Perspectives*.

Haines, J. (1989). The effects of music therapy on selfesteem of emotionally-disturbed adolescents. *Music Therapy, 8*(1), 78-91.

Hanser, S. (1974). Group-contingent music listening with emotionally disturbed boys. *Journal of Music Therapy, 11,* 220-225.

Hanser, S. (1999). *The new music therapist's handbook*. Boston: Berklee.

Harding, C., & Ballard, K. D. (1982). The effectiveness of music as a stimulus and as a contingent reward in promoting the spontaneous speech of three physically handicapped preschoolers. *Journal of Music Therapy, 19,* 86-101.

Heal, & Wigram. (1993). *Music therapy in health and education*. London: Jessica Kingsley, Publishers.

Heflin, L. J., & Simpson, R. (2002). Understanding intervention controversies. In B. Scheuermann & J. Webber (Eds.), *Autism: Teaching does make a difference* (pp. 248-277). Belmont, CA: Wadsworth.

Heimlich, E. P. (1975). An auditory-motor percussion test for differential diagnosis of children with communication difficulties. *Perceptual and Motor Skills, 40,* 839-845.

Heller, K. W., Alberto, P. A., Forney, P. E., & Schwartzman, M. N. (1996). *Understanding physical, sensory and health impairment*. Pacific Grove, CA: Brooks.

Henderson, S. M. (1983). Effects of a music therapy program upon awareness of mood in music, group cohesion, and self-esteem among hospitalized adolescent patients. *Journal of Music Therapy, 20*(1), 14-20.

Henson, J. (1986). *Favorite songs from Jim Henson's Muppets*. New York: Hal Leonard.

Herman, F. (1968). Music therapy for children hospitalized with muscluar dystrophy. In Gaston (Ed.), *Music in therapy* (pp. 152-156). New York: Macmillan.

Herman, F., & Smith, J. (1988). *Accentuate the positive: Expressive arts for children with disabilities*. Toronto, Canada: Jimani Publications.

Heward, W. L. (2003). *Exceptional children: An introduction to special education* (7th ed.). Upper Saddle River, NJ: Prentice-Hall.

Hibben, J. (1991). Group music therapy with a classroom of 6-8-year-old hyperactive learning disabled children. In K. Bruscia (Ed.), *Case studies in music therapy*. Gilsum, NH: Barcelona.

Hibben, J. K. (1984). Movement as musical expression in a music therapy setting. *Music Therapy, 4,* 91-97.

Hibben, J. K. (1991). Identifying dimensions of music therapy activities appropriate for children at different stages of group development. *The Arts in Psychotherapy, 18,* 301-310.

Hilliard, R. (2001). The effects of music therapy-based bereavement groups on mood and behavior of grieving children: A pilot study. *Journal of Music Therapy, 38*(4), 291-306.

Hollander, F., & Juhrs, P. (1974). Orff-Schulwerk, and effective treatment tool with autistic children. *Journal of Music Therapy, 11,* 1-12.

Horner, R. H., Carr, E. G., Strain, P. S., Todd, A. W., & Reed, H. K. (2002). Problem behavior interventions for young children with autism: A research synthesis. *Journal of Autism and Developmental Disabilities, 32,* 423-441.

Howery, B. I. (1968). Music therapy for the severely retarded. In T. Gaston (Ed.), *Music in therapy* (pp. 56-65). New York: Macmillan.

Hughes, J., Rice, B., DeBedout, J. K., & Hightower, L. (2002). Music therapy for learners in comprehensive public school systems: Three district-wide models. In B. Wilson (Ed.), *Models of music therapy interventions in school settings* (pp. 319-368). Silver Spring, MD: American Music Therapy Association.

Hussey, D., Laing, S., & Layman, D. (2002). Music therapy assessment for severely disabled children: A pilot study. *Journal of Music Therapy, 39*(3), 167-184.

Hyde, K. L., & Peretz, I. (2004). Brains that are out of tune but in time. *Psychological Science, 15*(5), 356-360.

Isenberg-Grzeda, C. (1988). Music therapy assessment: A reflection of professional identity. *Journal of Music Therapy, 23*(3), 166-173.

Jellison, J. (1983). Functional value as criterion for selection and prioritization of nonmusic and music education objectives in music therapy. *Music Therapy Perspectives, 1*(2), 17-22.

Jellison, J. A., Brooks, B. H., & Huck, A. M. (1984). Structuring small groups and music reinforcement to facilitate positive interactions and acceptance of severely handicapped students in regular music classroom. *Journal of Research in Music Education, 32,* 243-263.

Jellison, J. A. A Content Analysis of Music Research with Disabled Children and Youth (1975-1999): Applications in Special Education. AMTA. (2000). *Effectiveness of music therapy procedures: Documentation of research and clinical practice* (3rd ed.). Silver Spring, MD: American Music Therapy Association, pp. 199-264.

Jenkins, E. (1994). *Play your instruments and make a pretty sound.* Washington, DC: Smithsonian Folkways Recordings.

Johnson, F. L. (2002). Models of service delivery and their relation to the IEP. In B. Wilson (Ed.), *Models of music therapy interventions in school settings* (pp. 83-107).

Johnson, R. (1985). *The picture communication symbols: Book II*. Solana Beach, CA: Mayer Johnson.

Jones, R. E. (1986). Assessing developmental levels of mentally retarded students with the musical-perception assessment of cognitive ability. *Journal of Music Therapy, 23*(3), 166-173.

Joseph, M. R. (1984). Sensory integration: A theory for therapy and research. *Journal of Music Therapy, 21*(1), 79-88.

Joseph, M. R., & Freed, B. S. (1989). A sequential model for developing group cohesion in music therapy. *Music Therapy Perspectives, 7,* 28-34.

Josepha, Sister, M. (1968). Music therapy for the physically disabled. In T. Gaston (Ed.), *Music in therapy*. New York: Macmillan.

Jourdain, R. (1998). *Music, the brain, and ecstasy* (pp. 286-293). New York: Bard Press.

Kangas, K. A., & Lloyd, L. I. (2002). Augmentative and alternative communication. In G. H. Shames & N. B. Anderson (Eds.), *Human communication disorders: An introduction* (6th ed., pp. 543-593). Boston: Allyn & Bacon.

Kaplan, P. R. (1977). A criterion-referenced comparison of rhythmic responsiveness in normal and educable mentally retarded children (mental ages 6-8) (Doctoral dissertation, University of Michigan, 1977). *Dissertation Abstracts International, 38*(6A), 3354-3355.

Kegan, R. (1982). *The evolving self*. Cambridge: Harvard University Press.

Kestenberg, J. S. (1965). Role of movement patterns in development. *Psychological Quarterly, 34,* 1-36.

Kirchner-Bockholt, M. (1977). *Fundamental principles of curative eurythmy*. London: Rudolf Steiner Press.

Kirsten, I. (1981). *The Oakland picture dictionary*. Wauconda, IL: Johnson.

Klein, M. (1964). *Love Hate and Reparation*. New York: I. E. Norton & Co.

Knak, D., & Grogan, K. A children's group: An exploration of the framework necessary for therapeutic work. Chapter 13. In A. Davies & Richard E. (Eds.) (2002), *Music therapy and groupwork*. London: Jessica Kingsley Press.

Koegel, L. K., Koegel, J. L., Harrower, J. K., & Carter, C. M. (1999). Pivotal response intervention I: Overview of approach. *Journal of the Association of Persons with Severe Handicaps, 24,* 174-185.

Kohler, F. W., Anthony, L. J., Steighner, S. A., & Hoyson, M. (1998). Teaching social interaction skills in the integrated preschool: An examination of naturalistic tactics. *Topics in Early Childhood Special Education, 21,* 93-103.

Kohler, F. W., Strain, P. S., Hoyson, M., & Jamieson, B. (1997). Merging naturalistic teaching and peer-based strategies to address the IEP objectives of preschoolers with autism: An examination of structural and behavior outcomes. *Focus on Autism and Other Developmental Disablities, 12,* 196-206.

Kozak, Y. (1968). Music therapy for orthopedic patients in a rehabilitation setting. In Gaston (Ed.), *Music in therapy* (pp. 166-171). New York: Macmillan.

Kranowitz, C. (1999). *The out-of sync child*. Los Angeles: Western Psychological Services.

Lathom, W. (1968). The use of music therapy with retarded patients. In Gaston (Ed.), *Music in therapy* (pp. 66-77). New York: Macmillan.

Lathom-Radocy, W. (2002). *Pediatric music therapy*. Springfield, IL: Charles C Thomas.

Layman, D., Hussey, D., & Laing, S. (2002). Music therapy assessment for severely emotionally disturbed children: A pilot study. *Journal of Music Therapy, 39*(3).

Levin, H., & Levin, G. (1977). *A garden of bell flowers*. Bryn Mawr, PA: Theodore Presser.

Levin, H., & Levin, G. (1981). *Learning songs*. Bryn Mawr, PA: Theodore Presser.

Levin, H., & Levin, G. (1997a). *Learning through music*. Gilsum, NH: Barcelona.

Levin, H., & Levin, G. (1997b). *Learning through song*. Gilsum, NH: Barcelona.

Levin, H., & Levin, G. (2004). *Distant bells: 12 delightful melodies from distant lands arranged for resonator bells and piano*. Gilsum, NH: Barcelona.

Levin, H., & Levin, G. (2005). *Let's make music*. Gilsum, NH: Barcelona.

Libertore, A. M., & Layman, D. L. (1999). *The Cleveland music therapy assessment of infants and toddlers: A practical guide to assessment and developing intervention strategies*. Cleveland, OH: The Cleveland Music School Settlement.

Linder, T. (1990). *Transdiciplinary play-based assessment: A functional approach for working with young children*. Baltimore: Paul H. Brankes.

Loewey, J. (2000). Music psychotherapy assessment. *Music Therapy Perspectives, 1,* 47-58.

Loewey, J. (Ed.). (2000). *Music therapy in the NICU*. New York: Satchnote.

Losardo, A., & Bricker, D. D. (1994). Activity-based intervention and direct instruction: A comparison study. *American Journal on Mental Retardation, 98,* 744-765.

Luce, D. W. (2001). Cognitive therapy and music therapy. *Music Therapy Perspectives, 19*(2), 96-104.

Macy, L. (Ed.). (2006). Neuropsychology. *Grove Music Online*. Retrieved April 28, 2006, from www.grovemusic.com.

Madsen, C. K. (1979). The effects of music subject matter as reinforcement for correct mathematics. *Bulletin of the Council for Research in Music Education, 59,* 54-58.

Madsen, C. K. (1981). *A behavioral guide for the mentally retarded*. Washington, DC: National Association for Music Therapy.

Madsen, C. K., & Darrow, A. A. (1989). The relationship between music aptitude and sound conceptualization of the visually impaired. *Journal of Music Therapy, 26,* 71-78.

Madsen, C. K., & Madson, C. H. (1998). *Teaching discipline: A positive approach for educational development* (4th ed.). Raleigh, NC: Contemporary.

Mahler, M. S., Pine, F., & Bergman, A. (1975). *The psychological birth of the human infant*. New York: Basic Books, Inc.

Mark, A. (1988). Metaphoric lyrics as a bridge to the adolescent's world. *Adolescence, 23*(90), 313-323.

Mayer-Johnson, R. (1986). *The picture communication symbols: Book I*. Solana Beach, CA: Mayer Johnson.

McConnell, S. R. (2002). Interventions to facilitate social interactions for young children with autism: Review of available research and recommendations for education intervention and future research. *Journal of Autism and Developmental Disabilities, 32,* 351-372.

McDonald, M. (1973). Transitional tunes and musical development. *The Psychoanalytic Study of the Child, 25,* 503-520.

McFerran-Skewes, K. (2000). From the mouth of babes: The response of six younger, bereaved teenagers to the experience of psychodynamic group music therapy. *Austrailian Journal of Music Therapy, 11,* 3-22.

McGee, G. G., & Menolascino, F. J. (1991). *Beyond gentle teaching: A nonaversive approach to helping those in need*. New York: Plenum.

McGee, G. G. (1992). Gentle teaching's assumptions and paradigm. *Journal of Applied Behavior Analysis, 25,* 869-872.

McGee, G. G., Morrier, M. J., & Daly, T. (1999). An incidental teaching approach to early intervention for toddlers with autism. *Journal of the Association for the Severely Handicapped, 24,* 133-146.

Michel, D. (1968). Music therapy in speech habilitation of cleft-palate children. In E. T. Gaston (Ed.), *Music in therapy* (pp. 162-166). New York: Macmillan.

Michel, D., & Rohrbacher, M. (Eds.). (1982). *Music therapy for handicapped children assessment*. Washington, DC: National Association for Music Therapy.

Michel, D., & Pinson, J. (2005). *Music therapy in principle and practice*. Springfield, IL: Charles C Thomas.

Migliore, M. J. (1991). The Hamilton rating scale for depression and rhythmic competency: A correlational study. *Journal of Music Therapy, 28*(4), 211-221.

Montgomery, C. (2002). Role of dynamic therapy in psychiatry. *Advances in Psychiatric Treatment, 8,* 34-41.

Moog, H. (1976). *The musical experience of the preschool child*. London: Schott.

Moog, H. (1976). The development of musical experience in children of preschool age. *Psychology of Music, 4*(2), 38-45.

Moorhead, G. E., & Pond, D. (1978). *Music of young children*. Santa Barbara, CA: Pillsbury Foundation for Advancement of Music.

Morgenstern, A. M. (1982). Group Therapy: A timely strategy for music therapists. *Music Therapy Perspectives, 1,* 16-20.

Morris, S. (1998). *Songs for speech therapy and beyond*. Boulder, CO: Belle Curve.

Moss, J., & Raposo, J. (1992). *The Sesame Street songbook*, Vol. 2. New York: Macmillan.

Nash, G. (1974). *Creative approaches to child development with music, language and movement*. New York: Alfred.

Nash, G. (1988). *Holidays and special days: A sourcebook of songs, rhymes, and movement for each month of the school year*. New York:Alfred.

Nelson, D., Anderson, V., & Gonzales, A. (1984). Music activities as therapy for children with autism and other pervasive developmental disorders. *Journal of Music Therapy, 21*(3), 100-116.

New Jersey State Department of Education. (2000). *Core curriculum content standards for students with severe disabilities*. Trenton, NJ: NJ State Department of Education.

Nicholls, T. (2002). Could I play a different role? Group music therapy with severely learning disabled adolescents. In A. Davies & E. Richards (Eds.), *Music therapy and group work: Sound company*. London: Jessica Kingsley, Publishers.

Nordoff, P., & Robbins, C. (1962). *The first book of children's play songs*. Bryn Mawr, PA: Theodore Presser.

Nordoff, P., & Robbins, C. (1964a). *The story of Artaban, the other wise man*. Bryn Mawr, PA: Theodore Presser.

Nordoff, P., & Robbins, C. (1964b). *The three bears: A musical adventure for an orchestra and chorus of young children. Storyteller and piano*. Bryn Mawr, PA: Theodore Presser.

Nordoff, P., & Robbins, C. (1968a). *Fun for four drums*. Bryn Mawr, PA: Theodore Presser.

Nordoff, P., & Robbins, C. (1968b). Improvised music as therapy for autistic children. In E. T. Gaston (Ed.), *Music in therapy* (pp. 191-193). New York: Macmillan.

Nordoff, P., & Robbins, C. (1968c). *The second book of children's playsongs*. Bryn Mawr, PA: Theodore Presser.

Nordoff, P., & Robbins, C. (1969). *Pif-paf-poultrie*. Bryn Mawr, PA: Theodore Presser.

Nordoff, P., & Robbins, C. (1970). *The children's Christmas play: For narrator, actors, piano, percussion instruments, and reed horns*. Bryn Mawr, PA: Theodore Presser.

Nordoff, P., & Robbins, C. (1971). *Therapy in music for handicapped children*. New York: St. Martins Press.

Nordoff, P. (1972). *Spirituals for children to sing and play, Vol. I and II*. Bryn Mawr, PA: Theodore Presser.

Nordoff, P., & Robbins, C. (1976). *A message for the king: A story with music for percussion, piano, voices, and narrator*. Bryn Mawr, PA: Theodore Presser.

Nordoff, P., & Robbins, C. (1977). *Creative music therapy: Individualized treatment for the handicapped child*. New York: John Day.

Nordoff, P. (1977). *Folk songs for children to sing and play*. Bryn Mawr, PA: Theodore Presser.

Nordoff, P. (1979). *Fanfares and dances*. Bryn Mawr, PA: Theodore Presser.

Nordoff, P., & Robbins, C. (1980a). *The third book of children's play songs*. Bryn Mawr, PA: Theodore Presser.

Nordoff, P., & Robbins, C. (1980b). *The fourth book of children's play songs*. Bryn Mawr, PA: Theodore

Presser.
Nordoff, P., & Robbins, C. (1980c). *The fifth book of children's play songs*. Bryn Mawr, PA: Theodore Presser.
Nordoff, P. (1981). *My Mother Goose: Songs for children to sing and play*. Bryn Mawr, PA: Theodore Presser.
Nordoff, P., & Robbins, C. (1983). *Music therapy in special education*. St. Louis, MO: MMB Music. (Original work published 1973.)
Nordoff, P., & Robbins, C. (2007). *Creative music therapy: A guide to fostering clinical musicianship*. Gilsum, NH: Barcelona.
Noy, P. (1968). The development of musical ability. *Psychoanalytic Study of the Child, 23*, 332-347.
Oldfield, A. (2006). *Interactive music therapy: A positive approach*. London: Jessica Kingsley, Publishers.
Orff, G. (1980). *The Orff music therapy: Active furthering of the development of the child*. London: Schott.
Orozoco, Jose-Luis (1985). *Canto y Cuento: Latin American childrens' folklore*. Berkeley, CA: Arcoiris.
Orozoco, Jose-Luis (1996). *DeColores*. Berkeley, CA: Arcoiris.
Ostwald, P. (2002). The music lesson. In E. T. Gaston (Ed.), *Music in therapy* (pp. 317-325). New York: Macmillan.
Ostwald, P. F. (1973). Musical behavior in early childhood. *Development of Medical and Child Neurology, 15*, 367-375.
Pachelbel, J. *Canon in D*.
Palmer, H. (1969a). *Learning basic skills through music*. Freeport, NY: Educational Activities.
Palmer, H. (1969b). *Learning basic skills through music, Vol. II*. Freeport, NY: Educational Activities.
Palmer, H. (1972). *Getting to know myself*. Freeport, NY: Educational Activities.
Palmer, H. (1981a). *Hap Palmer favorites: Songs for learning through music and movement*. Sherman Oaks, CA: Alfred.
Palmer, H. (1981b). *More baby songs (formerly Tickley-Toddle)*. Freeport, NY: Educational Activities.
Palmer, H. (1987). *Hap Palmer songs to enhance the movement vocabulary of young children*. Sherman Oaks, CA: Alfred.
Palmer, H. (1994). *So big: Activity songs for little ones*. Freeport, NY: Educational Activities.
Palmer, H. (2004). *Two little sounds—Fun with phonics and numbers*. Northridge, CA: Hap-Pal Music.
Papoušek, M., & Papoušek, H. (1981). Musical elements in the infant's vocalization: Their significance for communication, cognition and creativity. In L. P. Lippsett (Ed.), *Advances in infancy research* (pp. 164-217). Norwood, NJ: Ablex.
Parette, H. P. (1998). Assistive technology effective practices for students with mental retardation and developmental disabilities. In A. Hilton & R. Ringlaben (Eds.), *Best and promising practices in developmental disabilities* (pp. 205-224). Austin, TX: PRO-ED.
Pasiali, V., De L'Etoile, S., & Tandy, K. (2004). Kindermusik and Music Therapy. In A. A. Darrow (Ed.), *Introduction to approaches in music therapy*, Chapter 4. Silver Spring, MD: American Music Therapy Association.
Pavlicevic, M. (2003). *Groups in music: Strategies from music therapy*. London: Jessica Kingsley Publishers.
Pearce, J. M. S. (2005). Selected Observations on Amusia. *European Neurology, 54*, 145-148.
Pease, T. (1983). *Wobbi-do-wop*. Amberst, WI: Tom Pease.
Pease, T. (1989). *I'm gonna reach*. Amberst, WI: Tom Pease.
Pease T., & Stotts, S. (2003). *Celebrate*. Amherst, WI: Tom Pease.
Peretz, I., Champod, A. S., & Hyde, K. (2003). Varieties of musical disorders. *The Montreal Battery of*

Evaluation of Amusia, 7, 58-75.

Perilli, G. G. (1995). Subjective tempo in adults with and without psychiatric disorders. *Music Therapy Perspectives, 2,* 104-109.

Piaget, J. (1926). *Judgment and reasoning in the child*. New York: Harcourt, Brace & World, Inc.

Piaget, J. (1929). *The child's conception of the world*. New York: Harcourt, Brace & World, Inc.

Piaget, J. (1951). *Play, dreams,and imitation in childhood*. New York: W.W. Norton & Company.

Piaget, J. (1952). *The child's conception of number*. London: Routledge & Kegan.

Piaget, J. (1954). *The construction of reality in the child*. New York: Basic Books Inc.

Piaget, J. (1964). *The early growth of logic in the child*. London: Routledge & Kegan.

Piccirilli, M., Sciarma, T., & Luzzi, S. (2000). Modularity of music [Evidence from a case of pure amusia]. *Journal of Neurology, Neurosurgery, and Psychiatry, 69*(4), 541-545.

Pike, K. L. (1967). Grammar as wave. In E. J. Blansitt, Jr. (Ed.), *Report of the 18th Annual Round Table Meeting on Linguistics and Language Studies, 1-14*. Monograph Series on Lanugages and Linguistics, 20. Washington, DC: Georgetown University Press.

Plach, T. (1980). *The creative use of music in group therapy*. Springfield, IL: Charles C Thomas.

Prebenna, D., Moss, J., & Cooney, J. G. (1992). *Sesame Street songbook: Sixty favorite songs featuring Jim Henson's Sesame Street Muppets*. New York: Scriber.

Presti, G. M. (1984). A levels system approach to music therapy with severely behaviorally handicapped children in the public school system. *Journal of Music Therapy, 2*(3), 117-125.

Pretti-Frontczak, K., & Bricker, D. (2001). Use of the embedding strategy during daily activities by early childhood education and early childhood special education teachers. *Infant and Toddler Intervention: The Transdisciplinary Journal, 11*(2), 29-46.

Priestley, M. (1975). *Music therapy in action*. London: Constable.

Prokofieff, Serge. *Music for Children, opus 65*.

Prokofieff, Serge. *Peter and the Wolf*.

Purvis, J., & Samet, S. (1976). *Music in developmental therapy*. Baltimore: University Park Press.

Radocy, R. E., & Boyle, J. D. (2003). *Psychological foundations of musical behavior* (pp. 411-413). Springfield, IL: Charles C Thomas.

Raffi (1976). *Singable songs for the very young*. Universal City, CA: Troubadour.

Raffi (1977). *More singable songs*. Universal City, CA: Troubadour.

Raffi (1980). *Baby beluga*. Universal City, CA: Troubadour.

Raffi (1982). *Rise and shine*. Universal City, CA: Troubadour.

Raffi (1983). *Baby beluga book*. Toronto, Ontario: McClelland and Stewart.

Raffi (1984). *The Raffi singable songbook*. Ontario, Canada: Chappell.

Raffi (1985). *One light one sun*. Universal City, CA: Troubadour.

Raffi (1986). *The second Raffi songbook*. New York: Crown.

Raffi (1987). *Everything grows (Mary wore her red dress)*. Universal City, CA: Troubadour.

Raffi (1989). *Everything grows songbook*. New York: Crown.

Raffi (1994). *Bananaphone*. Universal City, CA: Troubadour.

Ravel, M. *Ma Mere l'oye (Mother Goose)*.

Reed, K. (2002). Music therapy treatment groups for mentally disordered offenders (MDO) in a state hospital setting. *Music Therapy Perspectives, 20*(2), 98-104.

Reid, D. K., & Hresko, W. P. (1981). *A cognitive approach to learning disabilities*. New York: McGraw-Hill.

Revesz, G. (1954). *Introduction to the psychology of music*. Norman, OK: University of Oklahoma Press.

Revesz, G. (2001). *Introduction to the psychology of music*. Mineola, NY: Dover.

Rickard-Lauri, R., Groeschel, H., Robbins, C. M., Robbins, C. E., Ritholz, M., & Turry, A. (1997). *Snow White: A guide to child-centered musical theater*. Gilsum, NH: Barcelona.

Rider, M. S. (1981). The assessment of cognitive functioning level through musical perception. *Journal of Music Therapy, 18*(3), 110-119.

Ritholz, M., & Robbins, C. (Eds.). (1999). *Themes for therapy from the Nordoff-Robbins Center for Music Therapy at New York University: New songs and instrumental pieces*. New York: Carl Fischer.

Ritholz, M., & Robbins, C. (Eds.). (2003). *More themes for therapy*. New York: Carl Fischer.

Robb, S. (1996). Techniques in song writing: Restoring emotional and physical well-being in adolescents who have been traumatically injured. *Music Therapy Perspectives, 14*(1), 30-37.

Robb, S. L. (2000). The effect of therapeutic music interventions on the behavior of hospitalized children in isolation: Developing a contextual support model of music therapy. *Journal of Music Therapy, 27,* 118-146.

Robbins, A. (1980). *Expressive therapy: A creative arts approach to depth oriented treatment*. New York: Human Sciences Press.

Robbins, C. E., & Robbins, C. M. (1980). *Music for the hearing impaired: A resource manual and curriculum guide*. St. Louis: MMB Music.

Robbins, C. (1995). *Greetings and good-byes: A Nordoff-Robbins collection for classroom use*. Bryn Mawr, Pa: Theodore Presser.

Robbins, C. (Ed.). (1998). *Healing heritage: Paul Nordoff exploring the tonal language of music*. Gilsum, NH: Barcelona.

Robinson, C. R. (1988). Differential modes of choral performance evaluation using traditional procedures and a continuous response digital interface device (Doctoral dissertation, Florida State University). *Dissertation Abstracts International, 49*(10), 2859.

Rogers, F. (1970). *Mister Rogers' songbook*. New York: Random House.

Rogers, L. (1968). Music therapy in a state hospital for crippled children. In Gaston (Ed.), *Music in therapy* (pp. 156-159). New York: Macmillan.

Romanczyk, R. G., Weiner, T., Lockshin, S., & Ekdahl, M. (1999). Research in autism: Myths, controversies and perspectives. In D. B. Zager (Ed.), *Autism: Identitfication, education, and treatment* (2nd ed., pp. 23-61). Mahwah, NJ: Erlbaum.

Rosen, H. (1977). *Piagetian dimensions of clinical relevance*. New York: Columbia University Press.

Rosenthal, L., & Nagelberg, L. (1956). Limitation of activity group therapy. *International Journal of Group Psychotherapy, 6,* 166-170.

Ruttenberg, B., Dratman, M., Fraknoi, J., & Wenar, C. (1966). An instrument for evaluating autistic children. *The Journal of the American Academy of Child Psychiatry*.

Sandness, M. (1991). Developmental sequence in music therapy groups: A review of theoretical models. *Music Therapy Perspectives,* 66-72.

Sausser, S., & Waller, R. J. (2006). A model for music therapy with students with emotional and behavioral disorder. *The Arts in Psychotherapy, V. 33*(1), pp. 1-10.

Scalenghe, R., & Murphy, K. (2000). Music therapy assessment in the managed care environment. *Music Therapy Perspectives, 1,* 123-130.

Schirmer, B. R. (2004). Hearing loss. In R. Turnbull, A. Turnbull, M. Shank, & S. J. Smith (Eds.), *Exceptional lives: Special education in today's schools* (4th ed., pp. 424-454). Upper Saddle River, NJ: Merrill/ Prentice Hall.

Schneider, E. H. (1964). Selected articles and research studies relating to music therapy: Music therapy bibliography. *Journal of Music Therapy, 1*(3).

Schneider, E. H. (1968). Music therapy for the cerebral palsied. In Gaston (Ed.), *Music in therapy* (pp. 136-143). New York: Macmillan.

Schumann, R., & Schumann, R. *Forest scenes for piano solo,* opus 82.

Schumann, R. *Kinderscenen (Album for the Young, Op. 68* and *Scenes from Childhood, Op. 15).*

Schuppert, M., Munte, T. F., Wieringa, B. M., & Altenmuller, E. (2000). Receptive amusia: Evidence for cross-hemispheric neural networks underlying music processing strategies. *Brain, 123,* 546-559.

Schwartz, I. S., Garfinkle, A. N., & Bauer, J. (1998). The picture exchange communication system: Communicative outcomes for young children with disability. *Topics in Early Childhood Special Education, 18,* 144-159.

Sclesa, G., & Millang, S. (1983). *Greg and Steve Live Together, Vol. 1-5.* Los Angeles, CA: Youngheart.

Sclesa, G., & Millang, S. (1986). *We all live together.* Milwaukee, WI: Hal Leonard.

Seashore, C. E. (1919). *Manual of instructions and interpretations of measures of musical talent.* Chicago, IL: C. H. Stoelting.

Sharon, Lois, & Bram. (1980). *Elephant jam.* San Francisco: McGraw-Hill.

Schuter, R. (1968). *The psychology of music ability.* London: Methuen & Company.

Shuter-Dyson, R. (1982). Musical ability. In D. Deutsch (Ed.), *The psychology of music.* New York: Academic Press, Inc.

Shuter-Dyson, R., & Gabriel, C. (1981). *The psychology of musical ability* (2nd ed.). New York: Methusen & Co.

Sidman, M. (1994). *Equivalence relations and behavior: A research story.* Boston: Authors Cooperative.

Silver-Burdett (1995). *The Music Connection.* Morristown, NJ.

Simons, G. M. (Ed.). (1978). *Early childhood musical development: A bibliography of research abstracts, 1960-1975.* Reston, VA: Music Educators National Conference.

Skaggs, R. (1997). Music-centered creative arts in a sex offender treatment program for male juveniles. *Music Therapy Perspectives, 15,* 73-78.

Skewes, K., & Thompson, G. (1998). The use of musical interactions to develop social skills in early intervention. *Australian Journal of Music Therapy, 9,* 35-44.

Slavson, S. R. (1943). *An introduction to group therapy.* New York: Commonwealth Fund.

Slavson, S. R., & Schiffer, M. (1975). *Group psychotherapies for children: A textbook.* New York: International Universities Press.

Snell, A. (2002). Music therapy for learners with autism in a public school setting. In B. Wilson (Ed.), *Models of music therapy interventions in school settings.* Silver Spring, MD: American Music Therapy Association.

Sparks, R., Helm, N., & Marin, A. (1974). Aphasia reha-bilitation resulting from melodic intonation therapy. *Cortex, 10,* 303-316.

Sparks, R., & Holland, A. (1976). Method: Melodic intonation therapy for aphasia. *Journal of Speech and Hearing Disorders, 41,* 287-297.

Spicknall, H. (1968). Music for deaf and hard of hearing children in public schools. In T. Gaston (Ed.), *Music in therapy* (pp. 314-316). New York: Macmillan.

Spitz, R. A. (1965). *The first year of life*. New York: International Universities Press.

Standley, J. (1996a). A meta-analysis on the effects of music as reinforcement for education/therapy objectives. *Journal of Research in Music Education, 44,* 105-133.

Standley, J., & Hughes, J. (1996b). Documenting developmentally appropriate objectives and benefits of a music therapy program for early intervention: A behavioral analysis. *Music Therapy Perspectives, 2,* 87-94.

Standley, J., Johnson, C. M., Robb, S. L., Brownwell, M. D., & Kim, S. (2004). Behavioral approach to music therapy. In A. A. Darrow (Ed.), *Introduction to approaches in music therapy* (pp. 103-123). Silver Spring, MD: American Music Therapy Association.

Starer, R. *Sketches in color: Seven pieces for piano*. Melville, NY: MCA Music.

Steele, A. L. (1971). Contingent socio-music listening periods in a preschool setting. *Journal of Music Therapy, 8,* 131-139.

Steele, A. L., Vaughan, M., & Dolan, C. (1976). The school support program: Music therapy for adjustment problems in elementary schools. *Journal of Music Therapy, 13,* 87-100.

Steele, L. (1984). Music therapy for the learning disabled. *Music Therapy Perspectives, 1*(3), 2-7.

Stein, J. (1977). Tempo error and mania. *American Journal of Psychiatry, 134*(4).

Steinberg, R., Raith, L., Rossinagl, G., & Eben, E. (1985). Music psychopathology: Musical expression and psychiatric disease. *Psychopathology, 18,* 274-285.

Steiner, R. (1977). *Eurythmy as visible music* (2nd ed.). London: Rudolf Steiner Press.

Steiner, R. (1983). *The inner nature of music and the experience of tone*. Spring Valley, NY: Anthroposophic Press.

Stern, D. (1977). *The first relationship—Infant and mother*. Cambridge: Harvard University Press.

Stern, D. N. (1985). *The interpersonal world of the infant*. New York: Basic Books.

Stevens, C. (2003). *The art and heart of drum circles*. New York: Hal Leonard.

Stevens, R., & Rosenshine, B. (1981). Advances in research on teaching. *Exceptional Education Quarterly, 2,* 1-9.

Stewart, G. (1977a). *Beanbag activities and coordination skills*. Long Branch, NJ: Kimbo.

Stewart, G. (1977b). *Playtime parachute fun for childhood*. Long Branch, NJ: Kimbo.

Stewart, G. (1984). *Folkdance fun and simple folk songs and dances*. Long Branch, NJ: Kimbo.

Stewart, G. (1987). *Good morning exercises for kids*. Long Branch, NJ: Kimbo.

Stewart, G. (1991). *Children of the world*. Long Branch, NJ: Kimbo.

Stewart, G. (1992). *Multicultural ryhthm stick fun*. Long Branch, NJ: Kimbo.

Stewart, R. W. (2002). Combined efforts: Increasing social-emotional communication with children with autistic spectrum disorder using psychodynamic music therapy and division TEACCH communication programme. In A. Davies & E. Richards (Eds.), *Music therapy and group work: Sound company*. London: Jessica Kingsley Publishers.

Stone, P. (1997). Educating children who are deaf or hard-of-hearing. *Auditory-oral option* (Report No. 551). (ERIC Document Reproduction Service No. ED 414669).

Strain, P. S., & Schwartz, I. (2001). ABA and the development of meaningful social relations for young children with autism. *Focus on Autism and Other Developmental Disablities, 16,* 120-128.

Sundberg, M., & Partington, J. (1998). *Teaching language to children with autism or other developmental disabilities*. Pleasant Hill, CA: Behavior Analysis.

Sutton, J. (2002). Preparing a potential space for a group of children with special needs. In A. Davies & E.

Richards (Eds.), *Music therapy and group work: Sound company*. London: Jessica Kingsley Publishers.

Sutton, K. (1984). The development and implementation of a music therapy physiological measures test. *Music Therapy Perspectives, 1,* 2-7.

Thaut, M. H. (1983). A music therapy treatment model for the autistic child. *Music Therapy Perspectives, 1,* 7-13.

Thaut, M. H. (1985). The use of auditory rhythm and rhythmic speech to aid temporal musical control in children with gross motor dysfunction. *Journal of Music Therapy, 22,* 108-128.

Thaut, M. H. (1999). Music therapy for children with physical disabilities. In Davis, Gfeller, & Thaut (Eds.), *An introduction to music therapy: Theory and practice*.

Thaut, M. H. (1999). Music therapy in neurological rehabilitation. In Davis, Gfeller, & Thaut (Eds.), *An introduction to music therapy: Theory and practice*.

Thomas, A., & Chess, S. (1977). *Temperament and development*. New York: Brunner Mazel.

Tomaino, C. (Ed.). (1998). *Clinical applications of music in neurologic rehabilitation*. New York: Beth Abraham Health Services.

Turry, A. (1998). Transference and countertransference in Nordoff-Robbins Music Therapy. In K. Bruscia (Ed.), *The dynamics of music psychotherapy*. Gilsum, NH: Barcelona.

Tyler, H. M. (2002). Working, playing and relating: Issues in group music therapy for children with special needs. In A. Davies & E. Richards (Eds.), *Music therapy and group work: Sound company*. London: Jessica Kingsley, Publishers.

Unkefer, R. (Ed.). (2000). *Music therapy in the treatment of adults with mental disorders,* (2nd ed.). New York: Schirmer.

Venn, M. L., Wolery, M., Werts, M. G., Morris, A., DeCesare, L. D., & Cuffs, M. (1993). Embedding instruction into art activities to teach preschoolers with disabilities to imitate their peers. *Early Childhood Research Quarterly, 8,* 277-294.

Vinter, R. D. (1974). Program activities: Their selection and use in a therapeutic milieu. In P. Glasser, R. Sarri, & R. Vinter (Eds.), *Individual change through small groups* (pp. 244-257). New York: The Free Press.

Voigt, M. (1999). Orff music therapy with multi-handicapped children. In T. Wigram & J. DeBacker (Eds.), *Clinical applications of music therapy: Developmental disability, pediatrics and neurology*. London: Jessica Kingsley, Publishers.

Vort Corporation. (1995). *HELP for preschoolers checklist*. Palo Alto, CA: VORT.

Walker, A. R. (1987). Some differences between pitch perception and basic auditory discrimination in children of different cultural and musical backgrounds. *Council for Research in Music Education, 91,* 166-170.

Wells, K., & Helmus, N. (1968). Music therapy in a children's day-treatment center. In Gaston (Ed.), *Music in therapy* (pp. 159-162). New York: Macmillan.

Wells, N. F., & Stevens, T. (1984). Music as a stimulus for creative fantasy in group psychotherapy with young adolescents. *The Arts in Psychotherapy, 11,* 71-76.

Wells, N. F. (1988). An individual music therapy assessment procedure for emotionally disturbed young adolescents. *The Arts in Psychotherapy, 18*(1), 31-40.

Wheeler, B. (1983). A psychotherapeutic classification of music therapy practices: A continuum of procedures. *Music Therapy Perspectives, 1*(2), 8-16.

Wigram, T. (1995). A model of assessment and differential diagnosis of handicap in children through the medium of music therapy. In T. Wigram, B. Saperston, & R. West (Eds.), *The art and science of music therapy: A handbook* (pp. 181-193). Switzerland: Harwood Academic.

Wigram, T. (1999). Assessment methods in music therapy: A humanistic or natural science framework. *Nordic Journal of Music Therapy, 8*(1), 7-25.

Wigram, T. (1999). Variability and autonomy in music therapy interaction: Evidence for diagnosis and therapeutic intervention for children with autism and Asperger's syndrome. In R. Pratt & D. Erdonmez-Grocke (Eds.), *Music medicine 3—Music medicine and music therapy: Expanding horizons*.

Wigram, T., & DeBacker, J. (Eds.). (1999). *Clinical applications of music therapy: Developmental disability, pediatrics and neurology*. London: Jessica Kingsley Publishers.

Wigram, T. (2000). A method of music therapy assessment for the diagnosis of autism and communication disorders in children. *Music Therapy Perspectives, 1*, 13-22.

Wigram, T. (2004). *Improvisation: Methods and techniques for music therapy clinicians, educators, and students*. London: Jessica Kingsley Press.

Williams, D. B., & Fox, D. B. (1983). *Toney listens to music* (Computer program). Bellevue, WA: Temporal Acuity Products, Inc.

Wilson, B. L. (Ed.). (2002). *Models of music therapy interventions in school settings* (2nd ed.). Silver Spring, MD: American Music Therapy Association.

Wilson, B. L., & Smith, D. S. (2000). Music therapy assessment in school settings: A preliminary investigation. *Journal of Music Therapy, 37*(2), 95-117.

Wilson, C. V. (1976). The use of rock music as a reward in behavior therapy with children. *Journal of Music Therapy, 13*, 39-48.

Winnicott, D. W. (1971). *Playing and reality*. London: Tavistock Publications.

Wojcio, M. (1983). *Music in motion: 22 songs in signing exact English for children*. Los Alamitos, CA: Modern Signs Press.

Wolberg, L. R. (1977). *The technique of psychotherapy* (3rd ed.). New York: Grune & Stratton.

Wolery, M., Werts, M., & Holcombe, A. (1994). Current practices with young children who have disabilities: Placement, assessment, and instruction issues. *Focus on Exceptional Children, 26*(6), 1-12.

Wolfe, D., & Hom, C. (1993). Use of melodies as structural prompts for learning and retention of sequential verbal information by preschool students. *Journal of Music Therapy, 30*(2), 100-118.

Wolff, P. H. (1968). The serial organization of sucking in the young infant. *Pediatrics*, 42-61.

Wolff, P. H. (1968). Role of biological rhythms in early psychological development. In S. Chess & A. Thomas (Eds.), *Annual progress in child psychiatry and child development* (pp. 1-21). New York: Brunner Mazel.

Wood, M. M., Graham, R. M., Swan, W. W., Purvis, J., Gigliotti, C., & Samet, S. (1974). *Developmental music therapy*. Lawrence, KS: National Association for Music Therapy.

Yalom, I. (1985). *The theory and practice of group psychotherapy* (3rd ed.). New York: Basic Books.

Yarbrough, C., Charboneau, M., & Wapnick, J. (1977). Music as reinforcement for correct math and attending in ability assigned math classes. *Journal of Music Therapy, 14*(2), 77-88.

Yingling, R. W. (1962). Classification of reaction in listening to music. *Journal of Research in Music Education*.

찾아보기

인명

Adamek, M. S. 322
Aigen, K. 186
Axlin, V. 130

Berger, D. S. 307
Bergman, A. 140
Bion, W. R. 128
Briggs, C. 140, 164
Brunk, B. 81, 96, 99
Bruscia, K. 80, 83, 84, 88

Carter, E. 133
Cassity, M. C. 81
Chadwick, D. M. 20
Chess, S. 157
Coleman, K. 81, 96, 99, 221
Condon, W. S. 164
Cripe, F. 307

Darrow, A. A. 322

Eben, D. 82

Freud, A. 140
Freud, S. 140
Fridman, R. 164
Friedlander, L. H. 131, 186, 347
Furuno, S. 139

Gfeller, K. E. 313
Gibbons, A. C. 82
Gladfelter, N. D. 82, 430
Goodman, K. 25, 47, 78, 83, 88, 99, 246, 269
Greenspan, S. 21, 27, 67, 88, 89, 121, 140, 145, 192, 298, 308, 320, 402, 414
Griggs-Drane, E. 88
Grogan, K. 133

Hanser, S. 88, 187
Heimlich, E. P. 83
Hibben, J. 429
Holland, F. 394

Jellison, J. 430

Kegan, R. 140
Kestenberg, J. S. 164
Knak, D. 133

Lathom-Radocy, W. 82
Layman, D. L. 80
Levin, H. 56, 258, 310
Libertore, A. M. 80
Loewey, J. 81

Mahler, M. S. 140
Maslow, A. 321
McDonald, A. 164
McGee, G. G. 192, 320
Michel, D. 81, 83, 87, 117
Migliore, M. J. 82
Montgomery, C. 127
Moretti, V. 20

Nordoff, P. 20, 56, 248, 79, 83, 88, 95, 136, 138, 152, 164
Noy, P. 164

Oldfield, A. 133
Ostwald, P. 163, 164

Papoušek, H. 164
Papoušek, M. 164
Parry, B. W. 20
Perilli, G. G. 82
Piaget, J. 69, 83, 88, 140, 298
Pine, F. 140
Presti, G. M. 137, 186, 317

Raith, L. 82
Rider, M. S. 78, 83
Ritholz, M. 252
Robbins, C. M. 20, 51, 56, 68, 79, 83, 88, 95, 136, 138, 152, 164, 248
Rohrbacher, M. 81, 83, 87, 117
Rosen, H. 140
Rossinagl, G. 82

Schiffer, M. 129, 139, 349
Slavson, S. R. 129, 139, 349
Smith, D. S. 77
Sparks, R. 394
Spitz, R. A. 164
Standley, J. 186
Stein, J. 82
Steinberg, R. 82
Stern, D. 21, 140, 145, 164, 299
Stewart, G. 133
Sutton, J. 133

Thaut, M. H. 396
Thomas, A. 157
Turry, A. 252, 301
Tyler, H. M. 133

Wheeler, B. 88, 301
Wieder, S. 308
Wigram, T. 80, 87, 88
Wilson, B. L. 77, 78, 430
Winnicott, D. W. 133
Wolf, D. W. 164

Yalom, I. 122, 127, 128, 186, 347, 350

내용

DSM-5-TR 302
DSM-IV-TR 302
HELP 활동 가이드 26
PNF 32
pull-out 344
SMART 221
The Music Child 164
Wh 33, 59, 151
Wh 질문 193, 195, 357

감각 과부하 66, 360
감각 반응성 307
감각 역치 156
감각 입력 통합 387
감각 통합 157
감각 프로파일 26, 156
감각 프로파일링 157
감각운동기 298
감각적 프로파일 139
개별 교육 공간 135
개별 시행 방법/변별학습이론(DTT) 320
개별화교육프로그램(IEP) 22, 25, 67, 87, 182, 188
개인적 차이에 기초한 관계 중재 모델(DIR) 145
객관적 평가 62
경과 보고서 427
경도 309
계획 181
공법 94-142 134, 302
과민 반응 160
과소 반응 161
과잉 교정 316
과잉행동 360
과제 분석 221, 310, 365, 391
관련 서비스 86, 87
교수적 피드백 310
교육학 139
교환 128
구강 운동 및 호흡 운동(OMREX) 395
구체적 조작기 298, 301
그룹 분석적 치료 127
그룹 응집력 347
그룹 조건부 상황 391
그림 교환 의사소통 시스템(PECS) 320
긍정적 행동 지원(PBS) 319
기계적 교육 386
기계적 학습 366
기계적 학습 기술 359
기대 계층 구조 47
기분장애 302
기초선 217

난청 329
노르도프-로빈스 56, 391, 402
노르도프-로빈스 척도 91
놀이 그룹 치료 349
놀이치료 320

다른 공간에서 개별 교육하기 134
다른 행동의 차별적 강화 316
다학제 간 344
달크로즈 386
담아 주기 393
대인관계 그룹 치료 127
대인관계 및 음악적 관련성 척도 138
대체 의사소통 320
독화 329
동질성 150
동화 314

라포(친밀감) 346, 383
레트 증후군 358
리듬 동조화 335
리듬 청각 자극(RAS) 335

리듬적 말 신호(RSC) 394
리듬적 청각 자극(RAS) 394
리소스 룸 135

멜로디 억양 치료(MIT) 324, 394
모델링 25, 58, 391
목적 45,181
목표 45, 181
무오류 학습 391
물리치료 139
미국 수화법(ASL) 329
미국 음악치료사협회(AMTA) 76, 400
미국 장애인교육법(IDEA) 28, 86, 182, 302
미러링 128

반응 대가 316
반향어 152
발달 그리드 190
발달심리학 139
변별학습이론 320
병행 놀이 26
보완 의사소통 45
보완대체 의사소통(AAC) 266, 326
보완대체 의사소통의 사용 326
보조 공학 336
보컬 억양 치료(VIT) 394
부드러운 가르침 320
부드러운 교육 192
부정적 강화 391
분산 기술 152
분석적 모델 21
분석적 음악치료 393
불안장애 302
비계 설정 310

사정평가 21, 22, 25, 67, 76
사회적 통합 128
상징적 놀이 193
상징적 사고 115
상징적 의사소통 훈련(SYCOM) 395
생물심리사회적 모델 145
서술형 사정평가 84
서클 타임 36
선언적 기억술 395
성격장애 302
소거 316, 391
손 위에 손 얹기 보조법 53
손 위에 손을 얹는 보조 25
솔미제이션 388
솔페지 386
수반성 강화 310
수화 329
시각장애 328
신경학적 394
실행증 325, 361
심각한 정서장애 316

아동 정신과 139
아동심리학 139
안아 주기 393
언어치료 139
언어치료사(SLP) 327
에코 기억술 395
역기능적 가족 402
역전이 393
역전이적 62
연상적 기분 및 기억 훈련(AMMT) 395
연속적 근사치/점진적 접근 391
연쇄 391
연하장애 325
오류 수정 310
오르프 슐베르크 385
용암법 221
운동 계획 기술 360
운동 신경 장애 46
위치 지정/신체 보조 58
유대감 383
유리드미 387
유리드믹스 386
음악 반응 연속체(CMR) 246, 269
음악 심리치료 및 상담(MPC) 395
음악 심리치료 사정평가 81
음악아 164
음악적 기억술 훈련(MMT) 395
음악적 말 자극(MSS) 394
음악적 목표 220
음악적 반응의 연속체 47
음악적 수화 332
음악적 실행 기능 훈련(MEFT) 395
음악적 주의력 통제 훈련(MACT) 395
음악치료 사정평가 도구 21
응용행동분석(ABA) 134, 319
의사소통장애 302
의존성 128
이상심리학 139
이중 언어-이중 문화적 접근법 329
이질성 문제 150
인지 발달에 대한 음악 지각 사정평가(M-PACS) 80
인지적 정서 발달 145
일대일 인식 150
일반화 221
일반화된 강화제 391
임상적 목적 220

자기가치감 426
자기조직화 361
자유 연상 393
자조 기술 161
작업치료 139
잠복기 129
잠복기 이전 129, 150
저기술 보완대체 의사소통 장치 358
적응 행동 309
적절한 무상 공교육(FAPE) 87
전반적 발달장애 302
전이 393
전조작기 298, 300
절차적 기억술 395

점진적 접근 221
정서장애 아동을 위한 굿맨 음악치료 사정평가 도구(MTA-ED) 79, 83, 87, 99
정서적 유대감 68
정서행동장애 316
정신역동적 그룹 127
정신의학적 음악치료 설문지(PMTQ) 81
조건부 계약 316
조음장애 325
조절 314
조현병 302
주관적 평가 62
주류화 313
주의 집중 361
주의력 결핍 및 파괴적 행동장애 302
중도 309
중도/최중도 장애인을 위한 음악치료 사정평가 프로파일(MTAP) 25, 87, 117
중도장애 아동 336
중등도 309
중증장애 학생을 위한 핵심 교육과정 내용 표준(CCCSSSD) 29
즉흥연주 58, 386
즉흥연주 사정평가 프로파일(IAP) 80, 83, 87
지금-여기 129
지적장애 302
직접 교수(DI) 134
진단적 사정평가 84
집단 무의식 128
집단 응집력 150
짝짓기 128

차별화된 강화 391
창조적 예술치료 139
창조적 음악치료 152
처리 지연 162
처방적 사정평가 84
청각 지각 훈련(APT) 395
청각장애 329
초학제 간 344
촉구 25, 391
최소 제한 환경 311
최중도 309
충동성 360
치료적 노래하기(TS) 394
치료적 악기 연주(TIMP) 394
친밀감 346

코다이 388
큐드 스피치 329
킨더뮤직 389

타비스톡 127
타비스톡 모델 128
타임아웃 316, 391
통찰 치료 301
통합교육 135
투쟁 또는 도피 128, 307
특수교육 139
특수교육 음악치료 사정평가 과정(SEMTAP) 81, 85, 96
특수교육에서의 음악치료 136
특이적 음악 취향 168

패턴화된 감각 강화(PSE) 335, 394
평가 62
평가 척도 88
평행 놀이 150, 235
표상적 놀이 106, 115, 131, 146, 150, 232, 264, 349
표적 행동 319
풀아웃 134
풀아웃 세션 61
프리맥 원리 391
플라스티크 아니메 387
플레이송스 58, 59
플로어타임 192, 320

하와이 조기 학습 프로파일 139
학교심리학 139
학생 로그 426
학습장애(LD) 302, 313
학제 간 344
해석적 사정평가 84
핵심 교육과정 내용 표준 189
행동 관리 316
행동 조성 221
행동 치료 129
행동 형성/조성 316
행동연쇄 342
행동주의 390
형식적 조작기 298
활동 61
활동 그룹 치료 349
활동 기반 교수(ABI) 134, 137
활동 치료 127, 301

저자 소개

Karen D. Goodman

Karen D. Goodman 박사는 국제적으로 인정받는 음악치료 교육자, 치료사, 슈퍼바이저, 책 저자 그리고 편집자이다. 뉴욕 출신인 그녀는 위스콘신-매디슨 대학교에서 영문학 학사를, 뉴욕 시립대학교 헌터 칼리지에서 특수교육 석사를, 덴마크 올보르 대학교에서 음악치료 박사 학위를 취득했다. 또한 몽클레어 주립대학교에서 음악치료 인증 과정을 이수했다.

Goodman 박사는 1976년부터 아동 및 성인 정신과 환자들을 대상으로 음악치료사로 활동해 왔으며, 1978년부터 2018년까지 몽클레어 주립대학교에서 전임 교수로 재직하며 31개의 학부 및 대학원 음악치료 과정을 개발하고 가르쳤다. 그녀는 대학 내 여러 주요 행정직을 맡았으며, 뉴저지주에서 가장 오랫동안 음악치료 교육자로 활동했다.

그녀의 대표적인 저서로는 『특수아동을 위한 집단음악치료: 진화하는 과정』(2007), 『음악치료 교육과 훈련: 이론에서 실제로』(2011) 등이 있으며, 이 책들은 70개국 이상에서 유통되고 있다. 가장 최근에 집필한 책으로는 『세계 음악치료 교육 및 양성에 있어서의 발전하는 쟁점: 다양한 관점들』(2023)이 있다. 또한 그녀는 음악치료 분야의 주요 학술지 편집자로 활동했으며, 현재 『Psychology of Music』의 부편집장을 맡고 있다.

Goodman 박사는 아동 및 성인 정신의학 분야의 임상 연구와 교육 훈련에 관한 주제로 45회 이상의 국내외 학회에서 발표했으며, 32개의 연구 지원금을 받았다. 2018년 10월, 그녀는 몽클레어 주립대학교에서 명예교수로 추대되었다.

역자 소개

심성용(Sungyong Shim)

서울대학교 특수교육 박사, PhD
Wilfrid Laurier University 음악치료 석사, MMT
Wilfrid Laurier University 음악치료 우등학사, BMT(Honours)
한국공인음악중재전문가(KCMT)
미국공인음악치료사(MT-BC)
캐나다공인음악치료사(MTA)
대한적십자사 심리사회적지지 강사(PSSI)

전) 서울대학교 강사
고려대학교 강사
연세대학교 강사
서울대학교 BK21PLUS 미래교육디자인 연구사업단 박사후연구원(Post-doc)
현) 성균관대학교 초빙교수
경희대학교 강사
동국대학교 강사
서강대학교 대우교수
한양대학교 강사

특수아동을 위한 집단음악치료
성장과 변화의 과정
Music Therapy Groupwork with Special Needs Children
The Evolving Process

2025년 3월 10일 1판 1쇄 인쇄
2025년 3월 20일 1판 1쇄 발행

지은이 • Karen D. Goodman
옮긴이 • 심성용
펴낸이 • 김진환
펴낸곳 • ㈜ 학지사
04031 서울특별시 마포구 양화로 15길 20 마인드월드빌딩
대표전화 • 02-330-5114 팩스 • 02-324-2345
등록번호 • 제313-2006-000265호

홈페이지 • http://www.hakjisa.co.kr
인스타그램 • https://www.instagram.com/hakjisabook

ISBN 978-89-997-3358-1 93180

정가 26,000원